고사성어로
배 우 는
천 자 문

고사성어로 배우는 천자문(개정판)

2025년 11월 15일 개정 1쇄 인쇄
2025년 11월 25일 개정 1쇄 발행

지은이 | 여해 강영수
펴낸이 | 이규인

펴낸곳 | 국제어학연구소 출판부
출판등록 | 2010년 1월 18일 제302-2010-000006호

주소 | 서울특별시 영등포구 문래북로116 트리플렉스빌딩 903호
Tel | 02) 704-0900 / **Fax** | 02) 703-5117
e-mail | changbook1@hanmail.net
홈페이지 | www.bookcamp.co.kr

ISBN 979-11-9941751-9 03025
정가 25,000원

고사성어로 배우는 천자문

개정판

여해 강영수 지음

ILR 국제어학연구소

여러분은 지금 국제화 시대에 살고 있습니다. 한자는 중국 등 한자문화권 국가와의 비즈니스 관계에 따라 영어와 마찬가지로 여러분과 떼려야 뗄 수 없는 불가분의 관계입니다. 지구상에 글자를 소리글자과 뜻글자로 크게 분류한다면 소리글자가 영어라면 뜻글자는 한자입니다. 이러한 시대 상황을 고려하여 편집·제작된 '고사성어로 배우는 천자문'은 교육부에서 발표한 21세기 한자·한문 교육의 내실을 기하고자 간행되었습니다.

천자문은 중국 양(梁)나라의 주흥사(周興嗣)가 지은 사언고시(四言古詩)로 된 책으로 천지현황(天地玄黃)으로부터 시작하여 언재호야(焉哉乎也)로 끝나며, 수많은 한자 중에서 가장 기본적인 글자 1천자를 가지고 1구 4자로 250구, 125절의 대문장(大文章)으로 모두 1,000자(字)로 구성되었습니다.

그리고 각 글자가 중복되지 않으며, 자연, 윤리, 역사, 철학 등의 다양한 주제를 포함하고 있습니다.

이를 고사성어로 풀이하면, 단순한 글자의 조합을 넘어 각 단어가 함축하는 역사적 사건, 교훈, 철학적 의미를 함께 이해할 수 있습니다. 이러한 해석 방식은 단어의 유래와 배경을 함께 익힐 수 있도록 도와주며, 독자가 보다 깊이 있는 사고를 할 수 있도록 합니다.

천자문을 고사성어로 풀이할 때는 다음과 같은 원칙을 따릅니다.

문자적 의미 해석: 천자문의 각 글자가 기본적으로 지닌 뜻을 먼저 분석합니다.
고사성어와 연결: 해당 글자 또는 문장이 함축하는 뜻과 관련된 고사성어를 찾아 연결합니다.
역사적·문화적 배경 설명: 고사성어의 유래를 설명하여 독자가 보다 깊이 이해할 수 있도록 합니다.

교훈과 현대적 적용: 고사성어가 현대 사회에서도 어떻게 적용될 수 있는지 생각해 봅니다.

이와 같이 단순한 문자 학습이 아니라 역사적 맥락과 철학적 교훈을 함께 이해하는 과정이 됩니다. 이를 통해 독자는 한자와 한문에 대한 깊은 통찰을 얻을 수 있으며, 전통 문화에 대한 폭넓은 지식을 쌓을 수 있습니다.

강 영 수 지음

일러두기

1. 본서는 사언(四言)을 1절로 하여 일련번호를 가하였다. 여기에서 '의의'와 '출전'을 밝히고, '해설'과 '쓰임'을 붙이고, '글뜻'을 설명하였다.
2. 전체적인 해석은 앞절을 참조하여 사언이구(四言二句)로 풀이하였다.
3. 글자 풀이는 허신(許愼)의 <설문해자>에 의거하였다.
4. 가급적 원전을 살렸으며, 부득이한 경우는 현대적인 어법을 따랐다.
5. 종래의 천자문이 갖는 취약점, 예를 들어 본문의 단편적인 해설을 과감히 탈피하고 쓰기란을 만들어 학습의 이중효과를 도모하였다.
6. 책속의 작품은〈 〉로, 책은《 》의 약물을 사용하였다.
7. 한자의 우리말 표기는 두음법칙을 적용하였다.

차례

제1장

자연 自然

제2장

정사 政史

제3장

수학 修學

제4장

충효 忠孝

제5장

수덕 修德

제6장

오륜 五倫

제7장

인의 仁義

제8장

제도 帝都

제9장

공신 功臣

제10장

군웅 群雄

제11장

지세 地勢

제12장

농정 보신 農政 保身

제13장

한거 閑居

제14장

식사 食事

제15장

안이 安易

제16장

잡사 雜事

제17장

경계 警戒

고사성어로 배우는 천자문

개정판

1

天地玄黃
천 지 현 황

의의 하늘과 땅은 검고 누렇다.

출전 이백(李白)의 〈산중문답(山中問答)〉과 《역경》의 〈곤괘〉를 인용하였다.

해설 하늘은 일반적으로 땅이라는 공간에 대칭하는 말이다. 고대의 사상으로 보면, 하늘은 바람을 일으키고 구름을 몰아 비를 내리고 천지 만물을 주재한다. 하늘에는 천상의 신, 이를테면 천인(天人)이나 천사(天使)가 살고, 사람이 죽으면 그 영혼이 올라가 머무르는 곳이라 믿는다. 그러므로 하늘은 우리 인간의 힘으로 어찌할 수 없는 신성불가침의 세계이므로 배천사상(拜天思想)이 싹텄다. 특히 하은주(夏殷周) 시대의 천관은 다음의 열 가지로 하늘을 분석했다.

첫째, 사람의 생명은 하늘이 부여했다. 그러므로 생명의 길고 짧음을 하늘이 맡는다. 둘째, 하늘이 이(彝)와 칙(則)이라는 도덕 법칙을 세워 주었다. 셋째, 도덕 법칙을 세웠으므로 사람으로 하여금 따르게 하였다. 넷째, 하늘은 사람들의 실행 여부를 살핀다. 다섯째, 순종하면 복을 주고 역행하면 벌을 내렸다. 여섯째, 명령하고 벌을 주고 상을 주는 것을 하늘이 왕(王)으로 하여금 대표하게 하였다.

일곱째, 하늘이 왕을 세울 때는 신령한 보배를 내리어 하늘의 명을 받게 하였다. 여덟째, 왕자가 도를 잃으면 하늘이 먼저 꾸짖어 경구를 내렸다. 아홉째, 하늘은 민중에게 달려 있으니 백성들이 요구하면 하늘은 따른다. 열째, 사람은 죽으면 하늘로 가지만 어진 이는 상제의 좌우에 있게 한다.

맹자(孟子)는 공자를 그대로 배우려 들었으면서도 주재적인 하늘을 믿었다. 경천(敬天)을 하면서도 5백 년만에 천하를 경륜할 왕자가 필연적으로 태어난다는 역사의 필연성을 얘기했다. 그런 점에서 천자문의 첫 시작을 하늘에 두고 그 대칭을 땅으로 삼은 것이다.

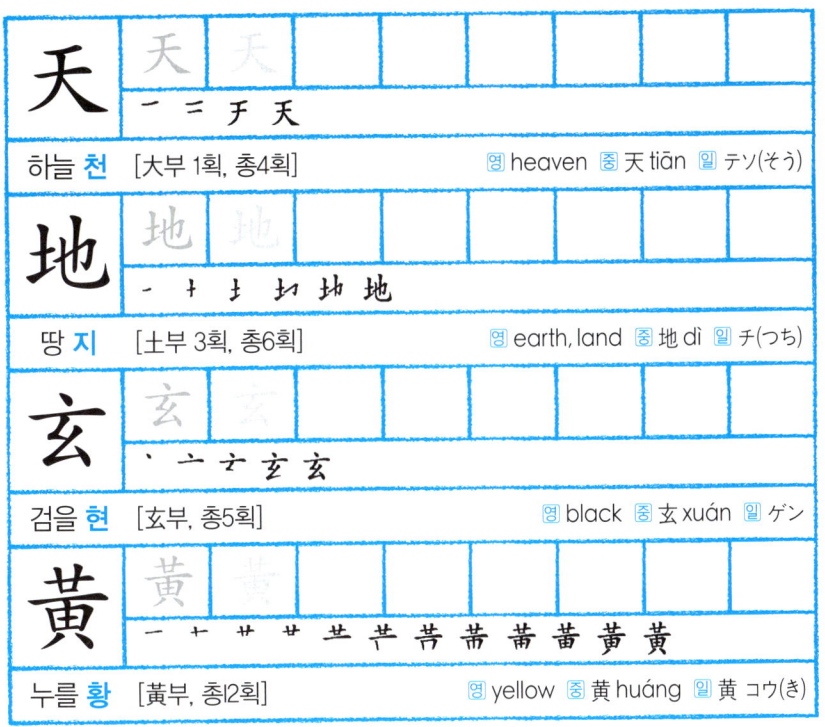

天	天 天
	一 二 チ 天
하늘 **천** [大부 1획, 총4획]	영 heaven 중 天 tiān 일 テン(そう)
地	地 地
	一 十 土 圠 圸 地
땅 **지** [土부 3획, 총6획]	영 earth, land 중 地 dì 일 チ(つち)
玄	玄 玄
	丶 亠 𠫔 玄 玄
검을 **현** [玄부, 총5획]	영 black 중 玄 xuán 일 ゲン
黃	黃 黃
	一 十 廾 廿 芏 芏 苎 苗 萓 黄 黄 黃
누를 **황** [黃부, 총12획]	영 yellow 중 黄 huáng 일 黄 コウ(き)

쓰임 ●天寵(천총) : 임금의 총애 ●天河(천하) : 은하를 다르게 부르는 말 ●地陷(지함) : 땅이 움푹하게 가라앉음 ●地點(지점) : 땅 위의 일정한 점 ●玄談(현담) : 아득하고 깊은 이치를 말하는 이야기 ●玄機(현기) : 현묘한 이치 ●黃柑(황감) : 잘 익어 빛이 누른 감자 ●黃菊(황국) : 꽃 빛이 누런 국화

글뜻 ●天(천)은 대(大)와 인(人)으로, 사람이 위를 바라본다는 뜻. ●地(지)는 '땅'을 가리킴. ●玄(현)은 검은 색에 붉은 색이 있는 것이라 했다. 이를테면 흑색 바탕에 약간 붉은 색을 띈 기운이다. ●黃(황)은 땅의 색으로, '밭에서 나는 소리'라는 의미다.

2 宇宙洪荒
우 주 홍 황

의의 우주는 넓고 거칠다.

출전 《장자》의 〈지북유(知北遊)〉와 피일휴의 〈주중십영서(酒中十詠序)〉를 인용하였다.

해설 우(宇)는 공간이고 주(宙)는 시간이다. 그러므로 우주라고 할 때는 일체의 존재물을 포괄하는 공간으로 특히 유학(儒學)에서는 《역전(易傳)》에 근거를 두고 있다. 이른바 우주론은 노자와 음양가들의 영향을 받아 형성되었다. 《상산전집(象山全集)》의 잡설(雜說)에는 우주에 대한 설명을 이렇게 다루고 있다.

"사방과 상하를 우(宇)라 하고, 예로부터 지금까지의 시간을 주(宙)라 한다(四方上下曰宇 往古來今曰宙)"

이러한 우주론은 중국의 춘추시대 이후에 인문주의가 자연주의적 물질적 우주관으로 발전한 것으로 이해되었다. 그 대표적인 예가 노자의 자연주의적 우주론과 《역전》의 천인론에 입각한 우주론이다. 특히 노자의 《도덕경》에는 천지보다 앞선 우주의 근원을 도라 했다. 이 도가 생성론적인 전개를 함으로써 우주 만물이 발생하는 것으로 이해되었다.

이에 반해 《역전》에서는 존재 세계의 변화를 중시했다. 변화의 양상을 음양의 구조적 결합으로 내다보고 그리하여 그 전개 과정을, 태극(太極) → 음양(陰陽) → 사상(四象) → 팔괘(八卦)의 도식으로 설명했다. 한(漢)나라 시대에는 이러한 사상들이 중국적인 우주론으로 체계화되었다. 동중서(董仲舒)나 노장의 성격이 강한 회남자(淮南子)의 사상이 그것이다. 동중서의 우주론은 송나라 때에 와서 세 가지의 우주론과 상호연관을 맺기에 이른다. 첫째가 주

돈이(周敦頤)의 《태극도설》에 나타난 우주론이고, 둘째는 장재(張載)의 우주론이며, 셋째가 소옹(邵雍)의 선후천론에 입각한 우주론이다.

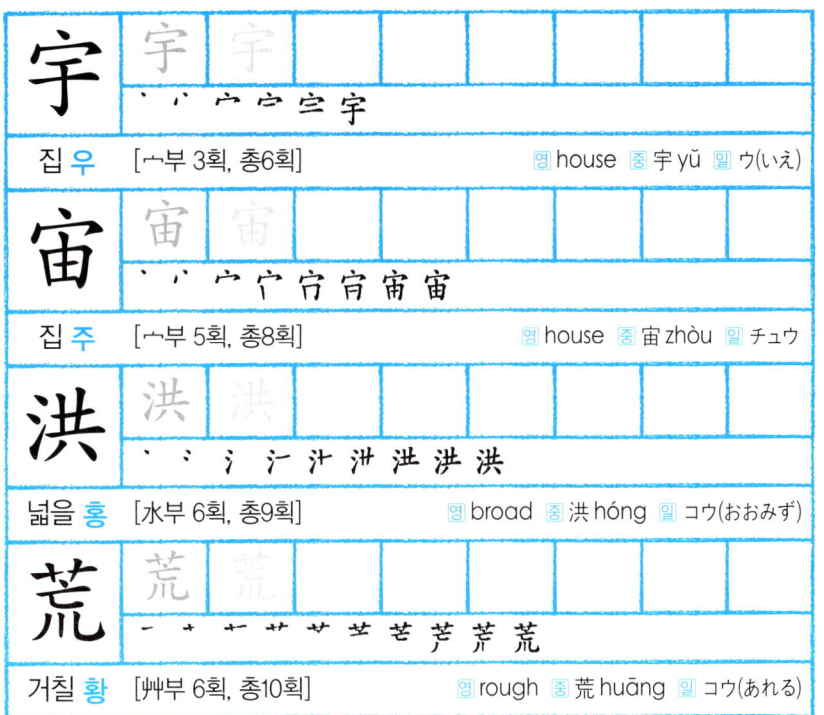

宇	宇	宇						
	丶 丷 宀 宀 宀 宇							
집 우	[宀부 3획, 총6획] 영 house 중 宇 yǔ 일 ウ(いえ)							
宙	宙	宙						
	丶 丷 宀 宀 宁 宙 宙 宙							
집 주	[宀부 5획, 총8획] 영 house 중 宙 zhòu 일 チュウ							
洪	洪	洪						
	丶 冫 氵 氵 汁 洪 洪 洪 洪							
넓을 홍	[水부 6획, 총9획] 영 broad 중 洪 hóng 일 コウ(おおみず)							
荒	荒	荒						
	一 十 艹 艹 艹 芒 芒 芒 荒 荒							
거칠 황	[艸부 6획, 총10획] 영 rough 중 荒 huāng 일 コウ(あれる)							

쓰임 ●宇宙(우주):세계를 둘러싸고 있는 공간. ●宇宙觀(우주관):우주의 기원과 본질 등에 대한 견해. ●宙水(주수):하천에 퇴적물로 된 토지 등에 부분적으로 끼어 있는 진흙 속에 괸 지하수. ●洪福(홍복):큰 행복. ●洪業(홍업):나라를 세우는 대업. ●荒漠(황막):거칠고 썩 넓음. ●荒文(황문):거칠고 너절한 물.

글뜻 ●宇(우)는 지붕이 사방을 덮은 모양을 나타낸 모습이다. ●宙(주)는 주차(舟車)가 목적지에 도착하였다가 다시 원래의 곳으로 돌아간다는 의미. ●洪(홍)은 물이 불어 하천이 넘쳐난다는 뜻. ●荒(황)은 잡초가 무성하여 사물의 분간이 어렵다는 뜻이다.

3

日月盈昃
일 월 영 측

의의 해는 차츰 기울고, 달은 만월이 되나 이지러진다.

출전 《순자(筍子)》의 〈불구편(不苟篇)〉과 《수서(隋書)》 〈고조기〉를 인용하였다.

해설 해(日)는 천체 중에서 사람들이 생존할 수 있도록 에너지를 제공하는 존재다. 그러므로 고대에는 하늘의 대명사를 태양이라는 믿음으로 제사 지내기에 이르렀고, 태양을 숭배하는 사상으로 발전하였다. 태양이 운행하는 바에 따라 우주 만물에 크고 작은 영향을 준다는 믿음 때문이었다. 이를테면 태양이 적도(赤道)를 운행하여 추운 북극으로 치우치면 만물이 생장 변화할 수가 있다. 그러나 태양의 위도가 황도(黃道)로 운행하여 남극에 있으면 태양은 열기를 잃고 당연히 기운은 차가워진다. 이렇게 되면 만물은 고사(枯死)돼 버린다.

또 달(月)은 해나 별처럼 오행에 관련되어 있으며, 풍운을 일으키는 조화를 가지고 있다. 그러므로 달이 차고 기우는 것을 중심으로 음력을 만드는 기본이 되었다. 달이 기우는 그믐을 회(晦)라 하고, 초하루를 삭(朔), 그리고 십오야(十五夜)의 달을 만(滿)이라 한다.

현대의 과학 문명은 우주선을 쏘아 올려 달에 착륙시켜 거기에 어떤 생물체가 있는지를 탐사케 했다. 그 결과 달은 신비로 가득한 것이 아니며, 하나의 거대한 암석이라는 것을 밝혀냈다. 그러나 고대인들은 달의 기운을 보고 길흉을 점쳤다. 예를 들면 달의 주위에 황색 구름이 있으면 흉조라 하였고, 바람에 흔들리듯 하면 벌레가 성한다는 것 등이다.

또한 고대인들은 태양을 군주에 상징하고, 황후나 어머니는 달로 나타냈다. 우리나라의 경복궁 근정전에 있는 일월곤륜도(日月崑崙圖)는 일월도·일월오봉산도 등으로 불리는데, 해와 달이 왕과 왕비를 상징하고 있음을 알 수 있다.

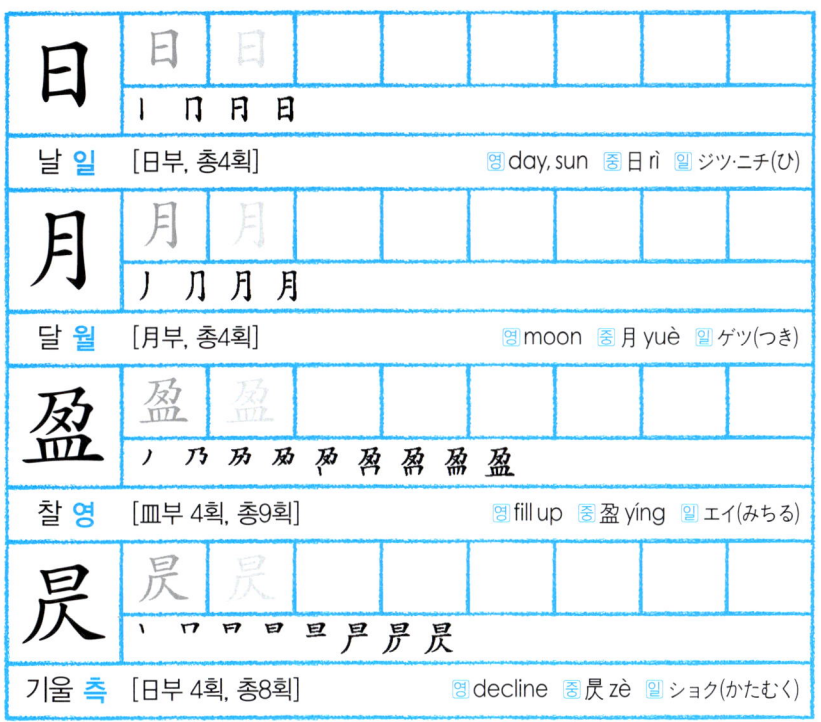

한자	뜻·음	부수·획수	영	중	일
日	날 일	[日부, 총4획]	day, sun	日 rì	ジツ·ニチ(ひ)
月	달 월	[月부, 총4획]	moon	月 yuè	ゲツ(つき)
盈	찰 영	[皿부 4획, 총9획]	fill up	盈 yíng	エイ(みちる)
昃	기울 측	[日부 4획, 총8획]	decline	昃 zè	ショク(かたむく)

쓰임 ● 日間(일간) : 하루 동안 ● 日工(일공) : 하루의 품삯 ● 月計(월계) : 한 달을 단위로 하여 셈을 함 ● 月例會(월례회) : 다달이 가지는 정기적인 모임 ● 盈滿(영만) : 사물이 충분하게 가득 참 ● 盈歲(영세) : 농사가 잘된 해 ● 昃聞(측문) : 풍문에 얼핏 들음

글뜻 ● 日(일)자의 원형은 ◎으로 '태양'을 나타낸다. ◎은 '주재자'를 표시하였다. ● 月(월)은 달의 상형문자이다. ●은 달의 음정을 나타낸 것이다. ● 盈(영)은 《광아석고(廣雅釋詁)》에 '그릇에 물건이 많음'을 표시했다. ● 昃(측)은 '해가 서쪽 방향으로 기울어짐'을 나타낸다.

4

辰宿列張
진 숙 렬 장

의의 별은 제자리에 위치하여 하늘에 널려 있다.

출전 《진서(晉書)》 〈천문지(天文志)〉, 명나라 귀안 사람 장연이 쓴 〈관상부〉를 인용하였다.

해설 하늘에는 수없이 많은 별이 있다. 그러나 그 별에는 각각 이름이 있고, 위치하는 곳이 다르다. 고대의 천문학에서는 하늘의 별자리를 대략 3천 개로 보았다. 그 별 중에서 방위가 뚜렷한 청룡(靑龍)·주작(朱雀)·현무(玄武)·백호(白虎) 등처럼 28수(宿)의 별자리를 정했다. 천문학에 있어 일월과 모든 성신 가운데 해가 차는 것은 갑자일(甲子日)이라 한다. 이것은 기(紀)를 잡아 천체 계산을 할 때 기본이 되는 것 같이, 사람을 관리하는 데엔 인통(人統)이 기본이 된다.

별자리에 있어, 세성(목성)은 12년만에 한 번 돌고 형혹(화성)이 나타나면 전란이 일어난다고 했다. 또한 태백성(금성)이 나타나면 장군에 대한 길흉을 상징했으며, 신성(항성)이 보이면 세상이 흔들릴 정도의 소란이 일어난다. 이 외에도 진성(토성)이 있으며, 천왕성이나 문창성 등도 있다.

어디 그뿐인가. 이 밖에도 기관(騎官)·천구(天龜)·삼공(三公)·천천(天泉)·천전(天田)·천진(天津)·천전(天錢)·차부(車府)·천시단(天市壇) 등 집권자가 편리할 대로 만들어 왕도와 결부시켰다.

물론 고대의 천관들이므로, 깊은 밤 천단에 올라가 별들을 바라보는 게 고작이었다. 좀처럼 알 수 없고 오로지 스스로의 생각대로 헤아려 인식하고 있었으므로 별자리 역시 자신이 알고 있는 형태로 변화되었다. 이러한 동양의 천문학, 특히 중국은 《홍범구주》의 오행이나, 천문학, 율력서가 도입되어 오로지 《주역》의 팔괘와 같은 점술 방법으로 쓰여졌다. 여러 사서는 물론 여타의 점성학에서 볼 수 있는 일이다.

한자	훈음	부수·획수	영	중	일
辰	별 진	[辰부, 총7획]	star	辰 chén	シン(ほしのな)
宿	잘 숙	[宀부 8획, 총11획]	sleep	宿 xiǔ	シュク(やどる)
列	벌일 렬	[刀부 4획, 총6획]	display	列 liè	レツ(つらねる)
張	베풀 장	[弓부 8획, 총11획]	give, extend	张 zhāng	チョウ(はる)

쓰임 ●辰砂(진사) : 수은과 황의 화합물 ●辰初(진초) : 상오 7시가 막 지날 무렵 ●宿耆(숙기) : 늙은이 ●宿德(숙덕) : 오래된 덕망 ●列位(열위) : 여러분 ●列邑(열읍) : 여러 고을 ●張燈(장등) : 등불을 켜놓음 ●張本人(장본인) : 일을 일으킨 당사자

글뜻 ●辰(진)은 춘삼월이 오면 변화 신장하는 것을 가리킨다. 그러므로 진은 봄날에 나타나는 별을 의미한다. ●宿(숙)은 집을 나타내는 움집과 집 멍석을 표현한 백과 사람이 합해진 자다. ●列(열)은 설문에서는 분해(分解)의 뜻으로 나타냈다. ●張(장)은 궁(弓)과 장(長)의 형성(形聲)으로, 활의 줄을 편다는 의미다.

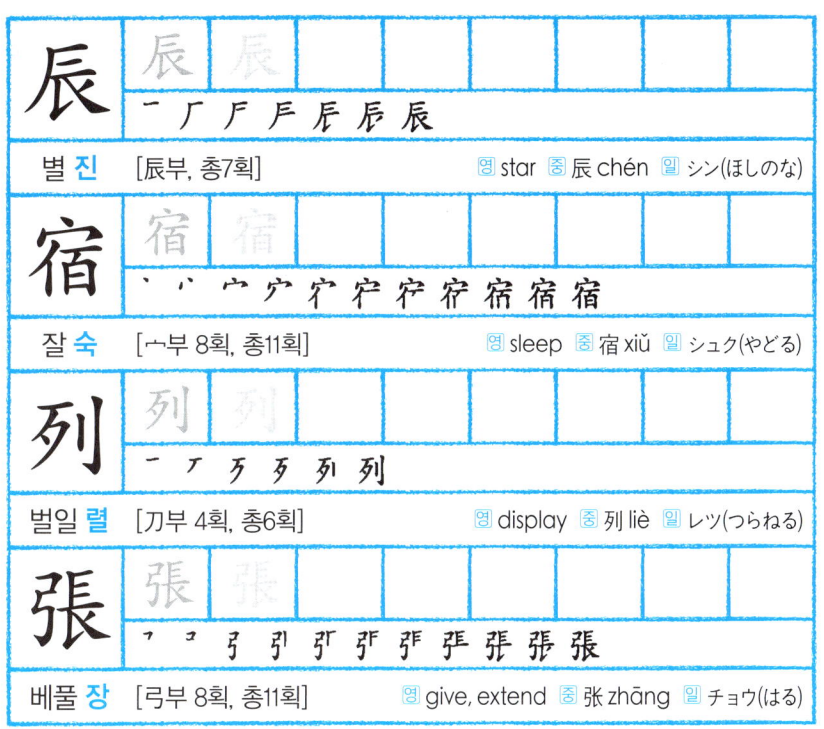

5

寒來暑往
한래서왕

의의 추위가 가고 더위가 온다.

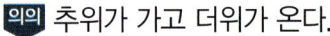

출전 백거이(白居易)의 〈안기시(晏起詩)〉를 인용하였다.

해설 추위라는 것은 겨울이다. 겨울이 간 후에는 더위가 온다. 그렇게 하여 날이 가고 달이 가면 일세(一歲). 옛사람들은 '세(歲)'를 12개월로 나타내고, 과학적으로는 태양이 지구를 한 번 회전하는 것을 뜻했다. 《홍범구주》의 오기(五紀)에 의하면, 앞서와 마찬가지로 '세' 역시 천문학과 깊은 관계를 맺고 있음을 나타냈다.

다시 말해 '세'는 일월과 오성이 운행하는 척도다. 첫 번째에 해당하는 오행으로의 간지는 갑자(甲子)이며, 이것은 천통(天統)의 수다. 반면에 지통에 해당하는 수는 갑진(甲辰)이다. 이와 같은 통술에 있어 첫번째에 해당하는 것을 기(紀)로 표시한다.

해가 30번 운행하면 한 달이 되고, 12번 차면 한 해가 된다. 이러한 통술에 의거하여 춘하추동의 사계절이 생기며, 이것을 24절기로 나눈다.

이러한 것을 율력수(律曆數)와 통술(統術)·기술(記術)·세술(歲術)에 따라서 오행과 합치되게 계산하는 것이 앞서 말한 '세'다. 그렇다면 이러한 학문의 중요성은 어떤 것인가를 짚고 갈 필요가 있다. 고금을 막론하고 나라에서 어떤 행사를 할 때에는 반드시 날짜와 시간이 필요하게 된다. 그러나 상고 때에는 역세(曆歲)가 없었으므로 그것을 정한다는 것은 어려웠다. 오기(五紀)의 문화가 없던 그 시절에는 시간 약속이 불가능한 미개한 사회다. 그러나 오기의 문화가 형성되면서 사정은 달라졌다. 시간이 흐르고 세월이 가는 것을 춘하추동으로 나누고 세일월 성신을 역법으로 산출하여 이것을 10간 12지

(十干 十二支)로 나누는 법도를 제도화한 것이다.

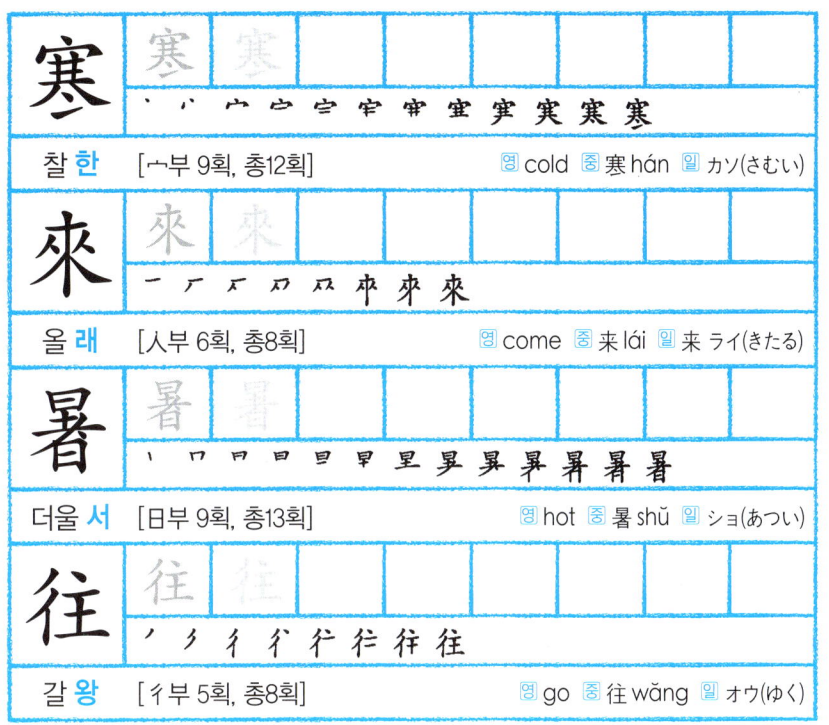

寒	寒	寒
찰 **한**	[宀부 9획, 총12획]	영 cold 중 寒 hán 일 カン(さむい)
來	來	來
올 **래**	[人부 6획, 총8획]	영 come 중 来 lái 일 来 ライ(きたる)
暑	暑	暑
더울 **서**	[日부 9획, 총13획]	영 hot 중 暑 shǔ 일 ショ(あつい)
往	往	往
갈 **왕**	[彳부 5획, 총8획]	영 go 중 往 wǎng 일 オウ(ゆく)

쓰임 ●寒天(한천) : 추운 겨울의 하늘 ●寒威(한위) : 추위의 위세 ●來朝(내조) : 외국의 사신이 옴 ●來夏(내하) : 내년 여름 ●暑感(서감) : 여름에 드는 감기 ●暑痢(서리) : 더위를 먹고 설사하는 계절적인 탈 ●往訪(왕방) : 가서 찾아봄 ●往歲(왕세) : 왕년

글뜻 ●寒(한)은 풀(茻)로 위아래를 까는 것을 표시하고, 그 다음에 宀(屋)을 더하였다. 땅이 얼면 사람은 풀을 덮거나 까는 것을 뜻하였다. ●來(내)는 하늘에서 온 맥(麥)에서 '오다'의 뜻으로 가차(假借)했다. 그러므로 한래는 '추위가 오다'라는 의미다. ●暑(서)는 일(日)과 자(者)와의 형성자이다. ●往(왕)은 본래의 뜻이 '걸어가다'. 그러므로 서왕은 '여름이 가다'라는 뜻이다.

6

秋收冬藏
추 수 동 장

의의 가을에 거둬드리며 겨울엔 저장한다.

출전 《순자(荀子)》의 〈왕제편(王制篇)〉과 《사기(史記)》 〈태사공서(太史公序)〉를 인용하였다.

해설 위의 글에는 가을과 겨울만 나와 있으나 숨어 있는 본의(本意)는 춘하추동 사계절을 다루고 있다. 특히 《주역》이나 《홍범구주》 등에는 오행(五行)을 아주 중요하게 다룬다.

동중서의 《공양춘추(公羊春秋)》에는 유가 계통의 음양오행을 수록하였다. 그런가 하면 유향의 《치곡량(治穀梁) 춘추서》에는 오행에 대한 상세한 주석을 다루었다. 일반적으로 오행이라 하면 점을 치고 방술을 펼칠 때에 필요한 《주역》에나 쓰임새 있는 신비한 학문으로 알려져 있다. 오행은 그런 것만이 아니다. 천지와 자연, 그리고 그 속에서 생장하는 인간, 이러한 자연의 모든 것이 천지 자연의 성분을 함축하고 있다. 이를테면 풀을 먹고 사는 곤충은 초목의 잎을 갉으니 자연스럽게 초목과 같은 빛깔이 된다. 이것은 성분에 따라 빛깔이 변화할 수 있는 것을 단적으로 말해 주는 것이다.

오행학에서 토(土)는 중앙을 나타낸다. 동쪽의 방위는 목(木)이며, 계절로는 봄이다. 또한 햇빛을 잘 받는 남쪽을 화(火)라 하며, 계절로는 여름이다. 북방을 수(水)라 하며, 계절로는 겨울이고, 서쪽을 금(金)이라 하며, 계절로는 가을이다.

봄은 나뭇가지가 차가운 바람과 눈으로 시달림을 받다가 싹을 움 틔우는 생동의 계절이다. 여름은 삼라만상의 생물과 식물이 번성하고, 가을은 수확의 계절이다. 그리고 겨울은 수확된 식물 등을 저장해둔다. 이렇듯 봄에

씨 뿌리고, 여름에 가꾸며, 가을에 추수를 끝낸 후, 겨울에 그것들을 저장해 둔다.

한자	훈음	부수·획수	영	중	일
秋	가을 추	[禾부 4획, 총9획]	autumn	秋 qiū	シュウ(あき)
收	거들 수	[攴부 2획, 총6획]	gather	收 shōu	収 シュウ(おさめる)
冬	겨울 동	[冫부 3획, 총5획]	winter	冬 dōng	トウ(ふゆ)
藏	감출 장	[艸부 14획, 총18획]	conceal	藏 zàng	ソウ(くら)

쓰임 ●秋冷(추랭) : 가을의 찬 기운 ●秋思(추사) : 가을철에 느끼는 쓸쓸한 생각 ●收用所(수용소) : 많은 사람을 맡아두거나 하는 곳 ●收益性(수익성) : 수익이 되는 성질 ●冬眠(동면) : 겨울 잠 ●冬將軍(동장군) : 겨울의 매서운 추위 ●藏匿(장닉) : 감추어 숨김 ●藏相(장상) : 재무부장관을 일본식으로 이르는 말

글뜻 ●秋(추)는 '곡식이 익는다', '가을'로 바뀜. 정자통(正字通)에는 추(烁)와 추(秋)가 같은 자라고 밝힌다. ●收(수)는 '곡식을 거두어들인다'는 뜻. ●冬(동)은 '사시(四時)가 끝난다'는 것과 '물이 언다'는 의미. ●藏(장)은 설문에 뜻이 없다. 다만 장(藏)과 장(臧)을 통용된 글자라 했다.

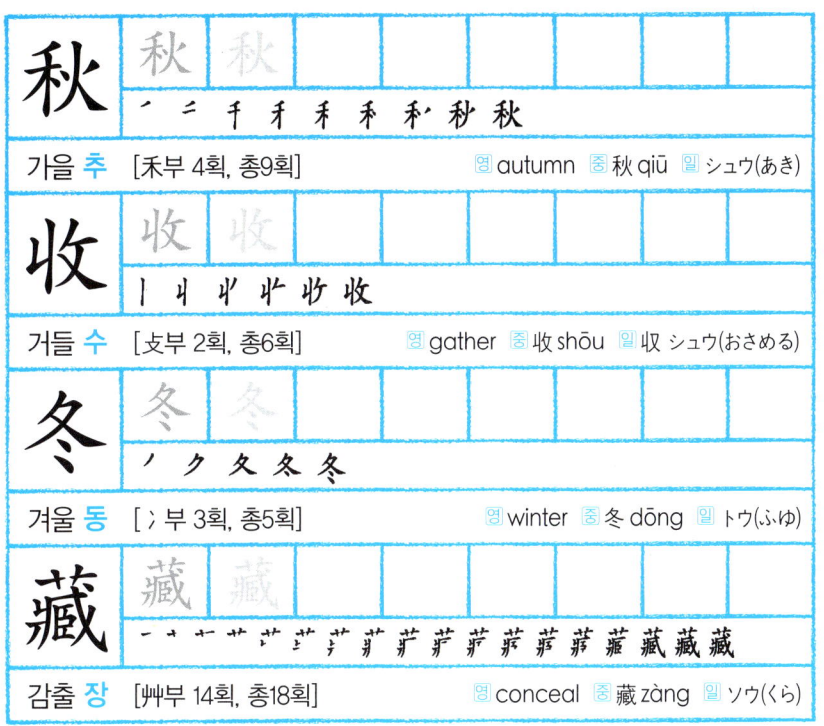

7

閏餘成歲
윤 여 성 세

의의 윤달을 두어 세를 조절하였다.

출전 《위서(魏書)》〈율력지(律曆志)〉와 《관자(管子)》를 인용하였다.

해설 역(曆)이란 천체의 주기적인 현상에 따라 시간 단위를 정해 나가는 체계이다. 지구의 자전 주기는 하루(1일)라는 단위다. 지구의 공전 주기와 달의 삭망 주기는 한 해(1년)와 한 달(1월)이며, 이들의 천체운동은 매우 규칙적이지만, 이들 세 주기 사이에 만만치 않은 문제가 숨어 있다.

순태 음력은 달의 삭망 주기에만 주목하여 만든 역(曆)이다. 달의 태양에 대한 상대 위치가 같은 주기를 택한 것으로, 평년을 354일 윤년을 365일로 한다. 평년 1년은 12삭망월보다 0.36707이 짧다. 그러므로 해마다 월상(月相)이 늦어진다. 이 차이를 흡수하기 위해 윤년을 두었다.

그런가 하면 태음태양력에서는 순태 음력에 29일 또는 30일의 윤달을 끼워 넣어 계절의 변화에 맞추었다. 이 역은 상당히 복잡하지만, 실용성이 높아 많은 민족이 사용해 왔다. 예를 들어, 1태양년은 12.36827 삭망월이 된다. 이것은 12삭망월보다 11일이나 길다. 나머지 일수가 쌓이면 윤달이 되어 1년을 13개월로 만들기도 한다. 계산에 의하면 8태양년에 3개월, 19태양년에 7개월, 27태양년에 10개월의 윤달을 두어야만 역년의 계산이 맞는다. 이것들은 태음 태양법의 치윤법에서 제각각 8년 3윤법, 19년 7윤범, 27년 10윤법이라 한다.

19년 7윤법에서는 19년 태양년과 235삭망월(=12월×19+7월)의 길이가 같게 된다는 뜻이다. [19태양년=365.2422일×19=6939.6018일, 235삭망월=29.53059×235=6939.6887] 이러한 6,940일을 중국에서는 춘추 전국시대에 발견하여 이름을 장(章)이라 하였다.

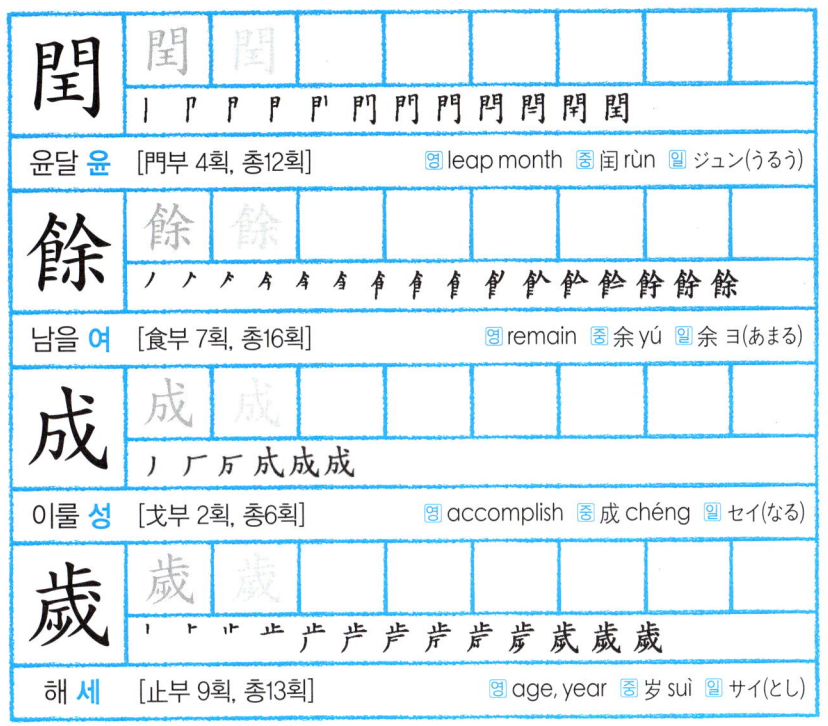

閏	丨 ㄗ ㄗ 𠁣 門 門 門 閂 閂 閏 閏 閏	
윤달 **윤**	[門부 4획, 총12획]	영 leap month 중 闰 rùn 일 ジュン(うるう)
餘	丿 𠆢 亽 今 今 今 食 食 食 食 飠 飡 飵 餘 餘 餘	
남을 **여**	[食부 7획, 총16획]	영 remain 중 余 yú 일 余 ヨ(あまる)
成	丿 厂 万 成 成 成	
이룰 **성**	[戈부 2획, 총6획]	영 accomplish 중 成 chéng 일 セイ(なる)
歲	丨 ⺊ 止 止 产 岸 岸 岸 岸 岸 歲 歲 歲	
해 **세**	[止부 9획, 총13획]	영 age, year 중 岁 suì 일 サイ(とし)

쓰임 ●閏日(윤일) : 양력 2월 29일 ●閏集(윤집) : 원본에서 빠진 것을 모아 엮은 문집 ●餘波(여파) : 뒤에까지 미치는 영향 ●餘力(여력) : 남은 힘 ●成功(성공) : 목적하는 바를 이룸 ●成器(성기) : 완성한 그릇 ●歲饌(세찬) : 설날 차린 음식 ●歲費(세비) : 일 년 동안의 경비

글뜻 ●閏(윤)은 문(門)과 왕(王)의 회의자. 고대의 고삭지례(告朔之禮)에 있어서 왕은 종묘에 있으나 윤달에는 문안에 있었으므로 여분의 월인 윤월(閏月)로 했다. ●餘(여)의 본의는 '넉넉하다' ●成(성)은 무(戊)와 정(丁)을 합해 충실·무성을 나타낸다. ●歲(세)에 대해 목성은 12월에 1차씩 운행하여 12년에 일순하므로 12월 1차를 1세로 하였다.

8

律呂調陽
율 려 조 양

의의 음률을 고르게 하여 음양을 조절한다.

출전 《주례(周禮)》〈춘관편(春官篇)〉 전동(典洞)을 인용하였다.

해설 황종률(黃鍾律)은 오성의 기본이다. 황종(黃鐘)·태족(太族)·고선(姑先)·성빈(性貧)·이칙(夷則)·무역(無射)은 황종률에 속하고, 여(呂)로써 선양하는 1에는 임종(林鐘), 2는 남려(南呂), 3은 응종(應鐘), 4는 대려(大呂), 5는 내종(來鐘), 6은 중려(中呂)이다. 황종률은 수컷 울음을 6율로, 또 암컷 울음을 6률로 하여 십이율을 갖고 있다. 그러므로 천하를 다스리는 법도는 물론이려니와 천지의 기가 모여 생기는 바람의 조화도 이곳에 있다.

임종의 시초는 11월을 줘달이라 하고, 11월을 대려라 하여 이를 여려(呂旅)라 했다. 이를테면 음양이 많은 대려가 그것이며, 또한 11월은 축(丑)이라 하여 태족(太族)이라 했다.

3월을 진(辰)이라 하여 중려라 했는데, 만물에 기운을 돋우어 주었다. 4월은 사(巳)라 하고, 5월은 오(午)라 하여 임종의 왕이라 했다. 6월은 미(未)라 하여 이칙(夷則)이라는 법을 가리키고, 7월은 신(申)이라 하여 남쪽을 지칭했다.

8월은 유(酉)니 활쏘기를 피하고, 9월은 술(戌)이니 만물을 간직하는 응종의 시기다. 10월은 해(亥)의 달이며, 하늘과 땅과 사람의 세 가지가 합하여 인사를 바로잡는 것이라 했다.

이러한 근거로 황종은 하늘인 건(乾)의 천통에 의하여 9치로 했다. 그리고 임종은 땅의 기강인 지통을 기준으로 했기 때문에 그 역시 9치로 했다. 이것이 십이진이다.

이러한 법칙에 의하여 역수의 일통법이 형성되었으며, 통치자들은 천문지에 따라 오행의 역수를 깊은 철학으로 받아들였다. 이른바 천(天)·지(地)·인(人)·기(氣)·물(物)이 순화하고 변화하는 법도로 이해하려 들었다.

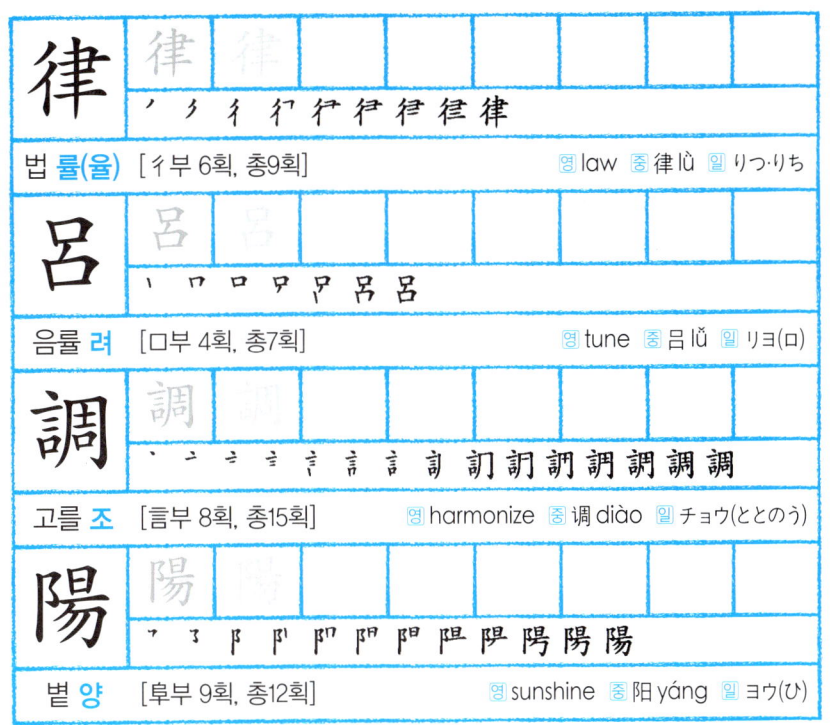

律
법 률(율) [彳부 6획, 총9획] 영 law 중 律 lǜ 일 りつ·りち

呂
음률 려 [口부 4획, 총7획] 영 tune 중 吕 lǚ 일 リョ(ロ)

調
고를 조 [言부 8획, 총15획] 영 harmonize 중 调 diào 일 チョウ(ととのう)

陽
볕 양 [阜부 9획, 총12획] 영 sunshine 중 阳 yáng 일 ヨウ(ひ)

쓰임 ●律動(율동) : 리듬에 맞춰 추는 춤 ●律士(율사) : 법률가 ●呂氏(여씨) : 성씨의 하나 ●呂宋煙(여송연) : 엽궐련(담뱃잎을 통째로 말아서 만든 담배) ●調製(조제) : 조절하여 만듦 ●調進(조진) : 주문한 물건을 만들어 바침 ●陽刻(양각) : 돋을 새김 ●陽道(양도) : 남자로서의 도리

글뜻 ●律(율)은 '고르게 한다'가 본래 의미다. '법'으로 해석하였다. ●呂(여)는 등뼈가 서로 이어져 있는 모습의 상형자이다. 본래의 뜻은 '등마루 뼈'. ●調(조)는 광아석고(廣雅釋詁)에 '조화(調和)'라 하였다. ●陽(양)은 '산 남쪽의 양지'를 가리킨다.

9

雲騰致雨
운 등 치 우

의의 구름은 올라가 비를 이룬다.

출전 《후한서》 〈현종비(顯宗妃)〉를 인용하였다.

해설 예전에는 구름에 의해 일기의 변화를 관측하였다. 이를테면 구름이 어떤 모양을 하는가에 따라 비가 오겠다거나 개이겠다는 것을 예감할 수 있어 오늘날의 일기예보와 같은 구실을 하였다. 공기 중의 수분이 상승하여 이슬점(露點) 이하에서 응결한 미세한 얼음 입자가 한데 모여 대기의 고층에 떠 있는 것이 구름이다.

일반적으로 지면에 접하여 있는 것을 안개라 하고, 공중에 떠 있는 것을 구름으로 대별한다. 그러나 구름이 산허리에 걸려 있는 경우도 있으므로 그 한계를 명백히 짓는 것은 쉬운 일이 아니다.

구름이 일어났다가 소멸하는 데엔 공기의 수직운동과 밀접한 관계가 있다. 공기 덩어리는 높이 올라갈수록 주위의 기압이 낮아진다. 그러므로 공기와 열 교환 없이 팽창하게 되어 온도는 더욱 낮아진다. 이렇게 되어 어느 고도에 이르면 공기 중의 수증기가 작은 물방울이 되어 구름을 형성한다. 구름은 사람들에게 날씨의 변화를 알려주므로 예로부터 관천망기법(觀天望氣法)에 자주 나타난다.

또한 비는 많은 양의 구름 물방울이 빗방울로 된다. 대체로 여기에는 두 가지 이론이 있다. 그 하나는 빙정설(氷晶說)이다. 구름 속의 물방울과 빙정이 섞이어 있다가, 물방울이 증발하면 빙정이 성장하게 되고, 그것이 무게에 의해 떨어질 때에 녹으면 비가 되고, 녹지 않으면 눈이 된다. 다른 하나는 운립포획설(雲粒捕獲說)이다.

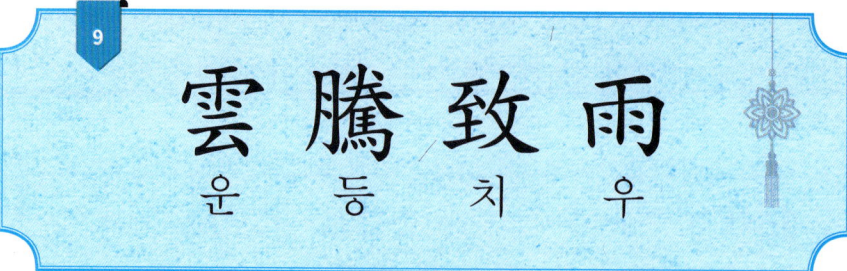

이것은 구름 물방울보다 훨씬 큰 염분 핵을 중심으로 존재하는 물방울이 작은 구름 물방울들을 병합하여 빗방울로 성장하는 것을 말한다. 구름 물방울들은 10만~100만 개 정도가 합해졌을 때 한 개의 빗방울이 된다.

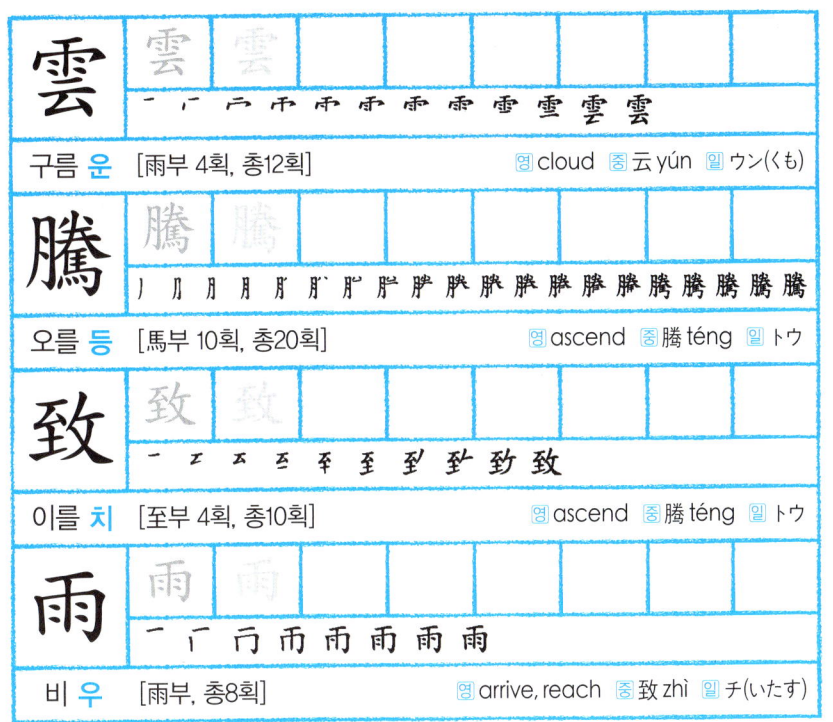

雲	구름 **운** [雨부 4획, 총12획] 영 cloud 중 云 yún 일 ウン(くも)
騰	오를 **등** [馬부 10획, 총20획] 영 ascend 중 腾 téng 일 トウ
致	이를 **치** [至부 4획, 총10획] 영 ascend 중 腾 téng 일 トウ
雨	비 **우** [雨부, 총8획] 영 arrive, reach 중 致 zhì 일 チ(いたす)

쓰임 ●雲雨(운우) : 구름과 비 ●雲岩(운암) : 하늘을 찌를 듯이 우뚝 솟은 바위 ●騰貴(등귀) : 물품이 달리고 값이 뛰 ●騰笑(등소) : 껄껄 웃음 ●致賀(치하) : 남의 경사에 하례함 ●致命(치명) : 죽을 지경에 이름 ●雨景(우경) : 비가 내릴 때의 경치 ●雨氣(우기) : 비가 내릴 듯한 기운

글뜻 ●雲(운)은 고문에는 운(云)으로 되어 있다. 이것은 구름이 회전하여 상승하는 모습을 본떴다. ●騰(등)은 짐(朕)과 마(馬)를 합한 자로 '오르다'는 뜻으로 변하였다. ●致(치)는 '보내서 이르다'는 뜻. ●雨(우)는 구름 사이에 :|:(水)가 떨어진다는 뜻이다.

10

露結爲霜
노 결 위 상

의의 이슬은 찬 기운과 엉키어 서리가 된다.

출전 《시경》 〈진풍(秦風)〉의 염가(簾葭)를 인용하였다.

해설 이슬(露)은 지표면 가까이에 있는 풀이나 나뭇잎에 공기 중의 수증기가 응결하여 물방울이 되어 붙어 있는 현상이다. 밤의 복사냉각에 의해 이슬점 온도 이하로 내려갔을 때 맺힌다. 중국과 마찬가지로 우리나라에도 이에 관한 흥미로운 기록이 있다. 정조 14년인 1790년 9월의 경연에서 한 신하가 말했다.

"감로가 내렸으니 사책(史冊)에 기록하는 것이 마땅합니다."

그러나 임금은 농사가 잘 되는 것을 가장 높은 상서로움으로 생각하여 감로가 내린 것은 크게 소란을 떨 필요가 없는 것이라 일축했다. 흥미로운 것은 당시에 내린 이슬이 마치 꿀과 같이 달았다는 점이다.

또한 서리(霜)라는 것은 대기 중의 수증기가 지면이나 물체에 접촉하여 얼어붙은 하얀 가루 모양의 얼음이다. 늦봄이나 가을날의 맑고 바람이 약할 때에 물체 온도가 복사냉각에 의해 섭씨 0도 이하로 내려갈 때 생긴다. 이 시기에는 한낮엔 다소 건조하더라도 기온이 많이 내려가면 공기가 수증기를 포함할 수 있는 능력이 포화상태에 이른다. 여기에서 다시 기온이 더 내려가면 남아 있는 수증기는 응결하게 된다.

서리는 남쪽 지방보다는 북쪽이, 낮은 지대보다는 높은 지대가 종상일(終霜日)이 늦고 초상일(初霜日)은 빠르다. 서리는 빙점 이하의 지면 온도에서 나타나므로 농작물이 피해를 입게 되며, 심할 경우엔 동해(凍害)를 당한다. 처음 내리는 묽은 서리를 무서리, 아주 되게 많이 내리는 서리를 된서리라 한다.

露	이슬 로(노)	[雨부 13획, 총21획]	영 dew 중 露 lù 일 ロ(つゆ)
結	맺을 결	[糸부 6획, 총12획]	영 join· tie 중 结 jié 일 ケツ(むすぶ)
爲	할 위	[爫부 8획, 총12획]	영 for 중 为 wèi 일 為 イ(なす·ため)
霜	서리 상	[雨부 9획, 총17획]	영 frost 중 霜 shuāng 일 ソウ(しも)

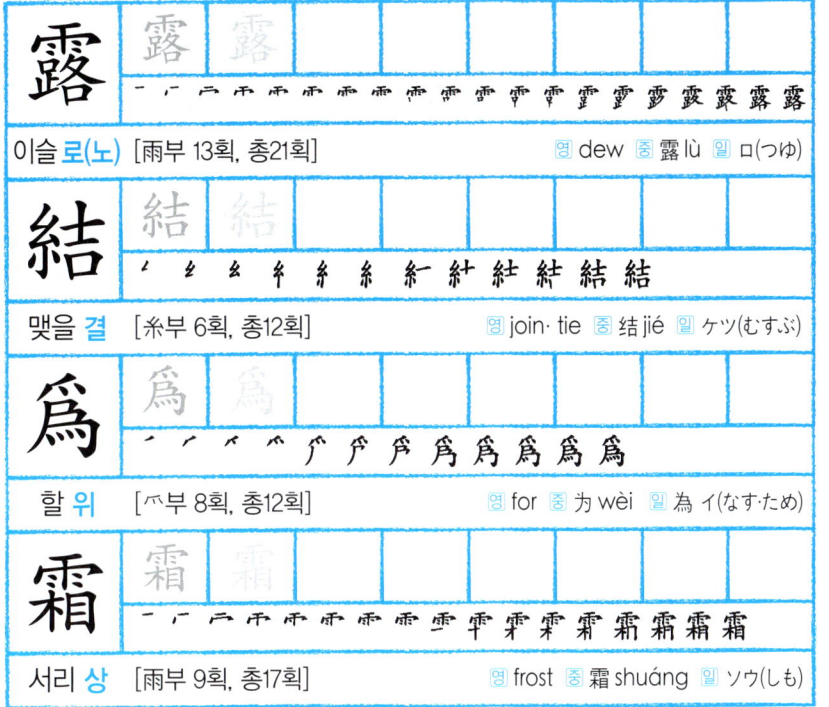

쓰임 ●露地(노지) : 지붕 같은 것으로 가리지 않은 땅 ●露惡(노악) : 자기의 나쁜 점을 일부러 드러내 보이는 일 ●結成(결성) : 단체나 조직을 이룸 ●結腸(결장) : 맹장과 직장을 잇는 큰창자의 한 부분 ●爲力(위력) : 힘을 다함 ●霜降(상강) : 이십 사절기의 하나, 10월 29일경 ●霜害(상해) : 서리로 인한 피해

글뜻 ●露(로)는 우(雨)와 로(路)의 형성자. 설문에서 '윤택하게 하는 이슬'로 글자를 풀었다. ●結(결)은 사(糸)와 길(吉)의 형성자. '실로 매듭을 맺다'라는 의미. ●爲(위)의 윗부분은 원숭이 발톱을 본떴고, 아래는 머리와 눈·몸을 상형했다. 나중에 '성(成)'으로 변전했다. ●霜(상)은 우(雨)와 상(相)의 형성자이다. '만물을 해롭게 하는 서리'로 글자를 풀었다.

11

金生麗水
금생려수

의의 금은 여수라는 하천의 모래 속에서 나온다.

출전 《한비자(韓非子)》의 〈칠술(七術)〉과 《구당서》 〈가탐전〉을 인용하였다.

해설 전국시대 한비(韓非)가 찬한 《한비자(韓非子)》는 12권으로 본래 명칭은 한자(韓子)였다. 이름이 바뀐 것은 송나라 이후 명문장가 한유와 구별하기 위해 처음으로 비(非)를 덧붙였다. 옛 책에는 잘못된 부분이 많아 명나라 때에 조용현이 송나라 때의 것을 수정 가필하였으나 고서가 지닌 본래의 맛을 잃은 것으로 이해된다.

여수라는 지명은 중국에 세 곳이 있다.

첫째는 《한비자》의 칠술(七術)에 나온다. 〈형남지지, 여수지중, 생금(荊南之地 麗水之中, 生金)〉이라 한 것은 절강성에 있는 이 하천에서 금이 생산됨을 가리킨다.

둘째는 감숙성의 장랑하(莊浪河)로 옛 지명은 역수(逆水)다.

셋째는 운남성의 금사강(金沙江)이다. 《구당서》의 〈가탐전(賈耽傳)〉에 이르기를 〈고려남공여수지금(故瀘南貢麗水之金)〉이라 한 것도 이 지방에서 금이 생산됐음을 뜻한다. 금은 재화로서의 가치가 여느 것보다 크다. 그러므로 오행으로 볼 때에 본의는 의(義)에 해당한다. 의를 행하는 행위는 위로 군왕의 총애와 아래로 만백성의 존경을 받을 수 있다.

금은 절기로 따지면 가을에 해당한다. 가을은 수확의 계절이지만, 군왕은 천하의 법도가 문란해지는 것을 첫서리가 내릴 때 바로 잡았다. 그것을 가리켜 '추상(秋霜)'이라 하였다. 다시 말해 가을은 만사를 바로잡는 계절이었다. 봄에 씨를 뿌리고 여름에 가꾸며 초가을에 추수를 끝낸 후에 허물을 다스린다면 백성들은 농사짓는 데에 하등의 불편이 없었다. 무릇 백성을 근본으로 했기 때문이다.

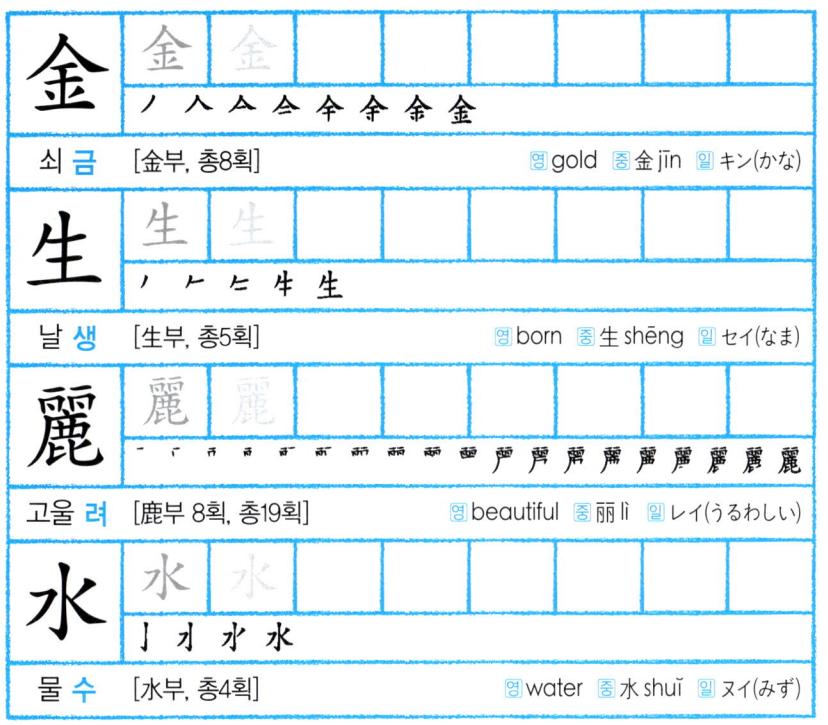

金	쇠 금 [金부, 총8획] 영 gold 중 金 jīn 일 キン(かな)
生	날 생 [生부, 총5획] 영 born 중 生 shēng 일 セイ(なま)
麗	고울 려 [鹿부 8획, 총19획] 영 beautiful 중 丽 lì 일 レイ(うるわしい)
水	물 수 [水부, 총4획] 영 water 중 水 shuǐ 일 スイ(みず)

쓰임 ●金言(금언) : 귀중한 말 ●金納(금납) : 소작료 따위를 돈으로 냄 ●生水(생수) : 끊이지 않은 천연 그대로의 물 ●生動(생동) : 생기 있게 움직임 ●麗艶(여염) : 곱고 예쁨 ●麗藻(여조) : 아름다운 시문 ●水鳥(수조) : 물새 ●水牛角(수우각) : 물소의 뿔

글뜻 ●金(금)은 흙 중에서 무언가(금)를 생출하는 모양이다. ●生(생)은 초목이 땅 위에서 생장하는 모습이다. ●麗(여)의 본의는 '녹(鹿)이 병행(竝行)하다'이다. ●水(수)는 샘물이 나란히 흐르는 상형자이다. 물의 기운을 표시할 때 중앙은 양이고, 양쪽은 음을 나타냈다. 이른바 내양외음(內陽外陰)이다.

12

玉出崑岡
옥출곤강

의의 옥은 곤강에서 나온다.

출전 《서경》의 〈윤정(胤征)〉과 고대의 우 임금이 얻은 지리서 《하도괄지지(河圖括地志)》를 인용하였다.

해설 옥은 각섬석(角閃石)의 하나다. 반투명하고 암록색이나 담회색을 띤 보석이다. 옥은 천지의 정수이며 음양에 있어서 가장 순결한 것으로 옛사람들은 믿었다. 이른바 대지의 정물(精物)인 셈이다. 옥을 품에 지니면 온갖 사귀가 틈타지 않으며, 잡귀를 물리칠 수 있다는 믿음도 그 때문이다.

이러한 옥을 깎아 작은 원형을 만들어 구멍을 뚫으면 그제야 구슬이 이루어진다. 이 구슬을 많이 꿰어 달아 목에 두르는데 그 길이가 적당하면 목걸이다. 길이가 가슴까지 내려오면 경흉식(頸胸飾)이 되고, 손가락에 끼우면 지환(指環)이며, 팔목에 끼우면 팔찌다. 또한 팔에 끼우면 완천(腕釧)이라 칭한다.

《서경》의 윤정(胤征)에 의하면 〈화염곤강 옥석구분(火炎崑岡 玉石俱焚)〉이라 하였으며, 《회남자》의 지형 편에도 곤륜산에 대한 얘기가 끼어 있다. 그런가 하면 고대의 우(禹)가 지었다고 알려진 지리서인 《하도괄지지(河圖括地志)》에는 곤륜산의 다른 이름을 광릉으로 표기한 것도 같은 맥락이다.

옥으로 사용된 물질은 몇 가지로 나누어 생각할 수 있다. 첫째가 유리(琉璃)다. 특히 감색 유리 구옥은 코발트를 구워 산화코발트를 만들고, 그것을 유리와 혼합하였을 때 만들어진다. 둘째는 마노(瑪瑙)이고, 셋째는 석영의 하나인 수정(水晶)이다. 넷째는 갈고 다듬어 옥으로 사용된 호박(琥珀)이며, 다섯째는 천연적으로 산출된 황화비소인 석웅황(石雄黃)이다. 여섯째는 경옥과

연옥으로 나뉘는 비취(翡翠)며, 일곱째는 녹청색을 띠는 미사장석(微斜長石)으로 불리는 천하석옥(天河石玉)이다.

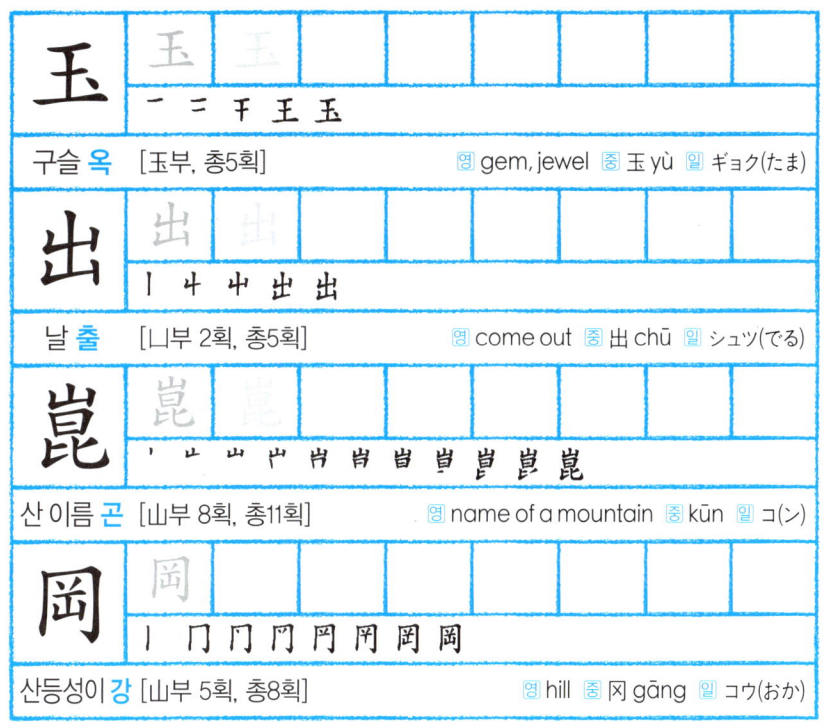

玉	一 二 干 王 玉
구슬 **옥**	[玉부, 총5획] 영 gem, jewel 중 玉 yù 일 ギョク(たま)
出	丨 凵 屮 出 出
날 **출**	[凵부 2획, 총5획] 영 come out 중 出 chū 일 シュツ(でる)
崑	丨 山 山 屵 岜 岜 岜 崑 崑 崑 崑
산 이름 **곤**	[山부 8획, 총11획] 영 name of a mountain 중 kūn 일 コ(ン)
岡	丨 冂 冂 冈 冈 罔 岡 岡
산등성이 **강**	[山부 5획, 총8획] 영 hill 중 冈 gāng 일 コウ(おか)

쓰임 ●玉京(옥경) : 도가에서 옥황상제가 있는 곳 ●玉容(옥용) : 옥과 같이 아름다운 얼굴 ●出遊(출유) : 다른 곳에 나가서 놂 ●出典(출전) : 고사나 성어 따위의 출처가 되는 책 ●崑崙山(곤륜산) : 산 이름 ●崑崙紫瓜(곤륜자과) : 검은 빛깔의 가지 ●岡陵(강릉) : 언덕이나 작은 산 ●岡巒(강만) : 언덕과 산

글뜻 ●玉(옥)은 구슬 셋이 잇대어져 있는 모양. ●出(출)은 초목이 점차 가지와 잎을 위로 뻗는 모양. ●崑(곤)은 산(山)과 곤(昆)의 형성자. ●岡(강)은 설문에서 '산등으로' 글자 풀이를 하였다.

13
劍號巨闕
검 호 거 궐

의의 땅 위에는 거궐이라는 명검이 있다.

출전 거궐은 고대의 명검으로 거궐(鉅闕)이라 불렀다. 이 검은 간장(干將)·막야(莫邪)·벽력(辟闢) 등과 함께 4대 명검으로 꼽힌다. 《순자》의 〈성악편(性惡篇)〉을 인용하였다.

해설 《장자》의 '설검편'에 이런 얘기가 있다. 어느 때인가 문왕(文王)이 세 가지 칼에 대한 얘기를 듣고 싶다고 했다. 그러자 장자가 말했다.

"이 세상에는 천자의 칼이 있고, 제후의 칼이 있으며, 서인(庶人)의 칼이 있습니다."

"천자의 칼은 어떤 것인가?"

장자는 먼저 칼의 체(體)에 대해 설명했다.

"천자의 칼은 연나라의 연대(燕岱)와 새외의 석성(石城)으로써 칼 끝을 삼고 제나라의 대산(岱山)으로써 칼날을 삼고 진나라와 초나라로써 칼등을 삼고, 주나라와 송나라로써 칼 콧등을 삼고, 한나라와 위나라로써 손잡이를 삼아 이것을 사이(四夷;동이, 서융, 남만, 북적)로써 싸고 사시(四時;춘하추동)로써 다시 싸고, 발해로써 두르며 상산(常山)으로써 띠를 띤 것입니다."

다음은 오행으로써 만들고, 형벌과 은덕을 따지며, 음과 양의 기운으로써 열고, 봄과 여름의 화(和)로써 계속하며, 가을과 겨울의 위엄으로써 행하는 것이라 하였다.

"그러므로 이것을 바로 가지면 앞에는 당할 것이 없고 위에는 걸릴 것이 없으며, 이것을 내려치면 밑에서 버틸 것이 없고, 이것을 휘두르면 사방에는 막을 것이 없으며, 위로 떠 있는 구름을 헤치고, 밑으로 지기(地紀)를 끊는 것입니다. 그러므로 이 칼을 한 번 쓰면 제후를 바루고 천하가 항복하는 것입니다. 이것이 천자의 칼입니다."

한자	훈음	부수·획수	영	중	일
劍	칼 검	[刀부 13획, 총15획]	sword	剑 jiàn	ケン(つるぎ)
號	이름 호	[虍부 7획, 총13획]	shout	号 hào	号 コウ(さけぶ)
巨	클 거	[工부 2획, 총5획]	great	巨 jù	キョ(おおきい)
闕	대궐 궐	[門부 10획, 총18획]	palace	阙 quē	ケツ(かける)

쓰임 ●劍舞(검무) : 칼춤 ●劍法(검법) : 검법에서 칼을 쓰는 법 ●號外(호외) : 돌발적인 사태에 임시로 발간하는 신문 따위의 인쇄물 ●號角(호각) : 호루라기 ●巨渡(거도) : 큰 파도 ●巨觀(거관) : 큰 구경거리나 썩 좋은 경치 ●闕仕(궐사) : 관원이 결석함 ●闕直(궐직) : 숙직이나 일직 따위의 일에 빠지는 일

글뜻 ●劍(검)은 도(刀)와 첨(僉)의 형성자. 본의는 '사람이 휴대하는 무기'. ●號(호)는 호(号)와 호(虎)의 형성자. ●巨(거)의 본의는 굽은 자를 손에 잡은 모양으로 '크다'라는 뜻. ●闕(궐)은 문(門)과 궐(欮)의 형성자. 본뜻은 '문 앞의 관대(觀臺)'이다.

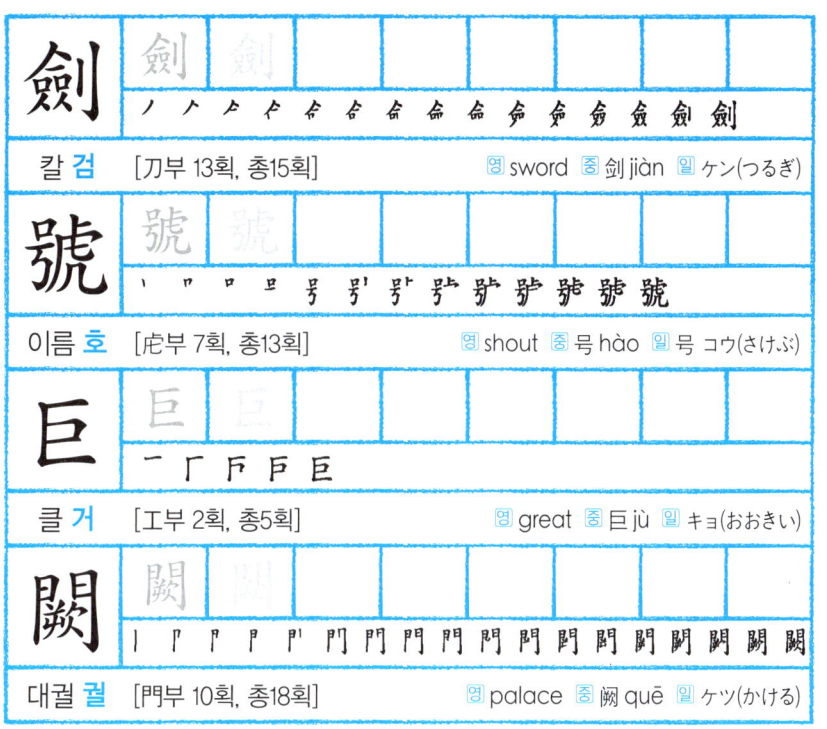

14

珠稱夜光
주 칭 야 광

의의 구슬로는 야광을 얻는다.

출전 《술이기(述異記)》와 당대의 고승 한산(寒山)의 시를 인용하였다.

해설 구슬(珠)을 야광이라 일컫는다고 《광지(廣志)》에서 밝히지만, 《술이기》에 의하면 야광이라는 구슬은 크기가 고래의 눈알만 하고 능히 어두움을 물리친다고 했다. 그러한 구슬에 대한 얘기는 거슬러 올라간다.

진(秦)나라의 소왕(昭王)이 즉위하여 50년이나 보위에 있을 때, 실질적인 정치는 그의 아들 안국군(安國君)이 하고 있었다. 이 무렵 그의 소생인 이인이라는 공자는 조나라에 볼모로 잡혀 있었다. 희대의 장사꾼 여불위(呂不韋)는 볼모로 잡힌 이인 공자를 이용하여 천하를 건 모험을 계획한다. 조나라 장수 공손건의 집에 머물던 이인을 찾아가 자초지종을 얘기하고 계략을 엮는다. 당시 안국군에게는 정실 부인이 죽고 총애하는 화양 부인이 있었다. 그녀는 슬하에 자식이 없었다. 여불위는 부인을 찾아가 예기치 않은 계책을 풀어헤쳤다. 안국군 소생의 태자가 보위에 오를 경우 그녀의 지위는 그날로 곤두박질할 것이라 운을 떼고 방책을 펼쳐 보였다.

"부인께서 오늘의 지위를 잃지 않으시려면 생모가 없는 왕자 중에서 양자를 고르셔야 합니다. 지금 조나라에 볼모 잡힌 이인 공자님은 언제 죽을지 모르는 신셉니다. 그러니 공자님을 험지에서 구하시어 양자를 삼으신다면 결코 죽어서라도 은혜를 잊지 않으실 것입니다."

화양 부인은 이인이 살아오기만 한다면 그렇게 하겠다고 약속했다. 화양 부인이 선뜻 약조를 했던 것은 여불위가 가져온 온량잔(溫涼盞)과 조안주(兆顔珠)라는 구슬 때문이었다.

珠	珠 珠
구슬 주 [王부 6획, 총10획]	영 pearl 중 珠 zhū 일 シュ(たま)
稱	稱 稱
일컬을 칭 [禾부 9획, 총14획]	영 call 중 称 chēng 일 称 ショウ(となえる)
夜	夜 夜
밤 야 [夕부 5획, 총8획]	영 night 중 夜 yè 일 ヤ(よる)
光	光 光
빛 광 [儿부 4획, 총6획]	영 light 중 光 guāng 일 コウ(ひかり)

쓰임 ●珠玉(주옥) : 구슬과 옥 ●珠服(주복) : 구슬과 옥으로 아름답게 꾸민 옷 ●稱情(칭정) : 뜻에 맞음 ●稱頉(칭탈) : 무엇 때문이라고 핑계함 ●夜商(야상) : 밤에 하는 장사 ●夜嗽(야수) : 밤에 하는 기침 ●光角(광각) : 빛의 자극에 의해 일어나는 감각 ●光球(광구) : 지구에서 보아 둥글게 빛나는 태양의 표면

글뜻 ●珠(주)는 왕(王)과 주(朱)의 형성자. 본래의 뜻은 '조개 속에 있는 진주'이다. ●稱(칭)의 본래 뜻은 '저울'. ●夜(야)는 석(夕)과 역(亦)의 형성자이다. 본래는 '쉬다'인데 '밤'이라는 뜻으로 변하였다. ●光(광)은 화(火)와 인(儿)의 회의자. '중화(衆火)가 빛나다'라는 뜻이다.

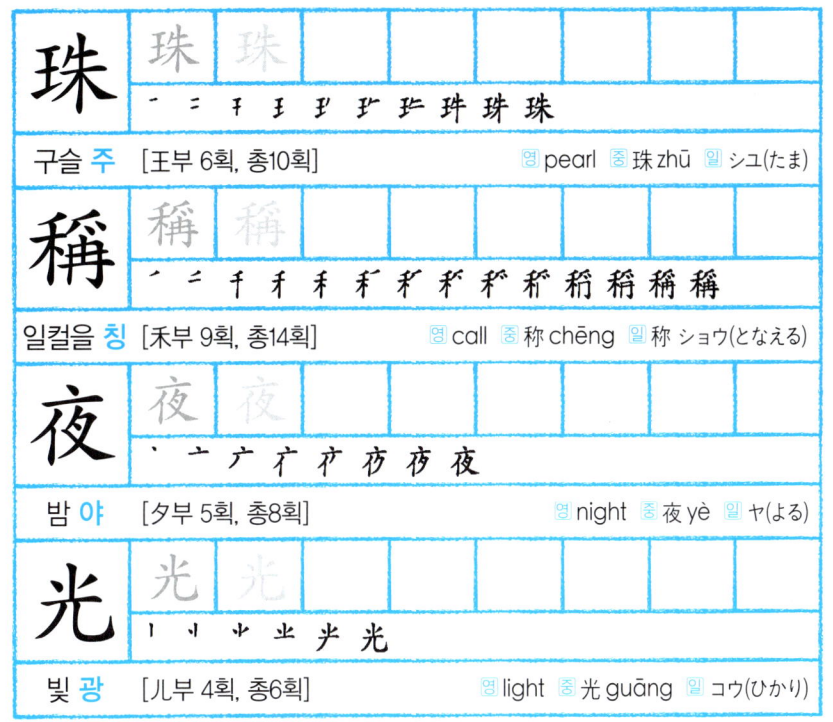

15

果珍李柰
과 진 리 내

의의 실과 중에는 오얏과 벚나무 열매가 진귀하다.

출전 《본초강목》 주(註)와 《서경잡기(西京雜記)》를 인용하였다.

해설 오얏은 자두, 또는 자도(子桃)나무라고도 한다. 높이는 대략 10여 미터에 달하고, 소지는 적갈색이며 털이 없고 윤채가 있다. 오얏나무의 열매는 중국의 문헌인 《시경》이나 《제민요술(齊民要術)》 등에 나타난다. 한방 약재로서 긴요한 쓰임새가 있는 오얏은, 그 종류도 여러 가지라고 이시진(李時珍)이 찬한 《본초강목》에 그 종류를 열거하였다.

〈황리(黃李), 자이(紫李), 우이(牛李), 수이(水李) 등〉

《고려도경》에 의하면 우리나라에서 나는 것은 모양이 작고 맛이 박하다고 씌어 있다. 그렇게 보면, 당시에는 우수한 품종이 개발되지 않은 것으로 추측된다. 자두나무의 잎은 어긋난다. 긴 토란형이나 타원형, 또는 난형이다. 꽃은 4월에 잎보다 먼저 피고 지름은 2~2.2센티로서 백색이며, 난상원형 또는 구형으로서 밑부분이 들어간다. 자연생은 지름이 2.2센티지만 재배종은 길이가 7센티에 달한다. 한쪽에 홈이 있으며, 7월에는 황색 또는 자적색으로 익는다. 전 세계에 30종이 있는 것으로 알려져 있다.

우리나라의 경우는 거의 생과용으로 사용하지만, 외국에서는 15% 정도가 생과용이고, 나머지는 건과나 주스 잼 등의 통조림용으로 쓴다. 품종으로는 유럽계·일본계·미국계가 있다. 번식은 접목을 이용하며 대목으로는 살생대목이나 복숭아 등을 이용하여 절접(切椄)이나 아접(芽椄)한다.

그런가 하면 벚나무는 양나라 시대에 오균(吳均)이가 지은 것으로 알려진 《서경잡기》에 여러 종류의 이름으로 출전이 보인다.

〈내삼(柰三), 백내(白柰), 자내(紫柰), 녹내(綠柰)〉가 그것이다.

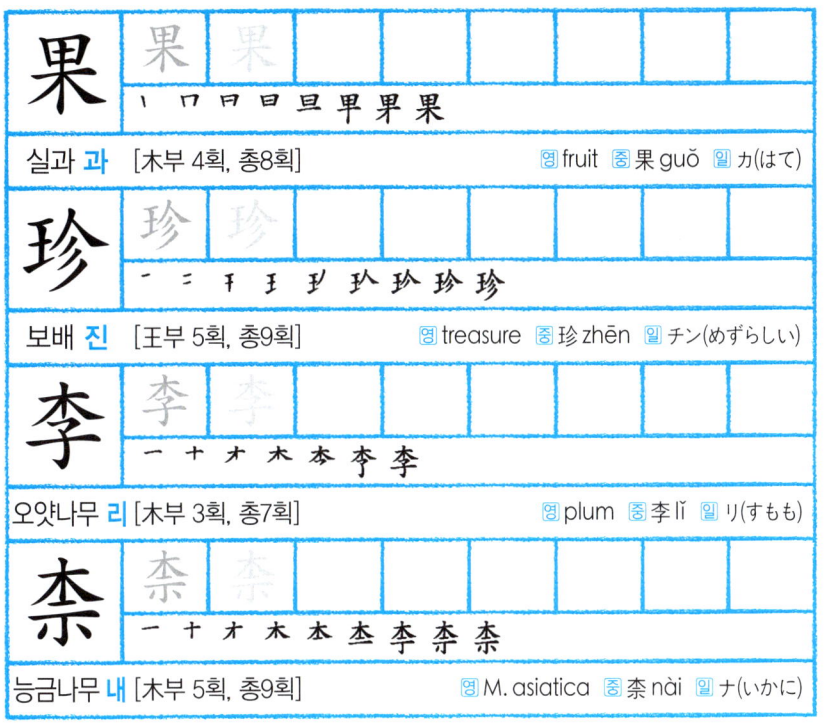

果	果 果 / 丨 冂 冃 日 旦 甲 果 果 果	실과 과	[木부 4획, 총8획]	영 fruit 중 果 guǒ 일 カ(はて)
珍	珍 珍 / 一 二 千 王 玐 玠 玢 珍 珍	보배 진	[王부 5획, 총9획]	영 treasure 중 珍 zhēn 일 チン(めずらしい)
李	李 李 / 一 十 才 木 本 李 李	오얏나무 리	[木부 3획, 총7획]	영 plum 중 李 lǐ 일 リ(すもも)
柰	柰 柰 / 一 十 才 木 本 查 李 柰 柰	능금나무 내	[木부 5획, 총9획]	영 M. asiatica 중 柰 nài 일 ナ(いかに)

쓰임 ●果斷(과단) : 일을 딱 잘라서 결정함 ●果松(과송) : 잣나무 ●珍技(진기) : 매우 보기 드문 기술 ●珍客(진객) : 귀한 손님 ●李杜(이두) : 당나라의 문호인 이백과 두보 ●李成桂(이성계) : 조선왕조를 세운 태조

글뜻 ●果(과)는 '나무 위의 열매'를 표시한 상형자. 설문에는 '나무 위의 열매'를 본떴다. ●珍(진)은 설문에 '보배'로 풀이했다. ●李(이)는 목(木)과 자(子)의 형성자로 본뜻은 '오얏 열매'이다. ●柰(내)는 목(木)과 시(示)의 형성으로 설문의 본뜻은 '벚나무 열매'.

16

菜重芥薑
채 중 개 강

의의 들나물 중에는 겨자와 생강을 중히 여긴다.

출전 《본초강목》의 주를 인용하였다.

해설 겨자는 갓의 종자다. 잎은 뿌리에서 돋은 것과 줄기에서 돋은 것이 다르다. 서기전 1550년의 이집트 문헌에 마늘·양파 등과 함께 약으로 소개되어 있으며, 《예기》와 《의례》 속에 개장(介醬)이라는 명칭이 보인다. 《본초강목》에 의하면 개장은,

'겨자를 가루 내어 따뜻한 물을 부어두면 된다.'

이렇게 말한 것처럼 당시의 개장은 지금의 반죽한 것과 같음을 알 수 있다. 겨자는 일본의 《연희식》이라는 8백여 년 전의 문헌에 등장한다. 우리나라에서도 삼국시대에 조미료의 일종으로 쓰였음을 추측할 수 있다. 《본초강목》에는 겨자에 대해 이렇게 적고 있다.

'겨자는 맵다. 허파로 들어가 기를 이롭게 하고 담을 줄인다. 또한 속을 덥게 하고 위를 연다.'

《포박자》의 저자 갈홍(葛洪)은 겨자는 열병을 앓은 사람이 먹으면 좋지 않다고 하였다.

또 생강은 고려시대의 문헌인 《향약구급방》에 의하면 약용식물로 기록되어 있어, 일찍부터 재배가 이루어졌음을 짐작케 한다. 근경은 굵고 옆으로 자라며 육질이 연한 황색으로 맵고 향기가 있다. 《본초강목》에 의하면 생강은 건위·산한(散寒)·진구(鎭嘔)·신진대사 기능을 향상시키는 효과가 있다.

특히 소화불량·위한(胃寒)·창만(脹滿)·감모한풍(感冒寒風)·천해(喘咳)·풍습비통(風濕痺痛)·설사·구토 등의 치료제로 쓰인다. 일반적으로는 생선이나

고기 냄새를 제거하는 데에 효과가 크다.

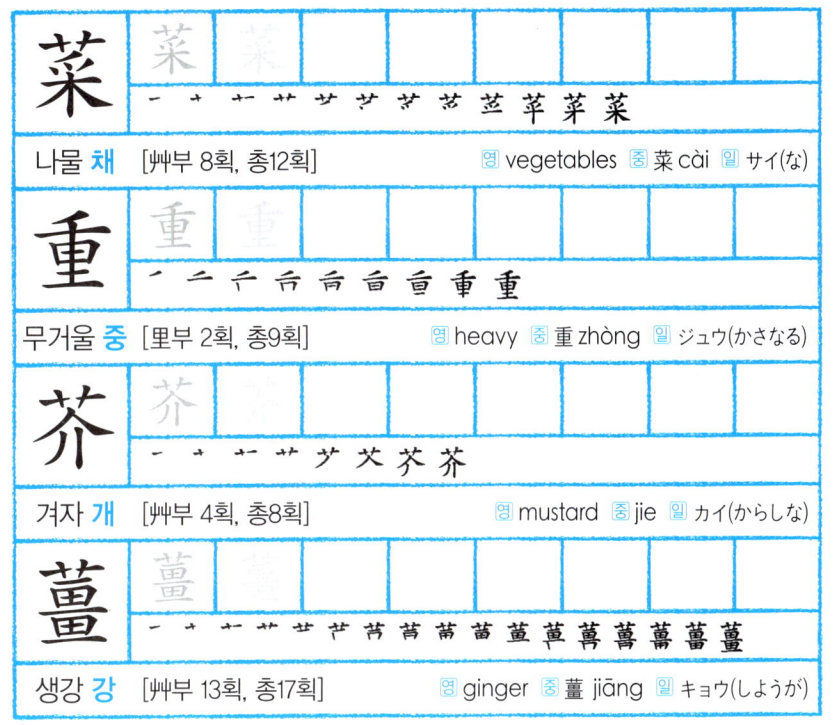

菜

나물 **채** [艸부 8획, 총12획] 영 vegetables 중 菜 cài 일 サイ(な)

重

무거울 **중** [里부 2획, 총9획] 영 heavy 중 重 zhòng 일 ジュウ(かさなる)

芥

겨자 **개** [艸부 4획, 총8획] 영 mustard 중 jie 일 カイ(からしな)

薑

생강 **강** [艸부 13획, 총17획] 영 ginger 중 薑 jiāng 일 キョウ(しょうが)

쓰임 ●菜疸(채달) : 채독으로 말미암은 황달 ●菜色(채색) : 푸성귀 빛깔 ●重難(중난) : 몹시 어려움 ●重量(중량) : 무게 ●芥子油(개자유) : 겨자씨나 갓씨로 짠 기름 ●芥子精(개자정) : 개자유를 알콜에 1대 9의 비율로 혼합한 피부 자극제 ●薑酒(강주) : 생강주의 준말 ●薑汁(강즙) : 생강즙

글뜻 ●菜(채)는 초(艸)와 채(采)의 형성자. 본뜻은 '식용채소'. ●重(중)은 임(壬)과 동(東)의 형성자. 본뜻은 '두텁다'인데, 《중용》의 주에는 '중히 여긴다'는 뜻으로 변했다. ●芥(개)는 초(艸)와 개(介)의 형성자. '겨자'를 나타냄. ●薑(강)은 초(艸)와 강(畺)의 형성자. 본뜻은 '생강'이다. 참고로 본 절은 지상에서 생산되는 식물 중에 과실과 야채의 진귀함을 표시했다.

17

海鹹河淡
해 함 하 담

의의 바닷물은 짜고, 하천 물은 싱겁다.

출전 사마천의 《사기(史記)》 〈삼황기〉나 열어구(列禦寇)의 《열자》 〈탕문편〉 및 유안의 《회남자》 〈천문훈〉을 인용하였다.

해설 복희(伏羲)의 누이 여와가 나라를 다스리고 있을 때, 동남풍의 천신 공공(共工)이 황제의 손자 전욱(顓頊)과 제왕의 자리를 놓고 다투었다.

결과는 공공의 대패였다. 화가 난 공공은 벌컥 화를 내더니 서북방에 자리한 불주산(不周山)을 머리로 받아버렸다. 그 바람에 하늘을 괴고 있던 하늘 기둥이 부러지고 땅을 잡아맨 땅 줄기(地維)가 끊어져 하늘이 서북쪽으로 기울었다. 당연히 해와 달과 별이 서북으로 옮아갔다.

땅은 동남쪽으로 기울어지며 갈가리 갈라졌다. 이렇게 되자 하늘에서 쏟아지는 빗물도 동남쪽으로 흘러 모이게 되었다. 그러자 여와는 푸르고 누르고 붉고 희고 검은 다섯 가지 빛을 띤 돌을 다듬어 갈대를 태운 재를 이겨 구멍 난 하늘을 메웠다.

큰 자라의 네 발을 가지고 땅의 네 기둥을 세워 기울어진 땅을 평평하게 보수했으나 이미 갈라지고 기울어진 하늘과 갈라진 땅과 한 곳으로 모인 물은 어쩔 수 없었다. 이 물들이 바다가 되었다. 바다에는 염분이 있어 짜다.

《구약성서(舊約聖書)》 〈창세기〉에 의하면 하느님께서 하늘과 땅을 만드시고 사흘째 작업으로 하늘 아래에 모든 물을 한 곳에 모이게 하여 바다라 했다고 적혀 있다. 육지에 있는 모든 하천의 물은 결국 바다로 흘러들었다.

한자	뜻과 음	부수·획수	영	중	일
海	바다 해	[水부 7획, 총10획]	sea	海 hǎi	カイ(うみ)
鹹	짤 함	[鹵부 9획, 총20획]	salty	鹹 xián	カン(しおけ)
河	강 이름 하	[水부 5획, 총8획]	river	河 hé	カ(かわ)
淡	묽을 담	[水부 8획, 총11획]	light	淡 dàn	タン(あわい)

쓰임 ●海道(해도) : 바닷길 ●海鹿(해록) : 바다의 섬에 사는 사슴 ●鹹味(함미) : 짠맛 ●鹹水湖(함수호) : 짠 물이 괴어 있는 호수 ●河堤(하제) : 하천에 쌓은 둑 ●河畔(하반) : 강가 ●淡粧(담장) : 열고 산뜻하게 한 화장 ●淡味(담미) : 담담한 맛

글뜻 ●海(해)는 수(水)와 매(每)의 형성자. 설문에는 '백가지의 하천이 되돌아가는 곳은 바다'라 하였다. ●鹹(함)은 로(鹵)와 함(咸)의 형성자. 설문엔 본뜻이 '짠맛'이다. ●河(하)는 수(水)와 가(可)의 형성자. 설문에는 '황하의 물'이라 하였으며, 그 풀이는 '아래로 흐르는 물'. ●淡(담)은 수(水)와 염(炎)의 형성자. 설문에는 '싱거운 맛'이라 하였다. 다른 책에서는 이 부분에 대해 '하수자개산천 필담야(河水者皆山泉 必淡也)'라고 주를 붙였다.

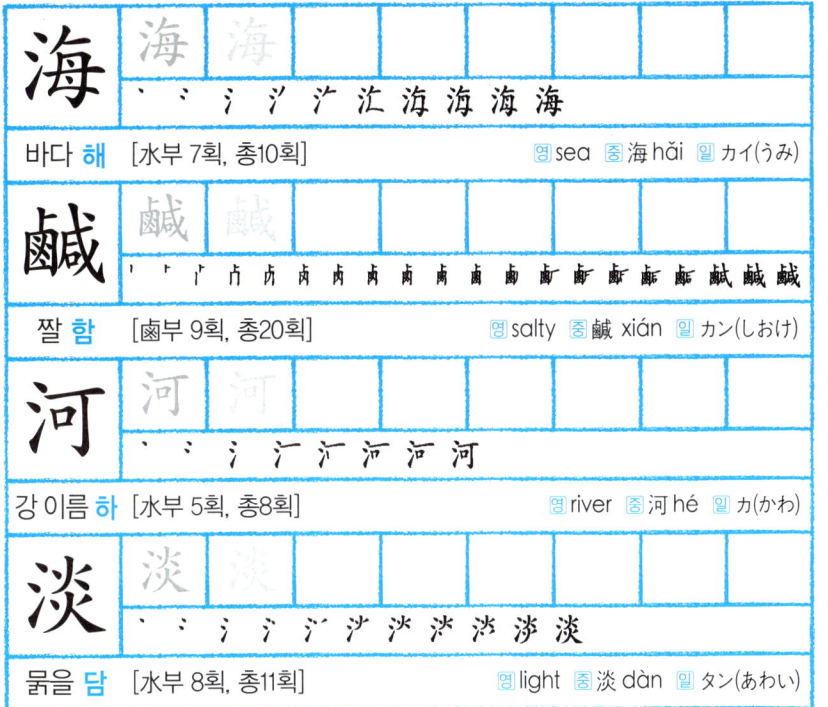

18

鱗潛羽翔
인 잠 우 상

의의 비늘 있는 고기는 물 속에 잠기고, 날개 있는 새는 난다.

출전 《시경》 〈대아편〉의 한록(旱麓)과 〈소아편〉의 정월을 인용하였다.

해설 윗글은 《시경》 〈대아(大雅)〉 한록(旱麓), 〈소아(小雅)〉 정월(正月)을 참작하였다. 한록에는 다음 같은 구절이 있다.

솔개는 하늘을 날고 (鳶飛戾天)
고기는 연못에 뛰네 (魚躍于淵)
안락하신 우리 임께선 (豈弟君子)
모든 백성 덕화 하시네 (遐不作人)

〈소아〉의 정월에는 다음 같은 내용이 있다.

못 물에 고기 놀아도 (魚在于沼)
그 무슨 즐거움이며 (亦匪克樂)
물 깊은 곳에 숨기로서니 (潛雖伏矣)
어찌 사람의 눈을 피하리 (亦孔之炤)
근심은 정말 한량없어 (憂心慘慘)
사나운 정사를 탓할 뿐일세 (念國之爲虐)

《시경》의 내용은 두말할 것 없이 난세를 노래한 것이다. 소인들이 정권을 잡고 무소불위의 칼날을 휘둘러 의로운 사람에게 해악을 끼치는 어지러운 사회상을 전개하고 있다. 학정에 울부짖는 백성들과 위정자에 대한 추궁

등이 깔려 있는 시구 속엔 모든 것이 비유로 꿈틀거린다. 일반적으로 수면은 빈 하늘과 접하여 있다는 점에 앞 귀절과 연관되는 묘미가 있다.

鱗

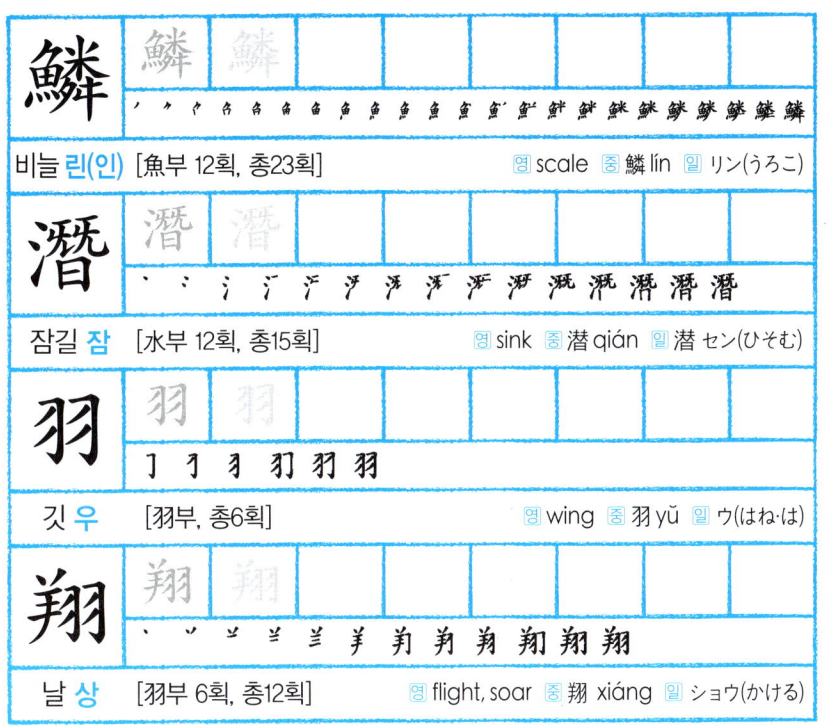

비늘 **린(인)** [魚부 12획, 총23획] 영 scale 중 鳞 lín 일 リン(うろこ)

潛

잠길 **잠** [水부 12획, 총15획] 영 sink 중 潜 qián 일 潜 セン(ひそむ)

羽

깃 **우** [羽부, 총6획] 영 wing 중 羽 yǔ 일 ウ(はね·は)

翔

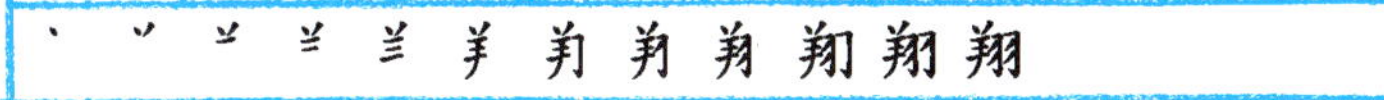

날 **상** [羽부 6획, 총12획] 영 flight, soar 중 翔 xiáng 일 ショウ(かける)

쓰임 ●鱗甲(인갑) : 비늘과 껍데기 ●鱗翅類(인시류) : 나비류와 나방류를 합친 것을 두루 이르는 말 ●潛聽(잠청) : 주의 깊게 조용히 들음 ●潛通(잠통) : 몰래 내통함 ●羽緞(우단) : 거죽에 고운 털이 돋게 짠 비단 ●羽旄(우모) : 새 깃으로 꾸며 기에 꽂는 물건 ●翔貴(상귀) : 물건 값이 뛰어오름

글뜻 ●鱗(린)은 '비늘'이라는 뜻. 《회남자》의 주에는 '어류의 총칭'으로 풀이했다. ●潛(잠)은 '물 속에 잠기다'라는 뜻. ●羽(우)는 새의 깃털을 표시한 상형자. 설문에는 '새의 깃'이라 하였다. ●翔(상)은 양(羊)과 우(羽)와의 형성자. 설문에는 '돌아 날다'라는 뜻이다.

19

龍師火帝
용사화제

의의 고대 중국의 제왕에는 용사와 화제가 있었다.

출전 《좌전》 〈소공 17년조〉를 인용하였다.

해설 중국의 신화는 반고의 천지창조나 여와의 인간 창조와 같은 신화와는 별도로, 태고의 제왕 천황씨·인왕씨·지황씨·유소씨·수인씨로부터 기술되어 진다. 뒤를 이어 소위 삼황(三皇)이라 불리는 복희(伏羲)·신농(神農)·황제(皇帝)의 얘기가 나온다.

복희에 대해서는 포희(庖犧)·포희(炮羲)라고도 하는데, 이러한 이름은 푸줏간을 채운다든가, 또는 재물을 포락(炮烙)한다는 의미로 해석되므로, 사람들에게 동물을 익혀 먹도록 가르친 것이 그의 공으로 되어 있다. 또한 복희는 역(易)의 팔괘를 만들어 인사의 길흉을 점쳤으며, 글자를 발명하고 그물을 짜 물고기나 짐승을 사로잡는 법을 생각해냈다. 또한 여와를 아내로 맞아들이면서 혼인의 법을 생각해냈다. 복희와 그의 아내 여와는 뱀의 몸에 사람의 머리와 같았다고 전해진다.

여와의 뒤를 이어 풍성(風姓)의 제왕이 뒤를 잇기를 15대, 이윽고 신농의 세상이 왔다. 신농은 사람의 몸에 소의 머리와 같이 되어 있어 일반 사람과는 다름을 알 수 있다. 소의 머리란 그가 농업의 신임을 짐작케 한다. 염제(炎帝) 신농은 괭이를 만들어 농사짓는 법을 가르쳤고, 태양의 빛과 열로써 온갖 곡식을 풍성하게 열매 맺게 하여 인간들의 식생활에 공헌하였다.

태양은 본래 건강의 원천이다. 그러므로 의약과 관계가 깊은 것은 지극히 당연했다. 그는 자편(赭鞭)이라는 신통력 있는 채찍으로 온갖 약초를 채찍질하여 풀의 독성이 있고 없고와 효능을 판별하여 사람들의 병을 치료하는 데 공헌했다. 그러나 맹독이 있는 단장초(斷腸草)를 씹었기 때문에 장이 곪아 터져 희생되었다.

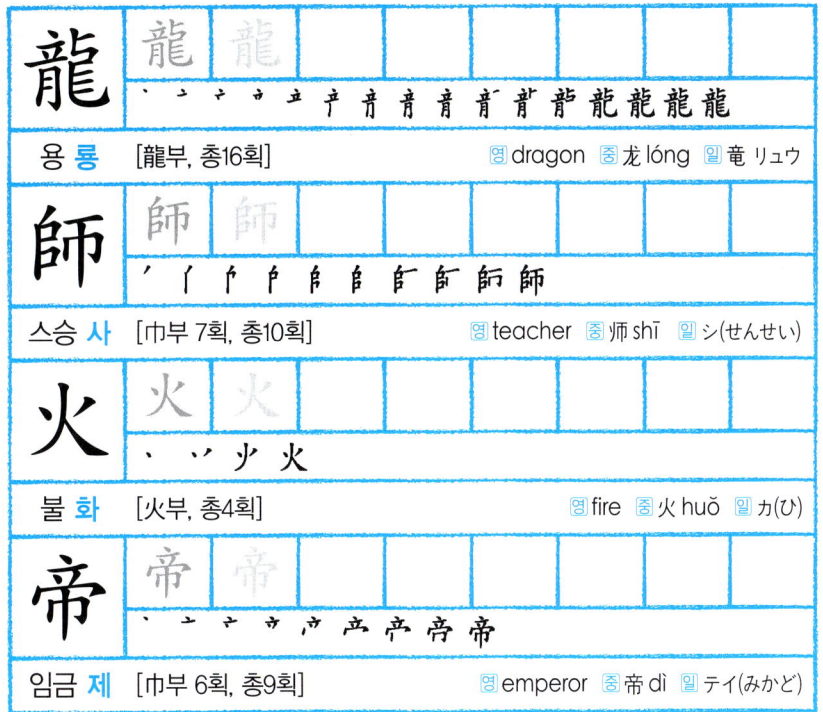

龍	용 **룡**	[龍부, 총16획]	영 dragon 중 龙 lóng 일 竜 リュウ
師	스승 **사**	[巾부 7획, 총10획]	영 teacher 중 师 shī 일 シ(せんせい)
火	불 **화**	[火부, 총4획]	영 fire 중 火 huǒ 일 カ(ひ)
帝	임금 **제**	[巾부 6획, 총9획]	영 emperor 중 帝 dì 일 テイ(みかど)

쓰임 ●龍紋(용문) : 용을 그린 오색 무늬 ●龍味鳳湯(용미봉탕) : 맛이 썩 좋은 음식 ●師範(사범) : 모범, 스승 ●師道(사도) : 스승으로서 마땅히 지켜야 할 도리 ●火因(화인) : 화재의 원인 ●火綿(화면) : 솜 화약 ●帝德(제덕) : 제왕의 성덕 ●帝道(제도) : 제왕으로서 지켜야 할 도리

글뜻 ●龍(용)의 체(體)는 발동 비약하는 모습이고, 입(立)은 동(童)의 성자(省字)라 하였다. ●師(사)의 본뜻은 '2천5백인'이다. '다수'를 뜻한다. ●火(화)는 불이 타오르는 상형자. ●帝(제)는 '천하를 다스린다'는 뜻. 용사(龍蛇)라는 것은 복희의 관명이다. 복희 시대엔 용의 관명으로 장관에 임명하였는데, 이것은 복희의 대칭으로 이해하는 것이 좋다.

20

鳥官人皇
조관인황

의의 조관과 인황씨가 있었다.

출전 새(鳥) 이름을 붙인 관명에 소호씨(少昊氏)가 있다. 이들 이전에 천황씨(天皇氏)·지황씨(地皇氏)·인황씨(人皇氏)가 있었는데 그 대표가 인황씨였다. 《춘추 보건도(春秋保乾圖)》를 인용하였다.

해설 삼황(三皇)에 이어 천하를 다스린 것은 소호·전옥·제곡·제요·제순 등의 이른바 오제(五帝)였다. 다섯 사람 중에 소호는 황제 헌원의 아들이며, 전옥은 황제의 증손이다. 또한 소호의 아들이며, 제요는 계곡의 아들이다.

소호는 김천씨(金天氏)다. 이름은 현효이며, 황제의 아들이다. 또 청양이라고도 부른다. 그가 보위에 오르자 이따금씩 봉황새가 날아들었다. 그런 이유로 소호씨는 새 이름으로 관직을 삼았다.

본시 봉은 함부로 나타나지 않는다. 춘추시대 말엽에 공자가 탄식했던 것도 그런 이유다. 즉, 세상이 혼탁하니 봉황이 나타나지 않는다고 공자는 절망했다.

그런데 봉황같은 신령스러운 새가 하필이면 소호씨 때에 나타났는가? 그것은 소호씨가 조족(鳥族)의 신이었기 때문이다. 그러므로 '새 이름으로 관직명을 삼았다'는 것은 뒤집어 보면, 새들을 실제로 관직에 임명하였다고도 생각할 수 있다. 천지창조에 관한 설화 가운데 이런 것이 있다. 황제·상변·쌍림·여와의 네 신이 함께 모여 큰일을 도모했다는 것이다. 황제는 인간의 음양의 성기를, 상변은 귀와 눈을, 쌍림은 손과 발을, 그러나 이 부분에서 여와의 역할이 흐릿하다. 그래서 또 다른 신화가 생겨났다. 즉, 여와 혼자서 인간을 창조하였다는 것이다. 후세의 인간들은 그녀의 은혜에 감읍하여 고매(高

禖)로 모셨다. 고매란 혼인의 신이다.

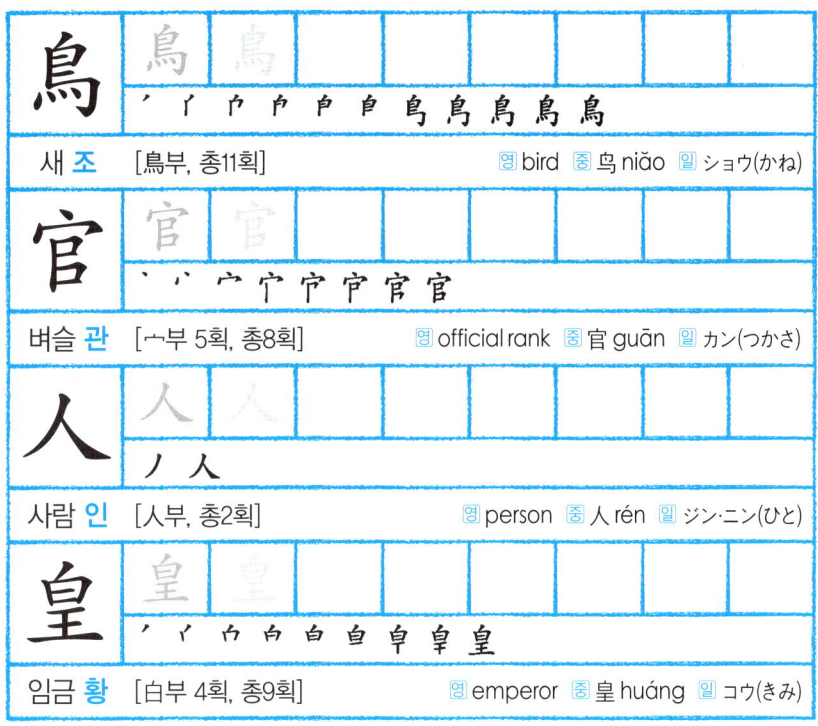

鳥	鳥 鳥
	′ 亻 户 户 白 自 鳥 鳥 鳥 鳥 鳥
새 조	[鳥부, 총11획] 영 bird 중 鸟 niǎo 일 ショウ(かね)
官	官 官
	` 丶 宀 宁 宁 宇 官 官
벼슬 관	[宀부 5획, 총8획] 영 official rank 중 官 guān 일 カン(つかさ)
人	人 人
	ノ 人
사람 인	[人부, 총2획] 영 person 중 人 rén 일 ジン·ニン(ひと)
皇	皇 皇
	′ 亻 白 白 白 自 皁 皇 皇
임금 황	[白부 4획, 총9획] 영 emperor 중 皇 huáng 일 コウ(きみ)

쓰임 ●鳥綱(조망) : 새 그물 ●鳥瞰(조감) : 높은 곳에서 아래를 비스듬히 내려다 봄 ●官文書(관문서) : 관청에서 작성한 서류 ●官舍(관사) : 관리가 살도록 관에서 지은 집 ●人器(인기) : 사람의 됨됨이 ●人文(인문) : 인류의 문화 ●皇命(황명) : 황제의 명령 ●皇威(황위) : 황제의 위엄

글뜻 ●鳥(조)는 긴 꼬리를 가진 날짐승의 상형자. 설문에는, 윗부분은 긴 꼬리를 아랫부분은 다리를 표시했다. ●官(관)은 본뜻이 여러 사람을 면(宀)으로 덮은 것으로 '여러 사람을 다스린다'는 뜻이다. ●人(인)은 사람을 측면에서 본 상형자. ●皇(황)은 자(自)와 왕(王)의 회의자로, '중국 최초의 왕인 삼황'을 나타냈다.

21

始制文字
시 제 문 자

의의 문자를 처음으로 제정하였다.

출전 상고시대에는 결승(結繩)이라는 것으로 서로 간에 약속을 하였으나 이것은 매우 불편하므로 문자를 제정하여 기록하는 데 편리함을 도모하였다. 《사기》의 〈삼황기〉를 인용하였다.

해설 결승이라는 것은 문자가 사용되기 이전에 새끼줄을 묶어 셈하는 방법이다. 《역(易)》의 〈계사전〉에 이렇게 쓰여 있다.

'상고에 결승에서 시작하여 후세의 성인이 이것을 서계(書契)로 바꾸었다.'

동양문화권에 수의 셈에 관한 아주 오래된 기록이다. 결승 문자에 대한 것은 몇 가지로 나누어 생각할 수 있다. 첫째는 계산 막대기이며, 둘째는 조개 구슬, 셋째는 새끼 매듭이다. 계산 막대기는 자신이 관리하고 있는 짐승의 수효를 막대기에 표시한 것이며, 조개 구슬은 갖가지 빛깔의 조개 구슬을 염주 모양으로 꿰어 의사전달을 하는 것을 뜻한다. 이를테면 검은색은 죽음, 흰색은 평화, 붉은색은 전쟁 등이 그것이다. 그리고 새끼 매듭은 새끼의 종류나 매듭의 길이 빛깔에 의해 수량을 나타내는 것을 말한다.

이러한 결승 문자 시대를 지나 복희씨가 비로소 글자를 만들었다. 물론 당시에는 의사를 전달하는 용도의 그림이었다. 그러한 그림들은 비록 의사전달이 되었다 해도 문자로 보기는 어렵다. 그런데도 학자에 따라서는 그림문자를 회화문자(繪畫文字)로 분류하기도 한다. 고대의 창힐이 만들었다는 문자는 이것이었다. 이러한 과정을 거쳐 비로소 문자의 틀이 나타났다. 상형문자다. 이 문자는 표현하고자 하는 대상의 형체를 그림 형체로 묘사하였다. 인류 문명의 발상지에서 만들어진 문자는 한결같이 상형문자로, 이 형태에서 발전하여 점과 획이 그어져 문자의 모습을 갖추게 되었다.

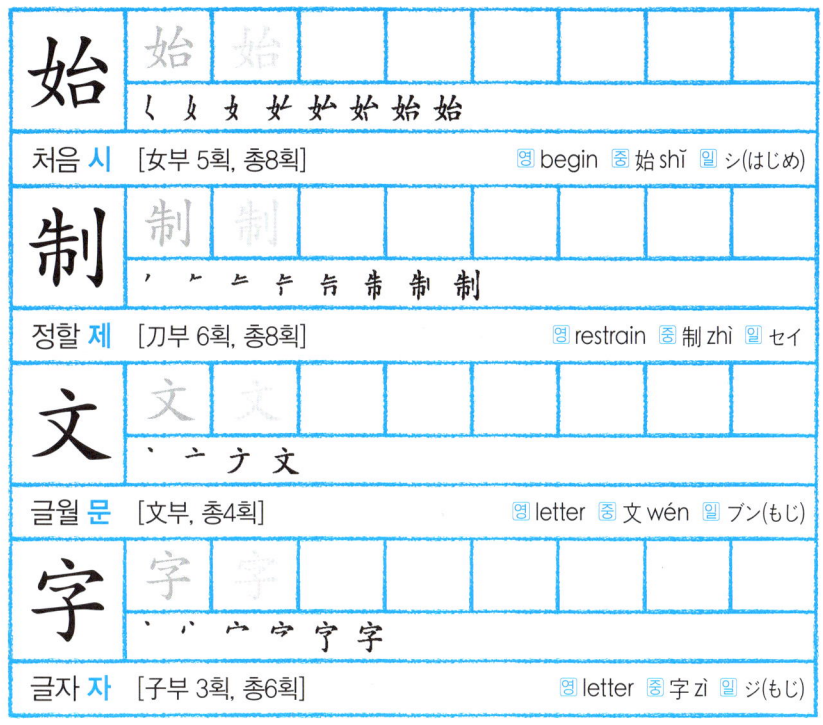

始	始 始
	ㄑ 夊 女 女ㄥ 女ム 妐 始 始
처음 **시** [女부 5획, 총8획]	영 begin 중 始 shǐ 일 シ(はじめ)
制	制 制
	ノ 𠂉 㐄 𠂒 𠂔 𠂔 𠂔 制
정할 **제** [刀부 6획, 총8획]	영 restrain 중 制 zhì 일 セイ
文	文 文
	丶 亠 ナ 文
글월 **문** [文부, 총4획]	영 letter 중 文 wén 일 ブン(もじ)
字	字 字
	丶 ㇒ 宀 宀 字 字
글자 **자** [子부 3획, 총6획]	영 letter 중 字 zì 일 ジ(もじ)

쓰임 ●始終如一(시종여일) : 처음부터 끝까지 한결같음 ●始役(시역) : 공사나 역사를 시작함 ●制帽(제모) : 학교나 관청 등에서 규정에 따라 정한 모자 ●制令(제령) : 제도와 법령 ●文豪(문호) : 크게 뛰어난 문학가 ●文風(문풍) : 글을 숭상하는 풍습 ●字母順(자모순) : 자모의 배열 순서 ●字釋(자석) : 글자의 뜻풀이

글뜻 ●始(시)는 여(女)와 이(台)의 형성자. 본뜻은 '여자가 처음으로 시집가서 부인이 됨'. ●制(제)는 '칼(刀)로 가지 큰 나무를 자른다'는 뜻. ●文(문)은 설문에서 지사자인 것만을 밝힘. ●字(자)는 면(宀)과 자(子)와 회의형성자. '기르고, 번식한다'는 뜻.

22

乃服衣裳
내 복 의 상

의의 의상을 복용하다.

출전 상고시대에는 짐승의 가죽을 가지고 더위와 추위를 면하였다. 그러던 것이 황제 헌원씨 시대에 들어와 호조(胡曹)라는 이가 비로소 의상을 지어 일반인에게 복용(服用)시켰다. 《역경》 〈계사하〉를 인용하였다.

해설 고대사회에서 의상을 지었다는 것은 모의 축융포(縮絨布)와 나무의 수피포(樹皮布)를 들 수 있다. 축융포는 짐승을 죽이지 않고 자연적으로 축융되는 것을 보고 찾아낸 발명품이다. 또한 수피포는 더운 지방에서 옷감을 짜기 전 발견한 것이다. 세계 4대 문명의 발상지로 알려진 황하문명은 편물과 직물의 중간체인 제조 기술이 발달하였다.

고대의 옷감에 대해 몇 가지 생각해 보면 첫째가 백(帛)이다. 이것은 갑골문 등에서 연대를 추정할 수 있는 것으로, 서기전 14세기에서 3세기경으로 추정한다.

둘째가 증(繒)으로 견직물의 총칭이다. 셋째가 겸(縑)으로, 당나라 때의 학자 안사고(顔師古)에 의하면 '이것은 병사(并糸)로 조밀하게 짜여진 직물'이라고 설명한다. 넷째가 견(絹)이다. 이것은 견이나 증처럼 견직물의 총칭으로 본다.

이외에도 시(絁)를 비롯하여 면(綿)·주(紬)·서(絮) 등등이 없는 것은 아니지만 옷감은 호조가 옷을 만든 이후 장족의 발전을 거듭해 왔다. 이후 중국에서 가장 좋고 비싼 옷감을 금(錦)이라 한다.

이 옷감의 값이 금과 같다 하여 그런 명칭이 붙었지만 견직물 중에서는 최상품이다. 이 옷감은 서기 5, 6세기에 공인기(空引機)라는 사람에 의해 짜여졌는데, 이후 경금(經錦)이나 위금(緯錦) 등으로 발전했다.

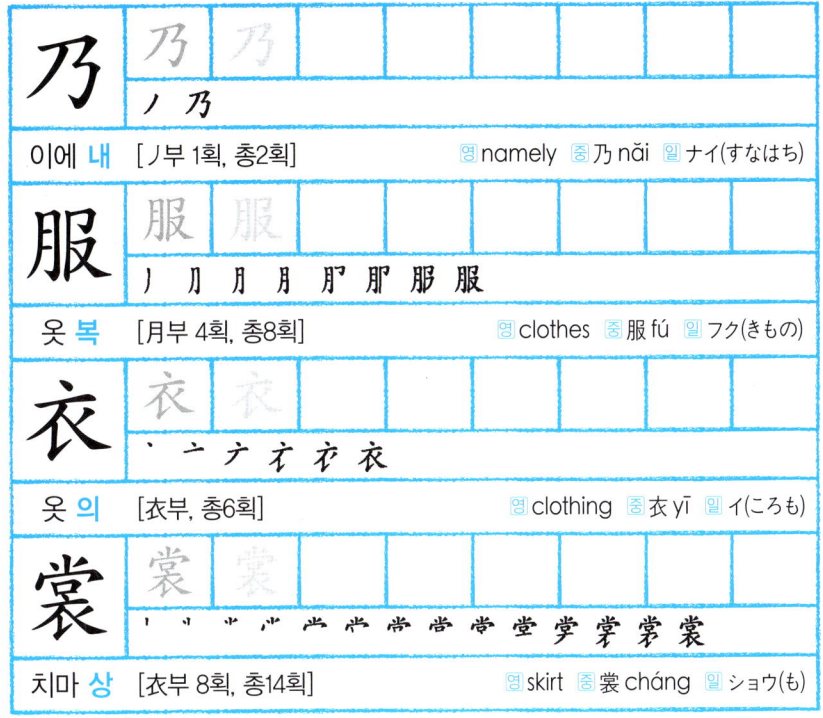

乃	乃	乃						
	ノ 乃							
이에 **내**	[丿부 1획, 총2획]				영 namely	중 乃 nǎi	일 ナイ(すなはち)	

服	服	服						
	丿 刀 月 月 月' 肞 服 服							
옷 **복**	[月부 4획, 총8획]				영 clothes	중 服 fú	일 フク(きもの)	

衣	衣	衣						
	丶 亠 亣 衣 衣 衣							
옷 **의**	[衣부, 총6획]				영 clothing	중 衣 yī	일 イ(ころも)	

裳	裳	裳						
	丨 丨 丷 ⺌ 尚 尚 常 常 常 堂 堂 裳 裳 裳							
치마 **상**	[衣부 8획, 총14획]				영 skirt	중 裳 cháng	일 ショウ(も)	

쓰임 ●乃兄(내형) : 그 사람의 형 ●乃終(내종) : 나중 ●服藥(복약) : 약을 먹음 ●服着(복착) : 옷을 입음 ●衣籠(의롱) : 옷을 넣어두는 농 ●衣裝(의장) : 옷을 차려입은 꾸밈새 ●裳繡(상수) : 치마에 수를 놓음 ●裳衣(상의) : 치마와 저고리

글뜻 ●乃(내)는 굴곡의 모양으로 곤란함을 표시한 상형자. '이에'라는 뜻의 어조사. ●服(복)은 주(舟)와 급(及)의 형성자. '인사(人事)를 좋은 쪽으로 사용한다'는 의미. ●衣(의)는 '사람을 덮는 것'이므로 '옷'이다. ●裳(상)은 설문에는 상(常)으로 되어 있다. 여기에서 상(裳)과 상(常)은 같은 뜻이다. 설문에서는 하의를 지칭하는 것으로, 곧 '치마'.

제1장 자연 自然
제2장 정사 政史
제3장 수학 修學
제4장 충효 忠孝
제5장 수덕 修德
제6장 오륜 五倫
제7장 인의 仁義
제8장 제도 帝都
제9장 공신 功臣
제10장 군웅 群雄
제11장 지세 地勢
제12장 농정 보신 農政 保身
제13장 한거 閑居
제14장 식사 食事
제15장 안이 安易
제16장 집사 執事
제17장 경계 警戒

23

推位讓國
추 위 양 국

의의 지위를 타인에게 미루고 나라를 선양하다.

출전 요(堯) 임금은 단주(丹朱)라는 아들이 불초하여 어진 사람 순(舜)에게 양위하였다. 《공양전》 〈희공 28년〉을 인용하였다.

해설 제요(帝堯) 도당씨(陶唐氏). 그는 제곡의 아들로 형의 뒤를 이어 천자의 자리에 올라 선정을 베풀었다. 사람을 사랑하는 정치를 한 탓에 온 나라에 격양가(擊壤歌)가 퍼져나갔다.

해 뜨면 들에 나가 일하고
해지면 잠자리에 든다
우물을 파서 목마름을 축이고
허기는 밭을 갈아 채운다
내 살림에 천자님은
있으나 마나 매한가지다

백성들이 지극히 자신의 생활에 만족하고 있음을 알 수 있는 노래다. 그러나 이때의 요 임금은 너무 늙었다. 더구나 태자 단주(丹朱)는 불초하여 장차 보위를 물려줄 마음이 없었다. 마땅한 인물이 있으면 언제라도 그 자리에서 내려앉을 생각이었다. 이때 순(舜)이라는 이가 효자로서 많은 사람들에게 숭앙을 받는다는 소문이 들려왔다. 오래 전부터 그런 인물을 찾고 있던 요 임금은 순을 불러들여 아황(娥皇)과 여영(女英)이라는 두 딸을 그에게 주어 생활을 살펴보았다. 부부 사이에도 흠잡을 것이 원만함을 보고 마침내 제위를 물려주었다. 그때가 보위에 오른 지 98년만의 일이었다.

한자	훈음	부수·획수	영	중	일
推	밀 추	[手부 8획, 총11획]	push, remove	推 tuī	スイ(おす)
位	자리 위	[人부 5획, 총7획]	position	位 wèi	イ(くらい)
讓	사양할 양	[言부 17획, 총24획]	concede	让 ràng	譲 ジョウ(ゆずる)
國	나라 국	[口부 8획, 총11획]	country	国 guó	国 コク(くに)

쓰임 ●推究(추구) : 이치를 생각하여 밝히어 냄 ●推給(추급) : 찾아서 내어줌 ●位目(위목) : 절에서 혼령의 이름을 종이에 쓴 것 ●位次(위차) : 벼슬의 품계나 등급의 차례 ●讓頭(양두) : 지위를 물려줌 ●讓渡(양도) : 다른 사람에게 넘겨줌 ●國事犯(국사범) : 국가의 정치 질서를 침해하는 범죄 ●國辱(국욕) : 나라의 치욕

글뜻 ●推(추)는 수(手)와 추(隹)의 형성자. 본뜻은 '물리치다'. ●位(위)는 인(人)과 입(立)의 회의자. 설문에는 '무리 지어 모여 있는 신하의 위치'. ●讓(양)은 언(言)과 양(襄)의 형성자. 본 뜻은 '힐문하다'. ●國(국)은 국(口)과 혹(或)의 회의형성문자.

24 有虞陶唐
유우도당

의의 순 임금의 칭호는 도당이다.

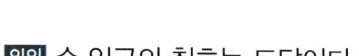

출전 요 임금이 선양하였듯이 순의 아들 상균(商均)이가 불초하였으므로, 어진 신하 우(禹)에게 천자의 자리를 선양하였다는 내용은 《경전석사(經傳釋詞)》와 《상서》 〈오자지가〉를 인용하였다.

해설 도당(陶唐)은 제요를 칭한다. 그러나 앞 소절에서 다루었기 때문에 본 절에서는 제순(帝舜)으로 넘어가 다루는 것이 바른 배치다. 요의 뒤를 이은 순은 60세에 천자의 자리에 올랐다. 순의 치세 때에도 요에 뒤지지 않을 만큼 천하는 평화로웠다. 영걸들을 등용하였으며, 특히 요 때부터 난제로 알려진 치수(治水) 사업을 성공시킨 우(禹)를 비롯하여 농사에는 직(稷), 교화에는 설(挈), 치안에는 고요(皐陶), 전악에는 기(夔) 등을 적재적소에 배치하여 나라를 강하고 편하게 만들었다. 이때에도 천하에는 노래가 울려 퍼졌다.

향긋이 불어오는 남풍은 백성들 마음을 부드러이 어루만지고 때맞춰 불어오는 남풍은 백성들 재물을 살찌우게 한다

백성들이 오현(五絃)을 타며 부르는 노래를 들었지만 순의 마음은 쓸쓸했다. 순은 늙었고 아내 아황에게는 혈육이 없으며, 여영이 외아들 상균(商均)을 낳았으나 불초자로서 춤과 음악에만 관심이 있을 뿐 천하를 맡길 수는 없었다. 순은 치수 사업에 공이 많은 우(禹)라는 신하를 후계자로 점찍었다. 보위에 오른 지 39년, 모든 것을 우에게 맡기고 남쪽 지방을 여행하다 창오에 이르러 병을 얻어 세상을 떠났다.

有

ノ ナ 𠂇 冇 有 有

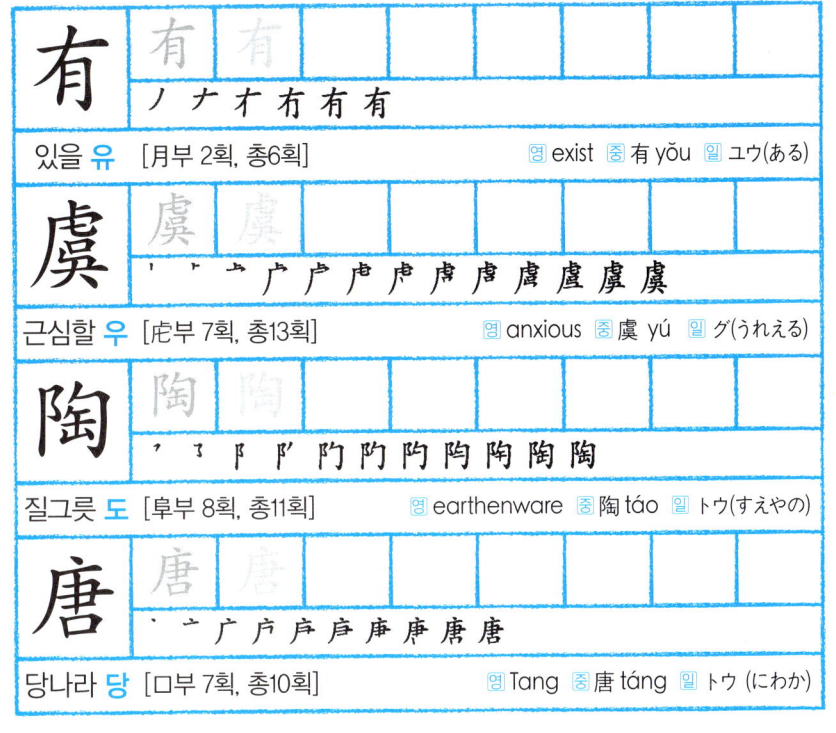

있을 유 [月부 2획, 총6획] 영 exist 중 有 yǒu 일 ユウ(ある)

虞

丶 ⺊ ⺊ 广 卢 虍 虍 虍 虐 虞 虞 虞 虞

근심할 우 [虍부 7획, 총13획] 영 anxious 중 虞 yú 일 グ(うれえる)

陶

⺄ 阝 阝 阝' 阝勹 陶 陶 陶 陶 陶 陶

질그릇 도 [阜부 8획, 총11획] 영 earthenware 중 陶 táo 일 トウ(すえやの)

唐

丶 亠 广 户 户 庐 庚 庚 唐 唐

당나라 당 [口부 7획, 총10획] 영 Tang 중 唐 táng 일 トウ (にわか)

쓰임 ●有爲(유위) : 일을 할 만한 능력이 있음 ●有實難捧(유실난봉) : 채무자에게 재물이 있어도 빚을 갚기 어려움을 이르는 말 ●虞淵(우연) : 해가 지는 곳 ●虞犯(우범) : 성격이나 환경 등에 비추어 죄를 범할 수 있음을 이름 ●陶藝(도예) : 도자기에 관한 미술·공예 ●陶工(도공) : 옹기장이 ●唐手(당수) : 맨주먹만을 쓰는 권법 ●唐絲(당사) : 중국에서 나는 명주실

글뜻 ●有(유)는 월(月)과 우(又)의 형성자. 설문에는 그 뜻이 전하지 않으나, '유'가 성씨 위에 사용될 때엔 쓰임새가 어조사였다. ●虞(우)는 호(虍)와 오(吳)의 형성자. 본뜻은 '어진 짐승 이름'이다. ●陶(도)의 본뜻은 '구상지구(丘上之丘)'. ●唐(당)은 구(口)와 경(庚)의 형성자. 본래의 뜻은 '큰소리'.

25

弔民伐罪
조 민 벌 죄

의의 백성을 조문(弔問)하여 죄를 처리한다.

출전 《송서》와 심약의 시를 인용하였다.

해설 하왕조의 19대 제왕은 이계(履癸)로 시호를 걸(桀)이라 하였는데 '탐욕하고 잔인하였다'고 사마천은 《사기》에 기록하였다. 그는 14대 하문명의 후예로, 기원전 1819년에 등극했다. 비록 탐학한 위인이었지만 완력과 지력과 용기를 갖춘 성격의 소유자였다. 쇠몽둥이를 꺾었다가 곧바로 펼 수 있으며, 호랑이와 이리를 맨손으로 잡을 만큼 완력이 있었다. 이렇듯 용력이 출중한 사내 앞에 넋을 잃을 만큼의 미인이 나타났다. 매희(妹喜)라는 처녀였다. 하걸이 산동의 유시씨를 토벌할 때에 전리품을 얻어 들인 일종의 공물이었다. 그녀를 손에 넣은 하걸은 왕궁을 신축하고 날마다 주연을 베풀어 세월 가는 줄을 몰랐다. 왕궁이 완성되고 축하연이 벌어지자 매희는 속삭였다.

"대왕, 아름다운 미인을 더 모아야 합니다. 옷도 너무 빈약해요. 오색 옷을 입혀 한꺼번에 춤을 추게 하면 그 얼마나 장관이겠어요."

하걸은 전국에 명을 내려 처녀들을 불러들였다. 그들에게 오색 옷을 입히고 춤을 추게 하였다. 매희는 또 색다른 것을 주문했다.

"대왕, 궁녀들로 하여금 술을 따르게 함은 당치 않다고 보옵니다. 이를테면 시간 낭비지요. 쇤네의 생각엔 술 연못과 고기 숲을 만든다면 번거로운 일을 피할 수 있다고 봅니다."

매희의 제안은 즉시 시행되었다. 그러나 이것은 유시씨 부락이 망한 데에 대한 고도의 책략이 숨어 있었다. 하나라의 국고를 텅 비게 할 목적으로 하나하나 시행해 나가자 기원전 1766년 자천을이 이끄는 연합 군단에 패해 하걸은 소호로 추방당했다.

弔

ㄱ ㅋ 弓 弔

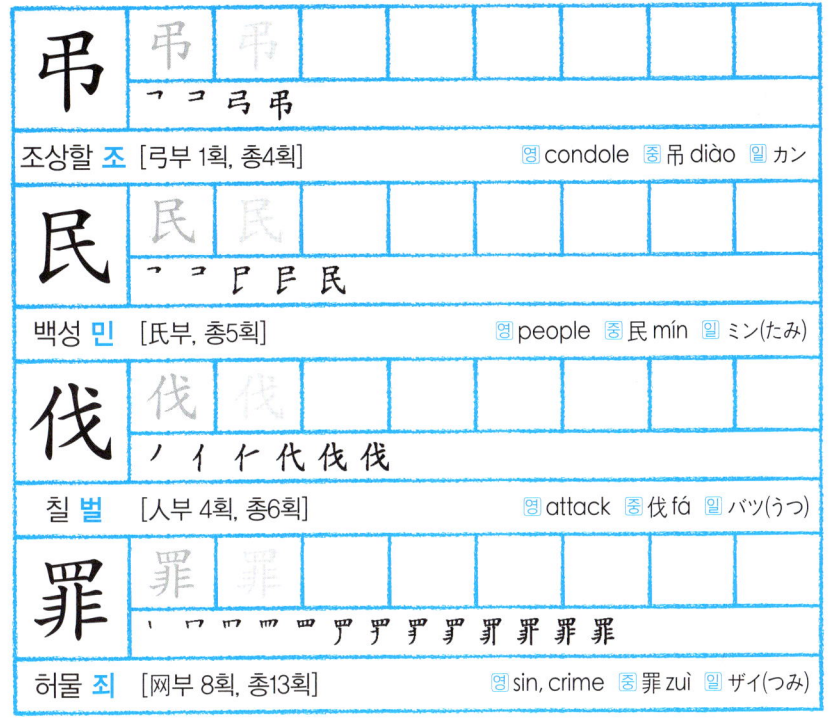

조상할 **조** [弓부 1획, 총4획] 영 condole 중 吊 diào 일 カン

民

ㄱ ㅋ 尸 尸 民

백성 **민** [氏부, 총5획] 영 people 중 民 mín 일 ミン(たみ)

伐

丿 亻 仁 代 伐 伐

칠 **벌** [人부 4획, 총6획] 영 attack 중 伐 fá 일 バツ(うつ)

罪

丨 ㄇ 罒 罒 罒 罗 罗 罗 罗 罪 罪 罪 罪

허물 **죄** [网부 8획, 총13획] 영 sin, crime 중 罪 zuì 일 ザイ(つみ)

쓰임 ●弔祭(조제) : 죽은 사람의 영혼을 위로하기 위해 지내는 제사 ●弔燭(조촉) : 장례식 때 땅 위에 켜는 초 ●民困(민곤) : 국민의 빈곤 ●民望(민망) : 국민의 희망 ●伐善(벌선) : 자신의 선행을 자랑함 ●伐木(벌목) : 나무를 벰 ●罪狀(죄상) : 죄를 저지른 실제의 사정 ●罪過(죄과) : 죄가 될만한 실제의 허물

글뜻 ●弔(조)는 인(人)과 궁(弓)의 회의자. 아주 옛날에는 시체를 매장하지 않아 새나 짐승이 모여들면 활을 가지고 그것들과 맞섰다. ●民(민)은 설문에 뜻이 분명하지 않다. 다만 모(毋)를 바탕으로 하여 상하에 점을 찍어 서민임을 나타냈다. ●伐(벌)은 인(人)과 과(戈)의 회의자. '사람이 창을 잡다'. ●罪(죄)는 망(网=網)과 비(非)의 형성자. 본뜻은 죽망(竹網), 나중에 '허물'로 변했다.

26 周發殷湯
주 발 은 탕

의의 주의 무왕과 은의 탕왕

출전 본절에서는 주의 무왕이 주왕(紂王)의 잔인함을 응징하였다는 《사기》 〈집회〉를 인용하였다.

해설 발(發)은 주무왕(周武王)의 이름이다. 부친 서백창이 죽자 문왕으로 추존하고 태공망(太公望) 여상을 사부로 삼고, 동생 단(旦)의 빈틈없는 보좌를 받아 은의 주왕을 치기 위해 거병했다.

이때 은왕 주는 달기(妲己)라는 미인에게 빠져 있었다. 정치에는 관심이 없고, 오로지 달기의 환심을 사기에 급급했다. 자신의 능력을 과시하기 위해 7년여에 걸쳐 갖가지 모습이 조각된 경궁요대(瓊宮瑤臺)를 건립했다. 이 건물은 건평이 4평방 킬로미터이고 높이가 3백 미터, 대궁(大宮) 1백 채에 소궁(小宮)이 73채였다. 경궁요대가 낙성되자 향락연이 벌어졌다. 연회는 한 번 열리면 아무리 짧아야 반년이었다. 백성들과 신하들의 원성이 하늘을 찌르거나 말거나 황제는 귀족들을 이끌고 태행산으로 사냥을 떠나는 게 정해진 코스였다. 이와 때를 같이하여 대홍수가 일어나 전답이 물에 침수되고 가축이 떠내려갔으며, 몇 년 동안 흉년이 들었다. 그런가 하면 경궁요대에 화재가 일어나 한 달 동안 타는 소란이 계속되었다. 마침내 주무왕은 거병했다. 향음에 빠져 있던 은의 주왕도 70만의 대군을 움직여 목야(木野)에서 대치했다. 은의 병사 수효는 주나라를 훨씬 능가했으나, 병사들은 오히려 주무왕이 한시라도 빨리 은나라를 멸해 주기만을 소원하는 마음뿐이었다. 이러한 상황이고 보니 은나라가 패할 것은 너무 당연했다. 주왕은 본진이 패하자 보물이 가득찬 녹대로 들어가 불을 지르고 뛰어들었다. 후세의 중국인들은 주

(紂)라는 글자를 사용하지 않는다.

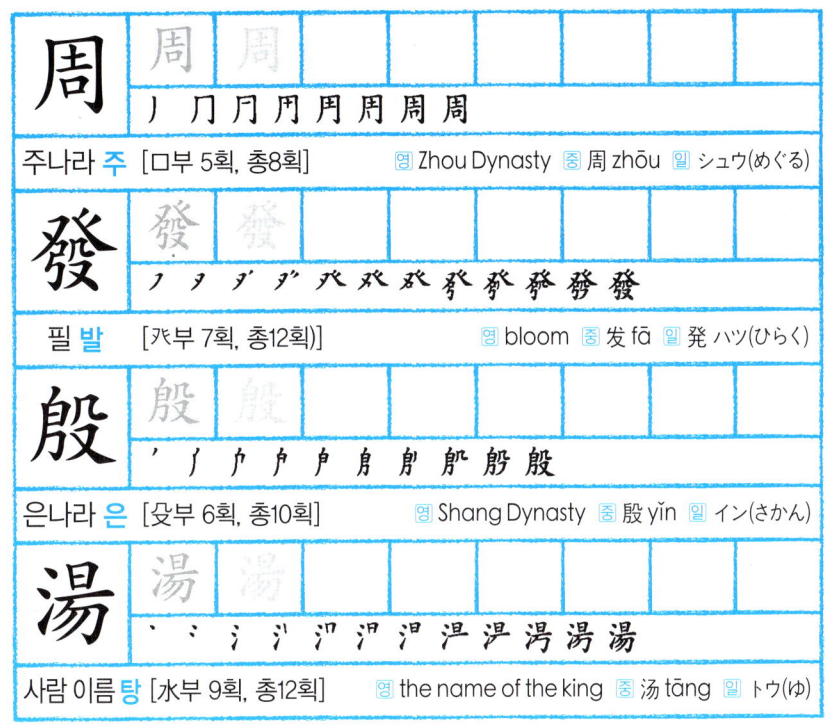

周	周 周
주나라 주 [口부 5획, 총8획]	영 Zhou Dynasty 중 周 zhōu 일 シュウ(めぐる)
發	發 發
필 발 [癶부 7획, 총12획)]	영 bloom 중 发 fā 일 発 ハツ(ひらく)
殷	殷 殷
은나라 은 [殳부 6획, 총10획]	영 Shang Dynasty 중 殷 yǐn 일 イン(さかん)
湯	湯 湯
사람 이름 탕 [水부 9획, 총12획]	영 the name of the king 중 汤 tāng 일 トウ(ゆ)

쓰임 ●周覽(주람) : 곳곳을 돌아다니며 자세히 살핌 ●周衣(주의) : 두루마기 ●發柬(발간) : 초대하는 글을 보냄 ●發身(발신) : 미천하고 가난한 처지에서 형편이 펴짐 ●殷鑑(은감) : 은나라 사람들은 하나라가 망한 것을 교훈 삼으라는 뜻 ●殷富(은부) : 풍성하고 넉넉함 ●湯藥(탕약) : 달여 먹는 한약 ●湯火(탕화) : 끓는 물과 뜨거운 물

글뜻 ●周(주)는 용(用)과 구(口)의 회의자. 설문에서는 '입을 선용하여 언어를 삼가는 것'. ●發(발)은 궁(弓)과 발(癹)의 형성자. 본뜻은 '화살을 발사한다'이나 본문에서는 주무왕의 이름이다. ●殷(은) 설문에 '음악의 성대한 모습'으로 풀이한다. ●湯(탕)은 수(水)와 이(昜)의 형성자. 본 절에서는 탕왕의 성이다.

27

坐朝問道
좌 조 문 도

의의 조정에 앉아 정치하는 도를 묻는다.

출전 덕이 있는 군주는 조정에 앉아 다스리는 법도를 어진 신하에게 물어 시행한다. 《예경》의 〈곡례 하〉, 《논어》 〈이인편〉에서 인용하였다.

해설 천자가 조정에 앉는다고 할 때의 좌조(坐朝)는 다음과 같은 격식이 있다. 《예기》의 〈곡례 하〉에 있다.

'제후가 천자를 알현하는 것은 계절에 따라 명칭이 다르다. 봄에는 조(朝)라 하고, 여름에는 종(宗), 가을에는 근(覲), 겨울에는 우(遇)다.'

천자가 조회를 받을 때에는 문병(門屛) 사이에 멈추어 서서 제후가 오는 것을 기다리도록 되어 있다. 또한 천자에게는 삼조(三朝)라는 것이 있는데, 노문(路門) 안에 있는 것을 연조(燕朝)라 하며, 밖에 있는 것이 치조(治朝), 고문(皐門)의 안과 고문(庫門)의 밖에 있는 것을 외조(外朝)라 하였다.

정치하는 도에 대해서는 《논어》의 〈이인편〉에 모습이 보인다.

'아침에 진실한 도에 대해 들을 수 있다면, 저녁에 죽는다 해도 여한이 없다.'

이것은 인후 자애한 공자의 입장이 아니라, 상당히 격렬한 분위기를 풍긴다. 고주(古注)에서 '도를 듣는다'는 것을 추상적인 것이 아니라, 도덕적인 현실로 보고 있다.

다시 말해 자신의 일생 중에 그런 것이 실현될 가능성이 없으므로, 만약 실현이 된다면 죽어도 여한이 없다는 것으로 술회한 것이다. 이에 대해 주자(朱子)는 단순히 진리를 추구하는 것만을 나타내는 의욕만이 아니라 오늘과 내일을 예측할 수 없는 긴박한 사회에 살던 공자의 현실적인 발언으로 생각하는 데에 무리가 없다. 이 점에 대한 인식이 긴요하다. 그러므로 본 절에서 문도(問道)라는 것은 인도(仁道)를 나타낸다.

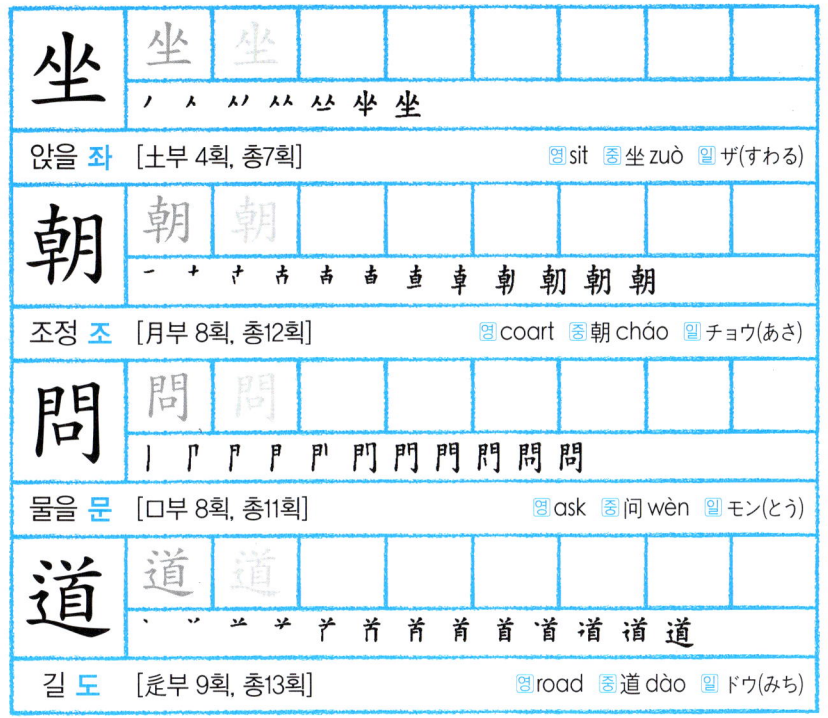

坐 앉을 **좌** [土부 4획, 총7획] 영 sit 중 坐 zuò 일 ザ(すわる)

朝 조정 **조** [月부 8획, 총12획] 영 coart 중 朝 cháo 일 チョウ(あさ)

問 물을 **문** [口부 8획, 총11획] 영 ask 중 问 wèn 일 モン(とう)

道 길 **도** [辵부 9획, 총13획] 영 road 중 道 dào 일 ドウ(みち)

쓰임 ●坐不安席(좌불안석) : 불안하거나 걱정스러워 한곳에 오래 앉아 있지 못함 ●坐客(좌객) : 앉은뱅이 ●朝典(조전) : 조정의 제도와 의식 ●朝酒(조주) : 아침에 마시는 술 ●問名(문명) : 이름을 물음 ●問卜(문복) : 점쟁이에게 점을 치게 하여 길흉을 물음 ●道力(도력) : 도의 힘 ●道令(도령) : 도에서 공포하는 법령

글뜻 ●坐(좌)는 설문에 '땅 위에 머무른다'고 했다. ●朝(조)는 '해가 뜨는 이른 아침'. ●問(문)은 구(口)와 문(門)의 형성자. 설문에는 '묻다'. ●道(도)는 착(辵=行)과 수(首)와의 회의자.

28

垂拱平章
수 공 평 장

의의 옷을 드리우고 팔짱 끼고 있어도 바른 정치가 된다.

출전 요순시대나 무왕 때에는 옷을 드리우고 가만히 있을 만큼 한가하였다. 그런데도 관리들은 모든 일에 공정·무사하게 일을 처리했다. 《서경》 〈요전〉과 〈태평광기〉를 인용하였다.

해설 싸움이 끝났다. 무왕은 제후를 소집하여 새삼스럽게 전열을 정비한 후 당당하게 수도 조가(朝歌)로 입성했다. 주왕의 시체를 검시한 후 새로이 하늘의 명을 받기 위해 천단(天壇)으로 향했다. 그곳은 황폐해질 대로 황폐해졌다. 천하 만민의 대표로서 하늘에 제사를 지내는 제단을 주왕은 이제껏 방치해 두었었다. 그곳을 깨끗이 청소하고 하늘에 제를 올렸다.

비로소 무왕은 하늘의 명을 받아 천자가 된 것이다. 이제부터 백성들의 기대에 보답해야 한다. 은나라 백성들은 폭군의 난행으로 비참한 생활을 하고 있었다. 어디 그뿐인가. 나라를 잃은 망국의 백성으로서 불안한 마음은 끝없이 이어졌다. 무엇보다 은나라의 백성을 안심시키지 않으면 안 되었다. 이들을 안정시키는 게 중요했다.

무왕은 곧 주왕의 아들 녹부(祿父)를 찾아내 조가에 봉했다. 이것은 백성들이 은나라 군주의 아들에게 의지하도록 한 것이다. 타다 남은 녹대의 재물을 나누고, 거교의 참고를 열어 많은 쌀과 곡물을 굶주린 백성에게 나누어주었다. 또한 기자(箕子) 등의 현인들이 불법으로 사로잡혀 있는 것을 알아내 무죄 방면하는 한편, 억울하게 최후를 마친 충신·현인들의 묘를 마련한 후 서쪽으로 돌아갔다.

이제 무왕이 돌아간 수도 호경(好景)은 단순한 봉성(蜂聲)이 아니라 천하의 수도였다. 유덕한 선비를 뽑아 정치에 관여시키고 인덕에 의하여 정사를 베풀었다. 백관들은 공평무사하고 모든 일에 질서 정연하였다.

垂	垂 垂	垂
드리울 **수** [土부 5획, 총8획]		영 hang down 중 垂 chuí 일 スイ(たれる)
拱	拱 拱	拱
팔짱 낄 **공** [手부 6획, 총9획]		영 fold one's arms 중 gǒng 일 キョウ(こまぬく)
平	平 平	平
평평할 **평** [干부 2획, 총5획]		영 flat· even 중 平 píng 일 ヘイ(たいら)
章	章 章	章
글 **장** [立부 6획, 총11획]		영 sentence 중 章 zhāng 일 ショウ(あや)

쓰임 ●垂敎(수교) : 가르쳐 보임 ●垂憐(수련) : 가련하게 보아 돌보아 줌 ●拱木(공목) : 한 아름드리 나무 ●拱手(공수) : 두 손을 걸쳐 모아 행하는 절 ●平復(평복) : 병이 나아 몸이 회복됨 ●平靜(평정) : 평안하고 고요함 ●章理(장리) : 밝은 이치 ●章魚(장어) : 낙지

글뜻 ●垂(수)는 '드린다'는 뜻. ●拱(공)은 수(手)와 공(共)의 형성자. '손을 거두다'라는 뜻. ●平(평)은 '언어의 평서(平舒)'이다. ●章(장)은 음(音)과 십(十)의 회의자. 설문에서 십(十)은 '수의 종말로 음(音)과 합해 그 시작과 끝이 악곡의 일절'이라 했다.

29

愛育黎首
애육려수

의의 백성을 사랑하고 기른다.

출전 명군이 천하를 다스림에 있어 백성에게 애착을 갖는다. 《북사》 〈포굉전(鮑宏傳)〉과 〈채전〉을 인용하였다.

해설 《전국책》에 이런 내용이 있다.

'백성이 없으면 무엇으로 임금이 되겠는가? 근본을 묻지 않고 끝을 물을 수 있는가?'

백성들을 사랑하여 안정시키지 않으면 군왕의 자리가 편할 리 없다. 근본을 보지 않고 그 끝만 보는 것은 결코 좋지 않다는 것이다.

이런 얘기가 있다.

제나라 왕 건(建)이 어느 날 위후(威后)에게 사자를 보내 문안을 드리고 동정을 살피게 했다. 이때 위후는 제나라 임금에 관한 이야기는 둘째로 제쳐두고 농사가 어떤지 백성들이 어찌 사는지에 관심을 보였다.

"순서가 바뀌었습니다."

사자가 못마땅한 낯으로 짜증을 부렸다.

"무슨 순서가 바뀌었다는 것이냐? 무릇 백성이 없으면 무엇으로 임금이 되겠느냐? 어찌 근본을 묻지 않고 끝을 물을 수 있겠느냐?"

결과는 위후가 걱정했던 대로였다. 제나라 왕 건은 결국 진시황제에게 나라를 빼앗기고 말았다. 애육(愛育)이라는 것은 〈사랑하여 기르다〉는 뜻이다.

《후한서》 〈사이오전(謝夷吾傳)〉에 〈소재애육인물(所在愛育人物)〉이라 한 것은 사람을 사랑으로 양육함을 뜻한다.

또 여수(黎首)라는 것은 여민(黎民)과 같은 뜻이다. 당시에 서민들은 관을 쓰지 않았으므로, 검은 머리가 나오는 것은 당연했다. 그러므로 〈채전(蔡傳)〉에서도 머리가 검은 것을 여민이라 밝혔다.

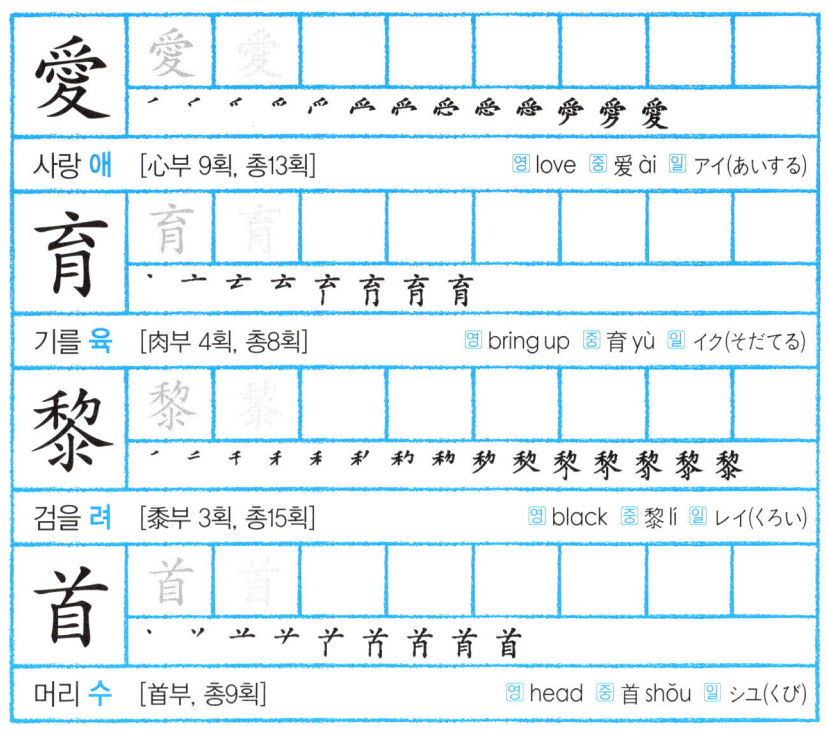

愛	사랑 애 [心부 9획, 총13획]	영 love 중 爱 ài 일 アイ(あいする)
育	기를 육 [肉부 4획, 총8획]	영 bring up 중 育 yù 일 イク(そだてる)
黎	검을 려 [黍부 3획, 총15획]	영 black 중 黎 lí 일 レイ(くろい)
首	머리 수 [首부, 총9획]	영 head 중 首 shǒu 일 シュ(くび)

쓰임 ●愛護(애호) : 아끼고 소중히 보호함 ●愛慕(애모) : 사랑하고 사모함 ●育成(육성) : 길러서 자라게 함 ●育苗(육묘) : 묘목이나 묘를 기름 ●黎明(여명) : 밝아오는 새벽 ●黎獻(여헌) : 백성 가운데 현자 ●首腦(수뇌) : 어떤 집단이나 조직 등에서 가장 중요한 자리에 있는 인물 ●首某(수모) : 앞장서서 일을 꾀함

글뜻 ●愛(애)는 심(心)과 무(旡)와의 형성자. 설문의 본뜻은 '사랑'이다. ●育(육)은 단주에 '불선은 선으로 기르라'고 하였다. ●黎(여)의 본뜻은 풀(糊)이다. ●首(수)의 본뜻은 '머리의 털'이라는 의미.

30

臣伏戎羌
신 복 융 강

의의 융강이 신하가 되어 복종하다.

출전 서방의 미개한 종족인 융이나 강이라는 종족도 군왕의 덕화를 듣고 복종하러 온다. 《관자》의 〈사칭(四稱)〉과 《후한서》 〈서강전〉을 인용하였다.

해설 고대 제왕들의 언행과 통치 이념은 정당성을 확보하려는 데에 힘을 기울였다. 그러므로 《대학》에서는 인격을 지칭하는 보편적인 개념으로 나타난다.

"하늘이 나에게 덕을 주셨다."

우리나라의 정약용 선생 같은 이는 명덕에 관한 성리학적인 해석을 부정했다. 그에 의하면 명덕이라는 것은 효(孝)·제(悌)·자(慈)라 정의하고, 우리 마음에는 본래 덕이 없으며 곧은 성품만 있을 뿐이라고 했다. 그러나 덕은 동양적 어원에서는 어쨌거나 사회성을 갖는다. 그러므로 내가 어떤 마음을 가지고 있는가에 따라 나의 위치가 달라질 수 있다. 덕이 있으면 변방의 오랑캐도 능히 사랑으로 가르치며 기를 수 있으니, 그들이 와서 복종하는 것은 당연하다고 본다. 여기에서 덕으로써 교화하는 데에 중요한 것은 인(仁)이다. 이것은 공자의 중심 사상이기도 하다. 덕이라는 글자를 쪼개면 문자학적 해석으로 '십사심(十四心)'으로 나뉜다.

허신의 《설문해자》에서도 '밖으로 다른 사람에게 바람직하고 안으로 나에게 획득된 것'이라 하였다. 이에 대해 단옥재(段玉裁)는 주석을 붙였다.

'안으로 나에게 획득된 것이란, 몸과 마음에서 체득된 것이요, 밖으로 다른 사람에게 바람직한 것이란 다른 사람이 혜택을 받도록 하는 것이다.'

臣

臣 臣

一 丅 𠃌 丐 芇 臣

신하 **신** [臣부, 총6획] 영 minister 중 臣 chén 일 シン(たみ)

伏

伏 伏

ノ 亻 仁 什 伏 伏

엎드릴 **복** [人부 4획, 총6획] 영 lie face down 중 伏 fú 일 フク(ふす)

戎

戎 戎

一 二 于 戌 戎 戎

오랑캐 **융** [戈부 2획, 총6획] 영 tribes in West China 중 róng 일 ジュウ(いくさどうぐ)

羌

羌 羌

丶 丷 䒑 兰 羊 兰 芈 羌

오랑캐 **강** [羊부 2획, 총8획] 영 tribes in West China 중 羌 qiāng 일 キョウ(えびす)

쓰임 ●臣僚(신료) : 모든 신하 ●臣服(신복) : 신하가 되어 복종함 ●伏龍(복룡) : 못 속에 숨어 하늘에 오를 시기를 기다린다는 용 ●伏望(복망) : '엎드려 바랍니다'라는 뜻 ●戎服(융복) : 철릭과 주립으로 된 옛날 군복의 한 가지 ●戎夷(융이) : 오랑캐라는 뜻 ●羌桃(강도) : 호두 ●羌活(강활) : 강호리

글뜻 ●臣(신)은 군주 앞에 복종하는 상형자. 본뜻은 '임금을 섬기는 자'. ●伏(복)은 인(人)과 견(犬)과의 회의자. 개가 사람 옆에 엎드린 모습. ●戎(융)은 과(戈)와 갑(甲)과의 회의자. 본뜻은 병장기를 가리켰는데 '오랑캐'란 뜻으로 변이했다. ●羌(강)은 양(羊)과 인(人)을 합한 회의형성자. '오랑캐'라는 뜻.

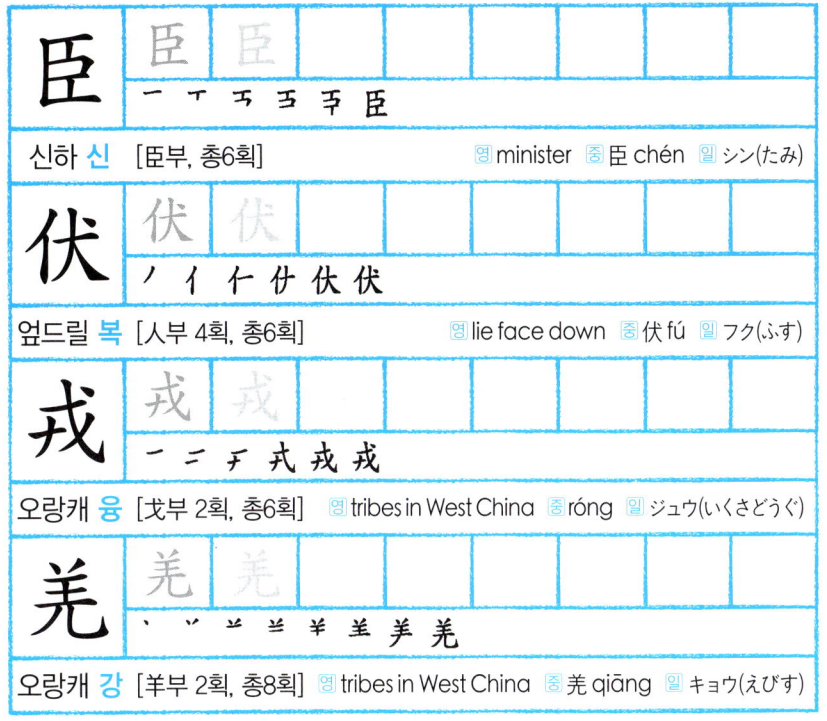

31 遐邇壹體
하 이 일 체

의의 멀고 가까운 곳에 있는 이들이 일체가 된다.

출전 《사마상여》의 〈난촉부로문(難蜀父老文)〉과 《의례》 〈상복자하전(喪服子夏傳)〉을 인용하였다.

해설 맹자는 군왕의 치정에 대해 이렇게 말했다.

'선정(善政)은 백성의 재물을 얻고 선교(善教)는 백성의 마음을 얻는다.'

이것은 무엇을 말하는가. 덕으로써 선정을 베풀고 선교했을 때라면 천하의 어디에서든 백성의 마음을 얻을 수 있다.

하(夏)의 걸왕을 대신하여 새 왕조를 이룩한 것은 은의 탕왕이었다. 대군이 걸왕을 토벌하려고 출발할 즈음, 군중들 앞에서 《서경》에 있는 〈탕서〉의 내용을 외쳤다.

이때 탕왕의 부하 가운데 중기라는 자가 있었다. 그는 왕에게 글을 지어 바쳤다.

'하나라는 오래 전부터 덕을 잃었으므로 백성들은 진흙 속이나 불 속에 던져진 것처럼 괴로움을 당하고 있다.'

그러니 한시라도 빨리 무도한 혼군을 정벌해야 함을 역설했다. 그러므로 맹자는 지적했다.

'걸주가 천하를 잃은 것은 인민을 잃은 까닭이다. 또한 인민을 잃은 것은 민심을 잃은 까닭이다. 천하를 얻는 데는 방법이 있다. 그 인민을 얻으면 곧 천하를 얻을 수 있다. 그러나 인민을 얻는 데엔 방법이 있다. 바로 민심을 얻으면 인민을 얻을 수 있다는 점이다. 민심을 얻는 데에 방법이 있다. 인민이 가지고 싶어하는 것을 모두 모아다 주고 싫어하는 것은 베풀지 않으면

되다.’

이렇게 하면 멀리 있는 오랑캐도 찾아와 복종할 것이며, 제후들도 마찬가지다.

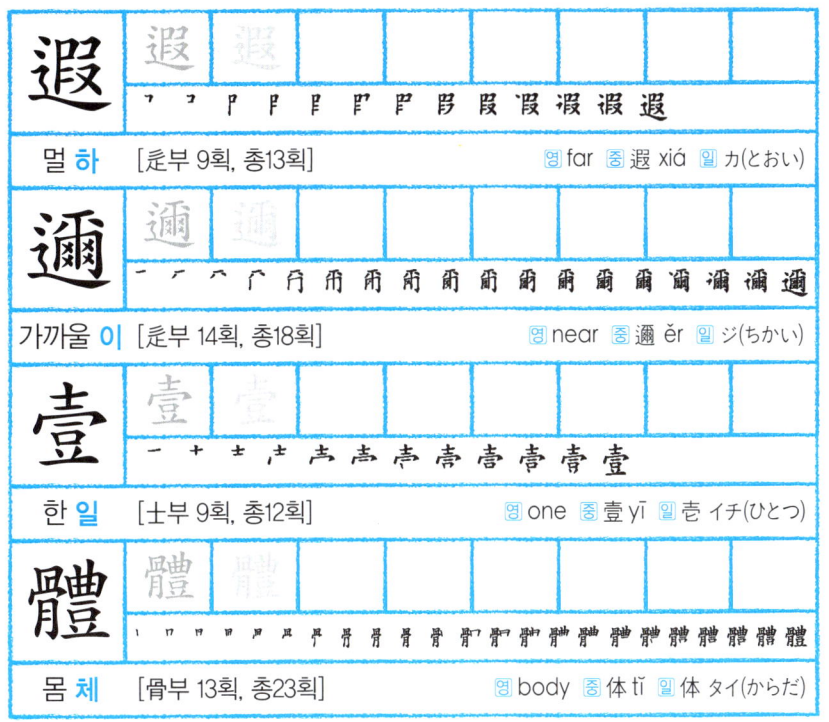

遐	멀 하	[辵부 9획, 총13획]	영 far 중 遐 xiá 일 カ(とおい)
邇	가까울 이	[辵부 14획, 총18획]	영 near 중 迩 ěr 일 ジ(ちかい)
壹	한 일	[士부 9획, 총12획]	영 one 중 壹 yī 일 壱 イチ(ひとつ)
體	몸 체	[骨부 13획, 총23획]	영 body 중 体 tǐ 일 体 タイ(からだ)

쓰임 ●遐壽(하수) : 나이가 많이 들도록 오래 삶 ●遐方(하방) : 서울에서 멀리 떨어진 곳 ●邇言(이언) : 비근하고 통속적인 말 ●壹時(일시) : 한결같이 ●壹意(일의) : 한 가지 일에 뜻을 오로지 둠 ●體木(체목) : 가지와 뿌리를 베어낸 등걸 ●體道(체도) : 몸소 도를 실천함

글뜻 ●遐(하)는 설문에서 ‘멀다’는 뜻의 원(遠)과 동일하다고 하였다. ●邇(이)는 착(辵)과 이(爾)와의 형성자. ‘가깝다’는 뜻의 근(近)과 동일하다. ●壹(일)은 물건을 거두어 저장하는 것으로 일(一)과 동일하다. ●體(체)는 골(骨)과 풍(豊)의 형성자. 몸의 총칭이다.

32

率賓歸王
솔 빈 귀 왕

의의 임금의 덕에 심복하여 돌아와 몸을 기댄다.

출전 《서경》의 〈순전〉과 〈채전〉을 인용하였다.

해설 덕이란 몸소 실천하여 터득하는 것이다. 덕은 사람의 심성을 착하게 하기 위해 권장한다. 일반적으로 성리학자들은 심성 가운데 덕을 인(仁)으로 나타냈다. 천하를 다스리는 군왕의 심덕이다.

윗글에 나오는 '빈'은 외국 사신은 물론이려니와 제후들을 가리킨다. 예전에는 국빈을 맞이할 때 예의로서 접대했다. 그러다 보니 귀빈을 대우하는 식사나 객관·의복·예의 등의 절차는 준비되어 있었다. 나라간의 중요한 문제들의 매듭을 풀기 위해 방문하는 빈객들은 자국 발전에 중요한 역할을 한다. 그러한 빈객이 청하지 아니하였는데도 군왕의 덕을 사모하여 찾아오는 것은 정치의 성패가 사람에 달려 있음을 단적으로 말해 준다.

사마천은 《사기》 〈열전〉에 다음같이 말했다.

'백성은 창고가 차야만 예절을 알며, 의식이 족해야 영욕을 안다. 위에 있는 자가 절도를 지키면 육친(六親 ; 부모 형제 처자)이 굳게 결합하고, 사유(四維 ; 예의염치)가 흔들려 풀어지면 나라는 망한다.'

그러므로 정치는 민중이 바라는 방향으로 민심에 순응하여야 한다. 즉 군왕은 몸 닦음을 도로써 하며, 도 닦음을 인으로써 하는 것이다. 인(仁)은 인(人)이니 친족을 친애함이 크고, 의(義)는 의(宜)니 어진 이를 높임이 크다 하였다. 그러므로 공자는 《논어》에서 위정자의 위치를 바로잡아 준다.

'정치를 하되 근본을 삼는다면 마치 북극성이 북극에 자리잡고 뭇별들이 사면으로 돌아 이를 향함과 같다.'

率

거느릴 **솔** [玄부 6획, 총11획] 영 have 중 率 shuài 일 リツ (ひきいる)

賓

손 **빈** [貝부 7획, 총14획] 영 guest 중 宾 bīn 일 ヒン(まらうど)

歸

돌아갈 **귀** [止부 14획, 총18획] 영 return, go back 중 归 guī 일 帰 キ(かえる)

王

一 二 干 王

임금 **왕** [王부, 총4획] 영 king 중 王 wáng 일 オウ(きみ)

쓰임 ●率伴(솔반) : 거느리고 함께 감 ●率服(솔복) : 좇아서 복종함 ●賓客(빈객) : 귀한 손님 ●賓主(빈주) : 손과 주인을 함께 이르는 말 ●歸心(귀심) : 고향으로 돌아가고 싶은 맘 ●歸天(귀천) : 사람의 죽음 ●王家(왕가) : 임금의 집안 ●王大人(왕대인) : 남의 할아버지의 높임말

글뜻 ●率(솔)은 설문에서 '새 그물'로 나타내고 집운에서는 '인솔'을 뜻했다. ●賓(빈)의 본뜻은 '존경하여 맞이하는 손님'이다. ●歸(귀)는 설문에서 '여자가 시집가는 것'을 뜻했으며, 해석문에서 '돌아가다'라는 말을 붙였다. ●王(왕)은 천·지·인을 관통하여야 왕이라 했다. 솔빈은 솔복(率服)과 같은 의미. 귀왕은 '왕실에 귀순한다'는 의미.

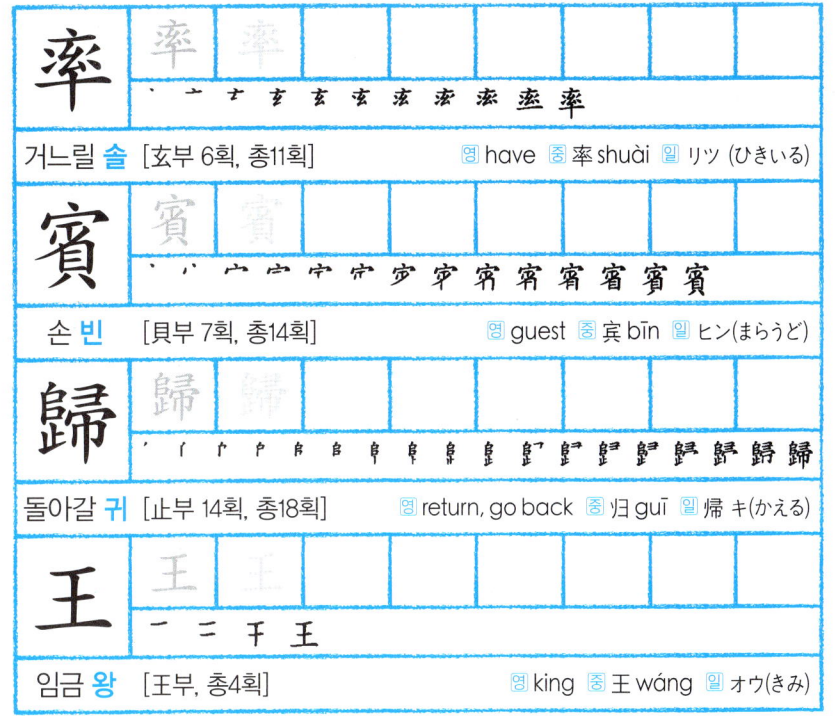

33

鳴鳳在樹
명 봉 재 수

의의 우는 봉황새가 나무에 있다.

출전 봉황새는 서조다. 상서로운 일이 있을 때에만 나타난다. 현군은 높은 자리에 앉아 인재를 등용한다. 《관로열전》과 《집회》를 인용하였다.

해설 봉황은 고대 중국에서 신령시 했던 기린·용·거북 등과 함께 사령(四靈)의 하나다. 수컷을 봉, 암컷을 황이라 하는데 《설문해자》에 의하면 봉의 앞부분은 기러기, 뒤는 기린, 뱀의 목, 물고기 꼬리, 황새의 이마, 원앙새의 깃, 용의 무늬, 호랑이의 등, 제비의 턱, 닭의 부리를 가졌으며, 언제나 오색이 함께 한다는 것이다.

봉황은 동방 군자의 나라에서 나와 사해(四海)를 날아 곤륜산을 지나 지주(砥柱)의 물을 마시고, 약수에 깃을 씻고 저녁엔 풍혈(風穴)에서 잔다. 이러한 새가 세상에 나타나면 천하가 크게 안녕하다는 이유로 봉황은 성천자(聖天子)의 상징으로 이해되었다. 천자가 거주하는 궁궐 문엔 당연히 봉황 무늬를 장식하고 그곳 이름을 봉궐이라 칭했다. 천자가 타는 수레를 봉연이니 봉거니 하는 것도 이런 맥락이다. 한유의 〈송하견서(送何堅序)〉에는,

"내가 듣기로 세상에 봉이라는 것이 있는데 항상 도가 있는 나라에 출현한다."

이렇게 쓰여 있고 《순자》의 〈애공편〉에는,

"옛날 왕의 정치가 삶을 사랑하고 죽임을 미워하면 봉이 나무에 줄지어 나타난다."

그런가 하면 《춘추감정부》에는 군왕이 하늘을 감동시키면 난봉이 나타난다고 했다. 이처럼 봉황이 천자의 상징이 된 것은 정치를 잘하여 성군이 되

면 모습을 드러낸다는 믿음 때문이다. 다시 말해 천자 스스로 성군임을 자처하려는 데에 연유를 찾을 수 있다.

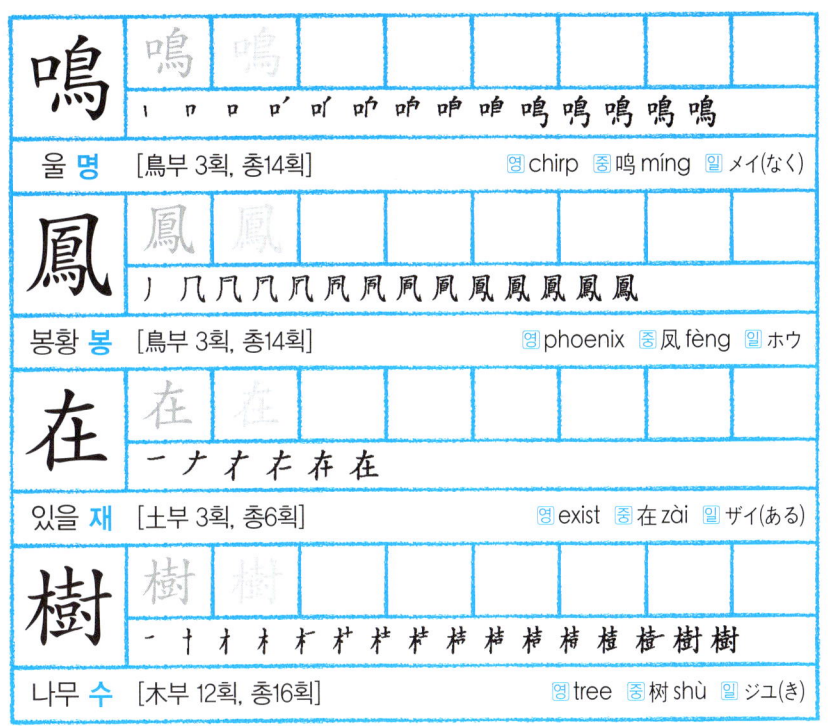

鳴	鳴 鳴
울 **명**	[鳥부 3획, 총14획] 영 chirp 중 鸣 míng 일 メイ(なく)
鳳	鳳 鳳
봉황 **봉**	[鳥부 3획, 총14획] 영 phoenix 중 凤 fèng 일 ホウ
在	在 在
있을 **재**	[土부 3획, 총6획] 영 exist 중 在 zài 일 ザイ(ある)
樹	樹 樹
나무 **수**	[木부 12획, 총16획] 영 tree 중 树 shù 일 ジュ(き)

쓰임 ●鳴禽(명금) : 징이나 바라 등속을 두드려서 울림 ●鳴動(명동) : 울리어 진동함 ●鳳蝶(봉접) : 호랑나비 ●鳳凰紋(봉황문) : 봉황을 본뜬 무늬 ●在文(재문) : 셈을 하고 남은 돈 ●在家(재가) : 집에 있음 ●樹栽式(수재식) : 한 밭에 여러 해에 걸쳐 자라는 나무를 심어 놓고 가꾸는 방식 ●樹海(수해) : 넓게 펼쳐진 울창한 삼림을 바다에 비유하는 말

글뜻 ●鳴(명)은 구(口)와 조(鳥)의 회의자. 설문에서 본뜻을 '새 소리'라 하였다. ●鳳(봉)은 '신령스런 새'로 풀이하였다. ●在(재)는 사(士)와 재(才)와의 형성자. 설문에서는 '있다'라는 의미. ●樹(수)는 '나무의 총 이름'으로 풀이하였다.

34

白駒食場
백 구 식 장

의의 백구가 마당에서 풀을 먹다.

출전 어진 군왕이 인재를 등용하면 재야에 있는 어진이들이 흰망아지를 타고 군왕에게 와서 자신의 포부를 늘어놓는다. 《시경》과 《장자》의 〈지북유〉를 인용하였다.

해설 《시경》 〈소아(小雅)〉 백구(白駒)는 어진 이를 좋아하는 군왕의 마음을 노래하고 있다.

하얀 망아지 한 필
재빠르게 달려오면
공작 삼고 후작 삼아
끝없이 즐길 것을
어찌 부귀를 가볍게 알아
세상을 벗어나서 생각하는가
하얀 망아지 한 필
깊은 골짜기에 데려가
꼴 한 단 먹이고 있을
구슬 같은 내 친구여
금옥인 듯 소식 아끼어
내게서 멀어지지 마시게

본문의 1, 2소절은 삭제하였다. 군왕은 벼슬을 버리고 떠나려는 어진 이를 붙잡고 만류하지만 어진 이의 뜻을 차마 꺾지 못하고 종당에는 석별의 정을 아쉬워한다. 묘사가 어진 이를 암유함으로써 일종의 부(賦)가 돼버렸다.

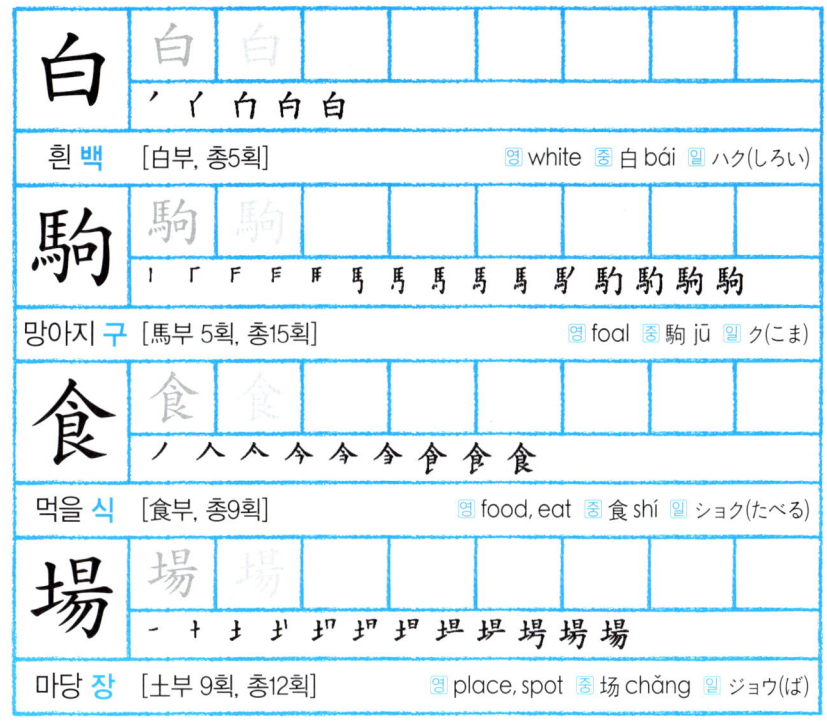

한자	훈음	부수·획수	영	중	일
白	흰 백	[白부, 총5획]	white	白 bái	ハク(しろい)
駒	망아지 구	[馬부 5획, 총15획]	foal	驹 jū	ク(こま)
食	먹을 식	[食부, 총9획]	food, eat	食 shí	ショク(たべる)
場	마당 장	[土부 9획, 총12획]	place, spot	场 chǎng	ジョウ(ば)

쓰임 ●白濁(백탁) : 오줌 색깔이 뿌옇고 걸쭉한 병 ●白板(백판) : 아무것도 없는 형편 ●駒隙(구극) : 세월은 빨리 흘러 인생은 덧없음 ●駒馬(구마) : 망아지와 말 ●食積(식적) : 한방에서 먹은 음식물이 소화되지 않고 뭉친 듯한 상태 ●食債(식채) : 음식을 외상으로 먹고 아직 갚지 못한 빚 ●場稅(장세) : 시장에서 상인들로부터 받아들이는 세금 ●場圃(장포) : 집 가까이에 있는 채소밭

글뜻 ●白(백)은 입(入)과 이(二)와의 지사자. 설문에는 서방의 자연색으로 풀었다. ●駒(구)는 마(馬)와 구(句)와의 형성자. 본뜻은 '두 살이 된 망아지'. ●食(식)은 '밥 먹다'라는 뜻이다. ●場(장)은 토(土)와 이(昜)의 형성자. 본뜻은 '제사하는 도장'.

35

化被草木
화피초목

의의 덕화가 초목에까지 미친다.

출전 유종원의 〈위이간의하교표(爲李諫議賀敎表)〉와 《시경》 〈대아〉의 행위서(行葦序)를 인용하였다.

해설 덕이 넘치는 어진 군주의 은혜는 사람뿐만이 아니라 하찮은 초목에까지 미치므로 만물이 힘을 얻는 것은 당연하다는 뜻이다. 《시경》 〈대아편〉엔 '길옆 갈대는(行葦)'이라는 노래가 있다.

길옆 갈대는 소나 양도 비켜 가거라
가늘고 무성하여 곱고 부드러운 잎
정다운 형제는 온 집안들이 모두 한 몸인 듯 모였으니
젊은이는 잔치 자리 펴고 노인 위해 탁자를 놓네
자리 위에 또 방석 깔고 분주한 심부름꾼
술잔 주고받으며, 술잔 씻고 술잔 받네
온갖 젓담은 고기를 권하며 구운 고기와 간은 어떤가
자라 입술도 안주도 그만 노래하며 북 치며 즐기네

붉은 무늬 활은 강한데 살촉 네 개씩 나누어지네
쓴 화살이 관중하니 승부를 가려 차례를 잡네
붉은 무늬 활을 당겨 네 개 화살을 쏘면은
살촉은 과녁을 맞추는데 공경으로 차례 정하네
종손은 오늘의 주인 향기 그윽한 맑은 술을
긴 자루, 굽기에 따라 드리오니 장수하소서

구부정히 늙으신 몸을 앞뒤에서 도와 드리어
오래 사시고 즐거웁고 넘치도록 복 누리시기를

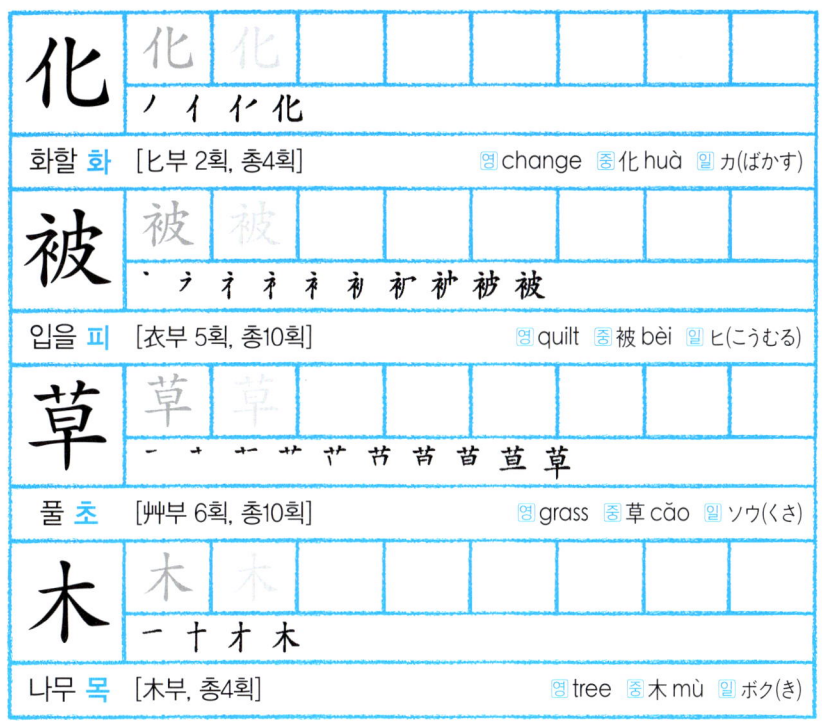

化	化 化
	丿 亻 亻' 化
화할 **화**	[匕부 2획, 총4획] 영 change 중 化 huà 일 カ(ばかす)
被	被 被
	丶 ㇇ 礻 礻 衤 衤 衤 衤 衤 被
입을 **피**	[衣부 5획, 총10획] 영 quilt 중 被 bèi 일 ヒ(こうむる)
草	草 草
	一 十 廾 艹 艹 节 苩 苜 荁 草
풀 **초**	[艸부 6획, 총10획] 영 grass 중 草 cǎo 일 ソウ(くさ)
木	木 木
	一 十 才 木
나무 **목**	[木부, 총4획] 영 tree 중 木 mù 일 ボク(き)

쓰임 ●化客(화객) : 시주를 구하러 다니는 객승 ●化去(화거) : 다른 것으로 변해감. 곧 죽음을 이름 ●被劾(피핵) : 탄핵을 받음 ●被曝(피폭) : 폭발물 등으로 방사능을 쬠 ●草稿(초고) : 시문의 초벌 원고 ●草徑(초경) : 숲이 우거진 좁은 길 ●木方(목방) : 목수들이 일하는 곳 ●木理(목리) : 나뭇결, 나이테

글뜻 ●化(화)는 인(人)과 비(匕)의 회의자. 설문에는 위에 있는 사람이 덕을 가지고 사람을 선도하여 선인으로 만드는 것으로 '교화'라 했다. ●被(피)는 의(衣)와 피(皮)의 형성자. 본래는 '잠옷'이었는데 나중에 '입다'라는 뜻으로 바뀌었다. ●草(초)는 초(艸)와 조(早)의 형성자. '풀'을 뜻한다. ●木(목)은 '땅에 뿌리 박은 나무의 모양'을 본뜸.

36

賴及萬方
뇌 급 만 방

의의 신뢰가 만방에 미치다.

출전 《서경》의 〈여형(呂刑)〉과 《한서》 〈예문지〉를 인용하였다.

해설 이처럼 군왕의 덕택(德澤)은 대단한 것이다. 본 절에서의 '뢰(賴)'는 신뢰할만한 복리로 해석한다. 그러므로 인군의 치정은 따뜻한 햇살이 온 천하에 고루 비치는 것과 같다. 《논어》의 〈요왈(堯曰)〉에는 다음 같은 문구가 있다. 요(堯)께서 말씀하셨다.

"아아, 순아. 하늘의 운명이 네 일신에 매었으니 진실로 그 중(中)을 잡으라. 사해의 백성이 곤궁해지면 하늘이 내리신 복도 길이 끝나리라."

순(舜)께서는 이 말을 우(禹)에게 전했다. 탕(湯)께서 말씀하셨다.

"나 불민한 탕은 검은 황소를 제물로 드리고 거룩하신 상제께 고하나이다. 걸이 죄 있으매 함부로 용서할 수 없으며, 상제의 뜻을 받드는 현인은 덮어둠이 없이, 상제의 뜻을 따라 가려 쓰겠나이다. 내 몸에 죄 있거든 허물을 제 몸에 돌리시옵소서."

주(周)나라는 하늘에서 받은 복이 있었으니, 그는 선인이 많다는 일이었다. 무왕(武王)께서 말씀하셨다.

"아무리 가까운 친척이 많아도, 인(仁)의 덕을 가진 이만은 못하다. 백성에게 과실이 있다면 책임은 내 한 몸에 있다."

저울과 말을 바로잡고 예악과 제도를 잘 정비하고 폐지된 벼슬을 부활시키면 사방의 정치가 잘 되어 간다. 망한 나라를 일으키고 끊어진 대를 이으며 세상에 숨어 사는 어진 이를 등용하면, 천하의 백성들은 마음을 돌려 따른다. 중요한 것은 백성과 식량과 상(喪)과 제사다. 너그러우면 인망을 얻고

신의가 있으면 백성이 신뢰하고, 기민하면 일을 이룰 수 있으며, 공명하면 백성이 기뻐한다.

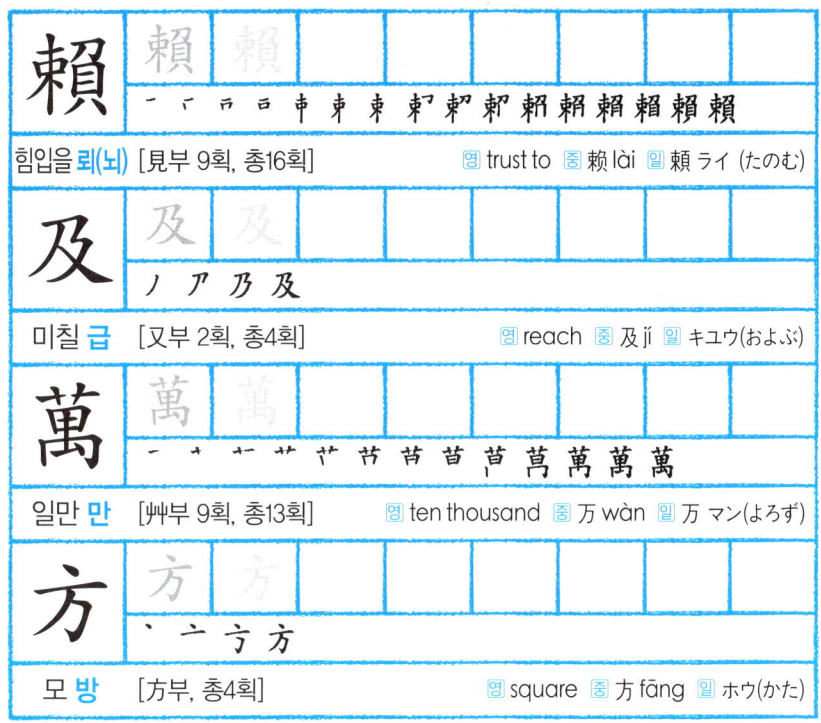

賴	賴 賴 (획순: 一 ㄷ 市 市 申 束 束 束 剌 剌 賴 賴 賴 賴 賴 賴)
힘입을 뢰(뇌) [見부 9획, 총16획]	영 trust to 중 赖 lài 일 頼 ライ (たのむ)
及	及 及 (획순: ノ 乃 乃 及)
미칠 급 [又부 2획, 총4획]	영 reach 중 及 jí 일 キユウ(およぶ)
萬	萬 萬 (획순: 一 十 艹 艹 芇 芇 苩 苩 萭 萬 萬 萬 萬)
일만 만 [艸부 9획, 총13획]	영 ten thousand 중 万 wàn 일 万 マン(よろず)
方	方 方 (획순: 丶 亠 方 方)
모 방 [方부, 총4획]	영 square 중 方 fāng 일 ホウ(かた)

쓰임 ●賴德(뇌덕) : 남의 덕을 입음 ●賴子(뇌자) : 무뢰한 ●及落(급락) : 급제와 낙제 ●及第(급제) : 시험이나 검사 따위에 합격함 ●萬感(만감) : 여러 가지 느낌 ●萬頃(만경) : 지면이나 수면 따위가 한없이 넓음을 이르는 말 ●方術(방술) : 방법과 기술 ●方田(방전) : 네모 반듯한 논이나 밭

글뜻 ●賴(뇌)는 패(貝)와 자(剌)의 형성자. 설문에는 '나머지'라는 뜻. 나중에 '힘입다'라는 뜻으로 변했다. ●及(급)은 우(又)와 인(人)의 회의자. 우(又)는 수(手)로 '뒷사람의 손이 앞사람에게 미침'을 뜻한다. ●萬(만)은 만충(萬虫)의 상형자. ●方(방)은 '병선(倂船)'의 상형이다.

37

蓋此身髮
개 차 신 발

의의 이 몸의 털은 대게 사람마다 없는 이가 없음.

출전 사람의 몸을 구성하는 물질은 땅(地)·물(水)·불(火)·바람(風)으로 이루어져 있다. 《효경》의 〈개종명장(開宗明章)〉을 인용하였다.

해설 효(孝)는 자녀가 부모에 대하여 경애의 감정에 토대를 두고 행하는 행위라 기록되어 있다. 증자(曾子)의 문인이, 공자와 증자의 효도에 관한 문답을 기록한 《효경》에는 어른에 대한 예절로 부모에게 걱정을 끼쳐드리지 않아야 한다는 점을 다룬다.

'우리 신체는 머리털에서 살갗에 이르기까지 부모에게 받은 것이니 감히 손상할 수 없음이 효의 비롯이다.'

이렇게 말하는 것으로 효를 백행의 첫째로 보았다. 우리의 몸이 지수화풍(地水火風)으로 이루어졌다 해도, 뼈와 살을 만드는 이는 어버이다. 그렇게 함으로써 부모에 대한 효는 사후에까지 진전된 개념으로 나타난다.

《효경》에서의 효의 개념은 우선 효를 덕의 근본으로 삼고 있다는 점이다. 그러므로 효의 방법에 있어서는 직접적이면서도 기본적인 사친(事親)과, 간접적이면서도 종국적이라는 입신행도(立身行道)로 나누어짐을 역설했다. 그러므로 또 하나의 중요한 윤리인 충(忠)이라는 것과 조화시켜 왔다.

그런가 하면 《서경》의 순전(舜典)에는 '삼가 오전을 아름답게 하라'는 것이다. 여기에는 두 가지가 있다. 하나는 주희의 해석에 따라 오상설이 맹자의 오륜을 가리킨다는 것이며, 다른 것은 '아비는 친하고 어미는 자애로우며 자식은 효도하며 형은 우애하고 아우는 공손하다'라고 하는 것 등이다. 이것이 효(孝)·제(弟)·자(子)라는 가족 윤리의 뿌리라고 할 수 있다.

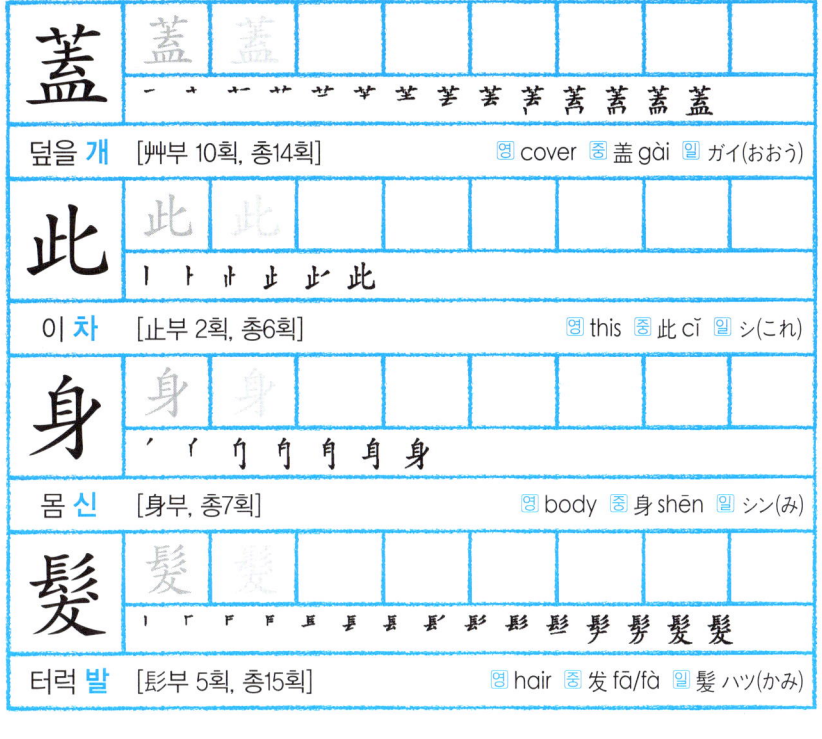

蓋	덮을 **개** [艸부 10획, 총14획] 영 cover 중 盖 gài 일 ガイ(おおう)
此	이 **차** [止부 2획, 총6획] 영 this 중 此 cǐ 일 シ(これ)
身	몸 **신** [身부, 총7획] 영 body 중 身 shēn 일 シン(み)
髮	터럭 **발** [髟부 5획, 총15획] 영 hair 중 发 fā/fà 일 髪 ハツ(かみ)

쓰임 ●蓋世(개세) : 기개나 기력이 온 세상을 덮을 만큼 왕성함 ●蓋甓(개벽) : 전각의 바닥에 까는 벽돌 ●此等(차등) : 이것들 ●此期(차기) : 이 시기 ●身世(신세) : 남으로부터 도움을 받는 일 ●身數占(신수점) : 신수를 알아보기 위해 치는 점 ●髮膚(발부) : 머리털과 피부 ●髮妻(발처) : 맨 처음 배필이 된 아내

글뜻 ●蓋(개)의 본뜻은 '지붕을 이는 것'인데 '대개'의 뜻으로 쓰인다. ●此(차)는 지(止)와 비(匕)의 회의자. 본뜻은 '서로 그치는 것', '이'로 변했다. ●身(신)은 설문에 '사람의 몸'으로 풀이했다. ●髮(발)의 본뜻은 '긴 머리 모양'이다.

38

四大五常
사대오상

의의 사대 요소를 통솔하는 마음엔 오상이 있다.

출전 오상(五常)은 인의예지신(仁義禮智信)이다. 이것은 사람의 마음에 구비되어 있는 도리이므로 수양하는데 게으름을 피우면 패가망신한다. 《한서》〈동중서전(董仲舒傳)〉을 인용하였다.

해설 사람의 몸을 이루는 4대 요소 지수화풍(地水火風)이란, 사람이 죽었을 경우 각기 근본인 땅과 물, 그리고 불과 바람으로 되돌아가는 것을 말한다. 가죽을 비롯하여 살이나 힘줄·머리카락·손·발톱은 땅으로 돌아간다. 침이나 눈물·피·대소변은 물로, 몸뚱이의 따뜻한 기운은 불로, 움직이는 성품은 바람으로 돌아간다. 이것이 4대다.

물론 노자(老子) 등이 보는 관점은 다를 수 있다. 〈노자 25장〉에는 도(道)·천(天)·지(地)·왕(王)을 사대라 하고 있다. 또한 《진서(晉書)》〈왕표전(王豹傳)〉에는 대공(大功)·대명(大名)·대덕(大德)·대권(大權)을 사대라 하였다.

오상이란 인의예지신이다. 이 오상을 〈태서(泰誓)〉에는 부의모자형우제공자효(父義母慈兄友弟恭子孝)라 하였는데, 이것 역시 오행과 같은 의미로 보고 있다. 또한 맹자도 오륜(五倫)이나 오교(五教)와 동일하다는 입장을 취한다. 앞 단락에서는 어진 군왕의 덕정(德政)을, 본절에서는 심성의 본원을 다루고 있다.

그런 점에서 마음에 욕심이 일어나면 차가운 못에 물이 끓는다는 《채근담》의 지적이 새삼스럽지 않은 것이다. 물은 물결이 일어나지 않으면 고요하다. 거울은 흐리지 않으면 스스로 밝게 된다. 우리의 마음도 이와 같다는 것이다. 흐린 것을 버리면 저절로 맑음이 나타날 것이요, 즐거움을 굳이 찾지 않으면 괴로움이 찾아들 이유가 없다. 이것은 마음이 모든 일의 근본이 됨을 단적으로 나타낸다.

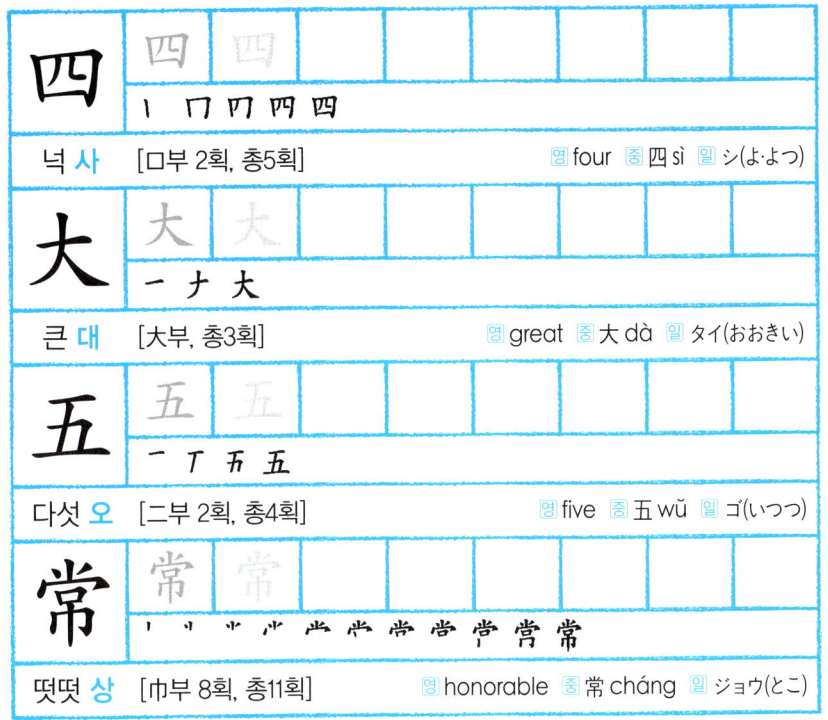

四	四 四
	丨 冂 冂 四 四
넉 사	[口부 2획, 총5획] 영 four 중 四 sì 일 シ(よ·よつ)
大	大 大
	一 ナ 大
큰 대	[大부, 총3획] 영 great 중 大 dà 일 タイ(おおきい)
五	五 五
	一 丅 五 五
다섯 오	[二부 2획, 총4획] 영 five 중 五 wǔ 일 ゴ(いつつ)
常	常 常
	(11획 필순) 常
떳떳 상	[巾부 8획, 총11획] 영 honorable 중 常 cháng 일 ジョウ(とこ)

쓰임 ●四方燈(사방등) : 들고 다니게 된 네모 반듯한 등 ●四散(사산) : 사방으로 뿔뿔이 흩어짐 ●大駕(대가) : 임금이 타는 수레 ●大賈(대고) : 크게 장사하는 사람 ●五飮(오음) : 다섯 가지 마실 것. 물, 미음, 약주, 단술, 청주 ●五鑿(오착) : 몸에 있는 다섯 가지 구멍. 이(耳), 목(目), 구(口), 비(鼻), 심(心) ●常備(상비) : 늘 갖추어 둠 ●常沙鉢(상사발) : 품질이 낮은 허름한 사발

글뜻 ●四(사)는 구(口)와 팔(八)과의 지사자. ●大(대)는 인(人)을 정면에서 본 상형자. ●五(오)는 천지와 음양이 교착하는 모양. ●常(상)은 건(巾)과 상(尙)과의 형성자.

39

恭惟鞠養
공 유 국 양

의의 공손히 국양(鞠養)을 생각한다.

출전 부모가 길러준 것을 생각하건대 어린이를 사랑하여 기른 것과 같다.《한서》〈오행지〉와,《시경》의 생민(生民),《안씨가훈(顔氏家訓)》에서 인용였다.

해설 사람은 어버이에 의해 태어나 성장한다. 열 살이 되면 어린이라 하여 배워야 한다. 스무 살이 되면 약(弱)이라 하여 성인식을 한다. 서른 살이 되면 장(壯)이라 하여 아내를 맞이하고, 마흔이면 강(强)이라 하여 벼슬에 나아간다. 쉰 살이면 애(艾)라 하여 정치에 참여하고, 예순 살이 되면 기(耆)라 하여 사람에게 지시하여 일을 한다. 일흔 살이 되면 노(老)라 하여 가사를 자식에게 물려준다. 여든이나 아흔이 되면 모(耄)라 하고, 일곱 살이면 도(悼)라 하는데, 도와 모는 비록 죄를 지어도 벌을 내리지 않는다. 백 살이 되면 기(期)라 하여 부양받는다.《시경》〈소아〉의 육아에는 다음같이 노래하고 있다.

아버님 날 낳으시고, 어머님 날 기르시니
쓰다듬어 길러주시고, 키우고 가르쳐 주셨네
거듭거듭 살펴 주시고, 나를 들며 안아주셨네
이 은혜 갚고자 하나, 하늘이 무정하셔라

남산은 하늘에 솟고, 바람은 사납구나
모두 다 즐거이 살거늘, 어찌 나만 풀이 죽었나
남산은 우뚝하고, 바람은 매섭구나
모두 다 즐거이 살거늘

어찌 나만 부모 봉양 못하나

恭	공손할 공 [心부 6획, 총10획] 영 respectful 중 恭 gōng 일 キョウ(うやうやしい)
惟	생각할 유 [心부 8획, 총11획] 영 consider· think 중 惟 wéi 일 イ·ユイ
鞠	기를 국 [革부 8획, 총17획] 영 nourish 중 鞠 jū 일 キク(まり)
養	기를 양 [食부 6획, 총15획] 영 breed 중 养 yǎng 일 ヨウ(やしなう)

쓰임 ●恭儉(공검) : 공손하고 검소함 ●恭敬(공경) : 남을 대할 때에 몸가짐을 공손히 함 ●惟獨(유독) : 오직 홀로 ●惟精(유정) : 사욕을 물리치고 마음을 정하게 함 ●鞠窮(국궁) : 존경하는 뜻으로 몸을 굽힘 ●鞠子(국자) : 어린 아이 ●養育(양육) : 어린아이를 기름 ●養松(양송) : 소나무를 가꿈

글뜻 ●恭(공)은 심(心)과 공(共)과의 형성자. '엄숙하다'는 뜻이었으나 '공경하다'로 바뀌었다. ●惟(유)는 심(心)과 추(隹)와의 형성자. 설문에 '생각하다'로 풀이. ●鞠(국)은 본래 '제기'였으나 '기르다'는 뜻으로 바뀌었다. ●養(양)은 양(羊)과 식(食)과의 형성자. 설문에는 '음식을 갖추어 기르다'로 풀이했다. 국양은 안씨가훈 '자형국양 고신비지(慈兄鞠養 苦辛備至)'에서 따왔다.

40

豈敢毁傷
기 감 훼 상

의의 어찌 감히 헐어 상하게 하겠는가.

출전 자식된 자가 어찌 도에 위배되는 일을 하여 부모의 유체(遺體)를 손상시킬 수 있겠는가. 《맹자》의 〈이루 하(離婁 下)〉를 인용하였다.

해설 《논어》에서 다음과 같이 지적한다.

'자기 몸을 바로 갖는다면 정치에 종사하는 데 무슨 힘든 일이 있겠는가. 자기의 몸을 바로 갖지 못한다면 어떻게 남을 바로 잡겠는가.'

자신의 몸을 닦는다는 것은 결국 부모가 남긴 유체(遺體)를 더럽히지 않는다는 말과 같다. 그래서 옛 현인들은 주장한다.

"몸을 닦는다는 것이 그 마음을 바르게 함에 있다는 것은 마음에 노여워하는 바를 두면 바름을 얻지 못하고, 두려워하는 바를 두면 그 바름을 얻지 못하고, 좋아하는 바를 마음에 두면 바름을 얻지 못하고, 걱정하는 바를 마음에 두면 바름을 얻지 못하고, 마음이 부재하면 살펴보지 아니하며, 귀를 기울여도 들리지 아니하며, 먹어도 맛을 알지 못하니 이를 두고 몸을 닦음이 그 마음을 바르게 함에 있는 것이다."

그래서 옛사람들은 자신의 몸을 닦는 것을 백연(百煙)의 금과 같이 하라고 했다. 그만큼 쉽지 않다는 말이다. 어느 때인가 자공(子貢)이 물었다.

"남이 나를 해롭게 함을 원치 않듯이 나 또한 남에게 해를 가함이 없고자 합니다."

그 말을 들은 공자께서는, 그것은 자공이 맘먹은 대로 할 수 있는 일이 아니라 했다. 쉽지 않다는 말이다.

수신(修身)의 기본 정신은 어버이가 남겨준 몸을 훼손하지 않는 것이다.

이것은 효도보다 우선적으로 생각되었다.

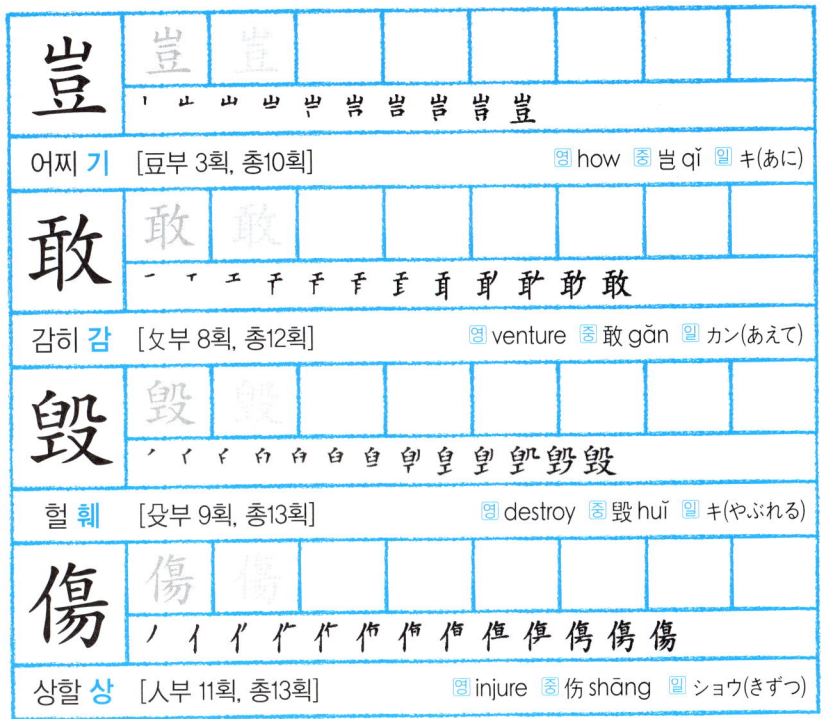

豈	
어찌 **기**	[豆부 3획, 총10획] 영 how 중 岂 qǐ 일 キ(あに)
敢	
감히 **감**	[攵부 8획, 총12획] 영 venture 중 敢 gǎn 일 カン(あえて)
毁	
헐 **훼**	[殳부 9획, 총13획] 영 destroy 중 毁 huǐ 일 キ(やぶれる)
傷	
상할 **상**	[人부 11획, 총13획] 영 injure 중 伤 shāng 일 ショウ(きずつ)

쓰임 ●豈亦(기역) : 어찌, 또 ●敢然(감연) : 용감하게 하는 모양 ●敢行(감행) : 어려움을 참고 일을 행하여 목적을 달함 ●毁言(훼언) : 남을 비방하는 말 ●毁慕(훼모) : 몸이 상하도록 간절히 죽은 어버이를 사모함 ●傷悼(상도) : 마음이 아플 정도로 슬퍼함 ●傷恩(상은) : 은정을 상하게 함

글뜻 ●豈(기)의 본뜻은 '개선의 노래'였으나 '어찌'로 변하였다. ●敢(감)은 '굳세다'는 의미. ●毁(훼)는 설문에 '이지러지다'이다. ●傷(상)은 본뜻이 '상해(傷害)하다'.

41

女慕貞烈
여 모 정 렬

의의 여자는 곧은 절개를 사모한다.

출전 남녀에 따라서 덕(德)의 내용이 달라지는 것이지만, 여자는 정절과 지조를 지니고 나서 정결한 인물을 사모해야 한다.

두보(杜甫)의 〈팔경시(八京詩)〉를 인용하였다.

해설 덕이라는 것은 사회적인 어떤 위치에 있는 사람에게 요구되는 당위(當爲)다. 그 당위를 실천함으로써 그에 버금가는 힘을 발휘할 수 있는 것은 너무 당연한 일이다. 이를테면 부모와 자식의 입장에서는 자식에 대한 너그러운 사랑이 요구되고, 자식의 입장에서는 부모에 대한 효성이 요청된다. 따라서 '자애'와 '효성'은 덕이 되는 것이다. 남녀에 있어서도 마찬가지다. 여자는 지조(志操)와 정절(貞節)이 맑아야 한다. 그것이 여인의 덕이다. 공자는 《논어》에서 여인의 지조 또는 절개를 비유하여 말했다.

"엄동설한이 되어야 소나무와 전나무의 절개를 알 수 있다."

이것은 두말할 나위 없이 어렵고 힘든 때가 닥쳤을 때라야 진면목을 알 수 있다는 말이다. 그런 이유로 선인들은 이 점에 대해 극구 찬양의 말을 던졌다.

"만절필동(萬折必東)이다!"

"봉기불탁속(鳳饑不啄粟)이다."

만절필동은 황하의 흐르는 물이 이리저리 만 번을 굽어 돌아 기어코 동으로 흐르고 마는 것을 뜻한다. 이를테면 굳게 먹은 마음과 절개는 아무리 꺾으려 해도 꺾이지 않는다는 말이다.

그런가 하면 봉기불탁속이란, 봉은 아무리 굶주려도 좁쌀을 쪼지 않는다는 뜻이다. 힘들고 어려워도 함부로 절개를 굽히지 않는다는 의미다. 이런 경우 여인의 덕은 '절개'나 '지조'이다.

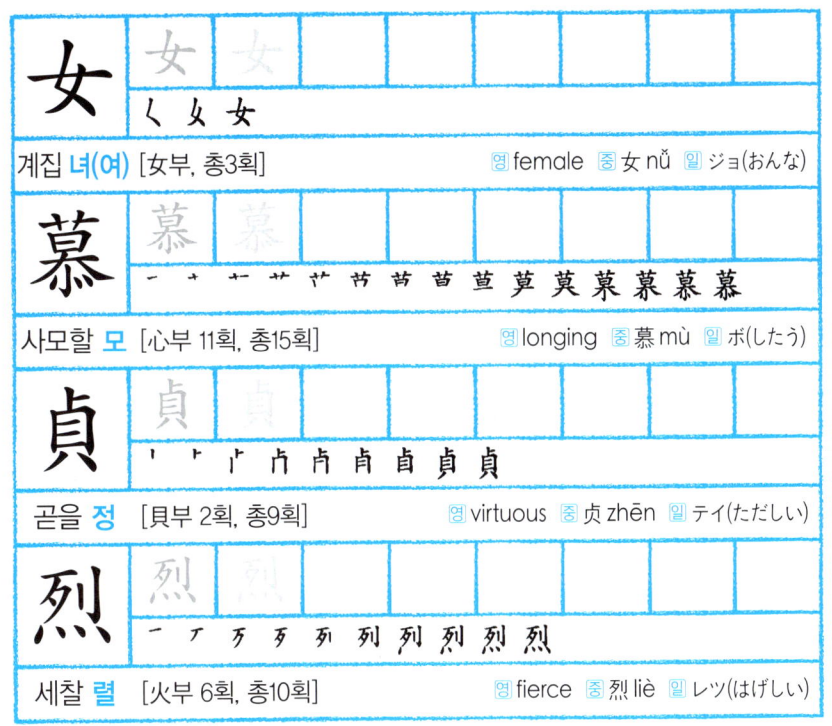

女	女 女
	く 𡿨 女
계집 **녀(여)** [女부, 총3획]	영 female 중 女 nǚ 일 ジョ(おんな)
慕	慕 慕
	一 十 艹 艹 艹 艹 苩 苩 莫 莫 莫 菒 慕 慕 慕
사모할 **모** [心부 11획, 총15획]	영 longing 중 慕 mù 일 ボ(したう)
貞	貞 貞
	丨 卜 卜 占 占 貞 貞 貞 貞
곧을 **정** [貝부 2획, 총9획]	영 virtuous 중 贞 zhēn 일 テイ(ただしい)
烈	烈 烈
	一 ア 歹 歹 歹 列 列 列 烈 烈
세찰 **렬** [火부 6획, 총10획]	영 fierce 중 烈 liè 일 レツ(はげしい)

쓰임 ● 女禮(여례) : 여자의 예법 ● 女卜(여복) : 장님으로 점을 치는 여자 ● 慕情(모정) : 사모하는 마음 ● 慕華館(모화관) : 조선 때에 중국 사신을 영접하던 곳 ● 貞烈(정렬) : 지조가 굳고 순결을 지키며 행실이 바름 ● 貞實(정실) : 마음이 곧고 성실함 ● 烈節(열절) : 깨끗한 절의 ● 烈蹟(열적) : 빛나는 사적

글뜻 ● 女(여)는 인(人)자의 변형으로 상형자. ● 慕(모)는 심(心)과 막(莫)의 형성자. '마음으로 좋아한다'는 뜻이다. ● 貞(정)은 복(卜)과 패(貝)의 회의자. '곧다'는 의미 ● 烈(열)은 '화염이 맹렬한 것'이 본뜻이었지만 '강정하다'로 변했다.

42

男效才良
남 효 재 량

의의 남자는 재능 있는 사람을 본받아야 한다.

출전 재능있는 사람은 재량(才良)이다. 덕을 얘기함에 있어 여덕은 정(貞)에 있고, 남덕은 재(才)에 있음을 강조하는 말이다. 두보의 〈팔경시〉를 인용하였다.

해설 재주라는 것은 사람마다 한 가지씩은 지니고 있다. 속된 말로 굼벵이도 구부리는 재주가 있다고 했듯이, 종류를 논한다면 수천, 수만 가지에 이를 것이다. 그러한 재주를 이용하여 대세를 움켜쥐려는 인물들이 등장한 것은 춘추전국시대였다.

조나라에 공손룡(公孫龍)이라는 이가 있었다. 그는 한 가지 재주만 있는 사람이면 집안에 식객으로 들여 앉혔다. 그러다 보니 소문을 듣고 사방에서 구름처럼 사람들이 모여들었다. 하루는 어떤 사람이 와서 떠들었다.

"나는 고함을 잘 지르는 재주가 있습니다. 그러니 이곳에 있게 해주십시오."

공손룡은 허락하였다.

한 달이 가고 일 년이 가도록 그 식객의 고함 지를 일은 없었다. 그래도 공손룡은 내버려두었다. 그러던 어느 날 공손룡이 연나라를 여행하게 되었다. 원하는 곳을 돌아보고 무사히 돌아왔는데, 마침 늦은 시각에 강을 만났다. 낭패스러운 일은 그날 밤으로 강을 건너야만 급한 일을 볼 수 있었다. 저 멀리 가물가물한 대안(對岸)에 배가 있었지만 거리가 워낙 멀었다. 아무리 소리쳐 불러도 들릴 리 만무였다 이때 고함을 잘 치는 식객이 나섰다. 식객은 큰 소리로 대안에 있는 사공을 불러 배를 가져오게 하였다.

이렇듯 사람의 재주는 천차만별이다. 그러나 재주는 인물이 크면 그 재주가 살아나지만, 인물이 작을 때엔 도리어 화가 되고 원수가 되기 쉽다.

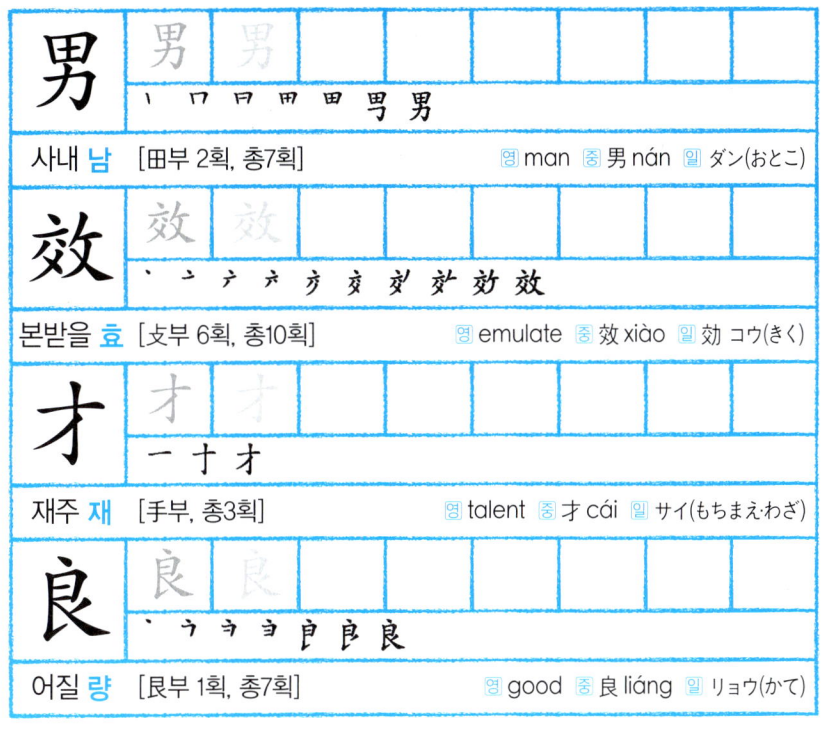

男	男 男	丨 冂 日 田 田 男 男
사내 **남**	[田부 2획, 총7획]	영 man 중 男 nán 일 ダン(おとこ)
效	效 效	丶 亠 亣 六 交 交 交' 效 效 效
본받을 **효**	[攴부 6획, 총10획]	영 emulate 중 效 xiào 일 効 コウ(きく)
才	才 才	一 十 才
재주 **재**	[手부, 총3획]	영 talent 중 才 cái 일 サイ(もちまえ·わざ)
良	良 良	丶 ㄋ ㄋ ㄋ 良 良 良
어질 **량**	[艮부 1획, 총7획]	영 good 중 良 liáng 일 リョウ(かて)

쓰임 ●男妾(남첩) : 여자에게 얻어먹으며 그 정부 노릇을 하는 남자 ●男奴(남노) : 사내 종 ●效勞(효로) : 힘들인 보람 ●效忠(효충) : 충성을 다함 ●才德(재덕) : 재주와 덕 ●才不足(재부족) : 재주가 모자람 ●良賈(양고) : 훌륭한 상인 ●良方(양방) : 좋은 방법. 좋은 약방문

글뜻 ●男(남)은 전(田)과 역(力)의 회의자. '남자가 밭에서 일하다'. ●效(효)는 복(攴)과 교(交)의 형성자. '본받다'. ●才(재)는 궐(亅)과 일(一)과 별(丿)의 지사자. '사람의 숨은 재능'을 뜻함. ●良(양)은 '복을 받을 만한'이라는 뜻이다.

43

知過必改

지 과 필 개

의의 자신의 허물은 신속히 고쳐라.

출전 어느 누구든 스스로 허물을 발견했을 때엔 망설일 이유가 없다. 신속히 고쳐서 선(善)으로 바꿔야 한다. 공자의 《논어》 〈학이편〉에 과칙물탄개(過則勿憚改)라는 말이 있다. 이것은 몸을 닦는 공부가 스스로의 허물을 고치는 개과천선에 있음을 알리는 말이다.

해설 '군자인 자는 무엇보다 무게가 있어야 한다. 그렇지 않으면 위엄을 잃게 되고, 학문을 시켜도 확고한 경지에 나가지 못하기 때문이다. 그 다음으로 중요한 것은 충직하고 신의를 지키는 사람과 가까이 하며, 자기보다 못한 사람과는 사귀지 말아야 한다. 그리고 마지막으로 중요한 것은 과실이 있을 때엔 솔직히 인정하고 즉시 고치는 일이다.'

그래서 공자는 〈위영공편〉에서 다시 말한다.

'과실을 범하고도 고치지 않는 것, 이것을 과실이라 한다.'

그런가 하면 〈자한편〉에도 과실에 대해 지적한다. 과실을 범했다면 고치는 데에 꺼리지 말라는 것이다. 사람은 누구나 잘못을 범한다. 그러나 그것을 고치고 아니 고치고의 차이에 따라 어짊(賢)과 어리석음(愚)으로 달라진다는 것이다.

〈자한편〉 제25장에서 공자가 한 말이다.

'고전의 격언을 인용한 충고를 보면 누가 따르지 않겠는가. 그러나 참으로 그 말씀에 따라 행동을 고치느냐의 여부가 문제다. 부드러운 말이라면 누가 기쁘게 받아들이지 않겠는가. 그러나 그 뜻을 깊이 생각해 보느냐가 문제다. 흔쾌히 받아들이고도 그 바른 뜻을 생각해 보지 않는 사람, 겉으로 따르

는 체하면서 실제로 행실을 고치지 않는 사람, 그런 사람은 나로서도 어찌할 도리가 없다.'

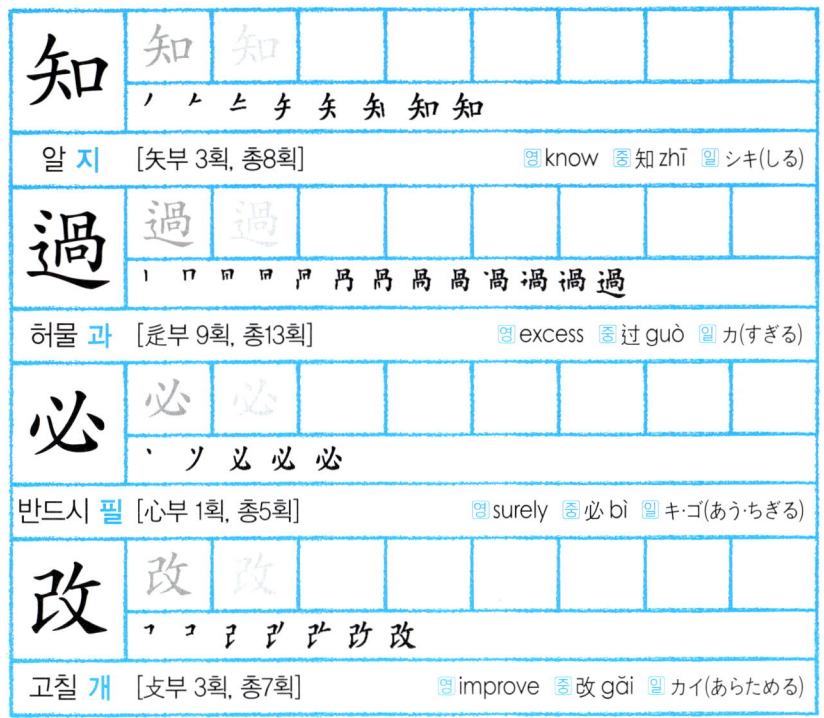

知	知	知
알 **지**	[矢부 3획, 총8획]	영 know 중 知 zhī 일 シキ(しる)
過	過	過
허물 **과**	[辵부 9획, 총13획]	영 excess 중 过 guò 일 カ(すぎる)
必	必	必
반드시 **필**	[心부 1획, 총5획]	영 surely 중 必 bì 일 キ·ゴ(あう·ちぎる)
改	改	改
고칠 **개**	[攴부 3획, 총7획]	영 improve 중 改 gǎi 일 カイ(あらためる)

쓰임 ●知人(지인) : 사람의 됨됨이를 알아봄 ●知遇(지우) : 자기의 인격이나 학식을 남들이 후히 알고 대접함 ●過年(과년) : 여자의 나이가 보통의 혼기를 지남 ●過念(과념) : 지나치게 염려함 ●必納(필납) : 반드시 납부함 ●必得(필득) : 반드시 얻음 ●改稱(개칭) : 칭호를 고침 ●改漆(개칠) : 한 번 칠한 것을 다시 고쳐서 칠함

글뜻 ●知(지)는 구(口)와 시(矢)의 회의자. '마음 속에 담아두었던 일을 발설하는 것은 화살처럼 빠르다'는 말. ●過(과)는 '건너가다'라는 뜻. ●必(필)은 과(戈)와 팔(八)의 회의형성자. ●改(개)는 복(攴)과 기(己)의 형성자. '두드려 고치다'라는 뜻이다.

44

得能莫忘
득 능 막 망

의의 능히 바른 도리를 깨달았으면 잊지 말아야 한다.

출전 학문을 하여 어떤 도리를 깨닫고 그것이 실행될 때에는 그것을 여하히 고수하여 잊지 말아야 한다. 《논어》 〈자장편〉을 인용하였다.

해설 《논어》의 〈자장편〉에 있는 얘기다. 어느 날 자하(子夏)가 말했다. "직공들은 제작소에서 그 일을 완성해 내고, 군자는 학문을 배움으로써 그 도를 궁극적으로 인식한다."

학문을 전공하는 학자와 직공의 직업을 대비시켰다. 이것은 선비(士) 계급이 확립되었다는 견해도 있다. 다시 자하가 말했다.

"보잘 것 없는 작은 기술이라도 반드시 얻을 점이 있을 것이지만, 큰 도를 성취하려는 사람에게는 장애가 된다. 그런 이유로 학문하는 자는 그런 것에 손을 대지 않는다."

이것은 공자의 문인 가운데 말단에 해당하는 기술직 종사자들이 많았으므로 한 번 경각심을 일깨운 것이다. 작은 것(小道)은 큰 것(大道)을 이루는 데에 장애가 된다는 것으로 본 것이다. 다시 자하가 말했다.

"날로 모르던 것을 알아 가고, 달로 배운 것을 잊지 않으려 애쓴다면 학문을 좋아하는 태도라 할 수 있다."

이것은 항상 새로운 것에 대하여 진지하게 접근하는 것을 지적했다. 그러므로 이렇듯 학문을 익혀 가는 군자의 모습에는 세 가지가 있다는 것이다.

'멀리 보면 엄숙하고, 접근하면 온화하고, 말을 들으면 엄하다.'

이것은 삼변(三變)이 일어나기 전의 공자의 모습과 흡사하다. 《논어》 〈술이편〉 제37장에는 공자의 태도를 '온화하면서도 엄하시고, 위엄이 있으시면서 사납지 않으시고, 공손하면서도 안존하셨다'고 적고 있다.

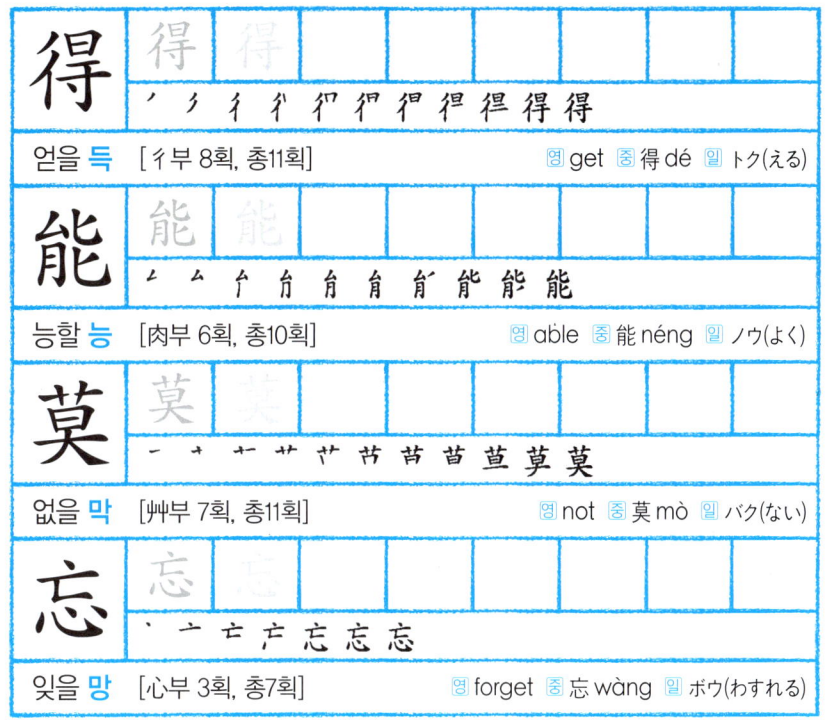

得	얻을 **득** [彳부 8획, 총11획] 영 get 중 得 dé 일 トク(える)
能	능할 **능** [肉부 6획, 총10획] 영 able 중 能 néng 일 ノウ(よく)
莫	없을 **막** [艸부 7획, 총11획] 영 not 중 莫 mò 일 バク(ない)
忘	잊을 **망** [心부 3획, 총7획] 영 forget 중 忘 wàng 일 ボウ(わすれる)

쓰임 ●得理(득리) : 사물의 이치를 깨달아 앎 ●得情(득정) : 범죄의 진상을 알아냄 ●能仁(능인) : 능하고 어짐 ●能吏(능리) : 일에 능한 관리 ●莫强(막강) : 더할 수 없이 강함 ●莫能當(막능당) : 당해낼 수 없음 ●忘百草(망백초) : 몸이 몹시 건강하여 모든 병을 잊고 지냄 ●忘年之友(망년지우) : 나이를 따지지 않고 사귀는 벗

글뜻 ●得(득)은 '나아가 얻는다'는 뜻. ●能(능)은 '능력'으로 표시됨. ●莫(막)은 '저녁'의 뜻으로 쓰임. ●忘(망)은 회의와 형성을 겸한 자로 '잊다'의 의미다.

45

罔談彼短
망 담 피 단

의의 남의 단점을 말하지 말라.

출전 본문의 내용은 후한 때의 천관(天官)인 최원(崔瑗)이라는 이의 좌우명에서 발췌한 것이다.

해설 말이라는 것은 언어를 가리킨다. 이 언어는 의사 표현을 통해 상대에게 전달된다. 그러므로 언어가 거칠거나 조잡하다거나 천박할 때엔 상대의 기분을 상하게 한다. 그러므로 올바른 언어 습관을 통해 상대의 허물을 지적하는 것을 피해야 한다. 그렇기에 옛사람들은 언어 습관을 곧잘 불을 피우듯 조심했다.

이것은 참으로 적절한 표현이다. 불을 피우려고 할 때에, 일단은 불쏘시개에 불을 당기고 그 다음에는 원하는 물건으로 옮겨 붙인다. 이때에 불을 잘 붙게 하기 위하여 굳이 불지 않아도 목적하는 곳에 옮겨 붙는다. 그런데 섣불리 입으로 불려고 하면 갑자기 불길은 거칠어져서 불길이 거세게 일어난다. 만약 바람이라도 불어온다면 모든 것을 태워버리게 된다.

의사를 표현하는 데에도 이와 같다. 말을 할 때는 상대의 눈을 보며 모든 감정을 통하여 그 마음을 움직여야 한다. 그러므로 말할 때엔 불을 피우듯 신중해야 한다. 상대방이 그것을 듣고 판단을 하고 결심을 굳히기를 기다려야 한다. 그러지 않고 섣불리 상대의 마음을 충동하거나, 심한 모멸감을 주게 될 때에는 마치 타오르는 불길을 입김으로 불어 주위를 전소시켜 버리는 것이나 다름없다.

《논어》의 〈위영공편〉에는 자기 자신을 후하게 꾸짖고 남을 적게 꾸짖으면 상대방에게 원한을 사는 일을 멀리할 수 있다고 했다.

남의 단점을 간곡하게 감싸주어야 하는 이유는, 만약 그것을 폭로시켜 남들에게 드러내 보이게 한다면 이것은 '단점으로써 다른 사람의 단점을 공격하는 일'이 된다.

罔	罔	罔						
	丨 冂 冂 冂 冈 冈 罔 罔							
말(그물) **망**	[网부 3획, 총8획]				영 net 중 罔 wǎng 일 ホウ·モウ(なし)			
談	談	談						
	丶 亠 亠 亠 言 言 言 言 言 訁 訁 訁 談 談 談							
말씀 **담**	[言부 8획, 총15획]				영 speak 중 谈 tán 일 ダン(はなす)			
彼	彼	彼						
	丿 彳 彳 彳 彳 彼 彼 彼							
저 **피**	[彳부 5획, 총8획]				영 that 중 彼 bǐ 일 ヒ(かれ)			
短	短	短						
	丿 𠂉 𠂉 矢 矢 矢 矢 矩 矩 矩 短 短							
짧을 **단**	[矢부 7획, 총12획]				영 short 중 短 duǎn 일 タン(みじかい)			

쓰임 ●罔民(망민) : 국민을 속임 ●罔夜(망야) : 밤을 새움 ●談笑(담소) : 스스럼없이 얘기를 나누고 웃음 ●談話體(담화체) : 담화 형식으로 쓴 문체 ●彼邊(피변) : 저쪽 ●彼此(피차) : 이것과 저것 ●短淺(단천) : 지혜나 지식이 모자라고 얕음 ●短日(단일) : 낮 동안이 밤보다 짧은 날

글뜻 ●罔(망)은 망(网)과 망(亡)의 형성자. 본래는 짐승이나 새·물고기 등을 사냥하는 그물(網)이었다. 나중에 '무(無)'로 바뀌었다. ●談(담)은 언(言)과 염(炎)의 형성자. ●彼(피)는 척(彳)과 피(皮)의 형성자. 설문에서는 피(被)와 동의어라고 밝혔다. ●短(단)은 시(矢)와 두(豆)의 회의자.

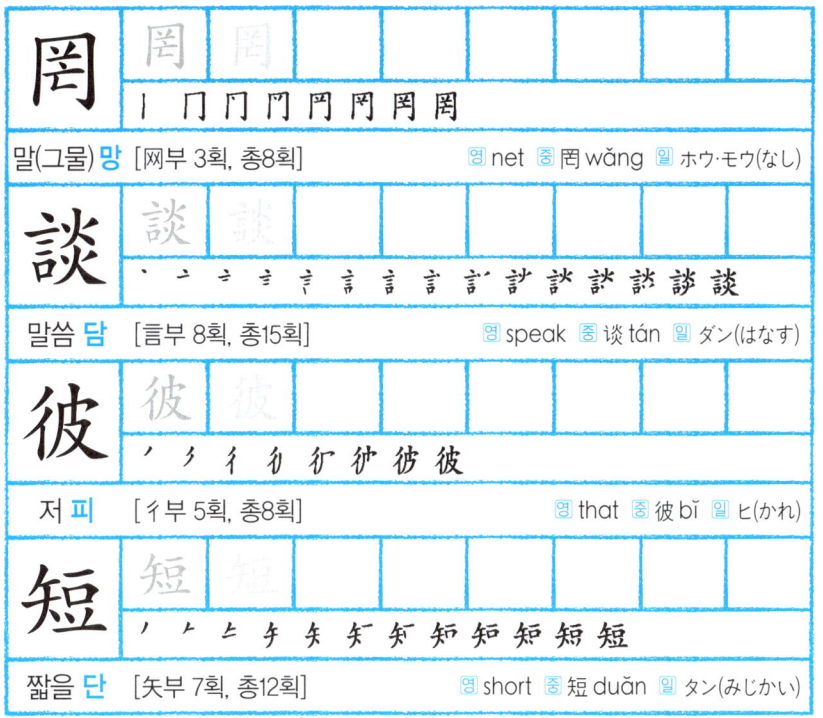

46 靡恃己長
미 시 기 장

의의 자신의 장점을 믿지 말라.

출전 다른 사람의 단점을 평하면 결국은 자신의 품위를 떨어뜨리는 것이 된다. 또 자신의 장점만을 늘어놓는다면 결국은 자신의 덕을 손상시킨다. 최원의 〈좌우명〉에서 발췌하였다.

해설 중국의 춘추시대 노(魯)나라에 숙손표(叔孫豹)라는 이가 있었다. 그는 이 세상에 썩지 않은 것 세 가지를 꼽았다.

"그것은 입덕(立德)·입공(立功)·입언(立言)이다."

입덕이란 무엇인가? 공자나 석가처럼 인류를 위해 위대한 업적을 남기고 있는 것, 그것이 입덕이다. 입공은 나라와 인류에게 위대한 공헌을 남긴 것을 말한다. 예를 들면 이순신·을지문덕 장군 등이다. 입언은 인류 역사와 함께 살아 있는 선현들의 명언·명구를 뜻한다. 그것은 진리로서 우리 인류의 등불이 된다.

이것을 썩지 않은 세 가지라 하여 모름지기 선비는 이 셋을 성취하도록 힘을 기울여야 한다. 그렇게 함으로써 자신을 낮추는 겸손함을 몸에 익히는 것이다. 즉 자만하지 말라는 뜻이다. 분수를 지키며 스스로를 자제하는 것이야말로 인격 도야에 큰 몫을 차지한다.

어떤 사람은 술을 잘 먹는 것을 자랑으로 여기고, 또 어떤 이는 오락에 재주 있음을 자랑으로 여긴다. 그러나 그것은 결코 자신의 몸에 이롭지 못하다. 《채근담》에 이런 말이 있다.

'주색잡기(酒色雜技)의 주는 술, 색은 남녀간의 욕정, 잡기는 투전이나 골패 등의 도박을 뜻한다. 이 세 가지를 한데 묶어 숙어를 만들었는데, 하필이면 술을 앞자리에 놓았는가 하는 점이다. 혹자는 그렇게 말한다. 술을 많이 마시어 패가망신하는 것보다는, 이성 간의 사랑놀이를 잘못하는 것이 더 위험하다는 것이다. 그러나 그렇지 않다. 이성 간의 사랑은 기간이 짧다. 그러나 술은 죽는 그 순간까지 마실 수 있어 도무지 그 시기를 예측할 수 없다.'

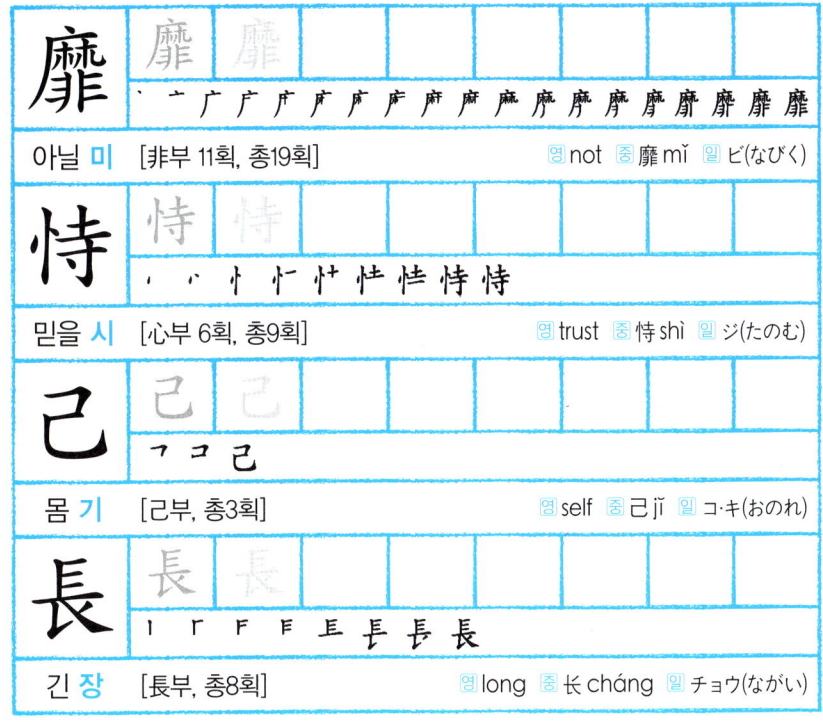

靡	아닐 **미**	[非부 11획, 총19획]	영 not 중 靡 mǐ 일 ビ(なびく)
恃	믿을 **시**	[心부 6획, 총9획]	영 trust 중 恃 shì 일 ジ(たのむ)
己	몸 **기**	[己부, 총3획]	영 self 중 己 jǐ 일 コ·キ(おのれ)
長	긴 **장**	[長부, 총8획]	영 long 중 长 cháng 일 チョウ(ながい)

쓰임 ●靡爛(미란) : 썩어 문드러짐 ●靡盡(미진) : 죄다 망함 ●恃賴(시뢰) : 믿고 의지함 ●恃險(시험) : 험한 지형을 의지함 ●己有(기유) : 자기 소유의 물건 ●己出(기출) : 자기가 낳은 자식 ●長久(장구) : 매우 길고 오램 ●長林(장림) : 우거진 숲

글뜻 ●靡(미)는 비(非)와 마(麻)의 형성자. 설문에는 '흩어지다'라는 뜻. ●恃(시)는 심(心)과 사(寺)의 형성으로 '믿다'라는 뜻 ●己(기)는 사람의 배를 표시하는 상형자. ●長(장)은 본뜻이 '구원'으로 나중에 '길다'로 바뀌었다.

47

信使可覆
신 사 가 복

의의 신의를 가지고 되풀이해서 실행해야 한다.

출전 믿음은 가히 이행(履行)시켜야 한다는 것은 《논어》 〈학이편(學而篇)〉에 있는 말이다.

해설 어느 날 유자(有子)가 말했다.

"신의(信義)라는 덕은 그 약속의 내용이 도리에 맞으면 맞을수록 말한 대로 실행할 수 있게 된다. 공손의 덕은 공경함이 예의의 법칙에 맞으면 맞을수록 남에게 받는 치욕을 면할 수 있게 된다. 인척(姻戚)과의 관계는 자기 친척을 대하는 정의(情誼)를 넘지 않으면 한 집안의 신뢰를 유지해 갈 수 있다."

무슨 말인가? 유자의 주장은 이렇다. 신(信)·공(恭)·인(因)이라는 세 덕이 성립하는 근원을 생각하여 그 덕이 실현할 수 있는 한계를 설정하였다는 점이다.

《논어》의 〈자하편〉에 있는 말이다.

'군자는 신의를 얻은 후 인민에게 수고를 끼쳐야 한다. 신의를 얻지 못하고 수고롭게 하면 인민을 괴롭히는 것이 된다. 군자는 신의를 얻은 후 허물을 간언해야 한다. 신의를 얻지 못하고 간언하면 비방함이 된다.'

《신서(新書)》의 내용에는 '몽중허인각차불배기신(夢中許人覺且不背其信)'이라 하였다. 이것은 꿈에 약속하여 승낙한 것을 깬 후에 꿈인 줄 알면서도 실행한다는 뜻이다. 다시 말해 신의가 두터움을 단적으로 나타난다.

《채근담》에서도 사람을 믿는다는 것은 사람이 반드시 모두 성실하지 못할지라도 저만은 홀로 성실하기 때문이며, 사람을 믿지 못한다는 것은 사람이 반드시 모두 속이는 게 아닐지라도 저는 먼저 속이기 때문이라 했다.

信 信 信

丿 亻 亻 亻 仁 仨 信 信 信

믿을 **신** [人부 7획, 총9획] 영 believe, trust 중 信 xìn 일 シン(まこと)

使 使 使

丿 亻 亻 亻 佰 佰 使 使

하여금 **사** [人부 6획, 총8획] 영 make 중 使 shǐ 일 シ(つかう)

可 可 可

一 丁 丅 口 可

옳을 **가** [口부 2획, 총5획] 영 right 중 可 kě 일 カ(よい)

覆 覆 覆

一 𠃌 襾 襾 襾 襾 覀 覀 覀 覀 覀 覀 覀 覆 覆 覆 覆 覆

되풀이할 **복** [襾부 12획, 총18획] 영 overturn 중 覆 fù 일 フク(おおう)

쓰임 ●信朋(신붕) : 서로 믿는 친구 ●信役(신역) : 몸으로 치르는 노역 ●使僧(사승) : 사자인 중 ●使命(사명) : 자신에게 맡겨진 임무 ●可疑(가의) : 의심할 만함 ●可取(가취) : 가히 취할만함 ●覆考(복고) : 뒤집어 잘 생각함 ●覆水(복수) : 쏟아진 물, 또는 엎어진 물

글뜻 ●信(신)은 인(人)과 언(言)의 회의자. 사람의 말은 마음 깊숙한 곳을 표백하므로 성(誠)이라 하였다. ●使(사)는 인(人)과 이(吏)의 형성자. 본뜻은 부리는 것이지만 나중에 '하여금'으로 바뀌었다. ●可(가)는 '허가'의 뜻 ●覆(복)은 서(西)와 복(復)의 형성자. 본래는 '덮는다'이나 나중에 '반복'으로 바뀌었다.

48

器欲難量
기욕난량

의의 사람의 기량은 타인이 추측하여 생각할 수 없을 정도로 관대(寬大)하다.

출전 사람의 인품 기량은 추량(推量)하기가 어렵다. 그러나 인품 기량이 부족한 사람은 자신의 장점만을 늘어놓으므로 마음속에 있는 것을 다른 사람에게 엿보이고 만다. 〈곽유도비문(郭有道碑文)〉을 인용하였다.

해설 흔히 무관의 제왕이라고 말할 때엔, 군왕의 상징인 왕관을 쓰지 않았어도 제왕과 같다는 말이다. 지금 왕위에 앉지는 않았지만 왕과 같은 위력을 지녔다는 의미다. 이 말은 예전에 춘추필법(春秋筆法)으로 정의의 칼을 휘둘렀다는 점이 군왕의 지위만큼 높았다는 데 연유한다.

성인으로 알려진 공자는 노나라 장관 남짓의 벼슬이 고작이었다. 그런데도 워낙 유명하게 알려진 분이었으므로, 사마천은 《사기》를 지을 때 그의 전기를 세가(世家)에 편집했다.

세가란 제후, 즉 군왕의 약전인데 공자를 그 반열에 올려놓은 것이다. 이를테면 공자를 군왕의 반열에 편입시켜 확실하게 대우하고 있는 셈이다. 이후 당나라가 들어섰을 때 현종은 조정에서 공자에게 문선왕(文宣王)이라는 시호를 올렸다. 그런 탓에 오늘날 공자를 왕으로 대접하고 그를 같은 급으로 대우한 것이다.

이것은 무엇을 말하는가? 아무리 평민이라도 은혜를 베풀면 비록 작위는 없어도 재상과 같다. 그러나 사대부라 해도 아부만 한다면 허울 좋은 작위만을 가진 거지와 같다. 《채근담》엔 바로 그 점을 지적한다.

'아무리 평범한 사람이라도 덕을 쌓고 혜택을 베푼다면 곧 지위 없는 재상이다. 그러나 권력만을 탐하고 아첨을 일삼으면 고관도 거지나 마찬가지다.'

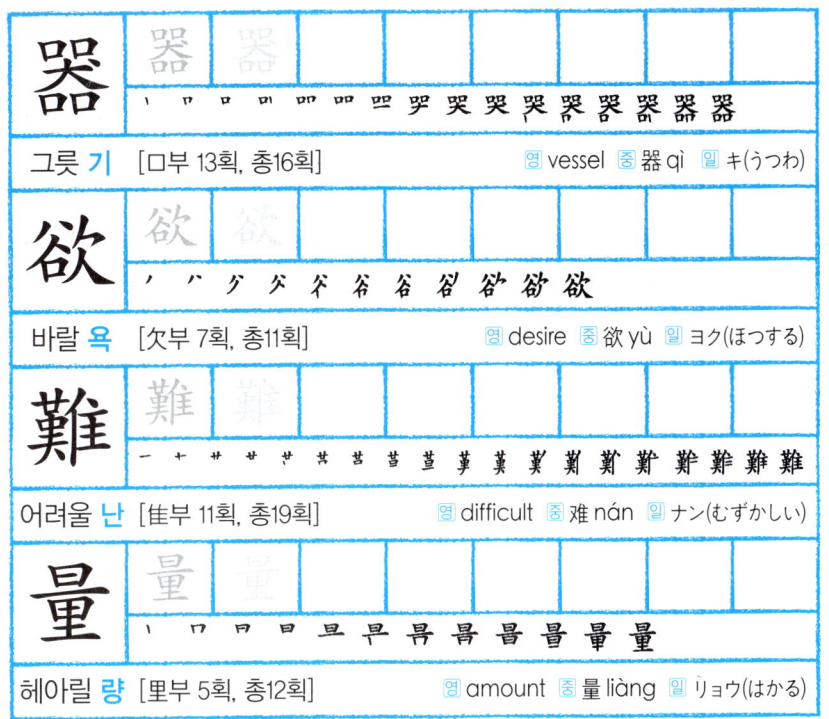

器	器 器
그릇 기 [口부 13획, 총16획]	영 vessel 중 器 qì 일 キ(うつわ)
欲	欲 欲
바랄 욕 [欠부 7획, 총11획]	영 desire 중 欲 yù 일 ヨク(ほっする)
難	難 難
어려울 난 [隹부 11획, 총19획]	영 difficult 중 难 nán 일 ナン(むずかしい)
量	量 量
헤아릴 량 [里부 5획, 총12획]	영 amount 중 量 liàng 일 リョウ(はかる)

쓰임 ●器皿(기명) : 그릇 ●器才(기재) : 기량과 재주 ●欲生(욕생) : 죽은 다음 극락세계에 다시 태어나기를 바라는 마음 ●欲情(욕정) : 몹시 가지고 싶어 하는 마음 ●難色(난색) : 승낙하지 않으려는 기색 ●難語(난어) : 이해하기 어려운 말 ●量狹(양협) : 도량이 좁음 ●量刑(양형) : 형벌의 정도를 헤아려 정함

글뜻 ●器(기)는 '그릇을 지키는 개'라는 뜻. ●欲(욕)은 흠(欠)과 곡(谷)의 형성자. ●難(난)은 조(鳥)와 근(堇)의 형성자. 본뜻은 '새이름'인데 나중에 '어렵다'는 의미로 변함. ●量(량)은 중(重)과 일(日)의 형성자. '가볍고 무거움을 헤아린다'는 뜻이다.

49

墨悲絲染
묵 비 사 염

의의 묵자는 사염(絲染)을 슬퍼한다.

출전 묵자는 염색하는 것을 보고, 사람도 살아가면서 염색 여하에 따라 선악으로 갈라지는 것을 슬퍼하였다. 《묵자소염편(墨子所染篇)》, 《안씨가훈》〈모현편(慕賢篇)〉에서 인용하였다.

해설 묵자의 이름은 적(翟)이다. 전국시대 노나라 사람으로 알려진 인물로 간혹 다른 사서에는 송이나 초나라 사람으로 나오기도 한다. 그의 학설은 중국의 제자백가(諸子百家)들의 이론과는 상당히 판이하다. 이를테면 비중국적이라는 말이다.

그의 중심 사상은 겸애(兼愛)다. 그는 유교의 전통적인 사상을 정면으로 부인했다. 자신의 아버지가 귀하면 남의 아버지도 똑같이 중하며, 나의 자식이 중하면 다른 사람의 자식도 중하니 함께 사랑하여야 됨을 강조했다. 이것이 그의 중심 사상인 겸애다.

그는 또한 전쟁을 중지시키기 위해 열국을 찾아다닌 평화주의자였다. 허례허식을 배격하였으며, 근검 절약을 기본 철학으로 실행에 옮겼다. 음악과 후한 장례를 치르는 것을 배격하여 당시엔 사회적으로 커다란 물의를 일으켰다. 이러한 묵자가 어느 날 염색하는 곳을 지나게 되었다. 그는 하얀 천이 염색되는 것을 보고 슬피 울었다.

왜 그러느냐는 누군가의 물음에 묵자는 울먹였다.

"지금 하얀 천을 염색을 하는 것을 보니 순식간에 청색으로 되고, 황색으로도 변하는 것을 보았소."

"그게 어쨌다는 말입니까?"

"내가 우는 것은 다름 아니오. 사람도 천처럼 염색 여하에 따라 선악으로 갈라지는 게 아니겠소. 그러니 애당초 악(惡)으로 염색되는 것을 막아야 하는데, 그러지 못함이 슬픈 것이오."

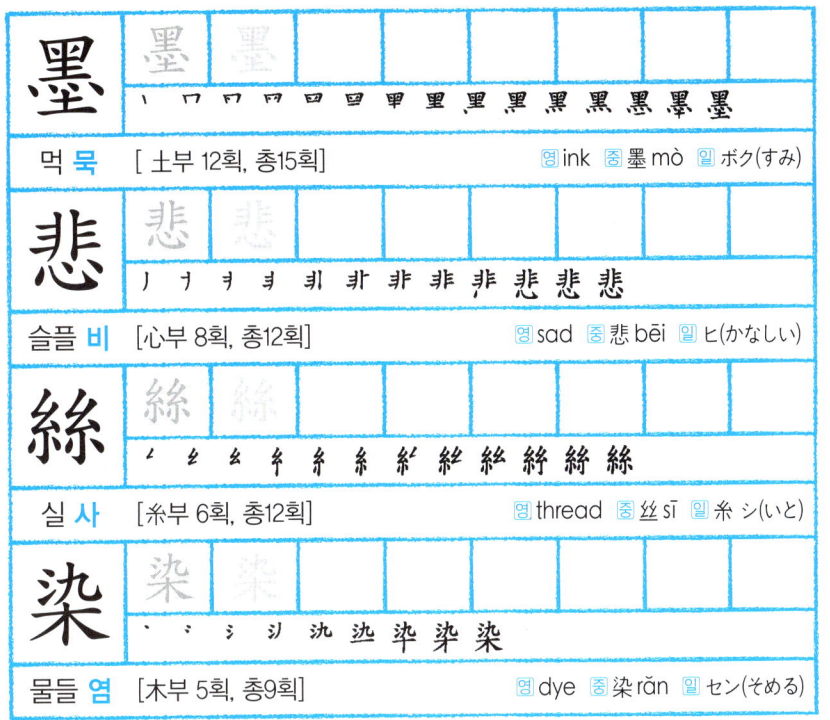

한자	훈음	부수·획수	영	중	일
墨	먹 묵	[土부 12획, 총15획]	ink	墨 mò	ボク(すみ)
悲	슬플 비	[心부 8획, 총12획]	sad	悲 bēi	ヒ(かなしい)
絲	실 사	[糸부 6획, 총12획]	thread	丝 sī	糸 シ(いと)
染	물들 염	[木부 5획, 총9획]	dye	染 rǎn	セン(そめる)

쓰임 ●墨刑(묵형) : 죄인의 이마에 먹물로 새겨 넣는 형벌 ●墨紙(묵지) : 복사지 ●悲傷(비상) : 슬퍼하고 마음 아파함 ●悲憤(비분) : 슬퍼하고 분함 ●絲桐(사동) : 거문고의 다른 이름 ●絲笠(사립) : 명주실로 싸개를 하여 만든 갓 ●染髮(염발) : 머리털을 염색함 ●染俗(염속) : 세속에 물듦

글뜻 ●墨(묵)은 토(土)와 흑(黑)의 회의 형성자. 여기에서 묵(墨)은 묵자의 성이다. ●悲(비)는 심(心)과 비(非)의 형성자. '소리내어 슬퍼하다'는 뜻이다. ●絲(사)는 실 두 가닥을 뜻하는 이사(二糸)의 상형자. '가는 실'이라는 의미. ●染(염)은 수(水)와 목(木)과 구(九)와의 회의자.

50

詩讚羔羊
시 찬 고 양

의의 《시경》의 〈고양편〉을 찬양했다.

출전 《시경》은 중국의 가장 오래된 시가집이다. 중국의 각 지방에서 유행하던 민간의 토속적인 노래나 조정의 연회에서 부르던 노래 할 것 없이 모두 실려 있다.

해설 《시경》에는 인간의 희로애락에 대한 꾸밈없는 솔직한 감정들이 실려 있다. 시를 사랑하고 조예가 깊은 공자는 《논어》의 '양화편'에서,

"너희들은 왜 시를 배우지 않느냐? 시는 감흥을 일으킬 수 있고, 그것으로 살필 수 있고, 그것으로 무리를 지을 수 있게 하고, 그것으로 원망할 수 있게 하고, 가까이는 외국에 사신으로 갈 때 시를 읊을 줄 알아야 했으므로 시를 읊지 못하면 말할 수 없게 된다."

본문에 나온 《시경》 〈고양편〉엔 다음 같은 내용이 실려 있다.

갖옷은 염소 가죽
흰 실로 다섯 타
밥 먹으러 돌아갈 때
의젓하고 의젓하네
갖옷은 염소 가죽
흰 실로 다섯 겹

의젓하고 의젓하게
밥 먹으러 돌아가세

염소 가죽 꿰맨 것은
흰 실로 다섯 겹
의젓하고 의젓하게
밥 먹으러 돌아가네

한자	훈음	부수·획수	영	중	일
詩	글 시	[言부 6획, 총13획]	poetry	诗 shī	シ(からうた)
讚	기릴 찬	[言부 19획, 총26획]	praise	赞 zàn	サン(たたえる)
羔	새끼양 고	[羊부 4획, 총10획]	lambkin	羔 gāo	コウ(こひつじ)
羊	양 양	[羊부, 총6획]	sheep	羊 yáng	ヨウ(つじ)

쓰임 ●詩客(시객) : 시를 즐겨 짓고 읊는 사람. 시인 ●詩感(시감) : 시적 감흥 ●讚美(찬미) : 아름다운 덕을 기림 ●讚揚(찬양) : 훌륭함을 기리어 드러냄 ●羔豚(고돈) : 염소와 돼지 ●羔雁(고안) : 염소와 기러기 ●羊腸(양장) : 양의 창자

글뜻 ●詩(시)는 언(言)과 사(寺)의 형성자. 《시경》의 시를 뜻한다. ●讚(찬)은 언(言)과 찬(贊)의 형성자. 본뜻은 '말하는 것'으로 찬(贊)과 통용된다. ●羔(고)의 본뜻은 '염소 새끼'이다. ●羊(양)은 성질이 온순하여 상(祥)으로 전용되었다.

51

景行維賢
경 행 유 현

의의 훌륭한 행실이 곧 현(賢)이다.

출전 경행(景行)이란 훌륭한 행실이나 대도(大道)다. 몸소 선행하여 덕을 쌓으면 대중 앞에 나아가 현인이 된다는 것이다.
《시경》〈소아편〉의 거(車), 안정지(顔廷之)의 〈직동궁답정상서시(直東宮答鄭尙書詩)〉를 인용하였다.

해설 착한 사람은 몸가짐이 안락하기 마련이다. 움직일 때에는 물론이려니와 잠을 잘 때에도 부드러운 기운을 띈다. 그러나 악한 사람은 어떤가? 움직이는 데에도 행동이 거칠 뿐 아니라 눈에도 살기를 띌 것이다.

선인과 악인의 대조는 얼마든지 구분할 수 있다. 그것은 형제간에도 마찬가지다. 옛날 춘추 전국시대에 유하혜(柳下惠)와 도척(盜跖)이 있었다. 도척이 동생이오, 유하혜가 형이다.

유하혜는 노(魯)나라 사람이다. 성은 전(展)이오, 이름은 획(獲)이다. 자는 금(禽)이며, 유하(柳下)는 식읍(食邑)이고, 혜(惠)는 시호다. 그는 덕이 있는 사람으로 사사(士師 ; 獄官)였다. 성격이 곧은 탓에 그 자리를 세 번이나 물러났다. 그가 말했다.

"곧은 도리로 윗전을 섬기자면 어디에 간들 세 번 정도는 쫓겨나지 않겠소? 정도를 굽혀 다른 사람을 섬긴다면 무엇 하러 이 나라를 떠나겠소."

그는 낮은 관직도 마다하지 않았다. 그러면서 곧은 성격 때문에 여러 차례 벼슬길에서 곤욕을 치렀다. 그러나 그의 동생 도척은 달랐다. 세상 사람들이 악인의 대명사로 부르는 도적이었다. 9천 명이나 되는 도적들을 거느리고 타인의 재물을 빼앗고, 제후들을 공격했다. 선한 일이라곤 한 번도 한

적이 없는 도척과 그의 형 유하혜는 선인과 악인으로 확연히 구분된다.

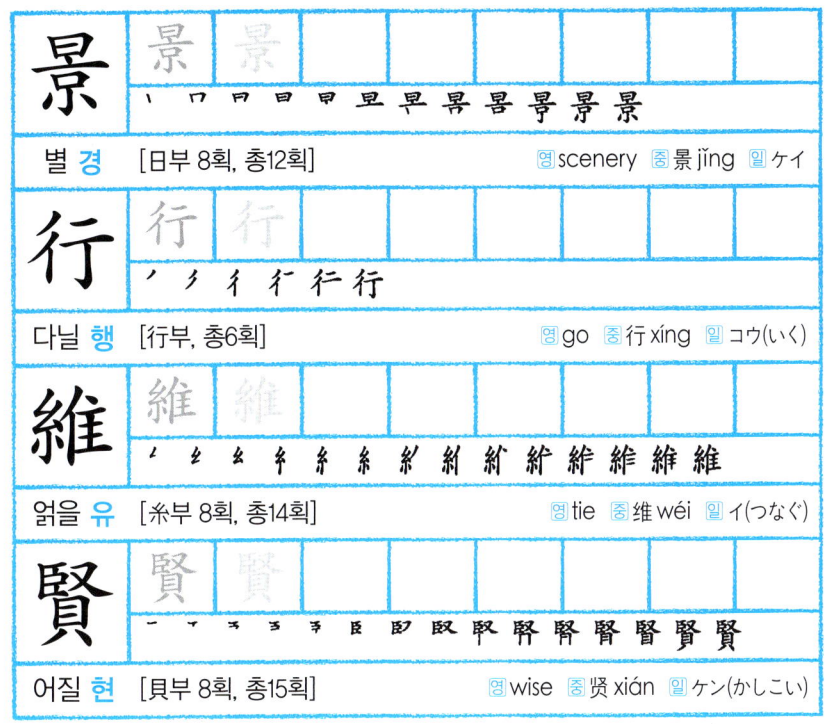

景	별 **경**	[日부 8획, 총12획]	영 scenery 중 景 jǐng 일 ケイ
行	다닐 **행**	[行부, 총6획]	영 go 중 行 xíng 일 コウ(いく)
維	얽을 **유**	[糸부 8획, 총14획]	영 tie 중 维 wéi 일 イ(つなぐ)
賢	어질 **현**	[貝부 8획, 총15획]	영 wise 중 贤 xián 일 ケン(かしこい)

쓰임 ●景敎(경교):당나라 때 중국에 전해진 기독교의 명칭 ●景觀(경관):풍경 ●行殣(행근):길에서 굶어 죽은 송장 ●行擔(행담):길을 갈 때에 가지고 다니던 작은 상자 ●維新(유신):새롭게 함 ●維鳩曲(유구곡):비둘기를 노래한 내용 ●賢相(현상):현명한 재상 ●賢達(현달):현명하고 사물의 이치에 통달함

글뜻 ●景(경)은 일(日)과 경(京)의 형성자. 본뜻은 '햇빛'. ●行(행)은 좌우 발이 걷는 모양을 본뜸. ●維(유)는 사(糸)와 추(隹)의 형성자. '수레벼리'였는데, '오직'으로 바뀜. ●賢(현)은 본래 '재산이 많은 것'을 나타냈는데, '착하다'는 뜻으로 변했다.

52

克念作聖
극념작성

의의 극기를 생각하면 성인이 된다.

출전 선행을 하고 재주와 덕이 사람들 앞에 나가면 현인이 되고, 도의를 깊이 생각하면 마침내 성인이 된다는 내용은 《서경》 〈주서(周書)〉의 다방전(多方箋)을 인용하였다.

해설 본 구에 대해서는 《서경》의 〈주서〉 다방 편에 나온다. 평범한 사람도 생각을 여러 번 깊이 하여야 과실을 줄일 수 있다.

'5월 정해일(丁亥日)에 왕이 암(奄)으로부터 오시어 종주(宗周)에 이르셨다. 주공이 이르시되 왕이 일러 말씀하시기를 아, 사방의 여러 나라에 고하노라. 너희 은후(殷侯)의 백성을 다스리는 이여! 내 크게 너희 명을 돌보아줌을 너희가 알지 못하느냐. 크게 하늘의 명을 꾀하여 길이 공경히 생각하여 제사치 아니하리라.

제(帝)께서 하나라에 복을 내리셨으니 하가 놀이만을 즐기어 백성을 근심하는 말을 하지 아니하고, 크게 음혼(淫昏)하여 종일토록 군왕의 길을 가지 않은 것은 그대들도 들은 바이다. 그 제의 명을 멀리하여 능히 백성의 베풂을 열지 아니하고, 크게 벌을 내리나 하나라에 어지러움이 더욱 높으니 이로 인해 내란이 비롯되어 능히 백성을 공경치 못하였다. 오직 공물함에 나아가 백성을 괴롭히고 또 하나라의 백성은 탐욕하며 다툼하는 일이 날로 일어나 하읍(夏邑)을 엉망으로 만들었다. 하늘이 이에 백성의 주를 구하시어 크게 나타난 아름다운 명을 성탕에게 내리시어 유하를 명망하시니라.

하늘이 복을 주시지 아니하심은 누가 여러 나라의 착한 백성으로 하여금 많은 누림을 영원하지 못하게 하기 때문이다. 서로 백성을 학대하여 온갖 일에 이르도록 능히 열리지 못하게 이르니라. 이에 성탕이 너희 여러 나라로써 하나라를 대신하여 백성의 주가 되시니라.'

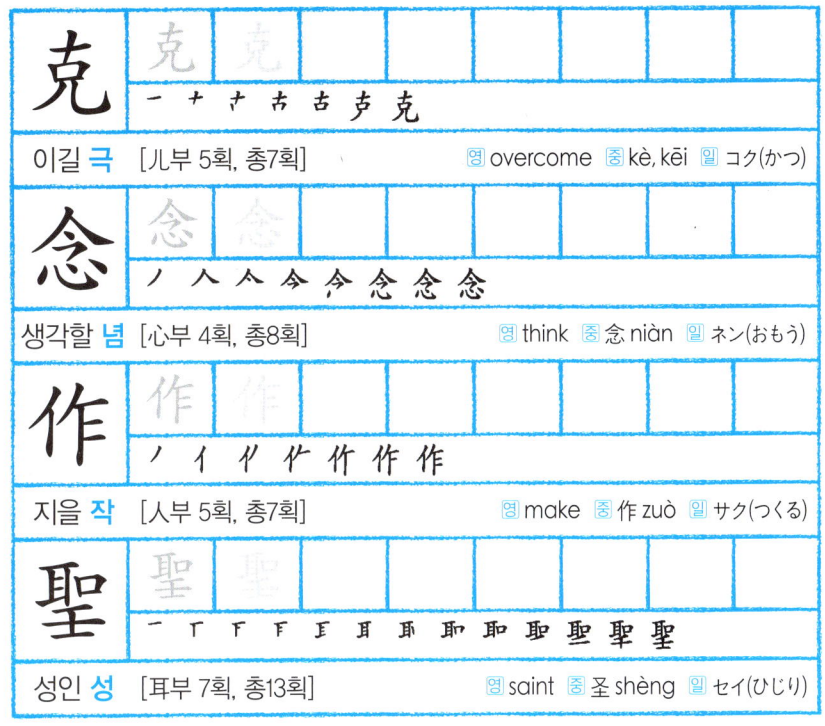

克	一 十 𠂇 古 古 声 克
이길 **극** [儿부 5획, 총7획]	영 overcome 중 kè, kēi 일 コク(かつ)
念	ノ 人 人 今 今 念 念 念
생각할 **념** [心부 4획, 총8획]	영 think 중 念 niàn 일 ネン(おもう)
作	ノ 亻 亻 仁 作 作 作
지을 **작** [人부 5획, 총7획]	영 make 중 作 zuò 일 サク(つくる)
聖	一 丅 F F 耳 耳 耳 耶 耶 聖 聖 聖 聖
성인 **성** [耳부 7획, 총13획]	영 saint 중 圣 shèng 일 セイ(ひじり)

쓰임 ●克勵(극려) : 사사로운 욕심을 버리고 부지런히 일함 ●克從(극종) : 이겨서 잘 따르게 함 ●念日(염일) : 그 달의 스무날 ●念願(염원) : 간절히 바람 ●作宰(작재) : 고을의 원이 되는 일 ●作隻(작척) : 서로 원수가 되는 일 ●聖別(성별) : 신성한 일에 쓰기 위해 따로 구분하는 일 ●聖心(성심) : 성스러운 거룩한 마음

글뜻 ●克(극)은 '능한 일 중의 일'로 글자를 풀었다. ●念(염)은 심(心)과 금(今)의 형성자. '늘 생각한다'는 뜻이다. ●作(작)은 본래 '일어나다'의 뜻이었으나, '하다'로 변했다. ●聖(성)은 이(耳)와 정(呈)의 형성자. 본뜻은 '통(通)'이다.

53

德建名立
덕 건 명 립

의의 덕이 서면 훌륭한 이름이 나타난다.

출전 덕을 이룬 어진 군자는 반드시 그 덕에 따라 세상에 이름을 나타낸다고 했다. 《안자(晏子)》 〈41장〉을 인용하였다.

해설 '귀를 씻는다'는 뜻의 세이(洗耳)라는 말이 있다. 이 말의 주인공은 허유(許由)다. 그는 옛날 중국의 전설상의 인물로 수천 년이 흐른 지금도 사람들의 입에 오르내린다.

어느 때인가 고대의 성군 요(堯) 임금이 그를 찾아갔다. 아들 단주(丹朱)가 불초하여 초야에 숨어 있는 어진 이를 찾아 장차 군왕의 자리를 넘겨주기 위함이었다.

당시에 허유는 기산(箕山)에 있었다. 집 앞에는 아름다운 영수(潁水)라는 내가 흘렀다. 가히 신선이 살 수 있을 것 같은 아름다운 자연 속에서 허유는 단 하나의 친구 소부(巢父)를 곁에 두고 있음이 자랑이었다. 소부 역시 특별했던지 나무 위에 까치집 마냥 원두막을 짓고 지냈다. 그래서 이름이 소부였다.

요 임금은 허유를 만나 자신의 자리를 맡아줄 것을 권했다.

"저는 그런 자리에 앉을 위인이 못 됩니다. 그러니 시간을 낭비하지 마시고 서둘러 돌아가십시오."

요 임금이 돌아가자 허유는 속세의 더러운 말을 들었다고 영수의 물로 귀를 씻어냈다. 소부가 들에 매어 두었던 소를 몰고 돌아왔다.

"아니 무슨 일로 귀를 씻는가?"

허유는 자초지종을 얘기했다. 소부는 목이 말라 물을 마시려는 소를 훨씬 위쪽으로 끌고 올라가 먹게 했다.

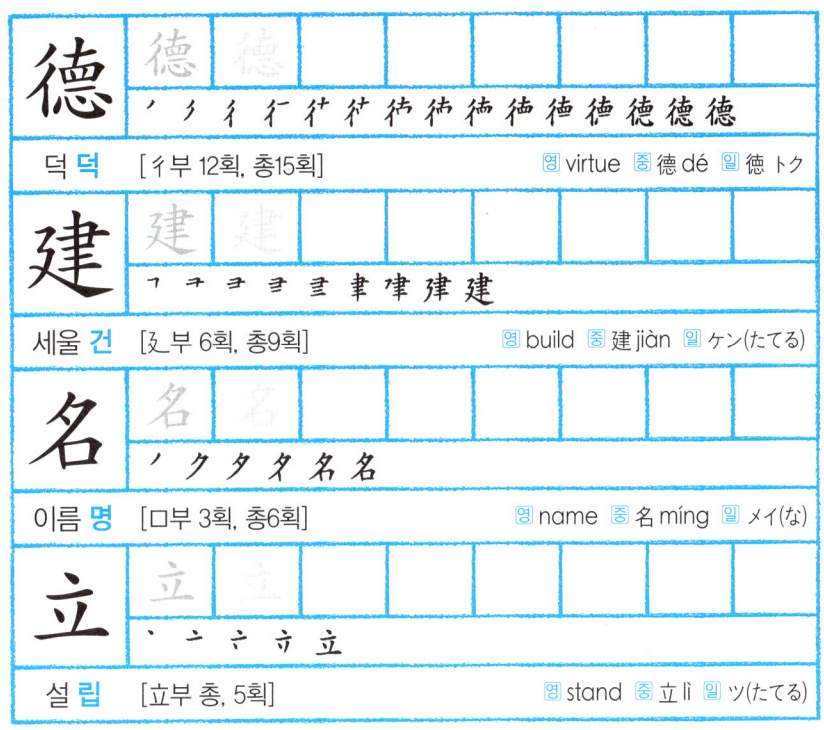

"허유가 씻어낸 속세의 더러운 찌꺼기를 우리 소에게 먹일 수는 없지, 아암 그렇고 말고."

德	덕 **덕** [彳부 12획, 총15획]	영 virtue 중 德 dé 일 徳 トク
建	세울 **건** [廴부 6획, 총9획]	영 build 중 建 jiàn 일 ケン(たてる)
名	이름 **명** [口부 3획, 총6획]	영 name 중 名 míng 일 メイ(な)
立	설 **립** [立부 총, 5획]	영 stand 중 立 lì 일 ツ(たてる)

쓰임 ●德量(덕량) : 어질고 너그러운 마음씨 ●德友(덕우) : 덕으로써 사귄 벗 ●建制(건제) : 설치하고 제정함 ●建策(건책) : 방책을 세움 ●名聞(명문) : 세상의 평판이나 명성 ●名士(명사) : 이름난 선비 ●立稻(입도) : 베어 들이기 전에 논에 그대로 있는 벼 ●立哨(입초) : 정해진 곳에서 보초를 섬

글뜻 ●德(덕)은 척(彳)과 덕(悳)의 형성자. 본뜻은 '오르다', 설문에서는 '선한 행동과 마음'으로 풀었다. ●建(건)은 '조율을 세우다'라는 뜻. ●名(명)은 구(口)와 석(夕)의 회의자. 어두운 밤에서는 보이지 않으니 '자신의 이름을 알리어 상대로 하여금 알게 한다'는 의미. ●立(립)은 '사람이 땅 위에 서다'는 뜻이다.

54

形端表正
형 단 표 정

의의 모양이 바르면 표면도 바르다.

출전 《예기》〈잡기(雜記)〉에 나오는 말이다. 형체가 바르면 그림자까지 곧다는 말이다.

해설 《예기》의 〈잡기〉에 있는 말이다. 형정칙영필단(形正則影必端)이 그것이다. 즉 '형체가 바르면 그림자도 곧다'는 뜻이다. 본 구는 특히 《공자가어》에서 표정(表正)을 인용했다. 즉 《공자가어왕언해》에는 표정칙하물부정(表正則何物不正)이라 하였는데, 이것은 형체와 그림자의 상관관계를 그대로 나타낸 말이다. 물론 이와 비슷한 용어는 《공자가어》뿐만이 아니라 《여씨춘추》에도 보인다.

형체와 그림자. 이것은 마치 거울이나 물에 비치는 또 하나의 모습이라 할 수 있다.

《홍범구주》에는 모(貌)에 대해 설명한다.

'아무리 높은 지식을 가졌어도 그 용태가 추악하면 상대방에게 좋지 못한 인상을 주게 된다. 또한 상대방 용모가 단정치 못하고 조잡스러우면 좋은 인상을 갖지 못한다.'

용모가 단정하고 행동하는 태도가 근엄한 것에 대해서는 《사서삼경》에 많이 지적된다. 특히 타인을 위하여 무질서한 몸가짐을 하지 말라고 경고한다. 용모는 단정하고 예의 바른 것이 좋다. 물론 때와 장소에 따라서는 해학적이고 가벼운 태도를 취할 때도 있다. 그러나 이것은 지극히 단편적인 것일 뿐, 좋은 의미를 줄 수 있는 것은 아니다.

어떤 장수가 전장에 나갔을 때, 부하의 죽음을 보았다고 하자. 장수는 너

무 애통한 나머지 부하의 주검을 끌어안고 통곡했다면 어찌 되는가. 이것은 모든 형식이나 절차로 볼 때 어긋난 행위다. 그러나 평소 부하들에 대한 남다른 애정이 있었다면 장수의 행동은 크게 나무랄 수 없다. 그것은 형태가 곧기 때문이다.

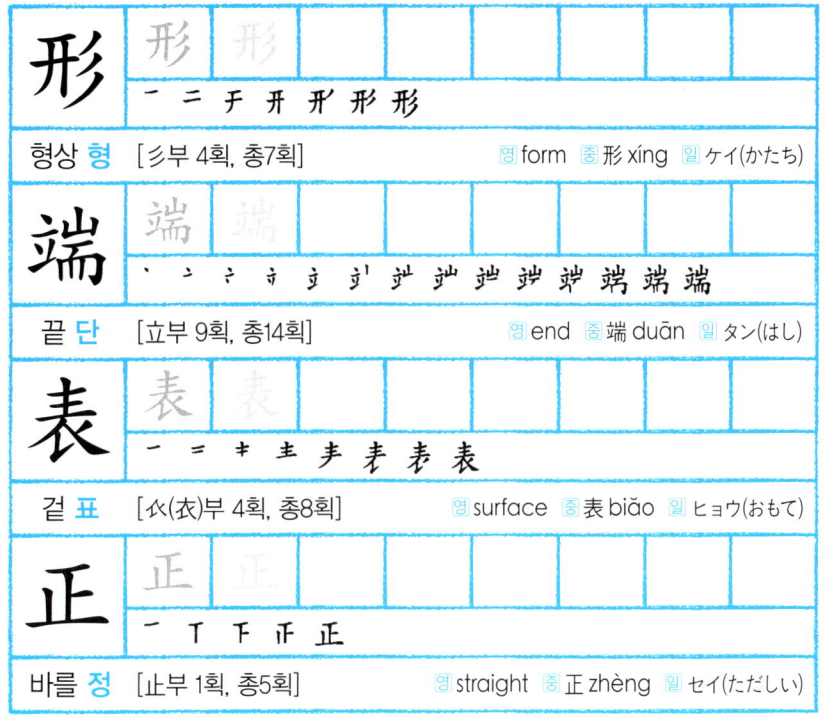

形	一 二 于 开 开' 形 形
형상 형 [彡부 4획, 총7획]	영 form 중 形 xíng 일 ケイ(かたち)
端	丶 亠 亣 立 立' 立山 … 端 端 端
끝 단 [立부 9획, 총14획]	영 end 중 端 duān 일 タン(はし)
表	一 二 キ 主 声 耒 表 表
겉 표 [⾐(衣)부 4획, 총8획]	영 surface 중 表 biǎo 일 ヒョウ(おもて)
正	一 T 下 正 正
바를 정 [止부 1획, 총5획]	영 straight 중 正 zhèng 일 セイ(ただしい)

쓰임 ●形勝(형승) : 지세나 경치가 뛰어남 ●形止(형지) : 일이 되어가는 형편 ●端的(단적) : 곧바르고 솔직한 모양 ●端整(단정) : 깔끔하고 가지런함 ●表迹(표적) : 겉으로 나타난 형적 ●表白(표백) : 드러내어 밝히거나 말함 ●正道(정도) : 올바른 길 ●正常化(정상화) : 정상으로 됨

글뜻 ●形(형)은 '눈에 보이는 형상'이라는 뜻 ●端(단)은 '곧게 서 있는 모양' ●表(표)는 모(毛)와 의(衣)의 회의 형성자. 설문에 '터럭을 안속으로 지은 상의'를 뜻했다. ●正(정)은 '바로잡다'라는 뜻.

55

空谷傳聲
공 곡 전 성

의의 덕이 있는 군자의 말은 빈 골짝에 산울림처럼 번져 나간다.

출전 산과 산 사이의 골짝에 울려 번지는 소리는 양무제(梁武帝)의 〈정업부(淨業賦)〉에서 인용한 것이다. 《시경》의 〈소아〉 백구(白駒)에도 공곡(空谷)을 대곡(大谷)이라 하는 내용이 보인다.

해설 덕이 있는 군자인 노자(老子)는 나라가 어지러워지자 스스로 벼슬자리를 버렸다. 요즘의 국립도서관장에 해당하는 수장실리(守藏室吏)를 과감히 털어 버리고 부랴부랴 길을 떠나 어느덧 함곡관에 이르렀다.

"잠시만 기다리십시오."

돌아보니 함곡관의 수문장 윤희(尹喜)였다.

"무슨 일이오?"

"선생님께서 제가 있는 곳을 지나시는 것이 또 다른 인연이 분명합니다. 어찌 그냥 가실 수 있겠습니까?"

"허어, 그래서요?"

"외람된 말씀입니다만 이별의 기념으로 글을 지어 주셨으면 합니다. 부탁합니다."

"그래요, 어디 한 번 해봅시다."

그렇게 하여 윤희에게 내어준 글이 이른바 《노자도덕경(老子道德經)》이다.

만약 노자가 현재의 자리에 연연하여 그대로 앉아 있었다면 오늘날의 《노자도덕경》은 세상에 나타나지 않았을 것이다. 벼슬자리가 점차 높아져 어느 정도 행세하였을지 모르지만, 반대로 도덕을 지키면서 속세를 초월한 노자의 이름은 빈 골짝을 울림하여 만고에 길이 전하게 되었다.

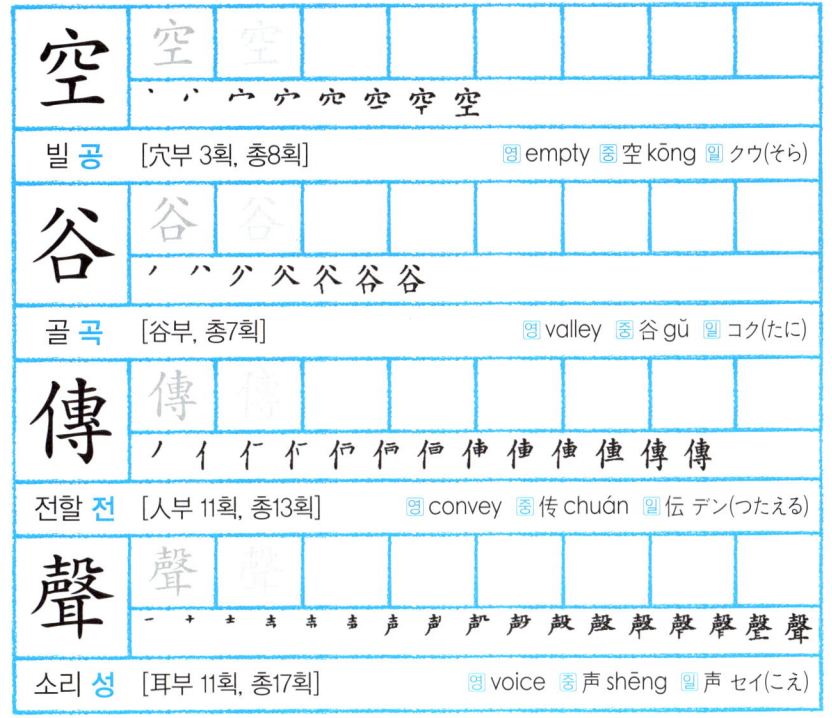

空	빌 공 [穴부 3획, 총8획] 영 empty 중 空 kōng 일 クウ(そら)
谷	골 곡 [谷부, 총7획] 영 valley 중 谷 gǔ 일 コク(たに)
傳	전할 전 [人부 11획, 총13획] 영 convey 중 传 chuán 일 伝 デン(つたえる)
聲	소리 성 [耳부 11획, 총17획] 영 voice 중 声 shēng 일 声 セイ(こえ)

쓰임 ●空事(공사) : 헛일 ●空床(공상) : 등받이와 팔걸이가 없는 걸상 ●谷風(곡풍) : 골바람, 또는 동풍 ●谷澗(곡간) : 산골의 시내 ●傳稿(전고) : 뒤에 남길 목적으로 자기의 일대기를 적어놓음 ●傳騎(전기) : 전령의 임무를 맡은 기병 ●聲勢(성세) : 명성과 위세 ●聲音(성음) : 목소리

글뜻 ●空(공)은 혈(穴)과 공(工)의 형성자. 본뜻은 '구멍'인데 '비다'로 바뀌었다. ●谷(곡)은 '샘물이 솟아올라 산간을 통해 하천으로 흘러든다'는 뜻. ●傳(전)은 인(人)과 전(專)의 형성자. '펴지다'라는 뜻. ●聲(성)은 '귀로 소리를 듣는다'는 뜻이다.

56

虛堂習聽
허 당 습 청

의의 사람의 말은 빈집에서 했어도 익히 들을 수 있다.

출전 허당(虛堂)이란 빈집이다. 양무제의 장자인 소명태자(昭明太子)의 〈시서주제시(示徐州第詩)〉에 출전이 보이며, 습청(習聽)이란 장화(張華)의 글 신청무향(神聽無響)에서 인용하였다.

해설 입은 곧 마음의 문이라 하였다. 그러므로 입을 지키되 엄격하지 않으면 밖으로 새어 나간다. 다시 말해 '마음의 발(足)'이 뜻이라는 것인데 그것은 엄격하지 않으면 옳지 못한 길로 달려 나간다. 이런 얘기가 있다.

중국의 후한(後漢) 때에 양진(楊震)이라는 사람은 학문이 높고 인품이 고매했다. 사람들은 그를 가리켜 '그 지방의 공자'라고 할 정도였다. 그가 동래 태수로 있을 때였다.

"태수 어른 왕밀이란 분이 찾아왔습니다."

"왕밀? 들어오시라 하게."

왕밀은 재기가 넘치고 총명한 젊은이였다. 일찍이 그의 재간을 한눈에 꿰뚫은 양진은 벼슬길에 나가도록 주선해 주었었다.

"약소합니다만 받아주십시오."

왕밀이 가져온 것은 한 관이나 되는 황금이었다.

"이게 뭔가?"

"평소의 후의를 생각한다면 더 많은 것을 가져와야겠습니다만……, 준비된 것이 이것뿐이라……."

양진은 벌컥 화를 냈다.

"자넨 나를 어찌 생각하는가? 이런 것을 받자고 자네를 천거한 줄 아는

가? 이것을 가져올 양이면 훤한 대낮에 가져올 것이지, 어찌 밤에 왔는가. 밤엔 쥐가 듣고 있지 않은가?”

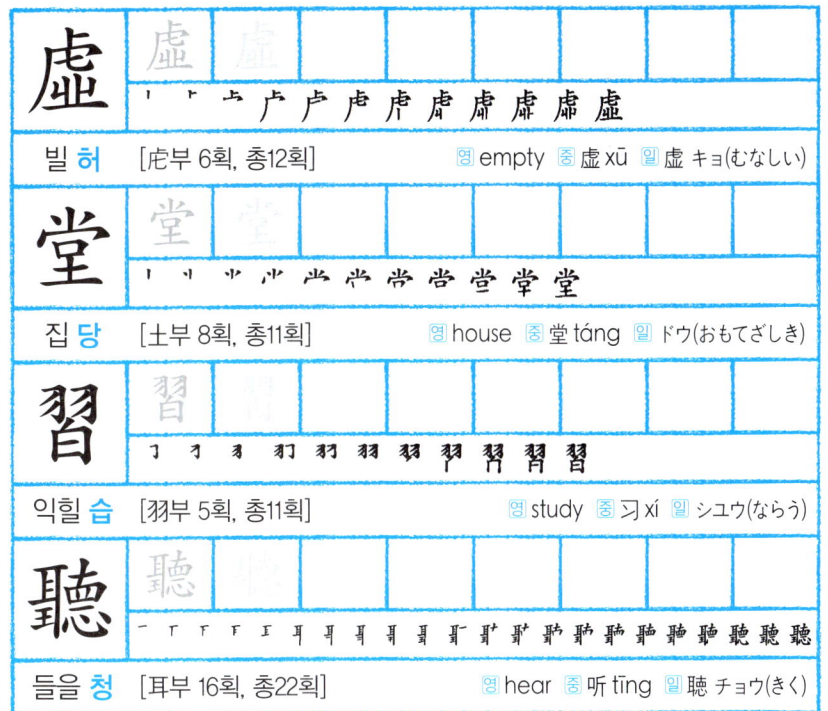

虛

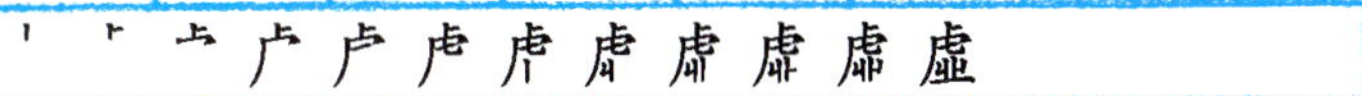

빌 **허** [虍부 6획, 총12획] 영 empty 중 虚 xū 일 虚 キョ(むなしい)

堂

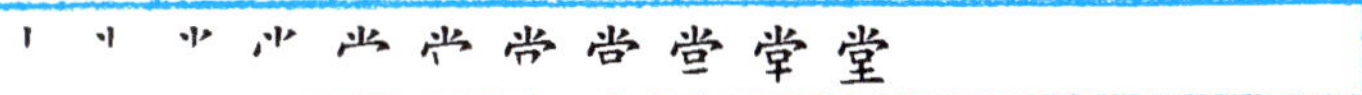

집 **당** [土부 8획, 총11획] 영 house 중 堂 táng 일 ドウ(おもてざしき)

習

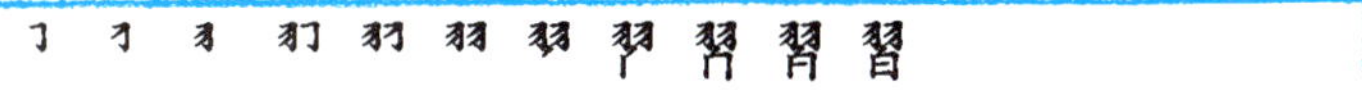

익힐 **습** [羽부 5획, 총11획] 영 study 중 习 xí 일 シュウ(ならう)

聽

들을 **청** [耳부 16획, 총22획] 영 hear 중 听 tīng 일 聴 チョウ(きく)

쓰임 ●虛傳(허전) : 거짓으로 전함 ●虛舟(허주) : 짐은 싣지 않은 배 ●堂號(당호) : 본채와 별채에 따로 붙인 이름 ●堂塔(당탑) : 전당과 탑묘를 이르는 말 ●習癖(습벽) : 버릇 ●習陣(습진) : 진법을 연습함 ●聽納(청납) : 의견이나 권고 따위를 잘 듣고 받아들임 ●聽斷(청단) : 송사를 듣고 판단함

글뜻 ●虛(허)는 구(丘)와 호(虍)와의 형성자. 본뜻은 ‘크게 황폐함’, ‘허공’으로 바뀌었다. ●堂(당)은 사(土)와 상(尙)과의 형성자. 당과 전(殿)은 같은 뜻이다. ●習(습)은 우(羽)와 백(白)의 회의 형성자. ‘병아리가 나는 방법을 익힌다’는 뜻. ●聽(청)은 이(耳)와 덕(悳)과 임(壬)자의 회의 형성자. ‘귀로 얻어 듣다’라는 뜻.

57

禍因惡積
화 인 악 적

의의 악을 쌓는 것이 원인이 되어 화를 입는다.

출전 후한 때의 문장가로 알려진 최기(崔琦)의 〈외척전(外戚傳)〉, 화생부덕(禍生不德)에서 인용하였다.

해설 사람의 마음을 나타내는 말에 곧잘 심원의마(心猿意馬)라는 말을 쓴다. '마음은 원숭이 같고 성격은 말과 같다'라는 뜻이다. 원숭이는 습성적으로 잘 움직인다. 한 곳에 있지 못하고 줄곧 이 나무에서 저 나무로 옮겨 다니기를 좋아한다.

그런가 하면 말은 달리는 성질을 지니고 있다. 한 번 달리면 쉬이 멈추지 않는 말의 습성을 사람의 성격으로 비유하였다. 그런 이유로 당나라 때에 석두대사(石頭大師)는 《참동계(參同契)》에 주석을 달았는데, 내용은 이러했다.

'마음의 원숭이는 가만 있지 않고, 생각의 말은 사방으로 달리며, 신기는 밖으로 어지럽게 흩어진다.'

다시 말해 이러한 분노의 불길과 욕망의 물결을 스스로가 나타날 때마다 잘 추스리면 참마음으로 변한다는 것이다. 그러므로 《법화경(法華經)》에는 마음을 다스리지 못하면 결과가 어떻다는 것을 극명하게 설명한다.

'쇠 녹은 쇠에서 생기지만, 차차 쇠를 먹어 버린다. 이와 마찬가지로 그 마음이 옳지 못하면, 옳지 못한 마음은 그 사람 자신을 먹어 버리게 된다.'

이런 이유로 《채근담》엔 마음을 어떻게 다스려야 하는가를 풀어 놓는다.

'마음에 욕심이 일면 차가운 못에 물이 끓나니 산림에 있어서도 그 고요함을 보지 못한다. 마음이 공허하면 혹서에도 청량한 기운이 생기나니 저자에 살아도 시끄러움을 모른다.'

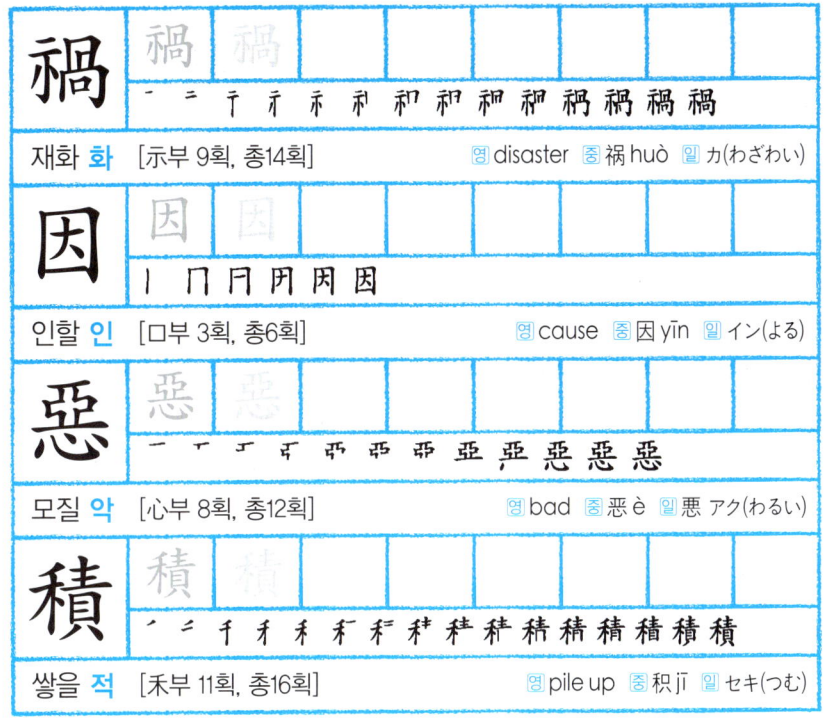

禍	禍 禍	
재화 **화**	[示부 9획, 총14획]	영 disaster 중 祸 huò 일 カ(わざわい)
因	因 因	
인할 **인**	[口부 3획, 총6획]	영 cause 중 因 yīn 일 イン(よる)
惡	惡 惡	
모질 **악**	[心부 8획, 총12획]	영 bad 중 恶 è 일 悪 アク(わるい)
積	積 積	
쌓을 **적**	[禾부 11획, 총16획]	영 pile up 중 积 jī 일 セキ(つむ)

쓰임 ● 禍胎(화태) : 재앙의 근원 ● 禍祟(화수) : 재앙의 빌미 ● 因果(인과) : 원인의 결과 ● 因習(인습) : 이전부터 전해 온 관습 ● 惡疫(악역) : 악성 전염병 ● 惡山(악산) : 산세가 험한 산 ● 積卸場(적사장) : 선박이나 화차 등에 짐을 부리거나 싣는 곳 ● 積亂雲(적란운) : 수직으로 발달한 구름의 한 가지

글뜻 ● 禍(화)는 설문에 '신이 해치다'라는 뜻. ● 因(인)은 본뜻이 '자리풀'로 '높이 있으면서 구역에 따라 확충하며 인연한다'로 바뀌었다. ● 惡(악)은 심(心)과 아(亞)의 형성자. '부정'의 뜻으로 쓰인다. ● 積(적)은 화(禾)와 책(責)과의 형성자. '곡식을 모은다'는 뜻이다.

58

福綠善慶
복 연 선 경

의의 복은 착하고 착한 일을 하면 경사가 온다.

출전 본 구는 《역경(易經)》의 '적선지가(積善之家), 필유여경(必有餘慶)'에서 인용했다.

해설 소동파(蘇東坡)의 '정혜사 흠장로가 보내온 시에 차운함(次韻定慧欽長老見寄) 8수'란 시의 첫째 구는 다음과 같다.

왼쪽 뿔 위에서 초나라가 격파함을 보고
남쪽으로 뻗은 가지 위에서 등나라 우두머리를 삼았네
발을 갈구리에 걸어 어린 제비 돌려 보내고
창호지에 구멍 뚫어 어리석은 파리 내보내네
쥐를 위하여 항상 밥을 남겨놓고
나방이를 불쌍히 여겨 불을 켜지 않네
기구함이 진실로 가소롭구나
나는 소승불교의 중이로세

위 시에는 와각지쟁(蝸角之爭)을 비롯하여 남가일몽(南柯一夢)·등설쟁장(滕薛爭長) 등의 고사가 있다. 《동악성》에 있는 말이다.

'하루 착한 일을 행할지라도 복이 비록 금방 나타나지 아니하나 복은 스스로 벌어진다. 착한 일을 행하는 사람은 봄 동산에 풀과 같아서 그 풀이 자라나는 것은 보이지 않으나 날마다 더하여 늘어가는 것이 있고, 악한 일을 행하는 사람은 칼을 가는 숫돌과 같아서 보이지 아니할지라도 날이 갈수록 없

어지는 것과 같다.'

진정한 선행은 악행을 바라지 않는다는 것을 염두에 두어야 한다.

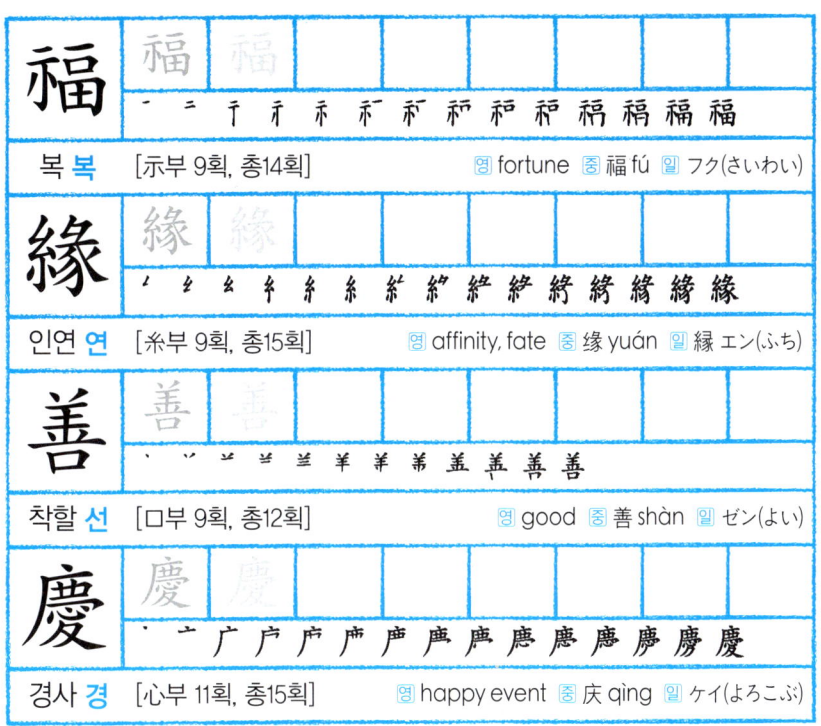

한자	훈음	부수·획수	영	중	일
福	복 복	[示부 9획, 총14획]	fortune	福 fú	フク(さいわい)
緣	인연 연	[糸부 9획, 총15획]	affinity, fate	缘 yuán	縁 エン(ふち)
善	착할 선	[口부 9획, 총12획]	good	善 shàn	ゼン(よい)
慶	경사 경	[心부 11획, 총15획]	happy event	庆 qìng	ケイ(よろこぶ)

쓰임 ●福德日(복덕일) : 사람의 생년월일의 간지를 팔괘에 해당하여 가린, 길한 일진의 날 ●福分(복분) : 복을 누리는 분수 ●緣故者(연고자) : 범률상으로 특별한 관계에 있는 사람 ●緣起論(연기론) : 인연으로 인하여 만유가 생성한다는 설 ●善不善(선불선) : 착함과 착하지 아니함 ●善手(선수) : 솜씨가 뛰어난 사람 ●慶祝(경축) : 경사스러운 일을 축하함 ●慶事(경사) : 즐겁고 기쁜 일

글뜻 ●福(복)은 본 뜻이 '갖추다'. '제사를 갖추면 복을 받는다'. ●緣(연)은 본 뜻이 '옷선'. 그것이 '인연'으로 변하였다. ●善(선)은 양(羊)과 언(言)의 회의자. ●慶(경)은 심(心)과 복(夊)과 녹성(鹿省)과의 회의자. '사슴 가죽의 예물로 안심한다'는 뜻.

59

尺璧非寶
척벽비보

의의 한 자나 되는 진귀한 구슬도 진정한 보배는 아니다.

출전 척옥은 직경이 한 자인 보옥이다. 《삼국지》에 등장하는 조조가 세운 위(魏)나라의 문제가 만든 논문 〈고인천척벽(古人賤尺璧), 이중촌음(而重寸陰)〉에서 인용했다.

해설 예전에는 옥(玉)을 매우 진귀하게 생각했다. 몸에 지니고 있으면 온갖 사마(邪魔)를 물리칠 수 있다는 믿음 때문에, 장식품으로 애용되었다. 그래서인지 무경(巫經)의 대표적 경문의 하나인 《옥갑경(玉甲經)》은 악귀를 물리치는 치병 효과가 크다는 연유로 송독(頌讀)되었다.

지금은 예전과는 달리 옥이 넘쳐날 정도로 많기 때문에, 그전 같은 가치를 인정하는 것은 아니다. 그러나 옥을 아름다운 결정체로 보고 있는 것만은 분명하다. 《명신유사(名臣遺事)》에 다음 같은 내용이 쓰여 있다.

'왕문정공(王文正公)의 아우가 옥대를 사서 형에게 주었다. 공은 옥대를 보고 말했다. '옥은 명석(名石)이다. 능히 관자의 칭호를 받게 되는데, 내가 그것을 사용하면 필시 묻는 사람이 많을 것이다. 이것은 나를 귀찮게 하는 것이고, 내 허리에는 맞지 아니하니 속히 돌려보내라' 하였다.'

이것은 옥을 지님으로써 일어나게 될 파장에 대해 설명한 부분이다. 예전에는 옥이 흠 없고 큰 것을 대보(大寶)로 여겼다. 일곱 개의 성과 맞바꾸겠다는 화씨벽(和氏璧)도 그런 구슬이다. 특히 척벽은 직경이 한 자(尺)나 된다. 큰 값이 나갈 것은 당연지사다. 그러한 구슬, 화씨벽이나 척벽이나 세상 사람들이 큰 보배로 여기는 구슬이라 해도 진정한 보물은 아니라는 것이다. 다음의 항목에서 답안을 제시한다.

한자	훈음	부수·획수	영	중	일
尺	자 척	[尸부 1획, 총4획]	ruler	尺 chǐ	シャク(ものさし)
壁	옥 벽	[玉부 13획, 총18획]	round jade	璧 bì	ヘキ(しるしたま)
非	아닐 비	[非부, 총8획]	not	非 fēi	ヒ(あらず)
寶	보배 보	[宀부 17획, 총20획]	treasure	宝 bǎo	宝 ホウ(たから)

쓰임 ●尺紙(척지) : 작은 종이 ●尺牘(척독) : 편지를 다르게 이르는 말 ●璧侑(벽유) : 옥으로 만든 잔 ●璧門(벽문) : 옥으로 장식해 놓은 문 ●非次(비차) : 차례가 맞지 않음 ●非正(비정) : 바르지 아니함 ●寶文閣(보문각) : 고려 때에 경연과 장서를 맡아보던 관아 ●寶瓶座(보병좌) : 물병자리

글뜻 ●尺(척)은 시(尸)와 을(乙)의 지사자. ●璧(벽)은 옥(玉)과 벽(辟)의 형성자. '둥근 구슬'이라는 뜻. ●非(비)는 새의 양 날개짓을 하는 모습의 상형자. ●寶(보)는 면(宀)과 왕(王)과 패(貝)의 회의자. '귀중한 재화'를 가리킴.

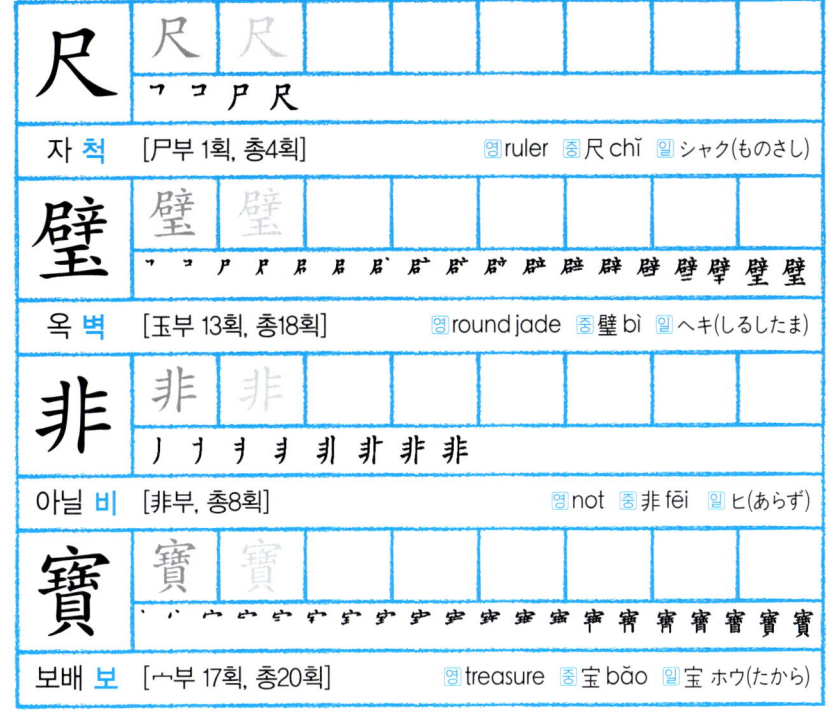

60

寸陰是競
촌음시경

의의 극히 짧은 시간을 다투어야 한다.

출전 짧은 시간을 다투는 것은 청나라 때에 만들어진 《통속편》에만 있는 것은 아니다. 《진서(晉書)》의 〈도개전〉은 물론 여타의 권학문에 많이 보인다.

해설 진종황제(眞宗皇帝) 〈권학문(勸學文)〉에는 다음의 내용이 눈에 띈다.

'집을 부하게 하려면 좋은 논밭을 살 필요가 없다. 책을 많이 읽어 입신(立身)하면 많은 녹을 받을 수 있다. 그러니 책 가운데 자연히 천종(千鍾)의 곡물이 있는 것이다. 또한 편안히 살려고 저택을 호화 찬란하게 지을 필요가 없다. 책을 많이 읽어 출신하면 장차 좋은 집에 살 수 있다. 그러니 글 가운데 황금으로 장식한 집이 있는 셈이다.

집을 나가고 들어올 때 수행하는 사람이 없다고 한탄하지 말 것이다. 독서로 입신하면 수행하는 이가 반드시 따를 것이니 책 가운데 거마(車馬)가 무리지어 있는 셈이다.

또한 아내를 취하는 데 중매인이 없지 않을까 우려하지 말라고 했다. 책을 읽어 출세하면, 자연스럽게 어진 아내를 얻을 수 있으니 구슬 같은 미인을 취하는 것이 그리 어려운 일이 아니다. 그러므로 사나이라면 시(詩)·서(書)·예(禮)·역(易)·춘추(春秋)·악(樂) 등의 육경(六經)을 창가에 앉아 부지런히 읽어야 한다.'

그런데 주문공의 〈권학문〉에는 오늘 배우지 않더라도 내일이 있다고 게으름을 피우지 말라고 경고한다. 올해 배우지 않더라도 내년이 있다고 미루는 것 역시 바람직하지 못하다. 날과 달은 살처럼 쉬이 가고 어느새 사람은 늙어버린다. 이 책임이 과연 누구의 것이냐고 탄식처럼 묻는다. 부디 '짧은 시간(寸陰)'을 아껴 쓰라는 경고를 던진다.

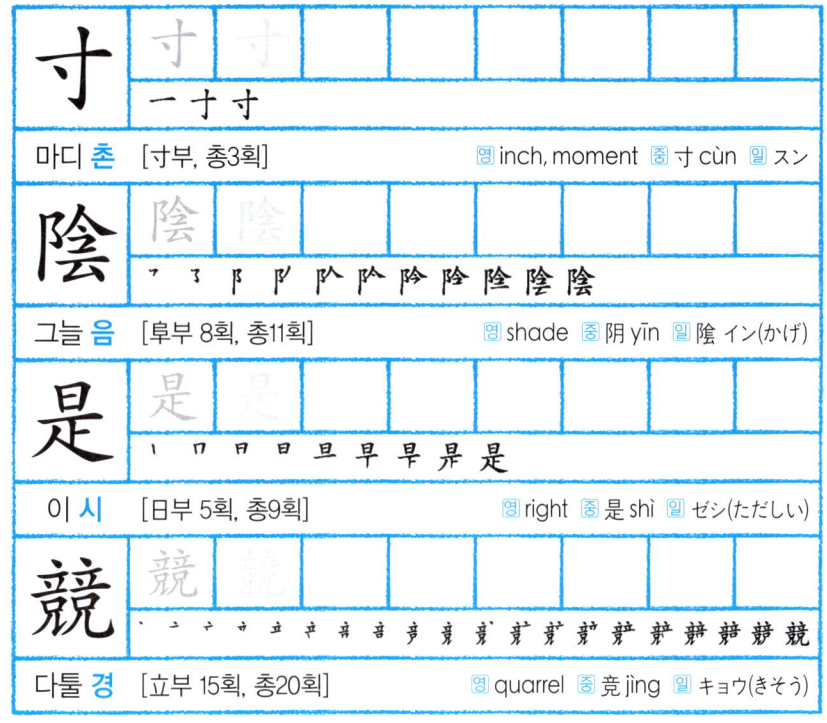

寸	寸	寸						
	一 十 寸							
마디 **촌** [寸부, 총3획]	영 inch, moment 중 寸 cùn 일 スン							
陰	陰	陰						
	陰 (11획)							
그늘 **음** [阜부 8획, 총11획]	영 shade 중 阴 yīn 일 陰 イン(かげ)							
是	是	是						
	是 (9획)							
이 **시** [日부 5획, 총9획]	영 right 중 是 shì 일 ゼシ(ただしい)							
競	競	競						
	競 (20획)							
다툴 **경** [立부 15획, 총20획]	영 quarrel 중 竞 jìng 일 キョウ(きそう)							

쓰임 ●寸刻(촌각) : 아주 짧은 시각 ●寸祿(촌록) : 아주 짧은 녹봉 ●陰陽家(음양가) : 음양설에 정통한 사람 ●陰影(음영) : 그림자 ●是非(시비) : 옳고 그름 ●是非之端(시비지단) : 시비가 일어나게 된 실마리 ●競落(경락) : 경매에 이겨서 원하는 목적물을 차지하는 일 ●競步(경보) : 육상 경기의 한 가지. 일정한 거리를 한쪽 발이 반드시 땅에 붙은 상태에서 빠르기를 겨루는 경주

글뜻 ●寸(촌)은 우(又)와 일(一)의 지사자. ●陰(음)은 '북녘 어두운 곳'이란 뜻. ●是(시)는 일(日)과 정(正)의 회의자. ●競(경)은 '두 사람이 큰소리로 다투는 모습'을 본떴다.

61

資父事君
자부사군

의의 아버지를 섬기는 마음으로 군왕을 섬긴다.

출전 본 구(句)는 《효경(孝經)》의 〈자어사부, 이사군이경동(資於事父 以事君 而敬同)〉에서 인용하였다. 〈아버지에서 취(取)해 임금을 섬기다〉라는 뜻이다.

해설 《홍범구주》에서는 삼덕(三德)이라 하여 다음의 세 가지를 강조했다. 이것은 군왕을 대하는 덕목으로 보아도 무방하다.

첫째는 정직(正直)이다. 이것은 굽지 않은 심성, 즉 간사하지 않은 마음을 뜻한다. 부모를 섬김에 있어서도, 군왕에게 충성함에 있어서도 빼놓을 수 없는 기본 덕목이다. 간사한 사람이 일시적으로 상황이 좋아지는 것 같지만 결국은 정직한 이에게 무릎 꿇는다.

둘째는 강극(剛克)이다. 강한 것은 승리할 수 있고, 또 그것이 미덕이 된다. 그런 연유로 강한 것은 약한 것을 이길 수는 있지만 결코 약한 것을 화합할 수는 없다. 그렇다면 강자에게 약자가 이기는 방법은 없는가? 그것은 교만하지 말아야 가능하다. 교만하게 되면 아무리 강하고 탄탄해도 무너지는 것은 시간 문제다. 다시 말해 부모에게나 군왕에게 강한 것은 교만에 해당된다.

셋째는 유극(柔克)이다. 부드러운 자가 강한 자를 이기려면 어떻게 해야 하는가? 유순한 자는 강한 자를 만나면 깊이 숨거나 달랠 수 있는 지혜를 가져야 한다고 쓰여 있다. 예를 들자면 부드러운 물은 강한 것을 일시에 무너뜨릴 수 있다. 아무리 강한 것이라도 상대가 방심하면 일거에 쓸어가 버린다.

이러한 논법을 이용하여 옛날 장수들은 유약한 세를 최대한 활용하여 강한 것을 무너뜨렸다. 선비들도 마찬가지였다. 아무리 상대가 강하더라도 스스로의 정의가 옳다는 판단이면 자신의 목숨을 초개처럼 여긴다. 이것은 부모나 군왕이나 섬김에 있어서는 마찬가지다.

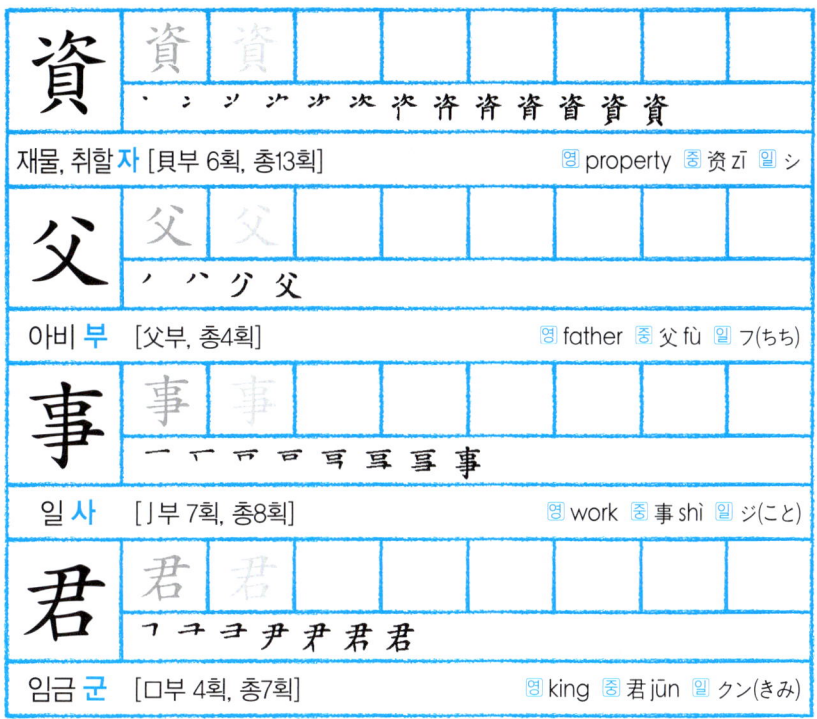

資	재물, 취할 **자** [貝부 6획, 총13획] 영 property 중 资 zī 일 シ
父	아비 **부** [父부, 총4획] 영 father 중 父 fù 일 フ(ちち)
事	일 **사** [亅부 7획, 총8획] 영 work 중 事 shì 일 ジ(こと)
君	임금 **군** [口부 4획, 총7획] 영 king 중 君 jūn 일 クン(きみ)

쓰임 ●資本財(자본재) : 부를 생산하기 위하여 사용되고 소비되는 토지 이외의 재화 ●資質(자질) : 타고난 성품이나 자질 ●父性(부성) : 아버지로서 지니는 성질 ●父主(부주) : 아버님 ●事君(사군) : 임금을 섬김 ●事記(사기) : 일의 전말을 적은 기록 ●君位(군위) : 군주의 지위 ●君子國(군자국) : 옛날 중국에서 풍속이 아름다운 우리나라를 달리 부르던 말

글뜻 ●資(자)는 패(貝)와 차(次)의 형성자. 본뜻은 '재화', '취(取)'의 뜻으로 바뀌었다. ●父(부)는 오른손(又)과 매(丨)의 회의자. ●事(사)는 사(史)와 지(之)의 옛 자와의 형성자. '받들어 섬기다'. ●君(군)은 구(口)와 윤(尹)의 회의형성자. '지도자'.

62

曰嚴與敬
왈 엄 여 경

의의 공경심과 더불어 조심해야 한다.

출전 본문의 뜻은 〈이것을 엄과 경이라 일컫는다〉인데, 《효경》과 당나라 때의 인물인 이상은(李商隱)의 상표문(上表文)에서 인용했다.

해설 삼친(三親)이란 말이 있다. 부부와 부자·형제를 뜻한다. 옛사람들은 이 삼친의 도리를 어떻게 표현했는가? 그 점을 짚어 가면 《예기》에 이런 말이 있다.

'어버이는 인자하고 자식은 효도로우며, 형은 어질고 아우는 공손하며, 남편은 의롭고 아내는 덕성스러워야 한다.'

그런가 하면 《안씨가훈》엔 이렇게 쓰여 있다.

'어버이는 인자하고 자식은 효도로우며, 형은 우애 있고 아우는 공손하며, 남편은 의리가 있고 아내는 순종해야 한다.'

위의 경우 베푸는 자가 덕을 자처하고 받는 자가 은혜로 생각한다면 이것은 시정잡배들의 행태에 지나지 않는다고 꼬집었다. 그러므로 친족간의 사랑도 칭찬을 하거나 받을 이유가 전연 없다는 것이다. 덕을 닦는다는 것은 인륜보다 큰 것이 없다고 하였다. 그리고 인륜은 군신부자(君臣父子)보다 큰 것이 없다. 《맹자》의 〈진심장구하〉에 전하는 얘기다.

증석(曾晳)이 생전에 양조(羊棗 : 고욤) 먹기를 좋아했으므로 차마 증자는 양조를 먹지 못했다. 어느 날 공손축이 맹자에게 회와 불고기와 양조 가운데 무엇이 맛있느냐 물었다. 맹자는 회와 불고기라고 답했다. 기다렸다는 듯이 공손축이 물었다.

"그럼 증자는 회와 불고기는 먹고 양조는 먹지 않습니까?"

"회와 불고기는 함께 먹는 것이고, 양조는 혼자 먹기를 즐기는 음식일세. 마치 어른의 이름 부르기를 꺼리고 성은 꺼리지 않는 것과 같은 이치로, 성은 다같이 쓰지만 이름은 혼자 쓰기 때문이오."

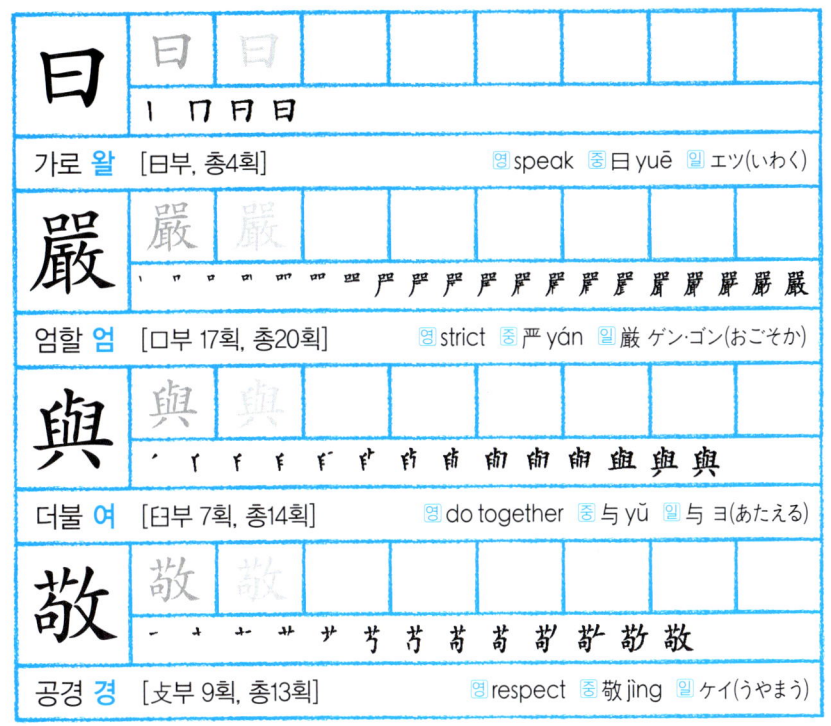

한자	훈음	부수·획수	영	중	일
曰	가로 **왈**	[曰부, 총4획]	speak	曰 yuē	エツ(いわく)
嚴	엄할 **엄**	[口부 17획, 총20획]	strict	严 yán	厳 ゲン·ゴン(おごそか)
與	더불 **여**	[臼부 7획, 총14획]	do together	与 yǔ	与 ヨ(あたえる)
敬	공경 **경**	[攴부 9획, 총13획]	respect	敬 jìng	ケイ(うやまう)

쓰임 ● 曰牌(왈패) : 언행이 단정하지 못하고 수선스러운 사람 ● 曰是曰非(왈시왈비) : 시비를 따짐 ● 嚴切(엄절) : 몹시 엄함 ● 嚴淨(엄정) : 엄숙하고 깨끗함 ● 與民同樂(여민동락) : 임금이 백성과 즐김 ● 與件(여건) : 어떤 일을 할 때 주어진 조건 ● 敬禮(경례) : 공경의 뜻을 나타내는 일 ● 敬老(경로) : 노인을 공경함

글뜻 ● 曰(왈)은 구(口)와 一의 지사자. '말하다'라는 뜻이다. ● 嚴(엄)의 본뜻은 '급하게 명령한다'는 것이다. ● 與(여)의 본뜻은 '무리'였는데 '더불어'로 변했다. ● 敬(경)은 '말을 삼가다'는 뜻이다.

63

孝當竭力
효 당 갈 력

의의 있는 힘을 다해 효도해야 한다.

출전 부모를 잘 섬기어 큰 은혜에 보답하자는 것은 《예기》에 나오는 말이다. 《사기》의 〈장석지전〉과 〈고서허자해(古書虛字解)〉를 인용하였다.

해설 효행에 관해서는 중국보다 우리나라 쪽에서 뽑아내는 게 자료가 좋을 것 같다. 손순(孫順)이라는 이가 있었다. 그는 경주 손씨의 시조로 모량리 사람이다. 하나밖에 없는 아들이 늘 어머니에게 드릴 음식을 빼앗아 먹자 아내에게 말했다.

"그냥 두어서는 아니 되겠소. 연로한 어머니가 드실 음식을 빼앗아 먹으니 날로 몸이 수척해진 듯 싶소. 그러니 아이를 버리도록 합시다."

아내는 눈물만 흘릴 뿐이었다. 자식은 다시 낳을 수 있지만, 한 분뿐인 어머니는 돌아가시면 후회만 남을 뿐이라 했다. 다음날 일찍 손순은 아이를 업고 취산(醉山)의 북쪽 들판으로 나갔다. 그리고는 아들을 묻으려고 땅을 팠다. 땅속에서 돌종이 발견되었다. 한 번 두들겨 보았더니 소리가 참으로 그윽했다.

"아니 되겠소. 아이를 묻으려고 판 땅에서 돌종이 발견됐으니 아이를 이곳에 묻어서는 아니될 듯 싶소."

그렇게 하여 아이를 다시 업고 돌아왔다. 다음날부터 손순은 하루 세 번씩 종을 쳤다. 그윽한 종소리는 멀리멀리 퍼져 임금의 귀에까지 들렸다. 임금은 그 소리를 듣고 괴이하게 여겨 자초지종을 알아 오게 하였다. 나중에 사실을 전해 듣고 임금이 말했다.

"옛날에 곽거라는 이가 자식을 묻을 때 하늘이 금으로 만든 솥을 내리셨다고 합니다. 손순이 아들을 묻으려고 땅을 팠는데 돌종이 나왔으니 이것은 당시의 일과 앞뒤가 맞습니다."

임금은 손순에게 집과, 해마다 쌀 오십 석을 하사하였다.

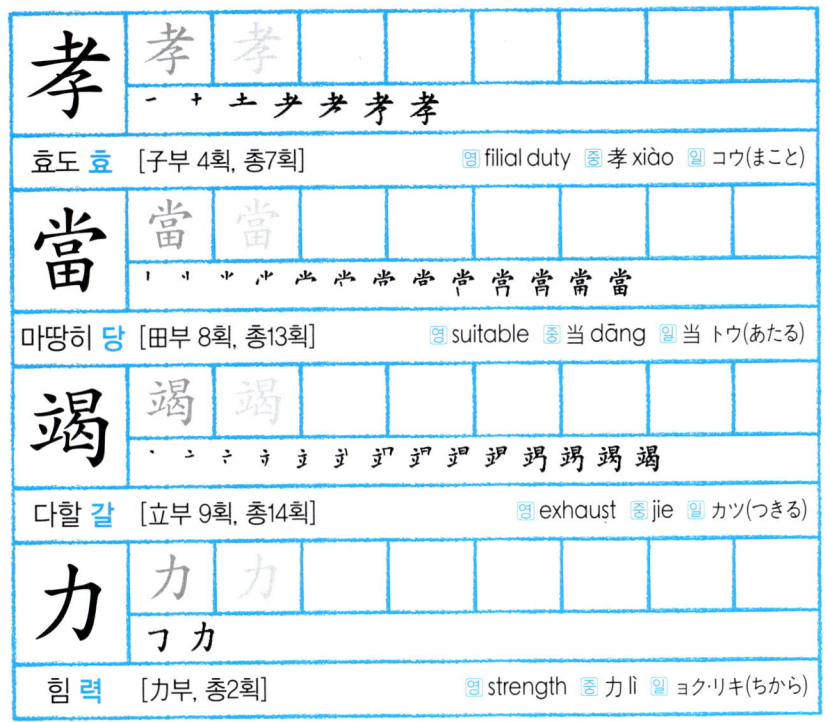

孝	孝 孝
	一 十 土 耂 考 孝 孝
효도 효 [子부 4획, 총7획]	영 filial duty 중 孝 xiào 일 コウ(まこと)
當	當 當
	丨 ⺌ ⺌ ⺌ 尙 尙 尚 尚 常 當 當 當 當
마땅히 당 [田부 8획, 총13획]	영 suitable 중 当 dāng 일 当 トウ(あたる)
竭	竭 竭
	丶 亠 立 立 立 竌 竭 竭 竭 竭 竭 竭 竭 竭
다할 갈 [立부 9획, 총14획]	영 exhaust 중 jie 일 カツ(つきる)
力	力 力
	フ 力
힘 력 [力부, 총2획]	영 strength 중 力 lì 일 ヨク·リキ(ちから)

쓰임 ●孝廉(효렴) : 효도하는 사람과 청렴한 사람 ●孝德(효덕) : 어버이를 잘 섬기는 마음 ●當歲(당세) : 그해 ●當婚(당혼) : 혼인할 나이가 됨 ●竭盡(갈진) : 바닥이 드러나게 죄가 다 없어짐 ●竭誠(갈성) : 온 정성을 기울임 ●力爭(역쟁) : 온 힘을 다하여 다툼 ●力著(역저) : 힘들여서 지은 책

글뜻 ●孝(효)는 자(子)와 노(耂)의 회의자. '아들이 노인을 받들고 있는다'는 뜻. ●當(당)은 전(田)과 상(尙)의 형성자. '반드시'라는 뜻. ●竭(갈)은 입(立)과 갈(曷)의 형성자. '등에 져서 들다'라는 뜻. ●力(역)은 인체의 근육을 표시한 상형자.

64
忠則盡命
충 즉 진 명

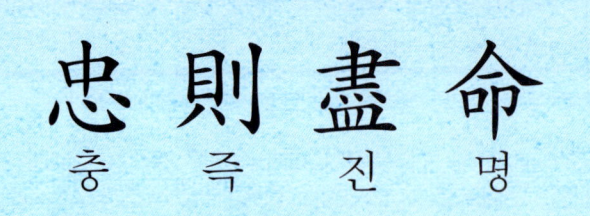

의의 임금을 섬기려면 목숨을 바칠 각오가 있어야 한다.

출전 본 구는 《논어》 〈학이편〉을 인용하였다.

해설 자하(子夏)가 말했다.

"미인을 좋아하듯 현인을 존경해야 한다는 말이 있다. 현인이란 어떤 사람인가. 부모를 섬기되 온갖 힘을 다 기울이고 군주를 섬기는 데 한 몸을 바치며, 친구와 사귀는 데는 한 번 말한 것을 결코 어기지 않는 이런 사람이 있다고 치자. 다른 이들은 '이 사람은 글을 배우지 않았으니 학자가 아니다라고 할지 모르지만 나는 이 사람이야말로 학자다'라고 말할 것이다. 결국 현인이란, 이런 사람을 두고 한 말이다."

자하의 성은 복(卜)이오. 이름은 상(商)이다. 공자보다 44살이나 아래다. 공자의 제자 가운데 증자와 함께 가장 어린 셈이다. 그러나 그는 머리가 좋다. 그런 탓에 전국 초기의 군주였던 문후(文侯)의 고문이 된 것도 예사로운 일이 아니다.

본 구절은 《논어》 가운데 가장 이설이 분분하며 난해하다. '현인을 미인 사랑하듯이 존경하라'는 문구는 한(漢)나라 이래 육조에 이르기까지 이런 정도로 이해되는 부분이었다. 어여쁜 어머니란 단순히 미색이 뛰어난 여인이 아니다. 현숙한 어머니, 주부로서 남편과 화합을 이루는 여인이다.

송나라의 주자와 같은 도학자들은 왜 현인을 미인과 동일선상에서 취급하느냐에 반발했다. 말이 안 된다는 주장이다. 그러나 공자는 모든 미인이 또한 아름다움에 대한 그 모든 것이, 욕망의 근원이 된다고 보았다. 이것은 대단한 엄숙주의다. 그러고 보면 주자도 공자의 진의를 완전히 오해하였다고 볼 수 있다. 또한 임금을 섬기려는 각오가 미인을 사랑하듯이 하라는 것은 지나친 역설인지도 모른다.

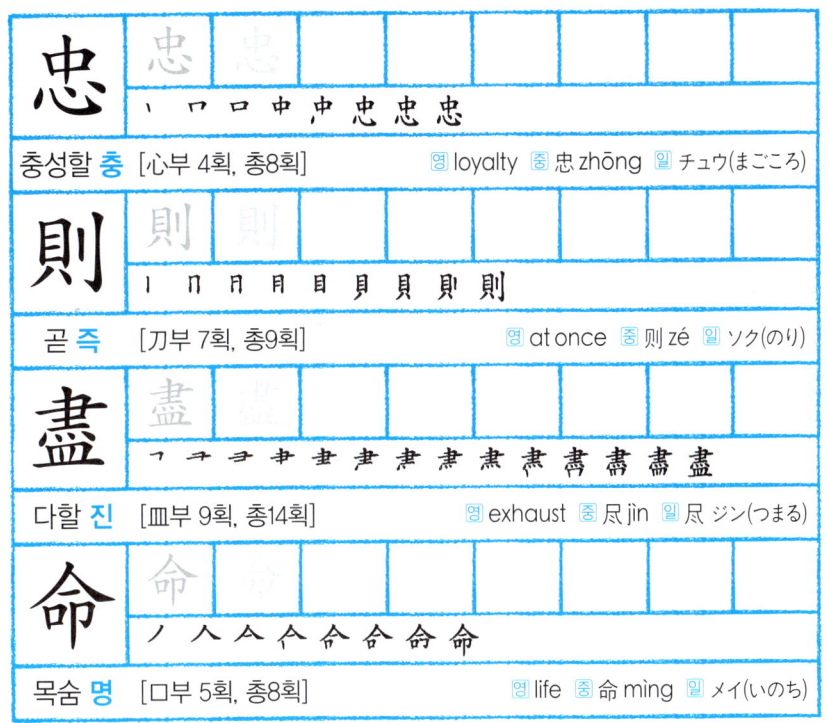

忠	忠 忠
충성할 **충** [心부 4획, 총8획]	영 loyalty 중 忠 zhōng 일 チュウ(まごころ)
則	則 則
곧 **즉** [刀부 7획, 총9획]	영 at once 중 则 zé 일 ソク(のり)
盡	盡 盡
다할 **진** [皿부 9획, 총14획]	영 exhaust 중 尽 jìn 일 尽 ジン(つまる)
命	命 命
목숨 **명** [口부 5획, 총8획]	영 life 중 命 mìng 일 メイ(いのち)

쓰임 ●忠敬(충경) : 충성스럽게 받들어 섬김 ●忠膽(충담) : 임금이나 윗사람을 섬기는 마음 ●則決(즉결) : 일을 처리함 ●則今(즉금) : 즉, 이제 ●盡誠(진성) : 정성을 다함 ●盡言(진언) : 생각한 바를 기탄 없이 말해 버림 ●命撰(명찬) : 임금이 신하에게 책을 내라고 명령함 ●命濁(명탁) : 불교 오탁의 하나. 사람의 수명이 짧아 백 년을 채우기 힘듦

글뜻 ●忠(충)은 심(心)과 중(中)의 형성자. 본뜻은 '삼가 공경한다'. ●則(즉)은 도(刀)와 패(貝)의 회의자. '순위를 따르는 법칙', '곧'으로 바뀌었다. ●盡(진)은 '그릇이 비다'에서 '다하다'로 바뀜. ●命(명)은 구(口)와 영(令)의 회의 형성자.

65

臨深履薄
임 심 리 박

의의 부모를 섬기는 데엔 마치 깊은 연못에 가듯, 얇은 얼음을 밟듯 신중해야 한다.

출전 임심(臨深)이라는 것은 깊은 연못에 임한다는 뜻. 《서경》 〈탕고편(湯誥篇)〉과 《시경》 〈소아〉의 소민(小旻)에서 인용하였다. 또한 이박(履薄)은 《회남자》의 〈설림훈〉과 《시경》 〈소아〉의 소민에서 인용했다.

해설 일찍이 공자는 효의 관념을 다음의 몇 가지로 구분하여 설명했다.

첫째, 공경하는 마음이다. 부모를 섬기는 마음뿐만이 아니라 공경하는 마음(敬)까지 관건이 된다는 것이다. 이를테면 웃어른에 대한 예절로 얼굴빛이 문제라는 지적이다. 이것은 존경하는 태도의 문제다.

둘째, 부모에게 걱정을 끼쳐드리지 않아야 한다. 《효경》에서 지적한 대로, 우리의 신체는 머리털에서 살갗에 이르기까지 부모에게 받은 것이므로 함부로 손상하는 것은 불효이다.

셋째, 부모님이 살아 계실 때에는 예로써 섬기고, 장례도 예로써 치르며, 제사도 예로써 모시라는 것이다. 이것은 제례가 조상 숭배사상과 함께 결합된 것으로 풀이된다.

이런 유가의 사상을 다져놓은 것은 맹자다. 맹자는 선진(先秦) 시대의 효에 대한 사상을 유가의 중심 사상으로 다져놓았다. 효를 모든 행위의 근본으로 보고 있을 뿐만 아니라, 제왕의 도로 확대시켰다. 그러므로 맹자는 말한다.

"효자의 지극함은 어버이를 높이는 것보다 더함이 없다. 어버이를 높이는 일이야말로 천하를 가지고 봉양함보다 더함이 없다. 이는 천자의 아비가 되는 것이니 이것이야말로 봉양의 지극함이다."

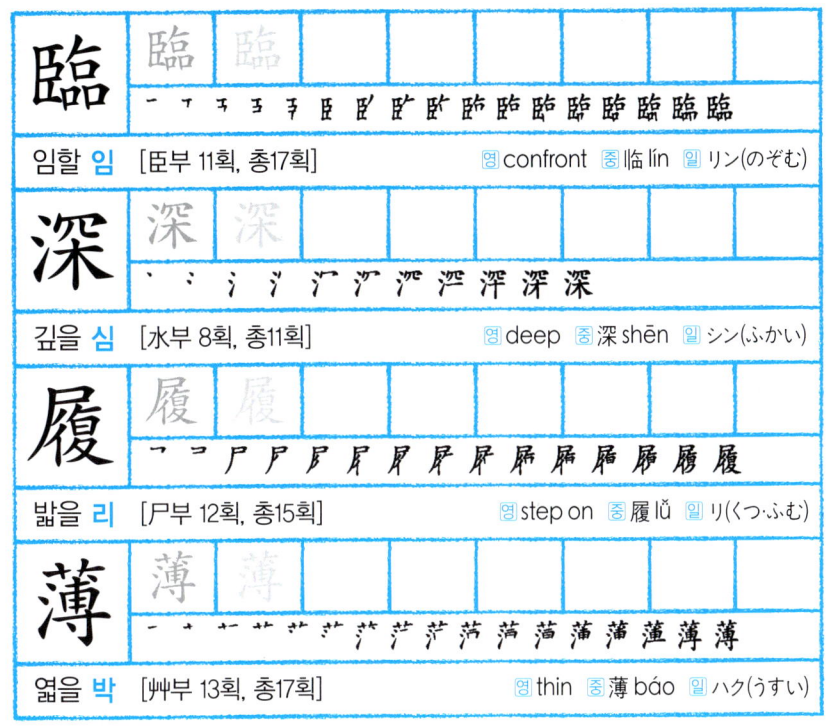

臨	臨 臨
임할 **임**	[臣부 11획, 총17획] 영 confront 중 临 lín 일 リン(のぞむ)
深	深 深
깊을 **심**	[水부 8획, 총11획] 영 deep 중 深 shēn 일 シン(ふかい)
履	履 履
밟을 **리**	[尸부 12획, 총15획] 영 step on 중 履 lǚ 일 リ(くつ·ふむ)
薄	薄 薄
엷을 **박**	[艸부 13획, 총17획] 영 thin 중 薄 báo 일 ハク(うすい)

쓰임 ●臨官(임관) : 관직에 임명함 ●臨農(임농) : 농사를 지을 때가 됨 ●深密(심밀) : 생각이 깊고 빈 구석이 없음 ●深杯(심배) : 깊고 큼직한 술잔 ●履霜曲(이상곡) : 작가와 연대가 미상인 고려 가요 ●履歷(이력) : 지금까지 닦아온 학업이나 경력 ●薄松(박송) : 소나무를 얇게 썬 널 ●薄酒(박주) : 맛이 좋지 않은 술

글뜻 ●臨(임)은 와(臥)와 품(品)과의 형성자. 본뜻은 '위에서 아래를 본다'는 뜻. ●深(심)은 설문에서 '수명(水名)'으로 바뀜. ●履(리)는 시(尸)와 척(彳)·복(夂)·주(舟)와의 회의자. 본래의 뜻은 '귀인의 가죽신'으로 그것이 '밟다'라는 뜻으로 변했다. ●薄(박)은 초(艸)와 부(溥)의 형성자. '엷다'라는 뜻.

66

夙興溫淸
숙 흥 온 청

의의 아침에는 일찍 일어나고, 겨울에는 따뜻하게, 여름에는 시원하게 한다.

출전 《예기》의 내칙(內則)과 《안씨가훈》, 《예기》의 〈곡례상〉에서 인용하였다.

해설 《효경》에서의 효의 의미는, 우선 효를 덕의 근본으로 삼고 있다는 점이다. 효의 방법에 있어서는 기본적인 사친(事親), 그리고 입신행도(立身行道)로 나뉘어진다.

"충신은 효자의 문에서 나온다."

집에 들어가서는 효도하고 나아가서는 충성하라는 것은 공자의 말씀이다. 노자는 의도적으로 할 일 없는 일에 처하고, 말씀이 없는 가운데 가르침을 행하라고 권면했다.

《효경》에 의하면, 첫머리엔 효의 시작과 끝을 정의하고 있다. 부모가 물려준 신체의 보전으로부터 후세의 평가에 이르도록 효의 적용 대상이 아닌 것이 없음을 강조한다.

《효경》의 제3장은 효가 하늘의 경(經)이며, 땅의 의(義), 백성의 행(行)이므로 마땅히 효를 좇아서 그것으로 순하게 하여야 한다고 했다. 또한 제7장에서는 거(居)할 때엔 경(敬)하는 마음으로, 봉양을 하는 데는 부모님이 즐거워하도록 하고, 부모가 병이 있으면 몹시 근심하고, 죽으면 슬픔을 다하고, 제사 지내는 데엔 엄숙함을 다해야 한다. 이른바 사친(事親)이다.

제10장에서는 천자의 도를 말하고, 제13장은 부모에게 간(諫)해야 한다. 마지막 제14장은 부모가 살아 있을 때엔 섬기는 데에 슬픔과 설움으로 하니 부모 섬기는 데 일이 다해야 한다.

《효경》은 봉건제도에 입각하고 있으며, 공맹의 도이기는 하나 내용상 변화를 보이고 있다.

夙	夙 夙
	丿 几 凡 夙 夙 夙
이를 숙	[夕부 3획, 총6획] 영 early 중 su 일 シュク(はやい)
興	興 興
	﹅ ⺆ ⺆ ⺆ ⺆ ⺆ ⺆ ⺆ ⺆ ⺆ ⺆ ⺆ ⺆ 興 興 興
일 흥	[臼부 9획, 총16획] 영 rise 중 兴 xīng 일 コウ(おこる)
溫	溫 溫
	﹅ 冫 氵 氵 氵 氵 氵 氵 氵 溫 溫 溫 溫
따뜻할 온	[水부 10획, 총13획] 영 warm 중 温 wēn 일 温 オン(あたたか)
淸	淸 淸
	﹅ 冫 氵 氵 氵 氵 淸 淸 淸 淸 淸
서늘할 청	[水부 8획, 총11획] 영 cool 중 清 qīng 일 セイ(さむい)

쓰임 ●夙夜(숙야) : 이른 아침부터 깊은 밤까지 ●夙昔(숙석) : 이전부터 ●興到(흥도) : 흥취가 생김 ●興旺(흥왕) : 매우 왕성함 ●溫恭(온공) : 온화하고 공손함 ●溫凉(온량) : 따뜻하고 서늘함 ●淸霜(청상) : 맑고 깨끗한 서리 ●淸雪(청설) : 깨끗이 분풀이하거나 씻음

글뜻 ●夙(숙)은 '미명'이 본뜻이지만 '이른 아침'으로 변했다. ●興(흥)은 설문에 '힘을 합하여 거사하다'로 나와 있다. ●溫(온)은 수(氵)와 온(昷)의 형성자. 본래는 '수명(水名)'인데 설문에서는 '따뜻하다'로 변했다. ●淸(청)은 '얼음같이 차다'라는 의미.

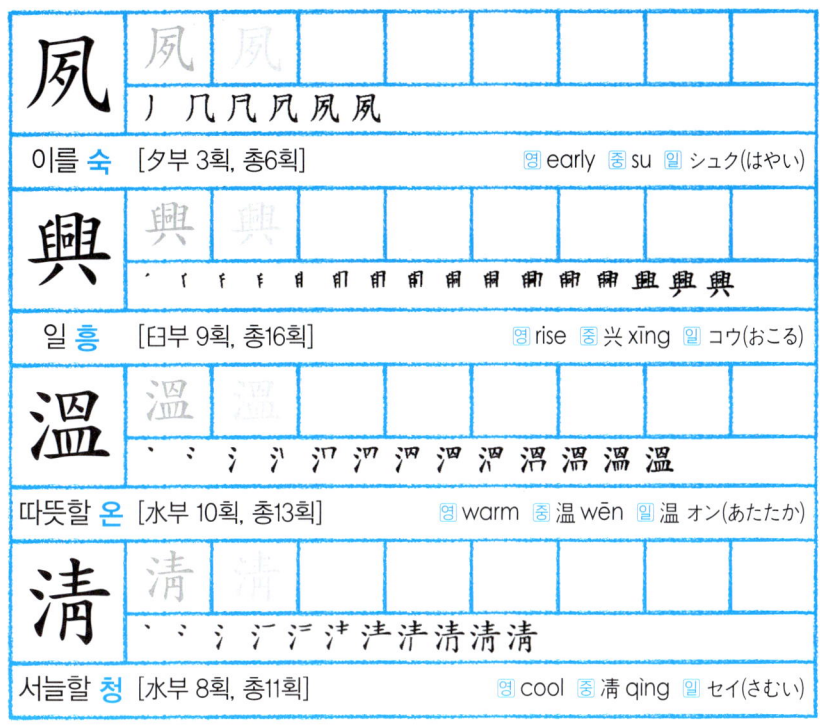

67

似蘭斯馨
사 난 사 형

의의 사람의 덕은 난초처럼 멀리까지 향기를 풍긴다.

출전 《역경》의 계사(繫辭)와 《서경》의 〈주고편(酒誥篇)〉에서 인용하였다.

해설 도곡(陶穀)이 지은 《청이록(淸異錄)》에는 난초에 대해 이렇게 써 두었다.

"난은 비록 꽃 한 송이가 피지만 그 향기는 실내에 가득 차 사람을 감싸고 열흘이 되어도 그치지 않는다. 그러므로 강남 사람들은 난을 향조(香祖)로 삼는다."

그런가 하면 북송의 인물 황정견의 《수죽기(脩竹記)》에는,

"한 줄기에 꽃 한 송이가 피고 향기가 많은 것은 난이고, 한 줄기에 예닐곱 송이가 피면서 향기가 적은 것은 혜(蕙)다."

난은 매화·국화 대나무와 함께 사군자에 속하며, 고절한 선비의 기상을 나타낸다. 《역옹패설》에 이런 얘기가 전한다.

'작가가 일찍이 여항(餘杭)에 손님이 되어 머무를 적에 어떤 이가 난을 분에 심어 주었다. 이것을 서안 위에 놓아두었는데 손님과 한담을 나눌 적에는 몰랐다. 그런데 밤이 깊어 홀로 앉아 사색에 잠겨 있는데 그 향기가 그윽하여 말로써 설명할 수 없었다.'

선비가 지니는 덕의 향기도 이와 다름이 없다. 그것은 효(孝)도 마찬가지다.

진(晉)나라 때의 중모인(中牟人)인 반악(潘岳)은 자가 안인(安仁)이다. 그의 〈형화부(螢火賦)〉에는 '난초가 음식보다 향기롭다'고 읊는다. 또한 천성이 맑으면 굶주림과 목마름을 면할 정도의 생활이라도 심신을 건전하게 못할 것이 없다고 자신한다. 그러나 마음이 물욕에 빠져 있으면 아무리 좌선하고 수양해도 번뇌를 벗어나지 못한다. 설령 도덕 군자로 알려졌다 해도 덕의 향

기를 발산하지 못한다는 말이다.

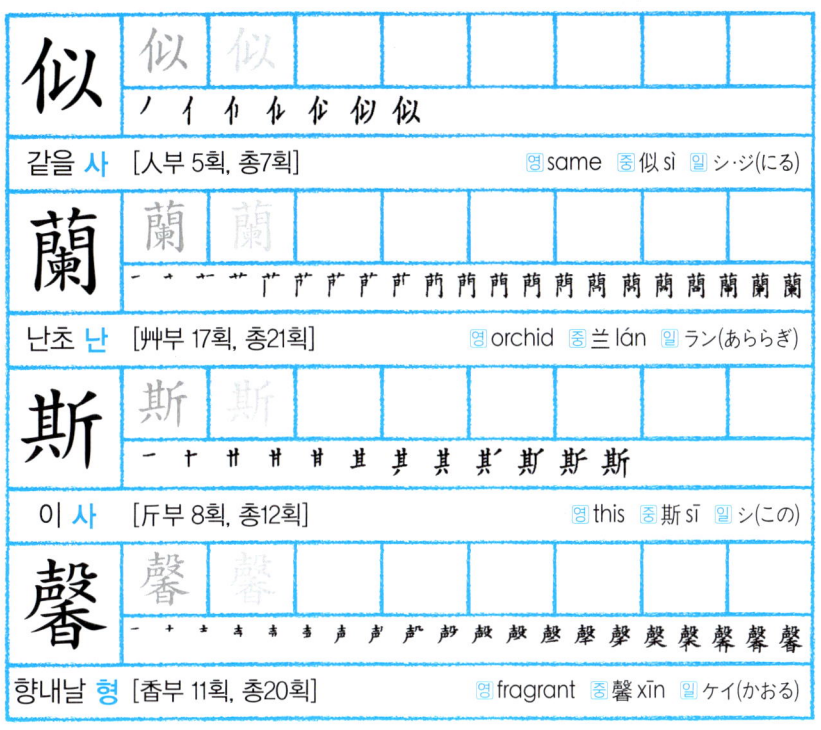

似	似 似
같을 사	[人부 5획, 총7획] 영 same 중 似 sì 일 シ·ジ(にる)
蘭	蘭 蘭
난초 난	[艸부 17획, 총21획] 영 orchid 중 兰 lán 일 ラン(あららぎ)
斯	斯 斯
이 사	[斤부 8획, 총12획] 영 this 중 斯 sī 일 シ(この)
馨	馨 馨
향내날 형	[香부 11획, 총20획] 영 fragrant 중 馨 xīn 일 ケイ(かおる)

쓰임 ●似而非(사이비) : 겉으로는 그것과 같아 보이나 실제로는 전연 다름 ●似類(사류) : 비슷하게 닮음 ●蘭香(난향) : 난초의 향기 ●蘭草(난초) : 난초과의 다년생 풀을 총칭으로 일컬음 ●斯界(사계) : 그 방면의 사회 ●斯螽(사종) : 메뚜기 ●馨香(형향) : 향내, 꽃다운 향기

글뜻 ●似(사)는 '사람이 서로 비슷하다'라는 뜻. ●蘭(난)은 초(艸)와 난(闌) 형성자. 본뜻은 '향기 나는 풀의 이름'이다. ●斯(사)는 근(斤)과 기(其)의 형성자. 본뜻은 '나누다'이며, '이'로 뜻이 변했다. ●馨(형)은 '향기가 멀리 풍기다'라는 뜻.

68

如松之盛
여송지성

의의 소나무와 잣나무같이 무성하다.

출전 덕이 무성한 것이 눈서리에도 변함없는 송백(松柏)과 같다고 했다. 장자(莊子)의 양왕(讓王)과 《논어》의 〈술이편〉을 인용하였다.

해설 《장자》는 말했다.

"하늘에서 받은 본성을 지켜 땅 위에 홀로 겨울이나 여름에 푸르러 있는 것은 소나무와 잣나무뿐이다. 그들은 하늘에서 받은 본성을 그대로 보전하기 때문에 스스로 믿어 두려워하지 않는다."

소나무가 선비들에게 상서로운 것을 가져온 예화 중에 이런 내용이 있다. 정고(丁固)라는 이가 꿈을 꾸었는데 소나무가 배(腹) 위에 났다. 해몽하는 사람이 말했다.

"소나무(松)는 십팔공(十八公)이니 십팔 년 후에 공이 될 것이오."

과연 그대로 되었다. 이런 얘기도 있다.

공자가 《주역》을 애독하여 '가죽으로 맨 책끈이 세 번이나 끊어졌다'는 고사에서 독서에 힘썼다는 것이 위편삼절(韋編三絕)이다.

종이가 발명되기 전에는 죽간을 엮어 책을 대신하여 사용했다. 그렇게 보면 오늘날의 책(冊) 자는 상형자다. 冂(경)은 대쪽을 양편에서 나란히 놓은 것이고, 한 일(一)은 가죽끈이다. 이것은 죽간을 나란히 놓고 끈을 꿰어 엮은 것이다.

또한 잣은 소나무와 함께 궁궐의 재목이 되었다고 《사기》에 기록되었다.

〈잣나무(柏)는 소나무(松), 전나무(檜)와 같은 류이다. 언제나 송백은 형제처럼 따라다닌다. 그러므로 '소나무가 성하면 잣나무가 기뻐한다'고 했다. 또

한 대나무(竹)와 상통한 기절(氣節)이 있다. 다만 속이 빈 것이 서로 다를 뿐이다. 이것은 인간으로 말하자면 나라를 든든히 할 동량지재(棟梁之材)다.

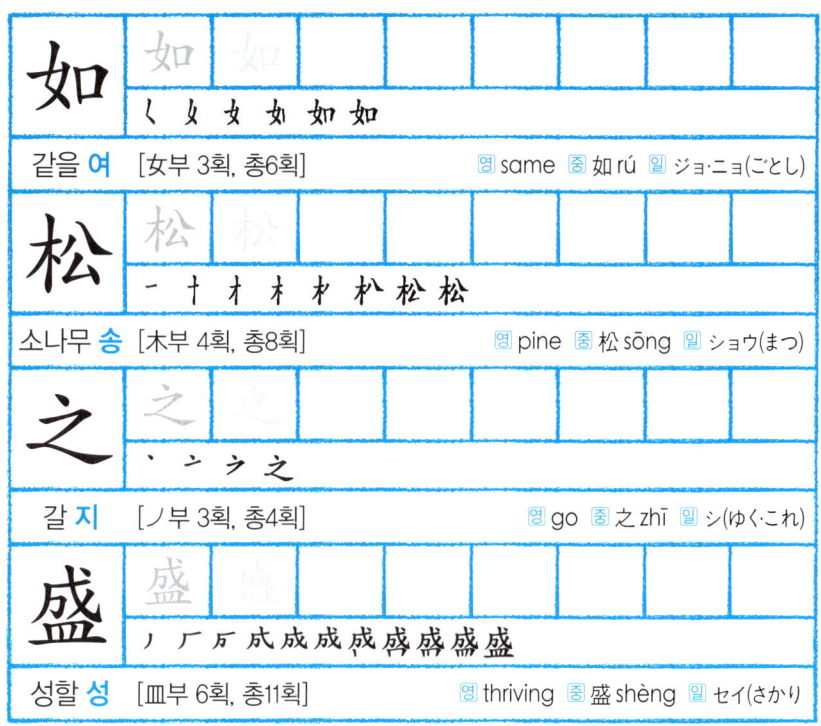

如	ㄑ 𡿨 女 女 如 如	같을 **여**	[女부 3획, 총6획]	영 same 중 如 rú 일 ジョ·ニョ(ごとし)
松	一 十 才 木 木 朩 松 松	소나무 **송**	[木부 4획, 총8획]	영 pine 중 松 sōng 일 ショウ(まつ)
之	丶 亠 ㇇ 之	갈 **지**	[丿부 3획, 총4획]	영 go 중 之 zhī 일 シ(ゆく·これ)
盛	丿 厂 万 成 成 成 成 成 盛 盛 盛	성할 **성**	[皿부 6획, 총11획]	영 thriving 중 盛 shèng 일 セイ(さかり)

쓰임 ●如意(여의) : 일이 뜻대로 됨 ●如上(여상) : 위와 같음 ●松筍(송순) : 소나무의 새순 ●松田(송전) : 솔밭 ●之子(지자) : 이 아이 ●之字路(지자로) : 지자 모양으로 꼬불꼬불한 사잇길 ●盛事(성사) : 훌륭하고 큰일 ●盛衰(성쇠) : 사물이 성하는 일과 쇠하는 일

글뜻 ●如(여)는 구(口)와 여(女)의 회의자. '여자가 남편의 입에 따른다'는 뜻. ●松(송)은 목(木)과 공(公)의 형성자. '소나무'의 뜻이다. ●之(지)는 '나아가다'라는 의미. ●盛(성)은 명(皿)과 성(成)의 형성자. '공물이 그릇에 넘칠 듯한 모양'을 본뜸.

69

川流不息
천 류 불 식

의의 냇물은 쉬지 않고 흐른다.

출전 천수(川水)는 냇물이다. 그 냇물이 쉬지 않고 흐른다. 본 구는 《논어》 〈자한편〉에서 인용했다.

해설 옛사람들은 심신을 수양하는 방법을 흐르는 물이나 낙화(落花)에 비유하였다. 당나라 때 설봉화상(雪峯和尙)이 어느 날 법당에서 설교했다.

"대나무 그림자가 섬돌을 쓸어도 티끌은 일지 않고, 달빛이 연못을 뚫어도 물에는 흔적이 없다."

그런가 하면 유가의 말에 다음 같은 내용이 있다.

"물 흐름이 아무리 빨라도 둘레는 늘 고요하고, 꽃의 낙화가 비록 잦다 해도 마음은 스스로 한가롭다."

덕을 수양하는 것이나 진리를 탐구하는 것이 그 방법은 같다는 점을 인지해야 한다.

전한 원제 때의 재상 광형은 젊었을 때 무척 고생했다. 그는 어려서부터 학문을 좋아하고 책 읽기를 즐겨 얼마 정도라도 돈이 모이면 책을 사서 읽었다. 집이 워낙 가난했으므로 기름을 살 돈이 없었다. 그런데도 날마다 품팔이를 하여 푼돈을 모아 책을 사서 읽었다.

그렇게라도 해야 간신히 먹고 살 수 있었지만, 여전히 기름을 살 돈은 없었다. 당연히 책은 밤에 보아야 했다. 그러나 기름을 살 돈이 없는 그는 이웃집 벽에 은밀히 구멍을 뚫어놓고 그곳으로 새어 들어오는 빛을 통해 책을 읽었다.

'진리는 그 몸이다. 빛은 그림자다. 그러므로 진리를 탐구하는 것은 언제

나 몸을 씻는 것처럼 해야 한다.'

이것은 흐르는 물이 잠시도 멈추지 않는 것과 같은 이치다.

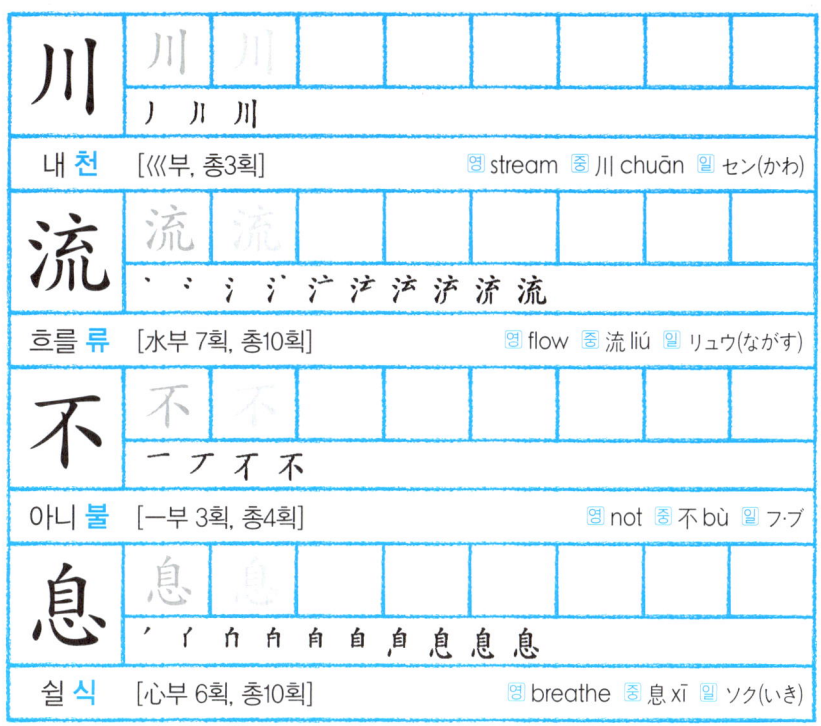

川	川 川	丿 儿 川
내 **천**	[巛부, 총3획]	영 stream 중 川 chuān 일 セン(かわ)
流	流 流	丶 冫 氵 氵 泞 泞 浐 浐 济 流
흐를 **류**	[水부 7획, 총10획]	영 flow 중 流 liú 일 リュウ(ながす)
不	不 不	一 ア 不 不
아니 **불**	[一부 3획, 총4획]	영 not 중 不 bù 일 フ·ブ
息	息 息	′ 亻 白 白 白 自 自 息 息 息
쉴 **식**	[心부 6획, 총10획]	영 breathe 중 息 xī 일 ソク(いき)

쓰임 ●川澤(천택) : 내와 연못 ●川烏頭(천오두) : 한방에서 중국 사천성에서 나는 '바곳'의 덩이뿌리를 한방에서 이르는 말 ●流說(유설) : 뜬소문 ●流民(유민) : 고향을 떠나 낯선 곳을 떠돌아다니는 백성 ●不睦(불목) : 집안끼리 서로 사이가 좋지 아니함 ●不卜日(불복일) : 혼인이나 장례 따위의 날을 받지 않고 지냄 ●息頌(식송) : 화해하고 송사를 그침 ●息禍(식화) : 재화를 없앰

글뜻 ●川(천)은 물이 흐르는 모양의 상형자. ●流(류)는 '물이 많다'는 뜻 ●不(불)은 '새가 높이 올라가 내려오지 않은 모습'. ●息(식)은 자(自)와 심(心)의 회의자. 본뜻은 '천천히 숨 쉬다'로, '광아석언(廣雅釋言)'에는 '쉬다'로 표기.

70

淵澄取暎
연 징 취 영

의의 연못의 맑은 물은 속까지 비친다.

출전 진(晉)나라 하양 사람인 원산송(袁山松) 〈주부(酒賦)〉에서 인용하였다.

해설 연못의 깨끗한 물과 거울은 맑은 본성을 취하고 있다. 물이 맑기 때문에 그 내면에 무엇이 있는지 훤히 드러나게 한다. 그런 이유로 묵자(墨子)는, '군자는 물을 거울로 하지 않고 사람을 거울로 한다'고 했다. 물도 마찬가지다. 《맹자》의 〈진심장구 상〉에 있는 말이다.

"물의 크고 작음을 보는 데는 반드시 그 물결을 보아야 한다. 해와 달이 밝은 빛을 지니고 있음은 작은 틈바구니에까지도 반드시 비친다는 것으로 알 수 있다. 흐르는 물이라는 것은 웅덩이를 채우지 않으면 앞으로 나아가지 않는다."

이렇듯 마음의 상태는 물이나 거울 같아야 한다. 《노자》에 이런 말이 있다.

'이 세상에 물보다 무르고 겸손한 것은 없다. 그러나 딱딱한 것, 흉포한 것 위에 떨어질 때면 물보다 센 것은 없다. 약한 것은 강한 것을 이긴다. 이 세상 사람들은 이 일을 알고 있으나 그렇게 실천하려고 하는 사람은 없다. 좋은 군대는 도전적이 아니다. 숙련된 투사는 성급하지 않다. 사람들을 부리는 것이 능란한 사람은 언제나 겸손하다. 겸손은 무저항의 덕이라고 할 수 있다. 그것은 천명과 일치한다.'

종합적으로 생각해보면 마음이 맑아야 비로소 책을 읽어 옛것을 배울 수 있다. 이른바 선행이다. 그러나 마음이 맑지 않은 사람은 그것을 이용하여 자신을 합리화하려고 애쓴다. 이것은 마치 적에게 무기를 빌려주고, 도둑에게 양식을 빌려주는 이치와 같은 것이다.

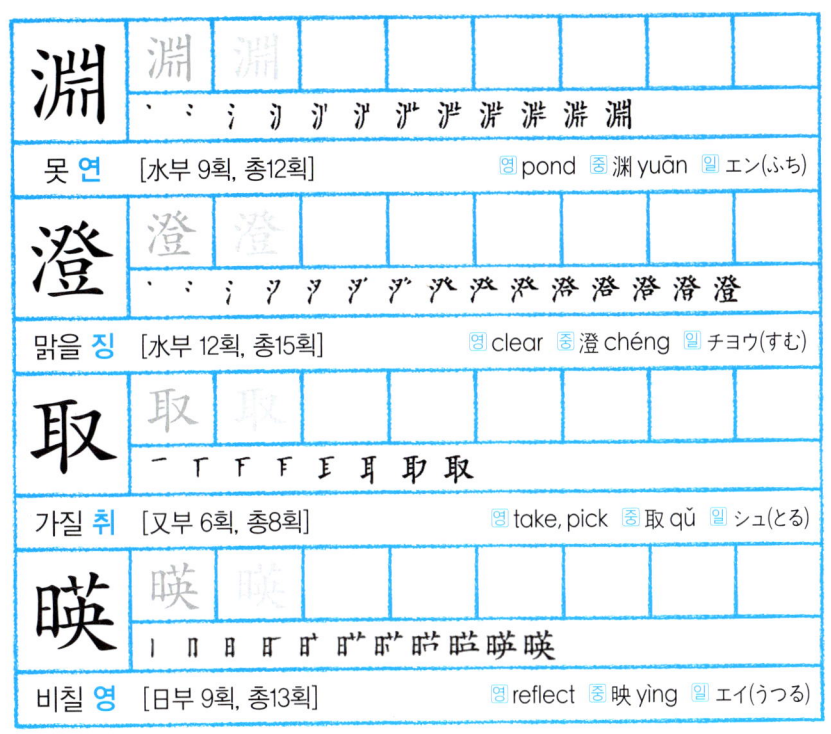

한자	뜻·음	부수·획수	영	중	일
淵	못 연	[水부 9획, 총12획]	pond	渊 yuān	エン(ふち)
澄	맑을 징	[水부 12획, 총15획]	clear	澄 chéng	チョウ(すむ)
取	가질 취	[又부 6획, 총8획]	take, pick	取 qǔ	シュ(とる)
暎	비칠 영	[日부 9획, 총13획]	reflect	映 yìng	エイ(うつる)

쓰임 ●淵淵(연연) : 깊고 고요한 모양 ●淵水(연수) : 깊은 물 ●澄明(징명) : 맑고 똑똑함 ●澄水(징수) : 맑고 깨끗한 물 ●取義(취의) : 가리어 의를 취함 ●取土(취토) : 장사를 지낼 때 네 귀에 놓는 좋은 방향에서 떠온 흙 ●映寫(영사) : 환등기나 영사기 등으로 필름을 구경할 수 있도록 은막에 투사하는 일 ●映像(영상) : 비치는 그림자

글뜻 ●淵(연)은 '네모(口) 안에 물이 있다'는 뜻. ●澄(징)은 수(氵)와 등(登)의 형성자. ●取(취)는 이(耳)와 우(又)의 회의자. ●映(영)은 일(日)과 앙(央)의 형성자. '해가 비쳐 밝다'는 뜻이 '그림자'로 바뀜.

71

容止若思
용 지 약 사

의의 몸가짐에 있어 과실이 없도록 깊이 생각하여 행동한다.

출전 용지(容止)란 출입함에 있어 자세다. 《효경》의 〈용지가관, 진퇴가도(容止可觀 進退可度)〉와 《좌전》 〈양공 31년〉에서 인용하였다.

해설 이것은 마음의 균형을 잡는 것을 뜻한다. 마음이 어둡고 혼미할 때에는 정신을 바짝 차리고 어떤 동요가 일어나지 않도록 긴장을 누그러뜨리고 행동을 함에 있어서도 과실이 없도록 깊이 생각해야 한다. 마음의 균형을 잃을 때, 교만과 자만이 싹튼다. 이런 일화가 있다.

오나라 왕이 나라 안팎을 돌아볼 때, 우연히 원숭이가 많이 있는 산에 오르게 되었다. 원숭이들은 갑작스러운 왕의 행차에 이리저리 뛰어다니며 숨을 곳을 찾기에 여념이 없었다. 그런데 한 원숭이는 숨거나 달아나지를 않았다. 나뭇가지 위에서 빙그르르 재주를 부리며 이리저리 옮겨다녔다.

"어허, 저 녀석이 재주를 부리는구먼."

오나라 왕은 흥미롭게 바라보다가 이내 괘씸한 생각이 들었다. 주위에 있는 병사에게 활을 빼앗아 화살을 날렸다. 그러자 원숭이는 재빨리 피하며 뜻모를 소리를 질러댔다.

"여봐라, 저 원숭이를 쏘아라!"

이리저리 피하던 원숭이는 몇 개의 화살을 받아 쥔 채 넘어졌다. 임금이 가까이 있는 안불의(顔不疑)라는 친구에게 빈정거렸다.

"원숭이는 자신의 재주를 과신한 나머지 죽은 것이야. 진실로 조심해야 할 것은 몸가짐이지. 자네 역시 잘난 체 하는 얼굴로 다른 사람을 대하면 크게 낭패를 당할 것이네."

容	容	容						
	丶 ⺀ 宀 宀 穴 穸 突 空 容 容							
얼굴 **용** [宀부 7획, 총10획]					영 face 중 容 róng 일 ヨウ(いれる)			
止	止	止						
	丨 卜 ⺊ 止							
그칠 **지** [止부, 총4획]					영 stop 중 止 zhǐ 일 シ(とめる)			
若	若	若						
	一 十 艹 艹 ⺿ 芓 芐 若 若							
같을 **약** [艸부 5획, 총9획]					영 like 중 若 ruò 일 ジャク(なんじ)			
思	思	思						
	丨 冂 日 田 田 田 思 思 思							
생각 **사** [心부 5획, 총9획]					영 think 중 思 sī 일 シ(おもう)			

쓰임 ●容色(용색) : 용모와 안색 ●容忍(용인) : 너그러운 마음으로 참음 ●止水(지수) : 흐르지 않고 괴어 있는 물 ●止接(지접) : 한때 몸을 의지하여 삶 ●若是(약시) : 이와 같음 ●若此(약차) : 이러함, 이와 같음 ●思惟(사유) : 논리적으로 생각함 ●思婦(사부) : 근심에 잠긴 부인

글뜻 ●容(용)은 면(宀)과 곡(谷)의 회의자. 본뜻은 '담다'이다. ●止(지)는 초목이 싹튼 모양을 나타낸 상형자. ●若(약)은 초우(艸)와 우(右)의 회의자. '손으로 나물을 캐는 것'이 본뜻으로 나중에 '여(如)'로 변하였다. ●思(사)는 전(田)과 심(心)의 회의자. '깊이 생각하다'라는 뜻.

72

言辭安定
언사안정

의의 말의 내용은 안정되어야 한다.

출전 언사(言辭)는 말솜씨다. 《귀곡자(鬼谷子)》 〈권편(權篇)〉과 《예기》 〈곡례 상〉에서 인용하였다.

해설 '말을 잘하는 사람은 그 형편과 방향만을 지적함으로써 상대방을 꼼짝달싹 못하게 만든다.'

《제책(齊策)》에 나오는 얘기다. 전국시대 말 잘하는 세객(說客)은 뜻한 바를 상대에게 알리지 않고 사물의 추세와 방향만을 이야기해줌으로써 상대방을 자기가 원하는 대로 움직이게끔 만든다. 한번은 맹상군이 순우곤(淳于髡)에게 자신의 영지 설을 초나라의 공격으로부터 지켜주도록 제왕에게 말해달라고 부탁했다.

"알겠습니다. 내 힘써 보지요."

그러나 순우곤은 임금을 만나자 그런 얘기는 입 밖에 내지 않았다. 다만, 설 땅에는 선대의 사당(廟)이 있다는 것만을 내비쳤다. 임금은 깜짝 놀랐다.

"서둘러 설 땅에 원병을 보내라. 죽기를 각오하고 그곳을 사수해야 한다."

순우곤은 제나라에 있어서 유명한 세객이었다. 굳이 설 땅에 대해 많은 말을 하지 않았어도, 임금으로 하여금 그곳에 원병을 보낼 수 있도록 핵심을 짚은 것이다.

전국시대에 귀곡자(鬼谷子)가 찬한 《귀곡자》라는 책에는 〈권편〉이라는 항목에 주의하여야 할 다섯 가지가 나온다.

〈언사오(言辭五)가 있으니, 왈병(曰病)·왈원(曰怨)·왈우(曰憂)·왈노(曰怒)·왈희(曰喜)다.〉

또한 본 절은《예기》의 어구를 요약한 것으로 '언어를 삼가는 자가 인민을 안정시킬 수 있다'는 내용을 함축한다.

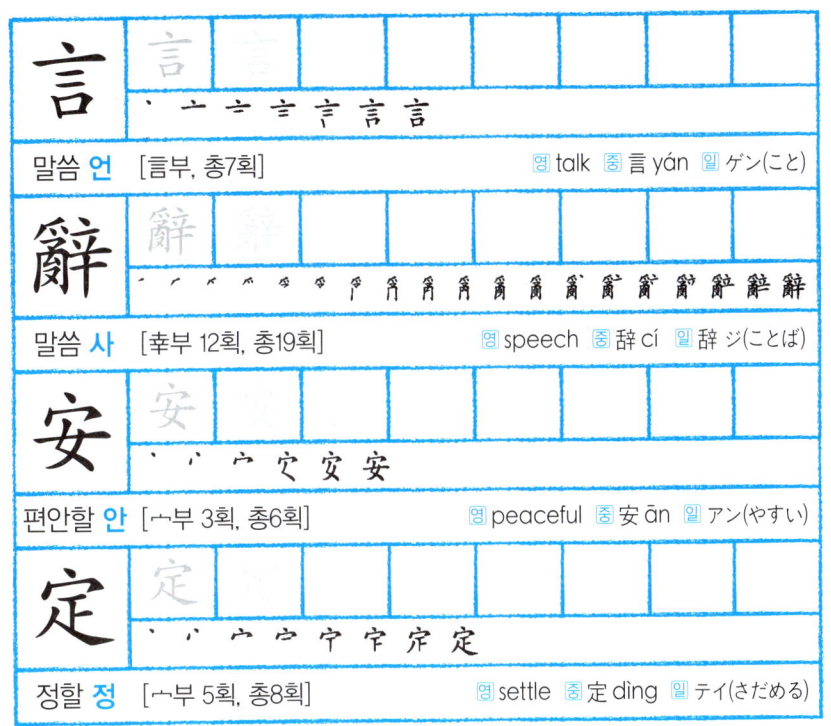

言	言 言
말씀 언 [言부, 총7획]	영 talk 중 言 yán 일 ゲン(こと)
辭	辭 辭
말씀 사 [辛부 12획, 총19획]	영 speech 중 辞 cí 일 辞 ジ(ことば)
安	安 安
편안할 안 [宀부 3획, 총6획]	영 peaceful 중 安 ān 일 アン(やすい)
定	定 定
정할 정 [宀부 5획, 총8획]	영 settle 중 定 dìng 일 テイ(さだめる)

쓰임 ●言罷(언파) : 말을 끝냄 ●言詰(언힐) : 꾸짖고 나무람 ●辭訣(사결) : 작별 인사를 하고 떠남 ●辭令(사령) : 남에게 응대하는 말 ●安靖(안정) : 나라를 평안히 다스림 ●安地(안지) : 마음 편히 살 수 있는 곳 ●定奪(정탈) : 임금의 재결 ●定限(정한) : 일정한 기간

글뜻 ●言(언)의 본뜻은 '직언'이다. ●辭(사)의 본뜻은 죄를 다스리는 '송(訟)'이었으나 나중에 '설(說)'로 바뀌었다. ●安(안)은 면(宀)과 여(女)와의 회의자. 설문에는 '여자가 집안에서 가사를 돌보면 안정된다'는 뜻. ●定(정)은 면(宀)과 정(正)의 형성자. 설문에는 '집안이 올바르면 안정된다'는 뜻.

73 篤初誠美
독 초 성 미

의의 일의 시초를 돈독하게 하는 것은 참으로 아름다운 일이다.

출전 《예기》의 표기(表記)에 〈사군, 신시이경종(事君, 愼始而敬終)〉의 신시는 독초와 뜻이 같다고 했다.

해설 노자(老子)는 천 리를 가는 것도 발 밑부터 시작한다고 했다. 대다수의 사람들은 스스로의 길을 찾을 때 먼 곳에서 실마리를 찾으려고 한다. 일은 해보면 쉬운데, 굳이 어려운 곳에서 방법을 찾고 있다. 공자의 학풍을 이어 받았으면서도 맹자와는 반대로 성악설을 주장한 순자(荀子)가 쓴 《순자》라는 책에 나오는 말이다.

공자의 제자 중에 자로(子路)라는 이가 있었다. 성격이 무척 강직한데다 아홉 살 아래였기 때문에 공자를 우습게 생각할 때가 많았다. 한 번은 사치스러운 옷을 입고 나타나자 공자는 꾸짖었다.

"양자강은 그 근원이 민산에서부터 시작되었다. 처음 시작할 때에는 아주 분량도 적고 흐름도 고요했다. 그러나 점차 아래로 흘러내리며 물이 점점 불어나고 따라서 흐름도 빠르게 되므로 아래쪽 사람들은 배를 타고도 빠질까 염려하게 된다. 세상의 모든 일은 처음이 중요하다. 선한 일을 하여 그침이 없으면 점점 커져 훌륭한 일을 하게 된다. 그러나 선하지 못한 일을 한번 시작하면 나중에는 그것이 걷잡을 수 없게 되어 다스리기 어렵게 된다."

공자는 이 원칙을 들어 자로에게 조용히 타일렀다.

"너는 지금 좋은 옷을 입고 아주 만족해하는 것 같으나 너를 타이를 사람은 나밖에 없는 것 같구나."

그 말을 들은 자로는 밖으로 나가더니 사치스런 옷을 벗어 던지고 평소의 수수한 옷으로 갈아입었다.

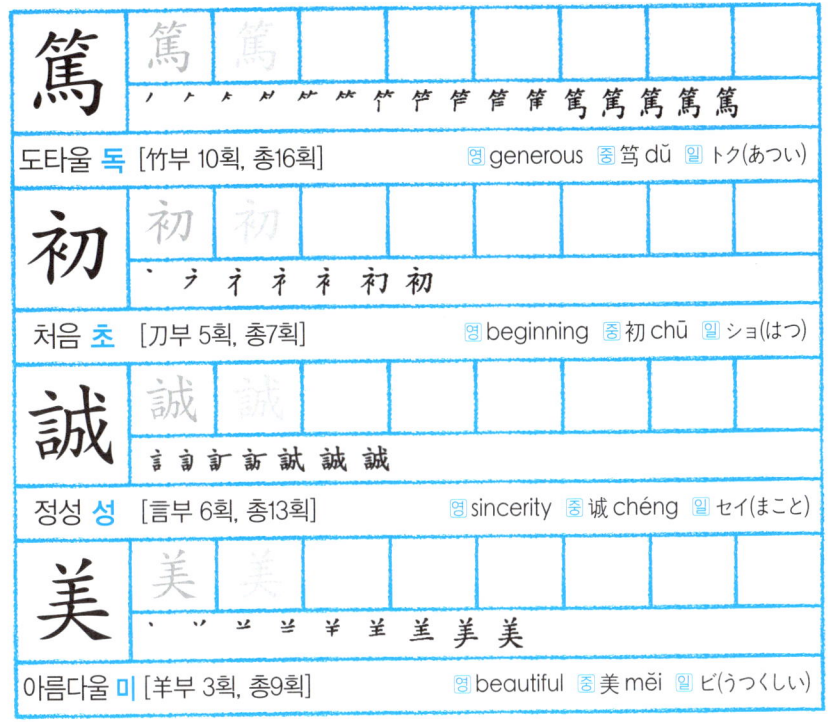

篤	篤	篤						
	篤 篤 篤 篤 篤							
도타울 **독** [竹부 10획, 총16획]				영 generous	중 笃 dǔ	일 トク(あつい)		
初	初	初						
	初 初							
처음 **초** [刀부 5획, 총7획]				영 beginning	중 初 chū	일 ショ(はつ)		
誠	誠	誠						
	言 訁 訂 訢 訦 誠 誠							
정성 **성** [言부 6획, 총13획]				영 sincerity	중 诚 chéng	일 セイ(まこと)		
美	美	美						
	美 美							
아름다울 **미** [羊부 3획, 총9획]				영 beautiful	중 美 měi	일 ビ(うつくしい)		

쓰임 ●篤工(독공) : 착실히 공부함 ●篤農(독농) : 독실한 농부 ●初圖書(초도서) : 쇠붙이나 돌 따위에 새기는 글자의 초본 ●初度日(초도일) : 환갑날을 예스럽게 이른 말 ●誠直(성직) : 참되고 바름 ●誠感(성감) : 참된 마음으로 대하여 감동하게 함 ●美愼(미신) : 남이 앓는 병을 높여 이른 말 ●美顔(미안) : 아름다운 얼굴

글뜻 ●篤(독)은 마(馬)와 죽(竹)의 형성자. 본뜻은 '말이 느릿하게 가는 것이 독실하다'. ●初(초)는 도(刀)와 의(衣)의 회의자. 설문에 '칼을 가지고 천을 재단한다'라는 뜻. ●誠(성)은 언(言)과 성(成)의 형성자. 본뜻은 '믿다'이다. ●美(미)는 양(羊)과 대(大)의 회의자. 양은 예전에 식용으로 쓸 수 있도록 감미하다 하여 '감(甘)'으로 뜻을 삼았다가 나중에 '선(善)'으로 바뀌었다.

74

愼終宜令
신 종 의 령

의의 마무리를 신중히 하는 것이 당연하다.

출전 《예기》의 표기를 인용하였다. 또한 신종(愼終)은 경종(敬終)과 같은 뜻이다. 영(令)과 미(美)는 선(善)과 같은 뜻으로 통한다.

해설 두보(杜甫)는 지금의 호북성 출신이다. 진(晉)의 두예(杜預)의 후손으로 두심언(杜審言)의 손자다. 시선(詩仙)의 칭호를 받던 이백(李白)에 대하여 그를 시성(詩聖)이라 부르는데 특히 율시를 잘하므로 두율이라는 이름이 있다.

두보의 시에 〈군불견(君不見)〉이 있다. 이 시는 두보가 사천성의 동쪽 가주의 깊은 산골로 들어가 가난하게 살고 있을 때 지은 것으로 친구의 아들 소혜(蘇徯)에게 편지 대신에 위로하기 위하여 시를 지었다.

장부는 관을 덮어야 일이 비로소 결정된다
그대는 아직 늙지를 않았으니
어찌 초췌하게 산 속에 있으면서 한탄을 하나
심산궁곡은 살 곳이 못 되느니라

위의 시를 받은 그 청년은 비로소 산 속을 떠나 호남으로 가서 막객(幕客)이 되었다. 청년의 마음을 움직인, '관 뚜껑을 닫아야 일이 비로소 결정된다'는 뜻이 바로 개관사시정(蓋棺事始定)이다. 《채근담》에 흥미로운 구절이 있다.

'소리하던 기생이라도 늘그막에 결혼하여 남편을 좇으면 지난날의 허물은 사라져 버린다. 수절하던 부인이라도 머리가 희어 정조를 잃으면 반평생을

외롭게 지탱해온 절개도 모두 허사가 된다. 옛말에 사람은 늘그막을 보라 했으니 참 명언이다.'

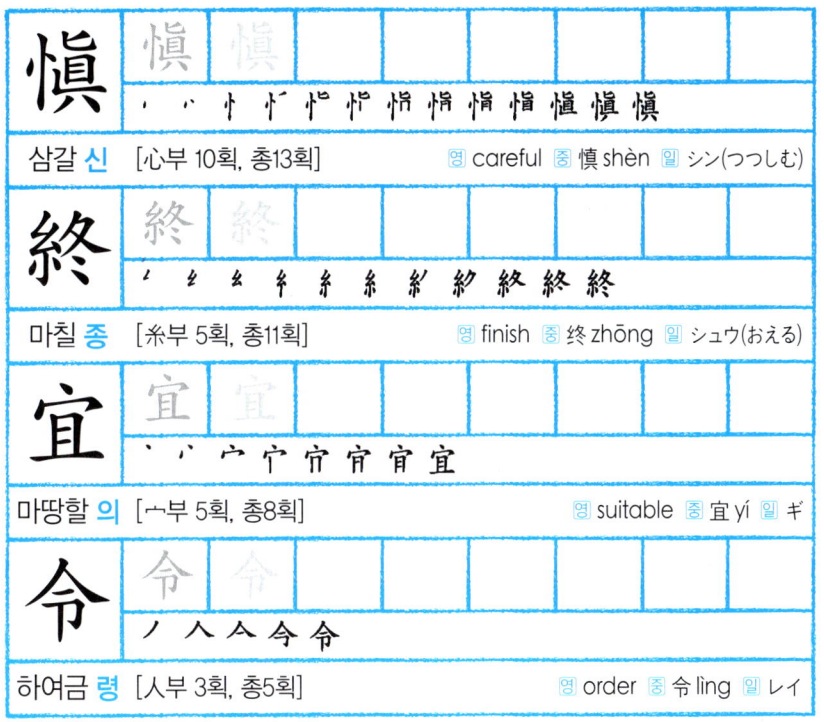

愼	愼 愼
삼갈 **신**	[心부 10획, 총13획] 영 careful 중 慎 shèn 일 シン(つつしむ)
終	終 終
마칠 **종**	[糸부 5획, 총11획] 영 finish 중 终 zhōng 일 シュウ(おえる)
宜	宜 宜
마땅할 **의**	[宀부 5획, 총8획] 영 suitable 중 宜 yí 일 ギ
令	令 令
하여금 **령**	[人부 3획, 총5획] 영 order 중 令 lìng 일 レイ

쓰임 ●愼思(신사) : 신중히 생각함 ●愼攝(신섭) : 조심하여 몸조리를 함 ●終杯(종배) : 술잔을 돌릴 때의 맨 마지막 잔 ●終盤(종반) : 어떤 일의 마지막 단계 ●宜當事(의당사) : 마땅한 일 ●宜當(의당) : 마땅히 ●令姉(영자) : 남의 손위 누이를 높여서 부르는 말 ●令兄(영형) : 남의 형을 높이어 부르는 말

글뜻 ●愼(신)은 심(心)과 진(眞)의 형성자. ●終(종)은 사(糸)와 동(冬)의 형성자. '마침내, 마치다'. ●宜(의)는 면(宀)과 일(一)과 석(夕)의 회의자. '땅 위에 집을 세우면 편안하다'라는 의미. ●令(령)은 '명령하여 사람을 부리다'는 뜻.

75 榮業所基
영업소기

의의 영달하는 데엔 기본이 되는 원인이 있다.

출전 영업은 웅대한 공업(功業)을 뜻한다. 《한서》의 〈육가전(陸賈傳)〉을 인용하였다.

해설 《고문진보전집(古文眞寶前集)》에 있는 왕안석의 권학문(勸學文) 주에는 형창설안(螢窓雪案)이란 말이 나온다. 유래는 이러하다.

진(晉)나라 때에 차윤(車胤)이라는 사람이 있었는데, 워낙 집이 가난하여 밤이 되면 기름값이 없어 등불을 켜지 못했다. 그래서 여름이 오면 연낭(練囊)이라 부르는 흰 명주 자루에 수십 마리가 되는 반딧불을 넣어 불 대신 사용했다. 물론 밤과 마찬가지로 낮에도 열심히 학문에 정진하였음은 당연했다.

그러한 보람이 있어 마침내 상서랑(尙書郎)이라는 벼슬자리에 나아갈 수 있었다. 이 직책은 천자를 가까이 모시고 조칙 등을 취급하였으니 실로 중차대한 위치였다.

그런가 하면 거의 같은 무렵의 인물로 손강(孫康)이라는 이도 있었다. 그 역시 집안이 가난한 것은 차윤과 비슷했다. 등불에 사용할 기름을 구할 수 없었던 그는 눈빛(雪光)으로 책을 읽었다. 어릴 때부터 심지가 곧은 탓에 불필요한 친구를 사귀는 일에 시간을 허비하는 일이 없었다.

밤낮으로 책을 읽은 보람이 있어 마침내 벼슬길에 나아가 어사대부의 자리에 올랐다. 오늘날의 치안국장에 해당되는 지위였다.

여름에는 반딧불, 겨울에는 눈빛으로 공부한 보람이 나타난 것이다. 이처럼 어려운 고비를 슬기롭게 넘기며 학업에 정진하였기 때문에 얻어낸 영업

(榮業)은 자신은 물론 나라에도 커다란 도움이 된 것이다.

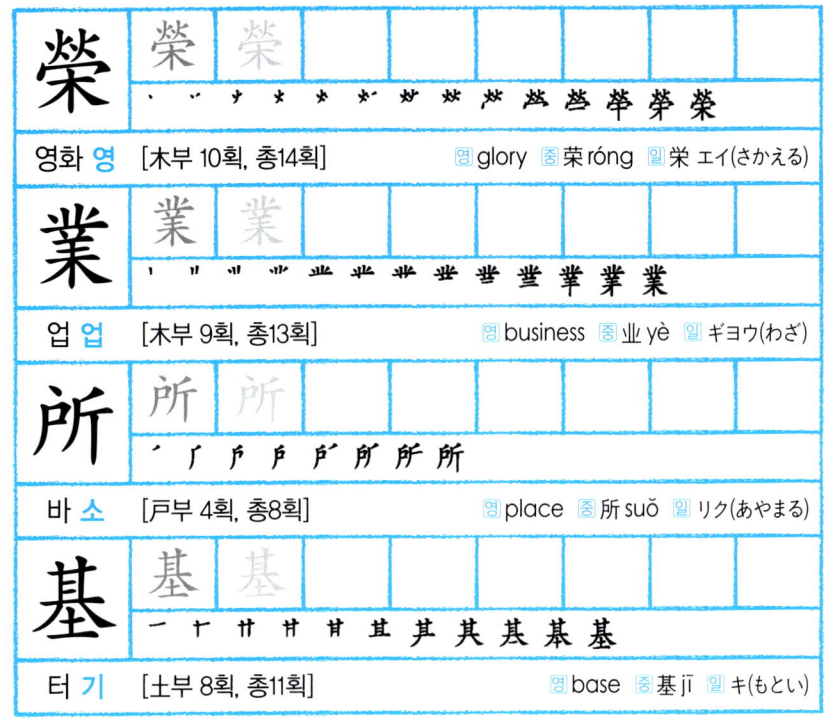

榮	榮 榮
영화 **영**	[木부 10획, 총14획] 영 glory 중 荣 róng 일 栄 エイ(さかえる)
業	業 業
업 **업**	[木부 9획, 총13획] 영 business 중 业 yè 일 ギョウ(わざ)
所	所 所
바 **소**	[戶부 4획, 총8획] 영 place 중 所 suǒ 일 リク(あやまる)
基	基 基
터 **기**	[土부 8획, 총11획] 영 base 중 基 jī 일 キ(もとい)

쓰임 ●榮位(영위) : 영광스러운 지위 ●榮寵(영총) : 임금의 은총 ●業寃(업원) : 불교에서 전생에 지은 죄로 말미암아 이승에서 괴로움을 이르는 말 ●業命(업명) : 임금의 분부를 받는 일 ●所負(소부) : 남에게 진 신세 ●所長(소장) : 자기가 가진 장점 ●基壇(기단) : 건축물의 기초가 되는 단 ●基督(기독) : 예수 그리스도

글뜻 ●榮(영)은 목(木)과 형(熒)과의 형성자. 본뜻은 '오동 또는 추녀'인데 '영화'로 바뀌었다. ●業(업)은 본뜻이 '동경을 메다는 받침대'라는 뜻이다. 나중에 지금의 뜻으로 바뀌었다. ●所(소)는 호(戶)와 근(斤)의 형성자. 본뜻은 '나무를 베는 톱소리'다. ●基(기)는 토(土)와 기(其)의 형성자. 본뜻은 '장터'.

76

籍甚無竟
적 심 무 경

의의 명성이 세상에 널리 퍼져 끝이 없다.

출전 적심(籍心)이라는 것은 〈명예나 평판이 낭자하다〉는 뜻이다. 《한서》의 〈육가전〉을 인용하였다.

해설 무릇 일을 함에 있어서 조화를 이룬다는 것은 절대적으로 필요하다. 조화를 갖춤으로써 따사로운 햇살이 천지에 덮이듯 겨울의 찬 기운을 몰아낼 수 있다. 그것은 마치 아름다운 음악 소리 같은 것이다. 옛날에 호파(瓠巴)라는 이는 거문고를 타면 새들이 날아와 춤을 추고 물고기들이 연못에서 기뻐 뛰어올랐다. 당시 정나라에 사문(師文)이라는 사람이 있었는데 호파의 명성을 듣고 자신도 거문고의 명인이 되어야겠다는 생각을 하였다. 그는 일단 사양(師襄)이라는 음악가의 제자가 되었다. 거문고 기둥을 손가락으로 받치고 갈고리로 거문고 줄을 고른 다음 둥기당 둥당 거문고를 타기 시작했다. 그러나 세 해가 지나도록 악곡 한 장도 떼지 못하자 사양이 말했다.

"자네는 음악에 소질이 없으니 그만두는 게 좋겠네."

사문은 거문고를 바닥에 내려놓고 한숨을 몰아쉬었다.

"선생님, 제가 거문고를 타지 못한 것은 거문고 줄이나 악기에 마음이 있지를 않습니다."

사문은 그 길로 집을 나섰다. 얼마 후 다시 찾아와 거문고의 줄을 고르고 둥기당 둥당 타기 시작했다. 때는 춘추 호시절이라 따뜻한 봄날의 기운이 천지에 어려 있었다. 그런데 겨울철에 해당하는 상(商)에, 8월에 해당하는 남려 소리를 조화시켜 거문고를 탔는데 변화가 일어났다. 서늘한 바람이 불어와 초목들이 성숙하게 열매를 맺은 것이다. 그 모습을 보고 사양이 감탄했다.

"참으로 신비롭다. 거문고의 명인인 사광이 살아온들 이 정도는 못할 것이다."

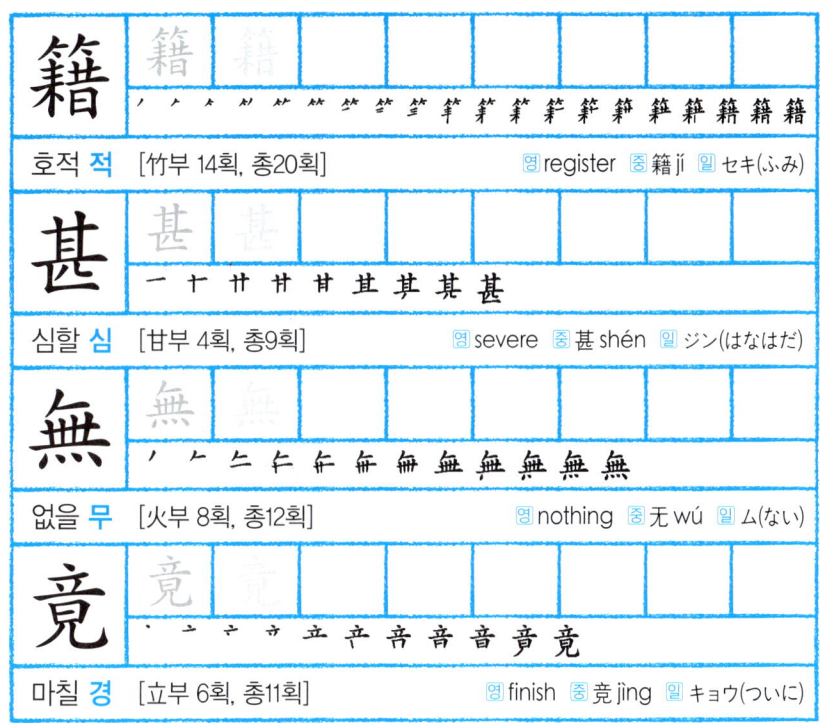

籍	호적 **적**	[竹부 14획, 총20획] 영 register 중 籍 jí 일 セキ(ふみ)
甚	심할 **심**	[甘부 4획, 총9획] 영 severe 중 甚 shén 일 ジン(はなはだ)
無	없을 **무**	[火부 8획, 총12획] 영 nothing 중 无 wú 일 ム(ない)
竟	마칠 **경**	[立부 6획, 총11획] 영 finish 중 竟 jìng 일 キョウ(ついに)

쓰임 ●籍沒(적몰): 중죄인의 재산을 몰수함 ●籍籍(적적): 난잡한 모양 ●甚至於(심지어): 심하면 ●甚雨(심우): 심히 퍼붓는 비 ●無價寶(무가보): 값을 놓을 수 없는 보배 ●無怯(무겁): 무서워하다가 주저함 ●竟夕(경석): 하룻밤 동안 ●竟竟(경경): 경계

글뜻 ●籍(적)의 본뜻은 '문서'. 본문에서는 '명성'. ●甚(심)은 감(甘)과 필(匹)의 회의자. 감은 '아름다운 맛에 편안한 즐거움'이고 필은 '짝'이다. ●無(무)는 망(亡)과 무(無) 형성자. 망은 '없다'는 뜻이고, 무는 '풍요롭다'는 의미. ●竟(경)은 음(音)과 인(儿)의 회의자. '악곡을 끝마치다'에서 '대지의 끝'으로 변했다.

77

學優登仕
학 우 등 사

의의 학문이 뛰어나면 벼슬길에 나간다.

출전 수(隋)나라 때에 왕통(王通)이 찬을 한 《문중자》의 〈이이등사(吏而登仕), 노이진관(勞而進官), 비고야(非古也)〉에서 인용하였다.

해설 중국의 춘추시대에 노나라의 공자가 주나라의 서울인 낙양에 있는 노자를 찾아갔다. 노자는 요즘의 박물관장격인 수장실리(守藏室吏)로 봉직하고 있었다. 공자가 자신을 찾아온다는 말을 듣고 노자는 하인을 시켜 길을 깨끗이 쓸게 했다.

"자, 이것을 받으십시오."

공자는 당시의 예법에 따라 기러기 한 마리를 서로 만나는 기념으로 삼아 선물했다. 두 사람은 낙양 땅을 산책하며 자신들의 학문을 허심탄회하게 풀어나갔다. 그러다가 해가 뉘엿했을 때에야 노자는 뜻밖의 말을 꺼냈다.

"장사에 능한 사람은 좋은 물건을 집안 깊숙이 감춰 놓는 법입니다. 어느 누가 가게에 와서 본다면 진열되어 있는 물건이 형편없이 보일는지 모르지만 깊은 곳에 숨겨두었다가 그것을 알아보는 사람이 있을 때에만 내놓는 법이지요. 그게 바로 실속 있는 장사꾼의 법입니다."

"그렇지요."

"학문을 하는 군자는 자신의 재주를 함부로 내어놓아선 아니 됩니다. 또한 작은 일에 선불리 나서는 것도 좋지가 않습니다. 무릇 군자의 재능이라는 것은 보석함에 든 보석처럼, 또는 금과 은으로 치장된 갑 속의 보석처럼 세상을 위해 쓸 시기를 기다려야 하는 것입니다."

그러한 재주를 하찮은 이들이 알게 하여서는 안 된다는 것을 다시 한 번

강조했다.

學 學 學

배울 학 [子부 13획, 총16획] 영 learn 중 学 xué 일 学 ガク(まなぶ)

優 優 優
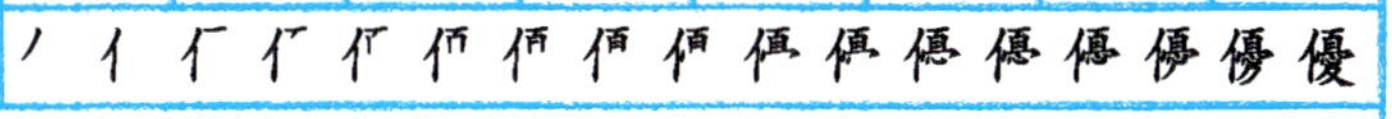

뛰어날 우 [人부 15획, 총17획] 영 superior 중 优 yōu 일 ユウ(すぐれる)

登 登 登

오를 등 [癶부 7획, 총12획] 영 climb 중 登 dēng 일 ト·トウ(のぼる)

仕 仕 仕

벼슬 사 [人부 3획, 총5획] 영 serve 중 仕 shì 일 シ(つかえる)

쓰임 ●學界(학계) : 학자들의 사회 ●學德(학덕) : 학문과 덕행 ●優良(우량) : 여럿 가운데 뛰어남 ●優美(우미) : 우아하고 아름다움 ●登高(등고) : 높은 곳에 오름 ●登校(등교) : 학생이 학교에 감 ●仕官(사관) : 관리가 되어 종사함 ●仕途(사도) : 벼슬길

글뜻 ●學(학)은 '어린아이가 가르침을 받아 무지를 계발하다'는 뜻. ●優(우)는 인(人)과 우(憂)의 형성자. '화(和)'의 뜻이다. ●登(등)은 발(癶)과 두(豆)의 회의자. 본뜻은 '수레에 올라타다'이다. ●仕(사)는 인(人)과 사(士)의 형성자. 본뜻은 '배우다'인데 '벼슬'로 바뀌었다.

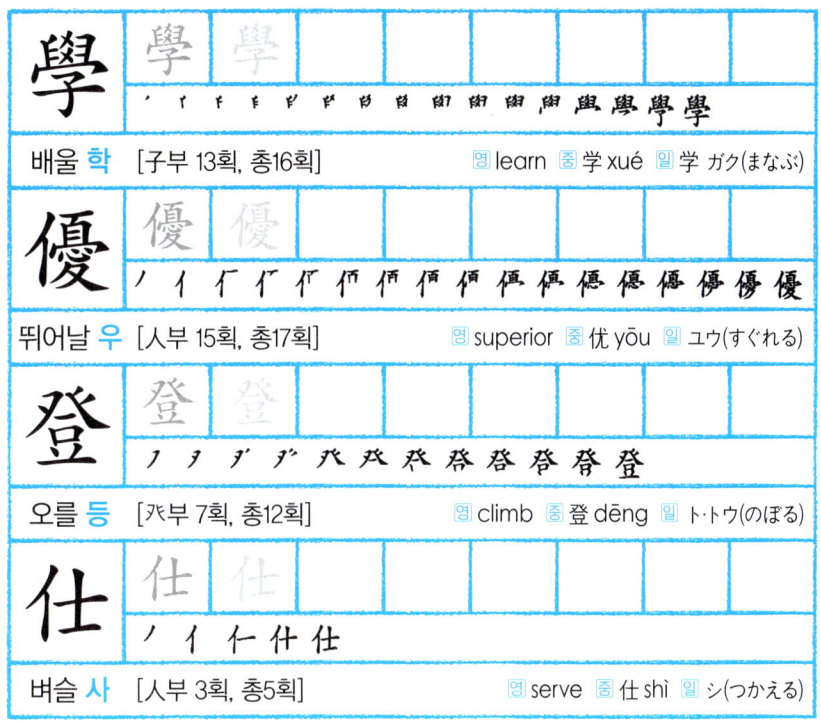

78

攝職從政
섭직종정

의의 나라를 다스리는 일에 참여할 수 있다.

출전 섭직은 관도에 나가 직무를 잡는 것으로 《진서》의 〈산도전(山濤傳)〉을 이용하였고, 종정은 따른다는 의미인 《논어》의 〈자로편〉과 《예기》의 〈잡기〉를 인용하였다.

해설 《여씨 춘추》에 다음 같은 얘기가 보인다. 옛날 춘추전국시대 초나라에 직궁(直躬)이라는 자가 있었다. 사람들은 학문이 상당한 그를 보고 평하기를 '몸을 곧게 갖는 자'라고 했다.

그렇듯 칭송이 있는 직궁이 어느 날 자신의 아버지를 관아에 고발했다.

"저의 아버지께서 남의 양을 훔쳤습니다."

이 말을 들은 왕은 직궁의 아버지를 잡아다 사형에 처하라는 명을 내렸다.

"예에? 사형이라구요? 내가 어찌 아버지를 죽음에 내몰 수 있겠습니까. 차라리 내가 죽겠습니다."

상황이 이렇게 전개되자 왕은 탄식을 터뜨렸다.

"아버지가 남의 양을 훔쳤으니 참으로 나쁜 일이다. 그리고 아버지의 죄를 대신 받으려 했으니 그 효성이 그만함을 알겠도다. 그런즉 그대를 살려줄 것이로다."

직궁은 이렇게 하여 저승의 아래층에서 살아났다.

《한비자》는 이 일을 이렇게 평했다.

'직궁의 행동은 곧았으나 아버지의 마음을 아프게 하였으므로 처형당하는 것이 옳았다.'

그러나 《논어》의 〈자로편〉에는 사뭇 내용이 다르다.

'우리의 직궁은 그와 다르다. 아비는 자식을 위해 숨기고, 자식은 아비를 위해 숨기면 그 안에 곧은 것이 있다.'

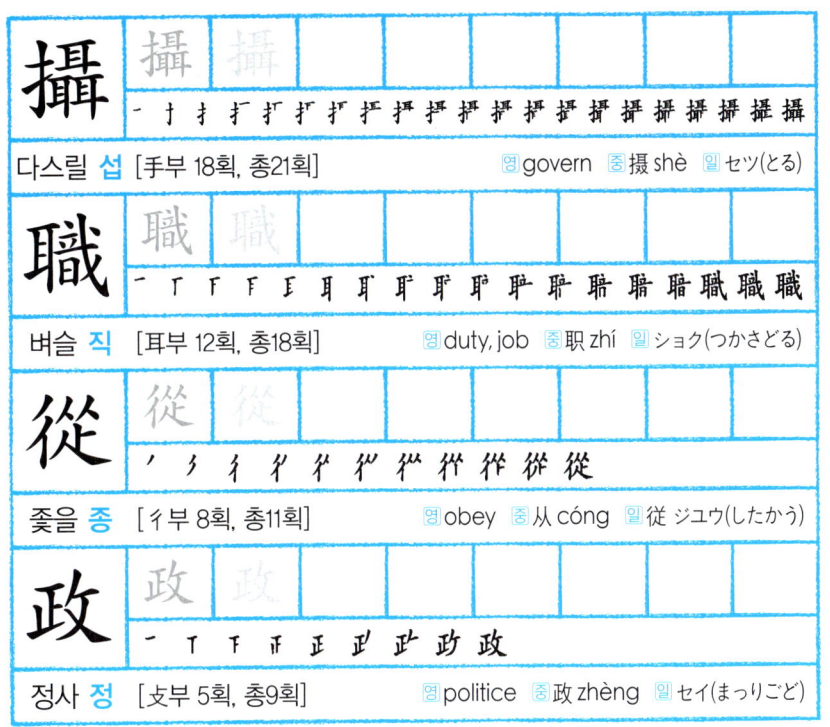

攝	다스릴 **섭** [手부 18획, 총21획] 영 govern 중 摄 shè 일 セツ(とる)
職	벼슬 **직** [耳부 12획, 총18획] 영 duty, job 중 职 zhí 일 ショク(つかさどる)
從	좇을 **종** [彳부 8획, 총11획] 영 obey 중 从 cóng 일 従 ジユウ(したかう)
政	정사 **정** [攴부 5획, 총9획] 영 politice 중 政 zhèng 일 セイ(まっりごど)

쓰임 ●攝生(섭생) : 적당한 운동과 식사로써 건강관리를 잘함 ●攝政(섭정) : 임금을 대신하여 정사를 맡아봄 ●職品(직품) : 관직의 품계 ●職權(직권) : 직무상의 권한 ●從姪(종질) : 사촌 형제의 아들 ●從宦(종환) : 벼슬길에 나아감 ●政敎(정교) : 정치와 종교 ●政談(정담) : 정치 또는 정치계에 관한 담론

글뜻 ●攝(섭)은 수(手)와 섭(聶)의 형성자. 본뜻은 '끌어당기다'이다. ●職(직)의 본뜻은 '기록하다'인데 '사업'으로 바뀜. ●從(종)은 '두 사람이 수행하다'라는 뜻. ●政(정)은 복(攴)과 정(正)의 회의 형성자. '부정을 주의를 주어 바로 잡는다'는 뜻이다.

79

存以甘棠
존 이 감 당

의의 살아 있을 때는 감당나무를 보존하여 기념하였다.

출전 감당은 아가위 일종의 팥배이다. 《시경》 〈소남(召南)〉 감당에서 인용하였다.

해설 소목공(召穆公) 호(虎)를 경애하는 백성들이 그가 쉬어간 일이 있는 팥배 나무를 아끼는 노래다.

무성한 팥배 나무
자르고 베지 말라
우리 님이 쉬시던 곳

무성한 팥배 나무
자르고 꺾지 말라
우리 님이 쉬시던 곳

무성한 팥배 나무
자르고 뽑지 말라
우리 님이 쉬시던 곳

모시(毛詩) 서(序) 같은 데에는 소공 희석을 기린 것으로 보고 있다. 설령 그렇다 해도 전설상의 노래로 여기기 때문에 연대를 밝히기는 쉽지 않다.

팥배 나무 아래에서 소공 호가 백성들을 위하여 일을 하다가 잠시 쉬었다. 그런 연유로 그 아가위나무를 건드리지 말라고 백성들은 노래한다. 이로 보면 소공이 평소 백성들을 위해 얼마나 마음을 썼는지 짐작이 가는 일이다.

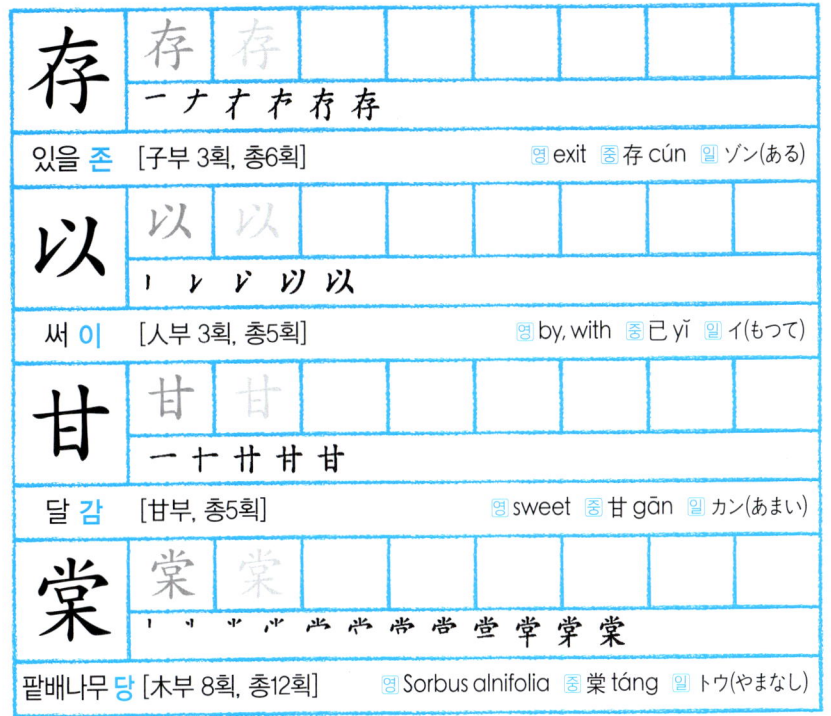

存
있을 존 [子부 3획, 총6획] 영 exit 중 存 cún 일 ゾン(ある)

以
써 이 [人부 3획, 총5획] 영 by, with 중 已 yǐ 일 イ(もつて)

甘
달 감 [甘부, 총5획] 영 sweet 중 甘 gān 일 カン(あまい)

棠
팥배나무 당 [木부 8획, 총12획] 영 Sorbus alnifolia 중 棠 táng 일 トウ(やまなし)

쓰임 ●存念(존념): 늘 잊지 않고 생각하는 일 ●存廢(존폐): 남겨 두는 일과 없애는 일 ●以實直告(이실직고): 사실 그대로를 고함 ●以降(이강): 이후 ●甘茶(감차): 단술을 절에서 이르는 말 ●甘菜(감채): 사탕무 ●棠梨(당리): 팥배나무 ●棠軒(당헌): 왕조 때에 선화당을 달리 이르는 말

글뜻 ●存(존)은 자(子)와 재(在)의 회의 형성자. 본뜻은 '동일하다'이다. ●以(이)는 이(已)의 반형인 지사자. ●甘(감)은 구(口)와 일(一)의 지사자. 일(一)은 구중(口中)에서 맛보는 음식물을 지사한 것이다. ●棠(당)은 목(木)과 상(尙)의 형성자. 본뜻은 '숫 아가위'.

80

去而益詠
거 이 익 영

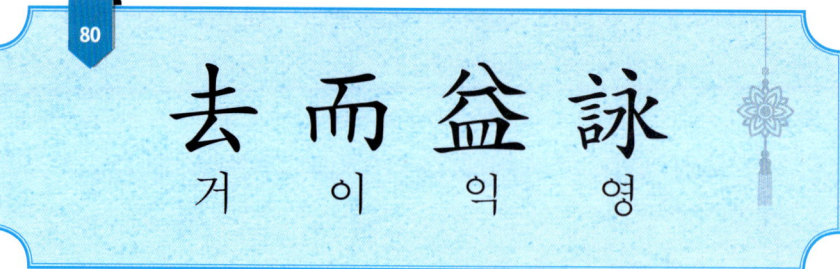

의의 소공이 떠나갔어도 더욱 사모하여 시를 읊었다.

출전 소공의 선정(善政)을 다룬 《시경》의 〈소남〉 감당에서 인용하였다.

해설 어진 정치를 베풀기 위해 오래 전에는 팔정(八政)이라는 통치자의 행사를 두었다. 공자는 물론이려니와 당대의 유학자들이 극찬했던 강령이다.

첫째는 식(食)으로 인간의 삶을 식생활과 연결 지었다.

둘째는 화(貨)이다. 이것은 백성들이 가지는 재산을 가리킨다.

셋째는 사(祀)이다. 제사를 뜻한다.

넷째는 사공(司空)이다. 국가의 영토를 관장하는 기구다. 현대에 있어서는 농림과 행정직을 병행한 것으로 볼 수 있다.

다섯째는 사도(司徒)이다. 교육에 관한 행정을 뜻한다. 당시에는 정전제에 따라 만민을 교육시키기 위해 교육기관을 설치하였다.

여섯째는 사구(司寇)이다. 도적을 다스리는 기관이다. 또한 나라에서 금하는 일을 어기는 자를 잡아들이기도 한다. 당시 사구직에 있던 직관을 추관(秋官)이라 하였는데, 죄인은 서리가 내릴 때에 처형하는 풍조가 있었다. 특히 죄인을 다스릴 때엔 오형청이라 하여 그것을 형사소송의 기준으로 삼았다. 제1은 사청, 제2는 색청, 제3은 기청, 제4는 이청, 제5는 목청이다.

일곱째는 빈(賓)이다. 외국 사신은 물론 제후들의 접대를 맡는다. 이 제도는 후대에 와서 예부로 바뀌었다. 이것 역시 빈객을 대우하기 위한 것이다.

여덟째는 사(師)이다. 군사를 이르는 말이다. 간악하고 난폭한 무리들을 퇴치하기 위해, 한편으로는 나라의 기강을 잡기 위해 구벌법(九伐法) 같은 것을 만들어 성문화시켰다.

去	一 十 土 去 去	
갈 거	[厶부 3획, 총5획]	영 leave 중 去 qù 일 キョ (さる)
而	一 丆 丅 丙 丙 而	
말 이을 이	[而부, 총6획]	영 and 중 而 ér 일 ジ(しかして)
益	丿 八 亼 亽 亼 夭 夭 夭 夭 益	
더할 익	[皿부 5획, 총10획]	영 increase 중 益 yì 일 エキ(ます)
詠	丶 亠 亠 亠 言 言 言 言 訁 訂 詠 詠	
읊을 영	[言부 5획, 총12획]	영 recite 중 咏 yǒng 일 エイ(よむ)

쓰임 ●去姓(거성) : 지난날 대역죄를 지은 사람을 부를 때 쓰는 말 ●去歲(거세) : 지난 해 ●而後(이후) : 지금부터 ●而今以後(이금이후) : 지금 이후 ●益鳥(익조) : 농작물 따위의 해충을 잡아먹어 버리는 새 ●益友(익우) : 사귀어 도움이 되는 친구 ●詠歎(영탄) : 깊이 감탄함 ●詠唱(영창) : 아리아

글뜻 ●去(거)는 본뜻이 '사람이 서로 어기다'이다. 그것이 '행(行)'으로 바뀌었다. ●而(이)는 '수염'을 표시한 상형자. ●益(익)은 '그릇에 물이 넘치다'로 일(溢)과 같은 뜻 ●詠(영)은 언(言)과 영(永)의 형성자. '길게 노래하다'라는 뜻.

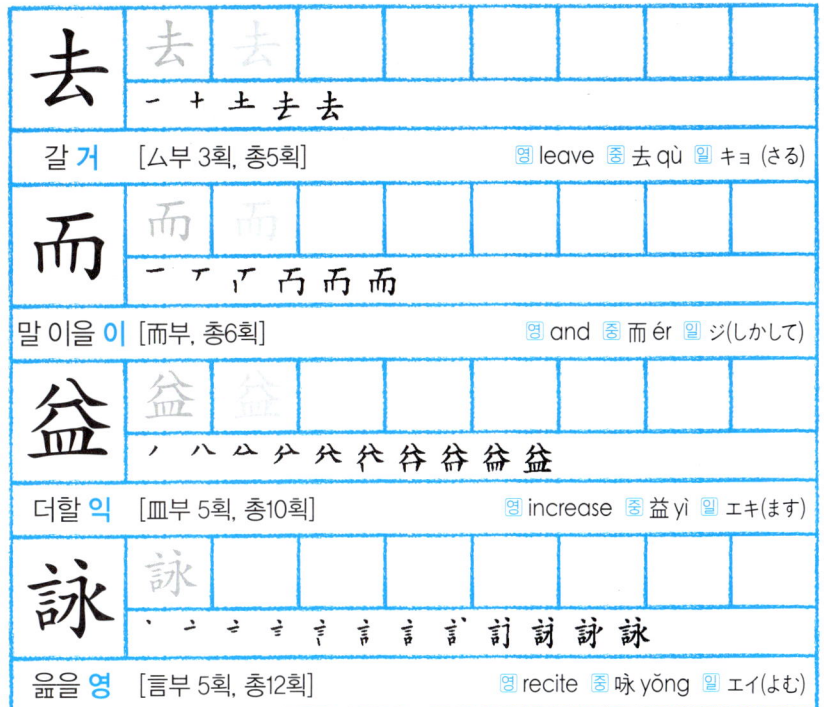

81

樂殊貴賤
악 수 귀 천

의의 음악도 귀천을 달리한다.

출전 귀천이라는 것은 귀인과 천인의 뜻으로《역경》〈계사 상(繫辭 上)〉의 '비고이진 귀천위의(卑高以陳 貴賤位矣)'라 하였고,《순자》에도 비슷한 내용이 보인다.

해설《예기》에 의하면, 음악이라는 것은 하늘의 광대함을 표상(表象)하고, 땅의 종시(終始)를 표상하며, 사계절 순환과 풍우를 나타낸다고 하였다. 그런가 하면 공자는《논어》에서, '시로써 일어나서 예로써 서며 음악으로 완성한다'고 했다.

이러한 음악을 고대의 제왕이 제정한 것은 주로 덕성을 함양하고 귀천과 존비의 질서를 바로잡기 위해서이다.

천자는 팔일(八佾)이라 하여 영인(伶人) 8명씩을 종횡으로 열을 지어 64명을 사용하였다. 제후는 48명, 대부는 32명, 사대부는 16명을 사용하였다. 이러한 군신 간의 격차에 따라 음악의 제도를 달리한 것이다.

묘제(廟制)에 있어서 천자는 7묘(廟), 제후는 5묘, 대부는 3묘, 상사(上士)는 2묘, 중·하사는 1묘로 하고, 서인과 서사(庶士)는 묘가 없고 침(寢)에서 제사하였다. 복제(服制)에 있어서 천자는 12장, 공(公)은 9장, 후와 백은 7장, 자·남은 5장, 사(士)는 조화(藻火)뿐이었다. 보행에도 차이가 있었다. 부치(父齒)에는 수행(隨行), 형치(兄齒)에는 안행(雁行), 붕우(朋友)에는 부상유(不相踰) 등이다.

이처럼 악과 예는 귀천을 달리한다. 한 번은 공자가 제나라에 있을 때였다. 우연히 소악을 듣고 그것을 배우면서 석달 간이나 고기의 참맛을 잊어버린다. 공자가 말했다.

"음악의 아름다움을 내 일찍이 알지를 못하겠다."

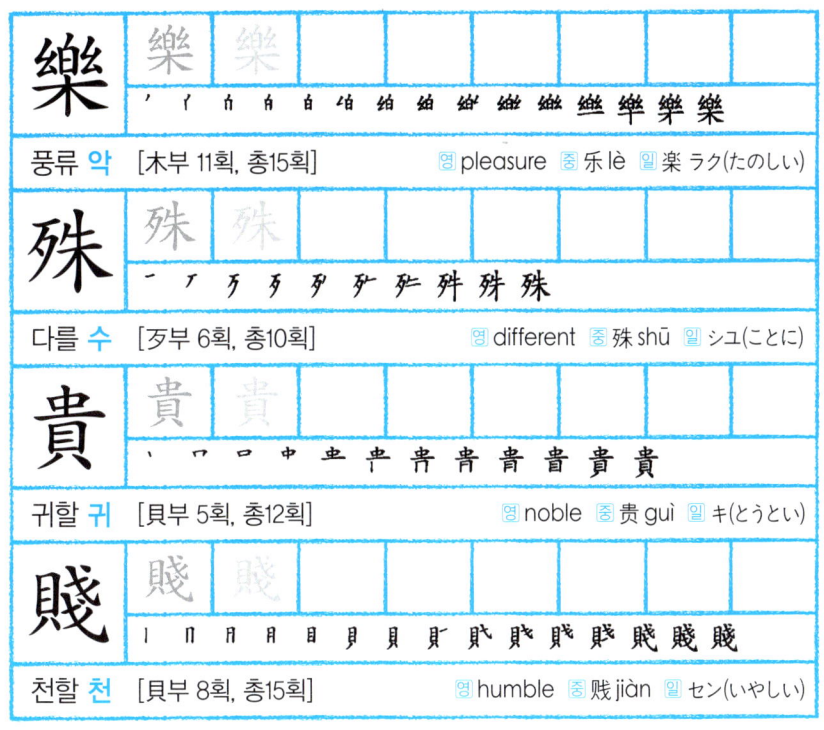

樂	풍류 악	[木부 11획, 총15획]	영 pleasure 중 乐 lè 일 楽 ラク(たのしい)
殊	다를 수	[歹부 6획, 총10획]	영 different 중 殊 shū 일 シユ(ことに)
貴	귀할 귀	[貝부 5획, 총12획]	영 noble 중 贵 guì 일 キ(とうとい)
賤	천할 천	[貝부 8획, 총15획]	영 humble 중 贱 jiàn 일 セン(いやしい)

쓰임 ●樂調(악조): 음악의 가락. ●樂府(악부): 한시의 한 형식. ●殊常氣(수상기): 수상스러운 기미 ●殊色(수색): 뛰어나게 고운 얼굴 ●貴門(귀문): 지체가 높은 집안 ●貴報(귀보): 상대방을 높여 그가 보낸 서신 따위를 높여 부른 말 ●賤臣(천신): 신하가 임금에게 자신을 낮추어 이르는 말 ●賤視(천시): 천하게 여김

글뜻 ●樂(악)은 음악의 총칭. ●殊(수)는 알(歹)과 주(朱)의 형성자. 설문에는 '죽이다'가 본뜻이나 현재의 '다르다'로 변했다. ●貴(귀)는 유(臾)와 패(貝)의 형성자. 설문에 '값이 싸다'가 본뜻. '비싸다'로 바뀌었다. ●賤(천)은 패(貝)와 전(戔)의 형성자. 본뜻은 '값이 싸다'이나 '천하다'로 바뀌었다.

82

禮別尊卑
예별존비

의의 예의도 높고 낮음으로 분별되었다.

출전 《예기》의 〈명당위(明堂位)〉와 《관자(管子)》의 〈승마편〉에서 인용하였다.

해설 옛날에 주공이 정치를 보살펴서 성왕을 도와 제후들을 명당의 위치에 나오게 하였다. 그때 천자는 도끼 무늬의 병풍을 등지고 명당 중앙에 남면하고 섰다.

이때 삼공은 중계의 앞에서 북면하고 천자를 향해 동상(東上)하며, 제후는 섬돌 동쪽에서 서면하고 북쪽을 위로한다. 여러 아들의 자리는 계단의 서쪽이며, 동면해서 북쪽을 위로한다. 여러 아들의 조위는 동쪽이며, 북면해서 동쪽을 위로한다.

이외에도 몇 가지 예를 들어보면 명당은 아홉 실이며, 방마다 문이 넷에 창문은 여덟이고, 지붕은 띠로 덮었다. 당의 모양은 위가 둥글고, 아래는 반듯반듯하다고 이름을 지었으며, 제후를 입조시키는 곳이라 했다.

명당의 높이는 2장(丈)이고, 그 궁은 사방 3백 보로서 4당 12실로 나누어진다.

은나라 때에는 중옥(中屋)이라 하였는데, 명당이라는 칭호는 주나라 때였다. 공신에게 음식을 내리고 노인들을 보양하였으며, 학문을 가르치고 어진 선비들을 뽑는 일 따위를 모두 이곳에서 하였다. 그런 이유로 그 정실(正室)의 모습이 있다 하여 일컫는 바 태묘(太廟)라 했고 태실(太室)이라 한 것이다. 이후 그것을 당이라 하였으며, 명당이라 불렀고, 원수(圓水)가 있으므로 벽옹(辟廱)이라 칭했다. 이렇듯 이름은 시대에 따라 제각각이었지만 그 의미는 같았다.

삼공을 비롯하여 제후들의 조위를 기록하였으며, 나아가 이강융적(夷羌戎狄)의 조위도 기록하였다.

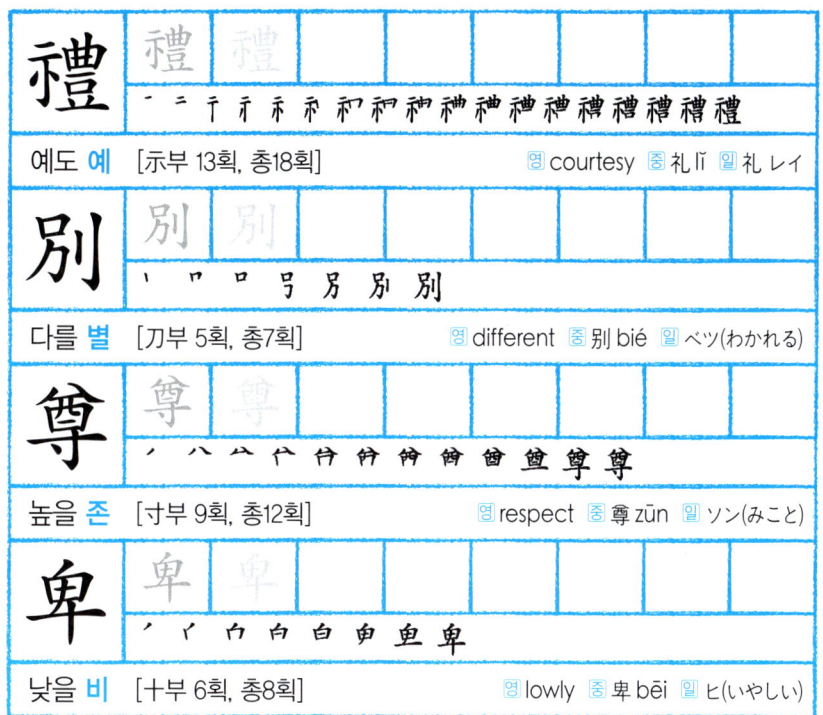

禮	예도 **예** [示부 13획, 총18획] 영 courtesy 중 礼 lǐ 일 礼 レイ
別	다를 **별** [刀부 5획, 총7획] 영 different 중 别 bié 일 ベツ(わかれる)
尊	높을 **존** [寸부 9획, 총12획] 영 respect 중 尊 zūn 일 ソン(みこと)
卑	낮을 **비** [十부 6획, 총8획] 영 lowly 중 卑 bēi 일 ヒ(いやしい)

쓰임 ●禮煩(예번) : 예의가 지나쳐 오히려 번거로움 ●禮敬(예경) : 부처나 성현 앞에 절을 함 ●別乾坤(별건곤) : 사람이 사는 세계라고는 생각할 수 없는 별천지 ●別名(별명) : 다른 명령 ●尊仰(존앙) : 높이 받들어 우러러봄 ●尊筆(존필) : 상대방을 높이어 그의 필적을 이르는 말 ●卑濕(비습) : 땅이 낮고 습기가 많음 ●卑俗(비속) : 격이 낮고 속됨

글뜻 ●禮(례)는 시(示)와 풍(豊)의 회의형성자. 설문에는 '사람이 이행하는 도'라 하였다. ●別(별)은 '분해하는 도구'로 '나눈다'는 뜻 ●尊(존)의 본뜻은 '술통'이다. ●卑(비)는 왼쪽 손과 머리와의 회의자. 천(賤)의 뜻이다.

83

上和下睦
상 화 하 목

의의 윗사람이 온화해야 아랫사람이 화목하다.

출전 상하가 화목하다는 것은 《시경》〈대아〉 공유전(公劉傳)에서 인용하였고, 《효경》 개종명의장(開宗明誼章)을 참조하였다.

해설 주(周)나라의 시조 공유(公劉)는 후직의 증손이다. 본래는 태(邰)에서 살았는데 하나라 사람들이 난을 일으켜 공유를 핍박하자 그는 서융을 평정하고 백성을 빈(豳)으로 옮겨 편히 살기에 힘썼다.

공유께서 이 언덕에 사시었으니
위엄을 크게 떨치사 자리를 깔고 잔치 베푸시네
손들이 모두 자리에 앉자 돼지의 귀신 제사 지내고
울에 앉은 돼지 잡고 바가지로 술을 떠서

손들에게 마시게 하니 이 땅의 임금 되었네
공유께서 그 땅을 넓고 길게 하시고 해 그림자 재고 언덕에 올라
응달과 양달을 헤아리시며 흐르는 물 살피시었네
군대는 삼군이었고 저습하고 높은 땅 헤아리사

밭을 일궈 농사지으며
서쪽 땅까지 일으켜 빈은 더욱 번창해갔네
공유께서 빈 땅에 궁실 마련하시니
배를 내어 위수를 건너 숫돌과 돌을 주워와

터전을 다스리니, 사람이 많고 재물이 풍성하여

황(皇)의 시내를 끼고, 과(過)의 냇물 바라보는 곳
백성들은 구름처럼 모여 예수 기슭까지 찼네

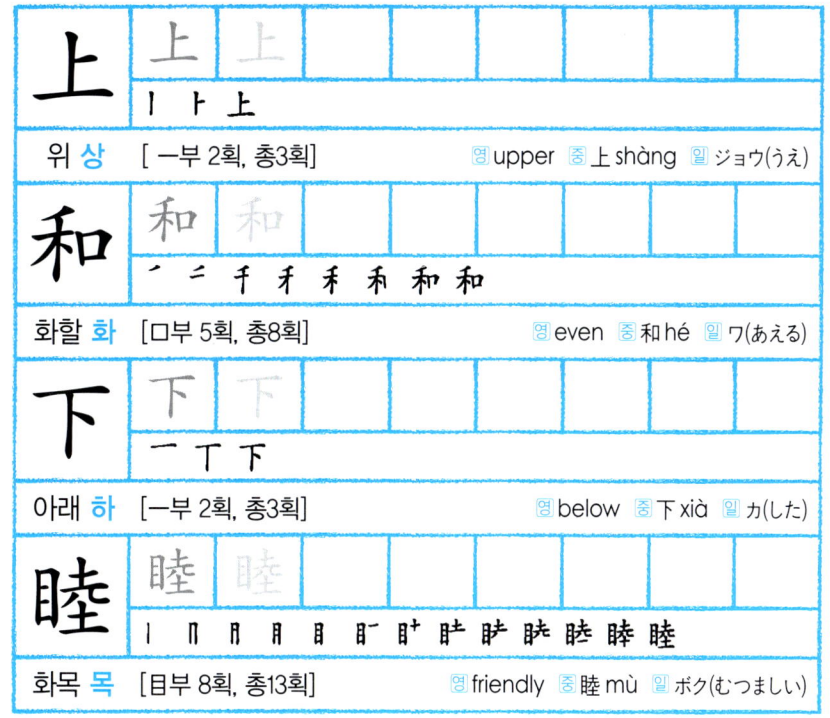

上	上 上	丨 ⺊ 上
위 **상**	[一부 2획, 총3획]	영 upper 중 上 shàng 일 ジョウ(うえ)
和	和 和	ノ 二 千 才 禾 禾 和 和
화할 **화**	[口부 5획, 총8획]	영 even 중 和 hé 일 ワ(あえる)
下	下 下	一 丅 下
아래 **하**	[一부 2획, 총3획]	영 below 중 下 xià 일 カ(した)
睦	睦 睦	丨 冂 月 月 目 目一 目十 目土 目圥 目坴 睦 睦 睦
화목 **목**	[目부 8획, 총13획]	영 friendly 중 睦 mù 일 ボク(むつましい)

쓰임 ●上揭(상게) : 위에 게재하거나 게시함 ●上冬(상동) : 음력 시월 ●和暖(화난) : 날씨가 화창하고 따뜻함 ●和談(화담) : 정답게 주고받는 말 ●下劑(하제) : 설사를 하게 하는 약 ●下從(하종) : 아내가 죽은 남편을 따라 자결함 ●睦族(목족) : 친족끼리 화목하게 지냄 ●睦友(목우) : 형제 사이가 좋음

글뜻 ●上(상)은 일(一)과 궐(亅)의 지사자. ●和(화)는 구(口)와 화(禾)의 형성자. 본뜻은 '상응하다'이다. ●下(하)는 일(一)과 궐(亅)의 지사자. ●睦(목)은 첫째가 '눈자위가 온순하다'는 뜻. 둘째는 '경화(敬和)'이다.

84

夫唱婦隨
부 창 부 수

의의 남자가 먼저 노래하면 부인은 따른다.

출전 본문은 윤희(尹喜)가 찬을 한 관윤자(關尹子) 삼극(三極)에서 인용하였다.

해설 《시경》〈소아〉 상서편(常棣篇)에 '처자가 잘 합하는 것이 금슬을 고(鼓)하는 것과 같다'고 나와 있다. 부부간에 의가 좋은 것을 금슬상화(琴瑟相和)라 한다. 슬은 커다란 거문고에서 현(絃)의 수가 많다. 이 대소 거문고를 타면 거문고가 잘 조화되어 하나의 음악적인 세계를 형성하므로, 그와 같은 부부를 의좋은 부부라 했다. 이런 얘기가 있다. 남편은 곡을 쓰고 여인은 노래를 불렀다. 그들의 노래는 많은 사람들에게 즐거움을 선사하였고, 그럼으로써 인기는 계속되었다. 더군다나 그들은 극장까지 소유한 아주 행복한 사람이었다.

어느 날 아내가 극장에 깔 융단을 한 장 사들였다. 남편은 계산서를 보고 깜짝 놀랐다. 너무 비싼 탓이다. 그들은 그 융단으로 인해 토라지더니 나머지 일생 동안 말도 하지 않고 지냈다. 이것은 융단 한 개에 대한 지나친 희생이었다. 그들이 가장 즐거울 수 있는 시간을 융단 한 개와 바꾼 것이다. 이 같은 일을 놓고 볼 때, '백 년의 고락은 항상 남에게서 말미암는다'는 백거이의 〈태행로〉가 새삼 뜻 깊게 다가온다. 사마천은 《사기》에서 말한다.

'계구사(季臼使)가 기(冀)라는 지방을 지나가는데 들에서 김을 메고 있는 기결(冀缺)의 아내가 점심을 내왔다. 둘 사이가 어찌나 친근하면서도 조심하는지 돌아와서 문공에게 말했다. '경(敬)이란 덕(德)이 모인 것인데, 덕은 백성을 다스리는 것이니 군왕은 그 사람을 채용하십시오' 하였다.'

夫	夫	夫						
	一 二 夫 夫							
지아비 부 [大부 1획, 총4획]	영 husband 중 夫 fū 일 フ(おっと)							
唱	唱	唱						
	丨 ⺆ 口 口丨 口⺆ 口日 口日 唱 唱 唱 唱							
부를 창 [口부 8획, 총11획]	영 sing 중 唱 chàng 일 ショウ(となえる)							
婦	婦	婦						
	ㄑ 女 女 女⺈ 女⺕ 女⺕ 女⺕ 婦 婦 婦 婦							
아내 부 [女부 8획, 총11획]	영 wife 중 妇 fù 일 フ(おんな)							
隨	隨	隨						
	⺂ ⻖ 阝 阝⼀ 阝𠂇 阝左 阝左 阝左 陏 陏 隋 隋 隋 隨 隨 隨							
따를 수 [阜부 13획, 총16획]	영 follow 중 随 suí 일 ズイ(したがう)							

쓰임 ●夫子(부자) : 덕행이 높아 만인의 스승이 될 만한 사람을 높이어 부르는 말 ●夫人(부인) : 남을 높이어 그의 아내를 일컫는 말 ●唱準(창준) : 원고를 읽어주는 소리를 들으면서 하는 교정 ●唱導(창도) : 앞장서 이끎 ●婦功(부공) : 부인의 공덕 ●婦寺(부시) : 지난날 궁중에서 일을 보던 환관과 여자를 함께 일컫는 말 ●隨從(수종) : 높은 사람을 따름 ●隨便(수편) : 편한 대로 함

글뜻 ●夫(부)는 대(大)와 일(一)의 회의자. 대는 사람을, 일은 비녀를 가리킨다. ●唱(창)은 구(口)와 창(昌)의 형성자. 본뜻은 '선도하여 노래하다'라는 의미. ●婦(부)의 본뜻은 '여자가 비를 가지고 청소하다'라는 뜻. '여자가 남편에게 복종하다'라는 뜻. ●隨(수)는 착(辵)과 수(隋)의 형성자. '종(從)'으로 하였다.

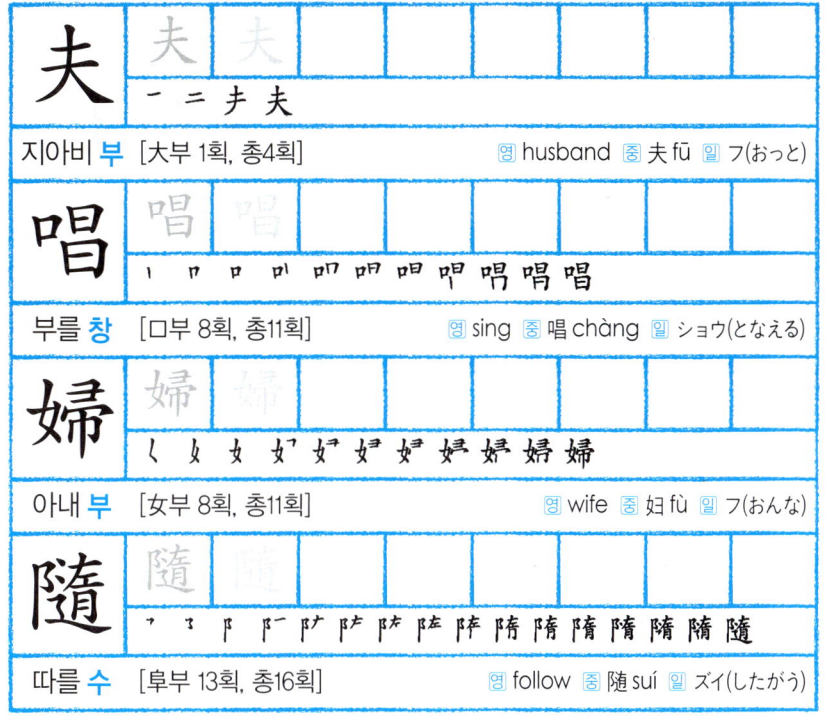

85

外受傅訓
외 수 부 훈

의의 남자는 어릴 때에 부모 슬하에 있다가, 성장해서는 외부에 나가 스승의 가르침을 받는다.

출전 사회생활을 할 때엔 스승의 교훈을 받는다. 전한 때에 대덕(戴德)이 찬(撰)한 《대대례(大戴禮)》를 인용하였다.

해설 가는 정이 있어야 오는 정이 있다. 옛 기록에서 알 수 있듯, 삼황오제 때에는 천하의 인민들이 순후하여 덕(德)만 있으면 되었다. 그 이후 하은주(夏殷周) 시대에는 사람의 수가 늘어나고 생활이 복잡하여 '도덕'이라는 규범의 틀이 필요하게 되었다. 그렇다면 남자가 부모 슬하에 있을 땐 어떻게 해야 하는가?

'무릇 사람이 자식이 되어 부모를 섬기는 예는, 겨울에는 따뜻하게 해 드리고, 여름에는 서늘하게 해 드리며, 저녁에는 잠자리를 봐 드리고, 아침에는 문안을 드려야 하며, 친구들과 다투지 않아야 한다.'

이것은 자식으로서 매일 부모를 섬기는 예를 설명한 것이다. 또한 자식된 자로서 나갈 때는 반드시 나간다고 말씀을 드리고, 돌아와서는 반드시 뵙고 인사를 드린다. 또한 노는 곳은 반드시 일정해야 하고, 익히는 것도 반드시 일정한 업이 있어야 한다.

또 스승을 수행할 때에는 길을 넘어서 남과 말하지 아니하며, 길에서 스승을 만났을 때에는 빠른 걸음으로 다가가 바로 공수(拱手)해야 한다. 스승이 말하면 대답하고, 말하지 아니하면 빠른 걸음으로 물러난다. 그리고 스승을 찾는 것은 도를 찾기 위해서이며, 모름지기 제자가 된 자는 그 은덕에 대한 예의를 알아야 한다. 특히 책이나 거문고는 가르침의 도구이므로 제자가 된

자는 항상 그 앞에서 조신해야 함을 가르친다.

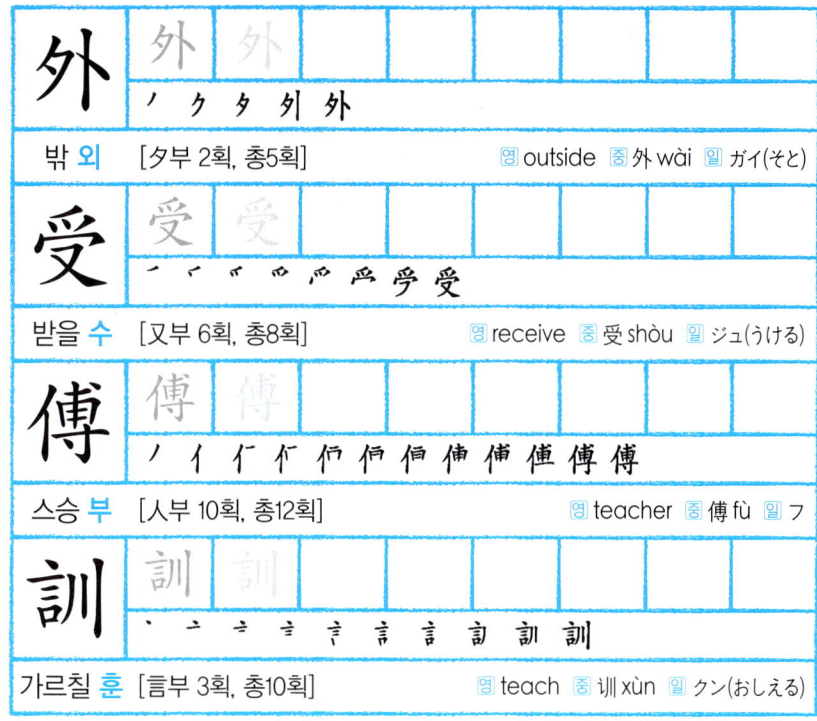

外	ノ ク タ 夕 外	
밖 외	[夕부 2획, 총5획]	영 outside 중 外 wài 일 ガイ(そと)
受	受	
받을 수	[又부 6획, 총8획]	영 receive 중 受 shòu 일 ジュ(うける)
傅	ノ イ 傅	
스승 부	[人부 10획, 총12획]	영 teacher 중 傅 fù 일 フ
訓	訁 訓 訓	
가르칠 훈	[言부 3획, 총10획]	영 teach 중 训 xùn 일 クン(おしえる)

쓰임 ●外記(외기):본문 이외의 기록 ●外力(외력):물체의 외부에서 작용하는 힘 ●受刑(수형):형의 집행을 받음 ●受學(수학):글을 배움 ●傅婢(부비):여종 ●傅相(부상):돌보아 주는 사람 ●訓讀(훈독):한문의 뜻을 새기어 읽음 ●訓諭(훈유):가르쳐 타이름

글뜻 ●外(외)는 석(夕)과 복(卜)의 회의자. '예외적인 일'로 풀이했다. ●受(수)는 '물건이 떨어지는 것을 받는다'는 의미. ●傅(부)의 본뜻은 '좌우에서 서로 받들고 대면하는 일'이었으나 '귀인을 받들고 마주하는 스승'으로 변전. ●訓(훈)은 언(言)과 천(川)의 형성자. '설문'의 뜻이다.

86

入奉母儀
입 봉 모 의

의의 집안에 들어와서는 어머니의 언행을 본받는다.

출전 본문의 뜻에서처럼 모의(母儀)는 모도(母道)의 규범으로 《후한서》〈황후비〉에서 인용하였다.

해설 한자의 가르칠 교(敎)는 '둥글 월 문(攴[攵])'에 효(孝)자를 합친 글자다. 본래 이 '둥글 월 문' 변은 때리거나 치는 것을 뜻한다. 그러므로 '교'는 때려서 효(孝)를 가르친다는 의미다.

어머니의 가르침은 아무래도 맹자 어머니를 들 수 있다. 전국시대 공자 다음으로 아성(亞聖)이라 불리던 맹자는 어릴 때에 부친을 잃고 편모 슬하에서 자랐다. 이 어머니가 처음에는 묘지 근처에서 살았는데 아들이 상여꾼 흉내만 내자 시장 근처로 이사했다. 그것이 교육상 좋지 않다고 생각하여 옮긴 것인데, 맹자는 이번엔 물건을 사고 파는 상인의 흉내만 내었다. 여기에서도 안되겠다 싶어 맹자 어머니는 선비들이 글을 읽는 서당 가까이 옮겼다. 그제야 아이는 제사를 지내는 그릇을 펼쳐놓고 절을 하고 축문을 읽는 흉내를 내었다. 유교의 학교에서는 예절을 중히 여기므로 그것을 흉내 낸 것이다. 어머니는 이곳이야말로 아이를 기를 적합한 장소라고 기뻐하였다. 이후부터는 아이의 교육에 힘쓰는 어머니를 '저 분은 맹자 어머니로구먼' 하였다.

먼저는 조그만 것이라도 가르침을 따르라는 것이다. 첫 번째의 가르침을 작은 것이라고 여긴다면 마침내는 큰 가르침도 없어져 버린다. 그러므로 《채근담》엔 다음같이 지적한다.

'제자를 가르침은 규중 처녀를 기르는 것과 같다. 출입을 엄히 하고 교유를 삼가게 하나니 만일 한 번 나쁜 사람과 접하게 되면 이는 곧 청정한 논밭

에 부병한 종자를 뿌린 것 같다.'

이렇게 되면 언제까지나 좋은 종자를 심기가 어려워진다.

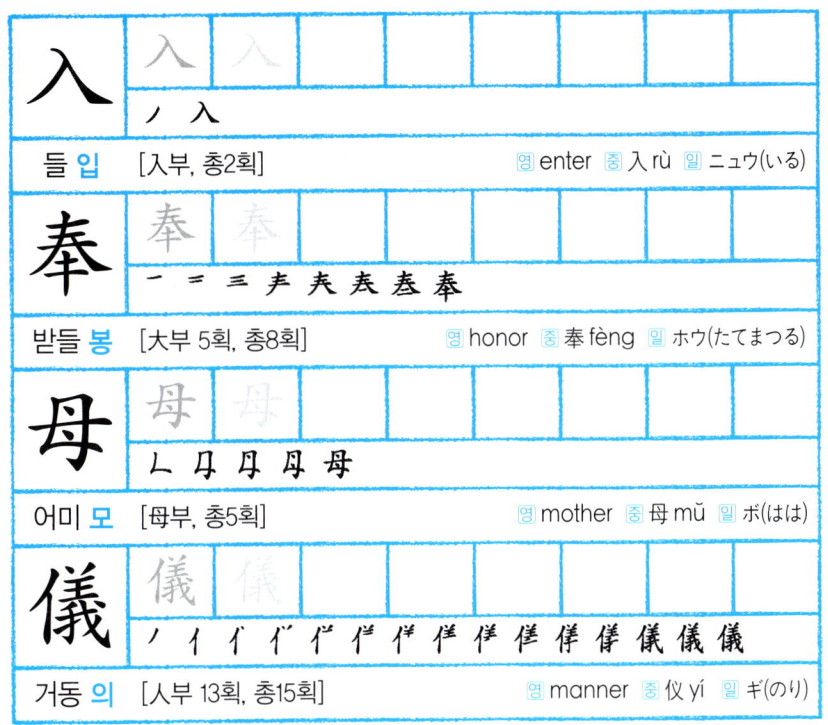

입봉모의		
入	入 入	ノ 入
들 입	[入부, 총2획]	영 enter 중 入 rù 일 ニュウ(いる)
奉	奉 奉	一 二 三 夫 夫 夫 叁 奉
받들 봉	[大부 5획, 총8획]	영 honor 중 奉 fèng 일 ホウ(たてまつる)
母	母 母	ㄴ 𠃊 母 母 母
어미 모	[母부, 총5획]	영 mother 중 母 mǔ 일 ボ(はは)
儀	儀 儀	ノ 亻 亻 亻 亻 佯 佯 佯 佯 佯 佯 儀 儀 儀 儀
거동 의	[人부 13획, 총15획]	영 manner 중 仪 yí 일 ギ(のり)

쓰임 ● 入定(입정) : 선정에 듦 ● 入荷(입하) : 물건이 들어옴 ● 奉答(봉답) : 삼가 대답함 ● 奉見(봉견) : 삼가 받들어 봄 ● 母班(모반) : 선천적인 원인으로 살갗에 나타난 검은 점이나 사마귀 ● 母都市(모도시) : 경제적·문화적으로 지배적인 기능을 가진 도시 ● 儀範(의범) : 모범이 될만한 몸가짐 ● 儀衛(의위) : 의식을 장엄하게 치르기 위해 참렬시키는 호위병

글뜻 ● 入(입)은 곤(丨)이 하늘에서 내려와 아래에서 양분하여 열리는 지사자. ● 奉(봉)은 '받들어 올리다'의 뜻. ● 母(모)는 여인이 아이를 포옹하는 상형자 ● 儀(의)는 인(人)과 의(義)의 형성자. '법도'라는 뜻이다.

87

諸姑伯叔
제 고 백 숙

의의 고모와 백부, 그리고 숙부는 모두 아버지의 형제다.

출전 《예기》의 〈단궁편〉에서 인용하였다.

해설 자식으로서 부모에게 효도하고 공경을 하는 자는 부모·친족들에게도 공경하는 마음을 가져야 한다. 만약 음식을 먹으라고 한다면 그것을 즐기지 않는다 해도 반드시 맛을 보고 다음 말이 떨어지기를 기다려야 한다.

아버지의 형제가 의복을 입으라 하면 비록 원치 않는다 해도 반드시 입은 후에 명을 기다리며 다음을 간수해야 한다.

일을 시키고 나서 다른 사람에게 대신 시킬 때에는, 자신은 그렇게 하고 싶지 않다 해도 그에게 주어 얼마 동안을 시키고 그가 피로하여 쉴 즈음 이것을 시작한다.

그렇다면 부모(친족)의 입장에서는 어떻게 해야 하는가? 부모나 시부모는 힘든 일이 있을 때에, 그들을 사랑하여 일을 시키기가 애처롭다 해도 잠시 휴식을 취하게 하여 완성이 되도록 해야 한다. 아들이나 며느리가 공경함이 없다 해도 이를 원망하지 않고 교훈에 힘써야 한다.

부모 친척이 허물이 있을 때에는 마음을 가라앉히고 부드러운 목소리로 간청해야 한다. 만약 받아들이지 않으면 일어나 공손히 대하고, 일어나 효성으로 대하여 굳은 마음이 풀어지도록 한 후에 은밀히 말씀을 드려야 한다.

부모 형제가 기뻐하지 않을 것을 염려하여 말씀을 드리지 않으면 부모 형제의 죄는 마을에까지 알려지게 된다. 그러므로 은근하고 끈기 있게 기다리며 때를 보아 말씀을 드려야 한다. 만약에 부모 형제가 화를 내며 종아리를 때려 피가 흐르게 되더라도, 감히 원망하거나 미워하는 일이 없이 공경함과 효성으로 대하여야 한다.

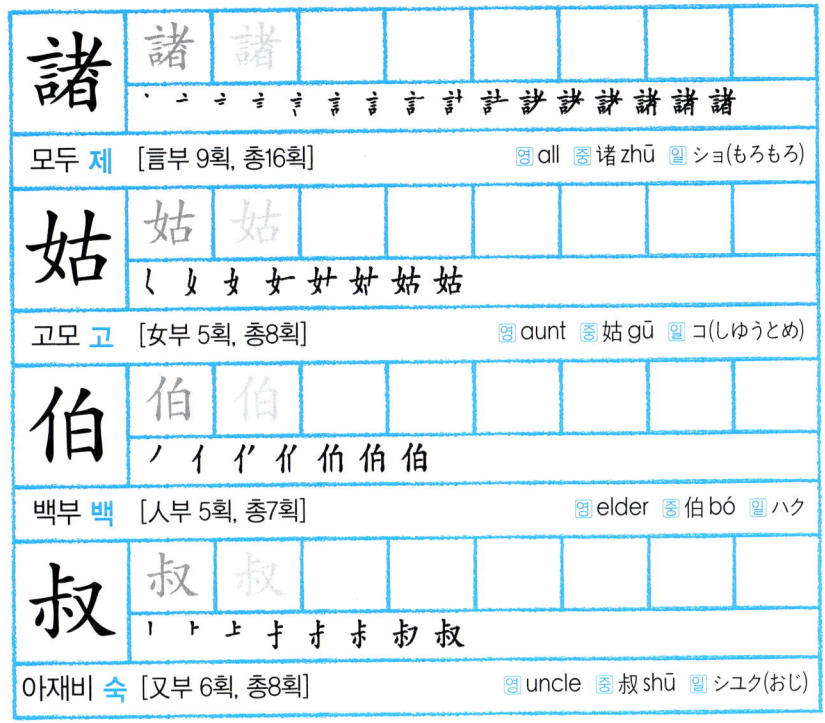

諸	諸 諸
모두 **제** [言부 9획, 총16획]	영 all 중 诸 zhū 일 ショ(もろもろ)
姑	姑 姑
고모 **고** [女부 5획, 총8획]	영 aunt 중 姑 gū 일 コ(しゅうとめ)
伯	伯 伯
백부 **백** [人부 5획, 총7획]	영 elder 중 伯 bó 일 ハク
叔	叔 叔
아재비 **숙** [又부 6획, 총8획]	영 uncle 중 叔 shū 일 シュク(おじ)

쓰임 ●諸家(제가) : 문중의 여러 집안 ●諸具(제구) : 여러 가지 기구 ●姑婦(고부) : 시어머니와 며느리 ●姑母夫(고모부) : 고모의 남편 ●伯父(백부) : 큰아버지 ●伯兄(백형) : 맏형 ●叔母(숙모) : 숙부의 아내 ●叔氏(숙씨) : 남의 형제 가운데 셋째를 높이어 부르는 말

글뜻 ●諸(제)는 언(言)과 자(者)의 형성자. 본뜻은 '별이(別異)'. ●姑(고)는 여(女)와 고(古)의 형성자. 설문에는 '시어머니'란 뜻이고, 이아석친에는 '고모'. ●伯(백)은 인(人)과 백(白)의 형성자. 설문에는 '어른'이란 뜻이고, 이아석친에는 '백부'. ●叔(숙)의 본뜻은 '(콩을) 줍다'이고, 이아석친에는 '숙부'이다.

88

猶子比兒
유 자 비 아

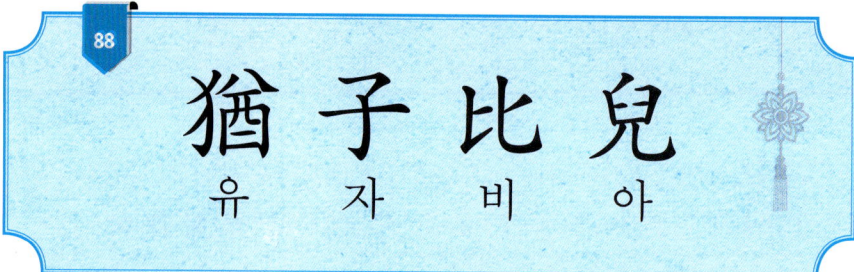

의의 형제의 아들딸들을 친자식처럼 사랑한다.

출전 《예기》의 〈단궁편〉과 《논어》 〈선진편〉에서 인용하였다.

해설 부모에게 종의 몸에서 낳은 자식이나, 또는 첩의 몸에서 낳은 자식, 또는 서손(庶孫) 가운데 사랑받는 자식이 있으면 비록 부모가 죽은 뒤에라도 그들을 종신토록 공경해야 한다.

부모가 이미 죽었다 해도 장차 좋은 일로 이름을 남길 일이 있으면 부모에게 명예가 돌아가도록 반드시 행해야 하며, 나쁜 일로 부모를 욕되게 할 일이면 절대로 해선 안 된다.

며느리 된 자가 시부모 계신 곳에서 시중을 들고 있을 때에는 사실(私室)로 가라는 말이 없을 때에는 결코 그 곁을 떠나선 안 된다. 며느리는 사사로이 재물을 가져도 안 되며, 며느리가 친정 부모 형제들로부터 음식이나 의복 등을 받으면 시부모에게 바친다.

적자와 서자는 종자(宗子)와 종부(宗婦)에게 공경하는 마음을 다해야 한다. 비록 자신의 지위가 귀하고 부자일지라도 감히 그 부귀한 기세를 자랑하는 종자의 집에 들어가지 못한다.

적자와 서자의 자제로서 공덕이 높은 자가 있어서, 그들로부터 기물이나 의복·기마 등을 받으면 반드시 그 가운데 좋은 물건은 종자(宗子)에게 올리고, 그런 연후에 다음 가는 물건을 자신이 차지한다. 만약 종자의 신분에 맞지 않아서 그에게 올릴 만한 것이 아니라면 감히 그 자신의 소유로 하되 종자의 집 문안을 들어서지 못한다. 또한 귀하고 부한 것만으로 부형이나 형제에게 높은 척을 하지 못한다. 만약에 적서자가 부유하면 두 개의 물건을 갖추어 좋은 것은 종자에게 주고, 부부가 함께 재개하여 제사를 돕고 공손히 섬겨야 한다.

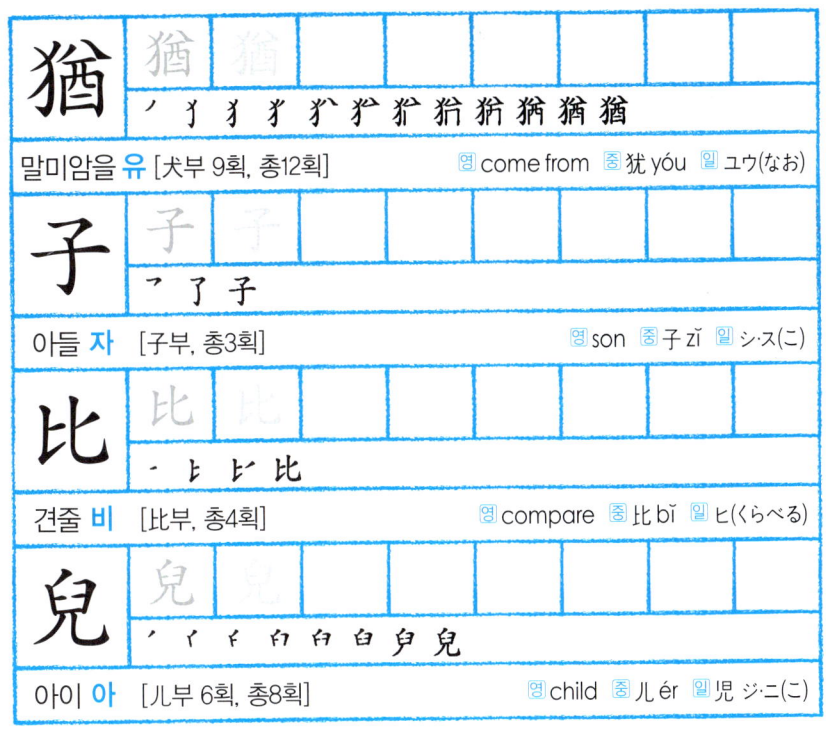

猶	猶	猶						
	丿 犭 犭 犭 犭 犭 犭 犭 犭 犭 犭 猶							
말미암을 유 [犬부 9획, 총12획]	영 come from 중 犹 yóu 일 ユウ(なお)							
子	子	子						
	㇇ 了 子							
아들 자 [子부, 총3획]	영 son 중 子 zǐ 일 シ·ス(こ)							
比	比	比						
	一 ㇀ 𠤎 比							
견줄 비 [比부, 총4획]	영 compare 중 比 bǐ 일 ヒ(くらべる)							
兒	兒	兒						
	′ 𠂉 ⺈ 臼 臼 臼 皃 兒							
아이 아 [儿부 6획, 총8획]	영 child 중 儿 ér 일 児 ジ·ニ(こ)							

쓰임 ●猶女(유녀) : 조카딸 ●猶爲不足(유위부족) : 오히려 모자람 ●子規(자규) : 두견 ●子了(자료) : 스스로의 힘으로 끝마침 ●比竹(비죽) : 피리처럼 대나무로 만든 관악기 ●比翼鳥(비익조) : 암수가 눈이 하나이므로 함께 하지 않고서는 날 수 없는 새 ●兒童畵(아동화) : 어린이가 그린 그림 ●兒女子(아녀자) : 어린이와 여자

글뜻 ●猶(유)는 견(犬)과 유(酉)의 형성자. 본뜻은 '원숭이의 일종'. 나중에 '사(似)'의 뜻으로 변했다. ●子(자)는 '아들'의 상형자. ●比(비)는 인(人)의 변형인 비(匕)가 나란히 겹친 회의 형성자. 본뜻은 '두 사람이 나란히 한 모양'. ●兒(아)는 구(臼)와 인(儿)의 상형자. '어린아이의 온전한 모습'을 나타냄.

89

孔懷兄弟
공 회 형 제

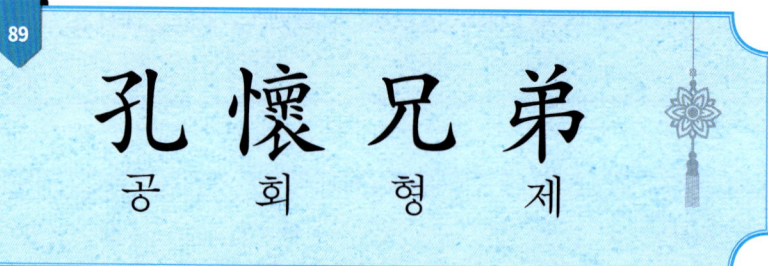

의의 사람으로서 간절히 그리워하는 것은 형제이다.

출전 매우 생각하는 것은 형제라는 의미로 《서경》의 〈군진(君陳)〉과 《시경》 〈소아〉의 상체(常棣)를 인용하였다.

해설 상체란 '환하게 빛이 넘치는 것'을 뜻한다. 형제들끼리 잔치를 하며 부르는 노래다.

환하게 빛 넘치는 산 앵두꽃 피었네
세상 사람 중에서 형제 같음 또 없네
죽을 고비 당해서도 형제 생각하고
송장 깔린 그곳에도 형제는 찾아가네

들의 할미새 야단스럽게 퍼덕이듯 형제면 어려움 없이 구하네
아무리 좋은 벗 있어도 그럴 때면 탄식만 사리
형제는 집안에서 다퉈도 밖에선 모욕을 함께 막네
아무리 좋은 친구 있어도 우리를 돕지 않네

세상의 어지러움 가라앉아 편안한 때 오면은
형제는 있어도 친구만 못하게 되네
맛있는 안주 차려놓고 술잔 기울여 취해 보세
우리 형제 함께 모여 한 몸 되어 즐기세

처자들이 한 몸 되어 금(琴)과 슬(瑟)이 되려면
형제들 한 자리에 모여 기쁨이 앞서야 하네

집마다 화목하여 처자권속 기뻐하면
형제 도리 생각하세 그게 앞서는 것 알게 되리니

孔	孔 孔
	㇇ 了 子 孔
구멍 **공**	[子부 1획, 총4획] 영 hole 중 孔 kǒng 일 コウ(あな)
懷	懷 懷
품을 **회**	[心부 16획, 총19획] 영 cherish 중 怀 huái 일 カイ(なつかしい)
兄	兄 兄
맏 **형**	[儿부 3획, 총5획] 영 elder brother 중 兄 xiōng 일 ケイ(あに)
弟	弟 弟
아우 **제**	[弓부 4획, 총7획] 영 younger brother 중 弟 dì 일 テイ(おとうと)

쓰임 ●孔門(공문) : 공자의 문하 ●孔道(공도) : 공자가 가르친 도 ●懷情(회정) : 마음속에 품은 정 ●懷土(회토) : 고향을 그림 ●兄事之(형사지) : 나이가 조금 많은 사람을 형처럼 섬김 ●兄亡弟及(형망제급) : 형이 아들 없이 사망했을 때 아우가 혈통을 잇는 일 ●弟氏(제씨) : 남의 아우 ●弟嫂(제수) : 아우의 아내

글뜻 ●孔(공)은 자(子)와 을(乙)과의 회의자. 본뜻은 '친자식의 정이 통하다'. 나중에 '심(甚)'으로 바뀌었다. ●懷(회)는 심(心)과 회(褱)의 형성자. 본뜻은 '생각하다'. ●兄(형)은 구(口)와 인(儿)의 회의자. ●弟(제)는 물건을 위에서부터 말아 묶은 상형자.

90

同氣連枝
동 기 연 지

의의 동기는 한 나무에서 이어진 형제다.

출전 동기 역시 형제를 뜻한다. 《후한서》 〈동평헌왕창전(東平獻王蒼傳)〉과 한나라의 무릉사람인 소무(蘇武)의 시를 인용하였다.

해설 《논어》에 이런 얘기가 있다. 사마우(司馬牛)가 근심하여 탄식했다.

"다른 사람들은 모두 착한 형제를 두었는데 어찌 나만 유독 혼자인가."

자하가 말했다.

"내가 선생님에게 들으니, '생사는 명에 있고 부귀는 하늘에 있으니 무릇 군자는 경건함을 잊지 아니하고 사람을 공경하여 예의가 있으면 사해의 동포가 모두 형제인데 어찌 근심하는가' 하였다."

그러므로 옛사람들은 형제는 손발과 같다고 했다. 이런 얘기가 《위서》에 전한다.

위나라의 조조는 용맹을 앞세운 일세의 효웅인 것만은 분명하다. 그의 아들 조비와 조식은 한 형제간으로, 한때 조조는 문장이 좋은 막내아들 조식에게 위나라의 실권을 넘겨주려 했었다. 그러다 보니 자연 둘 사이가 좋을 리 없었다. 맏아들 조비가 보위에 올라 문제(文帝)가 되자 동생에게 못되게 굴더니 어느 날 조식을 불러 무리한 요구를 내놓았다.

"네가 일곱 걸음 걷는 동안 시를 지으면 살려 주겠다."

조식은 일곱 걸음을 걸으며 시를 지었다. 이른바 〈칠보시(七步詩)〉다. '콩깍지는 솥 밑의 바닥에서 불타고 같은 뿌리에서 생긴 콩은 솥 안에서 운다'는 시를 지어 형의 처사를 원망하였다. 그제야 조비는 마음을 고쳐먹었다.

同

同 同

丨 冂 冃 冋 同 同

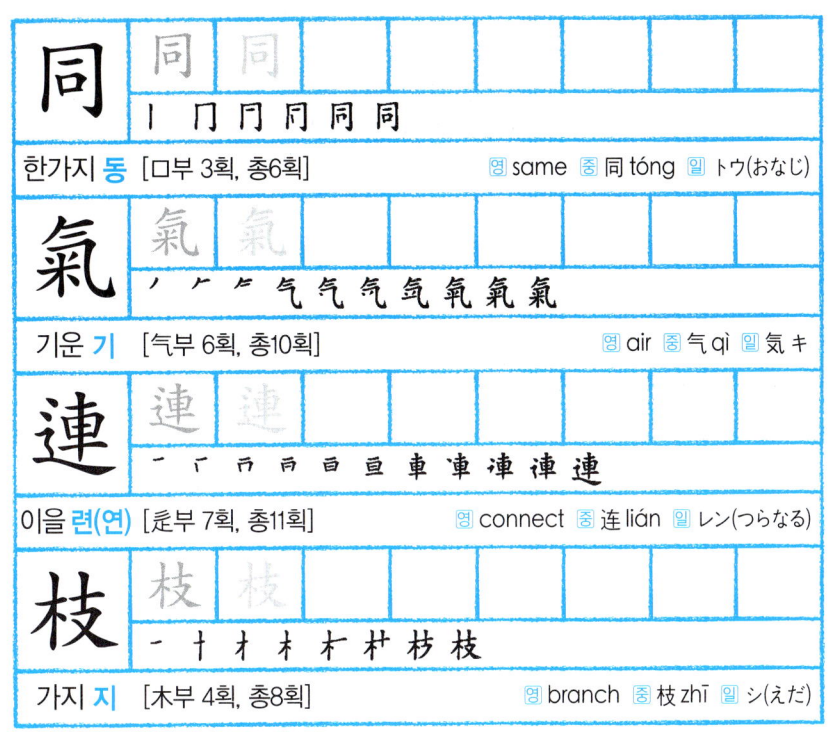

한가지 **동** [口부 3획, 총6획] 영 same 중 同 tóng 일 トウ(おなじ)

氣

氣 氣

丿 𠂉 𠂉 气 气 气 気 氧 氣 氣

기운 **기** [气부 6획, 총10획] 영 air 중 气 qì 일 気 キ

連

連 連

一 ㄏ 冂 百 百 亘 車 連 連 連 連

이을 **련(연)** [辵부 7획, 총11획] 영 connect 중 连 lián 일 レン(つらなる)

枝

枝 枝

一 十 才 木 木 朾 枋 枝

가지 **지** [木부 4획, 총8획] 영 branch 중 枝 zhī 일 シ(えだ)

쓰임 ●同家(동가) : 같은 집안 ●同慶(동경) : 같이 기뻐함 ●氣槪(기개) : 어떤 어려움에도 굽히지 않은 기상 ●氣味(기미) : 냄새와 맛 ●連幅(연폭) : 널빤지 따위를 같은 넓이로 이음 ●連豊(연풍) : 여러 해 풍년이 듦 ●枝莖(지경) : 식물의 가지와 줄기 ●枝葉(지엽) : 가지와 잎

글뜻 ●同(동)은 '여러 사람의 입을 동일한 의견으로 동화시키는 것'. ●氣(기)는 기(气)와 미(米)의 형성자. 본뜻은 '손님에게 먹을 것을 제공하는 것'. ●連(련)은 착(辵)과 차(車)의 회의자. 본뜻은 '손수레'. ●枝(지)는 목(木)과 지(支)의 형성자. '초목의 뿌리에서 나누어진 작은 가지'를 뜻함.

91

交友投分
교 우 투 분

의의 벗을 사귐에는 분수를 지켜 의기가 투합해야 한다.

출전 《예기》의 〈유행(儒行)〉과 반악(潘岳)의 《금곡시집(金谷詩集)》을 인용하였다.

해설 일찍이 공자는 《논어》에서 친구에 대해 설파한 적이 있다. 이 세상에는 도움이 되는 친구가 셋 있고, 해로운 친구가 셋 있다. 도움이 되는 친구는 첫째 정직한 친구, 둘째 성실한 친구, 셋째 박학한 친구다. 그리고 해로운 친구는 첫째 편벽한 친구, 둘째 낯빛은 부드러운데, 사실은 그렇지 않은 친구, 셋째는 편녕한 친구라 했다. 그렇다면 벗을 사귐에 있어 분수를 지켜 의기투합하는 친구는 어떤 것인가?

〈지음(知音)〉이라는 말이 있다. 음을 안다는 뜻이다. 그러나 한 걸음 더 나아가면 의기투합하는 친구를 이를 때에 사용하는 말이다. 거문고의 명인 백아(伯牙)와 그 음악을 진실로 이해한 종자기(鍾子期) 사이에서 생긴 이 말은 《열자》의 〈탕문편〉에 전한다.

백아가 거문고를 높은 산울림으로 타면 종자기는,

"참으로 굉장하다. 그 소리가 사뭇 태산과 같지 않은가!"

백아가 흐르는 물을 거문고에 실으려 하자 종자기는,

"야아, 참으로 좋구나. 그 소리의 양양함이 양자강물과 같구나!"

이처럼 백아의 마음에 생각하는 바를 꼭 집어내 비평하였다. 백아에게 있어 종자기는 절친한 친구이자, 자신의 음악을 이해해 준 동반자였다. 그렇게 하여 지음(知音)이라는 말이 생겨났다.

《여씨춘추(呂氏春秋)》에 의하면, 종자기가 죽었을 때에 백아는 거문고를 부숴 버렸다. 가닥가닥 줄을 끊고 다시는 거문고를 타지 않았다. 여기에서 백아절현(伯牙絕絃)이라는 고사가 생겨났다. 이 말은 절친한 친구의 죽음을 위로할 때에 사용되었다.

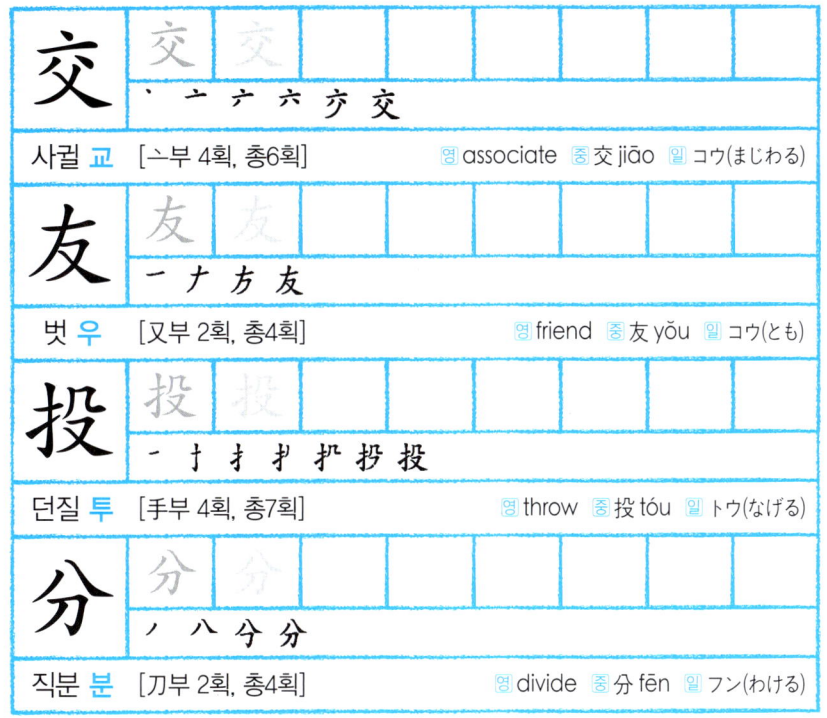

交	交 交
	` 亠 亣 六 交 交
사귈 교	[亠부 4획, 총6획] 영 associate 중 交 jiāo 일 コウ(まじわる)
友	友 友
	一 ナ 方 友
벗 우	[又부 2획, 총4획] 영 friend 중 友 yǒu 일 コウ(とも)
投	投 投
	一 十 扌 扌 扌 抄 投
던질 투	[手부 4획, 총7획] 영 throw 중 投 tóu 일 トウ(なげる)
分	分 分
	ノ 八 分 分
직분 분	[刀부 2획, 총4획] 영 divide 중 分 fēn 일 フン(わける)

쓰임 ●交互(교호) : 서로 엇바꿈 ●交歡(교환) : 서로 가까이 사귀며 즐김 ●友道(우도) : 친구와 사귀는 도리 ●友人(우인) : 벗 ●投棄(투기) : 내던져 버림 ●投了(투료) : 바둑이나 장기 등에서 패배를 인정하는 것 ●分居(분거) : 한곳에 살지 않고 여기저기 나누어 삶 ●分袂(분메) : 서로 작별함

글뜻 ●交(교)는 사람이 다리를 꼬고 있는 상형자. ●友(우)는 우(又)와 우(又)의 회의자. '같은 뜻을 지닌 동지가 서로 악수하는 모습'을 본뜸. ●投(투)는 수(手)와 수(殳)의 형성자. '손으로 던지다'의 뜻 ●分(분)은 팔(八)과 도(刀)의 회의자. 설문에는 '칼로 물건을 자르다'의 뜻.

92

切磨箴規
절 마 잠 규

의의 학문과 덕을 닦고 바른 길로 나가도록 훈계한다.

출전 절마(切磨)는 절차탁마(切磋琢磨)의 약칭. 《시경》 〈위풍(衛風)〉 기욱(淇奧)과, 당나라 무강 사람 맹교(孟郊)의 권우시(勸友詩)를 인용하였다.

해설 식물이 무성한 모양을 충실감이나 풍요로움으로 나타내었다. 옛날 위나라의 무공(武公)은 나이가 90이 넘었는데도 밤낮으로 게을리하지 않고 훈도하여 위나라 사람들이 그를 칭송하여 기욱을 읊었다.

기수라 저 물굽이 푸른 대가 우거졌네
어여쁘신 우리 님은 뼈와 상아 다듬은 듯
구슬과 돌 갈고 간 듯
위엄 있고 너그럽고 환하고 의젓하여
어여쁘신 우리 님은 끝내 잊지 못하겠네

기수라 저 물굽이 푸른 대가 무성했네
어여쁘신 우리 님은 귀걸이 돌 찬란하고
관엔 구슬별과 같다네
위엄 있고 너그럽고 환하고 의젓하여
어여쁘신 우리 님은 끝내 잊지 못하겠네

기수라 저 물굽이 푸른 대가 들어섰네
어여쁘신 우리 님은 금인 듯 주석인 듯 규옥인 듯 벽옥인 듯

너그럽고 점잖으셔 수렛대에 기대셨네
우스개는 하시어도
사나움은 없으신 분

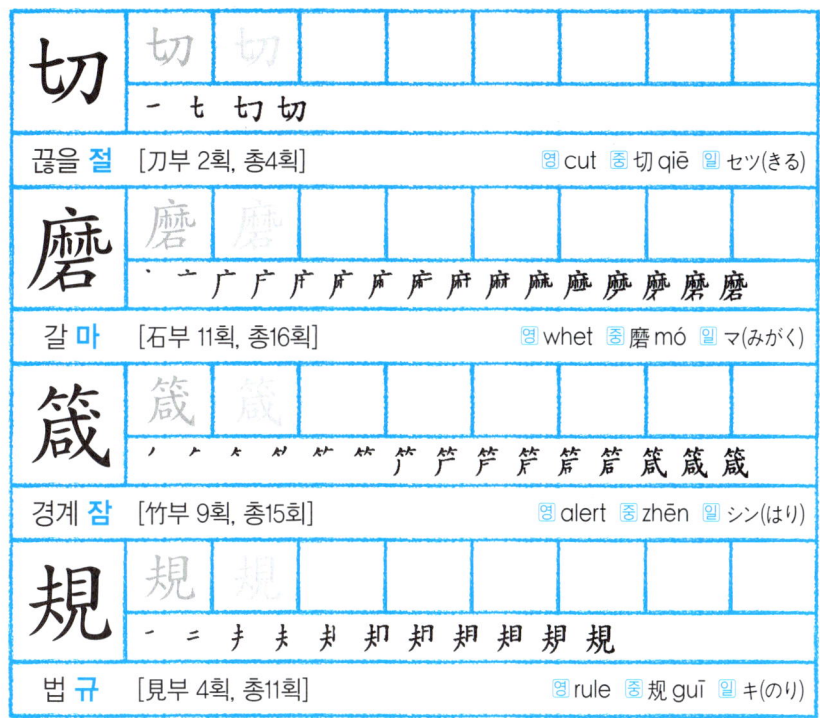

切	切 切						
	一 七 切 切						
끊을 **절**	[刀부 2획, 총4획]	영 cut 중 切 qiē 일 セツ(きる)					
磨	磨 磨						
	ˋ 亠 广 广 庁 庁 庁 庐 府 府 麻 麻 麼 麼 磨 磨						
갈 **마**	[石부 11획, 총16획]	영 whet 중 磨 mó 일 マ(みがく)					
箴	箴 箴						
	ノ ㅅ ⺮ ⺮ ⺮ ⺮ 竺 竺 竿 筘 筘 筬 箴 箴 箴						
경계 **잠**	[竹부 9획, 총15획]	영 alert 중 zhēn 일 シン(はり)					
規	規 規						
	一 二 扌 夫 𡗗 却 𧠏 規 規 規 規						
법 **규**	[見부 4획, 총11획]	영 rule 중 规 guī 일 キ(のり)					

쓰임 ●切感(절감) : 절실하게 느낌 ●切斷(절단) : 끊어서 자름 ●磨石(마석) : 맷돌 ●磨製(마제) : 갈아서 만든 물건 ●箴規(잠규) : 잘못을 바로잡게 하는 경계 ●箴諫(잠간) : 훈계하여 간함 ●規式(규식) : 정해진 격식 ●規準(규준) : 규범이 되는 기준

글뜻 ●切(절)은 도(刀)와 칠(七)의 형성자. '칼로 끊다'라는 뜻. ●磨(마)는 본뜻이 '돌절구'이다. 집운에서는 '돌을 다스리다'. ●箴(잠)은 죽(竹)과 함(咸)의 형성자. '훈계하다'라는 뜻. ●規(규)는 부(夫)와 견(見)의 회의자. '장부의 생각은 법도에 맞는 원그림 쇠'라는 의미.

93

仁慈隱惻
인 자 은 측

의의 인자하고 자애로운 마음은 누구나 가지고 있다.

출전 어짊이나 자애로움은 누구나 가지고 있는 마음이다. 조식(曹植)의 〈성황편(聖皇篇)〉과 《맹자》 〈공손축(公孫丑)〉에서 인용하였다.

해설 맹자께서 말씀하셨다.

"화살 만드는 사람이 어찌 갑옷 만드는 사람보다 인자하지 않겠냐만은, 화살 만드는 사람은 곧장 사람을 상하지 않게 될까 두려워하고, 갑옷 만드는 사람은 곧장 사람이 상하게 될까 염려한다."

이것은 무당과 관을 만드는 사람 역시 마찬가지다. 그러므로 기술을 택하는 데에도 신중해야 한다. 공자께서도 말한다.

"인(仁)에 거처함이 좋다. 인에 거처하지 않는다면 어찌 지혜롭게 될 수 있겠는가."

인이란 하늘이 내린 작위와 같은 것이며, 사람이 편히 머무를 수 있는 집과 같다. 들어오지 못하게 막지도 않았는데 불인(不仁)이 거처하고 있으니 이것은 지혜롭다 볼 수 없다. 인자하지 않고 지혜롭지 않고, 예(禮)와 의(義)가 없으면 남에게 다스림을 받게 되는 것이다.

남에게 다스림을 받으면서 그것을 부끄럽게 여기는 것은 무엇과 같은가?

"그것은 마치 활 만드는 사람이, 활 만드는 것을 부끄러워하고, 화살 만드는 이가 화살을 만드는 것을 부끄러워하는 것과 같다. 만약, 다스림 받는 것을 부끄러워한다면 인(仁)을 실천하는 것이 가장 좋을 것이다."

인(仁)을 하는 것은 활을 쏘는 것과 같기 때문이다. 화살은 자신을 바르게 한 뒤에 쏘며, 과녁에 맞지 않아도 자신을 이긴 사람을 원망하지 않기 때문이다.

仁	어질 인 [人부 2획, 총4획] 영 humanity 중 仁 rén 일 ジン(いつくしみ)
慈	사랑 자 [心부 9획, 총13획] 영 mercy 중 慈 cí 일 ジ(いつくしむ)
隱	가엾을 은 [阜부 14획, 총17획] 영 hide 중 隐 yǐn 일 隠 イン(かくれる)
惻	슬퍼할 측 [心부 9획, 총12획] 영 grieve 중 恻 cè 일 ショク(いたむ)

쓰임 ●仁者(인자) : 어진 사람 ●仁政(인정) : 어진 정치 ●慈闈(자위) : 어머니의 높임말 ●慈雨(자우) : 오래도록 가물다가 내리는 비 ●隱逸(은일) : 세상을 피하여 삶 ●隱僻(은벽) : 사람의 왕래가 드물고 구석짐 ●惻然(측연) : 가엾게 여기는 모양 ●惻怛(측달) : 가엾게 여기어 슬퍼함

글뜻 ●仁(인)은 인(人)과 이(二)의 회의 형성자. '너그러움의 덕'을 나타냄. ●慈(자)는 '사랑하다'라는 뜻. ●隱(은)의 본뜻은 '숨다'. ●惻(측)은 심(心)과 칙(則)의 형성자. '근심을 하는 것이 절실하다'는 의미.

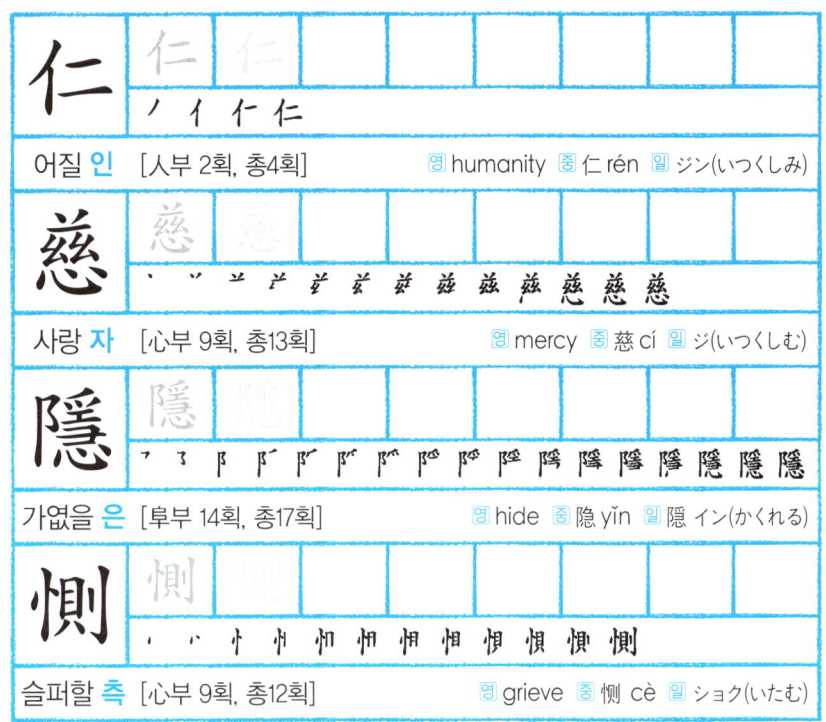

94

造次弗離
조 차 불 리

의의 상대를 측은히 여기는 마음이 잠시도 떠나서는 안 된다.

출전 조차는 아주 짧은 시간이다. 《논어》의 〈이인편〉과 《중용》의 '도야자불가수유리, 가리비도야(道也者不可須臾離, 可離非道也)'에서 인용하였다.

해설 공자는 인(仁)을 좋아하는 사람이나 불인(不仁)을 미워하는 사람을 본 적이 없다고 탄식했다.

"인(仁)을 좋아하는 사람이라면 더 바랄 것이 없지만, 불인을 미워하는 이라도 인을 행하고 있는 것이 된다. 그것은 불인한 사람의 영향이 그 몸에 미치기 때문이다."

공자는 다시 말한다. 만약 하루라도 그 힘을 인을 위해 쓰는 사람이 있다면, 힘이 무궁하게 넘쳐 날 것이라는 것이다. 공자는 그런 자를 보지 못했다고 탄식했다. 공자는 춘추시대 말의 난세에 옳지 못한 방법으로 부귀를 얻은 귀족이며 정치가들을 배척했다. 행복을 추구하는 것이 인간의 본능이라면, 잘 살고 출세하고자 하는 것은 당연하다. 그러나 방법에 문제가 있다는 것이다.

"재물이나 지위는 누구나 바라는 바이다. 그러나 정당한 수단으로 얻은 것이 아니면 그 속에서 살 수가 없다. 또한 가난과 천한 것은 사람이면 누구나 싫어하는 것이지만, 그럴 만한 연유 없이 그렇게 된 것이라면 굳이 그 상황에서 빠져나갈 필요가 없는 것이다. 모름지기 군자라면 인(仁)의 덕을 떠나 어디에 명예를 구할 수 있겠는가. 군자도 밥을 먹는 사이에 인의 덕을 떠나는 법이 없고, 창졸간에라도 인에 안주하며 무엇에 걸려 넘어진 때라도 인에 의지하는 것이다."

여기에서 조차(造次)는 창졸간이 아닌 황망함으로도 볼 수 있다.

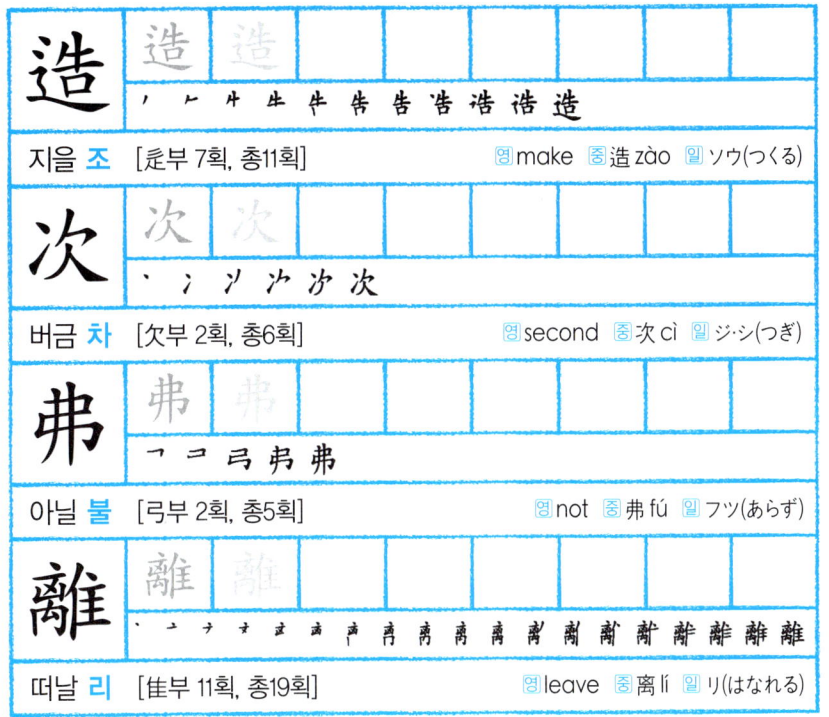

造	造 造
지을 **조** [辵부 7획, 총11획]	영 make 중 造 zào 일 ソウ(つくる)
次	次 次
버금 **차** [欠부 2획, 총6획]	영 second 중 次 cì 일 ジ·シ(つぎ)
弗	弗 弗
아닐 **불** [弓부 2획, 총5획]	영 not 중 弗 fú 일 フツ(あらず)
離	離 離
떠날 **리** [隹부 11획, 총19획]	영 leave 중 离 lí 일 リ(はなれる)

쓰임 ● 造語(조어) : 말을 새로 만듦 ● 造兵(조병) : 병기를 제조함 ● 次位(차위) : 버금 가는 순위 ● 次知(차지) : 대가를 받고 남의 형벌을 대신 받는 사람 ● 次兒(차아) : 둘째 아들 ● 弗素(불소) : 원소 중에서 가장 화합력이 센 기체 ● 弗貨(불화) : 달러를 본위로 하는 화폐 ● 離間(이간) : 두 사람 사이를 멀어지게 함 ● 離家(이가) : 집을 떠남

글뜻 ● 造(조)는 착(辵)과 고(告)의 형성자. 본뜻은 '나아가다'이다. ● 次(차)는 흠(欠)과 이(二)의 회의 형성자. ● 弗(불)은 '만물이 좌우로 어긋남'을 의미. ● 離(리)는 추(隹)와 이(离)의 형성자. 본뜻은 '꾀꼬리'인데 '떠나다'로 바뀜.

95

節義廉退
절의염퇴

의의 절조를 지켜 의리를 세우며 청렴결백하여 명리를 다투지 않는다.

출전 당나라 때의 인물 위징(魏徵)의 〈논치도소(論治道疏)〉와 《북사(北史)》〈고윤전(高允傳)〉에서 인용하였다.

해설 일찍이 맹자는 백이(伯夷)와 유하혜(柳下惠)를 견주어 설명했다.

"백이는 섬길만한 군왕이 아니면 섬기지를 않았고, 사귈만한 벗이 아니면 사귀지 않았다. 악한 사람의 조정에 서고, 악한 사람과 이야기하는 것을 마치 조정에서 입는 옷을 입고, 조정에서 쓰는 관을 쓰고 진흙과 숯검정 위에 있는 것과 같다 하였다."

그러므로 제후들이 아무리 정중하게 글을 써 가지고 와도 결코 받지 않았다. 이것은 벼슬길에 나가는 것보다 물러가야 함을 알았기 때문이다.

유하혜는 어떠했는가? 그는 더러운 군왕을 조금도 부끄럽게 여기지 않았다. 또한 작은 벼슬자리도 결코 하찮게 여기지를 않았다. 벼슬하러 나갈 때에는 자신의 우수한 면을 과감히 드러냈고, 반드시 정당한 방법으로 일했다. 버려져도 화를 내지 않았으며 곤궁에 처해도 원망하지 않았다. 평소에 그는 이렇게 말했다.

"너는 너고 나는 난데 내 곁에서 옷을 벗고 있는들 네가 어찌 나를 알겠느냐."

이것은 무엇을 말하는가. 무리 속에 섞일 때엔 싱싱한 기색을 감추지 않은 것이다. 자기를 끌어서 머물게 하였으니, 머물러 있는 것을 당연하게 보고 물러나는 것을 떳떳하게 여기지 않았다. 그래서 후세에 이런 평가가 가능해진다.

"백이는 편협하고 유하혜는 불경스럽다."

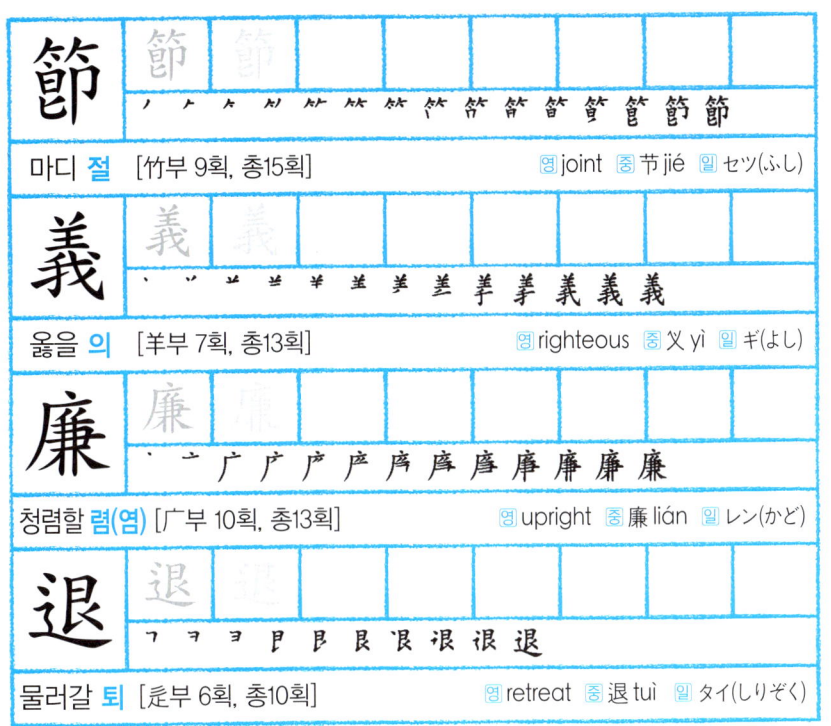

節	節 節
마디 **절** [竹부 9획, 총15획]	영 joint 중 节 jié 일 セツ(ふし)
義	義 義
옳을 **의** [羊부 7획, 총13획]	영 righteous 중 义 yì 일 ギ(よし)
廉	廉 廉
청렴할 **렴(염)** [广부 10획, 총13획]	영 upright 중 廉 lián 일 レン(かど)
退	退 退
물러갈 **퇴** [辵부 6획, 총10획]	영 retreat 중 退 tuì 일 タイ(しりぞく)

쓰임 ●節理(절리) : 갈라진 틈 ●節鼓(절고) : 국악기의 한 가지 ●義人(의인) : 의로운 사람 ●義旅(의려) : 의로운 군대 ●廉正(염정) : 청렴하고 공정함 ●廉義(염의) : 조촐하고 바른 마음 ●退身(퇴신) : 관여하던 일에서 물러남 ●退闇(퇴암) : 사리에 어두운 사람을 물리침

글뜻 ●節(절)은 죽(竹)과 즉(卽)의 형성자. 본뜻은 '대마디'이다. ●義(의)는 양(羊)과 아(我)의 회의자. 본뜻은 '나에게서 나오는 위의'이다. ●廉(렴)은 엄(广)과 겸(兼)의 형성자. 본뜻은 '측(側)'이다. ●退(퇴)는 '날로 서행하여 뒤떨어지다'라는 의미.

96

顚沛匪虧
전 패 비 휴

의의 엎어지고 자빠져도 이지러지지 않는다.

출전 《논어》 〈이인편〉 '군자무종식지간위인(君子無終食之間違仁), 조차필어시(造次必於是), 전패필어시(顚沛必於是)'에서 인용하였다.

해설 앞 절의 인(仁)에 대하여 본 절은 의(義)를 다루고 있다. 공자는 군자와 소인의 차이를 〈이인편〉에서 구분했다.

"군자와 소인의 차이는 지혜와 지식의 많고 적음에 있는 것이나, 빠르고 느린 것에 있는 것이 아니다. 군자와 소인은 생각의 질이 다르다. 같은 지식의 정도를 가지고도 의리를 먼저 염두에 두고 대하는 것이 군자이며, 이해타산을 생각하는 것은 소인이다."

사마우라는 제자의 물음에 공자의 답변은 이러했다.

"군자는 근심도 않고 두려워도 않는다."

그런 정도라면 특별히 어려운 것이 아니라는 생각에 사마우는 넉넉한 여유를 머금고 다시 묻는다.

"그것만으로 충분합니까?"

공자의 보충 설명이 이내 떨어진다.

"양심에 비춰보아 부끄러운 것이 없는데 무슨 걱정이 있으며 두려움이 있겠느냐."

걱정을 하지 않고 두려워하지 않는데 무슨 두려움이 있겠는가 하는 말이다. 스스로 반성해서 일말의 두려움이 없다는 것, 그것은 참으로 쉽지 않은 일이다.

그런 점으로 볼 때 사마우는 어떤 사람인가? 가능성이 충분했다. 그러나 그의 형 환퇴는 송나라 사람으로서 몇 번이나 공자를 살해하려고 했다. 그러므로 사마우는 항시 두렵고 초조한 마음을 가지고 있었다. 그 점을 염두에 두고 공자는 말한 것이다.

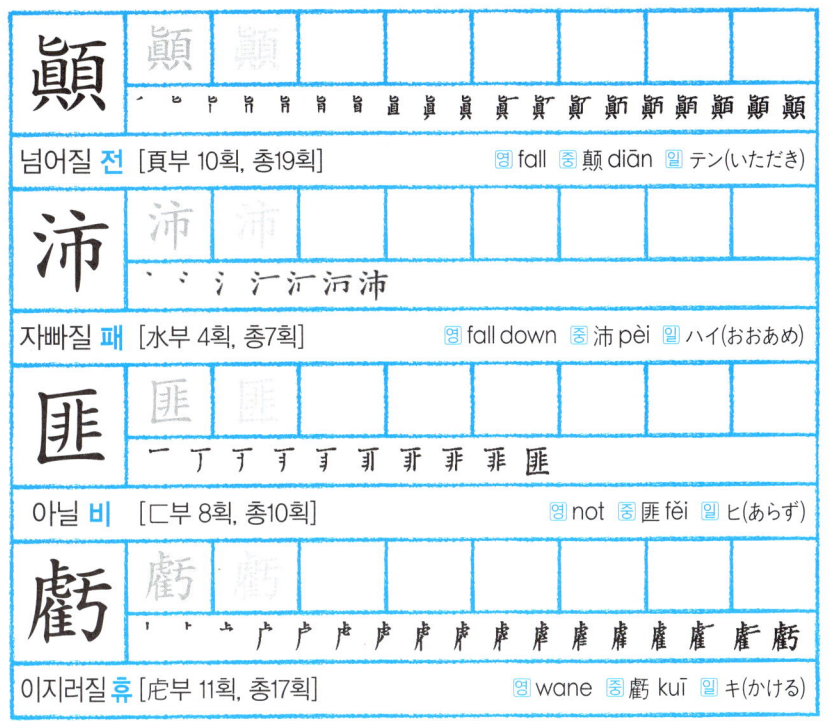

한자	훈음	부수·획수	영	중	일
顚	넘어질 **전**	[頁부 10획, 총19획]	fall	颠 diān	テン(いただき)
沛	자빠질 **패**	[水부 4획, 총7획]	fall down	沛 pèi	ハイ(おおあめ)
匪	아닐 **비**	[匚부 8획, 총10획]	not	匪 fěi	ヒ(あらず)
虧	이지러질 **휴**	[虍부 11획, 총17획]	wane	亏 kuī	キ(かける)

쓰임 ●顚覆(전복) : 뒤집어 엎어짐 ●顚倒(전도) : 위치나 차례가 거꾸로 뒤바뀜 ●沛公(패공) : 한나라를 세운 유방을 가리킴 ●沛然(패연) : 비가 줄기차게 오는 모양 ●匪魁(비괴) : 비적의 괴수 ●匪徒(비도) : 비적의 무리 ●虧蔽(휴폐) : 초목 따위가 무성하여 햇빛이 보이지 않음 ●虧失(휴실) : 이지러져 없어짐

글뜻 ●顚(전)은 혈(頁)과 진(眞)의 형성자. 본뜻은 '이마', '엎드러지다'로 변했다. ●沛(패)의 본뜻은 '물의 이름'. ●匪(비)는 방(匚)과 비(非)의 형성자. 본뜻은 '대바구니'로 '비(非)'와 통용된다. ●虧(휴)는 '기력이 약화되다'이나 나중에 '손해'로 바뀌었다.

97

性靜情逸
성정정일

의의 사람의 본성이 안정되면 모든 일이 평안하다.

출전 《예기》〈악기(樂記)〉의 '인생이정 천지성야(人生而靜 天之性也)'에서 인용하였다.

해설 음악이 생겨난 동기는 아무래도 사람의 마음에서 우러난 것이 시초일 것이다. 사람의 마음을 움직이는 것은 물론 외부의 사물에 의해 느껴지기 마련이지만, 그러나 이것은 곧 소리(音)로 나타난다.

따라서 음성(音聲)은 마음의 유동 현상에 따라 높거나 낮아지고, 또 강하거나 약해진다. 이 음성은 변화하는 방법에 따라 일정한 원칙을 갖게 된다. 그러한 원칙을 음악상의 음(音)이라 하는데, 이 음을 조화시켜 악기에 시행하고 이것에 맞춰 춤을 춘다. 그것이 악(樂)이다.

악의 근본을 놓고 보면 사람의 마음이 사물에 감동하는 데에 있다. 사물로부터 느껴지는 마음의 기쁨이나 성냄·감동의 소리와 폭이 달라진다. 이것은 본성이 아니라 정(情)이다.

이를테면 사람의 마음이 사물에 감동할 때에 그 종류에 따라 다르다는 얘기다. 슬프게 느껴질 때엔 그 소리가 타는 듯하면서 낮고 힘이 없으며, 즐겁게 느껴질 때엔 명랑하면서 여유가 있다. 또한 기쁘게 느껴질 때엔 소리가 높아져 흩어지며, 분노로 느껴지면 그 소리는 거칠고 사납기 마련이다. 공경하는 마음이 있을 때엔 소리는 당연히 진지해지며 분별력이 있고, 사랑이 느껴질 때엔 소리가 화평하면서도 유순하기 마련이다.

이렇듯 네 가지의 소리는 서로 다르지만 그 극점은 하나이다. 즉, 사람의 마음을 통일하며 상대의 마음을 움직이므로 음악은 나라를 다스리는 도를 이루도록 한다.

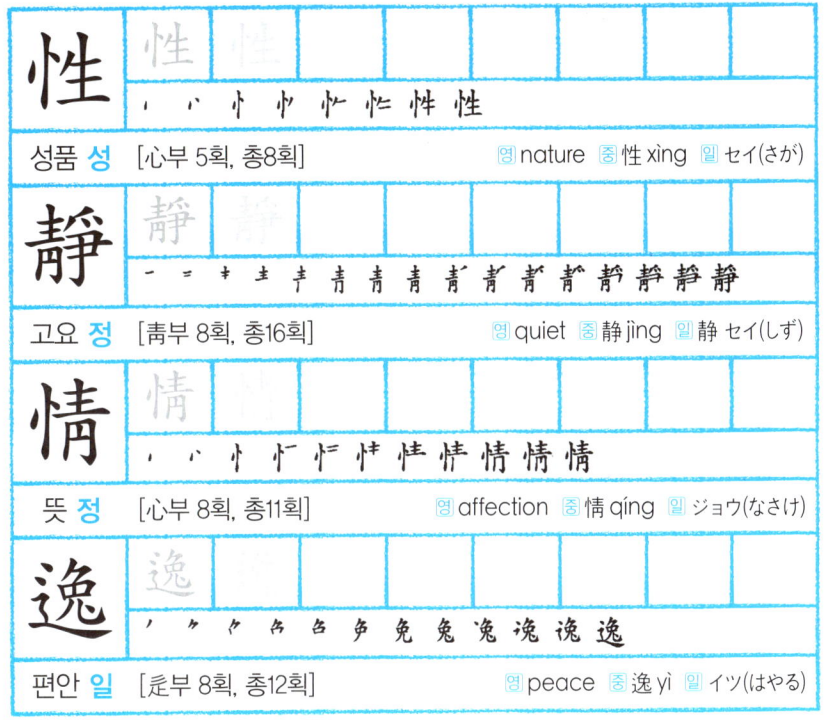

性	
성품 **성** [心부 5획, 총8획]	영 nature 중 性 xìng 일 セイ(さが)
靜	
고요 **정** [靑부 8획, 총16획]	영 quiet 중 静 jìng 일 静 セイ(しず)
情	
뜻 **정** [心부 8획, 총11획]	영 affection 중 情 qíng 일 ジョウ(なさけ)
逸	
편안 **일** [辵부 8획, 총12획]	영 peace 중 逸 yì 일 イツ(はやる)

쓰임 ●性向(성향) : 성질과 취향 ●性徵(성징) : 성별에 따른 신체의 형태 및 구조의 특징 ●靜觀(정관) : 조용히 사물을 관찰함 ●靜物(정물) : 움직이지 않는 물건 ●情恨(정한) : 마음속의 원한 ●情表(정표) : 마음의 표시로 주는 물건 ●逸樂(일락) : 놀고 즐김 ●逸脫(일탈) : 벗어남

글뜻 ●性(성)은 심(心)과 생(生)의 형성자. 설문에서는 '하늘로부터 받은 본래의 착함'이라 하였다. ●靜(정)은 청(靑)과 쟁(爭)의 형성자. '고요하다'는 뜻. ●情(정)은 심(心)과 청(靑)의 형성자. '후천적인 감정'으로 성(性)과는 반대 개념. ●逸(일)은 착(辵)과 토(兎)의 회의자이다. 본뜻은 '토끼가 도망하는 것'으로 '상실'이다.

98

心動神疲
심동신피

의의 마음이 동요되면 정신도 피로하다.

출전 진(晉)나라 오군 사람인 육기(陸機)의 〈연연주(演連珠)〉 징심순물(澄心徇物) 형일신로(形逸神勞)'에서 인용하였다.

해설 《법구경》에 있는 말이다.

'마음은 모든 일의 근본이 된다. 마음은 모든 일의 주(主)가 되어 모든 일을 시킨다. 마음속에 악한 일을 생각하면 그 말과 행동도 그러하다. 그 때문에 괴로움은 그에 따라 마치 수레를 따르는 수레바퀴처럼 된다.'

그런가 하면 《채근담》엔 마음 바탕이 조졸하여야 함을 강조한다. 그렇게 한 연후에 책을 읽고 옛날을 배울 것이라 했다. 그렇지 않으면 한 가지 선행(先行)을 보아도 이를 훔쳐 사욕을 펴는 데 악용을 할 것이오, 한 마디의 선행을 들어도 이를 빌려 저의 단처(短處)를 감추는 데 쓸 것이다. 이 어찌 원수에게 병장기를 도와주고 도적에게 양식을 주는 것이 아니냐 했다.

그러므로 우리는 매일 수염을 깎는 것처럼 마음을 가다듬어야 한다. 한 번 청소를 했다고 하여 언제까지나 방안이 깨끗한 것은 아니다. 또한 우리의 마음이 반성하였다 하여 좋은 뜻이 남아 있는 것은 아니다. 어제 먹은 뜻을 오늘 새롭게 하지 않으면 그것은 우리를 떠나게 됨을 잊지 않아야 한다. 《채근담》에 있는 말이다.

'물은 물결이 아니면 저절로 고요하고 거울은 흐리지 않으면 스스로 밝게 된다. 마음도 이와 같으니 그 흐린 것을 버리면 맑음이 저절로 나타날 것이오, 즐거움도 구태여 찾지 말 것이니 그 괴로움을 버리면 즐거움이 저절로 있다.'

《화엄경》의 지적처럼 모든 것이 마음에서 바뀐다는 것을 잊지 않아야 한다.

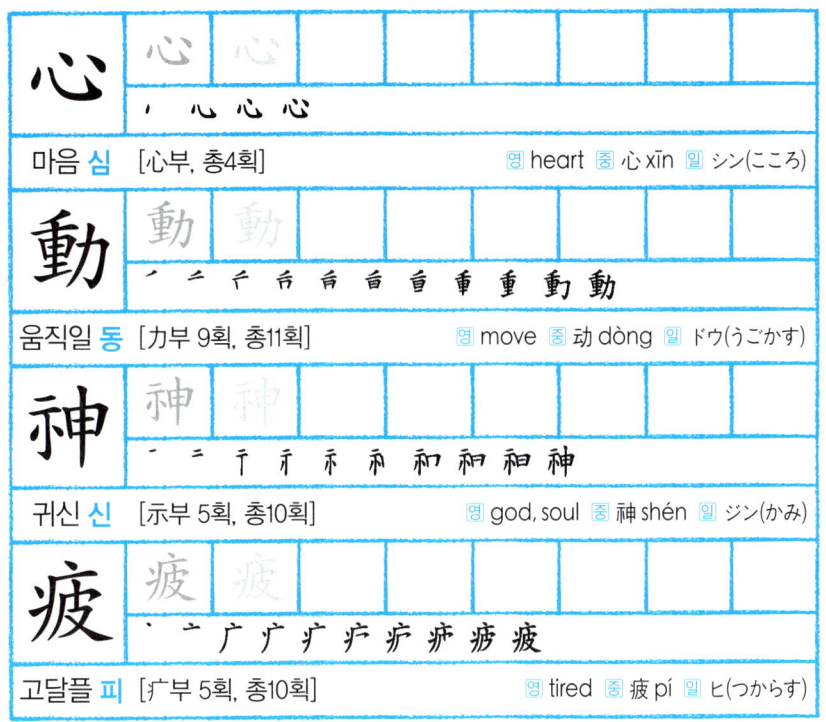

心	心 心
	丶 心 心 心
마음 심 [心부, 총4획]	영 heart 중 心 xīn 일 シン(こころ)
動	動 動
	丿 二 千 台 旨 旨 盲 重 重 動 動
움직일 동 [力부 9획, 총11획]	영 move 중 动 dòng 일 ドウ(うごかす)
神	神 神
	丶 二 亍 亓 示 礻 礻 和 和 和 神
귀신 신 [示부 5획, 총10획]	영 god, soul 중 神 shén 일 ジン(かみ)
疲	疲 疲
	丶 亠 广 疒 疒 疒 疒 疒 疲 疲
고달플 피 [疒부 5획, 총10획]	영 tired 중 疲 pí 일 ヒ(つからす)

쓰임 ● 心懷(심회) : 마음속에 품은 생각 ● 心火(심화) : 불같이 일어나는 마음속의 울화 ● 動向(동향) : 마음의 움직임 ● 動因(동인) : 사건이나 변화의 원인 ● 神品(신품) : 인공으로 만들 수 없는 훌륭한 작품 ● 神佛(신불) : 신령과 부처 ● 疲困(피곤) : 몸이 지쳐 고달픔 ● 疲弊(피폐) : 지치고 쇠약함

글뜻 ● 心(심)은 심장의 모양을 나타낸 상형자. ● 動(동)은 역(力)과 중(重)의 형성자. '일어나 움직이다'라는 뜻이다. ● 神(신)은 시(示)와 신(申)의 형성자. ● 疲(피)는 녁(疒)과 피(皮)의 형성자. 본뜻은 '애쓰다'이다.

99

守眞志滿
수 진 지 만

의의 사람이 참된 길을 지키면 뜻이 가득해진다.

출전 《장자》의 〈어부〉와 《후한서》 신도가전(申屠嘉傳), 그리고 《장자》의 〈양생주〉를 인용하였다.

해설 공자가 진(陳)나라와 채(蔡)나라 사이에서 성난 군중에게 둘러싸여 곤욕을 치를 때의 일이다. 이레 동안 일행들은 아무것도 먹지를 못했다. 이때 공자가 자로를 보내 포위망을 뚫고 어디에서 겨우 한 되의 쌀을 가져왔다. 그것으로 안회(顔回)가 밥을 지었는데, 밥이 거의 다 될 무렵 멀리서 자공이 보았더니, 안회가 솥 안에 손을 넣어 뭔가를 움켜 입 안에 넣는 것을 보았다. 자공은 평소 공자 문하에 든 것을 자랑으로 삼았으나, 스승으로부터 '너는 안회만 못하다'는 말을 들었던 터라 이 모습을 보고 스승께 전말을 고하고 질문했다.

"선생님, 군자도 궁하면 양심을 속이고 옳지 못한 행동을 하게 됩니까?"

"그 무슨 소리냐. 군자는 궁하면 궁할수록 더 곧느니라."

"그렇다면 제가 조금 전에 보았던 것을 어찌 생각하십니까?"

공자가 안회를 불러 말했다.

"내가 방금 꿈에 신을 보았다. 제사를 드리겠으니 새로 지은 밥을 가져오너라."

안회가 무릎을 꿇고 답했다.

"스승님, 제가 조금 전에 밥을 지을 때 솥뚜껑을 열었는데, 검댕이가 날아들어가 그것을 손으로 건져냈습니다. 그런데 검댕이에 밥알이 묻어 나오므로 버리기가 아까워 입에 넣었습니다. 이미 더럽혀진 밥이므로 제사에 쓸 수가 없습니다."

"알겠다, 그만 물러가거라."

안회가 나간 뒤 공자가 말했다.

"어떠냐, 자공아."

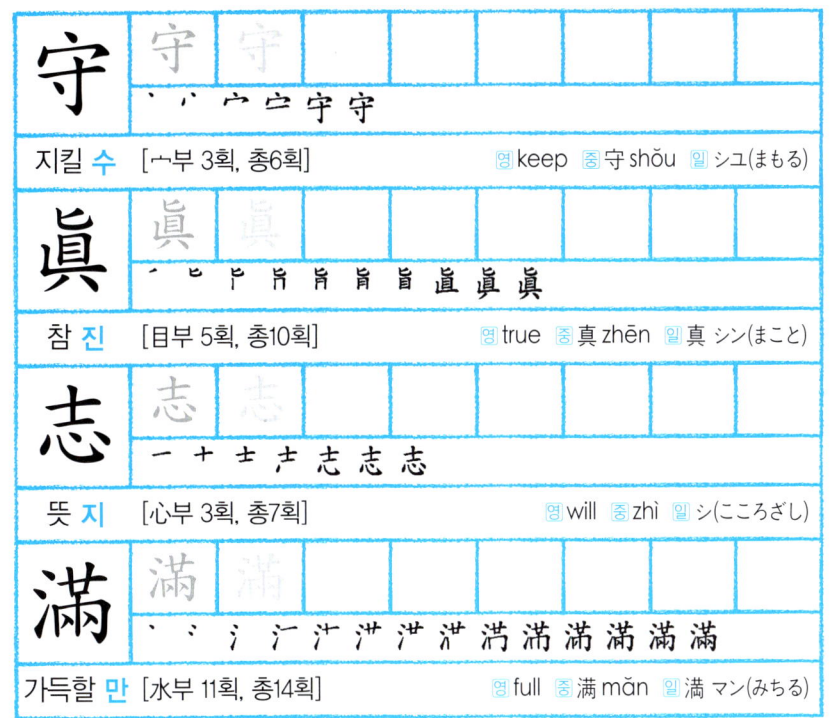

한자	훈음	부수·획수	영	중	일
守	지킬 수	[宀부 3획, 총6획]	keep	守 shǒu	シユ(まもる)
眞	참 진	[目부 5획, 총10획]	true	真 zhēn	真 シン(まこと)
志	뜻 지	[心부 3획, 총7획]	will	zhì	シ(こころざし)
滿	가득할 만	[水부 11획, 총14획]	full	满 mǎn	満 マン(みちる)

쓰임 ●守舊(수구) : 종래의 관습이나 노선을 지킴 ●守歲(수세) : 섣달 그믐날의 밤샘 ●眞影(진영) : 참모습 ●眞義(진의) : 참뜻 ●志氣(지기) : 어떤 일을 이루려는 의기 ●志略(지략) : 계략 ●滿腔(만강) : 가슴에 가득 참 ●滿開(만개) : 꽃이 활짝 핌

글뜻 ●守(수)는 면(宀)과 촌(寸)의 회의자. '관부의 법도를 지키다'. ●眞(진)은 '참되다'의 뜻. ●志(지)는 지(之)와 심(心)의 회의 형성자. '마음이 가는 것'이라는 뜻. ●滿(만)의 본뜻은 '물이 넘치다'는 의미.

100

逐物意移
축 물 의 이

의의 물욕을 쫓으면 생각도 옮겨다닌다.

출전 《설원》의 〈잠언〉과 육기의 〈연연주〉, 남조 송나라 사람 사령운(謝靈運)의 글에서 인용하였다.

해설 《전국책》에 있는 말이다.

'욕심을 같이 하는 자는 서로 미워하고, 사람을 같이 하는 자는 서로 친하다.'

흥미로운 예화가 둘 있다. 하나는 《위지》 〈노식〉에 전하는 화중지병(畵中之餠)이다.

위문제(魏文帝)는 노식의 능력을 높이 사 이부상서에 임명했다. 그리고는 이렇게 말했다.

"자네라면 괜찮지만, 그저 집안이 좋다든지 하는 것만으로 높은 지위에 앉는 것 따위는 곤란한 일이야. 땅에 그린 그림은 먹을 수가 없으니 말이야."

또 하나의 예화는 득롱망촉(得隴望蜀)이다.

위의 조조와 촉의 유비가 한창 다투고 있던 삼국시대. 조조는 지금의 사천성인 촉의 북쪽에 있었던 섬서성 남부, 농의 지방으로 쳐들어가 이를 수중에 넣었다. 조조의 부하인 사마의의 생각으로는 적의 본거지인 촉 땅도 약간 무리하면 손 안에 넣을 수 있다는 자신감이 앞섰다. 그러나 조조는 손을 내저었다.

"사람은 이만하면 되었다 싶어도 여간해선 만족하지 않거든. 이미 농(隴)을 얻었는데 또다시 촉을 얻고 싶은 생각을 다시 할 수가 있을까."

이미 조조는 그것이 무리라는 것을 잘 알고 있었던 것이다. 《후한서》 〈헌

제기(獻帝記)〉에도 유사한 얘기가 전한다.

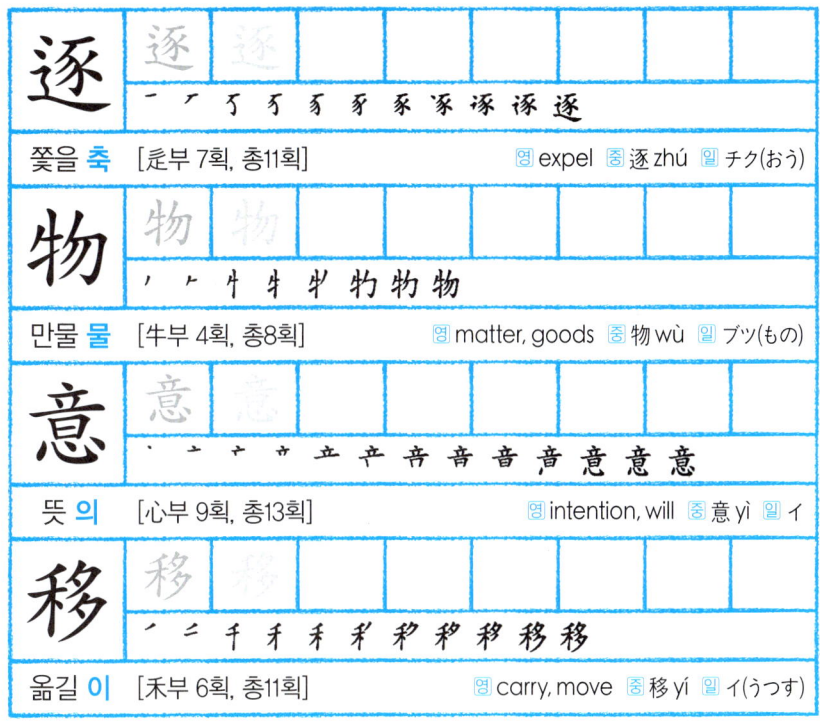

逐	逐 逐
쫓을 **축** [辵부 7획, 총11획]	영 expel 중 逐 zhú 일 チク(おう)
物	物 物
만물 **물** [牛부 4획, 총8획]	영 matter, goods 중 物 wù 일 ブツ(もの)
意	意 意
뜻 **의** [心부 9획, 총13획]	영 intention, will 중 意 yì 일 イ
移	移 移
옮길 **이** [禾부 6획, 총11획]	영 carry, move 중 移 yí 일 イ(うつす)

쓰임 ●逐客(축객) : 손님을 쫓음 ●逐條(축조) : 법조문 따위를 하나하나 검토하는 일 ●物名有主(물명유주) : 물건엔 주인이 있음 ●物色(물색) : 물건의 모양이나 빛깔 ●意氣(의기) : 의지와 용기 ●意譯(의역) : 낱말에 구애됨이 없이 전체 뜻을 살림 ●移監(이감) : 죄수를 다른 감옥으로 옮김 ●移管(이관) : 관할을 옮김

글뜻 ●逐(축)은 착(辵)과 시(豕)의 형성자. '추(追)'와 같은 뜻이다. ●物(물)은 우(牛)와 물(勿)의 형성자. ●意(의)는 심(心)과 음(音)의 회의자. '말을 살피면 뜻을 안다'는 뜻. ●移(이)는 화(禾)와 다(多)의 형성자. 본뜻은 '벼가 물결치다'이나 '옮기다'의 뜻으로 바뀌었다.

101

堅持雅操
견 지 아 조

의의 굳게 아조(雅操: 바른 절개와 지조)를 지킨다.

출전 《진서(晉書)》의 〈충의전서(忠義傳序)〉와 《후한서》 〈중장통전〉을 인용하였다. 여기에서 아조는 아악(雅樂)을 가리킨다.

해설 공자는 《논어》에서 말했다.

"나는 시로써 일어나 예로써 서며 음악으로 완성한다." 그런가 하면 《예기》의 〈악기편〉에서는 이렇게 말한다.

"치세의 음악은 안일하고 쾌락하여 그 정사가 평화롭다. 난세의 음악은 원한과 분노가 섞여 있다. 당연히 정사는 괴천하다. 또한 망국의 음악은 애사(哀思)를 띠어 백성이 피곤해진다. 그러므로 바른 음악의 도는 정치와 통한다."

이런 얘기가 있다. 춘추시대에 위(衛)나라의 영공이 진나라로 가는 길에 박수 물가에 이르렀다. 그러자 이때까지 한 번도 들어본 적이 없는 감미로운 음악소리가 들려왔다.

"어서 저 곡을 악보에 옮겨라."

명을 받은 악사가 곡을 익히자 그제야 영공은 갈 길을 서둘렀다. 이윽고 목적지에 도착하여 진(晉)인 평공 앞에서 곡을 연주하였다. 음악가인 사광은 질겁했다.

"그 곡을 탄주해서는 안 됩니다."

무슨 말이냐는 위영공의 반문에 사광은 조심스럽게 답변을 떨구었다.

"박수는 은나라 주왕(紂王)의 박사가 자살한 곳입니다. 그러므로 망국의 음악이라 합니다. 《예기》에도 〈상간(桑間)〉의 박수 물가의 음은 망국의 음악이다〉 하였으니, 다시는 그 곡을 연주해서는 아니됩니다.”

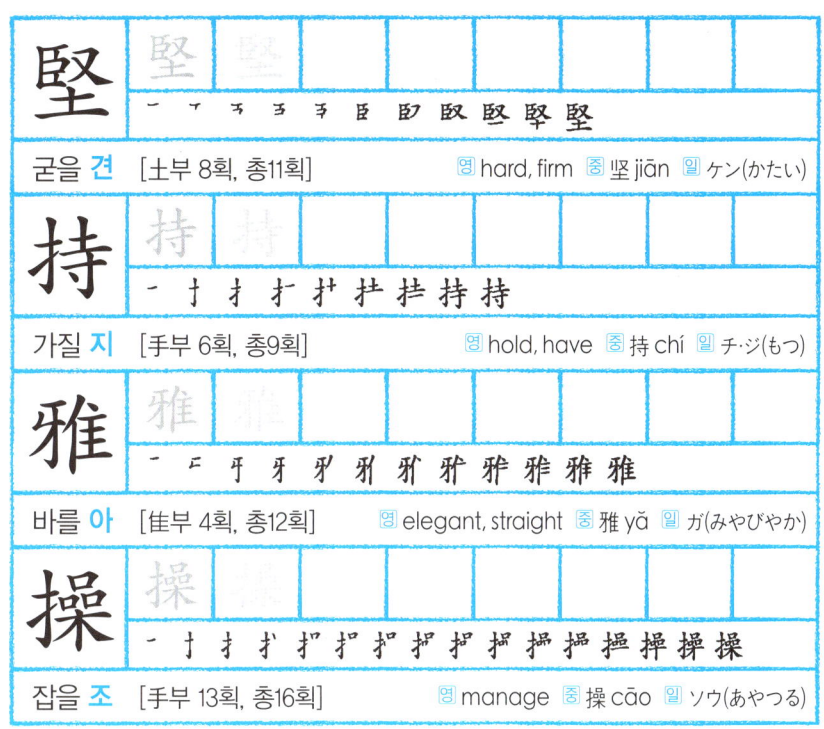

堅	굳을 **견**	[土부 8획, 총11획]	영 hard, firm 중 坚 jiān 일 ケン(かたい)
持	가질 **지**	[手부 6획, 총9획]	영 hold, have 중 持 chí 일 チ·ジ(もつ)
雅	바를 **아**	[隹부 4획, 총12획]	영 elegant, straight 중 雅 yǎ 일 ガ(みやびやか)
操	잡을 **조**	[手부 13획, 총16획]	영 manage 중 操 cāo 일 ソウ(あやつる)

쓰임 ●堅固(견고) : 굳고 단단함 ●堅守(견수) : 굳게 지킴 ●持戒(지계) : 계행을 지켜 계(戒)를 범하지 않음 ●持久(지구) : 오래 유지함 ●雅操(아조) : 곧은 지조와 절개 ●雅兄(아형) : 벗의 존칭 ●操行(조행) : 몸가짐 ●操筆(조필) : 붓을 듦

글뜻 ●堅(견)은 설문에 ‘굳은 흙’으로 풀이했다. ●持(지)는 수(手)와 사(寺)의 형성자. ‘손으로 잡다’는 뜻이다. ●雅(아)는 추(隹)와 아(牙)의 형성자. 본뜻은 ‘까마귀’이다. 《시경》의 대서(大序)에서 아정야(雅正也)라 한다. 나중에 ‘정(正)·의(儀)’로 바뀌었다. ●操(조)는 ‘잡다’라는 뜻. 집운(集韻)에서 나중에 ‘절조’로 바뀌었다.

102

好爵自縻
호 작 자 미

의의 좋은 지위가 스스로 얽히어 이른다.

출전 《주례(周禮)》의 〈천관〉 대재(大宰)에서 인용하였다.

해설 호작(好爵)은 좋은 관직을 뜻한다. 재능이 어느 정도인가에 따라 그 사람의 관위가 달라지는 것도 사실이다. 《한비자》에 '닭으로 하여금 밤을 담당하게 하고, 고양이로 하여금 쥐를 잡게 한다'는 것은 곧 능력과 재능을 의미한다.

아무리 능력이 있어도 때를 만나지 못했음을 이르는 말에 노기복력(老驥伏櫪)이란 말이 있다. 천리마가 늙도록 마구간에 엎디어 있음을 뜻하는 말이다.

《위문제》 〈악가〉에 출전이 보인다.

한유(韓愈)라고 하면 당나라 중엽쯤에 나온 중국에서 으뜸가는 명문장이다. 그는 특히 비유하는 얘기에 능했다.

"이 세상에는 훌륭한 백락(伯樂)이 있어야 비로소 하루에 천 리를 달리는 말이 있게 됩니다."

"그게 무슨 말인가?"

천 리를 달리는 좋은 말은 언제나 있기 마련이다. 그러나 좋은 말을 알아보는 백락과 같은 사람이 있기 때문에 형편없는 말을 알아 볼 수가 있다.

만약 백락과 같은 사람이 없다면, 아무리 천리마라 해도 형편없는 말로 둔갑하여 겨우 짐을 옮기는 일만 하다가 죽게 된다. 다시 말해 훌륭한 인재도 그를 알아보는 사람이 있어야 좋은 자리에 오를 수 있는 것이다.

한유의 《진학해(進學解)》에 있는 말이다.

"파라척결(爬羅剔抉)하라."

샅샅이 널리 뒤져서 인재를 구한다는 뜻이다.

好

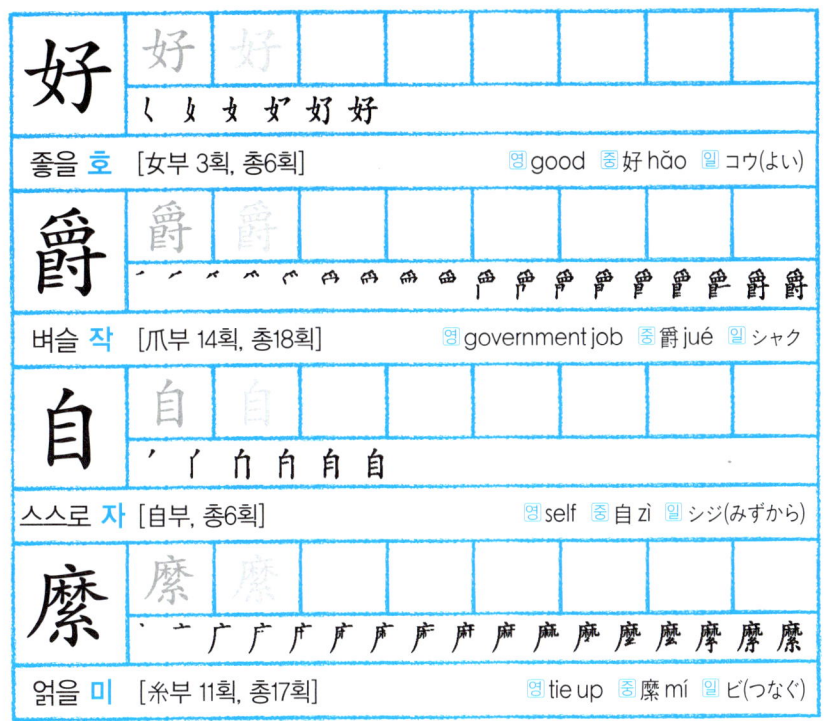

좋을 **호** [女부 3획, 총6획] 영 good 중 好 hǎo 일 コウ(よい)

爵

벼슬 **작** [爪부 14획, 총18획] 영 government job 중 爵 jué 일 シャク

自

스스로 **자** [自부, 총6획] 영 self 중 自 zì 일 シジ(みずから)

縻

얽을 **미** [糸부 11획, 총17획] 영 tie up 중 縻 mí 일 ビ(つなぐ)

쓰임 ●好感(호감) : 좋은 느낌 ●好景氣(호경기) : 좋은 경기 ●爵祿(작록) : 작위와 봉록 ●爵位(작위) : 관작과 위계 ●自譴(자견) : 스스로 마음을 위로하거나 근심을 잊음 ●自剄(자경) : 스스로 목을 찔러 죽음 ●縻爛(미란) : 몹시 피로함 ●縻散(미산) : 문드러 흩어짐

글뜻 ●好(호)는 여(女)와 자(子)의 회의자. '여자의 아름다움'이라는 뜻이다. ●爵(작)의 본뜻은 '참새(雀)를 그린 술잔을 손에 잡는 형상'이다. 나중에 '작위'로 바뀌었다. ●自(자)는 비(鼻)의 상형자. '자기'의 뜻으로 변함. ●縻(미)는 사(糸)와 마(麻)의 형성자. 본뜻은 '소고삐'. 나중에 '얽히어 이르다'로 바뀌었다.

103

都邑華夏
도 읍 화 하

의의 도읍은 큰 도회지로, 나라의 서울을 뜻한다.

출전 《진서(晉書)》 〈지리지〉와 《사기》 〈제왕기(帝王紀)〉를 인용하였다.

해설 《홍범구주》 제3강에 의하면, 고대엔 정전제도를 제청하였다. 밭이랑·두둑·도랑이 핵심이 되었는데, 사방 구백 이랑을 일정(一井)으로 하여 최소 단위를 삼았다. 거기에서 나아가 사방 4리를 1구(丘)라 했다.

4구에 사방 8리를 1전(甸)이라 하였고, 사방 16리를 1현(縣)이라 했다. 여기에서 나아가 4현에 방 32리 또는 40리를 도성(都城)이라 했으며, 4도에 방 64리를 6향(鄕)이라 하였다.

따라서 그곳에 살고 있는 주민이나 도성에서는 이에 해당하는 세금·부역·군사 등 학문 각 분야에 걸쳐 배우고 익힐 수 있는 권리와 의무를 부여했다.

오래전 왕실에서는 1보(步)를 6척 평방으로 하고, 사방의 평수가 36척(尺)을 일보 평방이라 하였으며, 보(步) 백을 밭이랑 하나로 삼았었다. 그러는가 하면 정(井) 10개를 1통(通)이라 하였으며, 대략 80명이 모여 마을을 형성하였다.

《식화지》에 의하면, 임금은 열치(寸)를 1척이라 하였고, 성탕(成湯)은 12치를 1척으로 하였다.

인구 비례를 보면 읍이 4개면 구(丘)이고, 여기에는 민가 128명이 머물렀다. 전(甸)에는 구(丘)가 네 개니, 민가의 인원은 512명에 이른다.

또한 전에는 사졸이 72명, 갑사가 3명, 소가 12마리, 용마 4필, 병거가 1승(乘)이 된다. 이와 같은 비례로 현이나 군에서 왕성에 이르는 계산법에 의거하여, 만승이 되면 만승천자라 했다.

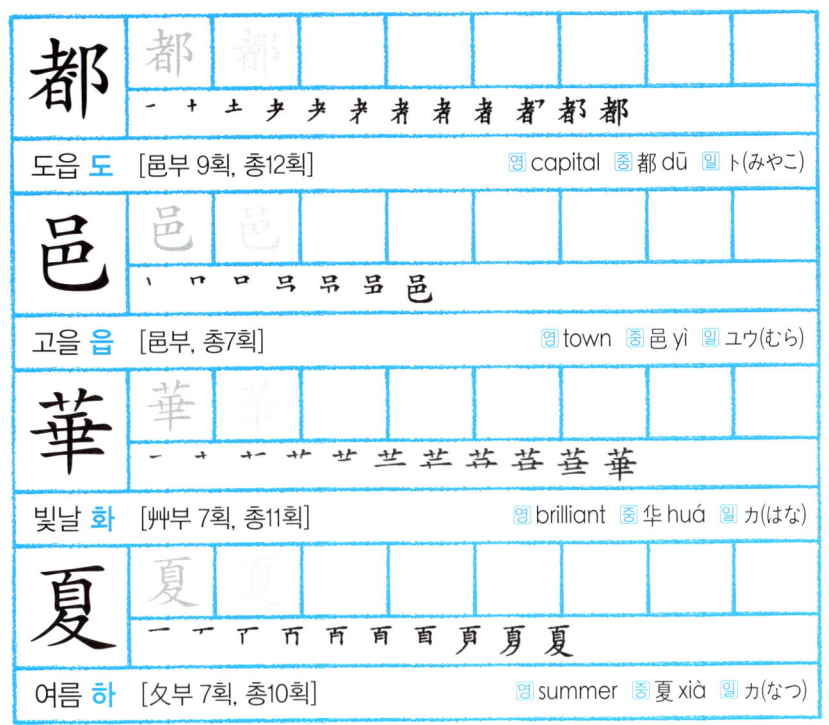

都

一 十 土 耂 耂 耂 者 者 者 者' 者阝 都

도읍 **도** [邑부 9획, 총12획] 영 capital 중 都 dū 일 ト(みやこ)

邑

丶 口 口 吕 吕 吕 邑

고을 **읍** [邑부, 총7획] 영 town 중 邑 yì 일 ユウ(むら)

華

一 十 卄 卄 艹 芏 芏 芏 荁 荁 華

빛날 **화** [艸부 7획, 총11획] 영 brilliant 중 华 huá 일 カ(はな)

夏

一 丆 丆 丙 丙 百 百 頁 頁 夏

여름 **하** [夊부 7획, 총10획] 영 summer 중 夏 xià 일 カ(なつ)

쓰임 ●都心(도심) : 도시의 중심부 ●都合(도합) : 모두 ●邑內(읍내) : 읍은 안 ●邑落(읍락) : 읍의 마을 ●華蓋(화개) : 비단 우산 ●華甲(화갑) : 61세 ●夏景(하경) : 여름 경치 ●夏穀(하곡) : 여름에 거두는 곡식

글뜻 ●都(도)는 읍(邑)과 자(者)의 형성자. 본뜻은 '선군(先君)이 있었던 종묘의 소재지'를 뜻함 ●邑(읍)은 구(口)와 파(巴)의 회의자. '제후의 소재지'. ●華(화)는 본뜻이 '꽃의 총칭'이다. ●夏(하)는 혈(頁)과 구(口)와 복(夊)과의 회의자. 본뜻은 '중국인'이다. 더운 날에는 머리를 내밀고 양손을 활짝 펴는 모습이므로 '여름'으로 풀이했다.

104

東西二京
동서이경

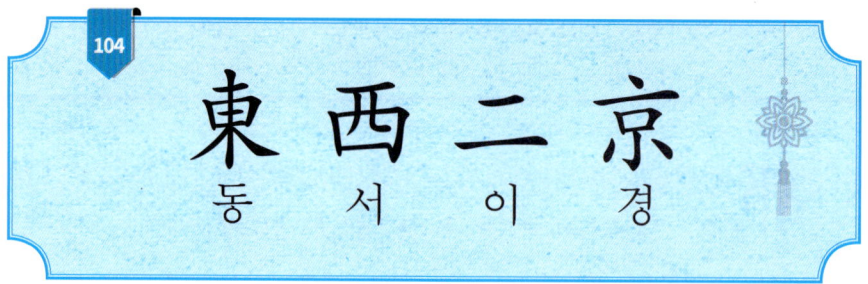

의의 동경은 낙양(洛陽), 서경은 장안(長安)이다.

출전 《서경》의 〈무성(武成)〉에서 인용하였다.

해설 서경은 구도(舊都)인 섬서성에 있는 장안(長安)이고, 동경은 하남성에 있는 낙양이다. 특히 장안은 당나라의 서울로 시선(詩仙) 이태백은 '자야오가(子夜吳歌)'에서 다음과 같이 읊었다.

장안에 한 조각 달빛이 밝은데
여러 집에서 들리는 다듬이 소리 처량도 하여라
가을 바람 불고 불어 그치지 않으니
이는 모두 옥관의 정이어라
호로를 평정할 날 언제련가
원정이 끝나야 우리 님이 돌아오지

그리고 사현휘(謝玄暉)의 〈화서도조(和徐都曹)〉는 낙양을 노래하고 있다.

낙양은 놀기 좋은 곳
춘색이 황주에 가득하다
수레 매어 청교의 들로 나가니
저 멀리 장강의 흐름이 보이네
해는 냇물 위에 움직이고
풍광은 풀밭 끝에서 움직이며 노닌다
도리는 피어 길을 만들고

뽕나무 느릅나무는 노변을 뒤덮어라
동도 성 밖은 농사일이 한창이니
돌아가면 나도 푸른 밭을 바라보리

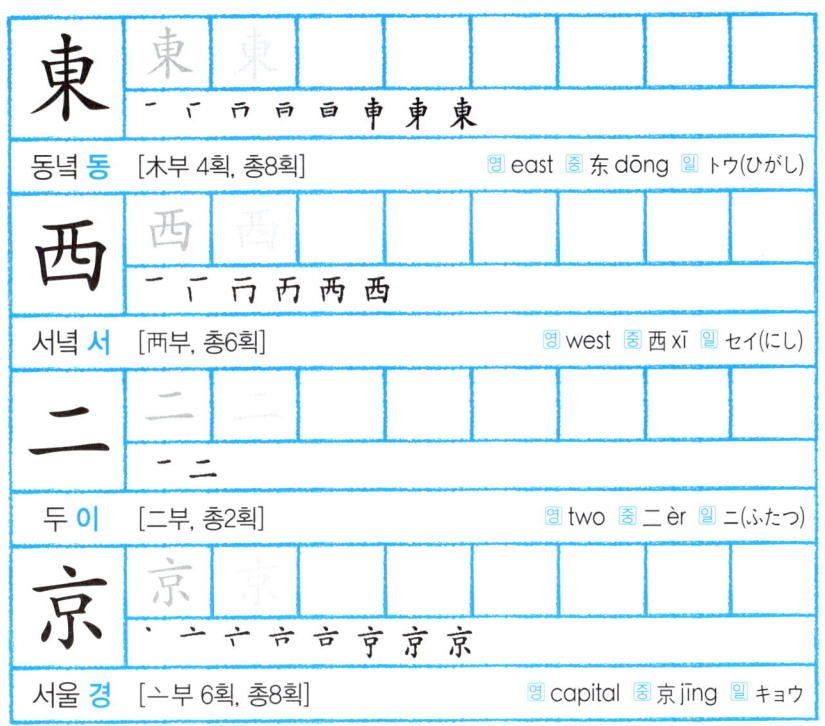

東	一 丆 丙 襾 百 亘 東 東	동녘 **동** [木부 4획, 총8획] 영 east 중 东 dōng 일 トウ(ひがし)
西	一 丆 丙 丙 襾 西	서녘 **서** [襾부, 총6획] 영 west 중 西 xī 일 セイ(にし)
二	一 二	두 **이** [二부, 총2획] 영 two 중 二 èr 일 ニ(ふたつ)
京	丶 亠 亠 市 亯 亨 京 京	서울 **경** [亠부 6획, 총8획] 영 capital 중 京 jīng 일 キョウ

쓰임 ●東君(동군) : 태양의 신 ●東床(동상) : 사위 ●西藏(서장) : 티베트 ●西曆(서력) : 예수가 태어난 때를 기원으로 하는 책력 ●二更(이경) : 하오 9시에서 11시 사이 ●二極(이극) : 양극과 음극 ●京調(경조) : 서울의 풍습과 습관 ●京唱(경창) : 서울에서 부르는 노래

글뜻 ●東(동)은 일(日)과 목(木)의 회의자. '해가 나무 사이로 떠오르는 모습'을 본뜸. ●西(서)는 '새가 둥지로 돌아가는 모습'을 본뜸. ●二(이)는 땅의 수이다. ●京(경)의 본뜻은 '사람이 만든 높은 언덕'으로 '서울'.

105 背邙面洛
배망면락

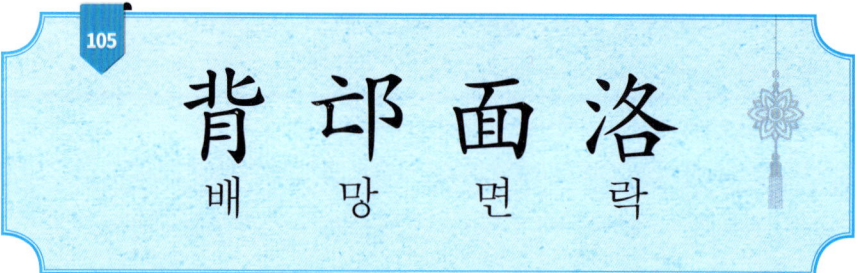

의의 낙양은 북망산을 등지고 낙수에 향하였다.

출전 《문선(文選)》 〈동경부(東京賦)〉에서 인용하였다.

해설 서주(西周) 시대의 수도는 호경(鎬京)이었다. 이곳은 기산 시대를 지나 주왕조가 천도한 곳으로 이미 4백 년이 되었다. 당시 주왕조의 황제는 희궁날이었으며, 궁 안을 번잡스럽게 만든 여인은 포사(褒姒)였다. 희궁날의 아이를 낳아 궁 안을 멋대로 주무르던 그녀의 환심을 사기 위해 괵석부가 괴이한 일을 생각해낸다. 그것은 여산에 있는 봉화대에 불을 붙여 봉국(封國)의 군사들이 달려오는 것을 보고 즐길 참이었다. 그렇게 하여 봉화대 이십 여로에 불을 붙였다.

새벽이 되자 갑옷을 입은 장교와 병사들이 밤을 도와 달려왔다. 그들은 조금도 피로한 기색을 보이지 않았다. 오로지 군왕을 위해서라면 자신들의 목숨을 초개같이 던질 각오가 되어 있었다. 그러나 그들이 도착한 산기슭엔 적의 그림자는 보이지 않고 말초신경을 자극하는 음탕한 음악 소리뿐이었다. 그제야 그들은 속은 것을 알고 돌아갔다.

"망녕이 난 늙은 것이 어린 계집을 기쁘게 해주려고 그런 짓을 하다니."

모두들 분개하고 돌아갔다. 그런데 얼마 후엔 견융 부락의 이민족이 침공해왔다. 다시 봉화 불을 올렸다. 그러나 어느 곳에서도 원군을 보내지 않았다. 희궁날은 먼 목적지 낙양을 향해 도망치다가 잡혀 죽었다. 이렇게 하여 서주(西周)가 망하고 제13대 평왕 때부터 동주(東周) 시대가 시작되었다.

낙양으로 천도하자 제후들은 표(表)를 올려 치하했다. 그곳은 호경(鎬京)에 비해 조금도 손색이 없었다.

背

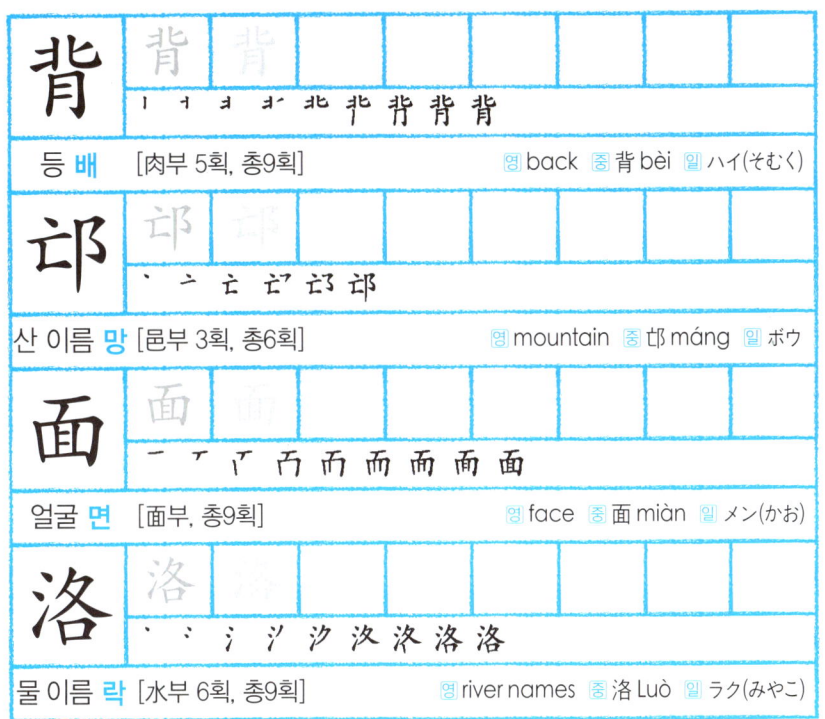

등 **배** [肉부 5획, 총9획] 영 back 중 背 bèi 일 ハイ(そむく)

邙

산 이름 **망** [邑부 3획, 총6획] 영 mountain 중 邙 máng 일 ボウ

面

얼굴 **면** [面부, 총9획] 영 face 중 面 miàn 일 メン(かお)

洛

물 이름 **락** [水부 6획, 총9획] 영 river names 중 洛 Luò 일 ラク(みやこ)

쓰임 ●背理(배리) : 도리에 어긋남 ●背任(배임) : 임무를 져버림 ●面鏡(면경) : 얼굴이나 볼 정도의 작은 거울 ●面愧(면괴) : 대면하기가 부끄러움 ●洛水(낙수) : 강 이름 ●洛書(낙서) : 중국의 우왕 때에 낙수의 거북이 등에 새겨진 아홉 개의 무늬

글뜻 ●背(배)는 육(肉)과 북(北)의 형성자. 본뜻은 척추인데 여기에서는 '등지다'라는 동사. ●邙(망)은 읍(邑)과 망(亡)의 형성자. 본래는 '하남성의 읍 이름'이었으나 나중에 '산 이름'으로 바뀌었다. ●面(면)은 '얼굴의 전모'. 나중에 '향하다'라는 동사의 뜻으로 변했다. ●洛(낙)은 수(水)와 각(各)의 형성자. 본뜻은 '물 이름'이다.

106

浮渭據涇
부 위 거 경

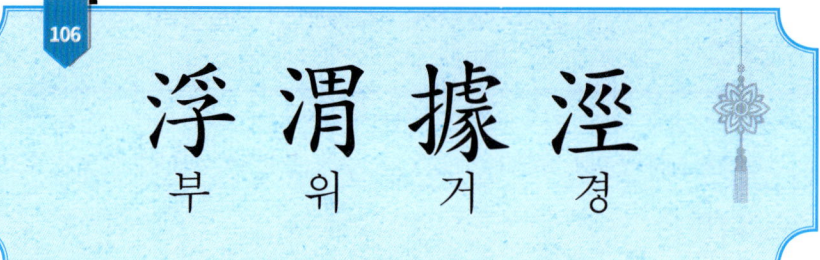

의의 위수 가에 떠 있는 장안은 경수를 의지하였다.

출전 《문선》 〈서경부(西京賦)〉를 인용하였다.

해설 한고조 유방이 초패왕 항우와의 전쟁에서 승리한 후에 최대의 관건으로 삼은 것은 도읍지였다. 그는 무엇보다도 비범한 정치적 수완을 발휘하였으며, 왕조가 바뀌면 당연히 일어나는 문제는 도읍지라 보았다.

그런 의미에서 고조는 주 왕실을 이어받고 싶었다. 많은 군신들이 낙양의 장점을 들어 그곳을 수도로 정해야 한다고 주장했기 때문에 낙양을 도읍지로 삼을 생각이었다. 그러자 책사 장량이 반대했다.

"낙양은 여러 가지로 보아 장점도 많고 교통도 편리합니다. 그러나 지형으로 보면 적의 공격을 받기가 쉽고 피신처가 없습니다. 이에 비해 진나라의 도읍지였던 관중(關中)은 좋은 평야가 천 리이고, 천연의 요새지며 인구와 물자가 풍부합니다. 또한 안쪽에는 파촉의 땅을 가지고 있으며, 삼면이 산으로 둘러싸인 데다 병목처럼 좁게 트인 동쪽으로 백만의 군대라도 능히 대적할 수 있으니 이곳이야말로 하늘이 내린 천연의 땅입니다."

장량의 말을 들은 고조는 과연 그렇다는 생각을 가졌다. 즉시 서쪽으로 옮겨 관중 근처를 도읍지로 삼았다. 이곳은 관중과 위수 사이에 있는 남안(南岸)이었으나 나중에 이름을 고쳐 장안(長安)이라 불렀다.

한나라의 직할시인 15군은 낙양을 연결하는 선을 중심 축으로 삼았다. 이를테면 양자강 중류의 남군을 남단으로 삼아, 황하 하류에서 분류에 이르는 제수(濟水)에 이르는 동군을 동단으로 기준한 것이다. 이렇게 함으로써 천하의 중앙을 동서로 관통하니 여러 왕국을 제압하기 더 없는 장소였다.

浮

뜰 **부** [水부 7획, 총10획] 영 float 중 浮 fú 일 フ(うかぶ)

渭

물 이름 **위** [水부 9획, 총12획] 영 river 중 渭 Wèi 일 イ(かわ)

據

웅거할 **거** [手부 13획, 총16획] 영 dependent 중 据 jù 일 拠 キョ(よる)

涇

물 이름 **경** [水부 7획, 총10획] 영 river 중 泾 jīng 일 ケイ(とおる)

쓰임 ●浮輕(부경) : 하는 말이나 태도가 경솔함 ●浮袋(부대) : 물고기의 장 부근에 있는 공기 주머니 ●渭水(위수) : 강의 옛 이름 ●渭陽丈(위양장) : 남의 외숙의 존칭 ●據守(거수) : 성에 의지하여 지킴 ●據點(거점) : 활동의 근거지 ●涇流(경류) : 강이 흘러 통함 ●涇渭(경위) : 경수와 위수.

글뜻 ●浮(부)는 수(水)와 부(孚)의 형성자. 설문에는 '범(汎)'의 뜻이다. ●渭(위)는 수(水)와 위(胃)의 형성자. 본뜻은 '물 이름'이다. ●據(거)는 '장(杖 : 몽둥이, 창)에 의하여 가지다'라는 뜻. ●涇(경)은 수(水)와 경(巠)의 형성자. 본뜻은 '물 이름'이다.

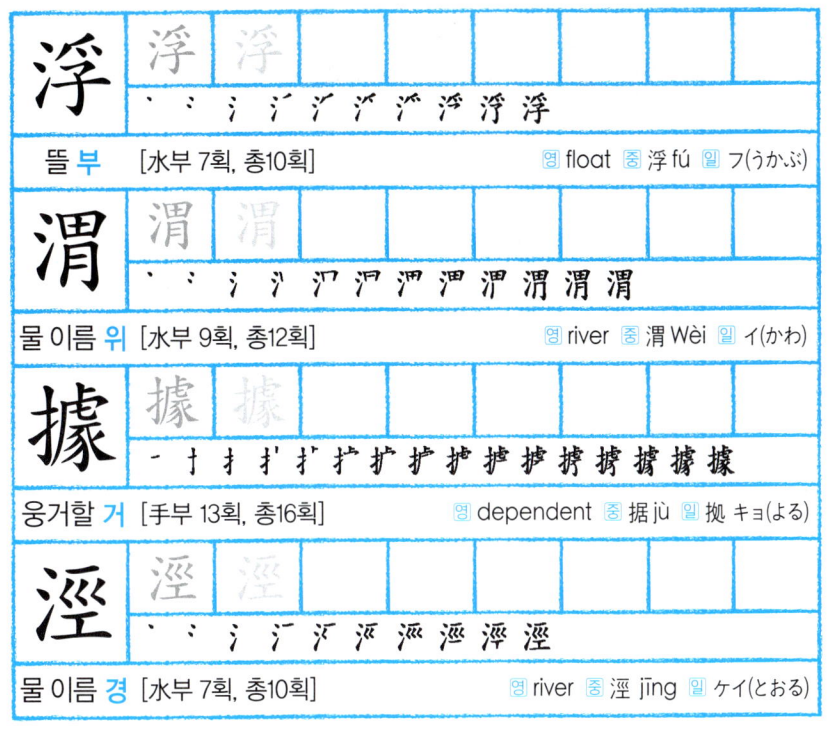

107

宮殿盤鬱
궁 전 반 울

의의 제왕이 있는 궁전은 높고 크며 빽빽하게 들어찼다.

출전 양나라 고성 사람의 글 강암의 〈수고편〉의 '궁전누관병칠진혜(宮殿樓觀並七珍兮)'와 사마상여의 〈자허부〉에서 인용하였다.

해설 황제가 사는 궁전. 특히 고도인 장안은 북으로 위수를 끼고 남으로는 진령산맥의 대명사로 불릴 종남산이 우뚝 솟아 있다. 동으로는 패수와 산수 두 강이 흐르고, 서쪽으로 용수원 고지에 둘러싸인 채 장구한 세월, 사람들의 협잡과 애상을 묵묵히 지켜보았다. 성은 내성과 외성으로 나뉘어 있다.

내성은 황제가 거처한 황성(皇城)이 있고, 외성은 동서남(東西南) 세 갈래의 시가지가 펼쳐진다. 내성은 오래 전부터 협잡과 권모가 출렁대던 곳이다. 역대의 황제들이 피비린내를 맡았던 현장에는, 후대의 모사들에게 실패자의 최후가 어떠했는가를 알리는 묘비명이 있다.

남으로는 여러 관청이 있다. 이러한 내성을 제외한 전 지역이 외성이다. 내성의 중앙 남문, 그리고 외성의 중앙 남문까지 일직선으로 뻗어 있는 길이 주작대가(朱雀大街)다. 이곳은 황제만 걸어다니는 길이다.

이 길은 정월 대보름날의 원소관등 놀이 때에만 일반에게 개방된다. 민가에서도 등수를 만들고 황궁에서도 등수를 만들어 황제의 위상을 높이기 위해 산붕(山棚)을 준비하는데 이것은 백 척(尺) 남짓으로 엮은 대(臺)다.

그런 연후에 옛 전설에 나오는 '봉래'니 '방장'이니 '영주'니 하는 이름을 붙여 산붕의 격을 높인다. 이러한 제왕의 궁전은 일반인들이 쉬이 볼 수 없지만, 정월 보름날에 한 번 보면 그 위상에 두 눈이 휘둥그레졌다.

宮	宮	宮						

집 궁 [宀부 7획, 총10획] 영 palace 중 宮 gōng 일 キュウ(みや)

殿	殿	殿						

큰집 전 [殳부 9획, 총13획] 영 palace 중 殿 diàn 일 デン(との)

盤	盤	盤						

소반 반 [皿부 10획, 총15획] 영 tray 중 盘 pán 일 バン(さら)

鬱	鬱	鬱						

성할 울 [鬯부 19획, 총29획] 영 dense 중 郁 yù 일 ウッ(しげる)

쓰임 ●宮城(궁성) : 궁궐과 그 주위 ●宮調(궁조) : 아악 가운데 기본적인 조 ●殿閣(전각) : 임금이 사는 큰집 ●殿講(전강) : 학식이 뛰어난 성균관 선비들을 모아 임금 앞에서 직접 치르던 시험 ●盤據(반거) : 근거하여 지킴 ●盤曲(반곡) : 길이 꼬불꼬불함 ●鬱陶(울도) : 날씨가 무더움 ●鬱鬱(울울) : 수목이 무성한 모습

글뜻 ●宮(궁)은 설문엔 '보통 집', '궁전의 궁'으로 변했다. ●殿(전)의 본뜻은 '치는 소리'. '큰집'이란 뜻으로 변했다. ●盤(반)의 본래 자는 반(槃)이다. 본뜻은 '물 담는 그릇'인데 '서리다'로 바뀌었다. ●鬱(울)은 '나무가 울창한 모습'.

108

樓觀飛驚
누 관 비 경

의의 높은 누각과 관대는 하늘을 찌를 듯 놀랍다.

출전 《시경》 〈소아편〉의 사간(斯干)에서 인용하였다.

해설 《오월춘추》에 의하면, 오래전에 황제들이 궁전을 어느 정도 호화롭게 축조하였는가를 기록으로 남겨놓고 있다.

오나라의 왕 오광(吳光)이 수도인 고소에서 17킬로 떨어진 고소산에 높은 대를 지은 것은 정무의 여가를 이용해 피곤한 몸을 잠시 휴식을 취하려는 생각에서였다. 그런데 오부차(吳夫差)는 자신의 환락을 쫓기 위하여 3년여의 공사 끝에 고소대를 더욱 화려하고 높게 치장했다.

둘레는 3킬로가 넘었으며, 그곳에 1천여 명의 궁녀를 머무르게 하여 밤낮으로 주연을 열었다. 거기에다 춘소궁(春霄宮)을 지어 1천 말을 담을 수 있는 술독을 만들었다.

또한 인공호수인 천지(天池)를 파고 그 위에 황제 전용의 청룡주(青龍舟)를 띄워 미녀와 춤추는 가무객을 태우고 날마다 주연을 베풀어 향락을 즐겼다. 또한 구리 기둥과 옥(玉)으로 만든 창틀, 주보(珠寶)로 만든 해령관과 관와각을 건축하였다. 《시경》에는 다음 같이 노래한다.

그 집은 제겨 딛고 두 손을 모은 곳
모서리는 화살의 곧은 것 같이
추녀는 새가 깃을 펼치듯 하네
처마는 오색 꿩 날아가듯
여기는 군자가 사는 집

평평한 뜰 안에 곧은 그 기둥
밝디 밝은 바깥채 그윽한 안채
여기는 군자가 편안히 사는 곳

樓

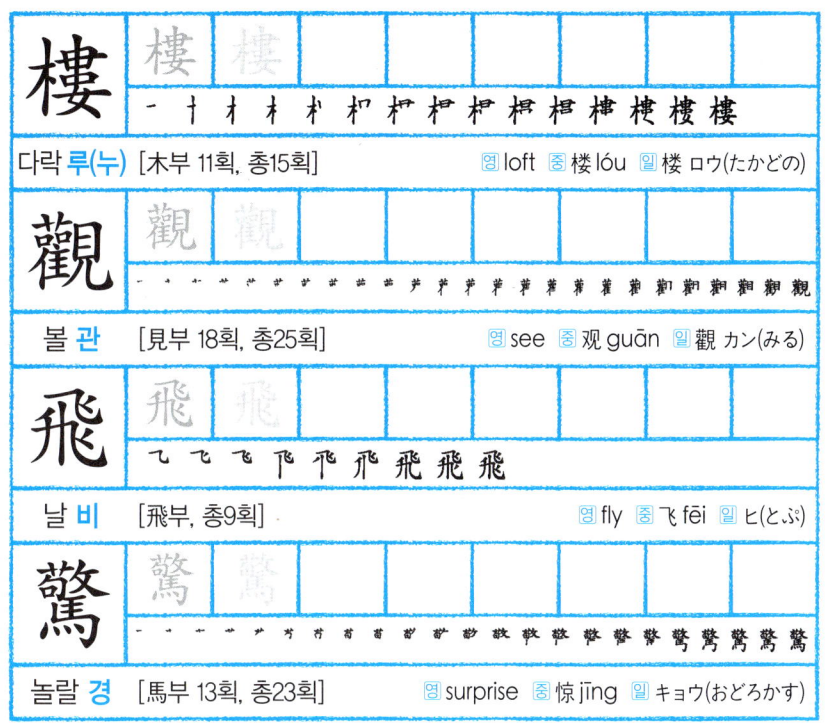

다락 루(누) [木부 11획, 총15획] 영 loft 중 楼 lóu 일 楼 ロウ(たかどの)

觀

볼 관 [見부 18획, 총25획] 영 see 중 观 guān 일 観 カン(みる)

飛

날 비 [飛부, 총9획] 영 fly 중 飞 fēi 일 ヒ(とぶ)

驚

놀랄 경 [馬부 13획, 총23획] 영 surprise 중 惊 jīng 일 キョウ(おどろかす)

쓰임 ●樓閣(누각) : 사방을 바라볼 수 있게 높이 지은 집 ●樓臺(누대) : 높은 건물 ●觀客(관객) : 구경하는 사람 ●觀兵(관병) : 무력을 보임 ●飛報(비보) : 급한 통지 ●飛火(비화) : 튀어 박히는 불똥 ●驚愕(경악) : 몹시 놀람 ●驚風(경풍) : 어린애가 경기를 일으키는 병의 총칭

글뜻 ●樓(루)는 목(木)과 루(婁)의 형성자. 본뜻은 '이층 다락'이다. ●觀(관)은 '자세히 보다'라는 뜻. ●飛(비)는 새가 나는 모습을 본뜸. ●驚(경)은 마(馬)와 경(敬)의 형성자. 본뜻은 '말이 놀라다'는 의미.

109 圖寫禽獸
도 사 금 수

의의 궁 안 누각에는 새와 짐승을 그린 아름다운 그림이 있었다.

출전 《후한서》〈이순전(李恂傳)〉과 《진서》, 《예기》의 〈곡례 상〉을 인용하였다.

해설 예로부터 중국인들은 신령스러운 동물로 사령문(四靈文)을 만들거나 전각 등에 새겨 넣었다. 용을 비롯하여 기린·봉황·거북의 넷이다. 이것들은 성인(聖人)이 출현할 때에 나타난다는 믿음이 있으므로 사령수라고 부르기도 하는데, 불교에서는 사천왕을 같은 맥락으로 취급한다.

기린은 살아 있는 풀을 밟지 않으며 생물을 먹지 않은 어진 짐승이다. 사슴의 몸에 소꼬리를 하였으며, 이리의 이마와 말 다리, 머리엔 녹각의 뿔이 하나 달려 있는 신령한 동물이다.

용은 뱀처럼 비늘이 있으며, 사슴의 뿔과 귀신의 눈, 소의 귀를 하고 있으며 못이나 바다에 살며 공중을 자유자재로 날며 비바람을 불러 일으키는 조화를 부리는 짐승이다.

봉황은 닭의 머리, 뱀의 목, 제비의 턱, 거북이 등, 물고기의 꼬리를 갖추고 있다. 몸과 날개는 오색 찬란한 빛을 내며 다섯 음을 내는 큰 새다. 수컷인 봉과 암컷인 황으로 나타낸다.

거북이 또한 고대에서부터 장수와 상서로움을 나타내는 신령스런 동물로 취급된다. 이들은 모두 조각이나 문양으로서 등장하여 사람들에게 애용되어 왔다.

한나라 시대의 고분이나 사묘 및 벽화, 구리 거울 등에서 대표적으로 나타난 이유는 천년을 살며 길흉화복을 미리 알려준다는 영물이기 때문이다. 그런 이유로 황실에서는 묘실이나 사당·궁전 등에 조각하였고, 일월 성

수 등을 그리고 천인(天人)을 함께 그려 우주관을 표현하였다.

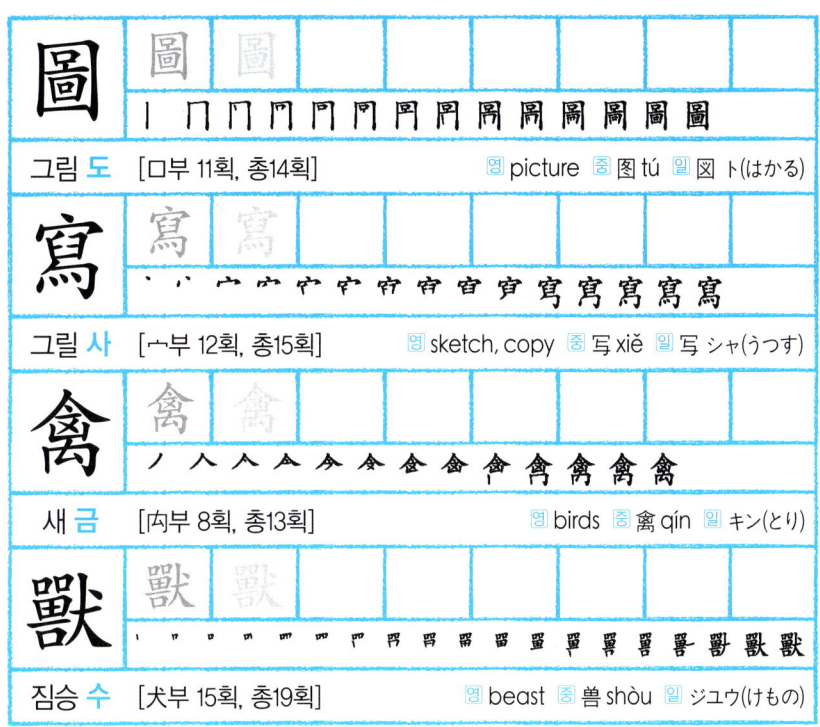

圖	圖 圖
그림 도	[口부 11획, 총14획] 영 picture 중 图 tú 일 図 ト(はかる)
寫	寫 寫
그릴 사	[宀부 12획, 총15획] 영 sketch, copy 중 写 xiě 일 写 シャ(うつす)
禽	禽 禽
새 금	[内부 8획, 총13획] 영 birds 중 禽 qín 일 キン(とり)
獸	獸 獸
짐승 수	[犬부 15획, 총19획] 영 beast 중 兽 shòu 일 ジュウ(けもの)

쓰임 ●圖生(도생) : 살기를 꾀함 ●圖說(도설) : 그림을 넣어 설명함 ●寫本(사본) : 문서나 책을 베낌 ●寫實(사실) : 있는 그대로를 그림 ●禽獸(금수) : 날짐승과 길짐승의 총칭 ●禽獲(금획) : 사로잡음 ●獸面瓦(수면와) : 기와 지붕의 사방 끝모서리에 세우는 짐승의 얼굴 모양으로 된 기와 ●獸心(수심) : 짐승 같은 마음

글뜻 ●圖(도)는 '곤란'의 뜻이었으나 '그림'으로 가차되었다. ●寫(사)는 본뜻이 '물건을 바꾸다'인데 '베끼다'로 바뀌었다. ●禽(금)은 조(鳥)에만 국한하여 '새'로 나타냈다. ●獸(수)는 '네 발 짐승'을 가리킨다.

110 畵彩仙靈
화 채 선 령

의의 신선들의 모습도 화려하게 채색하여 그렸다.

출전 진(晋)나라 임치 사람인 좌사(左思)의 〈오도부(吳都賦)〉에서 인용하였다.

해설 신선들의 모습은 아무래도 늙지 않고 오래 살며 마음대로 변화를 일으킨다는 믿음이 있다. 이를테면 장수하되 잔병이 없고, 현세의 기복적인 여러 요소가 뜻대로 이루어지기를 바라는 마음에서 신선 사상은 성행하였다.

《신선전》에 나오는 신선의 수효는 5백여 명이 넘는다. 그 가운데 대표적인 인물은 종리권·여동빈·장과로·한상자·이철괴·조국구·남채화·하선고 등의 8선(八仙)이다.

그런가 하면 노자·황초평·마고선녀·하마선인·동방삭·서왕모·장지화 등도 곳곳에 새겨지거나 신비롭게 채색되어진다.

신선마다 특색이 있다. 예를 들어 종리권은 머리 양쪽에 상투를 틀고 배를 들어낸 채 파초선을 들고 있으며, 여동빈은 칼을 찬 장년의 모습이고, 장과로는 흰나귀를 거꾸로 타거나 어고간자(漁鼓簡子)를 든 노인의 모습이며, 조국구는 관복 차림의 딱딱이를 든 모습이고, 이철괴는 철괴를 들고 연기 나는 호로병을 지닌 남루하고 초라한 모습이다.

한 상자는 피리나 어고간자를 들고 있는 청년의 모습이며, 장지화는 물 위에 앉아 있는 술 취한 선비의 모습으로, 하마 선인은 세 발 달린 두꺼비를 데리고 있는 모습으로 그려진다.

이들 신선들은 단독으로 그려지기도 하지만 여러 명이 무리를 지어 표현되기도 한다. 또 곤륜산의 낭원(閬苑)에 살고 있다는 서왕모가 3천 년만에 한 번 열리는 반도(蟠桃)라는 복숭아의 결실을 기념하는 반도연회의 장면과 이에 참석하기 위해 신선들이 파도를 타는 모습도 채색되었다.

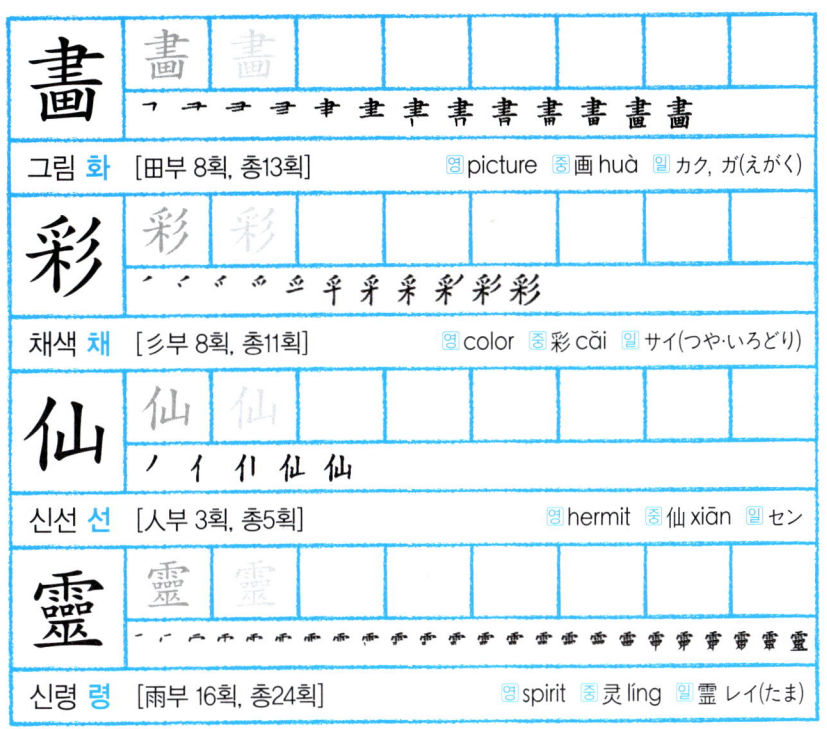

畫	
그림 **화**	[田부 8획, 총13획] 영 picture 중 画 huà 일 カク, ガ(えがく)

彩	
채색 **채**	[彡부 8획, 총11획] 영 color 중 彩 cǎi 일 サイ(つや·いろどり)

仙	
신선 **선**	[人부 3획, 총5획] 영 hermit 중 仙 xiān 일 セン

靈	
신령 **령**	[雨부 16획, 총24획] 영 spirit 중 灵 líng 일 霊 レイ(たま)

쓰임 ●畫餠(화병) : 그림의 떡 ●畫譜(화보) : 여러 그림을 모아 분류하고 정리한 책 ●彩色(채색) : 그림에 색을 칠함 ●彩雲(채운) : 여러 빛깔로 아롱진 고운 구름 ●仙遊(선유) : 신선이 놂 ●仙境(선경) : 신선이 사는 곳 ●靈感(영감) : 신령스러운 예감 ●靈妙(영묘) : 신령스럽고 기묘함

글뜻 ●畫(화)는 붓을 잡는 모습과 논의 구획 정리 모습. ●采(채)는 '손톱으로 나무를 따다'. ●仙(선)은 사람이 산 위에 있는 회의자. ●靈(령)은 《서경》의 '태서 상(泰書 上)'에 '유인만물지령(惟人萬物之靈)'이라 하였는데 나중에 '신령'의 뜻으로 변했다.

111

丙舍傍啓
병 사 방 계

의의 궁전 사이에는 많은 관사가 지어졌는데, 신하들이 쉬는 제3사는 문이 옆으로 열리었다.

출전 《후한서》〈청하왕경전(淸河王慶傳)〉에 '수출귀인자매 치병사(遂出貴人姊妹 置丙舍)'에서 인용하였다.

해설 궁을 지으면 당연히 큰 기둥이 서고 문무백관이 쉴 수 있는 공간이 생긴다. 그곳은 대신들이 휴식을 취하기도 하고 군왕 앞에 나아가 자신의 정치철학을 토로할 연구와 환담의 장소로도 애용했다. 여기에서 병사(丙舍)라고 한 것은 갑을병으로 이어지는 제3사라는 의미다.

옛 기록에 의하면 호화로운 궁전을 짓고 주위를 화려하게 장식하며 사치를 일삼는 것을 보고 탄식한 부분이 있다. 후대에 폭군으로 알려진 주제(紂帝)의 숙부 자서여(子壻餘) 같은 이다. 그는 황제가 상아 젓가락으로 식사한다는 말을 듣고 넋두리를 쏟아냈다.

"상아 젓가락은 뜨거운 부뚜막에 올려놓을 수 없으니 당연히 옥을 깎아 젓가락 상자를 만들 것이야. 매일같이 곰 발바닥과 새끼를 밴 표범만 먹는 사람이 어찌 초가집에 거하겠는가. 반드시 비단옷을 걸치고 9층의 높은 누각에서 살려고 할 것 아닌가. 장차 어떤 일이 벌어질는지 알 수가 없구나."

자서여의 예언처럼 주제는 경궁요대를 건축하기 시작했다. 화려하고 사치스러운 요대는, 건평이 4평방 킬로미터, 높이가 3백 미터, 대궁 1백 채에 소궁이 73채였다. 이렇듯 어마어마한 건물이 완공되자 기다렸다는 듯이 향락연이 벌어졌다. 이때에도 충신들은 있었다.

군왕의 치정이 잘못된 것을 간하며 죽임을 당했다. 이 당시에도 문무 대신들이 머무르는 관사는 병사(丙舍)였다.

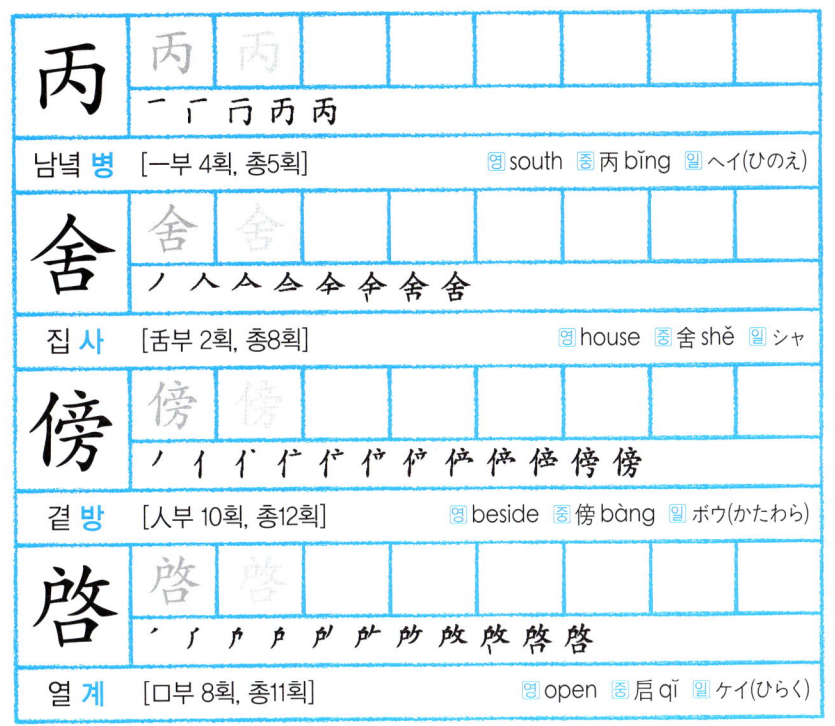

한자	뜻·음	부수·획수	영	중	일
丙	남녘 병	[一부 4획, 총5획]	south	丙 bǐng	ヘイ(ひのえ)
舍	집 사	[舌부 2획, 총8획]	house	舍 shě	シャ
傍	곁 방	[人부 10획, 총12획]	beside	傍 bàng	ボウ(かたわら)
啓	열 계	[口부 8획, 총11획]	open	启 qǐ	ケイ(ひらく)

쓰임 ●丙科(병과) : 과거 등급의 하나. 등위가 세 번째. ●丙夜(병야) : 하룻밤을 5경으로 나눈 셋째 ●舍伯(사백) : 자기의 맏형을 다른 사람에게 일컫는 말 ●舍兄(사형) : 편지 등에서 형이 아우에게 이르는 말 ●傍系(방계) : 직계에서 갈려 나간 친계 ●傍人(방인) : 옆 사람 ●啓告(계고) : 여쭘 ●啓明(계명) : 새벽

글뜻 ●丙(병)은 일(一)과 입(入)과 경(冂)의 회의자. 본뜻은 '화(火)'이다. 여기에서는 십간으로 볼 때에 갑을병의 세 번째다. ●舍(사)는 '사람이 멈춰 지내는 집'. ●傍(방)은 인(人)과 방(旁)의 형성자. '곁'이나 '옆'의 뜻 ●啓(계)는 본뜻이 '가르치다'이다. '개(開)'와 같은 뜻이다.

112 甲帳對楹
갑장대영

의의 갑장은 큰 기둥이 마주 서 있고, 금은 주옥으로 꾸민 장막이 호화찬란하게 걸린다.

출전 후한 때의 인물 반고(班固)가 지은 《한무제고사》를 인용하였다.

해설 한무제는 어릴 때에 유저(劉豬)였는데 나중에 유철(劉撤)로 고쳤다. 기원전 141년에 유계 황제가 세상을 떠나자 유철이 황제의 자리에 올랐다. 대략 추정되는 나이는 열일곱쯤이다.

흥미로운 기록 하나를 먼저 더듬어 가자. 진영이라는 위인이 유방에게 붙어 당읍후(堂邑侯)로 책봉을 받았는데, 그가 죽자 아들 진록(陳祿)이 작위를 이었고, 그가 세상을 떠난 후엔 아들 진오(陳午)가 계승했다. 이 진오의 부인이 제6대 황제 유계의 누님이며 진아교(陳阿嬌)는 그의 딸이었다. 유표는 오래 전부터 딸을 황태자에게 시집 보내려고 혈안이 되었었다. 어느 날 고모인 유표가 조카 유저(유철)를 무릎 위에 앉힌 채 장난삼아 물었다.

"얘야, 새색시를 얻고 싶지 않느냐?"

"얻고 싶어요."

유표는 딸 진아교를 가리키며 말했다.

"이 아이를 네 색시를 삼으면 어떻겠느냐?"

유저는 몹시 기뻐하며 흰 치아를 드러내 보였다.

"아교(阿嬌)를 내 색시로 준다면 나는 황금 궁전을 지어 그녀에게 살도록 하겠어요."

이것이 중국 고사인 금옥장교(金屋藏嬌)의 유래이다. 신하가 군왕을 마주 보는 자리에 치는 휘장은 유리를 비롯하여 명월주와 야광주 등의 보옥으로 치장하였다.

甲	甲 甲
	丨 冂 日 日 甲
갑옷 **갑** [田부, 총5획]	영 armor 중 甲 jiǎ 일 コウ(よろい)
帳	帳 帳
	丨 冂 巾 巾 巾 巾 帊 帐 帐 帳 帳
장막 **장** [巾부 8획, 총11획]	영 curtain 중 帐 zhàng 일 チョウ(とばり)
對	對 對
	丨 丨 丨 丨 丵 丵 丵 丵 丵 丵 丵 丵 對 對
대답할 **대** [寸부 11획, 총14획]	영 reply 중 对 duì 일 対 タイ(こたえる)
楹	楹 楹
	一 十 才 木 木 木 楹 楹 楹 楹 楹 楹 楹
기둥 **영** [木부 9획, 총13획]	영 pillar 중 楹 yíng 일 エイ(はしら)

쓰임 ●甲殼(갑각) : 게나 새의 등의 단단한 껍데기 ●甲兵(갑병) : 갑옷을 입은 병사 ●帳獨轎(장독교) : 사람이 타는 가마의 한 가지 ●帳中(장중) : 장막의 안 ●對峙(대치) : 서로 맞서서 버팀 ●對坐(대좌) : 마주 앉음 ●楹鼓(영고) : 몸통 중앙에 기둥을 뚫어 세운 북 ●楹棟(영동) : 기둥과 마룻대

글뜻 ●甲(갑)은 초목의 싹이 부갑(孚甲)을 쓰고 올라오는 모습. 일설에는 갑의 뜻을 '갑옷 입은 형상'으로 풀이한다. ●帳(장)은 건(巾)과 장(長)의 형성자. 본뜻은 '장막'이다. ●對(대)는 '많은 언어가 법도에 맞다'. ●楹(영)은 목(木)과 영(盈)의 형성자. '우뚝 선 기둥'이라는 뜻이다.

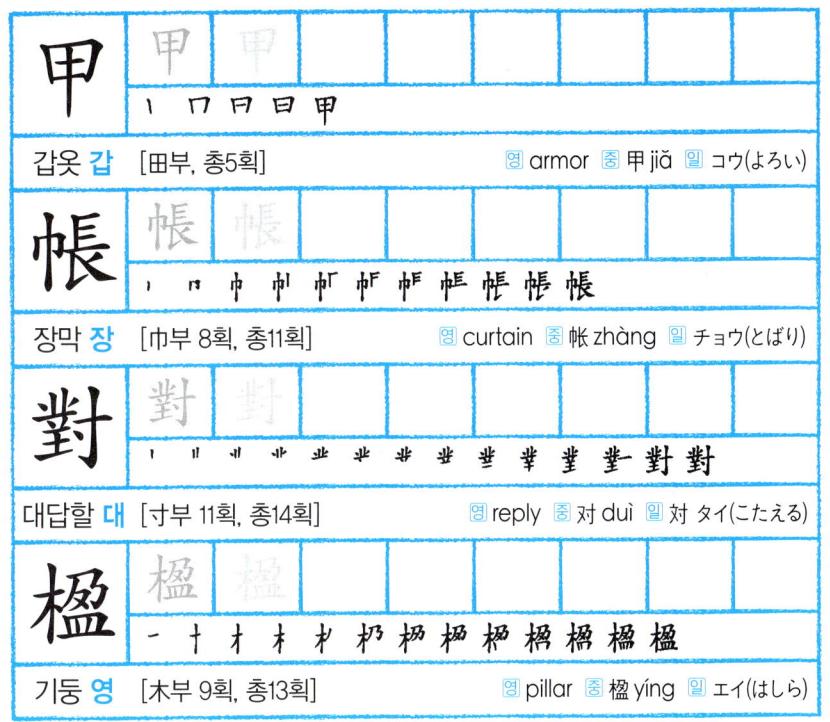

113

肆筵設席
사 연 설 석

의의 궁중 연회가 있을 때에는 대자리를 깔고 그 위에 무늬 자리를 펴서 앉을 자리를 마련한다.

출전 《시경》 〈대아편〉의 행위(行葦)에서 인용하였다.

해설 '더부룩한 길옆 갈대는(行葦)'이라는 시의 내용은 이러하다.

더부룩한 길 옆 갈대는
소나 양도 비켜 가리라
가늘고 무성하여
곱고 부드러운 잎
정다운 형제 온 집안들이
모두 한 몸인 듯 모였으니
젊은이는 잔치 자리 펴고
노인 위해 탁자를 놓네

자리 위에 또 방석을 깔고
분주한 심부름꾼
술잔 주고받으며
술잔 씻고 또 받네
온갖 젓 담근 고기를 권하며
구운 고기와 간은 어떤가
자라 입술도 안주에 그만

노래하며 북 치며 즐기네
붉은 무늬 활은 강한데
살촉 네 개씩 나누어지네

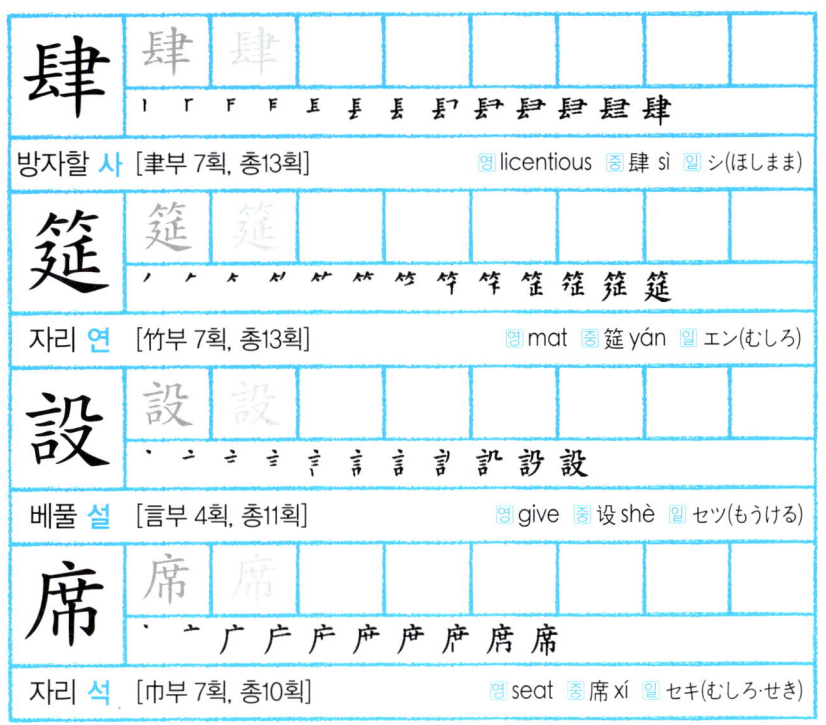

肆	방자할 사 [聿부 7획, 총13획] 영 licentious 중 肆 sì 일 シ(ほしまま)
筵	자리 연 [竹부 7획, 총13획] 영 mat 중 筵 yán 일 エン(むしろ)
設	베풀 설 [言부 4획, 총11획] 영 give 중 设 shè 일 セツ(もうける)
席	자리 석 [巾부 7획, 총10획] 영 seat 중 席 xí 일 セキ(むしろ·せき)

쓰임 ●肆氣(사기) : 함부로 방자하게 성질을 부림 ●肆放(사방) : 제멋대로 무책임하게 행동함 ●筵席(연석) : 대자리 ●筵奏(연주) : 임금의 면전에서 아뢰는 일 ●設彩(설채) : 먹으로 바탕을 그린 다음 색채를 올림 ●設或(설혹) : 설령 ●席次(석차) : 성적 ●席卷(석권) : 자리를 말듯이 손쉽게 차지함

글뜻 ●肆(사)는 장(長)과 율(聿)의 형성자. 본뜻은 '극진'으로 나중에 '진(陳)'으로 바뀌었다. ●筵(연)은 죽(竹)과 연(延)의 형성자. 본뜻은 '대자리'. ●設(설)은 언(言)과 수(殳)의 회의자. '베풀다'라는 의미. ●席(석)은 본뜻이 '장식한 귀인의 자리'다. '석권하는 자리'로 바뀜.

114

鼓瑟吹笙
고 슬 취 생

의의 당비파를 뜯고 생황저를 불었다.

출전 《시경》 〈소아편〉의 녹명(鹿鳴)의 '아유가빈 고슬취생(我有嘉賓 鼓瑟吹笙)'에서 인용하였다.

해설 군신을 위한 잔치에서 부르던 노래다. 도덕과 위엄으로 지어진 것으로, 사방에서 온 손님들이 둘러앉아 강(講)하고 덕을 닦는 악가(樂歌)이다.

사슴 무리 울며 들에서 햇쑥 뜯네
좋은 손님 오셨으니
당비파와 생황을 연주하리
피리도 불고 바치는 이 폐백을 받아주시고
날 어여삐 여기시어
큰 도리 거두시옵소서

사슴 무리 울며 들에서 햇쑥 뜯네
좋은 손님 오셨으니
자자한 덕망 숨길 길이 없고
백성들 가볍게 아니하시며 군자가 본받을 어른
내게 맛있는 술 있으니
권하여 함께 즐기리

사슴 무리 울며 들에서 금풀 뜯네
좋은 손님 오셨으니

술과 금도 뜯으리
마음 다하여, 오늘의 이 즐거움 끝이 없어라
내게 맛있는 술 있으니
그 마음 즐겁게 하리

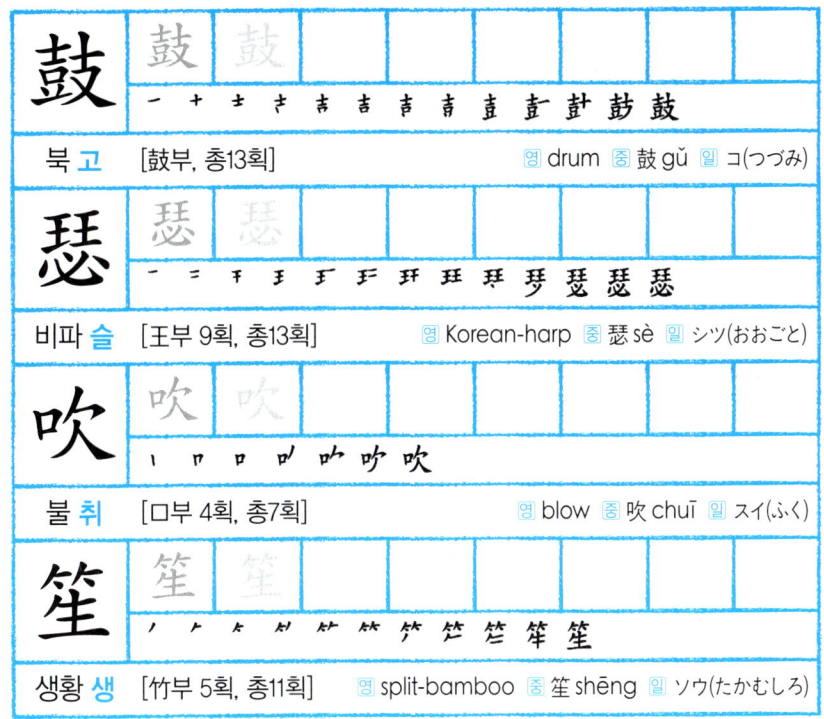

鼓	鼓 鼓
북 고	[鼓부, 총13획] 영 drum 중 鼓 gǔ 일 コ(つづみ)
瑟	瑟 瑟
비파 슬	[王부 9획, 총13획] 영 Korean-harp 중 瑟 sè 일 シツ(おおごと)
吹	吹 吹
불 취	[口부 4획, 총7획] 영 blow 중 吹 chuī 일 スイ(ふく)
笙	笙 笙
생황 생	[竹부 5획, 총11획] 영 split-bamboo 중 笙 shēng 일 ソウ(たかむしろ)

쓰임 ●鼓動(고동) : 심장 뛰는 소리 ●鼓笛(고적) : 북과 피리 ●瑟瑟(슬슬) : 매우 쓸쓸하고 적막함 ●瑟縮(슬축) : 오그라지고 늘지 않음 ●吹笛(취적) : 피리를 붊 ●吹呼(취호) : 숨을 내어 쉼 ●笙簧(생황) : 아악에서 쓰는 관악기의 하나 ●笙磬同音(생경동음) : 서로 협조함을 비유하는 말

글뜻 ●鼓(고)는 '손으로 북을 친다'는 뜻 ●瑟(슬)은 설문에 '거문고'라 하였다. ●吹(취)는 입(口)과 하품(欠)의 회의자. '하품하면서 불다'라는 뜻. ●笙(생)은 죽(竹)과 생(生)의 회의자.

115

陞階納陛
승 계 납 폐

의의 제후와 공경대부들이 계단을 올라가 궁 안으로 들어간다.

출전 《석언》〈석궁실(釋宮室)〉의 '천자전위지납계(天子殿謂之納階) 언소이납인언지계폐야(言所以納人言之階陛也)'에서 인용하였다.

해설 오래전에 주나라가 도읍을 정한 뒤에 소공(召公)과 제후들이 모여 기뻐했었다. 모든 신하를 대표하여 소공이 이를 축하하고 왕을 대신하여 섭정한 주공단(周公旦)의 축하를 받게 되었다.

태보(太保)가 여러 나라의 군주들을 데리고 축하하는 의미의 선물을 주공에게 바치자, 소공이 고했다.

"무릇 도읍을 정하여 주나라가 길이길이 나아갈 기초가 세워졌습니다. 이전의 일을 생각해보면 하늘이 은의 탕왕이란 분을 보호하여 하늘의 명을 받아 천하를 통일케 했습니다. 그러나 은나라 말에 이르러 주왕(紂王)과 같은 무도한 군주가 나와 하늘의 명을 저버렸으니, 이제 하늘은 은나라를 버리고 주를 택했습니다. 그리하여 주나라가 천하를 이어받았으며, 지금 성왕이 보위에 오른 것입니다. 대왕께서는 나라가 번창하도록 여러 가지를 노력해야 합니다."

군왕이 무도하면 하늘도 백성을 불쌍히 여기므로 인민을 보호하는 데 진력을 다할 것이라 했다. 이것은 무엇을 말하는가?

만약 왕이란 자가 덕을 잃으면 하늘도 당연히 그를 버린다. 그러므로 백성도 배반을 하는 것이므로 길이 편안히 살려는 마음을 갖지 않으면 안 된다.

비록 훌륭한 도읍지를 지니고 있다 하여도 왕이 된 자가 무도하면 나라가 유지되지 못하고 번창할 수 없음을 경계한 것이다. 입조(入朝)의 내용으로는 지나치게 독설적이다.

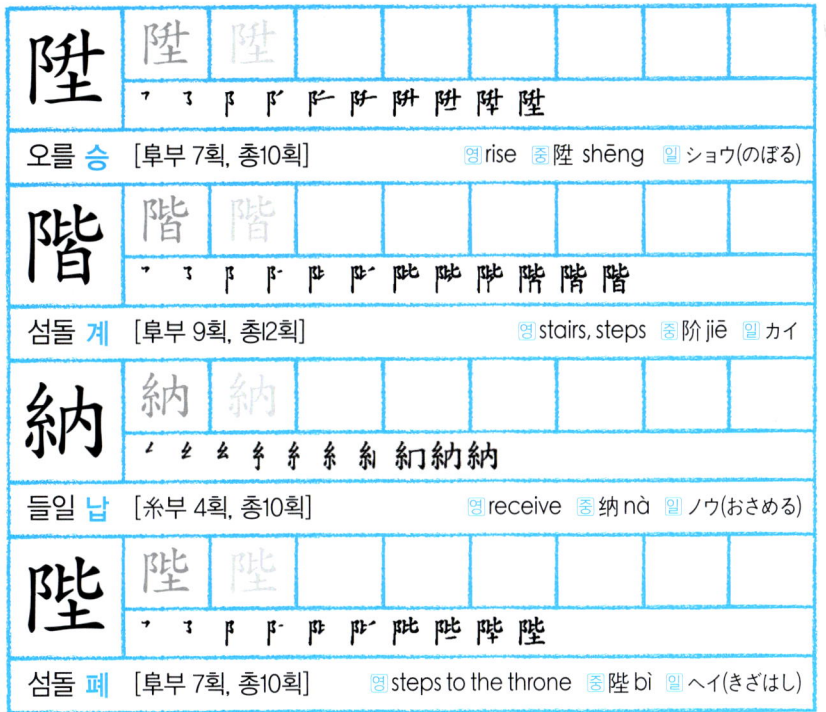

陞	陞 陞
	ㄱ ㄋ 阝 阝' 阝ᅩ 阝ᅡ 阩 阩 陞 陞
오를 **승** [阜부 7획, 총10획]	영 rise 중 陞 shēng 일 ショウ(のぼる)
階	階 階
	ㄱ ㄋ 阝 阝- 阝ㅏ 阝ㅏ' 阰 阰 階 階 階 階
섬돌 **계** [阜부 9획, 총12획]	영 stairs, steps 중 阶 jiē 일 カイ
納	納 納
	ㄥ 幺 幺 糸 糸 糸 糹 紅 納 納
들일 **납** [糸부 4획, 총10획]	영 receive 중 纳 nà 일 ノウ(おさめる)
陛	陛 陛
	ㄱ ㄋ 阝 阝- 阝ㅏ 阝ㅏ' 阰 陛 陛 陛
섬돌 **폐** [阜부 7획, 총10획]	영 steps to the throne 중 陛 bì 일 ヘイ(きざはし)

쓰임 ●陞階(승계) : 품계가 오름 ●陞級(승급) : 등급이 오름 ●階梯(계제) : 사닥다리 ●階次(계차) : 지위 고하를 뜻함 ●納骨(납골) : 죽은 사람의 유골을 거두어들임 ●納幣(납폐) : 옛날 결혼의 육례 가운데 하나 ●陛下(폐하) : 섬돌 아래라는 뜻. 곧 임금을 뜻함

글뜻 ●陞(승)의 본 자는 승(升)이다. 본뜻은 '되', '오르다'란 의미다. ●階(계)는 설문에 '당에 오르는 계단'이라는 뜻. ●納(납)은 사(糸)와 내(內)의 형성자. '들어간다'는 뜻. 원문에 '납입야(納入也)'라 하였다. ●陛(폐)는 '천자가 전당에 오르는 계단'을 뜻함.

116

弁轉疑星
변 전 의 성

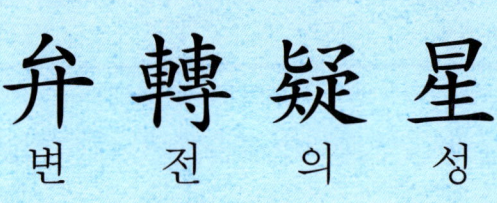

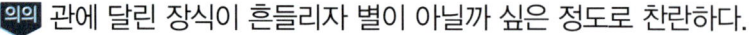

의의 관에 달린 장식이 흔들리자 별이 아닐까 싶은 정도로 찬란하다.

출전 《시경》의 〈위풍편(衛風篇)〉 기오(淇澳)에서 인용하였다.

해설 이 시가는 앞에서 다루었지만 본문의 내용상 다시 다루기로 한다.

기수라 저 물굽이
푸른 대가 무성하여라
어여쁘신 우리 님은
귀걸이 둘 찬란하고
관엔 구슬 별 같아라
위엄 있고 너그럽고
환하고 의젓해라
어여쁘신 우리 님을
끝내 잊지 못하겠네

기수라 저 물굽이
푸른 대가 무성하여라
어여쁘신 우리 님은
금인 듯 주석인 듯
규옥인 듯 벽옥인 듯
너그럽고 점잖으시네

수렛대에 기대셨구나
우스갯말 하시어도
사나움은 없으셔라

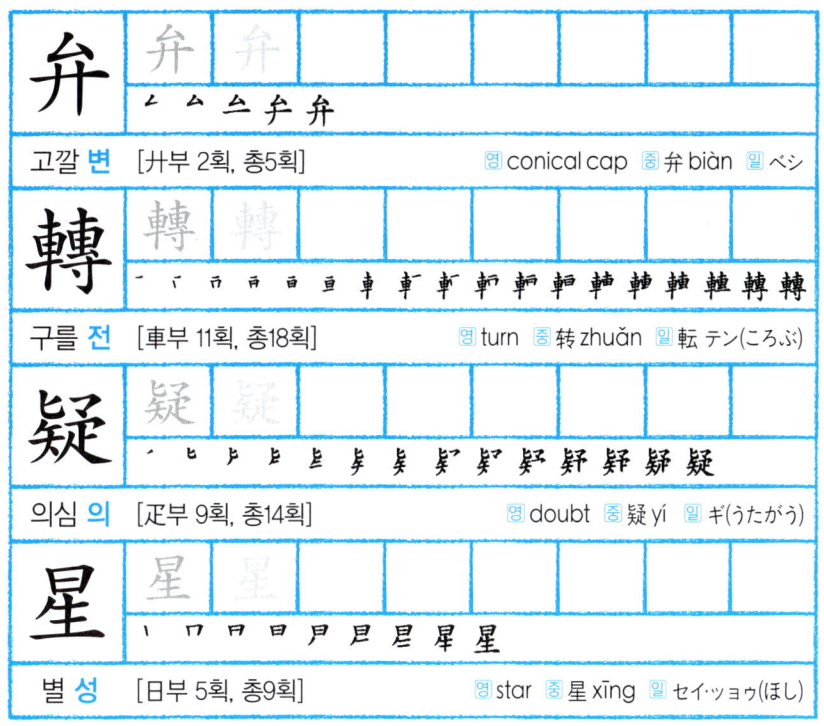

한자	훈음	부수·획수	영	중	일
弁	고깔 **변**	[廾부 2획, 총5획]	conical cap	弁 biàn	ベシ
轉	구를 **전**	[車부 11획, 총18획]	turn	转 zhuǎn	転 テン(ころぶ)
疑	의심 **의**	[疋부 9획, 총14획]	doubt	疑 yí	ギ(うたがう)
星	별 **성**	[日부 5획, 총9획]	star	星 xīng	セイ·ショウ(ほし)

쓰임 ●弁辰(변진) : 변한 ●弁行(변행) : 급히 감 ●轉嫁(전가) : 다른 데로 시집감 ●轉機(전기) : 전환점을 이루는 기회나 고비 ●疑懼(의구) : 의심하며 두려워함 ●疑人(의인) : 전쟁 등에 적을 속이기 위해 나무나 풀로 만든 사람 ●星群(성군) : 별 무리 ●星霜(성상) : 별과 서리

글뜻 ●弁(변)은 관을 표시한 상형자. ●轉(전)은 차(車)와 전(專)의 형성자. 본뜻은 '수레바퀴 돌다'. ●疑(의)는 자(子)와 지(止)와 비(匕)·시(矢)의 회의 형성자. ●星(성)은 일(日)과 생(生)의 형성자.

117

右通廣内
우 통 광 내

의의 오른쪽으로는 광내전에 통한다.

출전 《통전(通典)》과 양나라 간문제(簡文帝)의 〈상소명태자집서(上昭明太子集序)〉에서 인용하였다.

해설 본 절은 상당히 의미가 심상하다. 궁 안은 넓고 호화로운 곳이지만, 그곳에 거하는 황제의 덕성에 따라 인민의 생활은 크게 달라진다. 그 옛날 진나라 때에 조고(趙高)라는 자는 망이궁(望夷宮)에서 사슴을 말이라고 우기면서 폭정을 자행하였다.

이전의 진시황은 스무 해 동안 나라를 부하게 하였으나 만백성의 원한을 사가면서 9천 리나 되는 장성을 쌓았다. 이 같은 일은 흉노를 막기 위함이지만, 결국 화는 궁 안 내부에서 일어나 조고의 횡포로 진나라는 망했다. 하지만 북호(北胡)는 남겨졌다. 진나라가 망하고 위수 북쪽의 함양 궁전은 항우가 불을 지른 이후 다시는 도읍지로 삼지 않았다. 진나라의 흥망이 얼마나 백성들을 피곤하게 했는지를 알 수 있는 대목이다.

그런데 위의 본 절은 오른쪽으로는 광내전(廣內殿)으로 통한다고 했다. 이곳은 무엇 하는 곳인가? 바로 도서관이다. 궁 안의 보물 창고가 아니라 고금현사들의 학리와 아름다운 시문이 모여 있는 도서관이다. 바로 이곳에서 왕조의 흥망성쇠를 한눈에 직시해볼 수 있다. 공자의 《세가》를 통해 역사가 얼마나 귀한 것인가를 살펴볼 수 있다.

공자가 노나라 역사로 인해 춘추를 닦았다. 춘추의 대의가 행한 후로는 천하의 난신과 적자가 두려움을 가졌다. 그런데 공자가 춘추를 기술할 때 더 써야 할 것은 쓰고, 삭(削)해야 할 것은 삭했다. 이것을 공자의 제자 가운데 가장 문장이 좋은 자유·자하의 무리도 한 구절을 보태지 못했다. 제자들은 춘추를 읽고 공자는 말했다.

"후세에 나를 알아줄 자도 춘추고, 죄 줄 자도 춘추다."

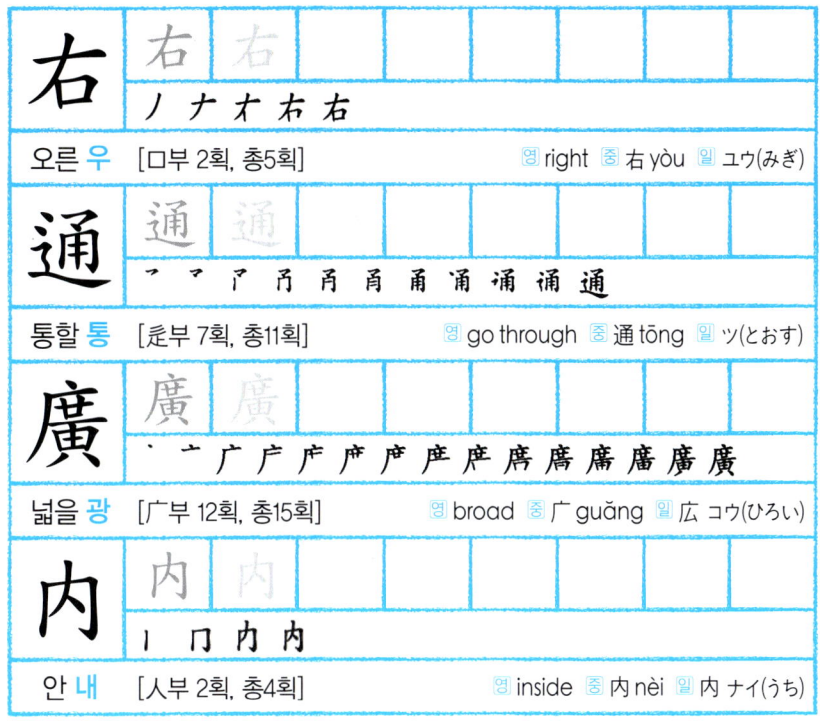

한자	따라 쓰기	획순	훈음	부수·획수	영	중	일
右	右 右	ノ ナ 才 右 右	오른 우	[口부 2획, 총5획]	right	右 yòu	ユウ(みぎ)
通	通 通	𠃌 𠃌 龴 育 甬 甬 甬 涌 通 通 通	통할 통	[辵부 7획, 총11획]	go through	通 tōng	ツ(とおす)
廣	廣 廣	丶 亠 广 广 庐 庐 庐 庄 庄 庴 庴 庿 廧 廣 廣	넓을 광	[广부 12획, 총15획]	broad	广 guǎng	広 コウ(ひろい)
内	内 内	丨 冂 内 内	안 내	[人부 2획, 총4획]	inside	内 nèi	内 ナイ(うち)

쓰임 ●右傾(우경) : 오른쪽으로 기울음 ●右台(우태) : 우의정 ●通告(통고) : 통지 ●通達(통달) : 꿰뚫어 앎 ●廣軌(광궤) : 너비 143.5센티가 넘는 궤도 ●廣農(광농) : 농업을 발전시킴 ●內簡(내간) : 부녀자끼리의 편지 ●內憂(내우) : 마음속의 근심

글뜻 ●右(우)는 '조(助)'의 뜻이었으나 '오른쪽'으로 바뀌었다. ●通(통)은 착(辵)과 용(의 훙)의 형성자. 설문에서는 '달(達)'의 뜻으로 쓰임. ●廣(광)은 엄(广)과 황(黃)의 형성자. 본뜻은 '광대한 전당'으로 '넓다'의 뜻으로 바뀜. ●內(내)는 경(冂)과 입(入)의 회의자. 본뜻은 '밖에서 안으로 들어오다'.

118

左達承明
좌 달 승 명

의의 왼쪽으로는 승명려(承明廬)에 도달한다.

출전 《한서》〈엄조전(嚴助傳)〉과 《한서》〈익봉전(翼奉傳)〉에서 인용하였다.

해설 왼쪽으로 도달하는 승명려는 한나라 때에 종신들의 숙직소를 말한다. 한편으로는 정전(正殿), 이른바 노침(路寢)을 뜻한다. 설원에서는 명당의 뒤를 잇는다 하여 승명이라 하였다.

고래로 명당은 천자가 정치를 행하는 곳이다. 이곳에서 천자는 모든 의례를 거행했다. 이를테면 선조에게 제사를 지낸다거나 하늘의 중심인 태일성(太一星)에 제례를 올리며 정령을 반포했다. 또한 이곳에서 천하의 제후들이 조회를 받았다.

제정(祭政)을 모두 맡고 있었기 때문에 제왕은 의례를 행하며, 후대에 와서는 궁궐을 건축하는 중심 뼈대에 해당됐다.

이러한 건물은 춘추시대에까지 남아 있는 것으로 알려져 있다. 그러나 지금은 남아 있지 않다. 다만, 학자들이 참작하여 그린 복헌도가 여타 문헌에 전하며, 그 원리는 정자(井字) 원리를 기본으로 삼고 있다.

또한 오행설에 맞추어 평면으로 이루어졌다고 하며, 이러한 명당이 궁궐의 모범적인 규범으로써 계승되었다. 특히 정자 주위를 팔가지처(八家之處)라 하여 그곳마다 병승제를 두어 둔전병제(屯田兵制)를 채택한 것은, 원방각의 세 형태가 지형을 측량하는 기본 형태에 해당되기 때문이다.

이 원리는 중앙 오위의 수를 기본으로 두고 동방과 서방이 합하여 십수가 된다. 또한 남방과 북방이 합하여 십수가 된다. 또한 동남방과 서북간이 합하여 십수가 되고 남서방과 남북방이 합하여 십수가 된다. 이 원리는 승명

(承明)으로 이어져 궁궐 건축의 뼈대를 형성했다.

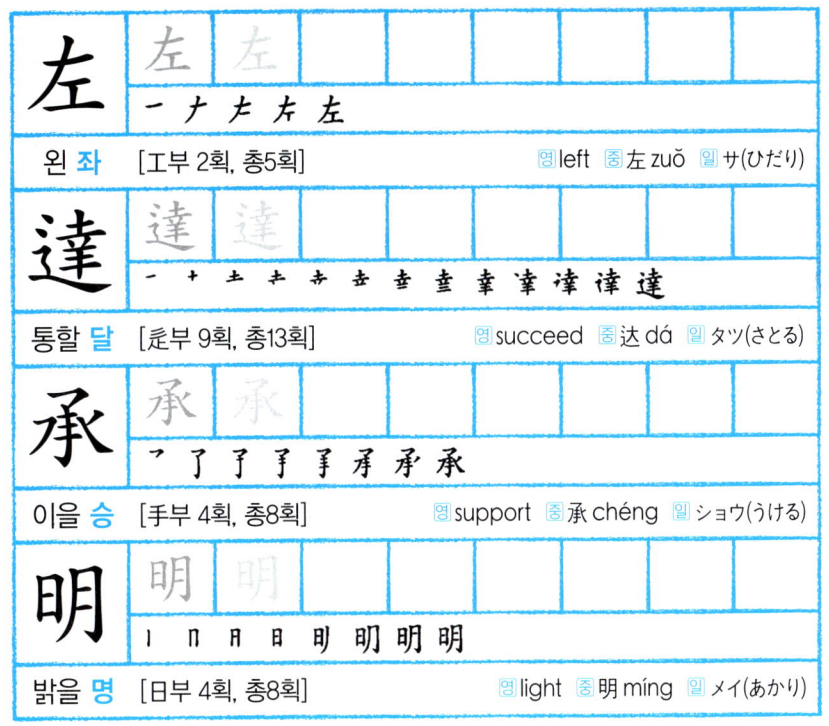

左	一 ナ 𠂇 左 左
왼 **좌** [工부 2획, 총5획]	영 left 중 左 zuǒ 일 サ(ひだり)
達	一 十 土 土 去 幸 幸 幸 幸 達 達 達 達
통할 **달** [辵부 9획, 총13획]	영 succeed 중 达 dá 일 タツ(さとる)
承	乛 了 了 了 手 手 承 承
이을 **승** [手부 4획, 총8획]	영 support 중 承 chéng 일 ショウ(うける)
明	丨 冂 日 日 明 明 明 明
밝을 **명** [日부 4획, 총8획]	영 light 중 明 míng 일 メイ(あかり)

쓰임 ●左傾(좌경) : 왼쪽으로 기울음 ●左記(좌기) : 본문의 왼쪽에 적음 ●達觀(달관) : 널리 바라봄 ●達辯(달변) : 말을 잘함 ●承繼(승계) : 뒤를 이음 ●承諾(승낙) : 승인하여 허락함 ●明鑑(명감) : 밝은 거울 ●明道(명도) : 밝은 도리

글뜻 ●左(좌)의 본뜻은 '왼쪽을 돕는다'이나 '왼쪽'으로 바뀌었다. ●達(달)은 착(辵)과 행(幸)의 형성자. 본뜻은 '어긋나다'이다. '통(通)'의 뜻으로 쓰임. ●承(승)은 '물건을 받들거나 받다'의 뜻. 봉(奉)이나 수(受)와 호훈하였다. ●明(명)은 일(日)과 월(月)의 회의 형성자.

119

旣集墳典
기 집 분 전

의의 궁 안에는 이미 삼분오전(三墳五典)같은 고서를 모아 성현의 도를 강구(講求)하였다.

출전 《좌전》의 〈소공 12년 조〉를 인용하였다.

해설 삼황오제(三皇五帝)에 대한 기록을 모아두었다는 곳이다. 한나라 때에 곡부(曲阜) 사람인 공안국(孔安國)은 공자의 12대 손으로 시문에 뛰어난 재간이 있었다. 그는 삼분(三墳)은 삼황서(三皇書)이고, 오전(五典)은 오제서(五帝書)라고 주를 달았다. 그러나 이에 대해 이론이 분분하다. 그것은 삼황씨에 대해서도 여러 설이 있기 때문이다.

사마천의 《사기(史記)》에는 삼황을 천황씨·지황씨·인황씨라 하였고, 《풍속통》에서는 복희·여와·신농이라 하였다. 그런가 하면 공안국은 삼황의 주를 달 때에, 복희·신농·황제라 하였다.

오제에 있어서도 《사기》에는 황제·전옥·제요·당요·우순이라 한 반면, 공안국은 소호·전욱·고신·당요·우순이라 하였다.

물론 그 윗대의 기록이 없는 것은 아니다. 반고(盤古)의 천지 창조나 여와의 인간 창조 같은 소박한 것도 있다.

참고삼아 적어 보면 복희에 대해서도 태호 복희씨, 풍성 수인씨의 뒤를 이어 왕위에 오르고 뱀의 몸에 사람의 머리를 하고 있었다고 적혀 있다.

수인씨는 화식(火食)의 발명자로 알려져 있다. 복희 역시 그렇다. 그의 이름은 포희(庖犧)·포희(炮犧)라 씌어지는데, 이것은 그물을 쳐서 사로잡은 짐승으로 푸줏간을 채운다든가, 그것들을 쇠꼬챙이에 꿰어 불에 굽는다는 뜻으로 해석되어진다.

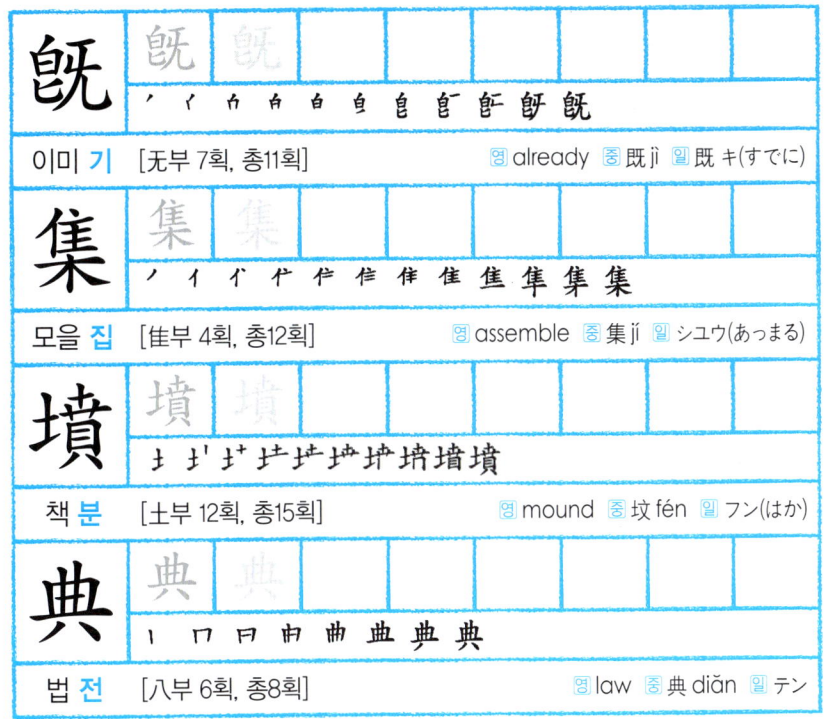

이러한 모든 공이 복희의 것으로 되어 있는데, 그는 역의 팔괘를 만들어 인사의 길흉을 점쳤고, 또 글자(書契)를 만들었고 그물을 짜서 물고기를 잡았다. 이러한 옛 기록이 이른바 삼분오전이다.

한자	뜻·음	부수·획수	영	중	일
旣	이미 기	[无부 7획, 총11획]	already	既 jì	既 キ(すでに)
集	모을 집	[隹부 4획, 총12획]	assemble	集 jí	シユウ(あっまる)
墳	책 분	[土부 12획, 총15획]	mound	坟 fén	フン(はか)
典	법 전	[八부 6획, 총8획]	law	典 diǎn	テン

쓰임 ●旣刊(기간) : 이미 출판함 ●旣決(기결) : 이미 결정됨 ●集結(집결) : 한데 모임. ●集計(집계) : 이미 된 계산들을 한데 모아 계산함 ●墳墓(분묘) : 무덤 ●墳燭(분촉) : 큰 촛불 ●典據(전거) : 바른 증거 ●典麗(전려) : 바르고 아름다움

글뜻 ●旣(기)의 본뜻은 '좋은 음식을 목메어 적게 먹다'라는 뜻. '이미'의 뜻으로 바뀜. ●集(집)은 추(隹)와 목(木)의 회의자. '새 떼가 나무 위에 모이다'라는 뜻. ●墳(분)은 토(土)와 분(賁)의 형성자. '무덤'이라는 뜻. ●典(전)은 처음엔 '법'의 뜻이었으나 '경전'으로 바뀌었다.

120

亦聚群英
역 취 군 영

의의 또한 많은 군영(群英)을 모았다. 군영은 수많은 영재를 뜻한다.

출전 《후한서》 〈유림전〉을 비롯하여 완적(阮籍)의 〈진기예장공문(秦記詣蔣公文)〉에서 인용하였다.

해설 옛 기록에 의하면 전욱(顓頊)은 예법을 엄히 하여 남존여비를 강화시켰다고 했다.

남자와 부딪쳤을 때 불손한 여인은 십자로까지 끌고 가 무녀(巫女)로 만들었다는 것이다. 그런가 하면 고신 씨는 전욱보다 평판이 좋다. 태어날 때부터 신령한 기운이 어려 있었으며, 스스로 자신의 이름을 불렀다.

각종 악기나 음악을 만들었고, 그보다 더 위대하게 보는 것은 그의 후손 중에서 후직(后稷)을 냈다는 것이다. 물론 당시의 기록만 가지고서 그들의 가계가 어떻다고 말할 수는 없지만, 사마천의 필력을 믿는다면, 제곡이 제후인 진병 씨의 딸을 취해 낳은 것이 제요, 제2부인 간적이 낳은 것이 은왕조의 설, 제1부인 강원에게서 태어난 것이 주의 후직이라는 것이다.

제요와 제순은 고대의 이상적인 군주다. 제요 도당 씨는 제곡의 아들인데 형의 뒤를 이어 천자가 되었다. 그는 사람됨이 총명하고 인재를 사랑하여 백성들의 숭앙을 받았다. 자신의 정치에 독선적이며 독단적인 점이 있을 것을 염려하여 궁전 입구에 커다란 북을 달아놓고 기둥을 세웠다.

'감간(敢諫)의 북'

'비방(誹謗)의 나무'

누구나 자신의 정치에 불만이 있는 자는 이 나무 곁에 서서 탄원을 하게 하였다. 이것으로 본다면 신들의 전설과는 인연이 먼, 훌륭한 천자의 얘기다.

亦	亦 亦
	丶 亠 亣 亣 亦 亦
또 역	[亠부 4획, 총6획] 영 also 중 亦 yì 일 エキ·ヤク(また)
聚	聚 聚
	一 丅 下 F E 耳 取 取 取 聚 聚 聚 聚 聚
모일 취	[耳부 8획, 총14획] 영 gather 중 聚 jù 일 シュウ(あつまる)
群	群 群
	7 ヨ ヨ 尹 尹 君 君 君 君' 君' 群 群 群
무리 군	[羊부 7획, 총13획] 영 crowd 중 群 qún 일 グン(むら)
英	英 英
	一 十 十一 廾 艹 芍 苙 英 英
빼어날 영	[艸부 5획, 총9획] 영 elite 중 英 yīng 일 エイ(はなぶさ)

쓰임 ●亦是(역시) : 마찬가지 ●亦然(역연) : 또한 그러함 ●聚落(취락) : 마을 사람이 모여 사는 곳 ●聚散(취산) : 모임과 흩어짐 ●群居(군거) : 무리를 지어 삶 ●群鷄(군계) : 많은 닭 ●英傑(영걸) : 뛰어난 인물 ●英男(영남) : 뛰어나게 용기가 있음

글뜻 ●亦(역)은 대(大)와 팔(八)의 지사자. 본뜻은 '겨드랑이'인데 '또'라는 뜻으로 변하기도 했다. ●聚(취)는 중(衆)과 취(取)의 형성자. '모임'이라는 뜻. ●群(군)은 양(羊)과 군(君)의 형성자. 본뜻은 '양의 무리'. ●英(영)은 초(艸)와 앙(央)의 형성자. 본뜻은 '헛꽃'. 나중에 지금의 뜻으로 바뀌었다.

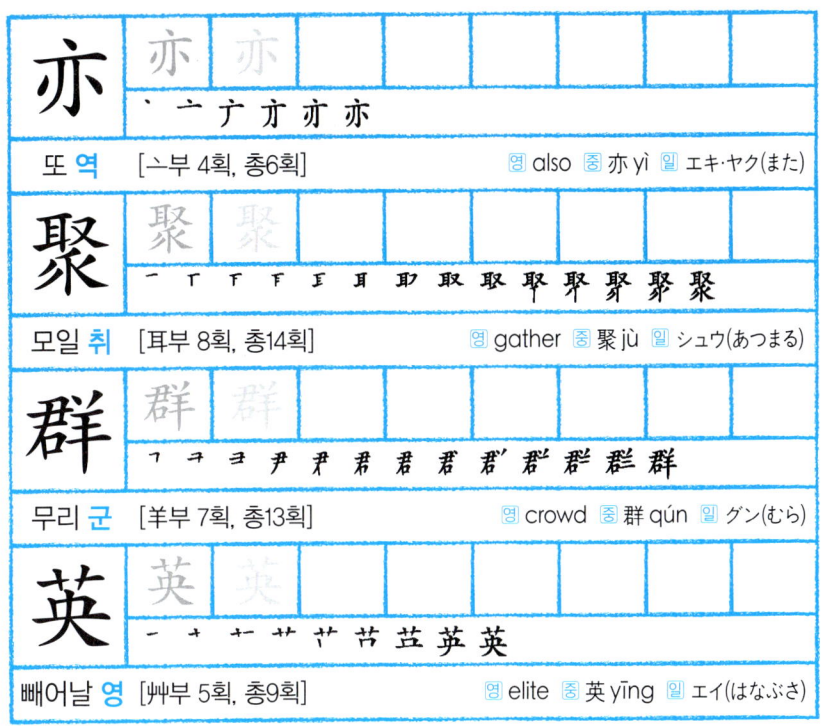

121

杜稾鍾隸
두고종례

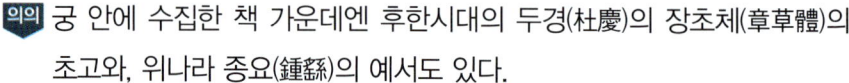

의의 궁 안에 수집한 책 가운데엔 후한시대의 두경(杜慶)의 장초체(章草體)의 초고와, 위나라 종요(鍾繇)의 예서도 있다.

출전 위항(衛恒)의 〈사체서세(四體書勢)〉와 〈선화서보(宣和書譜)〉를 인용하였다.

해설 두경은 후한(後漢) 때의 인물로 본명은 두도(杜度)다. 자는 백도(伯度)인데, 장초체의 명필로 알려졌다. 일반적으로 초서라 할 때에 '초'에는 두 가지 뜻이 포함되어 있다. 하나는 일정하게 고정된 자체라는 것이며, 다른 하나는 '초략(草略)한 사법(寫法)'이라는 의미다. 중국의 장사(長沙) 지방의 초묘(楚墓)에서 발견된 죽간이나 서북에서 나타난 목간에는 한례(漢隸)의 초체이다. 전국시대의 구리 그릇이나 한나라 때의 도자기 등에 씌어진 명문은 한결같이 초략된 것임을 알 수 있다. 이 가운데 장초가 가장 이른 것으로 알려져 있다. 근래에 발견된 한나라 시대의 목간 중에서 장초의 서체가 보이며, 이후 시간이 지나면서 많이 변화되어 왔다. 본 절에서 〈두고(杜稾)〉라고 한 것은 두도가 장초체로 쓴 문고를 가리킨다.

본 절에서 종예(鍾隸)라고 한 것은, 종은 위나라의 원상이고, 저명한 능서가 종요를 가리킨다. 종예는 종요가 창시한 예서체로 알려져 있다.

종요 이전인 한나라 때에는 진시황 때의 인물인 정막(鄭邈)이 너무 복잡한 전서(篆書)를 쉽고 빠르게 고친 데서 연유를 찾는다. 고례와 진례도 같은 명칭이지만 후대에 와서 이름을 달리하였다. 어쨌든 예서는 고례라 부르는 진나라 때의 예서와, 분례라 부르는 한나라 때의 것이 있다. 그런데 위나라의 종요는 이러한 서체 외에 자신만의 독특한 서체를 내놓았다. 이른바 종예체이다.

杜	杜 杜
막을 두	[木부 3획, 총7획] 영 shut 중 杜 dù 일 ト(ふさぐ)
槀	槀 槀
짚 고	[木부 10획, 총14획] 영 straw 중 槀 gǎo 일 コウ(わら)
鍾	鍾 鍾
쇠북 종	[金부 9획, 총17획] 영 bell, clock 중 钟 zhōng 일 ショウ(かね)
隸	隸 隸
종 례	[隶부 9획, 총17획] 영 slave 중 隶 lì 일 レイ(しもべ)

쓰임 ●杜撰(두찬) : 틀린 부분이 많은 저작물 ●杜詩(두시) : 두보의 시 ●槀梧(고오) : 거문고 ●槀暴(고폭) : 햇볕을 쬐어서 말림 ●鍾氣(종기) : 정기가 한데 뭉침 ●鍾念(종념) : 불쌍하게 생각함 ●隸僕(예복) : 하인 ●隸屬(예속) : 붙어 따름

글뜻 ●杜(두)는 목(木)과 토(土)의 형성자. 본뜻은 아가위나 무인 '감당(甘棠)'이다. 여기에서는 성씨다. ●槀(고)는 목(木)와 고(高)의 형성자. 본뜻은 '볏짚'으로 '초고 원고'를 뜻함. ●鍾(종)은 금(金)과 중(重)의 형성자. 본뜻은 '술그릇'이나 여기서는 '성씨'다. ●隸(례)는 '노예'를 뜻하나 여기에서는 '예서의 예'를 뜻함.

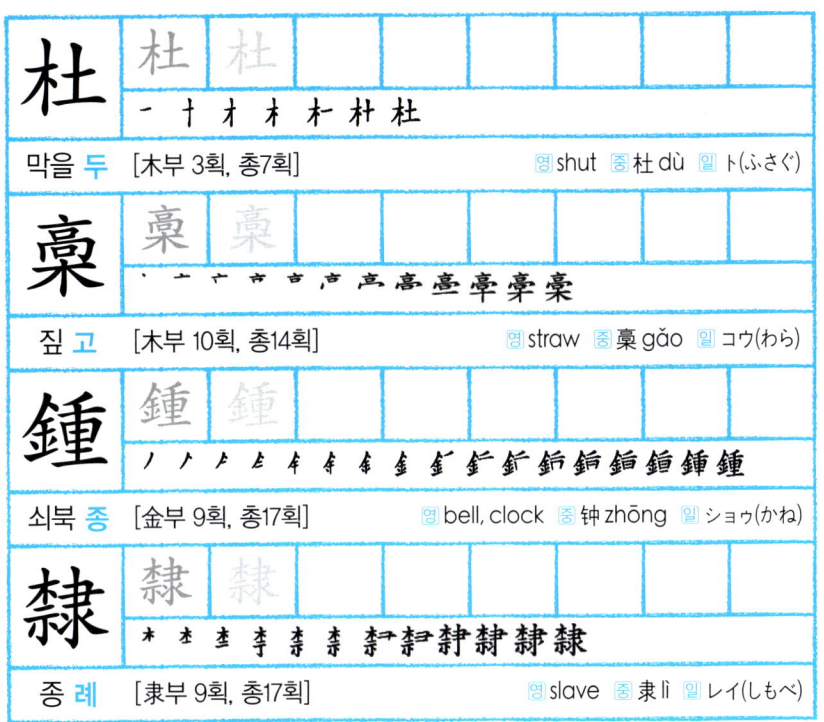

122

漆書壁經
칠 서 벽 경

의의 글은 대나무 쪽에 옻칠한 과두(蝌蚪)의 글과 공자의 후손이 살았던 옛집 벽에서 나온 경서가 많다.

출전 《당회전(唐會典)》을 인용하였다.

해설 오랜 옛날에는 대나무 줄기에 옻칠하여 죽간에 문자를 기록했다. 또한 칠서(漆書)는 머리가 크고 꼬리가 작아 마치 올챙이와 같다 하여 과두 문자라 불렀다.

황제(黃帝) 왕조의 헌원 때에 창힐(蒼頡)이라는 사람이 새 발자국에서 암시를 받아 지었다는 중국 고대의 '과두 문자'는 결승문자(結繩文字) 이후 발전하였으나, 이 글자를 쓰게 된 것은 주나라의 선왕(宣王) 때라 하였다.

또한 벽경(壁經)이라는 것은 공자가 머물던 옛날 방을 찾아갔을 때에, 그 벽 사이에서 얻은 책들을 말한다. 《고문상서》를 비롯하여 《논어》·《효경》 등의 경서들이 모두 과두 문자로 기록되었다. 그런가 하면 벽경은 《석경(石經)》이라는 것이라고 《당회전》에서 밝히고 있다.

이처럼 올챙이를 닮은 상형의 방식에 의해 형성된 문자는 그 형체를 감지할 수 없는 추상적인 면이 없는 것은 아니었다. 이를테면 정이나 사랑·병·신 등은 문자로 나타내는 데에 어려움이 많았다. 그러므로 상형의 방식에 의해 만들어진 글자는 5만여 한자 가운데 3% 남짓이다.

그 나머지는 지사(指事)·회의(會意)·형성(形聲)·전주(轉注)·가차(假借) 등의 방식으로 만들어졌다. 이렇게 만들어진 글자는 90%가 넘는다.

어찌되었건 궁 안에는 이렇듯 오래된 책들이 남아 있음으로써 옛 기록에 접근할 수 있는 계기가 충분해진 것이다.

漆

옻나무 **칠** [水부 11획, 총14획] 영 lacguer 중 漆 qī 일 シツ(うるし)

書

글 **서** [日부 6획, 총10획] 영 writing 중 书 shū 일 ショ(かく)

壁

벽 **벽** [土부 13획, 총16획] 영 wall 중 壁 bì 일 ヘキ(かべ)

經

책 **경** [糸부 7획, 총13획] 영 book 중 经 jīng 일 経 ケイ(たていと)

쓰임 ●漆工(칠공) : 칠하는 것을 업으로 하는 사람 ●漆夜(칠야) : 캄캄한 밤 ●書架(서가) : 문서나 책을 얹는 시렁 ●書林(서림) : 책을 많이 모아둔 곳 ●壁壘(벽루) : 성벽 ●壁書(벽서) : 벽에 써 붙인 글 ●經年(경년) : 몇 해를 지냄 ●經世(경세) : 세상을 경륜함

글뜻 ●漆(칠)은 나무에서 즙이 흘러나오는 모습을 본뜸. 나중에 수(水)를 가하여 칠(漆)로 한 것이다. ●書(서)는 붓으로 글씨를 써서 '드러낸다(著)'는 뜻. ●壁(벽)은 토(土)와 피(辟)의 형성자. 본뜻은 '담'이다. 나중에 '바람과 추위를 막는 벽'으로 변하였다. ●經(경)은 사(糸)와 경(巠)과의 형성자. 본뜻은 '종사(縱絲)', 즉 '날'이다. 나중에 '경서의 경'으로 바뀌었다.

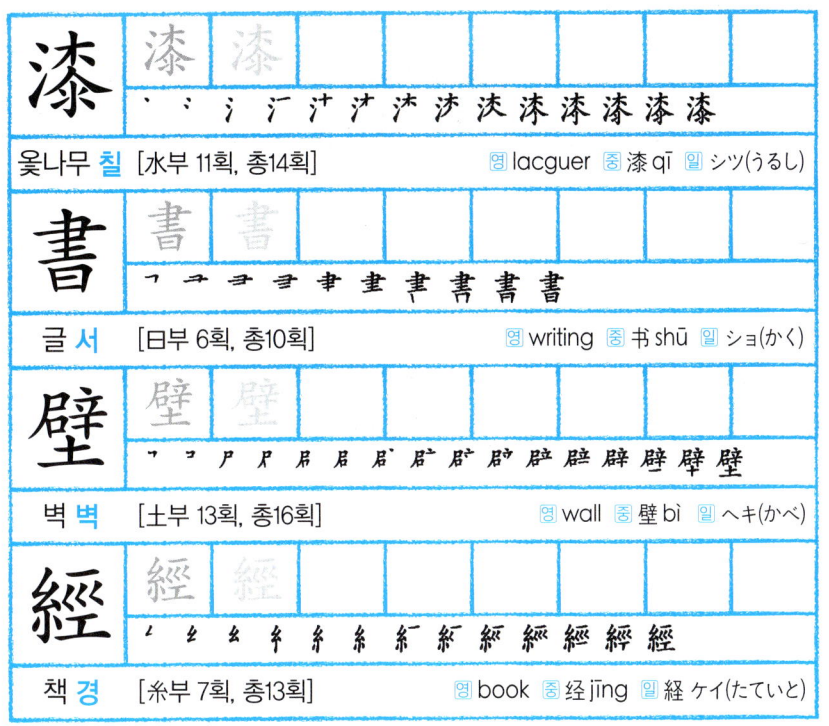

123

府羅將相
부 라 장 상

의의 조정에는 장수와 어진 재상들이 늘어서 있다.

출전 사마천의 《사기》 〈진섭세가(陳涉世家)〉에서 인용하였다.

해설 양성(陽城) 사람이던 진승(陳勝)의 이름은 섭(涉)이다. 그가 보위에 오르자 전옥과 유장이 그를 보고 말했다.

"진섭이 왕이 되더니 쓸만한 물건이 많구나."

이것은 초나라 사람들의 방언으로 많은 것을 과(夥)하다고 했다. 그래서 진승에게 물건이 많다는 뜻으로 과섭(夥涉)이라는 말이 생겨났다. 이때 진승을 아는 어떤 사람이 궁 안을 무시로 출입하면서 제멋대로 행동하고 지난날의 얘기를 퍼뜨렸다. 누군가가 진승에게 말했다.

"저 사내는 날마다 불필요한 허망한 말을 퍼뜨려 진왕의 위엄을 떨어뜨리고 있습니다."

이렇게 하여 그 사내는 참살을 당했다. 이 일을 기화로 진승에게 모여들었던 장수와 어진 이들은 모두 물러가 버리고 한 사람도 남아 있지 않았다.

진승은 곧 주방을 중정(中正)으로 삼고 호무를 사과(司過)로 삼아 대신들을 감찰케 했다. 그들은 여러 장수들이 공을 일구고 왔어도 영을 소홀히 한다는 명목으로 즉각 구속하여 벌을 내렸다. 그들은 이렇게 군신들을 규찰하는 것을 진승에게 충성하는 것이라 생각한 것이다.

그러는 데도 진승은 그들을 신용했다. 이러는 까닭으로 여러 장수들은 무엇이건 그들의 눈치를 볼 뿐 진승에게 의지하려는 마음은 없었다. 진승이 죽은 후에도 왕후나 장상들은 끝내 진나라를 멸망시켰다. 이것은 진섭이 거사할 때 '왕후 장상은 씨가 있는가'라는 거사 때의 말 때문이었다.

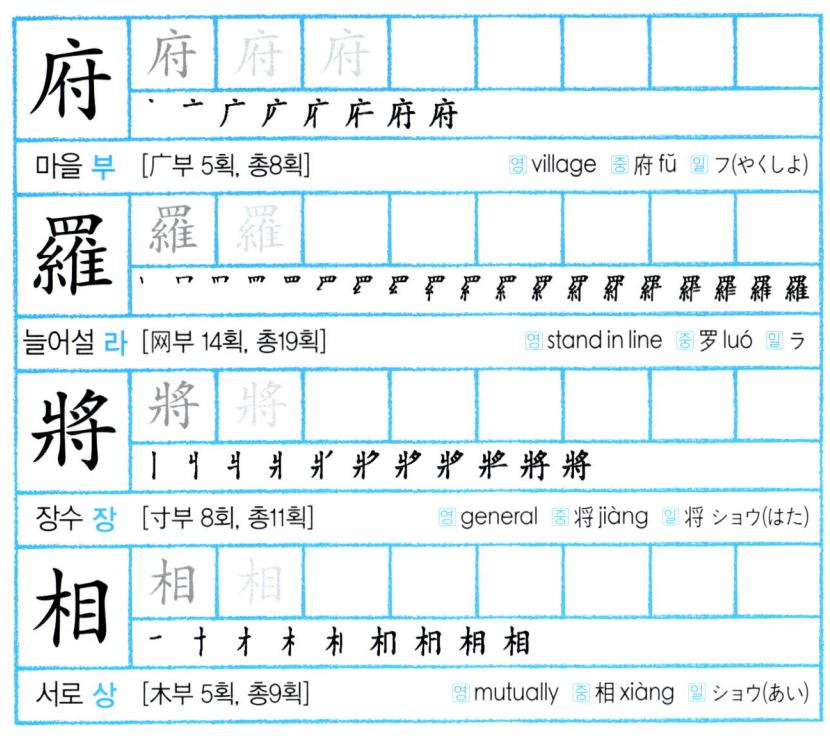

府	府 府 府
	丶 亠 广 广 庁 庁 府 府
마을 부 [广부 5획, 총8획]	영 village 중 府 fǔ 일 フ(やくしょ)
羅	羅 羅
	丶 冂 罒 罒 罒 罒 罕 罕 罕 罕 罕 罗 罗 罗 羅 羅 羅 羅 羅
늘어설 라 [网부 14획, 총19획]	영 stand in line 중 罗 luó 일 ラ
將	將 將
	丨 丬 丬 爿 爿 爿 爿 爿 爿 將 將
장수 장 [寸부 8획, 총11획]	영 general 중 将 jiàng 일 将 ショウ(はた)
相	相 相
	一 十 才 木 札 机 相 相 相
서로 상 [木부 5획, 총9획]	영 mutually 중 相 xiàng 일 ショウ(あい)

쓰임 ●府夫人(부부인) : 정1품 대군 아내의 품계 ●府尹(부윤) : 고을 원님 ●羅網(나망) : 새를 잡는 그물 ●羅城(나성) : 큰 성의 바깥 주위 ●將器(장기) : 장수가 될 만한 기량 ●將次(장차) : 앞으로, 거의 ●相似(상사) : 서로 닮음 ●相殘(상잔) : 서로 모질게 싸우고 죽음

글뜻 ●府(부)는 엄(广)과 부(付)의 형성자. 본뜻은 '문서를 보관하는 곳'. ●羅(라)는 '새 잡는 그물'인데 '열(列)'의 뜻으로 변했다. ●將(장)의 본뜻은 '인솔자'. ●相(상)은 목(目)과 목(木)의 회의자. '재상의 상'.

124

路夾槐卿
노 협 괴 경

의의 삼정승과 대신들의 큰 집들이 큰 길을 사이에 두고 늘어서 있다.

출전 《문선(文選)》의 〈포조(鮑照)〉를 인용하였다.

해설 괴(槐)는 삼괴(三槐)로 삼정승을 가리키며, 경(卿)은 대신들을 가리키는 말이다. 일반적으로 삼공이라고 했을 때엔 사공(司空)·사도(司徒)·사구(司寇)를 뜻한다.

사공은 국가의 전 영토를 관장하는 기구다. 농토를 관장하며 선박에 의해 해상을 왕래하며 어민을 보호하는 일을 한다. 영토의 한계를 정하고, 평야와 산, 하천 등의 모든 지역에 대한 관할권을 쥐고 있다.

그 다음이 사도다. 교육과 행정을 관장한다. 천하 만민의 교육을 맡아 백성들을 교화하는 일을 맡는다. 사도는 정전법에 의해 만민을 교육시키기 위해, 교육 기관을 설치하며 홍범의 교육 정책에 따른 관헌들의 교육도 맡아 처리했다. 그러나 왕자를 비롯하여 왕실의 교육은 사도의 권한이 아니다. 그것은 삼고직(三孤職)이라 하여, 3명의 스승인 소사(小師)·소전(小傳)·소보(小保)라는 직책에 있는 이가 학문과 각 부분의 통치 방법을 가르쳤다.

마지막이 사구다. 사구는 도적을 다스리는 기관이다. 오늘날의 사법 기관에 해당되는데, 나라에서 금하는 일을 어기는 경우 그들을 다스리기 위해 사구직을 두었다.

백성을 다스리는 기관으로서 오늘의 사법기관과 같다. 백성을 다스리는 법과 절차는 군왕이 관장한다. 무질서하게 전횡을 저지르는 제후들의 횡포와 피해를 막기 위해 이것은 통일된 사법기관으로서 만민을 보호해주는 역할을 맡았다. 당시 사구직에 있는 이를 추관(秋官)이라 하였는데, 이것은 평소에 죄를 묻지 않다가 서리가 내리면 그때에 취조를 한 데서 유래를 찾을 수 있다.

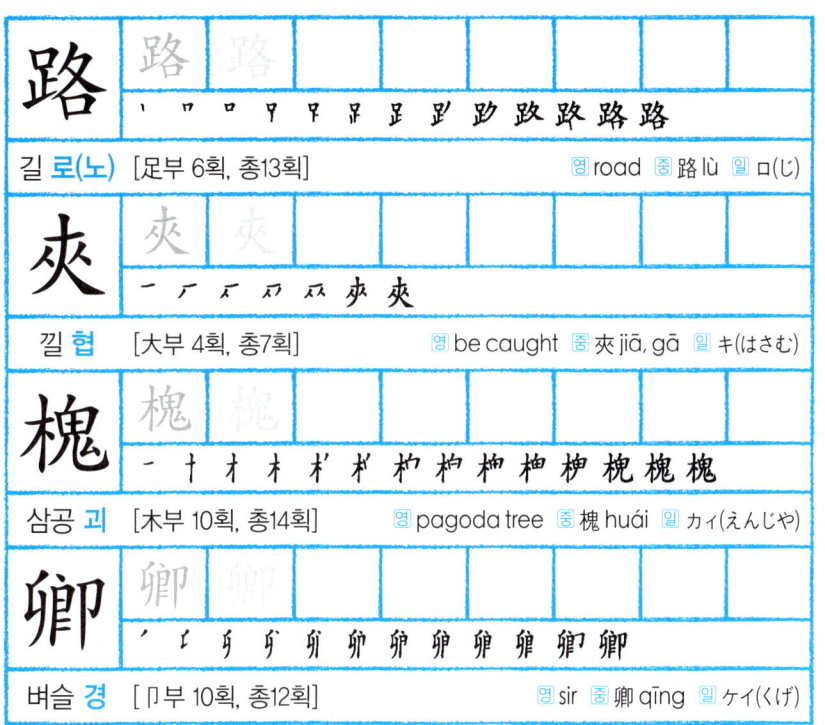

路

길 **로(노)** [足부 6획, 총13획] 영 road 중 路 lù 일 ロ(じ)

夾

낄 **협** [大부 4획, 총7획] 영 be caught 중 夾 jiā, gā 일 キ(はさむ)

槐

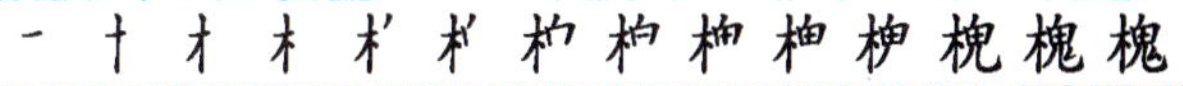

삼공 **괴** [木부 10획, 총14획] 영 pagoda tree 중 槐 huái 일 カイ(えんじや)

卿

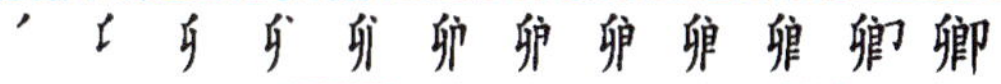

벼슬 **경** [卩부 10획, 총12획] 영 sir 중 卿 qīng 일 ケイ(くげ)

쓰임 ●路上(노상) : 길 위 ●路程(노정) : 여행의 경로 ●夾攻(협공) : 양쪽에서 끼고 침 ●夾路(협로) : 큰길에서 갈린 좁은 길 ●槐木(괴목) : 회화나무 ●槐門(괴문) : 삼공의 다른 이름 ●卿大夫(경대부) : 집정자 ●卿宰(경재) : 임금을 보필하여 집정하는 대신

글뜻 ●路(로)는 족(足)과 각(各)의 형성자. '다리로 걸어가는 길'이라는 뜻 ●夾(협)은 대(大)와 양인(兩人)의 회의자. 본뜻은 '대인이 양 옆구리에 두 사람을 끼는 것'. ●槐(괴)는 목(木)과 귀(鬼)의 형성자. 설문에는 '느티나무'로 풀이했다. ●卿(경)의 본뜻은 '정사를 밝히는 육경(六卿)', 곧 '대신'이다.

125

户封八縣
호 봉 팔 현

의의 여덟 고을 민가에서 나오는 세금을 수입으로 삼았다.

출전 《후한서》 〈왕상전(王常傳)〉에서 인용하였다.

해설 상고시대의 통치의 규범은 만민이 우주 자연의 위력에 굴복하지 않고 이를 잘 관리 운영하는 데 있었다. 특히 공자는 《홍법구주》의 제7강에 해당하는 〈명용계의〉라는 것을 후학들에게 주지시켰다. 특히 《홍범구주》의 정전제(井田制)는 정(井)자 형을 중심으로 한 문화다. 주위를 여덟으로 나누어 중앙이 왕궁에 해당되어 아홉이 되었다.

정자 주위를 팔가지처(八家之處)라고 하여, 병승제를 두었으며 둔전병제를 채택하여 팔진을 형성하는 것만 보아도, 고대의 농사법이 형식이 아니라 지극히 논리적인 것임을 알 수 있다.

정전제에서는 당연히 《홍범구주》에 따라 80 내지 90이랑으로 삼는다. 더욱이 정자 형은 그 주위를 원으로 하면 ㅇ ㅁ △의 세 형태가 된다. 이것은 지형을 측량하는 기본이 된다.

《홍범구주》의 원리는 항상 중앙 오위의 수를 기본으로 하여, 동방과 서방이 합하여 십수가 되고, 또 남방과 북방이 합하여 십수가 된다. 또한 동남간과 서북간이 합하여 십수가 되고, 남서방과 동북방이 합하여 십수가 된다.

이와 같은 것은 하나의 공식으로 발전하여 전국의 영토를 관리하는 데 공식화되었다. 중앙 정부의 전적부에 오른 8수나 9수는 도량형의 기준을 놓고 보면 하은주(夏殷周) 시대가 다르다. 주나라에서 건국 초에 상(商)나라의 제도를 그대로 사용했지만, 주무왕은 12치(寸) 제도를 폐지하고, 8치 제도를 따랐던 것은 《홍범구주》의 계산법에 따랐던 것이다.

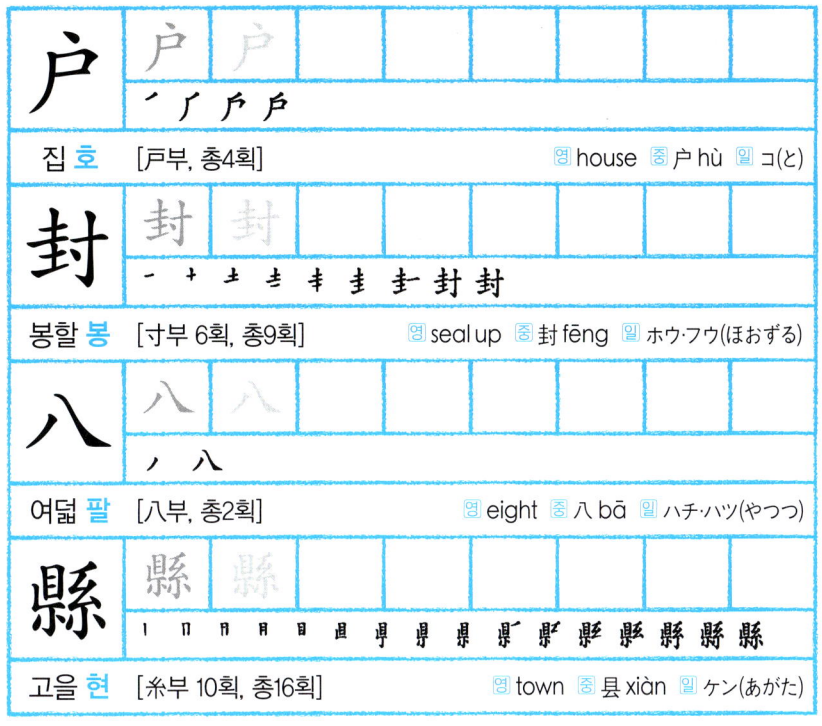

戶	집 호 [戶부, 총4획] 영 house 중 户 hù 일 コ(と)
封	봉할 봉 [寸부 6획, 총9획] 영 seal up 중 封 fēng 일 ホウ·フウ(ほおずる)
八	여덟 팔 [八부, 총2획] 영 eight 중 八 bā 일 ハチ·ハツ(やっつ)
縣	고을 현 [糸부 10획, 총16획] 영 town 중 县 xiàn 일 ケン(あがた)

쓰임 ●戶別(호별) : 집집마다 ●戶主(호주) : 한 집안의 가장 ●封穴(봉혈) : 개미 구멍 ●封皮(봉피) : 물건을 싼 종이 ●八不出(팔불출) : 몹시 어리석은 사람을 이르는 말 ●八斗作米(팔두작미) : 벼 한 섬을 찧게 하여 여덟 말은 받고 그 나머지는 찧는 삯으로 주는 일 ●縣監(현감) : 작은 원님 ●縣格(현격) : 차이가 남

글뜻 ●戶(호)는 문의 반을 나타내는 표시. ●封(봉)은 지(之)와 토(土)·촌(寸)과의 회의자. 본뜻은 '제후를 임명하여 영토를 통치하는 것'을 뜻함. ●八(팔)은 물건을 분배하는 지사자. 본뜻은 '좌우로 갈라지다'라는 뜻. ●縣(현)은 본뜻이 '줄로 머리를 거꾸로 매달다'는 뜻.

126

家給千兵
가 급 천 병

의의 공신의 집에는 천명의 군사를 주었다.

출전 《남사(南史)》 〈진경삼전(陳慶三傳)〉을 인용하였다.

해설 사(師)란 군사를 이르는 말이다. 나라에 공이 많은 공신을 보호하고, 나아가서 나라에 해가 되는 잔악무도한 도당들을 제거하고 난폭한 무리들을 퇴치하는 것을 뜻한다.

《홍범구주》에서는 나라의 기강을 잡기 위해 구벌법(九伐法)이라는 것을 만들었다.

제1에는 재상이나 장관에 상당하는 자들이 휘하에 거느리는 군사를 솔거하여 발호할 때를 지적했다.

제2에는 선량한 백성들을 함부로 살상하여 폭동 등이 일어날 염려가 있을 때,

제3에는 제후들의 세력이 너무 강대하여 백성들이 몸을 피하거나 하여 황폐해졌을 때,

제4는 나라에 세금을 바치지 않고 집단으로 농성할 때,

제5는 백성들이 나라의 법을 지키지 않을 때,

제6은 도적 등의 도당들이 민가에 침입하여 함부로 날뛸 때,

제7은 세력을 얻은 호족들이 외부의 도당과 서로 결탁했을 때,

제8은 자식이 부모나 직계존속 살해죄를 범하여 문중이 소란스러울 때,

제9는 신하가 군왕을 살해하거나 맹수가 발궐했을 때엔 이를 섬멸한다.

이와 같은 것을 공자는 구벌법이라 하였는데, 중국은 주나라 이래로 사마직(司馬職)을 두어 관리했다. 아무리 공신이 군사를 많이 거느리고 있어도 나

라의 환난이나 부득이한 경우를 제외하고는 군사를 동원하지 않는 것이 바른 법도였다.

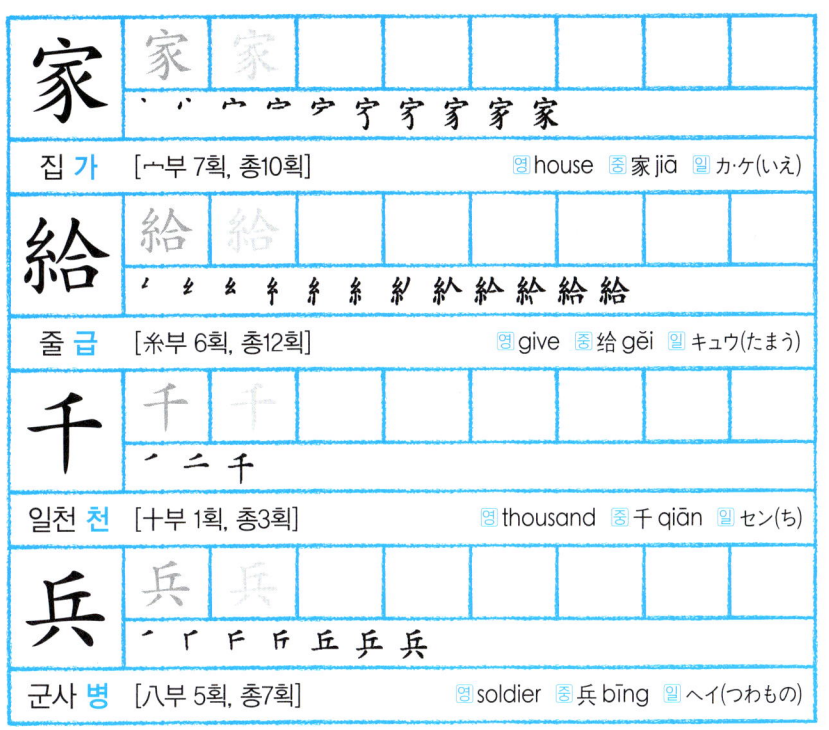

家	家 家
집 **가**	[宀부 7획, 총10획] 영 house 중 家 jiā 일 カ·ケ(いえ)
給	給 給
줄 **급**	[糸부 6획, 총12획] 영 give 중 给 gěi 일 キュウ(たまう)
千	千 千
일천 **천**	[十부 1획, 총3획] 영 thousand 중 千 qiān 일 セン(ち)
兵	兵 兵
군사 **병**	[八부 5획, 총7획] 영 soldier 중 兵 bīng 일 ヘイ(つわもの)

쓰임 ●家兄(가형) : 남에 대하여 자기 형을 말함 ●家運(가운) : 집안의 운수 ●給水(급수) : 물을 공급함 ●給仕(급사) : 사환 ●千秋(천추) : 천년 ●千古(천고) : 먼 옛날 ●兵家(병가) : 병법에 밝은 사람 ●兵戈(병과) : 창

글뜻 ●家(가)는 면(宀)과 축(豕)의 회의자. '사람이 거처하는 집'. ●給(급)은 사(糸)와 합(合)의 형성자. 본뜻은 '남의 부족한 것을 보태다'. 따라서 '급여의 급'으로 풀이한다. ●千(천)은 십(十)과 인(人)의 형성자. ●兵(병)은 '병졸'을 뜻함. 양손으로 도끼를 가지고 힘을 쓰므로 '기계틀'의 뜻이고, 그것을 잡는 사람을 병졸로 풀어낸다.

127

高冠陪輦

고관배련

의의 고관들은 높은 관을 쓰고 임금의 수레를 뒤따른다.

출전 《초사(楚辭)》의 〈이소(離騷)〉와 왕일(王逸)의 주를 따랐다.

해설 《채근담》에 이르기를 '관직에 있는 이는 벼슬자리를 너무 높이지 말라'고 하였다. 왜냐하면 너무 높으면 위태하고, 능한 일은 마땅히 있는 힘을 다 쓰지 말아야 한다. 힘을 다 쓰면 쇠퇴하고 행실은 고상하지 말아야 한다. 비방이 일어나기 때문이다.

어찌 되었건 머리에 쓰는 관은 머리를 보호하고 장식하며, 신분이나 의례에 따라 격식을 갖춘다. 그러므로 머리를 싸는 용기(容器)가 어떻느냐에 따라 그 형태가 달라진다.

물론 시대에 따라 명칭은 다양해진다. 그러나 형태상으로 보면, 크게 관(冠)·모(帽)·갓(笠)·건(巾)으로 분류된다. 관은 이마에 두르는 부분 위에 앞서 뒤로 연결을 하는 것이고, 모는 머리의 전면을 싸는 것이다. 또한 갓은 차양이 있으며, 건은 한 조각의 천으로 감싸는 간단한 형태다.

그러나 이것만으로 관모가 구별되는 것은 아니다. 예를 들면 익선관(翼善冠)을 절상건(切上巾)이라고도 하고, 전립(氈笠)은 '전모'라고 불리고 보니 사실 구별이 쉽지 않다.

어디 그뿐인가. 관모의 명칭 가운데엔 우리말이 유전된 것으로 보이는 갓이 있다. 그것은 갈산(葛山)·갈미 등의 산 이름이 있는 곳에는 갓 모양이 산이 있으므로 가야나 가락에서 나왔다는 학설도 있다.

특히 관모의 각 부위 명칭을 보면 이마에 댄 채 두르는 테를 무(武)라 하고, 앞뒤를 연결시켜 싸는 것을 옥(屋), 옆에 내리는 것을 수(收)라 한다.

高

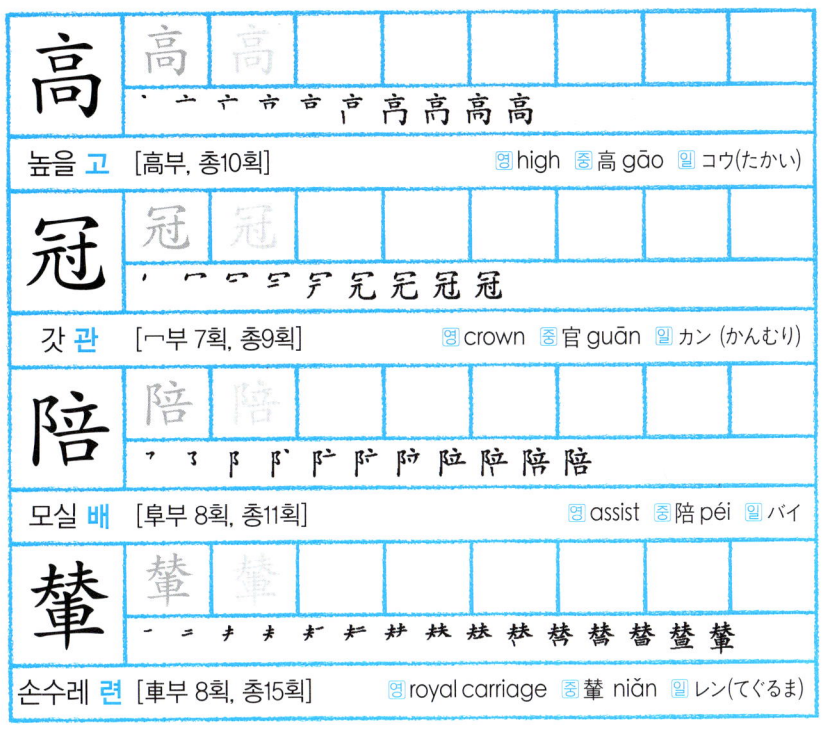

높을 고 [高부, 총10획] 영 high 중 高 gāo 일 コウ(たかい)

冠

갓 관 [冖부 7획, 총9획] 영 crown 중 官 guān 일 カン (かんむり)

陪

모실 배 [阜부 8획, 총11획] 영 assist 중 陪 péi 일 バイ

輦

손수레 련 [車부 8획, 총15획] 영 royal carriage 중 輦 niǎn 일 レン(てぐるま)

쓰임 ●高邁(고매) : 뛰어나게 품위가 높음 ●高足(고족) : 뛰어난 제자 ●冠帶(관대) : 관과 띠 ●冠綱(관망) : 관과 망건 ●陪敦(배돈) : 더욱 도타워지게 함 ●陪侍(배시) : 임금 옆에서 시중을 듦 ●輦轂(연곡) : 임금이 타는 수레 ●輦道(연도) : 궁중의 길, 또는 임금이 다니는 길

글뜻 ●高(고)의 본뜻은 '높은 대관(臺觀)'이다. ●冠(관)은 면(冖)과 원(元)과 촌(寸)과의 회의자. 관에는 존비의 차가 있어 촌(寸)을 더하였다. ●陪(배)의 본뜻은 '흙을 북돋우다'라는 뜻. 나중에 '수반(隨伴)'으로 바뀌었다. ●輦(련)은 '인부가 차 앞에서 차를 끌다'라는 뜻.

128

驅轂振纓
구 곡 진 영

의의 수레가 달릴 때마다 갓 끈이 흔들린다.

출전 《진서(晉書)》의 〈주복전(周馥傳)〉에 '복진영건조 소유준언지칭(馥振纓巾朝 素有俊彦之稱)'과 진(晉)나라 사람 하후심의 〈동방삭화찬(東方朔畵贊)〉을 인용하였다.

해설 군왕이 옥련을 타고 가면 많은 장수와 재상들은 수레를 타고 뒤따른다. 이것은 행차의 장엄함을 단번에 알 수 있다. 일찍이 박제가(朴齊家)는 '수레(車)'에 대해 말한 적이 있다.

'수레는 하늘에서 만들어져 땅에서 구르는 것이다. 사람을 싣고 다니거나 태우는 등의 사람에게 끼치는 혜택이 적지 않다.'

박제가가 탄식했던 것은 우리나라에 있어서는 그 같은 수레의 혜택을 입지 못하고 있다는 점이다. 그것을 사람의 지력(智力)이 미치지 못한다고 꼬집었다. 어쨌든 수레는 지위나 위엄을 나타내는 데엔 어김없는 사실이다.

《논어(論語)》에 다음 같은 얘기가 있다.

공자는 그의 수제자 안회(顔回)가 죽었을 때에 대성통곡했다.

"아, 하늘이 나를 버렸구나!"

안회의 아버지 안무요(顔無繇)가 찾아왔다.

"제 아들의 외관을 마련하려면 비용이 만만치가 않습니다. 선생님이 타고 다니시는 수레를 팔아 주셨으면 합니다."

"그래야 되겠지. 한데 말일세, 나는 내 아들 리(鯉)가 죽었을 때도 형편이 지금보다 낫지 않았네. 그때에도 나는 수레를 팔지 않았네. 그 이유를 짐작하겠는가?"

"모르…겠는데요, 선생님."

"나는 신분이 대부(大夫)일세. 그러다 보니 결코 걸어다녀서는 안된단 말일세. 그런 이유로 수레를 팔지 못했네."

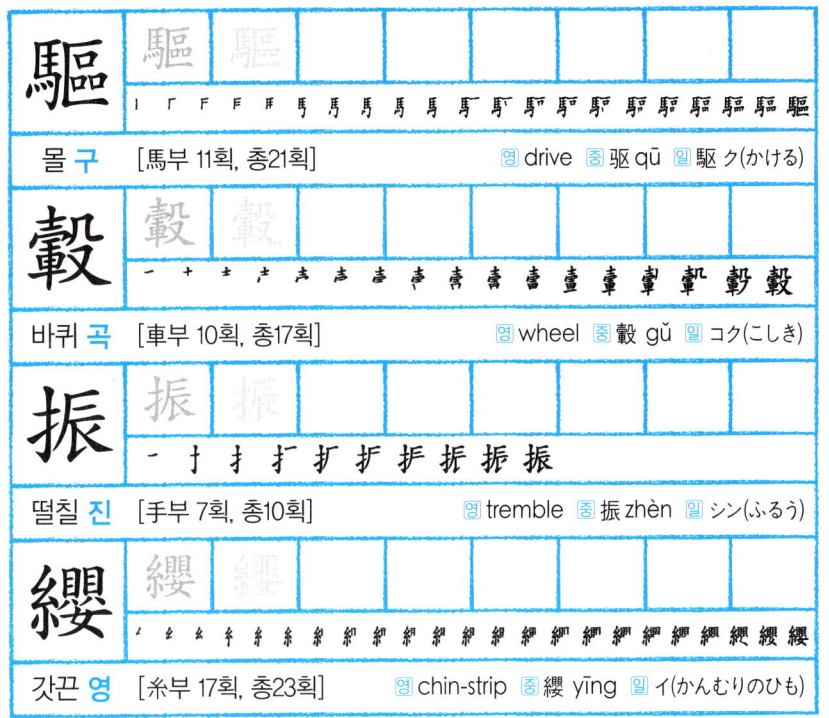

한자	뜻·음	부수·획수	영	중	일
驅	몰 구	[馬부 11획, 총21획]	drive	驱 qū	駆 ク(かける)
轂	바퀴 곡	[車부 10획, 총17획]	wheel	毂 gǔ	コク(こしき)
振	떨칠 진	[手부 7획, 총10획]	tremble	振 zhèn	シン(ふるう)
纓	갓끈 영	[糸부 17획, 총23획]	chin-strip	缨 yīng	イ(かんむりのひも)

쓰임 ●驅魔(구마) : 마귀를 쫓음 ●驅迫(구박) : 학대함 ●振起(진기) : 정신을 가다듬어 일으킴 ●振動(진동) : 흔들리어 움직임 ●轂下(곡하) : '천자(天子)가 타는 수레 밑'이라는 뜻으로, '서울'을 이르는 말. ●推轂(추곡) : 다른 사람의 뒤를 밀어 주어 전진하게 함. ●纓冠(영관) : 갓끈을 묶음 ●纓紳(영신) : 갓끈과 큰 띠

글뜻 ●驅(구)는 마(馬)와 구(區)의 형성자. ●轂(곡)은 수레바퀴가 중심이 되어 폭을 모으면 축이 그 중심을 관통한다. '일반 수레'를 의미함. ●振(진)은 수(手)와 진(辰)의 형성자. 본뜻은 '구하다'. 나중에 '떨치다'로 바뀜. ●纓(영)은 사(糸)와 영(嬰)의 형성자. '갓을 매는 끈'이다.

129

世祿侈富
세록치부

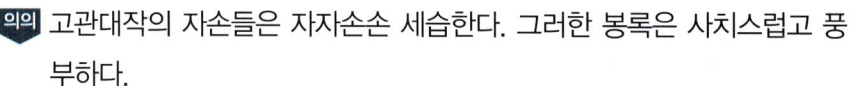

의의 고관대작의 자손들은 자자손손 세습한다. 그러한 봉록은 사치스럽고 풍부하다.

출전 《서경》 〈필명(畢命)〉과, 〈주서(周書)〉 무제기(武帝紀)에서 인용하였다.

해설 왕이 필공(畢公)에게 말했다.

"임금이 이르시되, 오호라 부사(父師)여! 내 공을 주공의 일로써 공경하여 삼가 명하노니 가거라. 착한 사람을 표창하고 악한 사람을 분별하여 그 사는 마을을 표하며, 선을 밝히고 악을 물리쳐 풍성(風聲)을 세우며 그 임무에 만전을 기해 주시오."

백성 중에는 행실이 좋지 않은 사람도 있고, 그렇지 않은 사람도 있으니 그런 사람을 잘 분별하라는 것이다. 또한 가르쳐도 가르침을 따르지 않은 자가 있다면 그 지방에 제재를 가하게 하였다.

어디 그뿐인가. 정사는 시종 일정하고 올바른 법도에 따라 다스려야 하며, 말을 한 것은 반드시 실행해야 한다. 가령 덕을 잃은 것이라 하여 인민에게 가르치면서 왕 자신이 실행하지 않으면 결국 교화하여 갈 수 없을 것이다. 그러므로 하는 말에는 항상 그 의미가 구체적이어야 한다.

왕은 절대 기이한 일을 즐겨해서는 안되며, 은나라 말년에 점점 풍속이 문란해져 교묘하고 거짓된 말로 임금에게 아첨하는 자만이 세력을 얻게 되고, 그 결과로 은나라는 멸망하고 말았으니 필공으로 하여금 그런 사람이 없어지도록 교화하여 달라는 것이다. 왕은 덧붙였다.

"왕 자신이 들은 바로는 부모로부터 대대로 녹을 받아 편히 살고 있는 집은 부덕자가 많이 나온다고 합니다. 방탕한 생활을 즐기며 덕 있는 어진 사람을 함부로 여기며 사치를 일삼으니 하늘의 도에 어긋남으로 자신도 쇠하여집니다."

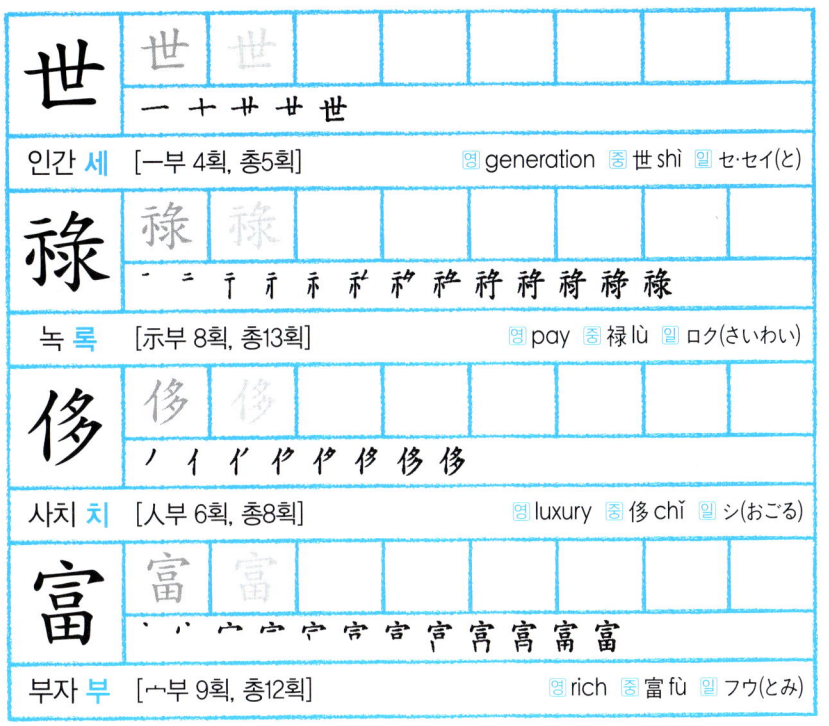

世	世 世
	一 十 廾 廿 世
인간 세	[一부 4획, 총5획] 영 generation 중 世 shì 일 セ·セイ(と)
祿	祿 祿
	祿 (필순)
녹 록	[示부 8획, 총13획] 영 pay 중 禄 lù 일 ロク(さいわい)
侈	侈 侈
	丿 亻 亻 亻 亻 侈 侈 侈
사치 치	[人부 6획, 총8획] 영 luxury 중 侈 chǐ 일 シ(おごる)
富	富 富
	富 (필순)
부자 부	[宀부 9획, 총12획] 영 rich 중 富 fù 일 フウ(とみ)

쓰임 ●世俗(세속) : 세상의 풍속 ●世態(세태) : 세상 사람들이 살아가는 모습 ●祿俸(녹봉) : 봉급 ●祿爵(녹작) : 봉록과 작위 ●侈心(치심) : 사치하는 마음 ●侈人(치인) : 사치하는 사람 ●富裕(부유) : 재물이 넉넉함 ●富村(부촌) : 부자들이 사는 동네

글뜻 ●世(세)는 30년을 한 줄로 엮은 모습. ●祿(록)은 시(示)와 록(彔)의 형성자. 본뜻은 '행복', 나중에 '봉급'으로 뜻이 변했다. ●侈(치)는 인(人)과 다(多)의 형성자. '자랑하여 사람을 업신여기다'라는 뜻. ●富(부)의 본뜻은 '갖추다'. 《서경》 '홍범'의 영향을 받아 지금의 뜻으로 바뀌었다.

제1장 자연 自然 제2장 정사 政史 제3장 수학 修學 제4장 충효 忠孝 제5장 수덕 修德 제6장 오륜 五倫 제7장 인의 仁義 제8장 제도 帝都 제9장 공신 功臣 제10장 군웅 群雄 제11장 지세 地勢 제12장 농정 보신 農政 保身 제13장 한거 閑居 제14장 식사 食事 제15장 안이 安易 제16장 잡사 雜事 제17장 경계 警戒

130

車駕肥輕
거 가 비 경

의의 말은 살찌고 수레는 가볍기만 하다.

출전 《독단(獨斷)》과 《논어》의 〈옹야편(雍也篇)〉, 두남(杜南)의 〈태자장사인유직성욕단시(太子張舍人遺織成褥段詩)〉를 인용하였다.

해설 자화(子華)의 성은 공서(公西)이고 이름은 적(赤)이다. 공자의 제자로 입문한 그가 어느 땐가 제(齊)나라에 스승의 심부름을 가게 되었다. 그때 제자 가운데 염자(冉子)라는 이가 넌지시 입을 열었다.

"스승님, 자화의 노모를 위해 양식을 보내는 게 어떻겠습니까?"

제자의 말에 공자는 잠깐 생각하는 눈치였다. 이 당시엔 중국인들의 주식은 좁쌀이었다.

"1부(釜)만 줘라."

1부란 우리나라의 도량형으로 측정하면 대략 20리터로 한 말 한 되 두 홉에 해당한다. 이것에 적다고 생각했던지 염자는 좀더 주시는 게 어떻느냐 청을 넣었다.

"그러면 1유(庾)만 주어라."

1유는 당시의 16두(斗)다. 지금으로 환산하면 두 말 여덟 되에 해당한다. 그러나 염자는 스승의 말을 어기고 5병(秉)을 보냈다. 요즘으로 따져 14석(石)이다.

그것을 알고 공자가 말했다.

"자화가 제나라로 떠날 때에, 좋은 말을 타고 가벼운 갑옷을 입고 있었다. 내가 들은 바로, 군자는 궁한 사람을 돕기는 해도 부자에게 더 보태주지는 않는 법이다."

이것은 자화에게 부당한 지출을 하였음을 지적한 것이다. 물론 자화는 스승의 심부름으로 제나라에 간 것이므로 충분한 여비를 받았다고 보아야 한다.

한자	훈음	부수·획수	영	중	일
車	수레 거(차)	[車부, 총7획]	cart	车 jū chē	シャ(くるま)
駕	멍에 가	[馬부 5획, 총15획]	yoke	驾 jià	ガ(のる)
肥	살찔 비	[肉부 4획, 총8획]	fat	肥 féi	ヒ(こえる)
輕	가벼울 경	[車부 7획, 총14획]	light	轻 qīng	軽 ケイ(かるい)

쓰임 ●車駕(거가) : 공신들이 타는 수레 ●車馬費(거마비) : 교통비 ●駕士(가사) : 임금의 수레를 끄는 사람 ●駕御(가어) : 말을 잘 부림 ●肥大(비대) : 살이 찌고 몸집이 큼 ●肥沃(비옥) : 땅이 기름짐 ●輕蔑(경멸) : 업신여김 ●輕率(경솔) : 말과 행동이 몹시 가벼움

글뜻 ●車(거, 차)는 수레의 모양을 나타낸 상형자. ●駕(가)의 본뜻은 '마(馬)에 거(車)를 가하다'라는 뜻. 《광아석고》에서 '타다'라는 뜻으로 바뀜. ●肥(비)는 '적절한 곳에 살이 많이 붙어 있음'을 뜻함. ●輕(경)은 거(車)와 경(巠)의 형성자.

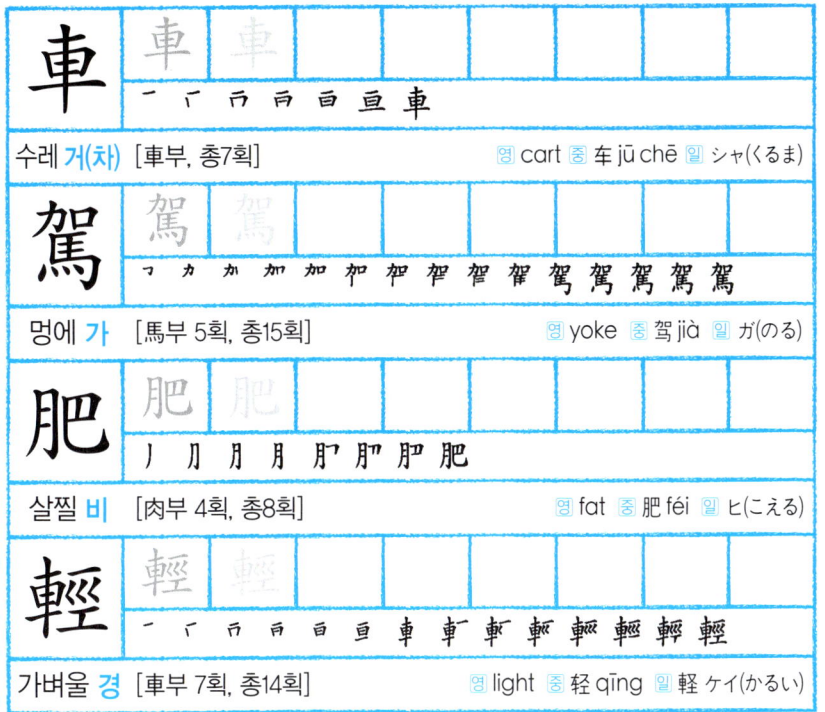

131

策功茂實
책 공 무 실

의의 큰 공이 이루어지도록 꾀하다.

출전 사마천의 《사기》 〈사마상여전(司馬相如傳)〉의 봉선문(封禪文)에서 인용하였다.

해설 사마상여가 대인의 송(頌)을 올리자 황제는 크게 기뻐하면서 구름 위를 표연히 나는 듯한 몸짓으로 말했다는 것이다. 사마상여가 병으로 물러나 무릉에 은거할 때였다. 어느 날 황제는 무슨 생각을 했는지 소충(所忠)이라는 관리를 시켜 상여의 집을 찾아가게 하였다.

"상여의 병이 중태라니 서둘러 가서 그가 지은 책들을 가져오라. 그렇지 않으면 모두 없어지고 말 일이다."

소충이 도착했을 때엔 이미 상여는 죽은 뒤였다. 집에는 책 한 권 남아 있지 않았다. 소충이 사마상여의 부인에게 물었다.

"어찌하여 책 한 권이 눈이 보이질 않습니까?"

부인이 사유를 설명했다.

"남편은 평소 자신의 저작물을 보관하신 적이 없습니다. 책을 저작했을 때마다 사람들이 앞다투어 와서 재빨리 챙겨갔으니까요. 그런데 남편이 세상을 떠나기 전에 제게 당부한 말이 있답니다."

"그게 뭡니까?"

"남편은 딱 한 권의 저서를 남겼답니다. 그분의 말씀이 머지않아 황궁에서 사자가 올 것이니 이것을 드리라는 것이었습니다. 그러니 가지고 가십시오. 다른 것은 없습니다."

부인이 가져온 남편의 유고(遺稿)는 봉선(封禪)에 관한 것이었다. 소충은 그 책을 가지고 가서 황제께 바쳤다. 바로 이 봉선문 안에 그런 내용이 있다. 바로 무실(茂實)이라는 단어다. 이 말은 무성충실(茂盛充實)의 준말이다.

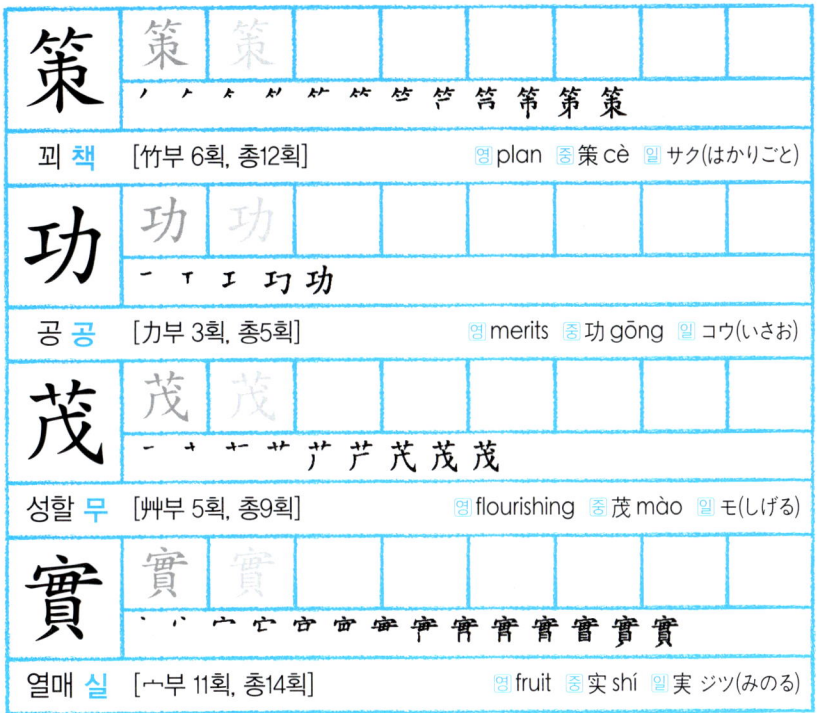

策	策 策
	丿 𠂉 ⺮ 笁 竹 竹 竺 笇 笞 笫 策 策
꾀 책	[竹부 6획, 총12획] 영 plan 중 策 cè 일 サク(はかりごと)
功	功 功
	一 丅 工 玎 功
공 공	[力부 3획, 총5획] 영 merits 중 功 gōng 일 コウ(いさお)
茂	茂 茂
	一 十 卄 艹 艹 芦 芦 茂 茂
성할 무	[艸부 5획, 총9획] 영 flourishing 중 茂 mào 일 モ(しげる)
實	實 實
	丶 宀 宀 宀 宀 宀 宀 宀 實 實 實 實 實 實
열매 실	[宀부 11획, 총14획] 영 fruit 중 实 shí 일 実 ジツ(みのる)

쓰임 ●策略(책략) : 어떤 일을 꾀하는 방법 ●策定(책정) : 어떤 일을 결정함 ●功布(공포) : 관을 묻은 후 관을 닦을 때 쓰는 헝겊 ●功效(공효) : 공들인 보람 ●茂盛(무성) : 초목이 우거짐 ●茂士(무사) : 재주와 덕이 뛰어난 선비 ●實績(실적) : 실제로 이룬 공적 ●實證(실증) : 확실한 증거

글뜻 ●策(책)은 죽(竹)과 속(朿)의 형성자. 본뜻은 '말 채찍'이다. ●功(공)은 역(力)과 공(工)의 형성자. 본뜻은 '힘써서 국가를 평정하다'. ●茂(무)는 초(艸)와 무(戊)의 형성자. '초목이 무성하다'는 뜻. ●實(실)은 면(宀)과 관(貫)의 회의자. 본뜻은 '부(富)'인데 '충실'로 변했다.

132 勒碑刻銘
늑비각명

의의 공적을 새겨 비석에 기록했다.

출전 《후한서》 〈두헌전(竇憲傳)〉에서 인용하였다.

해설 본 절은 공신의 유열(遺烈)을 금석(金石)에 각륵(刻勒)시켜서 그것이 영원히 전해지게 한다는 내용이다. 금석문이란 쇠붙이나 돌붙이를 새긴 글씨나 그림을 말한다.

이러한 금석문은 사람의 손에 의해 직접 이루어진 것이므로 가장 정확하고 진실한 역사 자료가 된다. 중국은 일찍이 은(殷)나라 때부터 청동으로 된 여러 제기를 만들어 왔다. 그것에 그림을 그려 넣는 것과 동시에 또 글을 집어넣었다.

처음에야 씨족의 칭호나 좋아하는 짐승의 모양이 고작이었을 것이다. 그러나 은나라 말기부터 문장을 만들어 넣었다. 그러므로 어떤 제기가 발견되면 그것이 언제 만들어졌는지 연대 측정이 훨씬 쉬워졌다.

그런가 하면 어떤 제기를 만들었을 때, 그것을 제작하게 된 동기나 이유 등에 대해 자세히 적혀 있으므로, 축원의 의식 문구는 물론이려니와 간혹은 문학적으로 높은 수준에 이르렀음을 짐작케 한다. 이런 것을 통틀어 금문이라 하는데, 그 종류는 다양하다.

고대사의 자료 가운데 가장 오래된 것이 《시경》과 《서경》이다. 주나라의 금문을 살펴볼 때에 대다수의 금문은 위의 《서경》이나 《시경》의 내용이 공통적으로 많다.

대다수의 필사본들은 그 기록 자체에 오류가 있거나 뒤집어지거나 또는 일탈된 부분도 있다. 그러나 금석문은 한 번 각인되면 장구한 세월을 내려오는 동안, 어느 정도 이끼가 끼는 일은 있어도 내용이 일탈되는 일은 크게 염려하지 않아도 된다. 그런 이유로 역대 공신들의 공적을 각륵시킨 것이다.

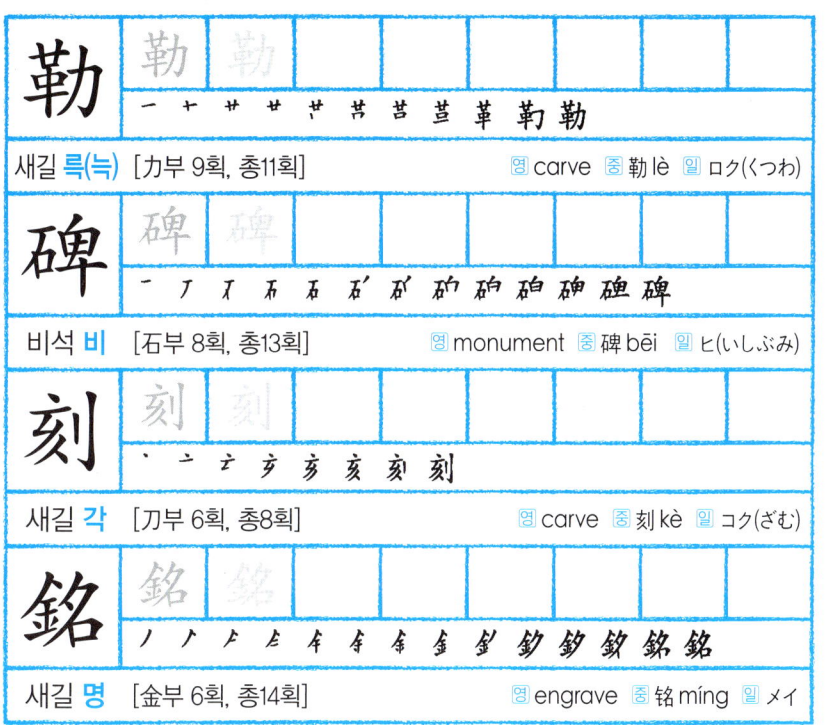

勒	새길 륵(늑)	[力부 9획, 총11획]	영 carve 중 勒 lè 일 ロク(くつわ)
碑	비석 비	[石부 8획, 총13획]	영 monument 중 碑 bēi 일 ヒ(いしぶみ)
刻	새길 각	[刀부 6획, 총8획]	영 carve 중 刻 kè 일 コク(ざむ)
銘	새길 명	[金부 6획, 총14획]	영 engrave 중 铭 míng 일 メイ

쓰임 ●勒兵(늑병) : 병사를 다스려 정돈함 ●勒婚(늑혼) : 강제로 하는 혼인 ●碑文(비문) : 비석에 새긴 글 ●碑銘(비명) : 비의 앞쪽에 새긴 글 ●刻苦(각고) : 고생을 이겨내면서 몹시 애씀 ●刻手匠(각수장) : 문자나 그림 등을 새기는 일을 업으로 하는 사람 ●銘心(명심) : 마음에 새김 ●銘旌(명정) : 장구의 한 가지

글뜻 ●勒(륵)은 혁(革)과 역(力)의 형성자. 본뜻은 '자갈을 물리다'라는 뜻. ●碑(비)는 석(石)과 비(卑)의 형성자. 본뜻은 '세운 돌'. ●刻(각)은 도(刀)와 해(亥)의 형성자. 본뜻은 '나무에 새기다'라는 뜻. ●銘(명)은 금(金)과 명(名)의 형성자. 본뜻은 '기록하다'.

133

磻溪伊尹
반계이윤

의의 문왕은 반계에서 강태공을 얻었고, 탕왕은 신야에서 이윤을 맞아들여 시국의 위기를 구했다.

출전 〈수경위수주(水經渭水註)〉를 인용하였다.

해설 본 절은 뒷부분인 〈좌시아형(佐時阿衡)〉과 한 짝을 이룬다. 이를테면 문왕이 반계에서 강태공을 맞아들인 것이나, 탕왕이 신야에서 시세의 위급을 피하기 위해 이윤을 맞이하여 걸(桀)을 방벌(放伐)하여, 탕으로 하여금 천하를 경륜케 하였으니 이윤을 일러 아형(阿衡)이라 하였다는 것이다. 따라서 본 항에서는 여상 강태공만을 다루는 것이 바른 배치다.

반계라는 곳엔 샘이 있는데 이를 자천(玆泉)이라 부른다. 샘물은 맑게 고여 그 옛날 태공이 여기에서 낚싯줄을 드리운 곳이다. 어느 날 문왕이 사냥을 나오기 전에 점을 쳤는데 점괘가 묘했다.

〈용도 아니고 이(羆)도 아니며 범도 아니고 곰도 아니다. 얻는 것은 패왕(霸王)의 보(輔)다.〉

다시 말해 사냥을 나가지만 짐승은 얻지 못하고 인재를 얻게 된다는 내용이다. 문왕은 당연히 점괘에 기대를 걸고 사냥을 떠났다.

점괘에 나왔던 대로 위수 가로 갔을 때 여상 태공망을 만나게 되었다. 문왕이 물었다.

"고기가 잘 뭅니까?"

그러자 태공이 대답했다.

"물기는 잘하는데 잡히지는 않습니다."

이 수수께끼 같은 답변을 통해 그가 범상치 않는 인물임을 간파해낸다.

"이분이야말로 우리 선군 태공께서 일찍이 말씀 장차 우리 주나라에 오실 그 성군이구나. 우리 태공께서 오래도록 기다리시던 분이니 선생을 태공망이라 하겠습니다."

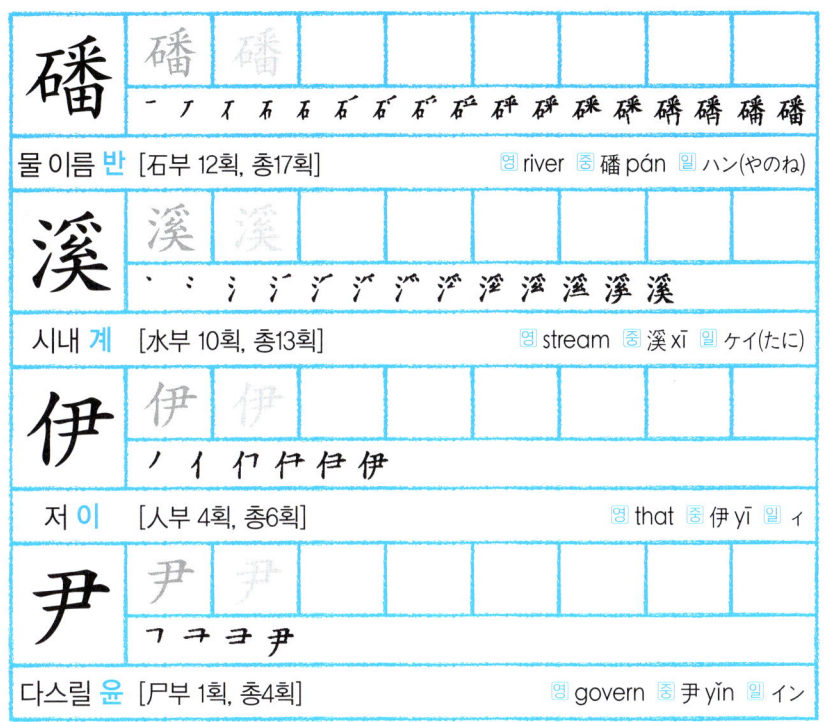

磻	磻 磻
물 이름 반 [石부 12획, 총17획]	영 river 중 磻 pán 일 ハン(やのね)
溪	溪 溪
시내 계 [水부 10획, 총13획]	영 stream 중 溪 xī 일 ケイ(たに)
伊	伊 伊
저 이 [人부 4획, 총6획]	영 that 중 伊 yī 일 イ
尹	尹 尹
다스릴 윤 [尸부 1획, 총4획]	영 govern 중 尹 yǐn 일 イン

쓰임 ●磻溪(반계): 협서성 보남현에 있는 개울 이름 ●磻溪隨錄(반계수록): 유형원이 제도에 관한 조증을 적은 책 ●溪澗(계간): 시냇물이 흐르는 골짜기 ●溪流(계류): 산골짜기에서 흐르는 시냇물 ●伊太利(이태리): 이탈리아 ●伊湌(이찬): 신라의 벼슬 이름 ●尹(윤): 성씨

글뜻 ●磻(반)은 석(石)과 번(番)의 형성자. 본뜻은 '도살촉도(과석)'이다. ●溪(계)는 본 자가 谿이다. '불통(不通)하는 곡천(谷川)'이다. ●伊(이)는 인(人)과 윤(尹)의 회의자. ●尹(윤)은 '정사를 장악하다'라는 뜻.

134

佐時阿衡

좌 시 아 형

의의 시세의 위급을 구한 이윤은 아형이라는 존칭으로 불렸다.

출전 《서경》 〈태갑 상(太甲 上)〉과 《시경》 〈상송〉을 인용하였다.

해설 태갑(太甲)은 탕왕의 손을 말한다. 탕왕이 죽은 후 뒤를 이은 태갑이 무도하므로 이윤은 죽기를 각오하고 글을 올렸다.

즉 탕왕이 성현의 도를 다하였음에도 불구하고 뒤를 이은 태갑은 덕이 부족하였다. 그리하므로 어진 재상 이윤은 계속하여 잘못된 것을 타일렀다.

그런데도 좀처럼 듣는 기색이 아니었다. 왕의 이 같은 태도에 이윤의 실망은 이만저만이 아니었다. 그런데도 자신의 뜻을 꺾지 않고 글을 지어 올렸다.

'선왕께서는 하늘이 내리신 밝고 옳은 도를 행하셨습니다. 그 도로써 만민을 복되게 하는 데에 온 힘을 기울였습니다. 그 지위가 왕에게 이르렀으니 자만하지 않고 하늘과 땅의 신을 받들어 사직을 돌보며 종묘에 조상을 봉사(奉祀)하되, 조상의 마음을 흡족하게 하고 항상 스스로 삼가고 덕을 닦아 바르게 행동하여야 합니다.'

그러나 효과가 없었다. 그렇다 해도 이윤은 간했다. 선왕이 명군이었으나 후대에 와서 덕이 부족하다는 말을 들어서는 안 된다는 점 때문이었다. 하나라의 경우를 보더라도 우왕을 비롯하여 어진 군왕이 나라를 다스리며 그 직무를 대신들도 얼마나 충실히 했는가. 오늘날의 업적은 신하들의 공을 제외시킬 수 없는 것이다.

그런데도 덕이 부족하여 멸망하게 되는 것이니 무릇 군왕은 자신의 중한 책임을 스스로 깨달아 근신하여야 한다는 것이다. 이윤은 간곡하게 청했으나 왕은 듣지 않고 오히려 감금시켰다. 그러나 3년 후 태갑이 크게 깨달아 이윤은 풀려나 다시 재상이 되었다.

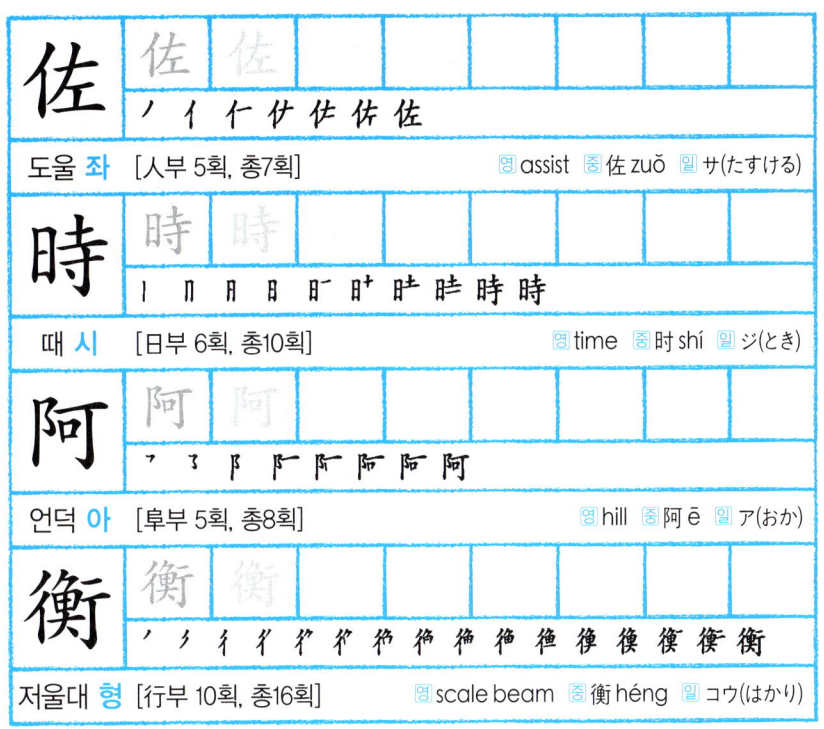

한자	뜻·음	부수·획수	영	중	일
佐	도울 **좌**	[人부 5획, 총7획]	assist	佐 zuǒ	サ(たすける)
時	때 **시**	[日부 6획, 총10획]	time	时 shí	ジ(とき)
阿	언덕 **아**	[阜부 5획, 총8획]	hill	阿 ē	ア(おか)
衡	저울대 **형**	[行부 10획, 총16획]	scale beam	衡 héng	コウ(はかり)

쓰임 ●佐時(좌시) : 시세의 위급을 보좌하다 ●佐平(좌평) : 백제 때의 벼슬 이름 ●時刻(시각) : 시간의 어떤 일순간의 시점 ●時運(시운) : 시간의 운수 ●阿衡(아형) : 이윤의 존칭 ●阿弟(아제) : 동생을 친절하게 이르는 말 ●衡平(형평) : 기울어지지 않고 평평함 ●衡器(형기) : 도량형

글뜻 ●佐(좌)라는 글씨는 설문에 없다. '집운'에서는 좌(左)와 동일한 뜻. ●時(시)는 일(日)과 사(寺)의 형성자. '춘하추동의 사시'. ●阿(아)는 본뜻이 '큰 언덕'. ●衡(형)은 각(角)과 대(大)와 행(行)의 회의자. 본뜻은 '각목', '저울대'의 뜻으로 변했다.

135

奄宅曲阜
엄 택 곡 부

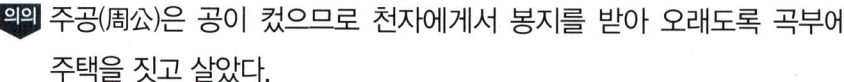

의의 주공(周公)은 공이 컸으므로 천자에게서 봉지를 받아 오래도록 곡부에 주택을 짓고 살았다.

출전 〈예명당위(禮明堂位)〉와 완적(阮籍)의 〈위정충권진왕전(爲鄭沖勸晋王牋)〉에서 인용하였다.

해설 성인 공자는 평생 동안 주공을 이상적인 인물로 가슴에 품고 지내왔다. 그의 언행을 수록한 《논어》에는,

'심하구나, 나의 늙음이여! 다시는 꿈에 주공(周公)을 보지 못하겠구나.'

공자가 꿈에 보지 못한다는 것은, 이미 자신의 큰 뜻이 깨어졌음을 비관한 것으로 풀이된다. 주공이란 인물은 어떤가? 그를 알기 위해서는 주나라의 역사를 더듬어볼 필요가 있다.

주나라의 시조는 후직(后稷)인데, 그는 요순 때의 인물로 농사짓는 법을 인민들에게 가르친 것으로 알려져 있다. 선조의 피를 받은 주공은 형인 무왕을 도와 폭군 주왕(紂王)을 멸한다. 이때의 모든 계략이 주공에게 나왔다는 것은 세상이 다 아는 일이다. 그런데 여기에는 흥미로운 기록이 또 하나 있다. 주공이 주왕을 멸하려 할 때에, 그는 원대한 계획을 세웠었다. 이 세상에 제일가는 미인을 소부락(蘇部落)에서 구해 그녀의 핏줄을 얻어 기른 후 온갖 기예를 가르쳐 주왕에게 보냈다. 그녀의 이름은 주공의 이름인 단(旦)에 계집 녀를 붙여 달(妲)이라 하였다. 다시 말해 부락 명칭을 그대로 쓴다면 이름이 소기(蘇己)였지만. 주공의 밀명을 받은 터라 달기(妲己)라 한 것이다.

달기는 주왕을 더욱 폭군으로 몰아갔고, 그로 인해 제후들은 일어나 그를 멸하였다. 그러나 달기는 살아나지 못했다. 그녀가 이룬 임무보다는 세상의

공분이 더 컸기 때문이었다.

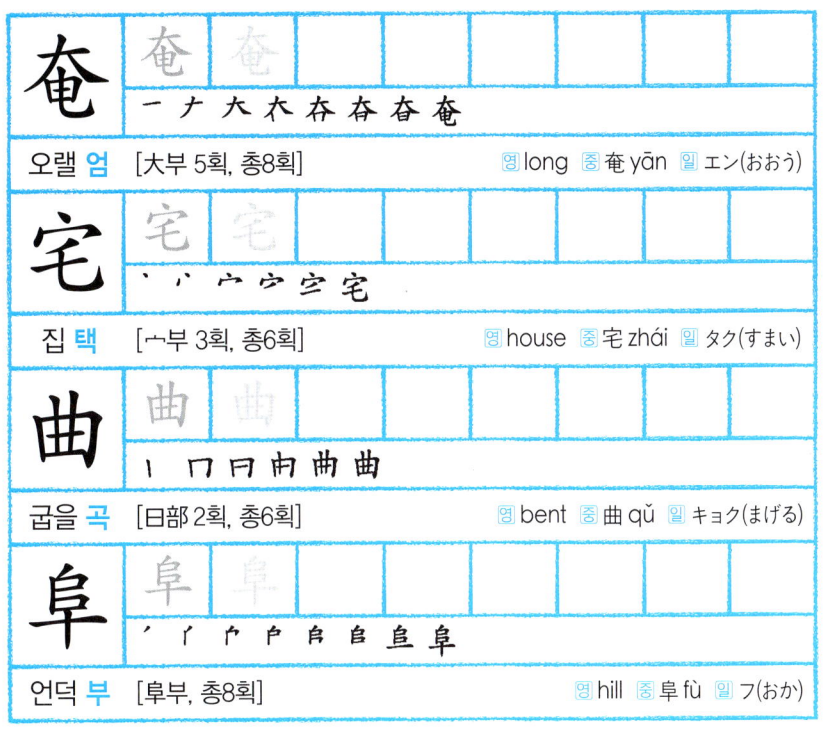

한자	필순	훈음	부수·획수	영	중	일
奄	一 ナ 大 大 夻 夻 奄 奄	오랠 엄	[大부 5획, 총8획]	long	奄 yǎn	エン(おおう)
宅	丶 丶 宀 宀 宀 宅	집 택	[宀부 3획, 총6획]	house	宅 zhái	タク(すまい)
曲	丨 冂 円 冃 曲 曲	굽을 곡	[日部 2획, 총6획]	bent	曲 qǔ	キョク(まげる)
阜	′ ſ 户 户 自 自 阜 阜	언덕 부	[阜부, 총8획]	hill	阜 fù	フ(おか)

쓰임 ●奄奄(엄엄) : 숨이 끊어지려는 모양 ●奄覆(엄복) : 크게 덮다 ●宅地(택지) : 주택을 지을 땅 ●宅居(택거) : 집안에 거처함 ●曲調(곡조) : 선율 ●曲眉(곡미) : 초생달 모양의 눈썹 ●阜蕃(부번) : 동물 등을 번식시킴 ●阜螽(부종) : 메뚜기

글뜻 ●奄(엄)은 대(大)와 신(申)의 회의자. 본뜻은 '위에서 크게 덮다'. 엄은 '대(大)' 또는 '구(久)'의 뜻으로 변했다. ●宅(택)은 본뜻이 '거주하다'. ●曲(곡)은 상자를 정면에서 본 상형문자. 혜(匸)는 사각의 측면에서 본 형이고, 감(凵)은 상자 속을 굽히어서 물건을 받는 형이다. 그러나 해자는 분명치 않다. ●阜(부)는 본뜻이 '큰 언덕'이다.

136 微旦孰營
미 단 숙 영

의의 주공이 아니면 어느 누가 경영하겠는가.

출전 〈소이아광고(小爾雅廣詁)〉와 단주(段註)를 인용하였다.

해설 주공은 효성이 지극했다. 또한 형제간의 우애가 남달랐다. 무왕이 즉위한 뒤로는 항상 그의 오른팔이 되어 정치의 중심점에 있었다. 또한 맹진으로 진격할 때에도 항상 무왕 곁에 있었다.

은나라를 쳐서 이기고 궁 안으로 들어가 자살한 주왕(紂王)의 목을 벤 다음 소공(召公)과 함께 왕을 호위하여 토지신께 제사하고 상제께 보고를 올렸다.

그러는가 하면 옥에 갇힌 어진 이들을 방면했다. 기자(箕子)를 비롯하여 많은 지식인들이 어두운 감옥에서 빠져나왔다. 한편으로는 주왕의 아들 무경녹부(武庚祿父)로 하여금 은나라의 옛땅을 지키게 하였으며, 그로 하여금 은나라의 옛 조상들의 제사를 받들게 하였다. 그것은 망한 은나라 백성들의 반감을 중화시키기 위한 배려였다. 그들에 대한 감시는 관숙과 채숙이 맡았다.

이때 주공은 논공행상에서 곡부의 땅을 얻어 노공(魯公)이 되었다. 그곳은 노나라의 옛땅이었다. 그러나 그는 봉지에 가지 않고 무왕 곁에서 보필했다. 나라의 기틀이 잡히기도 전에 무왕의 병이 깊어졌다. 왕이 점을 쳐 길흉을 헤아리기 전에 주공은 제단 셋을 만들어 삼대 조상인 태왕(太王), 왕계(王季), 문왕의 영을 모시고 제문을 읽은 후에 점을 치게 하였다. 점괘가 좋게 나왔다. 이후 성왕이 보위에 올라 병이 깊어지자 주공은 자신의 손톱과 발톱을 잘라 황하의 수신(水神)께 던지고 발원했다.

"왕은 아직 어린 몸이라 사리를 판단하지 못합니다. 만일 신명께서 거슬리는 일이 있다면 이 몸의 목숨을 거두어 가시고 어린 왕의 목숨을 보전하여 주시옵소서."

주공은 그런 인물이었다.

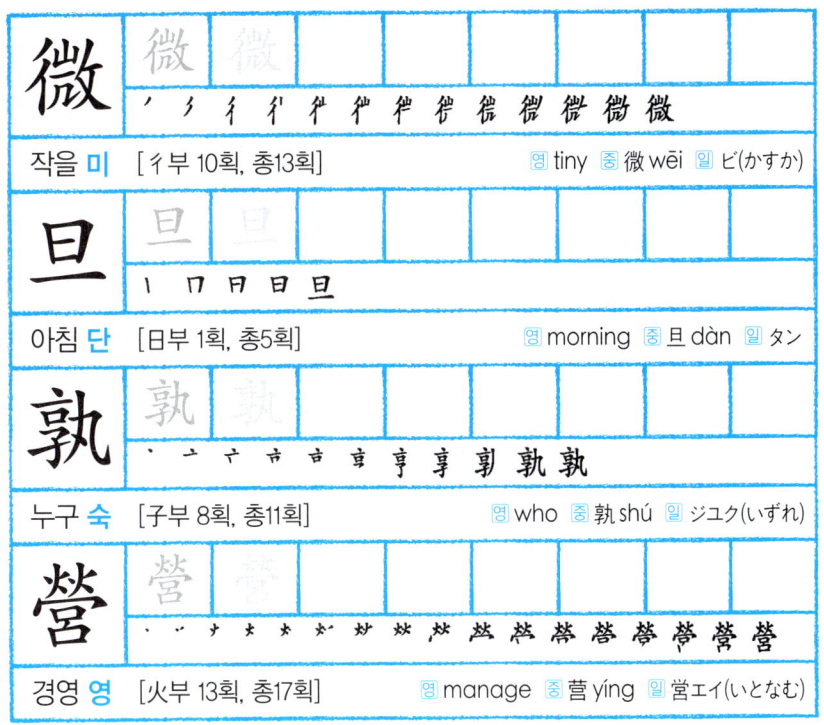

微	작을 **미** [彳부 10획, 총13획] 영 tiny 중 微 wēi 일 ビ(かすか)
旦	아침 **단** [日부 1획, 총5획] 영 morning 중 旦 dàn 일 タン
孰	누구 **숙** [子부 8획, 총11획] 영 who 중 孰 shú 일 ジュク(いずれ)
營	경영 **영** [火부 13획, 총17획] 영 manage 중 营 yíng 일 営エイ(いとなむ)

쓰임 ●微功(미공) : 작은 공로 ●微官(미관) : 보잘것없는 벼슬 ●旦旦(단단) : 공손하고 성실한 모양 ●旦望(단망) : 삭일과 망일 ●孰能禦之(숙능어지) : 능히 어느 누가 막으랴. ●孰若(숙약) : 어느 쪽이 좋은가. ●營內(영내) : 병영 안 ●營農(영농) : 농업을 경영함

글뜻 ●微(미)의 본뜻은 '숨어가다'. 나중에 '무(無)'의 뜻으로 변했다. ●旦(단)은 일(日)과 일(一)의 지사자. 수평선에서 해가 떠오르는 모양을 나타냄. ●孰(숙)은 환(丸)과 향(享)의 회의자. ●營(영)은 궁(宮)과 형(熒)과의 형성자.

137 桓公匡合
환공광합

의의 제환공은 천하를 바로잡아 제후를 불러 모았다.
출전 《오지(吳志)》와 유향(劉向)의 신서(新序)를 인용하였다.

해설 춘추시대의 오패(五霸)를 말할 때에 그 으뜸 자리는 당연히 제환공(齊桓公)이 차지한다. 그는 이름이 소백(小白)이고 휘가 환이다. 제환공은 양공으로 인해 무던히 고생길을 걸어온 위인이다. 물론 나중에야 춘추오패의 한 자리를 차지했지만.

얘기는 거슬러 올라간다. 제양공은 자신의 누이와 상피 붙은 묘한 관계였다. 세자로 있을 때에 배다른 누이동생 문강(文姜)과 간통했고, 문강이 노환공에게 시집가자 그녀와의 옛정을 잊지 못해 자나깨나 노심초사하다가 일을 꾸미기에 이른다. 노환공 부부를 제나라에 오게 했는데 누이와 간통한 것이 들통나자, 역사 팽생(彭生)으로 하여금 노환공을 때려죽이게 했다.

그런데 이 일이 들통나자 제양공은 죄 없는 팽생을 죽여버렸다. 어느 날 양공이 사냥을 나갔을 때 산 속에서 이상한 모양의 돼지 한 마리를 보았다. 생김이 영락없이 팽생의 모습이었다. 더구나 이 날은 연칭이 난을 일으킨 직후였다. 이날 양공은 목숨을 잃었다.

연칭과 관지부가 군대를 정비하고 선군(先君) 희공(僖公)의 유명을 받았다는 것도 잠시, 노나라에 있던 제환공이 귀국하여 죄인이었던 관중(管仲)을 재상으로 임명했다.

임금에게 재상을 얻었다고 치하하니
그가 항차 죄수인 것을 누가 알리요

이날 사사로운 분을 꺾어
사해는 흔연히 패군(覇君)이라 하네

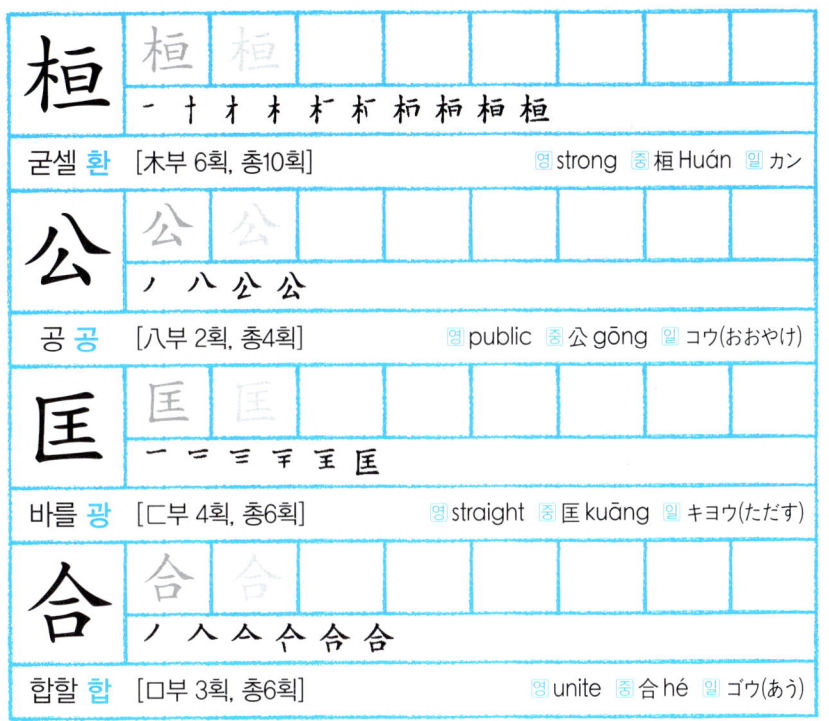

桓	桓 桓
	一 十 才 木 木 朩 朾 柎 栢 桓
굳셀 환	[木부 6획, 총10획] 영 strong 중 桓 Huán 일 カン

公	公 公
	ノ 八 公 公
공 공	[八부 2획, 총4획] 영 public 중 公 gōng 일 コウ(おおやけ)

匡	匡 匡
	一 二 三 干 王 匡
바를 광	[匚부 4획, 총6획] 영 straight 중 匡 kuāng 일 キョウ(ただす)

合	合 合
	ノ 人 亼 仝 合 合
합할 합	[口부 3획, 총6획] 영 unite 중 合 hé 일 ゴウ(あう)

쓰임 ●桓圭(환규) : 주나라 시대 6서(六瑞)의 하나. ●桓因(환인) : 하느님 ●公益(공익) : 공동의 이익 ●公侯(공후) : 공작과 후작 ●匡救(광구) : 잘못을 바로잡음 ●匡正(광정) : 곧게 바로잡음 ●合理(합리) : 이치에 합당함 ●合流(합류) : 냇물 따위가 한데 합쳐져 흐름

글뜻 ●桓(환)의 본뜻은 '숙역의 표본'이다. 여기에서는 성으로 통용되었다. ●公(공)은 팔(八)과 사(厶)의 회의자. ●匡(광)은 혜(匸)와 왕(王)의 형성자. '거초(筥草)로 만든 반기(飯器)'로 풀이했다. 나중에 '광정(匡正)'의 뜻으로 변했다. ●合(합)은 '세 사람의 의견이 일치하는 것'을 뜻함.

138

濟弱扶傾
제 약 부 경

의의 약한 자와 쇠약하여 기울어져 가는 자를 도왔다.

출전 유향(劉向)의 신서(新序)를 인용하였다.

해설 제나라 환공이 귀국하자 관중이 고하였다.

"주나라가 낙양으로 천도한 이래 정나라처럼 강력한 제후가 없었습니다. 정나라는 동곽(東虢)을 멸하고 형양에 도읍하였으니, 앞은 숭(嵩)이고 뒤는 하(河)며, 오른쪽은 낙(洛)이오, 왼쪽은 제(濟)니 그 지형 험준하기가 천하에 비할 바가 없나이다. 그래서 옛날에 장공이 그것을 믿고 송나라를 정벌하고, 이제는 초나라와 동맹을 했는데, 또 초나라는 왕을 자칭하고 땅이 넓고 병마가 강합니다. 그래서 초나라는 한양 제국을 손에 넣고 주나라와 대적합니다. 지금 주공께서는 왕실을 존중하고 여러 나라에 패권을 잡으시려면 초나라를 꺾지 않고는 불가능한 일입니다. 그러나 초를 꺾으려면 정나라를 수중에 넣어야 합니다."

환공은 장수 빈수무(賓須無)로 하여금 전차 2백 승을 이끌게 하여 역성 밖에 머무르게 하였다. 나라 밖으로 쫓겨갔던 공자 돌이 돌아오고 정나라의 여공(厲公)은 심복을 파견하여 정나라의 내정을 탐지했다.

마침내 정나라를 공격하여 공자 돌이 보위에 오르자 백성들은 환호했다. 정백(鄭伯) 돌이 이미 복위하였고, 위·조는 지난 겨울에 맹약했다. 제환공이 다시 맹약하려 들자 관중이 말했다.

"주공은 새로 패(霸)를 이루시니 반드시 간편한 정치로 사람들의 환심을 사야 합니다."

결국 제나라의 환공은 인심이 따르는 것을 알고 송나라 땅의 유지(幽地)

에서 송·노·진·정·위·허 등등의 나라와 회합하여 피를 마시게 한 후 비로소 맹주의 호를 정했다. 이때가 주 이왕 3년 겨울이었다.

濟

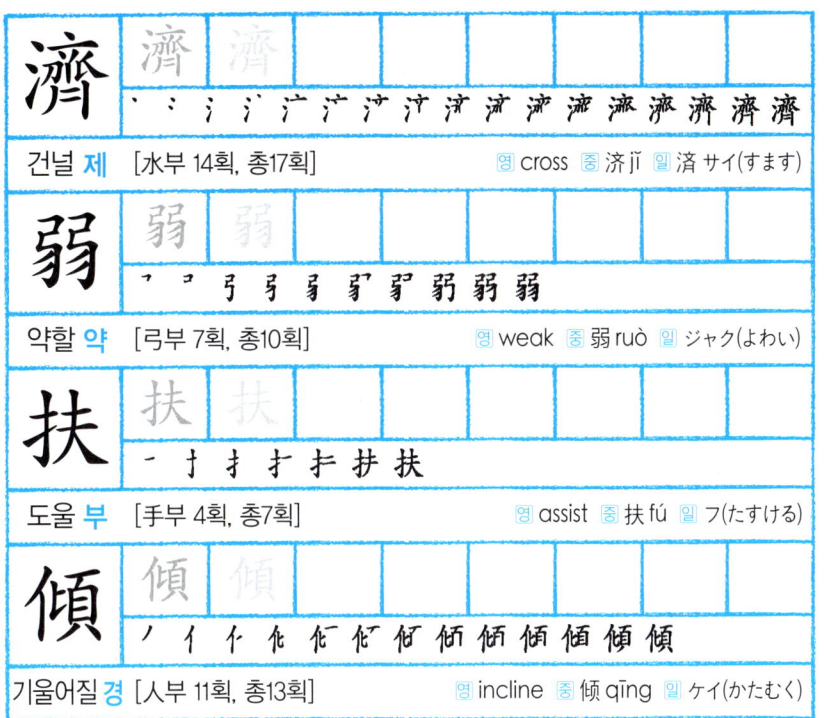

건널 **제** [水부 14획, 총17획] 영 cross 중 济 jǐ 일 済 サイ(すます)

弱

약할 **약** [弓부 7획, 총10획] 영 weak 중 弱 ruò 일 ジャク(よわい)

扶

도울 **부** [手부 4획, 총7획] 영 assist 중 扶 fú 일 フ(たすける)

傾

기울어질 **경** [人부 11획, 총13획] 영 incline 중 倾 qīng 일 ケイ(かたむく)

쓰임 ●濟世(제세) : 세상을 구함 ●濟勝(제승) : 명승지를 돌아다님 ●弱冠(약관) : 남자의 나이 20세 전후 ●弱小(약소) : 약하고 작음 ●扶老(부로) : 늙은이를 도움 ●扶桑(부상) : 동쪽 바다의 해가 돋는 곳 ●傾國(경국) : 나라가 기울어짐 ●傾斜(경사) : 비스듬히 기울어짐

글뜻 ●濟(제)는 수(水)와 제(齊)의 형성자. ●弱(약)은 궁(弓)과 척(彳)의 형성자. ●扶(부)는 수(手)와 부(夫)의 형성자. '돕다'라는 뜻. ●傾(경)은 인(人)과 경(頃)의 회의 형성자. '경(頃)은 사람(人)과 합하여 측(仄)'의 뜻으로 쓰임.

139 綺回漢惠

기 회 한 혜

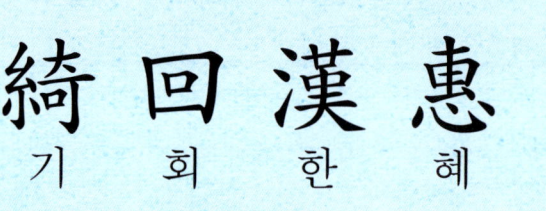

의의 기리계 등의 덕분으로 한의 혜제가 그 자리를 회복했다.

출전 《한서(漢書)》와 《사기(史記)》를 인용하였다.

해설 기리계는 상산에 은거한 사호(四皓)를 대표한 인물이다. 그의 일행이 한나라 궁전에 내려오게 된 데엔 그만한 이유가 있었다. 유방의 본실인 여치는 1남1녀를 생산했는데, 아들은 유영(劉盈)이라 했고, 딸은 노원공주였다. 물론 이외에도 배가 다른 형제가 없는 것은 아니었지만, 여치는 유달리 측실인 척의(戚懿)에 대해 심한 투기심을 느끼고 있었다. 더구나 척의는 유방이 전쟁터를 돌아다닐 때에 산동성의 정도현에서 척의를 얻었기 때문에 더욱 애지중지했다. 그곳은 음양으로 따져 수토(水土)의 기운이 좋다는 곳이다.

어느 날 유방은 뜻밖의 발언을 했다. 황태자인 유영을 갈아치우고 측실 소생 유여의(劉如意)로 보위를 잇겠다는 말이었다. 문무백관들은 대경실색했다. 이때 여치는 동생 여석지를 장량에게 보내 계책을 물었다. 장량이 한숨을 쏟아냈다.

"폐하가 곤경에 처했을 때엔 우리가 손을 쓴다지만, 지금은 천하가 통일되고 황태자 자리는 황제 폐하의 개인적인 일이오. 다시 말해 신하가 나설 일이 아니란 말입니다. 다만, 한 가지 다른 사람들이 모두 폐하에게 아첨하기에 바쁠 때 오로지 네 명의 노인만은 폐하의 오만함을 비웃으며 상산에 은거하였소. 그들은 죽더라도 폐하의 신하가 되지 않겠다고 했지만, 금백과 황태자의 친필을 보내 그들을 정중히 청한다면 내려올지 모르는 일이오. 방법은 그것밖에 없습니다."

상산사호는 황태자의 서찰을 받고 하산했다. 그들은 유영을 날개처럼 보호하며 황제와 맞섰다. 결국 황태자 폐위는 유야무야 흐지부지 돼버렸다.

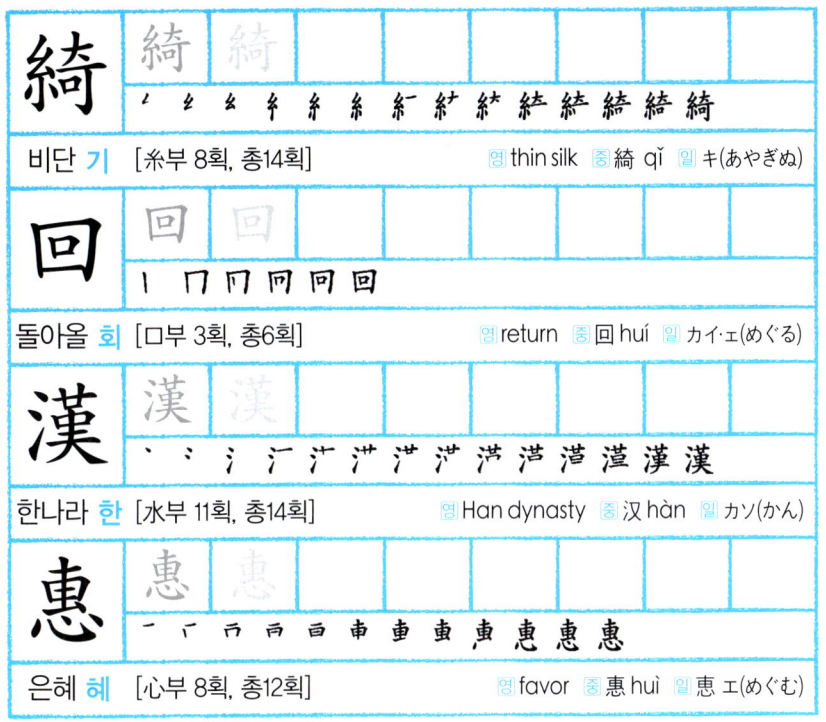

綺	비단 기 [糸부 8획, 총14획] 영 thin silk 중 綺 qǐ 일 キ(あやぎぬ)
回	돌아올 회 [口부 3획, 총6획] 영 return 중 回 huí 일 カイ·エ(めぐる)
漢	한나라 한 [水부 11획, 총14획] 영 Han dynasty 중 汉 hàn 일 カン(かん)
惠	은혜 혜 [心부 8획, 총12획] 영 favor 중 惠 huì 일 惠 エ(めぐむ)

쓰임 ●綺談(기담) : 재미있고 아름다운 이야기 ●綺語(기어) : 요염한 말 ●回甲(회갑) : 나이 61세를 이르는 말 ●回文(회문) : 회답하는 글 ●漢江投石(한강투석) : 효과가 없는 일 ●漢文(한문) : 중국의 문장 ●惠聲(혜성) : 인자하다는 소문 ●惠示(혜시) : 친절하게 알려줌

글뜻 ●綺(기)는 사(糸)와 기(奇)의 형성자. 본뜻은 '무늬 있는 비단'이다. ●回(회)는 '회전'을 나타내는 상형자. ●漢(한)은 수(水)와 난(難)의 옛자와의 형성자. ●惠(혜)는 '인(仁)'의 뜻으로 해석함.

140

說感武丁
설 감 무 정

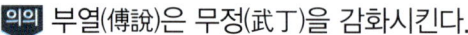

의의 부열(傅說)은 무정(武丁)을 감화시킨다.

출전 《서경》을 인용하였다.

해설 반경(盤庚)은 황하 북쪽에서 즉위하였는데, 그 뒤 3대째에 무정(武丁)이 보위에 올랐다. 이 무렵 나라 형편은 몹시 쇠약했다. 무정은 즉위 초부터 부국정책에 온 힘을 기울였다. 그러나 자신의 생각을 털어놓고 얘기할만한 사람이 없자 늘 전전긍긍이었다.

"이 세상에 분명히 뛰어난 인재가 있을 것이다. 너무 서둘지 말고 여유를 가지고 찾아야 한다."

이렇게 생각한 무정은 세 해 동안 자신의 생각은 말하지 않고 정사의 일체를 재상에게 맡겨 버렸다. 그런 연후에 짐짓 정치가 어찌 되는가에 관망의 자세를 취했다.

세 해가 지난 어느 날 밤이었다. 얼핏 잠이 들었는데 한눈에 보기에도 범상치 않은 사람이 무정의 베갯머리에 와서 말했다.

"저는 열(說)이라고 합니다. 제 힘이 필요하시다면 능히 도와드리겠습니다."

꿈에서 깨어난 무정은 꿈속에 나타난 사내의 생생한 모습을 마음속에 다시 한번 그려보았다. 반드시 그런 인물이 있을 것이라 생각하고 무정은 도성 안을 이 잡듯이 뒤졌다. 그런 사내가 없었다.

'그렇다면 백성들 사이에 있을 것이다.'

이렇게 생각하고 꿈속에서 보았던 사내의 용모를 초상화로 그리게 하고, 관리들로 하여금 그것을 들고 전국을 누비게 하였다. 그러자 부험(傅險)에서 초상화의 주인공을 닮은 사내를 찾아냈다.

"이 사람이다. 정작 이 사람이다!"

무정이 뛸 듯이 기뻐하며 그 사람을 만나보니 과연 꿈에서 만난 부열이라는 인물과 똑같았다. 다만 그는 죄수였다. 부열이란, 부험에서 발견했다 하여 붙여진 이름이다.

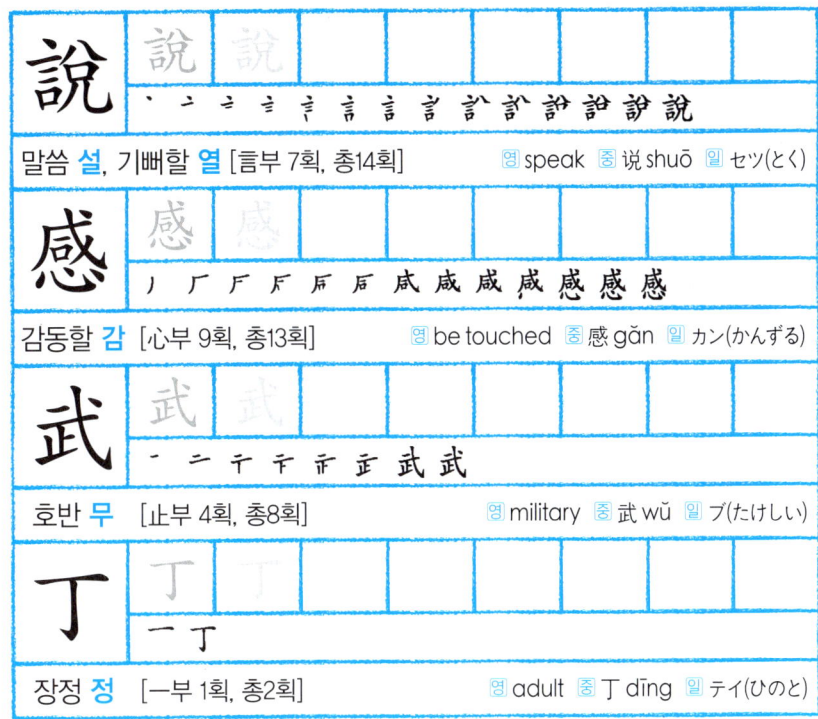

說	說 說 丶 亠 亠 亠 言 言 言 言 訁 訁 訡 訡 詊 說
말씀 **설**, 기뻐할 **열** [言부 7획, 총14획]	영 speak 중 说 shuō 일 セツ(とく)
感	感 感 丿 厂 厂 厂 后 后 咸 咸 咸 咸 感 感 感
감동할 **감** [心부 9획, 총13획]	영 be touched 중 感 gǎn 일 カン(かんずる)
武	武 武 一 二 亍 亍 正 正 武 武
호반 **무** [止부 4획, 총8획]	영 military 중 武 wǔ 일 ブ(たけしい)
丁	丁 丁 一 丁
장정 **정** [一부 1획, 총2획]	영 adult 중 丁 dīng 일 テイ(ひのと)

쓰임 ●說得(설득) : 알아먹도록 깨우쳐 말함 ●說服(설복) : 설득함 ●感慨(감개) : 깊이 느끼어 탄식함 ●感服(감복) : 감동하여 심복함 ●武勇(무용) : 날래고 용맹함 ●武運(무운) : 무인으로서의 운수 ●丁卯(정묘) : 60갑자의 넷째 ●丁憂(정우) : 부모상을 당함

글뜻 ●說(설)은 언(言)과 태(兌)의 형성자. 여기에서는 열로 '사람 이름'. ●感(감)은 심(心)과 함(咸)의 형성자. ●武(무)는 과(戈)와 지(止)의 형성자. ●丁(정)은 '초목이 무성함을 표시'. '장정'의 정(丁)으로 변함.

141

俊乂密勿
준 예 밀 물

의의 지금까지 열거한 인물 가운데 이윤(伊尹)·주공(周公)·사호(四皓)·부열(傅說) 등은 모두 준재의 명사로서 임무를 충실히 완수했다.

출전 《서경》의 〈고요모〉와 《한서》의 〈유향전〉을 인용하였다.

해설 위에 열거한 인물들을 준예(俊乂)라고 부른다. 《서경》의 고요모를 그렇게 평가하는 데엔 분명한 이유가 있다. 원문을 보자.

순 임금 밑에서 형벌을 관장하던 고요가 우와 함께 왕도에 관해 말했었다. 그것은 곧 유가의 덕치주의를 뜻했다.

이를테면 왕이 된 자는 정치적인 권모술수를 기르기에 앞서 무엇보다 성심으로 덕을 이행하는 데 노력해야 한다는 것이다. 그렇게 하여 국정을 운영하면 선량한 인재들이 모여들 것은 자명한 일이라 하였다.

그러자 우가 나서며 고요의 말이 옳다고 했다. 어떻게 해야 높은 덕을 기를 수 있는가를 다시 물었다. 고요가 곧 대답하니 이것은 덕을 양성하는 방법이다.

가장 먼저 고요는 심신의 수양을 들었다. 스스로가 심신을 수양하면 그 감화는 구족에게 미칠 것이기 때문이다. 또 나가서는 백성에게 이르게 된다. 그리고 덕을 수양하되 그 목적을 사사로운 곳에 두어서는 안 된다는 것이다. 먼 곳까지 그 덕이 펴져나갈 수 있어야 천하가 복을 누릴 수 있기 때문이다. 이것이야말로 유가에서 말하는 수기치인(修己治人)이다.

그렇게 천하를 다스리면 천하의 백성이 깊은 지혜와 따사로운 온정에 감읍할 것은 불을 보듯 훤하다.

이렇게 하면 뛰어난 인재들이 모여들 뿐, 아첨배는 발을 붙이지 못할 것이다.

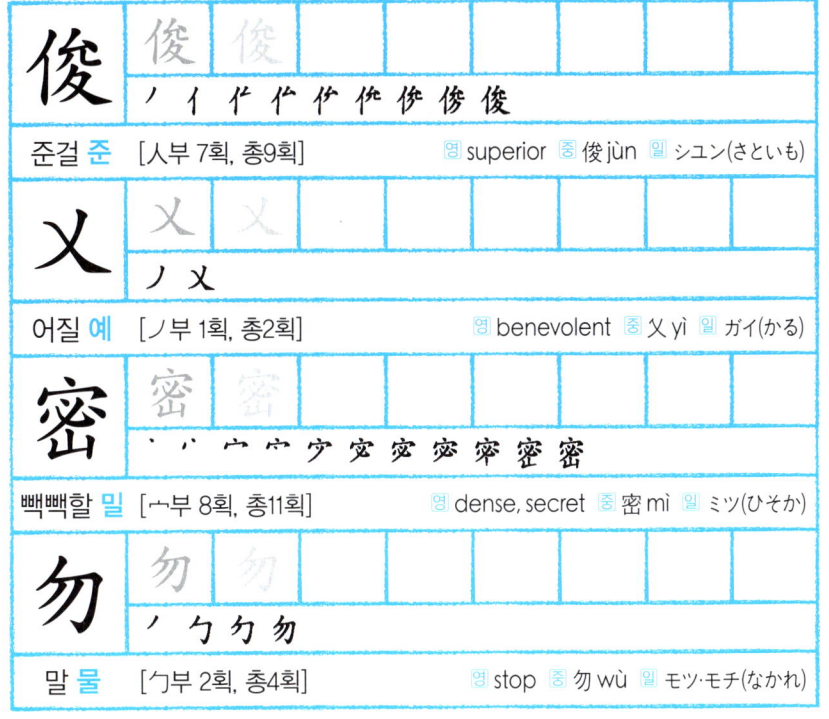

俊	俊	俊						
	丿 亻 𠆢 𠆢 𠆢 俊 俊 俊 俊							
준걸 준	[人부 7획, 총9획]				영 superior 중 俊 jùn 일 シュン(さといも)			
乂	乂	乂						
	丿 乂							
어질 예	[丿부 1획, 총2획]				영 benevolent 중 乂 yì 일 ガイ(かる)			
密	密	密						
	丶 丶 宀 宀 宓 宓 宓 宓 密 密 密							
빽빽할 밀	[宀부 8획, 총11획]				영 dense, secret 중 密 mì 일 ミツ(ひそか)			
勿	勿	勿						
	丿 勹 勿 勿							
말 물	[勹부 2획, 총4획]				영 stop 중 勿 wù 일 モツ·モチ(なかれ)			

쓰임 ●俊德(준덕) : 뛰어난 선비 ●俊彩(준채) : 뛰어난 사람 ●乂安(예안) : 평안하게 다스려짐 ●乂淸(예청) : 잘 다스려져서 조용함 ●密告(밀고) : 몰래 일러바침 ●密語(밀어) : 내밀히 하는 말 ●勿驚(물경) : 놀라지 말라 ●勿禁(물금) : 금지된 일을 관아에서 특별히 허가함

글뜻 ●俊(준)의 본뜻은 '재지가 천사람보다 뛰어나다'는 뜻. ●乂(예)는 '풀 베는 가위' ●密(밀)의 본뜻은 '산 같은 당(堂)'이다. ●勿(물)은 고대의 대부나 선비가 기를 세워 인민을 소집하는 형성자.

142

多士寔寧
다 사 식 녕

의의 많은 인재가 서로 편안하다.

출전 《서경》의 〈대고(大誥)〉와 《시경》 〈대아〉에서 인용하였다.

해설 '대고'의 내용을 풀면 다음과 같다.

'주공이 왕명을 천하에 전하였다. 이제 은왕의 자손을 제후에 봉한 것은 큰 은혜를 베푼 바이나 이를 깨닫지 못하고 무경이 도리어 모반하니 하늘이 가엽게 여길 수 없는 일이다. 더구나 왕이 어리시니 지금 단호히 대처하지 않으면 왕을 무시하고 모반할 자가 또 있을지 모른다. 왕은 천하를 능히 다스릴 수 있는 지위에 있지 아니한가. 그 지위에 앉아 백성을 편하게 하지 못한다면 어찌 왕의 책임을 다했다고 할 수 있겠는가.

하늘은 주나라에 명하여 은(殷)을 대신하여 백성을 다스리고 나라를 소평(素平)케 하라 하였는데, 그 천명을 실행할 수 없고 화가 일어나는 것을 방지할 수 없다고 한다면 참으로 죄송한 일이 아닌가. 지금 자신은 천자의 자격으로 말하고 있으나, 엄밀히 보면 선조의 뒤를 이어 물 속을 건너가는 것을 두려워하고 있다.

장차 나라의 어지러움을 진정시키고 천하를 소평케 할 대책을 세워야 한다.

이제 덕을 쌓아 무왕이 하늘의 명을 받아 행한 사업이 이어서 천하를 평탄케 하고, 백성을 편안히 하는 데 힘쓰지 않으면 안 된다. 그러기 위해서는 어떻게 해야 하는가? 우선 나라의 화가 되는 것을 제거하는 것이 중요하다. 하늘이 주나라에 명하여 천하를 평화롭게 하라 하므로 이 명을 헛되이 하지 않고 백성을 편안히 하는 데에 힘을 모으려는 것이다…….'

多	多	多						
	丿 ク タ タ 多 多							
많을 다 [夕부 3획, 총6획]					영 many 중 多 duō 일 タ(おおい)			
士	士	士						
	一 十 士							
선비 사 [士부, 총3획]					영 scholar 중 士 shì 일 シ			
寔	寔	寔						
	丶 丷 宀 宀 宀 宀 宀 宔 寔 寔 寔 寔							
진실로 식 [宀부 9획, 총12획]					영 true 중 寔 shí 일 ショク(まこと)			
寧	寧	寧						
	丶 丷 宀 宀 宀 宀 宀 宀 寍 寍 寍 寍 寍 寧							
편안 녕 [宀부 11획, 총14획]					영 peaceful 중 宁 níng 일 ネイ(むしろ)			

쓰임 ●多寡(다과) : 많고 적음 ●多感(다감) : 감수성이 예민함 ●士氣(사기) : 선비의 기개 ●士林(사림) : 선비들의 세계 ●寔寧(식녕) : 참으로 편하다 ●寧居(영거) : 안심하고 삶 ●寧歲(영세) : 풍년

글뜻 ●多(다)는 석(夕)과 석(夕)의 회의자. 본뜻은 '거듭하다'. ●士(사)는 십(十)과 일(一)의 회의자. 본뜻은 사(事)이니 '관에 봉사하는 자'가 선비이다. 다른 뜻으로는, 수(數)는 학업의 본시로 선비된 자는 우선 서(書)와 계(計)를 배워야 한다. 그리고 수는 1(一)에서 시작되고, 10(十)에서 끝나니 1과 10을 합해 '기초학업을 이수한 자'가 선비라는 의미. ●寔(식)은 면(宀)과 시(是)의 형성자. 본뜻은 '정(正)', '실(實)'의 뜻으로 변함. ●寧(녕)은 '편안함'.

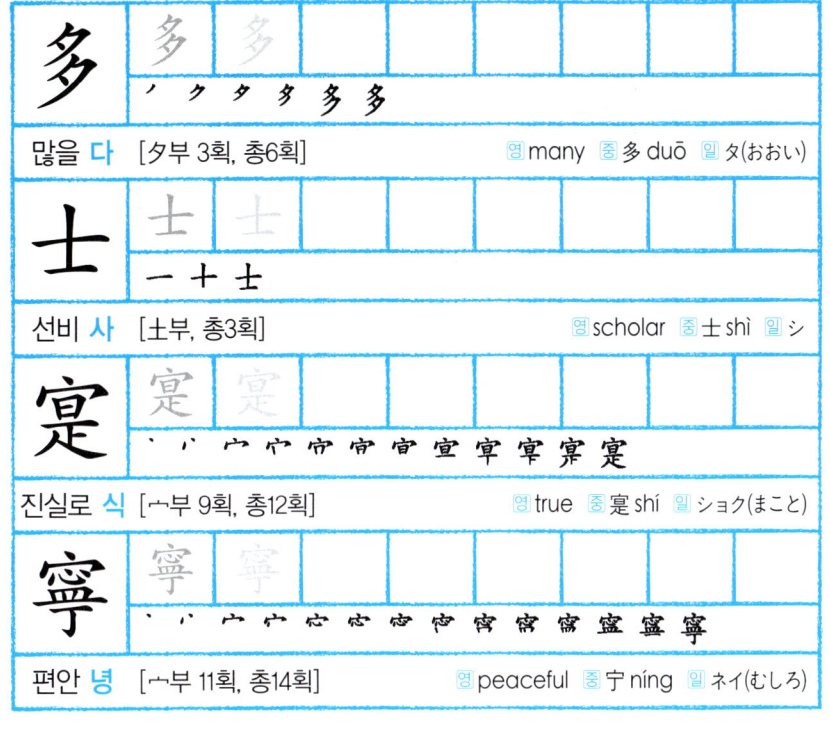

143

晉楚更霸
진 초 갱 패

의의 진나라와 초나라는 교대로 패자가 되었다.

출전 《십팔사략》을 인용하였다.

해설 제환공이 죽은 이듬해에 진문공과 초장왕이 교대로 패자가 되었다. 특히 초장왕 때에 전하는 흥미로운 예화는 그가 춘추오패로서 도량이 얼마나 넓었는지를 짐작케 한다.

어느 해 초장왕이 연회를 열었을 때였다. 아침부터 시작한 연회는 밤 늦도록 계속되었다. 술과 안주가 쉴새 없이 들어오고 풍악 소리가 끝없이 이어졌다. 아직도 여흥이 풀리지 않은 초장왕은 이제까지의 전례를 깨뜨리고 촛불만을 밝히게 했다. 일반적으로 군신 간의 술자리는 술이 들어오기 전에 끝내는 것이 원칙으로 되어 있었다. 촛불을 밝히자 왕은 더욱 주흥이 도도해졌다. 이때 왕은 총애하는 허희(許姬)와 강씨(姜氏)로 하여금 신하들에게 차례로 한 잔씩을 권하게 했다. 이것 역시 군왕으로서 유례없는 일이었다. 신하들은 차례로 술잔을 받았다. 이때 바람이 불어와 촛불이 꺼져버렸다. 갑작스러운 일이라 시종들이 미처 불을 밝히기도 전인데 어느 싱거운 사내가 갑자기 허희의 소맷자락을 당겼다.

허희는 재빨리 소매를 뿌리치며 상대의 갓끈을 잡아 뜯었다. 그리고는 재빨리 왕 곁으로 달려가 증거를 들이댔다.

"대왕, 어느 놈이 무례하게 첩의 몸에 손을 댔습니다. 첩은 이렇게 상대의 갓끈을 뜯어왔습니다."

초장왕은 급히 명했다. 아직 불을 밝히지 말라는 것이다. 모두들 갓끈을 뜯은 다음 불을 밝히라는 명이었다. 군신들은 모두 갓끈을 떼었다. 이렇게 되자 범인을 잡을 수 없게 되었다. 그런데 훗날에 초나라가 정나라를 치게 되었을 때 선발대로 나서서 길을 열었던 당교(唐狡)라는 젊은이가 있었다. 자신의 공을, 초장왕이 예전에 갓끈을 떼어 자신의 목숨을 구해준 것으로 돌렸다.

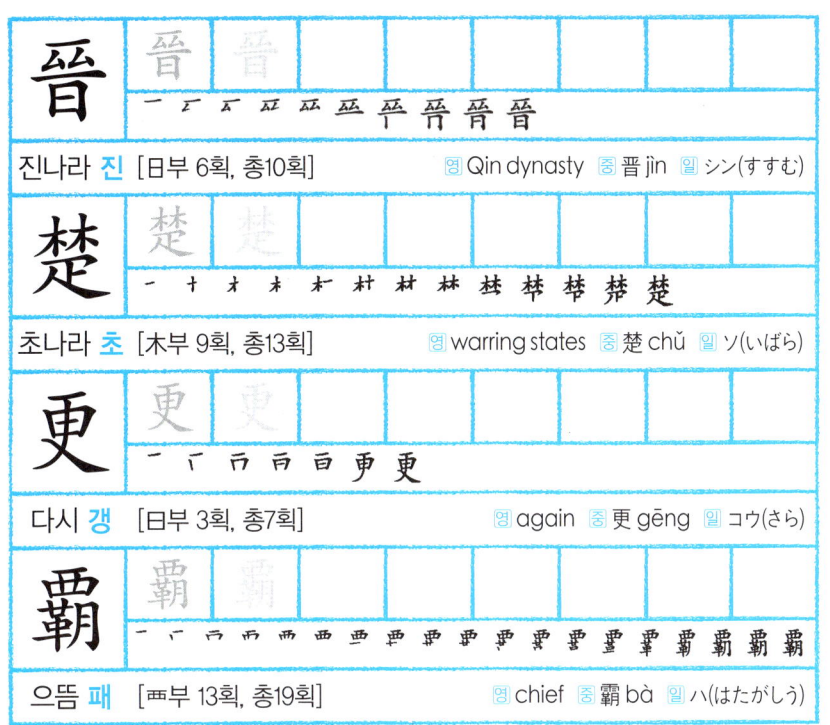

晉	晉 晉
진나라 **진** [日부 6획, 총10획]	영 Qin dynasty 중 晋 jìn 일 シン(すすむ)
楚	楚 楚
초나라 **초** [木부 9획, 총13획]	영 warring states 중 楚 chǔ 일 ソ(いばら)
更	更 更
다시 **갱** [日부 3획, 총7획]	영 again 중 更 gēng 일 コウ(さら)
霸	霸 霸
으뜸 **패** [襾부 13획, 총19획]	영 chief 중 霸 bà 일 ハ(はたがしら)

쓰임 ●晉書(진서) : 당 태종 때 방현령 등이 명을 받아 지음 ●晉體(진체) : 왕희지의 글씨체 ●楚撻(초달) : 회초리로 때림 ●楚楚(초초) : 선명한 모양 ●更生(갱생) : 다시 살아남 ●更新(갱신) : 다시 새로워짐 ●霸王(패왕) : 제후의 우두머리 ●霸氣(패기) : 의기에 찬 야망

글뜻 ●晉(진)은 '태양이 떠올라 만물이 따뜻하다'라는 뜻. ●楚(초)는 목(木)과 정(正)의 형성자. 본뜻은 '가시덤불', 여기서는 '나라 이름'. ●更(갱)은 병(丙)과 복(攴)의 형성자. '고치다'라는 뜻. ●霸(패)는 '무력을 가지고 인을 가장한 제후의 장'.

144

趙魏困橫
조 위 곤 횡

의의 조나라와 위나라는 연횡설 때문에 어려움을 많이 겪었다.

출전 《십팔사략》을 인용하였다.

해설 제환공이 죽은 뒤 진문공과 초장왕이 패자가 되었지만, 제나라를 비롯하여 초·연·조·한·위 등의 여섯 나라는 진나라를 섬기라는 장의의 연횡설(連橫說)과 그 반대로 여섯 나라가 힘을 합하여 진나라를 대적하는 소진의 합종설(合從說)로 인해 갈피를 잡지 못했다.

앞서 말한 것처럼 연횡설은 여섯 나라가 관중에 자리한 진나라와 동맹을 맺는 것이고, 합종설이란 여섯 나라가 힘을 합하면 그 위세가 남북으로 뻗치게 되어 아무리 강한 진나라도 함부로 군사를 움직이지 못한다는 것이었다.

그런데 이 여섯 나라 가운데 특히 조나라와 위나라는 진나라와 인접해 있기 때문에 지리적으로 상당히 불리한 조건이었다. 물론 진나라와 초나라는 강대국이었다. 그들을 한나라가 대적하기는 어렵다. 그런 이유로 합종설을 주장했지만, 약소국인 조나라와 위나라는 강대국에 끼어 이럴 수도 저럴 수도 없는 곤경에 처한 것이다. 소진이 관동의 여섯 나라를 연합할 때 그 지세를 놓고 남북으로 이어 보았다. 즉 종(縱)으로 길게 연결하였다. 여기에서 말하는 종(縱)은 종(從)과 같은 의미다.

그러나 장의라는 세객은 여섯 나라의 제후들을 개별적으로 찾아서 설복했다. 즉 합종에 대해 진나라와 대적하지 말고 동맹의 관계를 가지자는 주장이었다. 이것을 연형(連衡)이라 하였다. 여기에서 말하는 형(衡)은 횡(橫)과 같은 의미다. 그 이유는 여섯 나라가 관중의 진나라와 연결하는 것은 횡으로 길게 이어지기 때문이었다.

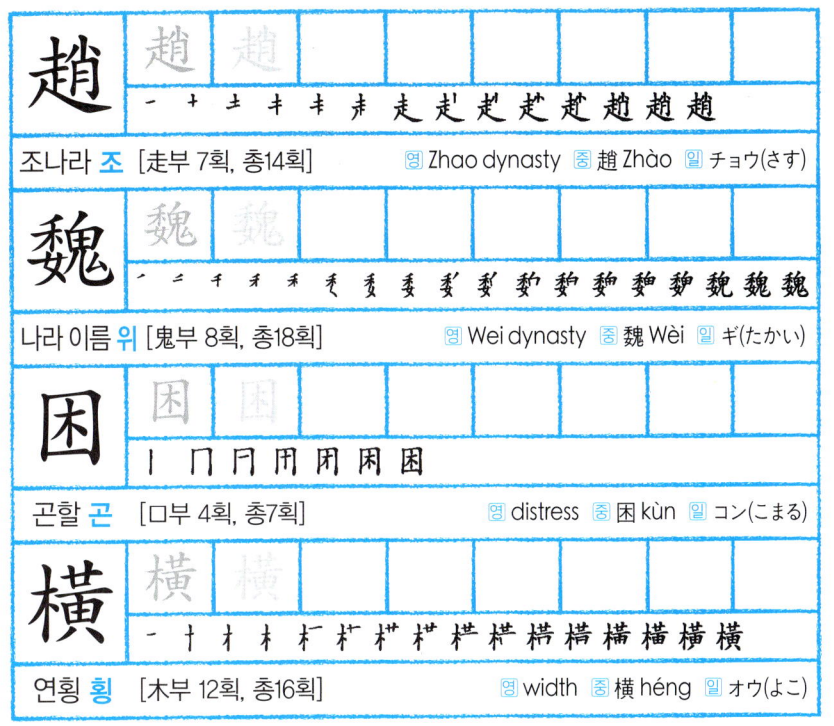

趙	趙 趙	一 + 土 丰 丰 未 走 走 赵 赵 赴 趙 趙 趙
조나라 **조** [走부 7획, 총14획]		영 Zhao dynasty 중 趙 Zhào 일 チョウ(さす)
魏	魏 魏	一 二 千 禾 禾 委 委 委 委 委 委 委 委 委 委 魏 魏 魏
나라 이름 **위** [鬼부 8획, 총18획]		영 Wei dynasty 중 魏 Wèi 일 ギ(たかい)
困	困 困	丨 冂 冂 冃 用 困 困
곤할 **곤** [口부 4획, 총7획]		영 distress 중 困 kùn 일 コン(こまる)
横	横 横	一 十 才 木 木 朩 朩 栟 栟 栟 構 構 横 横 横 横
연횡 **횡** [木부 12획, 총16획]		영 width 중 横 héng 일 オウ(よこ)

쓰임 ●趙(조) : 나라 이름 ●魏(위) : 나라 이름 ●困惑(곤혹) : 곤란한 일을 당해 어찌할 바를 모르고 허둥댐. ●困竭(곤갈) : 가난하여 모든 것이 없어짐 ●横帶(횡대) : 하관을 한 뒤에 광중을 덮은 널조각 ●横木(횡목) : 나무를 가로놓음

글뜻 ●趙(조)는 주(走)와 초(肖)의 형성자. 본뜻은 '걸어가는 것이 느린 모양'. 여기에서는 '나라 이름'을 나타냄. ●魏(위)의 본뜻은 '고대(高大)'이다. 여기서는 '나라 이름'. ●困(곤)은 구(口)와 목(木)의 회의자. 본뜻은 '오래된 주택'이다. ●横(횡)은 목(木)과 황(黃)의 형성자. 본뜻은 '빗장나무'. 여기에서는 '연횡설의 횡'이다.

145

假途滅虢
가 도 멸 괵

의의 거짓으로 길을 빌려 괵나라를 멸하다.

출전 《십팔사략》을 인용하였다.

해설 진헌공(晉獻公)이 이극을 대장으로 삼고 순식(荀息)을 부장으로 삼아, 전차 4백 승으로 괵나라를 치게 하였다. 먼저 우나라로 병사들이 나아가는 길을 알리자 우나라 군주는,

"분에 넘치는 선물을 받고 갚을 길이 없었는데 이제 출군한다고 하니 우리 군사로써 뒤를 따르겠습니다."

이것은 길만 빌려주는 것이 아니라 앞장서 싸우겠다는 뜻이었다. 그것은 순식이 노획한 전리품을 차지하겠다는 속셈이었다.

이보다 앞서 진헌공이 우나라 군주에게 길을 빌려 달라고 했을 때에 그들은 응하지 않았다. 순식은 좋은 옥(玉)과 명마를 보내 우나라 임금의 환심을 사두었었다. 그러다 보니 우나라 임금은 전리품에 또 다른 욕심이 생긴 것이다. 순식은 상대의 속셈을 빤히 들여다보며 슬쩍 말꼬리를 틀었다.

"그것보다는 하양관의 관문을 저희에게 주시는 것이 좋겠습니다."

우나라 임금은 쾌히 승낙했다. 당시 우나라는 진나라와 내통하고 있었다. 그러므로 진나라의 수레, 즉 철엽거(鐵葉車)는 전체가 쇳덩이로 뒤덮인 전투용으로 모두 백 대가 넘었다. 그 안에 수많은 병사가 숨어 있었다. 관문을 지키는 주지교라는 장수가 눈치챘을 때엔 이미 때가 늦었다.

단 한번의 전투도 해보지 못하고 하양관을 고스란히 빼앗긴 주지교는 이러지도 저러지도 못하다가 결국 항복했다. 더구나 괵나라 임금과는 사이가 벌어졌으니 어찌할 수 없었다. 결국 괵나라 군왕은 자기 가족들만을 데리고

천자가 있는 낙양으로 외로이 도주할 수밖에 없었다.

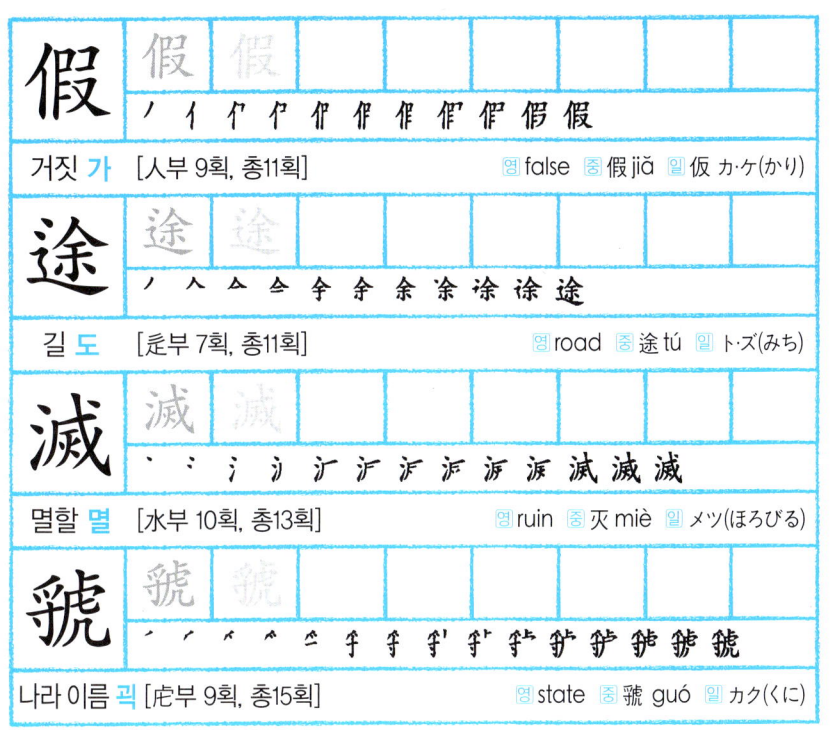

假	假 假
거짓 가 [人부 9획, 총11획]	영 false 중 假 jiǎ 일 仮 カ·ケ(かり)
途	途 途
길 도 [辵부 7획, 총11획]	영 road 중 途 tú 일 ト·ズ(みち)
滅	滅 滅
멸할 멸 [水부 10획, 총13획]	영 ruin 중 灭 miè 일 メツ(ほろびる)
虢	虢 虢
나라 이름 괵 [虍부 9획, 총15획]	영 state 중 虢 guó 일 カク(くに)

쓰임 ●假橋(가교) : 임시로 놓은 다리 ●假令(가령) : 예를 들면 ●途上(도상) : 길가 ●途中(도중) : 길을 가고 있는 중 ●滅國(멸국) : 나라를 망침 ●滅裂(멸렬) : 갈기갈기 찢어짐 ●虢(괵) : 나라 이름

글뜻 ●假(가)의 본뜻은 '가짜'. ●途(도)의 본뜻은 '물 이름', 나중에 '길'로 변했다. 그 후에 착(辶=行)을 더하여 지금의 뜻으로 변했다. ●滅(멸)은 수(氵)와 합하여 '불을 끄다'라는 뜻으로 바뀜. ●虢(괵)은 호(虎)와 부(寽)의 형성자. 본뜻은 '범의 발톱자리'.

146

踐土會盟
천토회맹

의의 천토에서 제후가 회동하여 맹약하다.

출전 《십팔사략》과 이길보의 《원화지(元和志)》를 인용하였다.

해설 앞 절은 진헌공이 전국시대의 모사(謀士)를 이용하여 승리를 얻고, 본 절은 진문공이 성보전(城濮戰)에서 승리하여 천하 제후들을 천상에 집합시켜 위세를 떨친 부분이다. 흥미로운 기록은 아무래도 뒷부분이다.

진목공 때에 태백산으로 사냥을 떠났었다. 서쪽으로 가다가 진창산(陳倉山)에서 사냥꾼들이 암꿩 한 마리를 그물로 잡았는데, 빛깔은 옥색이고 흠이 없었다. 휘황한 꿩의 광채는 사람에게 비쳐질 정도였다. 이것을 목공에게 헌상하자 내사의 직위에 있는 요(寥)가 말했다.

"틀림없는 보부인(寶夫人)이오. 암꿩을 얻는 이는 패권을 잡는다 했으니 분명 주공께서 그리되실 징조입니다. 주공께서 진창에 사당을 지으시면 반드시 뜻을 이루실 것입니다."

목공은 그 꿩을 난초탕에 목욕시키고 비단 이불로 덮어 옥함에 담았다. 그리고 이름을 보부인사(寶夫人祠)라 하고 진창산의 이름도 보계산(寶鷄山)으로 고쳤다. 유사를 설치하고 봄가을로 일 년에 두 번씩 제향을 올리게 했다.

그런데 제사를 지낼 때마다 산 위에서 닭 우는 소리가 들렸는데, 그 소리가 30리 밖까지 들릴 정도였다. 그리고는 일 년에 한 번, 또는 2년에 한 번 붉은 광채가 십여 길이나 되어 보였는데, 그럴 때면 뇌성이 은은히 울렸다. 이것은 보부인을 만나려고 그의 남편인 섭군(葉君)이 찾아올 때라고 했다. 섭군은 곧 수꿩의 신령으로 낙양에 거한다. 이는 훗날 후한의 광무제의 출현과 밀접한 관계가 있는 일이었다.

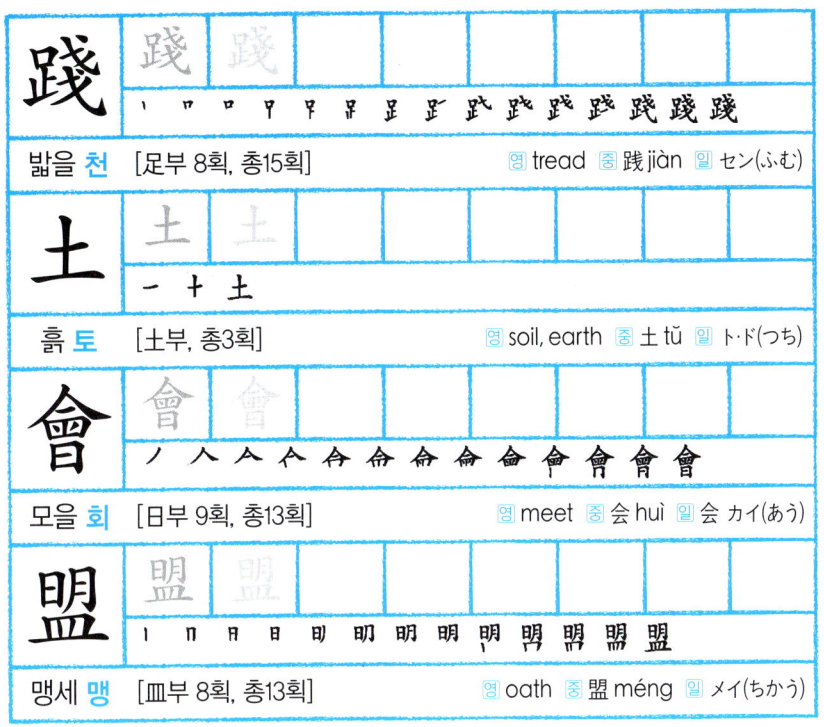

字	훈음	부수·획수	영	중	일
踐	밟을 천	[足부 8획, 총15획]	tread	践 jiàn	セン(ふむ)
土	흙 토	[土부, 총3획]	soil, earth	土 tǔ	ト·ド(つち)
會	모을 회	[日부 9획, 총13획]	meet	会 huì	会 カイ(あう)
盟	맹세 맹	[皿부 8획, 총13획]	oath	盟 méng	メイ(ちかう)

쓰임 ●踐土(천토) : 춘추전국시대 정나라의 땅 이름 ●踐祚(천조) : 천자의 자리에 오름 ●土墳(토분) : 흙으로 봉분한 무덤 ●土器(토기) : 질그릇 ●會衆(회중) : 많이 모인 사람 ●會合(회합) : 모임 ●盟邦(맹방) : 맹약을 맺은 나라 ●盟友(맹우) : 약속을 한 벗

글뜻 ●踐(천)은 족(足)과 전(戔)의 형성자. '밟다'라는 의미. ●土(토)는 이(二)와 궐(亅)의 회의자. '만물이 자라나는 땅'. ●會(회)는 '집합'이라는 뜻. ●盟(맹)은 명(明)과 명(皿)의 형성자. 본뜻은 '제후가 12년만에 맹약을 할 때에 희생이 되는 짐승의 피를 입에 바르고 하는 맹세'.

147

何遵約法
하 준 약 법

의의 소하(蕭何)는 약법을 준수하였다.

출전 《사기》 〈고조기(高祖紀)〉를 인용하였다.

해설 한(漢)의 원년 10월. 유방의 병사들은 다른 어떤 제후의 병사보다 패상으로 진출했다. 진나라 왕 자영(子嬰)은 백마가 이끄는 장식 없는 수레를 타고, 목에 인끈을 걸고 황제의 옥새와 부절을 봉인하여 함양의 동쪽 지도정(軹道亭)에서 유방에게 항복했다. 장수들은 그를 한 칼에 베라고 간했으나 유방은 이렇게 말했다.

"회왕이 나를 파견한 이유는 내가 이들에게 충분히 관용을 베풀 수 있기 때문이라 믿은 터요. 더구나 이미 항복을 했는데 죽이는 것은 결코 상서롭지 못한 일이오."

일단 진왕을 형리에게 넘겼다. 그런 연후에 유방은 서진하여 함양의 궁전으로 들어갔다.

유방이 궁 안에 머물며 휴식을 취하려 들자 번쾌와 장량이 극구 간을 하여, 수많은 보물과 재산과 부고(府庫)를 봉인한 뒤 다시 패상으로 물러 나왔다. 그러면서 유방은 여러 현의 유지들과 호걸들을 불러 모아 이렇게 말했다.

"그대들은 오랫동안 진나라의 가혹한 법에 시달렸소. 나는 여러 제후와 약속하기를 먼저 입관하는 자가 왕이 되기로 했으며, 그렇기에 나는 관중의 왕이 된 것이오. 나는 그대들과 약속할 수 있소. 법은 이제 3장뿐이오. 즉 사람을 죽이는 자는 사형에 처할 것이오. 또한 사람을 상하게 하거나 도둑질을 하는 자는 그에 대한 마땅한 벌을 받을 것이오. 또한 진나라에서 시행해 오던 많은 법은 이제부터 모조리 파기할 것이오. 그런즉 이곳에 있는 관리나 백성들은 안심하고 생업에 종사해도 되오. 내가 이곳에 온 것은 여러분의 해가 되는 것을 제거하러 온 것이지, 결코 탐학한 일을 저지르기 위해 온 것이 아니오."

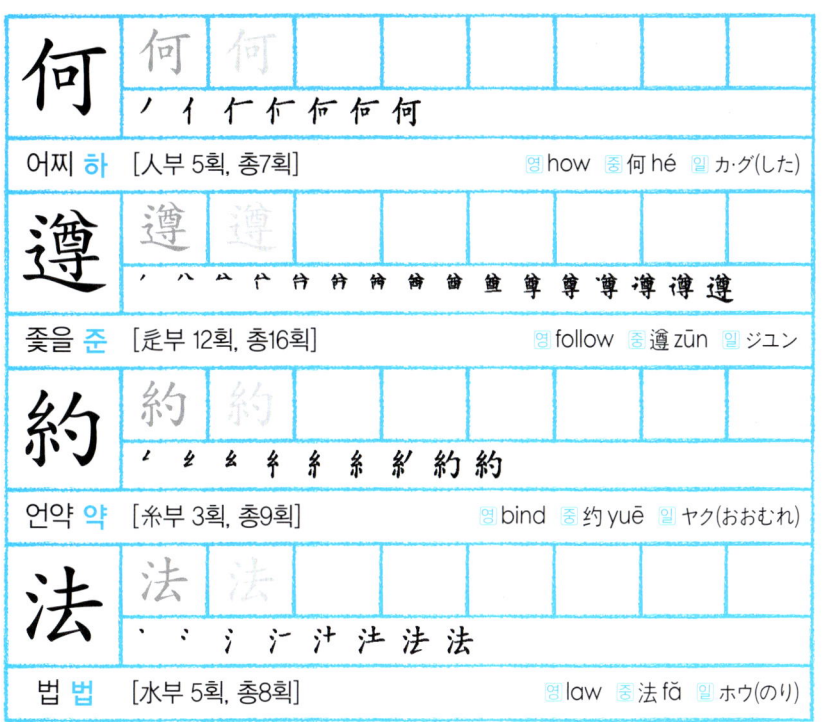

何	何 何 / 丿 亻 亻 仁 何 何 何	
어찌 하	[人부 5획, 총7획]	영 how 중 何 hé 일 カ·グ(した)
遵	遵 遵 / 丶 八 亼 亼 台 台 佾 酋 酋 酋 尊 尊 尊 遵 遵 遵	
좇을 준	[辵부 12획, 총16획]	영 follow 중 遵 zūn 일 ジユン
約	約 約 / ㄑ 幺 幺 乡 糸 糸 糹 約 約	
언약 약	[糸부 3획, 총9획]	영 bind 중 约 yuē 일 ヤク(おおむれ)
法	法 法 / 丶 丶 氵 氵 汁 汢 法 法	
법 법	[水부 5획, 총8획]	영 law 중 法 fǎ 일 ホウ(のり)

쓰임 ●何等(하등) : 조금도 ●何故(하고) : 무슨 까닭 ●遵行(준행) : 도를 따라 행함 ●遵守(준수) : 그대로 좇아 지킴 ●約術(약술) : 약하여 논술함 ●約論(약론) : 요약하여 논함 ●法官(법관) : 법을 다스리는 관리 ●法理(법리) : 법적인 논리

글뜻 ●何(하)는 인(人)과 가(可)의 형성자. '짐지다'라는 뜻, 여기에서는 '소하의 이름'. ●遵(준)은 착(辵)과 존(尊)의 형성자. '따르다'는 뜻. ●約(약)은 사(糸)와 작(勺)의 형성자. '큰 약속'이었으나 '약속의 약'으로 변했다. ●法(법)은 '공평히 죄를 판단하여 옳지 못한 자를 제거하는 것'.

148

韓弊煩刑
한 폐 번 형

의의 한비자는 번거롭고 가혹한 형벌을 진시황에게 아뢰어 많은 원성과 폐해를 가져왔다.

출전 《십팔사략》을 인용하였다.

해설 한비(韓非)의 법술에 대해 많은 사람들의 의론이 분분하다. 그는 《한비자》라는 책의 저자다. 그는 법가(法家)의 제1인자로서 유가(儒家)의 덕치주의를 철저히 반대하고, 법치주의만을 논하고 있다. 그는 인간이란, 누구나 대의명분에 의해서만이 아니라 이익에 의해서 움직이고 있다고 갈파한다. 그의 이러한 학리를 진시황제가 가장 적절하게 이용하였다고 보는 사람이 많다. 그의 지론을 살펴보면,

'사람을 속이지 않는 정직한 사람을 구해 쓰려는 것은 자신이 남에게 속지 않는 능력을 갖추지 못했기 때문이다. 임금은 정직한 신하를 귀중히 여긴다. 그러나 그가 임금이 아니라면 그것으로 좋다. 그러나 군주라면 당연히 백성들의 윗자리에 앉아 한 나라의 부를 손에 잡고 있는 사람들이다. 이러한 권세와 재력을 배경으로 삼아 상과 벌을 정확히 실시하기만 한다면 자기 마음대로 사람을 조종할 수가 있다. 아무리 악한 사람이라도 속이지를 못한다.

그런데 임금이 남에게 속지 않는 기술을 가지고 이를 쓰지 못하는 한, 아무리 정직한 사람을 구하여 그들에게 벼슬을 맡기려 해도 그것은 불가능하다. 사람은 정직한 사람이 반드시 능한 사람이 아니며, 충실한 사람이 반드시 재주가 있는 것도 아니다. 오히려 그 반대인 경우가 많다. 신하들의 능력과 재주를 보고 사람을 써야 하며, 그들이 속이지 못하도록 하는 제도와 기술이 필요하다.'

한비는 여러 가지 형벌에 번거로웠다고 적고 있다. 그는 가혹주의고 진시황을 설득하였기 때문에 그 폐해가 적지 않았던 것이다.

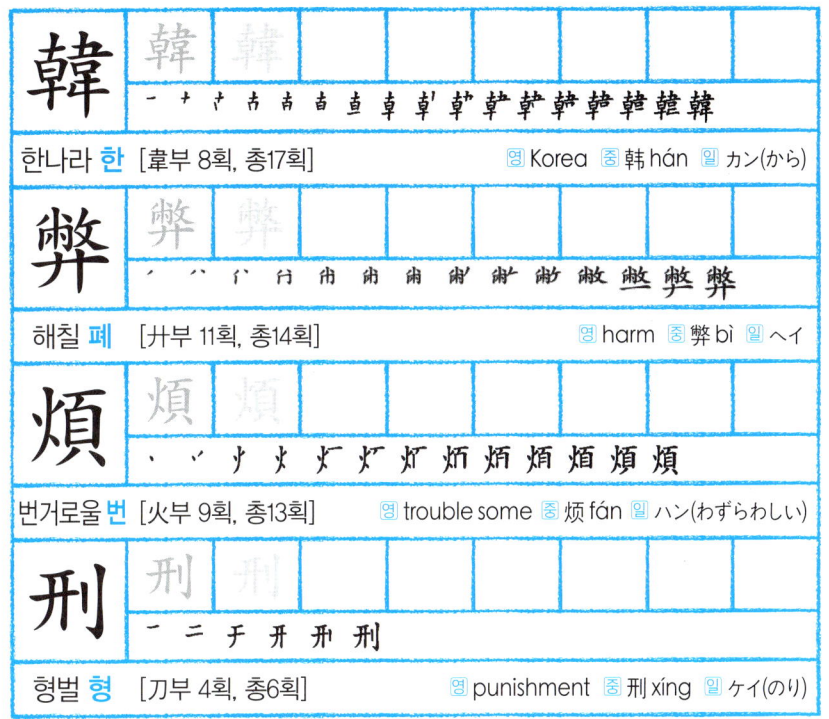

한자	훈음	부수·획수	영	중	일
韓	한나라 **한**	[韋부 8획, 총17획]	Korea	韩 hán	カン(から)
弊	해칠 **폐**	[廾부 11획, 총14획]	harm	弊 bì	ヘイ
煩	번거로울 **번**	[火부 9획, 총13획]	trouble some	烦 fán	ハン(わずらわしい)
刑	형벌 **형**	[刀부 4획, 총6획]	punishment	刑 xíng	ケイ(のり)

쓰임 ●韓人(한인) : 대한민국 사람 ●韓柳李杜(한유이두) : 시문에 능한 한유·유종원·이백·두보를 말함 ●弊家(폐가) : 자기 집의 겸칭 ●弊政(폐정) : 나쁜 정치 ●煩惱(번뇌) : 마음으로 몹시 괴로워함 ●煩雜(번잡) : 번거롭고 어수선함 ●刑期(형기) : 형에 처하는 기간 ●刑典(형전) : 형법에 관련된 법

글뜻 ●韓(한)의 본뜻은 '우물의 담'. 여기에서는 성(姓)이다. ●弊(폐)는 견(犬)과 폐(敝)의 형성자. 본뜻은 '개가 넘어지다'. 나중에 '폐해'로 바뀜. ●煩(번)은 화(火)와 혈(頁)과의 회의자. 본뜻은 '머리에 열이 나서 아프다'. ●刑(형)은 정(井)과 도(刀)의 회의자.

149

起翦頗牧
기 전 파 목

의의 진(秦)나라의 장수 백기(白起), 왕전(王翦), 조나라의 염파(廉頗), 이목(李牧)은 명장이다.

출전 《십팔사략》을 인용하였다.

해설 백기는 전국시대 진나라 사람으로 용병에 능했다. 그는 소왕(昭王)에 등용되어 남으로는 비(鄙)·영(郢)·한중을 평정하고 북으로 조괄을 정복하여 조나라 군사 40만을 구덩이에 묻었다. 그러나 나중에 지략이 뛰어난 범수와 불화하여 처형당했다.

왕전은 진나라 빈양 사람이다. 진시황에 의해 장군에 임명된 후, 조·연·계 등의 여러 곳을 평정하였다. 그러나 나중에 이신(李信)과 불화하였다. 그러나 이신이 전장에 나가 패해오자 왕전이 책략을 써서 초나라와 대치했다. 진나라가 천하를 통일하고 못하고는 이 한 판의 싸움에 달려 있다고 해도 과언이 아니었다.

왕전은 초나라 장수 항연(項燕)과 대치했다. 왕전의 작전에 걸려든 초나라 군사들은 근수(靳水) 남쪽에 이르자 진나라 군사들의 공격에 초나라 군사는 크게 패주하였다. 사기가 오른 진나라 군사는 각지를 공략하여 평정시켰다.

염파는 전국시대 조나라의 명장이다. 혜문왕 때에 제나라를 쳐서 벼슬에 임명된 후, 인상여와 문경지교를 맺자 진나라가 감히 넘보지를 못했다. 그는 조괄을 대신하여 진나라를 쳤으며, 훗날에 신평군에 봉해졌다.

이목 또한 전국시대의 인물이다. 그는 북녘의 훌륭한 장수다. 흉노를 정벌하였으며, 그 공으로 무안군에 임명되었다. 진나라는 이것을 두려워하여 곽개금(郭開金)으로 하여금 이목이 모반한다고 무고하자 조왕이 이를 믿고 이목을 처형했다. 진나라는 그제야 군사를 일으켜 조나라를 공격했다. 조나라가 망한 것은 불을 보듯 뻔한 일이다.

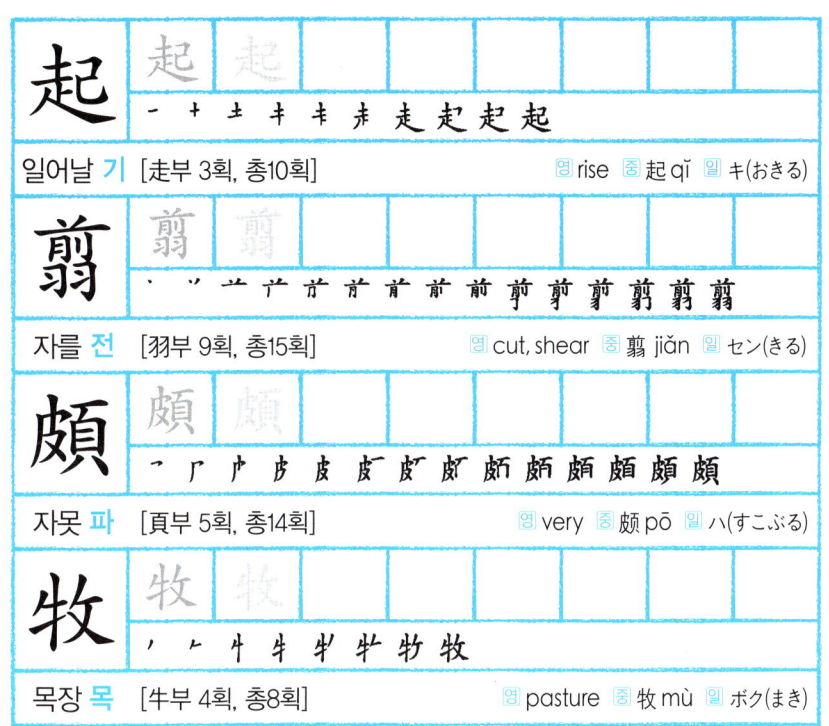

起	起	起						
	一 十 土 キ 丰 走 走 起 起 起							
일어날 기 [走부 3획, 총10획]					영 rise 중 起 qǐ 일 キ(おきる)			
翦	翦	翦						
	丶 丷 丷 丷 前 前 前 前 前 翦 翦 翦 翦 翦 翦							
자를 전 [羽부 9획, 총15획]					영 cut, shear 중 翦 jiǎn 일 セン(きる)			
頗	頗	頗						
	一 厂 广 皮 皮 皮 皮 皮 頗 頗 頗 頗 頗 頗							
자못 파 [頁부 5획, 총14획]					영 very 중 颇 pō 일 ハ(すこぶる)			
牧	牧	牧						
	ノ ⺈ 牛 牛 牛 牛 牧 牧							
목장 목 [牛부 4획, 총8획]					영 pasture 중 牧 mù 일 ボク(まき)			

쓰임 ●起死回生(기사회생) : 죽었다가 다시 살아남 ●起因(기인) : 어떤 일이 일어난 원인 ●翦枝(전지) : 불필요한 나뭇가지를 자름 ●翦金花(전금화) : 장구채 ●頗多(파다) : 상당히 많음 ●牧者(목자) : 기독교에서 목사님을 일컫는 말 ●牧草地(목초지) : 소나 양 등을 먹일 수 있는 풀이 있는 지역

글뜻 ●起(기)는 주(走)와 기(己) 형성자. '일어서다'라는 뜻. ●翦(전)은 우(羽)와 전(前)과의 형성자. 본뜻은 '깃털이 나다', '화살 깃'. ●頗(파)는 혈(頁)과 피(皮)의 형성자. ●牧(목)은 우(牛)와 복(攵)의 회의자. 본뜻은 '우마를 기르는 자'.

150

用軍最精
용 군 최 정

의의 백기를 비롯하여 왕전, 염파, 이목 등은 용병술이 뛰어나고 크게 정밀하였다.

출전 《십팔사략》을 인용하였다.

해설 옛날 초나라의 사람 변화(卞和)가 초산에서 발견하였다는 화씨벽(和氏璧)에 대한 소문을 뜨고, 진나라의 소왕이 그것을 진나라 열다섯 개의 성과 바꾸자고 하였다. 이때 인상여는 여러 대신들과 의논을 한 자리에서 이렇게 말했다.

"진나라가 성과 화씨벽을 바꾸자고 하는데, 이것을 우리가 거절하면 잘못이 조나라에 있게 됩니다. 만약 우리가 화씨벽을 주었는데도 성을 주지 않으면 그 잘못은 진나라에 있는 것입니다."

그렇게 하여 인상여는 화씨벽을 가지고 진나라로 떠났다. 그러나 진의 소왕은 그것을 가지고 감상만 할 뿐으로 전연 열다섯 개의 성을 주고 보상할 기미가 없었다. 인상여는 화씨벽에 있는 흠집을 가르쳐 주겠다고 말한 다음, 그것을 가지고 기둥 가까이 섰다.

"대왕께서 열다섯 개의 성읍과 바꾸자고 했으나 전연 그럴 기미가 없습니다. 만약 대왕께서 화씨벽을 빼앗으려 드신다면 나는 그것을 깨뜨릴 것입니다."

그제야 소왕은 열다섯 개의 성을 내어주라고 주위의 신하에게 말했다. 물론 이것이 거짓말이라는 것을 알아차린 인상여는 다시 소왕에게 말했다.

"정작 대왕께서 그럴 마음이시라면 닷새 동안 목욕재계하고 난 연후에 화씨벽을 받으십시오."

진왕은 인상여의 충성심에 감탄하여 약속을 지켰다. 조왕은 인상여의 벼슬을 높여 상대부(上大夫)로 삼았다. 그 후 진나라는 조나라를 공격하여 석성을 빼앗고, 2만여의 인민을 살해하였다.

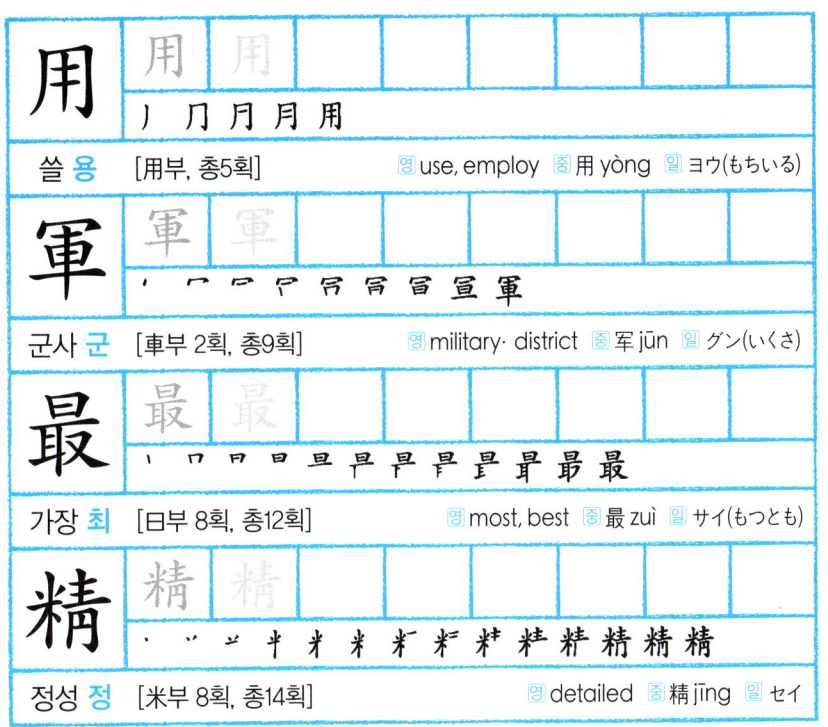

用	用	用						
	丿 冂 月 月 用							
쓸 **용**	[用부, 총5획]	영 use, employ 중 用 yòng 일 ヨウ(もちいる)						

軍	軍	軍						
	丶 冖 冖 冖 冒 冒 冒 宣 軍							
군사 **군**	[車부 2획, 총9획]	영 military· district 중 军 jūn 일 グン(いくさ)						

最	最	最						
	丨 冂 日 日 旦 早 早 早 旱 旱 冣 最							
가장 **최**	[日부 8획, 총12획]	영 most, best 중 最 zuì 일 サイ(もつとも)						

精	精	精						
	丶 丷 䒑 半 米 米 米 米 籵 粁 粁 精 精 精							
정성 **정**	[米부 8획, 총14획]	영 detailed 중 精 jīng 일 セイ						

쓰임 ●用兵術(용병술) : 병사를 부리는 기술 ●用處(용처) : 사용처 ●軍權(군권) : 군대를 통솔하는 권리 ●軍官(군관) : 군인과 관리 ●最良(최량) : 가장 좋음 ●最高(최고) : 가장 높음 ●精潔(정결) : 깨끗하고 조촐함 ●精勤(정근) : 부지런히 힘씀

글뜻 ●用(용)은 복(卜)과 중(中)의 회의자. 복(卜)이 적중하면 반드시 시행하므로 '용(用)'이 되었다. ●軍(군)은 주제(周制)에 '1만2천5백인'을 1군이라 하였다. ●最(최)는 '가장'이라는 의미. ●精(정)은 설문에는 '고른 쌀'로 풀이했다. '운회소보(韻會小補)'의 자휘에는 '정수(精髓)'로 나와 있다.

151

宣威沙漠
선 위 사 막

의의 명장들의 위엄은 사막에까지 떨쳤다.

출전 《후한서》 〈흉노전〉과 조식(曹植)의 〈백마편(白馬篇)〉의 '소소거향읍 양성 사막수(少小去鄕邑 揚聲沙漠垂)'에서 인용하였다.

해설 중국은 오래 전부터 흉노로 인해 골치를 썩었다. 그들은 마치 바람처럼 밀려왔다가 주위를 초토화시키고, 다시 바람처럼 사라져 버렸다. 이러한 그들을 무마시키는 북방정책이 때론 유효 적절하게 먹혀 들어갈 때도 있었으나, 그렇지 않고 변경을 자꾸만 건드리며 노략질을 해오면 결국 황실에서는 그들을 정벌해야 한다는 목소리가 커지기 마련이다.

바로 그런 맥락으로 떠난 장수가 이릉(李陵)이었다. 이릉은 명장이었다. 흉노를 철저히 응징하겠다고 나선 한무제는 이광리(李廣利)라는 장수에게 3만의 정병을 주어, 주천에서 천산으로 출격케 하였다. 이광리는 흉노와 대치하여 1만 명을 살상하는 공을 세웠으나, 장안으로 돌아오는 길에 흉노의 역공을 받아 크게 패주하였다. 천신만고 끝에 간신히 포위망을 뚫었으나 한나라 병사들은 7할이나 목숨을 잃은 후였다. 이때 별동대로 출군한 이릉은 5천의 보병을 이끌고 거연(居延)의 북방 1천 리까지 진격해 있었다. 이릉은 출군하기에 앞서 무제에게 이광리 휘하에서 싸울 것을 종용받았다. 그러나 그 자리는 너무 한가하고 편안하다 하여 이릉은 전방의 일선기지를 자원했다. 이릉의 5천 병사는 준계산에서 선우의 3만에 해당하는 주력부대를 만났다. 이릉의 5천 군사는 그들과 사투를 벌인 끝에 수천 명의 흉노군을 베이고, 8일간을 싸운 끝에 기진맥진해 있었다. 응원군은 오지 않고 양식도 떨어진 상태에서 이릉은 그들에게 포로로 잡히고 말았다. 이 사건이 사마천이 《사기》를 집필하게 된 최초의 원인제공이었다.

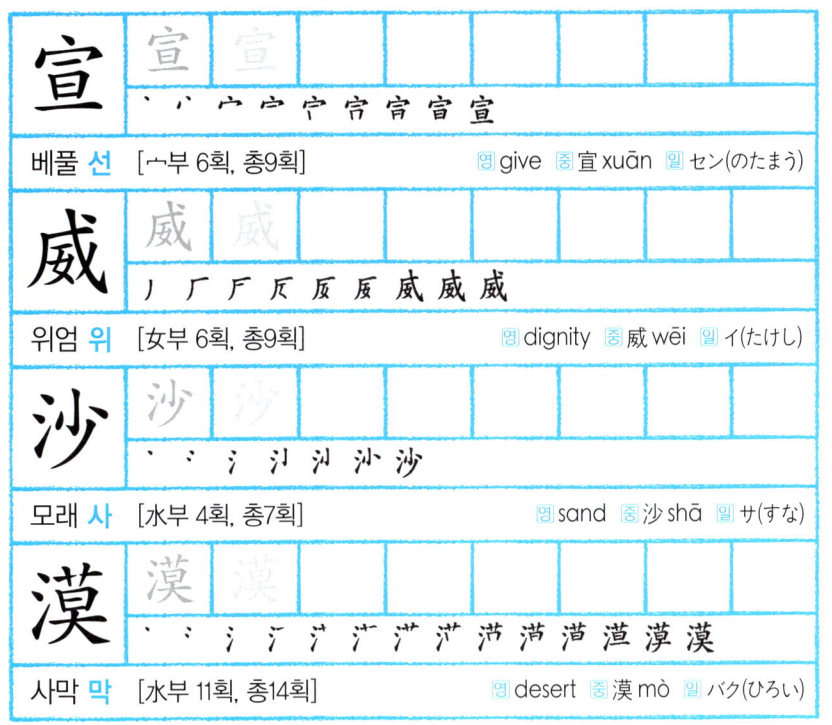

宣	宣 宣
	丶 丶 宀 宀 宁 宁 宣 宣 宣
베풀 선	[宀부 6획, 총9획] 영 give 중 宣 xuān 일 セン(のたまう)
威	威 威
	丿 厂 厂 反 反 反 威 威 威
위엄 위	[女부 6획, 총9획] 영 dignity 중 威 wēi 일 イ(たけし)
沙	沙 沙
	丶 丶 氵 氵 氵 沙 沙
모래 사	[水부 4획, 총7획] 영 sand 중 沙 shā 일 サ(すな)
漠	漠 漠
	丶 丶 氵 氵 氵 氵 氵 氵 氵 氵 氵 漠 漠 漠
사막 막	[水부 11획, 총14획] 영 desert 중 漠 mò 일 バク(ひろい)

쓰임 ●宣告(선고) : 널리 알림 ●宣敎(선교) : 가르침을 넓힘 ●威力(위력) : 남을 위압하는 세력 ●威勢(위세) : 위엄과 세력 ●沙器(사기) : 사기 그릇 ●沙礫(사력) : 모래와 자갈 ●漠漠(막막) : 넓고 멀어서 막막함 ●漠然(막연) : 넓어서 어렴풋한 모양

글뜻 ●宣(선)은 면(宀)과 환(亘)의 형성자. 본뜻은 '천자의 큰집'이다. ●威(위)는 여(女)와 술(戌)의 형성자. 본뜻은 '시어머니'. ●沙(사)는 수(水)와 소(少)의 회의자. '물이 적으면 모래가 보인다'하여 '모래'라는 뜻. ●漠(막)은 수(水)와 막(莫)과의 형성자. 본뜻은 '북방의 사막'.

152

馳譽丹靑
치 예 단 청

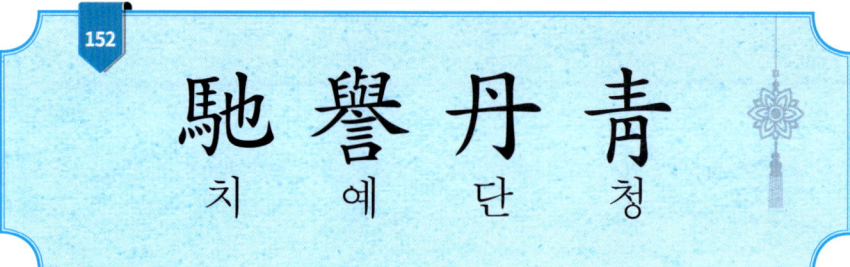

의의 그들의 명예는 그림으로 그려서 후세에 전했다.

출전 《한서》 〈소무전(蘇武傳)〉과 두보(杜甫)의 '단청인증조장군패시(丹靑引贈曹將軍覇詩)'를 인용하였다.

해설 앞에서 말한 명장들, 진나라의 백기를 비롯하여 왕전과 조나라의 장수 염파와 이목 등은 그들의 명성을 사막까지 떨쳤다. 어디 그뿐이랴. 그들과 같은 명장들의 눈부신 활동은 급기야 단청으로 그려져 후세에까지 전하기에 이른 것이다.

단청에는 다섯 가지의 색을 기본으로 한다. 청색·적색·황색·백색·흑색이다. 일반적인 단청이라면 이곳에 여러 가지의 그림을 그릴 것이지만, 공신들의 모습을 그려 새긴다면 일은 더욱 세심하지 않으면 안 된다. 그들의 모습은 더욱 정엄하고, 장엄하게 장식하여야 하기 때문이다.

단청이라고 했을 때엔 주로 목조건축물을 장엄하게 하거나 조상(造像) 또는 공예품 등에 그려 넣지만, 그림을 그리고 채색하고 장식하는 서(書)·회(繪)·화(畵) 등을 총칭하기도 한다.

이러한 단청은 대체 언제부터였을까? 이 물음에 대한 해답은 대략 2만 년 전으로 잡고 있다. 오래 전의 동굴 벽화 등에서 얼마든지 찾아볼 수 있다.

당시의 동굴 벽화나 천장에 그려진 그림들은 현재의 양식화(樣式化)된 단청과는 다를 수밖에 없다. 그 당시에 그렸던 것과 지금의 것은 그 질이나 목적하는 바가 크게 다르다.

이러한 단청은 누구나 함부로 할 수 있는 것은 아니었다. 한(漢)나라 때에 선제(宣帝)는 공신 11인을 기린각의 전중(殿中)에 그려 부쳤고, 후한 때의 명제는 공신 23인을 남궁운대(南宮雲臺)의 전중에 그려 부쳤다. 이러한 공신들은 그림으로 남겨져 그 명예가 달리는 말처럼 후세에 전해졌다.

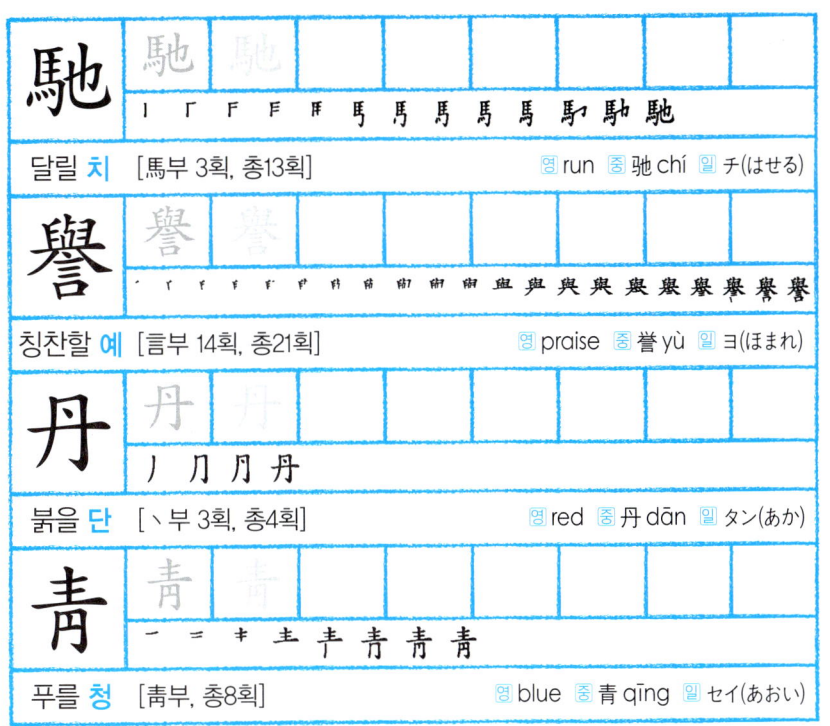

馳	馳 馳
	丨 𠂆 ⺁ ⺂ ⺃ 馬 馬 馬 馬 馬 馳 馳 馳
달릴 **치** [馬부 3획, 총13획]	영 run 중 驰 chí 일 チ(はせる)
譽	譽 譽
	丶 ... 與 與 與 與 譽 譽 譽 譽 譽 譽
칭찬할 **예** [言부 14획, 총21획]	영 praise 중 誉 yù 일 ヨ(ほまれ)
丹	丹 丹
	丿 ⺆ 月 丹
붉을 **단** [丶부 3획, 총4획]	영 red 중 丹 dān 일 タン(あか)
青	青 青
	一 二 丰 主 青 青 青 青
푸를 **청** [青부, 총8획]	영 blue 중 青 qīng 일 セイ(あおい)

쓰임 ●馳驅(치구) : 분주하게 뛰어다님 ●馳突(치돌) : 세차게 돌진함 ●譽望(예망) : 명예 ●譽聞(예문) : 좋은 평판 ●丹誠(단성) : 참마음 ●丹粧(단장) : 모양을 곱게 꾸밈 ●青果(청과) : 신선한 과일 ●青廬(청려) : 혼례 때에 신부가 들어가 대기하는 곳

글뜻 ●馳(치)는 마(馬)와 야(也)의 형성자. '말이 빨리 달리다'라는 뜻. ●譽(예)는 언(言)과 여(與)의 형성자. 처음에는 '칭찬'이었으나 '명예'로 바뀌었다. ●丹(단)의 본뜻은 '주사 같은 붉은 돌'이다. ●青(청)은 생(生)과 단(丹)의 회의자. '청색의 총칭'으로 함.

153

九州禹跡
구 주 우 적

의의 중국 전체의 땅을 아홉으로 나눈 것을 말한다.

출전 사마천의 《사기》에서 인용하였다.

해설 사마천의 《사기》에 의하면 우(禹)가 어느 지방부터 시작하여 어떻게 치수 사업을 전개했는지를 극명하게 적고 있다. 그의 아버지 곤이 취한 방법과는 대조적인 수법을 사용한 것이 흥미로웠다. 이를테면 통하게 하는 것과 인도하는 것의 두 가지 방법으로, 우의 치수법은 물과 땅이 갖는 본래의 방법을 사용하여 물이 흐르고 싶은 곳으로 흐르게 한다는 곤의 방법과는 차이를 둔 것이다.

우가 몸을 돌보지 않고 애태우며 중국 전토를 13년간이나 돌며 이룩한 치수 활동은 중국을 구주(九州)로 나눔으로써 방법을 쉽게 하였다. 그런데 이 구주는 훗날에 팔괘와 접목하여 구주팔괘(九州八卦)라는 것으로 색합을 관찰하기도 했다.

1) 양주(楊州) – 이방(離方)
2) 기주(冀州) – 감방(坎方)
3) 예주(豫州) – 중앙(中央)
4) 양주(梁州) – 태방(兌方)
5) 청주(青州) – 진방(震方)
6) 연주(兗州) – 간방(艮方)
7) 서주(徐州) – 손방(巽方)
8) 형주(荊州) – 곤방(坤方)
9) 옹주(雍州) – 건방(乾方)

이렇게 아홉으로 나누어 홍수를 다스린 것이다. 이것은 단적으로 그의 인간 됨됨이를 말하는 것이다. 위대한 13년간의 노력은 결실을 맺어 그전보다 더 넓은 옥토가 생겨났다. 우는 이에 대한 성과를 보고하였고, 순은 그 공을 치하하여 적흑색 구슬인 현규(玄圭)를 하사하였다.

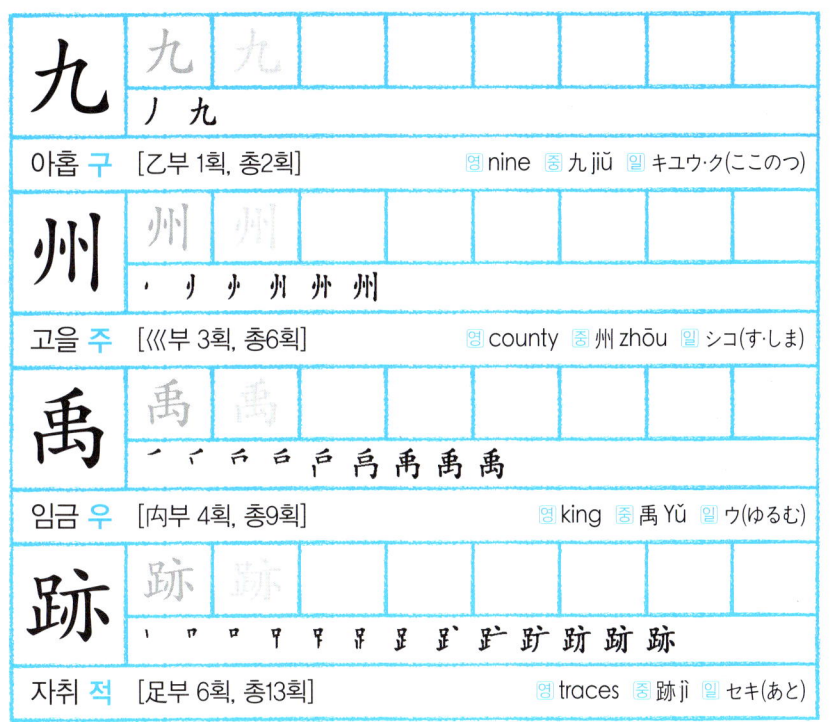

九	九 九 
아홉 구	[乙부 1획, 총2획] 영 nine 중 九 jiǔ 일 キユウ·ク(ここのつ)
州	州 州 
고을 주	[巛부 3획, 총6획] 영 county 중 州 zhōu 일 シコ(す·しま)
禹	禹 禹 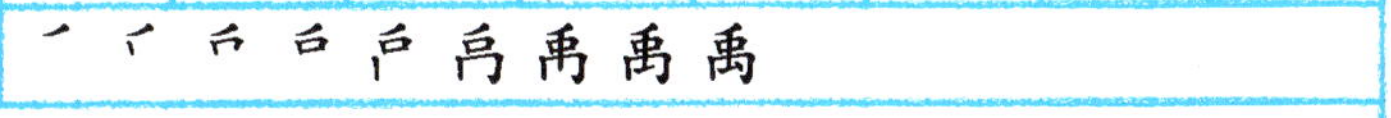
임금 우	[禸부 4획, 총9획] 영 king 중 禹 Yǔ 일 ウ(ゆるむ)
跡	跡 跡 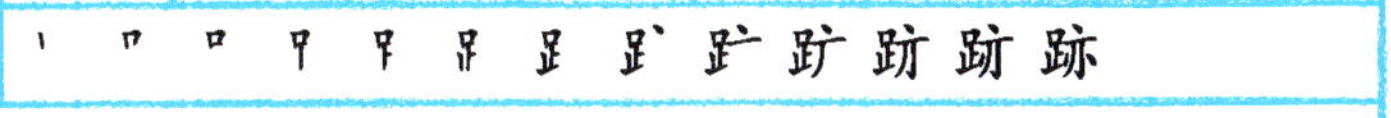
자취 적	[足부 6획, 총13획] 영 traces 중 跡 jì 일 セキ(あと)

쓰임 ●九秩(구질) : 90세 ●九秋(구추) : 긴 세월의 비유 ●州郡(주군) : 주와 군. 옛날 지방 행정단위 ●州縣(주현) : 주와 현 ●禹域(우역) : 중국의 별칭 ●禹淵(우연) : 해가 지는 곳 ●跡捕(적포) : 뒤를 밟아가 잡음

글뜻 ●九(구)는 굴곡의 수를 나타내는 지사자. ●州(주)는 이천(二川)을 합한 회의자. 본뜻은 '물이 수중의 높은 곳을 돌아서 흐르다'라는 뜻. 그렇게 보면 행정 단위인 구주(九州)도 여기에서 유래하였다. '수중에 구획된 장소'. ●禹(우)는 '네 다리를 표시한 벌레'. ●跡(적)의 본뜻은 '걸어간 발자취'.

154

百郡秦幷
백 군 진 병

의의 백군은 진나라가 합병했다.

출전 《한서지리지》를 인용하였다.

해설 우가 중국 전역을 돌아다니며 구주로 나누었지만, 이전의 기록에는 황제 헌원씨나 전욱이 나누었다는 내용도 보인다.

어쨌든 진시황제는 통일된 중앙집권적인 행정 제도를 세우기 위해 주(周)나라 때부터 각지에 두었던 제후(諸侯 ; 봉건제도)를 폐지하고 전국에 걸쳐 중앙집권적인 군현(郡縣) 제도를 설치하였다. 그러나 이 제도는 시행하기에 앞서 중신들의 의견을 물었다. 의견은 둘로 갈라졌다. 승상 왕관(王綰)은,

"다른 제후국들은 거리가 멀기 때문에 왕자님들로 하여금 그 나라를 다스리게 하는 것이 좋을 듯 싶습니다."

이에 반해 정위로 있던 이사는,

"주왕조 때에는 처음 일족의 자제나 동성들을 제후에 봉해졌으니 그 일족이 약해져 제후들이 분쟁을 일으켰습니다. 주나라 천자께서는 이들을 진정시킬 힘이 없었습니다. 이제는 겨우 천하가 통일되어 안정세에 들어갔으므로 일률적으로 군현을 설치하고 황자들과 공신에게는 일정한 봉록과 포상을 주어야 될 줄 믿습니다. 이렇게 하면 그들을 통제할 수 있고, 그렇게 함으로써 천하는 태평하게 될 것입니다."

시황제는 이사의 의견을 채용하였다.

군의 수효는 6의 제곱인 36개로 했다. 그리고 수덕을 음양으로 따져 음에 해당하므로 모든 일을 과감하게 법에 따라 결정하고 엄격하고 과감하게 시행해 나갔다.

모든 것은 하늘로부터 내려진 수덕(水德)에 합당하다고 여기고, 이것이 진나라 법가의 기본방책이 되었다.

百

一 丆 丆 百 百 百

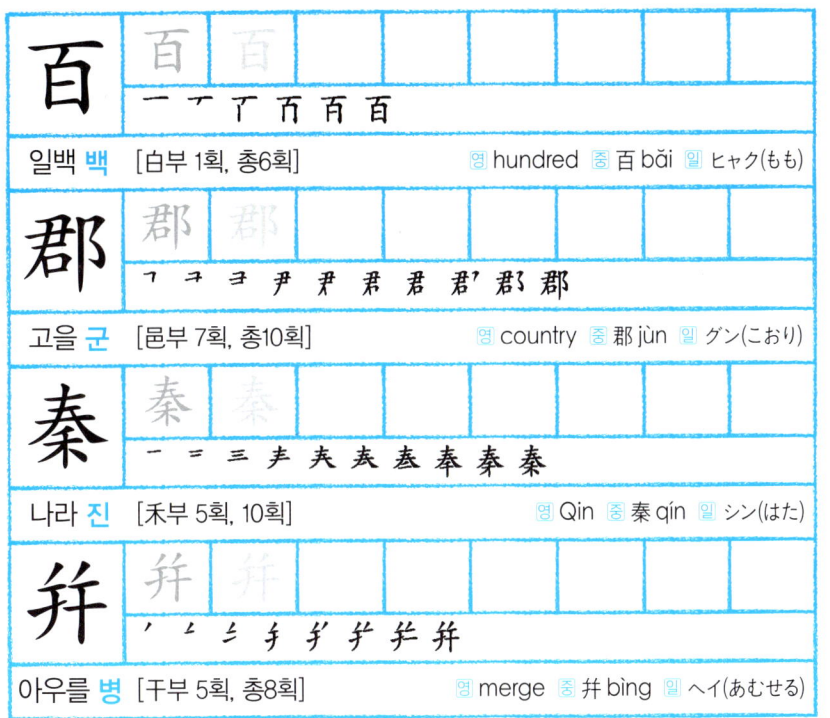

일백 **백** [白부 1획, 총6획] 영 hundred 중 百 bǎi 일 ヒャク(もも)

郡

フ ユ ヨ 尹 尹 君 君 君' 郡 郡

고을 **군** [邑부 7획, 총10획] 영 country 중 郡 jùn 일 グン(こおり)

秦

一 二 三 夫 夫 夫 夫 奉 秦 秦

나라 **진** [禾부 5획, 10획] 영 Qin 중 秦 qín 일 シン(はた)

幷

丶 丷 丷 幷 幷 幷 幷 幷

아우를 **병** [干부 5획, 총8획] 영 merge 중 并 bìng 일 ヘイ(あわせる)

쓰임 ●百家(백가) : 많은 집 ●百獸(백수) : 많은 짐승 ●郡民(군민) : 군의 주민 ●郡廳(군청) : 군의 행정을 관장하는 관청 ●秦鏡(진경) : 진시황이 궁에 비치한 거울 ●秦晉(진진) : 춘추시대 두 진나라 ●幷有(병유) : 함께 소유함 ●幷呑(병탄) : 자기 것으로 함

글뜻 ●百(백)은 일(一)과 백(白)의 회의자. 일(一)에서 백(白)에 이르면 명백해져서 다시 처음으로 돌아오므로 일(一)과 백(白)을 합하여 그 뜻을 표시하였다. ●郡(군)은 읍(邑)과 군(君)의 형성자. ●秦(진)은 화(禾)와 춘(春)과의 형성자. 일설에는 '벼 이름'으로 풀이함. ●幷(병)의 본뜻은 '두 사람이 서로 무기를 가지고 상종하다'.

155

嶽宗恒岱
악 종 항 대

의의 산악으로는 항산(恒山)과 대산(岱山)을 으뜸으로 삼는다.

출전 《사기》의 〈봉선서(封禪書)〉를 인용하였다.

해설 중국에는 오악(五嶽)이라는 오대산이 있다. 그 가운데 북악(北嶽)을 항산, 동악(東嶽)을 태산이라 하는데, 이른바 오악의 조종(祖宗)이다. 앞 절에서 다룬 구주(九州)와 같이 오악도 점법 등에 나타난다.

1) 형산(衡山) – 이마(남악)

2) 항산(恒山) – 턱(북악)

3) 숭산(嵩山) – 코(중악)

4) 태산(泰山) – 오른쪽 볼(동악)

5) 화산(華山) – 왼쪽 볼(서악)

일반적으로 오악 가운데 가장 중요한 것은 점법에서는 중악으로 본다. 그리고 서악과 동악은 서로 조화를 이루며 응대하는 모양이면 족하다. 중앙이 낮으면 사악이 주인 없는 것이므로 크게 길하지 못한다.

관상학적으로 볼 때, 중악이 뾰족하고 얇으면 중년에 실패한다. 이마가 벽과 같이 평평하면 부유하다. 또한 턱이 뾰족하게 빠져나오는 것도 좋지 않다. 다시 말해 동서남악과 조화를 이루지 못하기 때문에 그렇다는 것이다.

이러한 오악을 빗대어 건강을 헤아리는 방법도 《소문(素問)》에는 전하고 있다. 《풍속통》에 의하면 항산에 대하여, '만물이 복장(伏藏)하는 북방의 상산'으로 나타냈다.

그런가 하면 대산(岱山)을 일명 태산으로 설명하고 있는 부분도 눈길을 끈다.

한자	훈음	부수·획수	영	중	일
嶽	큰 산 악	[山부 14획, 총17획]	great mountain	岳 yuè	ガク(たけ)
宗	마루 종	[宀부 5획, 총8획]	ancestral	宗 zōng	ソウ(むね)
恒	항상 항	[心부 6획, 총9획]	constant	恒 héng	コウ(つね)
岱	대산 대	[山부 5획, 총8획]	name of a mountain	dài	タイ

쓰임 ●嶽丈(악장) : 아내의 아버지 ●嶽嶽(악악) : 뽐내는 모양 ●宗家(종가) : 맏이의 집안 ●宗師(종사) : 존경받는 스승 ●恒久(항구) : 변함없고 오램 ●恒茶飯(항다반) : 늘 있는 예사로운 일 ●岱嶽(대악) : 태산의 다른 이름

글뜻 ●嶽(악)은 산(山)과 옥(獄)의 형성자. '오악의 총칭'이다. ●宗(종)은 면(宀)과 시(示)의 회의자. 본뜻은 '조상의 묘옥(廟屋)'이다. 나중에 '존중'으로 변했다. ●恒(항)은 심(心)과 주(舟)와 이(二)의 회의자. '오악 중의 하나인 산 이름'. ●岱(대)는 산(山)과 대(代)의 형성자. '오악 가운데 하나의 산 이름'으로 풀이하였다.

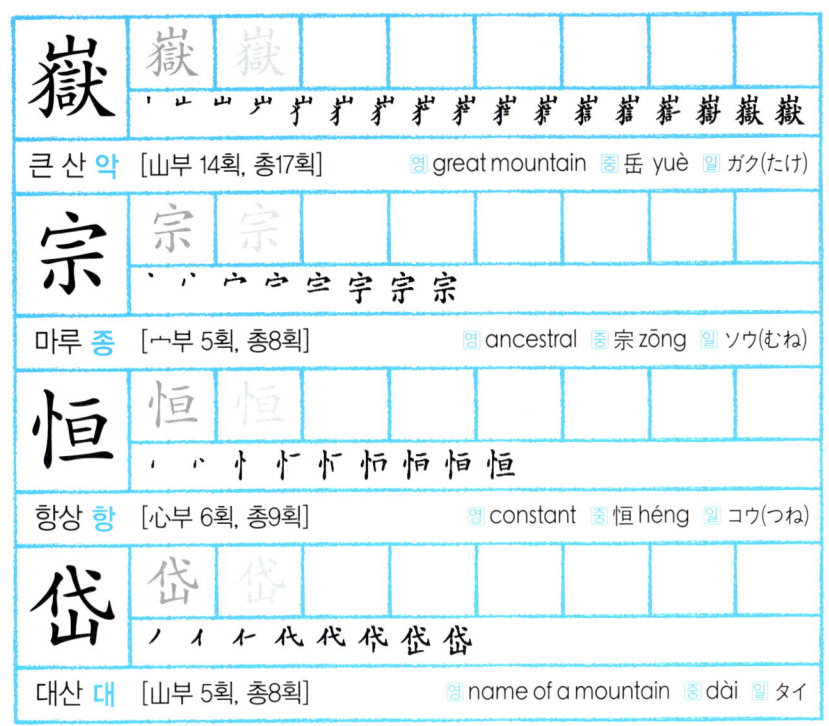

156

禪主云亭
선 주 운 정

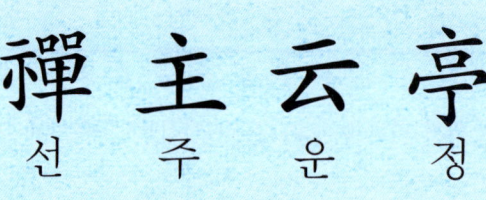

의의 하늘에 드리는 제사(祭祀)엔 운운산(云云山)과 정정산(亭亭山)을 소중히 여겼다.

출전 《사기》의 〈봉선서〉를 인용하였다.

해설 봉선은 관중(管仲)의 말을 인용하여 무괴씨, 복희씨, 신농씨, 전욱씨, 제요, 순제는 운운산에서 올린다. 그리고 황제 헌원은 정정산에서 봉선한다.

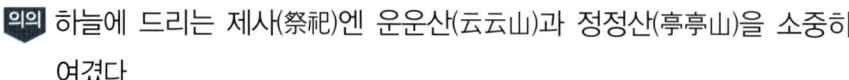

그가 온 자취는 알 수 없되
분명 상서로운 징조이어라
순 임금 시대에도 나타났으니
그로 인해 나라가 흥기했었네
살찐 기린이 제사장에 나타났네
초겨울 시월에 제사를 지낼 때
천자의 수레 옆으로 달려왔다네
그것을 잡아 하늘에 제사 지내니
삼대(三代)에도 이런 일이 없었네
덕행이 흥성함을 보고
황룡이 나타났었네
그 빛은 휘황하고 찬란하여
천자의 고귀한 덕을 깨우쳤다네
용은 천명을 받은 천자가 타는 것
옛글에도 그렇게 쓰여 있다네

상서로운 그 징조
설명이 필요 없다네
사물을 의지하여 뜻을 보내고
천자는 태산에서 봉선을 행하네

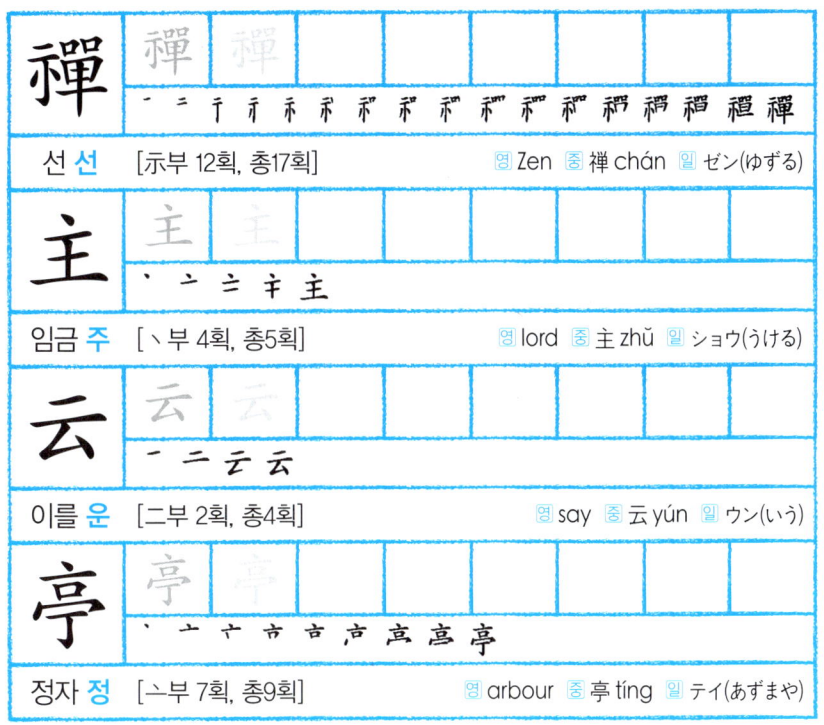

한자	훈음	부수·획수	영	중	일
禪	선 선	[示부 12획, 총17획]	Zen	禅 chán	ゼン(ゆずる)
主	임금 주	[丶부 4획, 총5획]	lord	主 zhǔ	ショウ(うける)
云	이를 운	[二부 2획, 총4획]	say	云 yún	ウン(いう)
亭	정자 정	[亠부 7획, 총9획]	arbour	亭 tíng	テイ(あずまや)

쓰임 ●禪家(선가) : 참선한 사람 ●禪道(선도) : 참선하는 도 ●主幹(주간) : 어떤 일을 주장하고 처리함 ●主力(주력) : 중심이 되는 세력 ●云云(운운) : 여러 말 ●云爲(운위) : 말과 행동 ●亭子(정자) : 산수 좋은 곳에서 놀기 위해 지은 집 ●亭障(정장) : 성채의 요소에 번을 서기 위해 척후용으로 만든 장소

글뜻 ●禪(선)은 시(示)와 단(單)의 형성자. ●主(주)는 왕(王)과 주(丶)의 형성자. 본뜻은 '독대에서 불이 타오르다'. ●云(운)은 운(雲)의 고문이다. ●亭(정)은 고(高)와 정(丁)의 형성자. 본뜻은 '머무는 역'.

157

雁門紫塞
안 문 자 새

의의 기러기가 나는 안문관에는 동서로 가로지르는 만리장성의 요새가 있다.

출전 《한서》와 《사기》에서 인용하였다.

해설 중국의 북방, 높이 솟은 봉우리 위엔 일 년 내내 눈이 녹지 않는 곳이 있다. 이런 곳에 기러기가 들고난다는 안문산(雁門山)이 있다. 어디 그뿐인가, 서쪽 방향으로 나가면 가곡관이 있는데, 그곳에서 동남으로 달리면 산해관(山海關)에 이르는 만리장성이라는 요새를 만난다. 길기만 한 장성의 빛깔에 항상 붉은 기운이 어려 있어 자새(紫塞)라는 별칭으로 불리웠다.

이 위를 전하는 소식은 기러기뿐이다. 그래서인지 중국 문학에는 〈기러기 편지〉에 대한 애틋한 내용도 적지 않다. 《한서》 〈소무전(蘇武傳)〉에 이런 내용이 있다.

소무는 한무제 때에 흉노의 포로들을 호송해 오다가 오히려 그들에게 포로가 되어 끌려갔다. 그곳에서 온갖 고초를 겪었으면서도 끝내 지조를 지켰다. 그 후 한나라의 사신이 도착하여 소무의 행방을 물었다.

"글쎄요, 우리는 모르는 일입니다. 들은 바로는 오래 전에 죽었다고 했습니다만."

한나라 사신은 더 이상의 확인이 불가능해지자 돌아오고 말았다. 그 후 한나라의 사신이 다시 왔을 때 소무와 함께 구금되었던 상혜(常惠)라는 자가 사신에게 지혜로운 말을 전했다. 사신은 그 말을 듣고 흉노 왕에게 가서 말했다.

"우리 황제께서 상림원에서 사냥을 하시다가 기러기를 잡았소. 그런데 기러기 발목에 비단으로 쓴 편지가 매달려 있는데, 그것은 소무 일행이 어느 숲속에 있다는 내용이었소."

소스라치게 놀란 흉노 왕은 극구 사과하고 소무를 석방했다. 열아홉 해만의 일이었다.

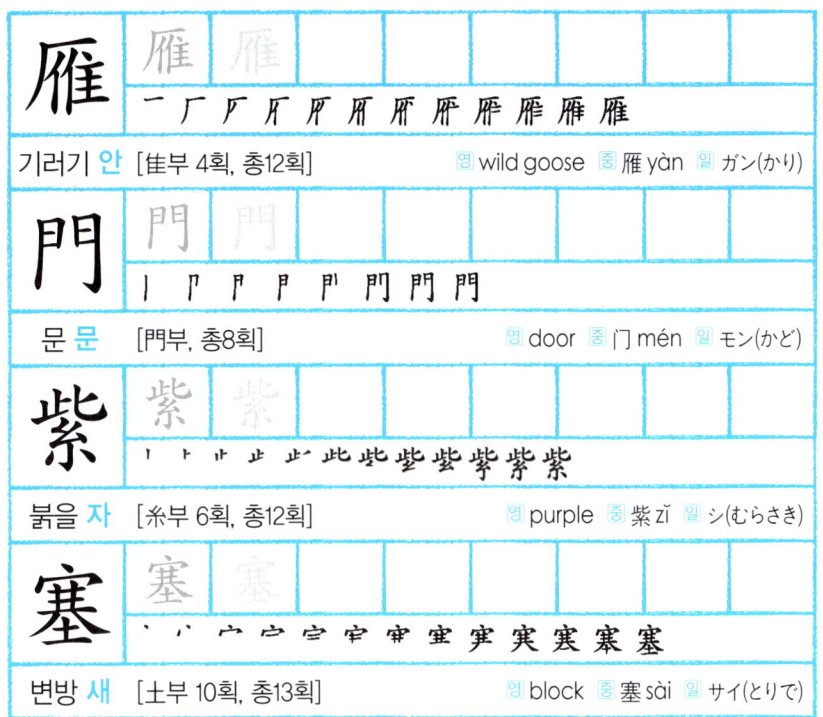

雁	雁 雁
	一 厂 厂 广 肝 肝 肝 肝 雁 雁 雁 雁
기러기 **안** [隹부 4획, 총12획]	영 wild goose 중 雁 yàn 일 ガン(かり)
門	門 門
	丨 ㄗ ㄗ 門 門 門 門 門
문 **문** [門부, 총8획]	영 door 중 门 mén 일 モン(かど)
紫	紫 紫
	丨 卜 止 止 此 此 紫 紫 紫 紫 紫 紫
붉을 **자** [糸부 6획, 총12획]	영 purple 중 紫 zǐ 일 シ(むらさき)
塞	塞 塞
	丶 冖 宀 宀 宇 宑 宑 寉 寉 寒 寒 塞 塞
변방 **새** [土부 10획, 총13획]	영 block 중 塞 sài 일 サイ(とりで)

쓰임 ●雁帛(안백) : 편지 ●雁父(안부) : 혼인을 할 때에 기러기를 안고 들어오는 남자 ●門客(문객) : 집안에 있는 식객 ●門閥(문벌) : 대대로 내려온 가문의 지체 ●紫色(자색) : 보라색 ●紫水晶(자수정) : 자줏빛 수정 ●塞外(새외) : 성채의 바깥 ●塞翁之馬(새옹지마) : 인생의 화나 복은 예측할 수 없다는 말

글뜻 ●雁(안)은 엄(厂)과 인(人)과 추(隹)와의 회의 형성자. ●門(문)은 이호(二戶)를 표시한 상형자. ●紫(자)는 사(糸)와 차(此)의 형성자. ●塞(새)는 본뜻이 '간격', '변방'으로 변했다.

158

鷄田赤城
계 전 적 성

의의 계전이라는 아득한 곳과 적성이라는 곳도 있다.

출전 《당서》 이익(李益)의 시를 인용하였다.

해설 사마천의 《사기》는 〈오제본기〉라 하여 그 시작을 황제(黃帝)로부터 잡고 있다. 그곳에 씌어 있는 오제는 삼황(三皇)과는 다른 형상이다. 삼황은 사람의 머리에 뱀의 몸을 한 인수사신(人首蛇身)이 아니었다. 오늘날 사람의 모습과 다를 바 없는 형상이었다. 그러나 오제시대에 그들이 들판에서 싸울 때에는 곰이나 사나운 맹수들을 자신 편으로 만들어 크게 승리했다고 기록되어 있음을 볼 수 있다.

신화적인 색채를 띠고 있는 이 시기를 벗어나 요순(堯舜)에 이르러 완전히 인간의 형상으로 모든 것이 풀어지고 있음을 볼 수 있다. 그러므로 중국 문화에서 '요순의 치(治)'라 하면, 죄인도 없고 살기가 평화로운 시기라고 비점을 찍는다. 요즘으로 말한다면 절정기나 황금기가 이에 해당한다.

옛 기록에 의하면, 황제(黃帝)는 판천과 탁록이라는 들판에서 두 번의 전쟁을 치렀다. 전자는 염제의 손자와, 후자는 치우(蚩尤)라는 이와의 격전이었다.

당시만 해도 거의가 부족들이었기 때문에 연합국 형식으로 끌어들여 전쟁을 치렀다. 그런 점에서 황제는 곰과 큰곰을 자신의 편으로 끌어들여 대승을 거두었고, 그제야 황제 헌원을 천자로 추대하기에 이른 것이다. 물론 대개의 내용이 믿을 수 없는 신화일색이지만, 어찌 되었거나 이 무렵은 미개한 시대에서 중국에 문화적인 어떤 기틀의 계단이 놓여졌음이 분명했다.

이러한 황제 헌원을 몹시 피곤하게 한 인물이 치우였으며, 그는 광막한 적성(赤城)에 웅크린 채 때를 기다렸었다. 이곳은 아주 깊고 삭막했다.

한자	훈음	부수·획수	영	중	일
鷄	닭 계	[鳥부 10획, 총21획]	cock	鸡 jī	鶏 ケイ(にわとり)
田	밭 전	[田부, 총5획]	field	田 tián	デン(た)
赤	붉을 적	[赤부, 총7획]	red	赤 chì	セキ(あか)
城	재 성	[土부 6획, 총9획]	castle	城 chéng	ジョウ(しろ)

쓰임 ●鷄冠(계관) : 닭의 벼슬 ●鷄口(계구) : 닭의 주둥이 ●田穀(전곡) : 밭에서 나는 곡식 ●田畓(전답) : 밭과 논 ●赤裸裸(적나라) : 있는 그대로 다 드러냄 ●赤貧(적빈) : 가난하여 아무것도 없음 ●城郭(성곽) : 내성과 외성 ●城門(성문) : 성의 문

글뜻 ●鷄(계)는 조(鳥)와 해(奚)의 형성자. '때를 아는 새'. ●田(전)은 구(口)와 십(十)의 회의자. 구(口)는 '사방의 토지'를 뜻하고, 십(十)은 '동서남북으로 통하는 길'을 나타냈다. ●赤(적)은 '큰불이나 태양의 붉은 빛'. ●城(성)은 토(土)와 성(成)의 회의 형성자.

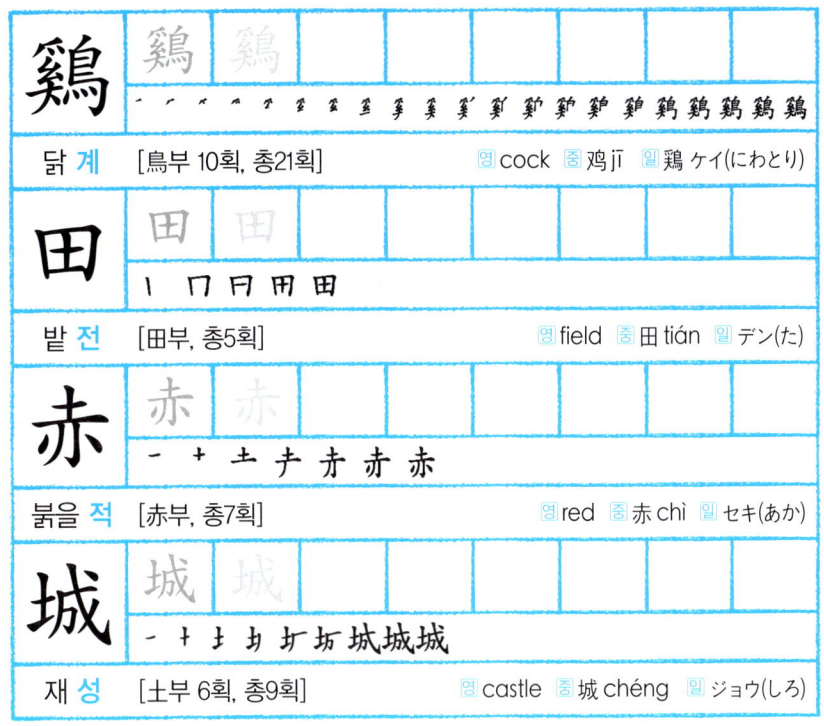

159

昆池碣石
곤 지 갈 석

의의 못으로는 곤명지요, 산으로는 갈석이라.

출전 《한서》〈무제기(武帝紀)〉와 청나라 때에 진덕(陳德) 등이 찬한 《대청일통지(大淸一統志)》를 인용하였다.

해설 한나라의 고조가 천하를 통일한 이후, 중국 천하는 오호칠국의 난을 제외하고 매우 평화스러운 나날이었다. 황실에서는 과감하게 조세와 노역을 경감하였으며, 북방의 흉노에 대해서도 화친 정책을 썼다.

기원전 141년에 미앙궁에서 경제(景帝)가 죽고 황태자 철이 즉위하니 이가 중국 문화의 황금기를 이룩한 한무제(漢武帝)다. 그는 즉위할 무렵에는 고작 열여섯이었으나, 노련한 정치가처럼 나랏일을 잘 다스렸다. 이 당시에는 전쟁의 뒤끝이라 모든 면에서 물자가 부족했다. 아직도 남자들은 전장터에서 돌아오지 못했고, 노인과 아녀자들도 부역에 참가했다.

그러나 무제가 즉위한 후에는 모든 것이 넉넉해졌다. 나라 안의 창고에는 곡식이 그득 찼으며, 저장하는 쌀은 산처럼 높아만 갔다. 무제는 무엇보다 중앙 집권을 강화시켰다. 그때까지만 해도 승상 전분(田蚡)이 모든 일을 주물러 왔으나, 차츰 그의 독주를 막고 어진 인재를 등용시켰다. 그러는 한편으로 한고조가 황족의 딸을 흉노왕에게 시집 보내어 화친 정책을 폈던 것을 생각하고 그것을 과감히 뜯어고칠 방안을 모색했다.

마침내 기원전 135년, 한무제 즉위 6년에 흉노에 대한 대책이 거론되었다. 왕회는 토벌해야 함을 주장했으나, 한안국은 계속 화친하는 정책이 최선이라고 맞섰다.

그러나 결국 흉노의 토벌로 가닥이 잡히면서, 무제는 멀리 있는 곤명국(昆

明國)을 정벌하고자 수전을 익히기 위해 장안에 못을 팠다. 이른바 곤지(昆池)라는 곳이다.

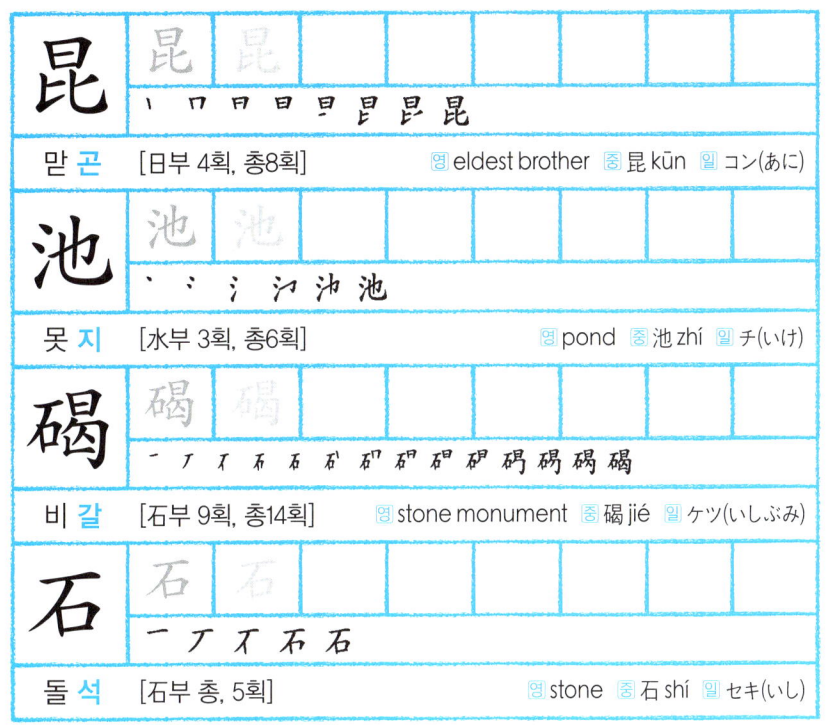

昆	맏 곤 [日부 4획, 총8획] 영 eldest brother 중 昆 kūn 일 コン(あに)
池	못 지 [水부 3획, 총6획] 영 pond 중 池 zhí 일 チ(いけ)
碣	비 갈 [石부 9획, 총14획] 영 stone monument 중 碣 jié 일 ケツ(いしぶみ)
石	돌 석 [石부 총, 5획] 영 stone 중 石 shí 일 セキ(いし)

쓰임 ●昆季(곤계) : 형제 ●昆孫(곤손) : 현손의 손자 ●池塘(지당) : 못의 둑 ●池魚之殃(지어지앙) : 연못 속 물고기의 재앙 같음 ●石間水(석간수) : 바위 틈에서 흐르는 물 ●石橋(석교) : 돌다리를 뜻함

글뜻 ●昆(곤)은 일(日)과 비(比)의 회의자. ●池(지)는 수(氵)와 야(也)의 형성자. '땅을 파서 물을 파게 한 것이 못'이라 하였다. ●碣(갈)은 석(石)과 갈(曷)의 형성자. 본뜻은 '세운 돌'이다. ●石(석)은 '산비탈(厂)에 바위(口)가 드러나 있는 모양'의 상형자이다.

160

鉅野洞庭
거 야 동 정

의의 거야라는 습지의 평야가 있고, 동정이라는 큰 호수가 있다.

출전 《서경》 〈우공(禹貢)〉과 《사기》 〈오기전(吳起傳)〉, 《장자》의 〈천운〉을 인용하였다.

해설 우공이 구주의 첫 번째로 익주를 든 것은 그곳에 황하의 동북에 위치하기 때문이었다. 어디 그뿐인가, 그곳에 제도(帝都)가 있었다. 아무래도 중국의 문화는 북으로부터 남으로 내려왔다고 보는 것이 무난하다. 그런 점에서 양자강 근방이 점점 성해지고, 황하 근교가 중국 문화의 중심지를 이룬 것은 당연했다.

두 번째가 연주였다. 이곳에서는 황하의 아홉 갈래의 구멍을 만들고 바다로 흘러 들어가게 하고, 또한 뇌하(雷夏)에 큰 못을 만들어 주위의 물을 모두 모여들게 하였다. 그럼으로써 물이 범람하는 것을 막았다.

물을 다스린 뒤에 이곳에 뽕나무를 심어 누에를 치게 하니 물을 피해 높은 다락에 살던 사람들이 평탄한 곳에 살면서 농업과 양잠에 힘을 기울였다.

토질은 검고 기름져서 풀이 무성하게 자랐다. 그러기에 우는 홍수를 다스린 지 13년만에 물길을 잡을 수 있었다. 또한 형주에서 형양(衡陽)까지에는 강과 하천에서 내려온 물이 바다로 흘러들게 한다. 이곳에서도 아홉 줄기의 강이 바르다고 했다.

〈우공(禹貢)〉의 구강(九江)이라고 하는 것은 완·적·무·진·서·유·풍·자·상을 뜻한다. 이 물들은 모두 호수에 합해지므로 구강(九江)이라 한다. 또한 《초사(楚辭)》에도 〈동정파혜목엽하(洞庭波兮木葉下)〉라 하였으니 예로부터의 동정호에 관한 기사는 적지 않은 편이다.

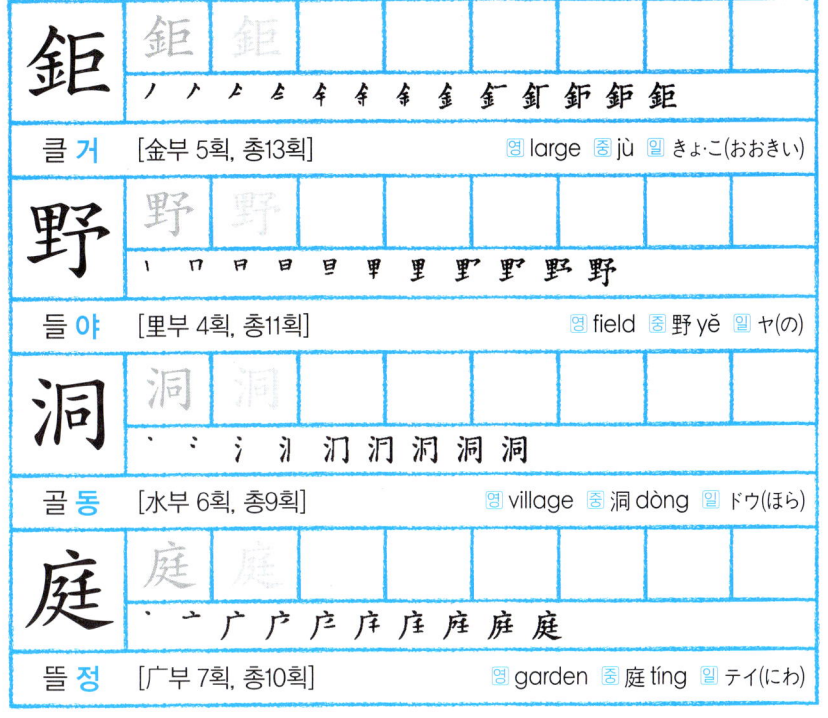

鉅	鉅 鉅
	ノ 𠂉 𠆢 亼 今 今 佘 金 釒 釘 鉅 鉅 鉅
클 **거**	[金부 5획, 총13획] 영 large 중 jù 일 きょ·こ(おおきい)
野	野 野
	丨 冂 日 日 旦 甲 里 里 野 野 野
들 **야**	[里부 4획, 총11획] 영 field 중 野 yě 일 ヤ(の)
洞	洞 洞
	丶 冫 氵 氵 汌 汩 洞 洞 洞
골 **동**	[水부 6획, 총9획] 영 village 중 洞 dòng 일 ドウ(ほら)
庭	庭 庭
	丶 亠 广 广 庄 庄 庭 庭 庭 庭
뜰 **정**	[广부 7획, 총10획] 영 garden 중 庭 tíng 일 テイ(にわ)

쓰임 ●鉅萬(거만) : 아주 많음 ●野薄(야박) : 야멸차고 박정함 ●野人(야인) : 벼슬하지 아니한 백성 ●洞天(동천) : 하늘에 통함 ●洞穴(동혈) : 동굴 ●庭球(정구) : 테니스 ●庭試(정시) : 나라에 경사가 있을 때 대궐 안에서 보던 과거시험

글뜻 ●鉅(거)는 금(金)과 거(巨)의 형성자. 본뜻은 '크게 굳은 것'. '거(巨)'와 같은 뜻이다. ●野(야)는 리(里)와 여(予)의 형성자. 본뜻은 '교외'. ●洞(동)은 수(水)와 동(同)의 형성자. 본뜻은 '재빨리 흐르는 것'이며 《정자통(正字通)》에는 '바위 구멍'이라는 뜻. ●庭(정)은 엄(广)과 정(廷)의 형성자. 설문의 본뜻은 '궁중(宮中)'이다.

161

曠遠綿邈
광 원 면 막

의의 모든 산천은 멀리 이어져 아득하기만 하다.

출전 《사기》의 〈봉선서〉와 《구오대사(舊五代史)》 〈당노정전(唐盧程傳)〉을 인용하였다.

해설 진의 목공이 보위에 오른 지 9년이 되는 해에 제환공은 패자가 되어 있었다. 환공은 제후들을 규구에 모이게 하였으니 다시 봉선을 행하자 한 것이다. 관중이 말했다.

"옛날에 태산에서 봉(封)하고 양보에서 선(禪)한 이는 72가라고 합니다."

태산은 산동성 태안현의 북방 5리가 되는 지점이다. 그리고 양보는 태산 근방의 산 이름으로 서북쪽에 위치해 있다. 관중의 말은 이어진다.

"옛날에 무괴씨는 태산에서 봉하고 운운산에서 선했습니다. 그런가 하면 황제는 태산에서 봉하고 정정산에서 선했습니다. 전욱은 태산에서 봉하고 운운산에서 선했습니다. 또한 요는 태산에서 봉하고 운운산에서 선했습니다. 그런가 하면 우(禹)는 태산에서 봉하고 회계산의 동남쪽에서 선했습니다. 또한 탕은 태산에서 봉하고 운운산에서 선했습니다. 주나라 성왕은 태산에서 봉하고 사수산에서 선했습니다. 이상의 12군은 천명을 받고 천자가 된 연후에 봉선할 수 있었습니다."

그러자 환공이 말했다.

"나는 북으로 산융(山戎)을 치고, 고죽국을 지나 서로는 대하국을 치고 사막을 건넜소. 말의 뱃가죽에 댄 조각을 단단히 메고 병거의 고리가 벗겨지지 않도록 한 후 남방을 토벌한 후 소릉에 이르렀으며, 웅이산에 올라 양자강을 조망하였소이다. 이제 천하의 제후는 어느 누구도 나를 거역할 수 없소이다."

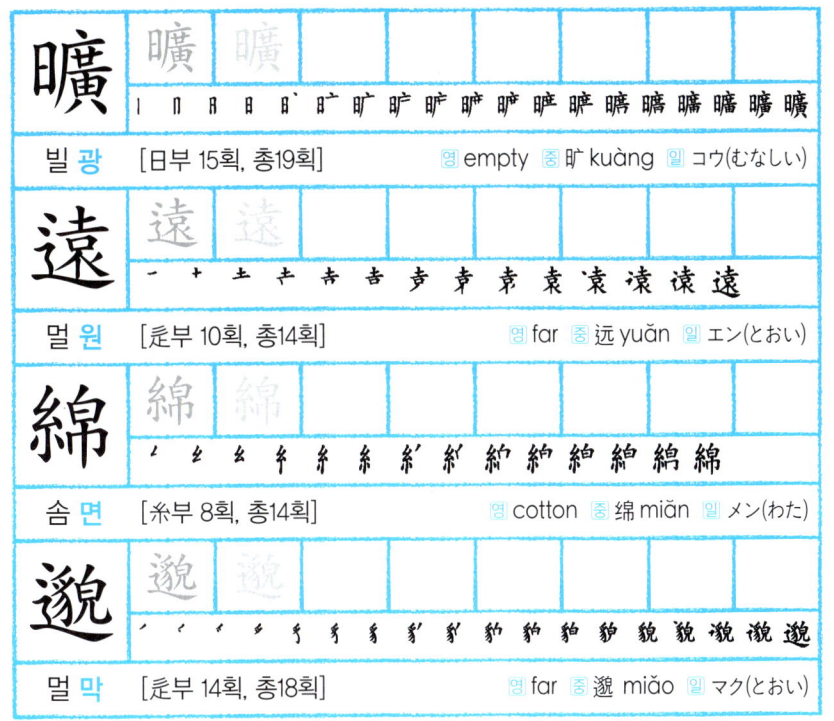

曠	
빌 광	[日부 15획, 총19획] 영 empty 중 旷 kuàng 일 コウ(むなしい)
遠	
멀 원	[辵부 10획, 총14획] 영 far 중 远 yuǎn 일 エン(とおい)
綿	
솜 면	[糸부 8획, 총14획] 영 cotton 중 绵 mián 일 メン(わた)
邈	
멀 막	[辵부 14획, 총18획] 영 far 중 邈 miǎo 일 マク(とおい)

쓰임 ●曠古(광고) : 전례가 없음 ●曠年(광년) : 긴 세월 ●遠景(원경) : 먼 경치 ●遠大(원대) : 뜻이 깊고 큼 ●綿綿(면면) : 길이 이어지는 모양 ●綿密(면밀) : 자세하고 빈틈이 없음 ●邈然(막연) : 아득히 먼 모양

글뜻 ●曠(광)은 일(日)과 광(廣)의 회의자. 본뜻은 '밝다'인데 '광(廣)'과 같은 뜻으로 변했다. ●遠(원)은 착(辵)과 원(袁)의 형성자. '요(遙)'와 같은 뜻으로 쓰임 ●綿(면)은 사(糸)와 백(帛)의 회의자. 본뜻은 '가늘게 이어지다'라는 의미. 면(緜)과 같은 뜻이다. ●邈(막)은 착(辵)과 모(貌)의 형성자. 《정자통》에서는 '원(遠)'의 뜻으로 쓰임.

162

巖岫杳冥
암 수 묘 명

의의 깊은 산의 암석 사이는 동굴처럼 깊고 어둡다.

출전 《소문(素問)》의 〈육원정기대론(六元正紀大論)〉, 《한서》 〈중산정 왕승전(中山靖 王勝傳)〉에서 인용하였다.

해설 본항에서는 제국(帝國)의 지리를 총체적으로 다루고 있음을 알 수 있다. 본항에서 지금까지의 문장을 볼 때, 다시 말해 구주우적(九州禹跡)부터 본절까지는 중국의 지세를 설명한 것은 분명하다.

위에서 광원면막(曠遠緜邈)이라는 네 글자는 그 이전에 설명되어진 지명을 가리킨다. 이를테면 자새·계전·거야·동정 등이다. 그리고 본절의 암수묘명(巖岫杳冥)은 오악을 비롯하여 안문·갈석·적성 등의 산악을 뜻한다. 본문에서 《소문(素問)》을 인용한 것은 아무래도 침술이 지향하는 바가 중국의 지세와 병칭하는 것으로 풀이하는 것 같다. 특히 오관(五官)을 풀이할 때에, 동쪽의 방위는 봄에 해당하며 바람의 작용으로 나무가 자라고 나무에서는 신맛이 도는 과실이 열린다. 이때 근육에서는 목생화(木生火)의 상생법칙이 생긴다.

남쪽은 여름에 해당하며 양기가 강하여 열이 생긴다. 오관에서는 혀(舌)가 되고 기쁨으로 나타난다.

중앙은 여름철 중앙에 해당된다. 습기가 가장 높은 시기다. 이때 오관으로는 입에 해당한다. 이때 너무 깊이 생각하면 간을 상하게 된다.

서쪽 방위는 가을에 해당한다. 건조한 계절이다. 신맛의 음식이 들어가면 폐에 영양분을 공급한다. 오관으로서는 코에 해당한다.

북쪽의 방위는 겨울에 해당한다. 음기가 강하여 차가움을 낳는 시기다.

신(腎)의 귀(耳)의 작용을 맡고 있으며, 지나치게 짠 음식은 피를 손상한다.

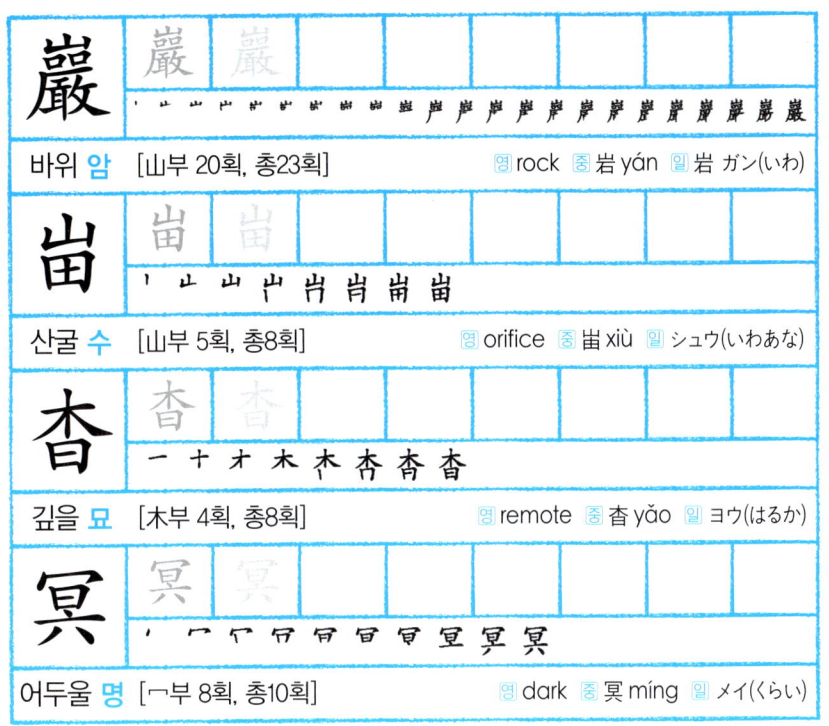

巖	巖 巖
바위 암 [山부 20획, 총23획]	영 rock 중 岩 yán 일 岩 ガン(いわ)
岫	岫 岫
산굴 수 [山부 5획, 총8획]	영 orifice 중 岫 xiù 일 シュウ(いわあな)
杳	杳 杳
	一 十 才 木 木 杳 杳 杳
깊을 묘 [木부 4획, 총8획]	영 remote 중 杳 yǎo 일 ヨウ(はるか)
冥	冥 冥
어두울 명 [冖부 8획, 총10획]	영 dark 중 冥 míng 일 メイ(くらい)

쓰임 ●巖窟(암굴) : 바위굴 ●巖盤(암반) : 암석으로 된 지반 ●杳然(묘연) : 아득하고 먼 모양 ●杳冥(묘명) : 그윽하고 어두운 상태 ●冥途(명도) : 사람이 죽어서 가는 곳 ●冥冥(명명) : 어두운 모양

글뜻 ●巖(암)은 산(山)과 엄(嚴)의 형성자. 본뜻은 '언덕'인데, '돌산'으로 바뀌었다. ●岫(수)는 산(山)과 유(由)의 형성자. 본뜻은 '산 구멍'이다. ●杳(묘)는 일(日)과 목(木)의 회의자. 본뜻은 '어두운 것' ●冥(명)은 일(日)과 육(六)과 멱(冖)과의 회의자. 달이 기울어지는데 갓(冖)을 덮어 더욱 어두워짐.

163

治本於農
치 본 어 농

의의 나라를 다스리는 근본은 농사가 터전이다.

출전 《관자(管子)》의 〈목민(牧民)〉에서 인용하였다.

해설 《관자》에 있는 말이다.

'창고가 가득 차 있으면 자연이 예절을 찾게 되고, 입고 먹는 것이 풍부해지면 영예와 치욕이 어떤 것인지를 생각하게 된다.'

관자는 이렇듯 평범한 진리를 그의 정치 철학으로 삼았다. 이를테면 기본인 셈이다.

일반적으로 관자의 말은,

'의식이 족하면 예절을 안다.'

이렇게 전해지고 있는데 중복된 말 가운데 새로운 말이 성립된 것이다. 관자는 다시 말한다.

"나라에는 네 줄(四維)이 있다. 하나가 끊어지면 기울어지고 둘이 끊어지면 위태롭다. 셋이 끊어지면 뒤집히고, 넷이 끊어지면 마침내 없어진다."

관자에 의하면 나라는 네 개의 줄에 의해 유지되어 간다는 것이다. 그것은 예(禮)와 의(義)와 염(廉)과 치(恥)다. 이것을 네 덕(德)이라 한다.

예는 절도를 지키는 데에 필요한 것이고, 의는 자기 자랑을 하지 않는 것, 염은 자기 잘못을 숨기지 않는 것, 치는 나쁜 일에 끌려가지 않는 것이다. 관자는 이 네 가지가 끊어지면 나라가 존립할 수 없다고 했다.

그런가 하면 백성을 다스림에 있어서도, 위에 있는 사람이 사치를 숭상하면서 백성들에게 아무리 검소한 생활을 하라고 하면 따를 리가 없다. 그것은 마치 말이 동쪽으로 가기를 바라면서도 고삐는 서쪽으로 당기는 것과 같다. 솔선수범이 무엇보다 백성들에게 중요하며, 그렇게 해야만 백성들이 따르다.

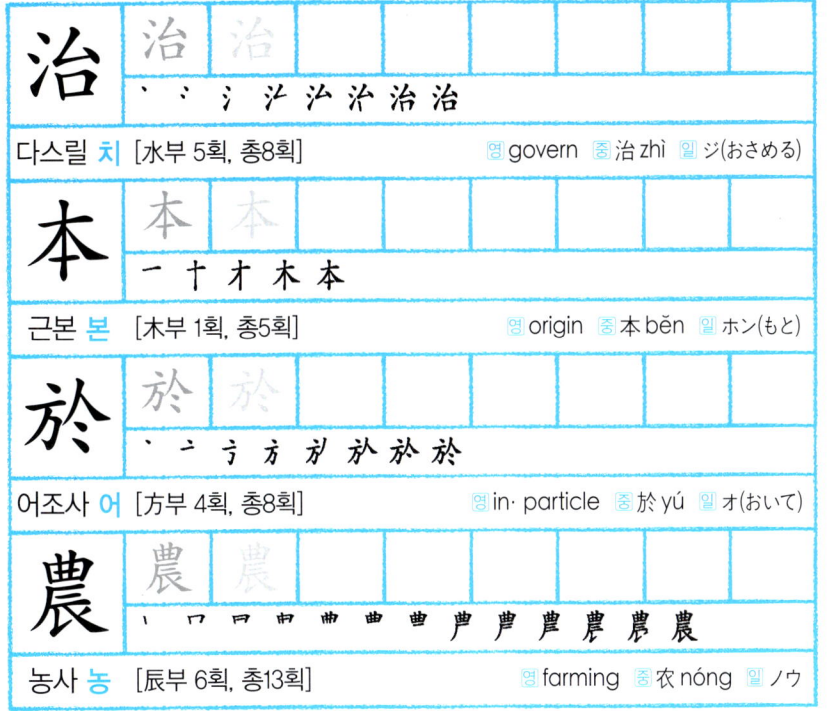

治	治	治
	丶 冫 氵 氵 氵 治 治 治	
다스릴 **치** [水부 5획, 총8획]	영 govern 중 治 zhì 일 ジ(おさめる)	

本	本	本
	一 十 才 木 本	
근본 **본** [木부 1획, 총5획]	영 origin 중 本 běn 일 ホン(もと)	

於	於	於
	丶 亠 方 方 方 於 於 於	
어조사 **어** [方부 4획, 총8획]	영 in· particle 중 於 yú 일 オ(おいて)	

農	農	農
	丨 冂 曲 曲 曲 曲 曲 農 農 農 農 農 農	
농사 **농** [辰부 6획, 총13획]	영 farming 중 农 nóng 일 ノウ	

쓰임 ●治國(치국) : 나랏일을 다스림 ●治亂(치란) : 세상이 잘 다스려지는 일과 어지러워지는 일 ●本家(본가) : 종가 ●本貫(본관) : 시조의 고향 ●於是乎(어시호) : 이제야 ●於焉間(어언간) : 어느덧 ●農耕(농경) : 논밭을 경작함 ●農功(농공) : 농사 짓는 일을 뜻함

글뜻 ●治(치)는 수(水)와 태(台)의 형성자. 본뜻은 '물 이름'. ●本(본)은 목(木)과 일(一)의 지사자. ●於(어)는 고문 오(烏)의 옛날 상형자. ●農(농)의 본뜻은 '밭 가는 사람'. 나중에 '방전(方田)'으로 바뀌었다.

164

務茲稼穡
무 자 가 색

의의 농사에 힘쓰는 자는 심고 거두는 일까지 힘을 기울여야 한다.

출전 《관자》의 〈목민〉, 《풍속통》 〈사전(祀典)〉, 《서경》의 〈홍범〉을 인용하였다.

해설 《관자》는 〈목민〉에서 땅이야말로 정치의 근본이라고 갈파했다.

모든 정치의 기본적이고 기초가 되는 자료는 오직 토지다. 이곳에서 경제 정책이 나오고 부국강병이 거론된다. 그 점을 앞세우는 관자의 이론은 지극히 당연하다. 그러나 실상을 보면 차이가 난다. 백성을 정치의 근본으로 한다고 해도, 그 백성을 편안히 하는 것은 땅의 조건에 의해 결정 나기 때문이다.

그런 의미에서 관자는 토지의 성질이나, 위치, 등급 등을 세세하게 함으로써 땅의 이용도를 높이고 균등한 세금을 부담시키려는 데 목적을 두었다.

농작물의 생산은 절기의 제한을 받게 된다. 백성들의 노동력도 쓰는 데엔 한계점이 있다. 그러나 여기에서 유의하여야 할 대목은 임금에겐 한계점이 없다는 것이다.

천하를 다스리는 사람은 결코 함부로 나라를 움직이지 않는다. 또한 나라를 잘 다스리는 사람은 함부로 백성들을 부리지 않는다. 정치를 하는 이가 가볍게 백성들의 생활을 위태롭게 한다면, 그들은 자신의 생활을 찾아 뿔뿔이 흩어지기 마련이다.

그러므로 임금이 자신의 욕망을 충족시키기 위해 백성들의 재산을 가혹한 세금으로 충당하려는 것은 옳지 못한 일이다. 또한 백성들을 농사를 지을 여가도 없이 온갖 부역에 동원시키는 것도 나라를 망하게 하는 이유로 충분하다.

한자	훈음	부수·획수	영	중	일
務	힘쓸 무	[力부 9획, 총11획]	exert	务 wù	ム(つとめる)
玆	이 자	[玄부 5획, 총10획]	this	兹 zī	シ·ジ ここ)
稼	심을 가	[禾부 10획, 총15획]	plant, sow	jià	カ(うえつけ)
穡	거둘 색	[禾부 13획, 총18획]	harvest	穑 sè	ショク(とりいれ)

쓰임 ●務望(무망) : 간절히 바람 ●務實力行(무실역행) : 참되고 실속있도록 행함 ●稼動(가동) : 사람이나 기계가 움직여 일을 함 ●稼穡(가고) : 곡식을 심고 거둠

글뜻 ●務(무)의 본뜻은 '취향'으로 나중에 《통훈정성(通訓定聲)》의 영향으로 '힘쓰다'는 뜻으로 변했다. ●玆(자)는 이현(二玄)의 회의자. 본뜻은 '흑'인데 나중에 '차(此)'의 뜻으로 변했다. ●稼(가)는 화(禾)와 가(家)의 형성자. 본뜻은 '익은 벼 이삭'이다. 《서경》의 '홍범'에 실린 내용에 의하여 '심는다'는 뜻으로 변했다. ●穡(색)은 화(禾)와 색(嗇)의 형성자. '곡식을 수확하다'라는 뜻이다.

165

俶載南畝
숙 재 남 묘

의의 봄이 되면 농부는 양지바른 밭에서 일을 시작한다.

출전 《시경》 〈소아〉 대전(大田)에서 인용하였다.

해설 다음의 글은 풍년을 축하하면서 감사제를 지낼 때에 부르는 노래다. 예전에는 밭을 소유한 원주인이 있고, 그 밑에서 농부가 농사를 지었다.

큰 밭에는 많이 경작하니
앞서 씨 고르고 연장 갖추어
농사일 모두 준비하고
날카로운 모습으로

밭일을 시작하여
온갖 곡식 씨 뿌렸더니
싹은 곧고 큼직하였기에
우리 님도 만족하누나

껍질이 생기고 알이 들어차고
이것이 영글어 좋게 익어가
잡초도 나지 않겠구나
속과 잎과 뿌리와 마디

갉아먹는 벌레 모두 잡아

어린 벼를 상하지 않게 하리라
전조께서 영검을 나타내시어
타는 불 속에 던지소서!

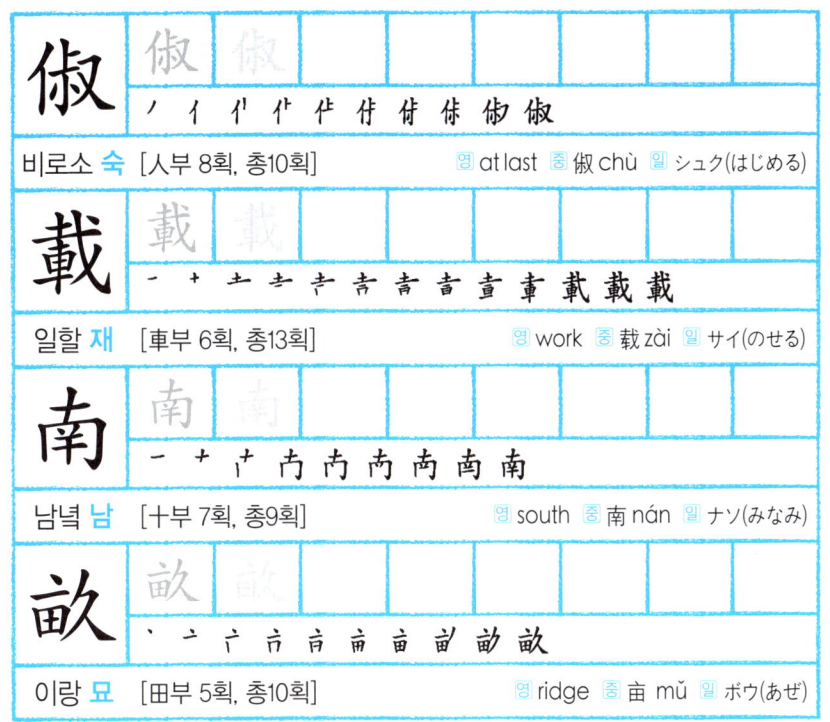

한자	뜻·음	부수·획수	영	중	일
俶	비로소 숙	[人부 8획, 총10획]	at last	俶 chù	シュク(はじめる)
載	일할 재	[車부 6획, 총13획]	work	载 zài	サイ(のせる)
南	남녘 남	[十부 7획, 총9획]	south	南 nán	ナン(みなみ)
畝	이랑 묘	[田부 5획, 총10획]	ridge	亩 mǔ	ボウ(あぜ)

쓰임 ●俶裝(숙장) : 장식을 정돈함 ●俶儻(숙당) : 높이 뛰어남 ●載送(재송) : 차나 배로 물건을 실어 보냄 ●載積(재적) : 실어 쌓음 ●南柯夢(남가몽) : 한때의 헛된 부귀와 영화 ●南端(남단) : 남쪽 끝 ●畝溝(묘구) : 고랑

글뜻 ●俶(숙)은 인(人)과 숙(叔)의 형성자. 본뜻은 숙(淑)과 통하여 '착함'인데 '시(始)'의 뜻으로도 쓰인다. ●載(재)의 본뜻은 '타다'. 나중에 《집운》의 영향으로 '일하다'로 변했다. ●南(남)은 '남방'을 가리킴. 초목이 무성한 것은 여름이고 방위에 있어서는 남은 여름을 가리킨다. ●畝(묘)의 본뜻은 '백 보 또는 2백4십 보의 밭 면적'.

166

我藝黍稷
아 예 서 직

의의 나는 기장과 피를 심는다.

출전 《시경》 〈소아〉의 대전(大田)을 인용하였다.

해설 수확을 축하한다는 맥락에서 전절과 같은 의미를 포함하다. 다만, 뒷부분은 해로운 곤충을 불에 태우는 일종의 주술적(呪術的)인 분위기가 풍긴다.

넓은 하늘 가득히 메워
먹장구름이 일어나
비를 내려 공전(公田)을 적시고
우리 밭도 알맞게 적셔주소서

저기 베지 않은 늦 곡식
저기 남겨둔 볏단
그리고 저쪽에 세워 둔 곡식 단
여기 떨어진 벼 이삭

이것들은 불쌍한 과부의 차지라네
종손도 오늘은 나오셨거니
아낙네들은 애들을 앞세우고
남쪽 밭에 들밥 가져가니

전주도 오시어 기뻐하누나

사방의 신에게 감사하네
붉은 소 검은 소 잡고 메기장 피 쌀을 차리고
신에게 바쳐 제사하여 큰 복 내려주십사 축수하네

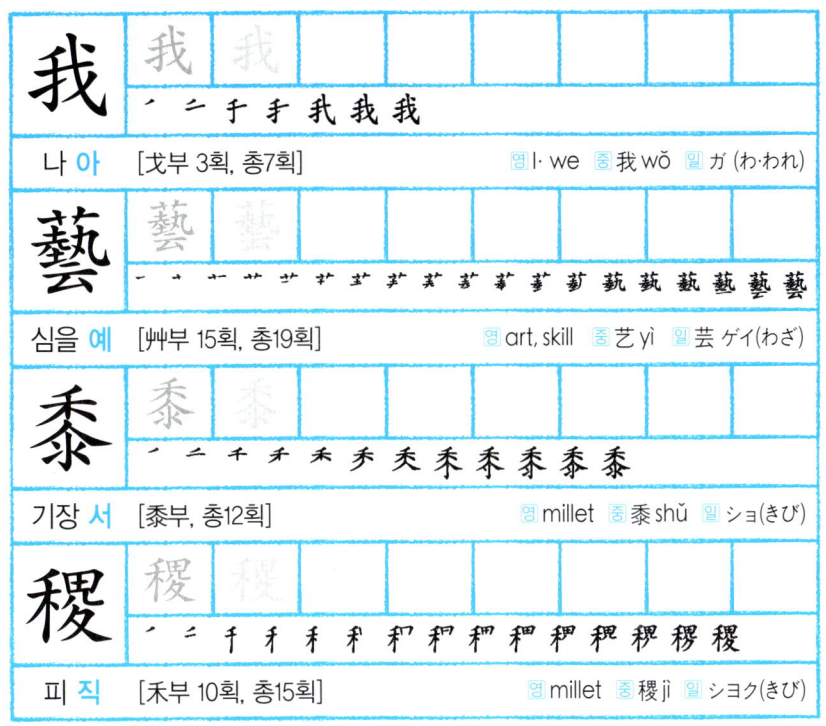

한자	훈음	부수·획수	영	중	일
我	나 아	[戈부 3획, 총7획]	I· we	我 wǒ	ガ (わ·われ)
藝	심을 예	[艸부 15획, 총19획]	art, skill	艺 yì	芸 ゲイ(わざ)
黍	기장 서	[黍부, 총12획]	millet	黍 shǔ	ショ(きび)
稷	피 직	[禾부 10획, 총15획]	millet	稷 jì	ショク(きび)

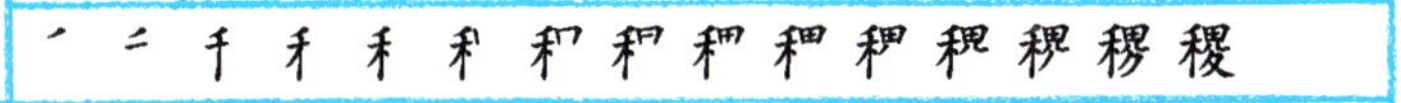

쓰임 ●我國(아국) : 우리나라 ●我東方(아동방) : 우리나라를 가리키는 자칭 ●藝妓(예기) : 기생 ●藝人(예인) : 배우나 가수 등 기예를 업으로 하는 사람 ●黍粟(서속) : 기장과 조 ●黍稷(서직) : 메기장과 찰기장을 뜻함 ●稷神(직신) : 오곡의 신 ●稷正(직정) : 곡신

글뜻 ●我(아)가 설문에는 해설이 불분명하다. ●藝(예)는 본뜻이 '손으로 땅에 곡식을 심는다'. ●黍(서)는 화(禾)와 입(入)과 수(水)와의 회의자. 화(禾)는 곡식, 입수(入水)는 술(酒)을 빚는 것을 뜻함. 셋을 합하여 서(黍)로 하였다. ●稷(직)의 본뜻은 '메기장'이다.

167

稅熟貢新
세 숙 공 신

의의 나라에 바치는 세금은 익은 곡식으로, 새 곡식으로는 종묘에 제사한다.

출전 《서경》〈금등(金縢)〉의 '세칙대숙(歲則大熟)', 《회남자》〈시칙훈(時則訓)〉을 인용하였다.

해설 《서경》에는 다음과 같은 구절이 눈에 뜨인다. 그러니까 주공(周公)이 떠난 후 2년이 되었을 때이다.

가을에 크게 곡식이 익으나 거두지 못하였거늘, 하늘이 크게 우레하면서 번개 치고 바람이 불었다. 벼는 다 쓰러지고 큰 나무가 쪼개지고 뽑히었다. 이에 사람들은 두려워하였다.

임금이 대부(大夫)와 더불어 예복을 갖추고 쇠로 봉해놓은 글을 열어 주공 스스로 일을 삼가 무왕을 대신하던 말씀을 얻은 것이다.

두 공과 임금이 이에 제사(諸史)와 더불어 여러 관리에게 물었다. 대답하기를,

"정말입니다. 아아, 공의 명령이기에 우리는 감히 말을 하지 못하나이다."

그러자 임금이 글을 잡고 울며 말했다.

"목복(穆卜)하지 말 것이오. 옛날에 공이 왕가를 위하여 근로하였거늘 나 같이 어린 사람이 미처 알지 못하였습니다. 그런데 이제 하늘이 위엄을 움직여 주공의 덕을 밝히시니 나같이 어리석은 사람은 친히 맞이함이 우리나라의 예에 또한 마땅하다는 생각이었습니다. 임금이 들에 나가시니 하늘이 비를 내리고, 바람을 돌이켜 불게 하니 이 어인 일인가. 쓰러졌던 벼가 다시 일어남이 아닌가."

두 공이 나라의 사람들에게 명하여 쓰러진 나무를 다 일으켜 그것들을 북

돋우니 그 해에 모두 풍년이 들었다. 다시 말해 왕은 점을 쳐서 하늘의 뜻을 헤아리지 않은 스스로의 허물을 깨달은 것이다.

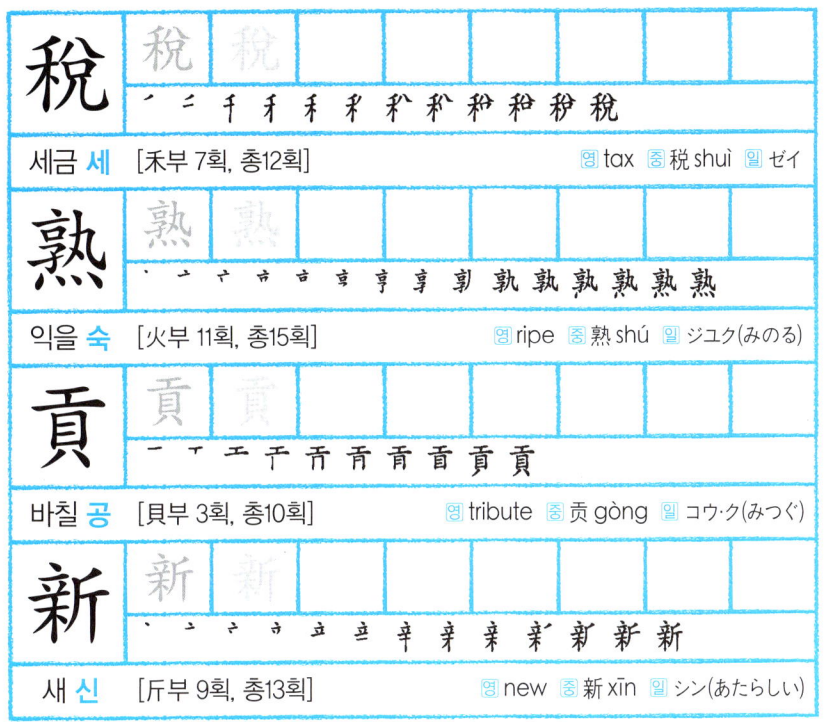

한자	훈음	부수·획수	영	중	일
稅	세금 세	[禾부 7획, 총12획]	tax	税 shuì	ゼイ
熟	익을 숙	[火부 11획, 총15획]	ripe	熟 shú	ジュク(みのる)
貢	바칠 공	[貝부 3획, 총10획]	tribute	贡 gòng	コウ·ク(みつぐ)
新	새 신	[斤부 9획, 총13획]	new	新 xīn	シン(あたらしい)

쓰임 ●稅駕(세가) : 수레에 매단 말을 풀어놓는 일 ●稅額(세액) : 조세의 액수 ●熟顔(숙안) : 단골 손님 ●熟卵(숙란) : 삶아서 익힌 계란 ●貢物(공물) : 백성이 나라나 관청에 바치는 물건 ●貢獻(공헌) : 국가나 사회를 위해 이바지함 ●新舊(신구) : 새것과 묵은 것 ●新紀元(신기원) : 새로운 기원

글뜻 ●稅(세)는 화(禾)와 태(兌)의 형성자. '조세를 부과하다'라는 뜻이다. ●熟(숙)의 본뜻은 '음식물이 익는다'이다. 나중에 '곡식이 익다'로 변했다. ●貢(공)은 패(貝)와 공(工)의 형성자. '군왕에게 공물을 헌상하다'라는 뜻. ●新(신)은 '도끼로 나무를 절취하다'라는 뜻.

168

勸賞黜陟
권 상 출 척

의의 세금을 바치는 성적에 따라 상을 주기도 하고 내쫓기도 하였다.

출전 《좌전》 〈애공 26년조〉와 《서경》의 〈순전(舜傳)〉, 〈채전(蔡傳)〉을 인용하였다.

해설 순 임금은 즉위하자 우선 일월성신의 운행을 관찰하여 그것이 농사에 어떤 영향을 끼치는가를 밝히는 작업부터 서둘렀다. 왜냐하면 농사의 근본이 자연 현상과 밀접한 관계가 있다는 믿음 때문이었다. 이에 따라 기계를 새로이 정비하고 천체의 운행을 잘 살펴서 관망토록 하였다.

다음으로는 여러 신들, 토신·곡신·신 등의 신들 가운데 가장 높은 하늘의 신, 즉 상제에게 제사를 드렸다. 이외에도 세상에 흩어져 있는 여러 신들에게도 올바르게 세상에 대처하기를 바라면서 제사를 지내주었다.

사방의 산 가운데 가장 빼어나고 높은 태산에 이르러, 산천을 수호하는 신에게 제사를 지내고 여러 제후들을 만난 연후에는 사시의 절기와 대소 그리고 매월의 길고 짧음을 알맞게 조절하여 농사짓는 데에 불편함이 없도록 하였다. 그러는 한편으로 제사의 예인 길례, 장례의 예인 흉례, 빈객을 접하는 빈례, 출진이나 개선 등에 따른 군례, 관혼의 가례 등의 다섯 가지의 예에 따라 질서를 세우게 하였다. 또한 그 작위에 따라 바치는 여러 가지 모양의 공물을 정하였다. 그 가운데 가장 높은 것은 오옥(五玉)이며, 그 다음이 삼백(三帛)이었다. 제후들이 바치는 공물은 직물로 정하였는데 신분에 따라 적색, 황색, 흑색으로 빛깔을 정하였다. 다음으로 제후들이 거느리고 있는 사람 가운데 대부들도 그 신분에 따라 고(羔) 또는 안(雁)을 바치게 하였으며, 아랫사람들은 사냥하여 치(雉)를 바치도록 하였다.

勸

권할 권 [力부 18획, 총20획] 영 advise 중 劝 quàn 일 勧 カン(すすめる)

賞

상줄 상 [貝부 8획, 총15획] 영 reward 중 赏 shǎng 일 ショウ(ほめる)

黜

내칠 출 [黑부 5획, 총17획] 영 expel 중 黜 chù 일 チュツ(しりぞける)

陟

오를 척 [阜부 7획, 총10획] 영 go up 중 陟 zhì 일 チョク(のぼる)

쓰임 ●勸戒(권계) : 선을 권장하고 악을 경계함 ●勸告(권고) : 권면하고 충고함 ●賞罰(상벌) : 상과 벌 ●賞春(상춘) : 봄 경치를 즐김 ●黜敎(출교) : 종교에서 교인을 제명시켜 내쫓음 ●黜斥(출척) : 내쫓고 다시 찾지 않음 ●陟方(척방) : 임금의 죽음 ●陟降(척강) : 오르락내리락함

글뜻 ●勸(권)은 역(力)과 관(雚)의 형성자. 본뜻은 '힘쓰다'인데 '돕는다'로 바뀌었다. ●賞(상)은 패(貝)와 상(尙)의 형성자. '재화를 하사하다'라는 뜻. ●黜(출)은 흑(黑)과 출(出)의 형성자. '관위를 떨어뜨리다'는 뜻. ●陟(척)은 부(阜)와 보(步)의 회의자. 본뜻은 '언덕에 거의 오르다'이다.

169

孟軻敦素
맹 가 돈 소

의의 맹자는 자연의 본성을 두텁게 하는 데에 힘썼다.

출전 당나라 이한이 찬을 한 《몽구(蒙求)》와 진나라 때에 혜강의 〈유분시(幽憤詩)〉를 인용하였다.

해설 맹자가 살아 있을 당시에 고자(告子)라는 학자가 있었다. 그는 맹자의 성선설을 부인했다.

"사물의 본성은 착한 것도 아니고 악한 것도 아니다."

고자는 그에 대한 비유를 물로 풀이했다. 물은 동으로도, 서로도 흐른다. 똑같은 산꼭대기의 물을 동으로 터놓으면 동으로 흐르고, 서로 터놓으면 서로 흐른다.

이것은 무슨 뜻인가. 사람도 마찬가지라는 것이다. 사람도 악에다 두면 악한 사람이 되고, 선에다 두면 선한 사람이 된다. 그것은 본성이 착하지도 선하지도 않기 때문이라는 것이다. 이에 대해 맹자는 같은 물의 비유를 들었다.

"물을 막으면 산을 넘길 수도 있고, 이를 치면 퉁겨져서 이마를 치기도 한다. 그러나 그것은 물의 본성은 아니다. 주위의 힘이 나쁜 영향을 가했기 때문에 그런 현상을 나타내는 것이다. 물이 높은 곳에 있을 때, 나쁜 영향을 끼치지만 않는다면 물은 아래로 흐른다. 사람도 악으로 몰아가면 악인이 되고, 선한 쪽으로 가르치면 선인이 된다. 그러나 그것은 결코 자연적인 것은 아니다."

다시 말해 선을 보고 선으로 느끼는 인간의 본성은 물이 아래로 흐르는 것과 같다.

또 다른 비유를 하나 들어보자. 만약에 어린아이가 우물로 기어가는 것을 보았다면 놀라지 않을 사람이 있겠는가? 사람은 그 어린아이가 물에 빠지지 않을까 염려한다. 이것이 양심의 자연스러운 현상이다. 그러므로 자기도 모르는 새에 그 아이를 구하게 된다. 이것이 인(仁)의 싹(端)이다.

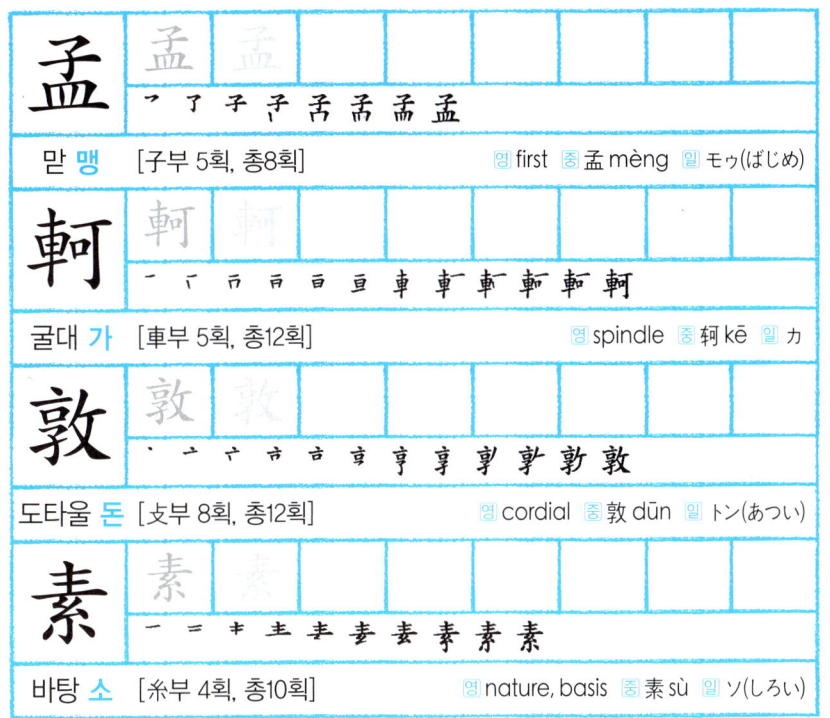

한자	훈음	부수·획수	영	중	일
孟	맏 맹	[子부 5획, 총8획]	first	孟 mèng	モウ(はじめ)
軻	굴대 가	[車부 5획, 총12획]	spindle	轲 kē	カ
敦	도타울 돈	[攴부 8획, 총12획]	cordial	敦 dūn	トン(あつい)
素	바탕 소	[糸부 4획, 총10획]	nature, basis	素 sù	ソ(しろい)

쓰임 ●孟冬(맹동) : 음력 10월 10일의 별칭 ●孟浪(맹랑) : 실없는 엉터리 ●坎軻(감가) : 길이 험하여 다니기가 힘듦 ●敦篤(돈독) : 인정이 두터움 ●敦睦(돈목) : 정이 두텁고 화목함 ●素抽(소추) : 채색은 하지 않은 선화 ●素朴(소박) : 검소하고 질박함

글뜻 ●孟(맹)은 자(子)와 명(皿)의 형성자. 본뜻은 '어른'이다. ●軻(가)는 차(車)와 가(可)의 형성자. 여기에서는 맹자의 이름. ●敦(돈)은 향(享)과 복(攴)의 형성자. 본뜻은 '노(怒)'이다. ●素(소)의 본뜻은 '가늘게 늘어진 흰 생비단'인데, 여기서는 '자연의 본성'을 뜻함.

170

史魚秉直
사 어 병 직

의의 사어는 정직하여 바른길을 잃지 않았다.

출전 《논어》〈위영공(衛靈公)〉에서 인용하였다.

해설 사어(史魚)는 춘추전국시대 때에 위(衛)나라 사람으로 이름은 추(鰌)다. 위영공이 거백옥(蘧伯玉)이라는 이를 중용하지 않고 그 대신 불초한 미자하(彌子瑕)를 임용하자 당치않은 일이라고 충간하였다. 공자는 사어를 '직(直)', 거백옥을 '군자(君子)'라고 단언할 정도였다. 《논어》의 〈위영공편〉에 다음과 같은 구절이 있다.

어느 날 공자께서 말씀하셨다.

"곧구나 사어(史魚)는. 나라에 질서가 있어도 화살처럼 살고, 나라에 질서가 없는 때에도 화살처럼 사는구나. 군자로구나, 거백옥은. 나라에 질서가 있으면 섬기고, 나라에 질서가 없으면 말아서 품 속에 숨기는구나."

위의 문장을 볼 때, 사어에 대한 표현은 《시경》의 문구를 썼다. '화살처럼 산다'에서 화살은 《시경》〈소아〉의 〈대동(大東)〉에 '곧기는 화살 같다'에서 따왔다. 또한 거백옥을 다룬 문장에서는 '말아서 숨긴다'고 했다. 그 의미가 심상하다. 무엇을 말아서 숨긴다는 것인가? 겉으로는 밝혀지지 않았지만 이 문맥에는 특별한 고사가 있지 않는가 싶다. 〈헌문편(憲文篇)〉 제26에는 다음과 같은 내용이 있다.

위나라의 거백옥이 공자에게 사자를 보내왔다. 공자께서는 그 사람을 청한 다음 자리에 앉게 한 후 물었다.

"그래 선생께서는 무엇을 하고 계신가요?"

사자가 말했다.

"우리 선생께서는 과실을 줄이려고 애를 쓰시지만 아직 충분하지 못하십니다."

사자가 물러간 후 공자가 말했다.

"훌륭한 사자로다, 훌륭한 사자로다!"

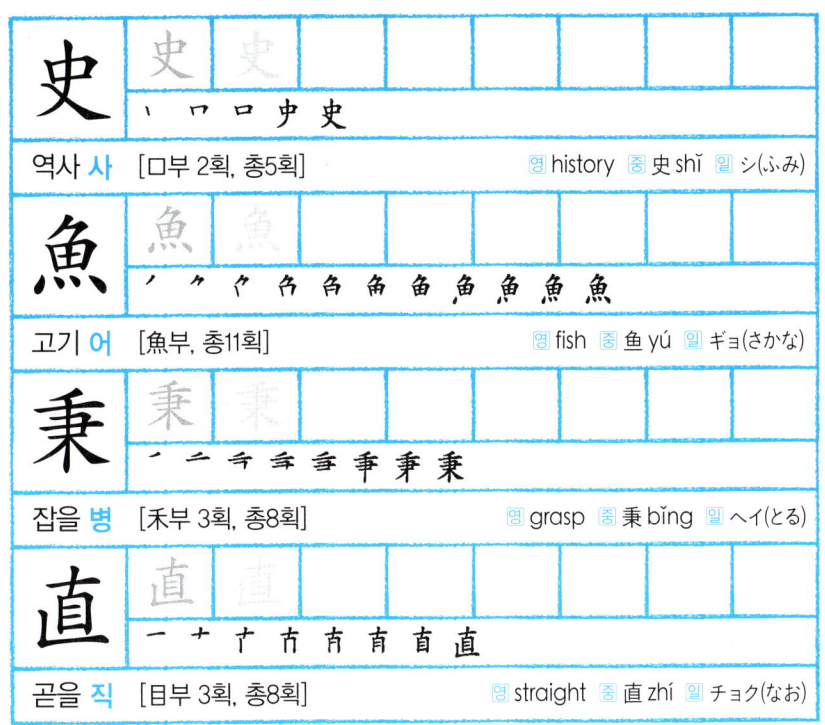

史	史 史							
	﹅ 口 口 史 史							
역사 **사** [口부 2획, 총5획]						영 history 중 史 shǐ 일 シ(ふみ)		

魚	魚 魚							
	﹅ ﹅ ﹅ 午 午 角 伯 伯 魚 魚 魚							
고기 **어** [魚부, 총11획]						영 fish 중 鱼 yú 일 ギョ(さかな)		

秉	秉 秉							
	﹅ 二 千 午 年 垂 秉 秉							
잡을 **병** [禾부 3획, 총8획]						영 grasp 중 秉 bǐng 일 ヘイ(とる)		

直	直 直							
	一 十 十 方 古 首 直 直							
곧을 **직** [目부 3획, 총8획]						영 straight 중 直 zhí 일 チョク(なお)		

쓰임 ●史家(사가) : 역사에 정통한 사람 ●史論(사론) : 역사에 관한 평론 ●魚群(어군) : 물고기 떼 ●魚物(어물) : 물고기의 총칭 ●秉彝(병이) : 인간의 떳떳한 도리를 굳게 지킴 ●秉燭(병촉) : 손에 촛불을 잡음 ●直諫(직간) : 바른 말로 윗사람에게 충고함 ●直系(직계) : 직접으로 전해오는 계통

글뜻 ●史(사)는 중(中) 오른손(又)의 회의자. ●魚(어)는 물고기를 표시한 상형자. ●秉(병)은 '벼 묶음'인데 나중에 '집(執)'으로 변했다. ●直(직)의 본뜻은 '똑바로 보다'이다.

171

庶幾中庸
서 기 중 용

의의 극단에 치우치지 않고 과하거나 부족함이 없는 중용의 길을 바란다.

출전 《맹자》의 〈공손축편〉에 '왕서기개지(王庶幾改之)'라 하였고, 《역경》의 〈계사 하〉와 《논어》 〈옹야편〉을 인용하였다.

해설 중용(中庸)이라는 말엔 다음과 같은 뜻이 있다. '중'은 '모자람이나 넘치는 것이 없다'는 것이고, '용'은 '불이(不易)'다. 중용사상(中庸思想)은 무엇인가? 그것은 어떤 극단이나 충돌하는 일에 있어서 중간의 도를 택하는 것을 말한다.

물론 이 사상이 중국에만 있었던 것은 아니다. 일찍이 서양에서는 그리스의 플라톤이나 아리스토텔레스가 있었다. 그들은 어디에서 그치며, 어디에서 머물 것인가를 인식하는 것이 최고의 지혜라고 하였다. 물론 중용의 도다.

어떤 상태, 즉 마땅한 도를 초과하거나 미달하는 것은 악덕이라 했다. 그러므로 그 중간을 찾는 것이야말로 참다운 덕으로 그들은 평가하였다. 이러한 점은 불교도 마찬가지다. 즉 중도(中道) 사상이다. 유교에서의 중용은 현실에 접했을 때에 가장 최선의 길을 의미한다. 그것이 중용의 핵심사상이다.

중용사상에서의 '중'의 위치는 끊임없이 변화한다. 그에 따라 의로운 길로 나갈 수 있도록 견지하여 주는 것을 '용'으로 이해한다. 그러므로 '중'은 객관적인 대상 세계에 있고, '용'은 주관적인 자아세계에 있는 것이다.

그러므로 중용의 참된 뜻과 실현은 알맞음과 꾸준함이 서로 떨어지지 않는 관계를 유지하면서, 치우치거나 기대지 않고, 지나치게 모자람도 없는 상태에서 용덕(庸德)을 구비해야 한다고 지적한다.

庶

` 亠 广 户 庐 庐 庐 庐 庶 庶 庶

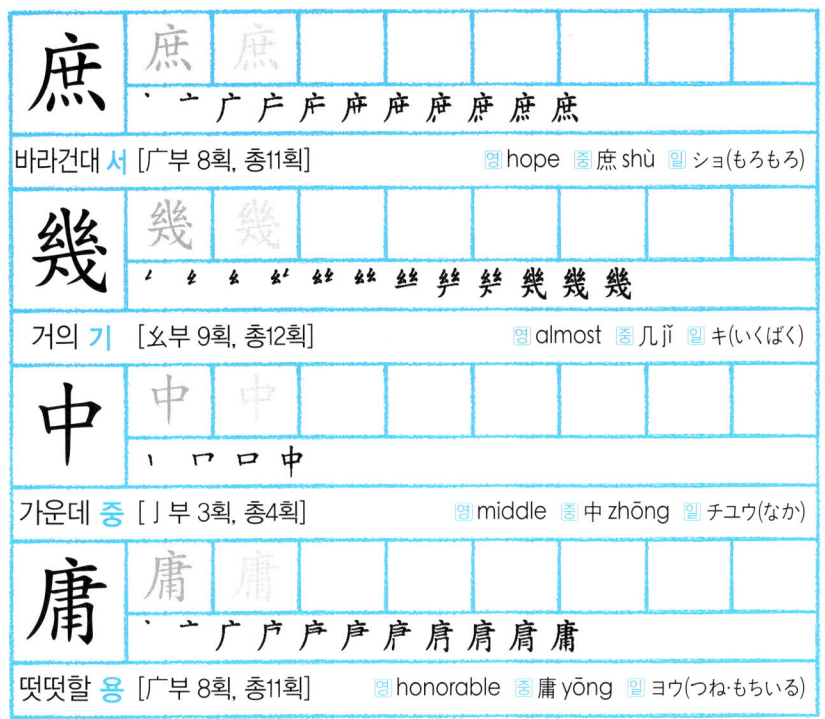

바라건대 서 [广부 8획, 총11획] 영 hope 중 庶 shù 일 ショ(もろもろ)

幾

𠃋 幺 幺 幺⺈ 幺幺 幺幺 幺幺 幾 幾 幾 幾 幾

거의 기 [幺부 9획, 총12획] 영 almost 중 几 jǐ 일 キ(いくばく)

中

丨 口 口 中

가운데 중 [亅부 3획, 총4획] 영 middle 중 中 zhōng 일 チユウ(なか)

庸

` 亠 广 户 户 户 户 肩 肩 肩 庸

떳떳할 용 [广부 8획, 총11획] 영 honorable 중 庸 yōng 일 ヨウ(つね·もちいる)

쓰임 ●庶機(서기) : 희망함 ●庶務(서무) : 여러 가지 사무 ●幾望(기망) : 음력 14일 밤의 달 ●幾死(기사) : 거의 다 죽게 됨 ●中段(중단) : 가운데 층 ●中夜(중야) : 한밤중 ●庸劣(용렬) : 어리석고 둔함 ●庸人(용인) : 평범한 사람

글뜻 ●庶(서)는 '집 속의 촛불이 빛난다'의 뜻. ●幾(기)는 '작은 수로 지키는 병사는 위태롭다'고 풀이했다. 적을 살펴야 한다는 의미에서 '기미'로도 풀이하였다. ●中(중)은 구(口)와 궐(亅)의 지사자. 구(口)는 사방이고 궐(亅)은 그것을 관통하는 '가운데'를 나타냈다. ●庸(용)은 用(용)과 庚(경)의 회의자. 용은 성(聲)을 겸하였다.

172

勞謙謹勅
노 겸 근 칙

의의 힘써 일하고 겸손하며 삼가 경계하여야 한다.

출전 《한서》〈원후전(元后傳)〉, 《역경》의 〈겸괘(謙卦)〉를 인용하였다.

해설 힘써 일한다는 것은 어떤 것인가? 《사기》의 〈열전〉에는 다음같이 적고 있다.

'대체로 하늘은 사람의 시초며, 부모는 사람의 근본이다. 모름지기 사람은 궁하면 그 근본으로 돌아가게 된다. 그런 까닭에 괴롭고 피곤하면 하늘을 부르지 않는 자가 없고, 병고에 시달리면 부모를 부르지 않는 자가 없다. 굴평(屈平)은 도리를 바루고, 충성을 다하고 지혜를 다하여 임금을 섬기면서 남의 무고 때문에 이간을 당하여 곤궁하게 되었다. 신의를 지키고서도 의심받고, 충성을 다하고서도 비방 받는다면, 원통해 하지 않을 사람이 어디 있겠는가.'

그런가 하면 《사문유취(事文類聚)》에는 다음과 같은 내용도 있다.

'송나라의 시인 육구몽(陸龜夢)이 밭 수백 묘와 집 삼십 간이 있었다. 여름에 장마가 지기만 하면 강물이 넘쳐 역사(役事)가 극히 곤란했다. 그러나 그는 잠깐도 쉬지 않고 곡식을 손봤다. 어떤 이는 지나치게 고생한다고 조롱했으나 그는 '요순도 등에 곰팡이가 피었었고, 우 임금도 굶은 적이 많았다. 성인도 그랬는데 내가 근면하지 않겠는가' 하였다.'

다음은 《법구경》에 있는 말이다.

'방일한 속에 방일하지 않고 잠든 속에서 깨어 있는 사람은 준마와 같이 빨리 달려서 노마(駑馬)를 뒤로 두고 멀리 나아간다.'

반고(班固)는 〈답빈희(答賓戲)〉에서 말했다.

"공자와 묵적 두 사람은 다같이 세상 구하는 일에 마음을 기울여 집에서 편안히 쉴 사이가 없었으므로, 정작 앉은자리가 더울 때가 없었다."

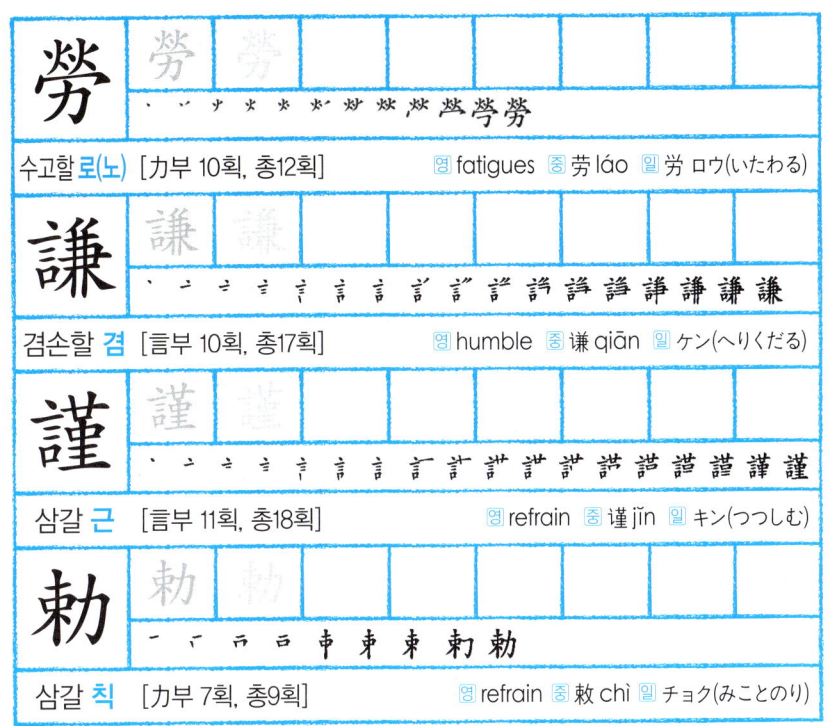

한자	뜻·음	부수·획수	영	중	일
勞	수고할 로(노)	[力부 10획, 총12획]	fatigues	劳 láo	労 ロウ(いたわる)
謙	겸손할 겸	[言부 10획, 총17획]	humble	谦 qiān	ケン(へりくだる)
謹	삼갈 근	[言부 11획, 총18획]	refrain	谨 jǐn	キン(つつしむ)
勅	삼갈 칙	[力부 7획, 총9획]	refrain	敕 chì	チョク(みことのり)

쓰임 ●勞苦(노고) : 애쓰고 고생함 ●勞困(노곤) : 고달프고 고단함 ●謙語(겸어) : 겸손의 말 ●謙虛(겸허) : 겸손하고 허심탄회한 상태 ●謹啓(근계) : 삼가 아뢴다는 뜻으로 쓰임 ●謹嚴(근엄) : 삼가고 엄숙함 ●勅命(칙명) : 임금의 명령 ●勅語(칙어) : 임금의 분부

글뜻 ●勞(로)는 역(力)과 형(熒)과의 회의자. ●謙(겸)은 언(言)과 겸(兼)의 형성자. '겸손'의 뜻이다. ●謹(근)은 언(言)과 근(堇)의 형성자. '삼가다'라는 뜻. ●勅(칙)은 력(力)과 속(束)의 형성자. 본뜻은 '경계하다'.

173

聆音察理
영 음 찰 리

의의 남의 말을 듣고 그 속마음의 이치를 살핀다.

출전 도잠(陶潛)의 〈자제문(自祭文)〉과 《구당서》 〈형법지〉를 인용하였다.

해설 《홍범구주(洪範九疇)》에 의하면 〈오사(五事)〉의 네 번째를 청(聽)이라 하고 있다. 남의 말을 듣는다는 것이다. 남의 말을 듣고 금방 잊어버리면 아무런 효과도 가져오지 못할 것은 뻔한 일이다. 더군다나 자신의 지각까지도 흐리게 된다. 그러므로 다른 사람의 말을 들을 때에는 귀중한 보석을 갈무리하는 것처럼 소중히 간직하라는 뜻이다.

눈으로 보고 귀로 들어서 그것을 자신의 감각기능의 한쪽에 저장해 두는 것은, 결코 자신에게 이로움을 가져올 뿐 해로움은 없다. 앞을 보지 못한 사람이 귀로 듣고 저장해 두었다가, 눈을 뜬 사람보다 더 뛰어난 일을 했다는 일화는 얼마든지 있다.

옛글에 천 리 밖에서 일어난 일을 들을 수 있다는 것은 청각 기능이 뛰어나다는 것이 아니라, 그만큼 많은 사람들로부터 여러 얘기를 소상히 듣는다는 뜻이다. 이렇게 보면 자신은 비록 방 안에 있다 해도 천 리 밖에서 일어나는 소리를 듣는다.

의사가 신체의 내부를 잘 볼 수는 없지만, 사람의 맥박이 뛰는 소리를 듣는 것만으로 어느 곳이 고장인지를 알아볼 수 있다. 이것은 청각에 의한 진료 방식이다.

물론 이런 경우는 아무나 하는 것은 아니고 전문지식이 있어야지만, 결과를 판단하는 것은 청각 기능이다. 왜냐하면 맥박의 뛰는 도수만으로 질병의 깊고 얇음을 알 수 있기 때문이다. 그러므로 귀로 듣고 맥박의 늦고 빠름을 측정하여 그 사람의 감정이나 몸 안의 어느 기관이 허약한지를 알 수 있게 된다.

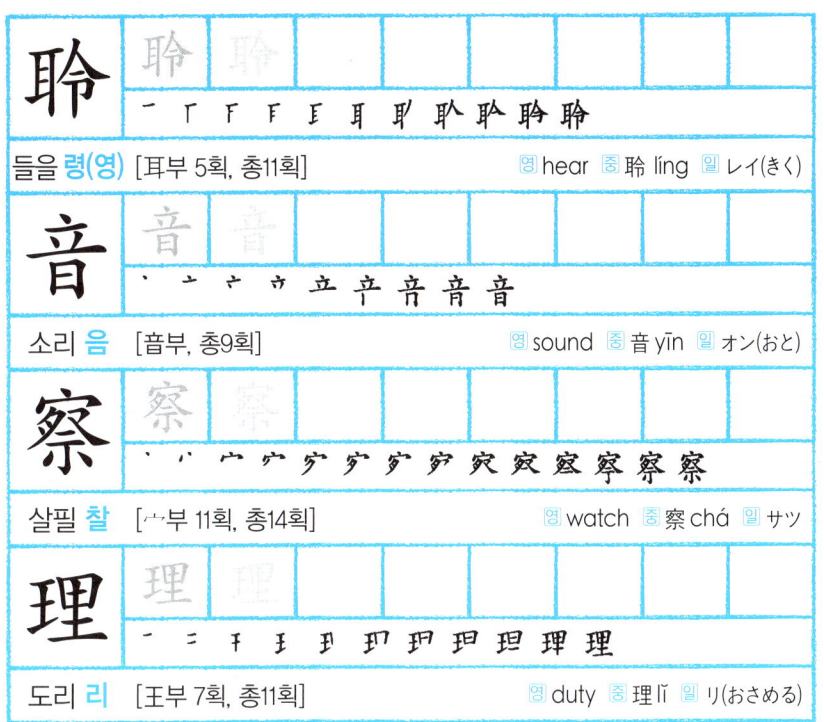

聆	들을 령(영) [耳부 5획, 총11획] 영 hear 중 聆 líng 일 レイ(きく)
音	소리 음 [音부, 총9획] 영 sound 중 音 yīn 일 オン(おと)
察	살필 찰 [宀부 11획, 총14획] 영 watch 중 察 chá 일 サツ
理	도리 리 [王부 7획, 총11획] 영 duty 중 理 lǐ 일 リ(おさめる)

쓰임 ●音曲(음곡):음악 ●音讀(음독):소리 내어 읽음 ●察色(찰색):안색으로 상대의 기분을 알아냄 ●察知(찰지):살펴서 앎 ●理念(이념):이성의 판단으로 얻은 최고의 개념 ●理財(이재):재산을 잘 간직하고 유리하게 운용하는 일

글뜻 ●聆(령)은 이(耳)와 영(令)의 형성자. '귀로 듣는다'라는 뜻. ●音(음)은 언(言)과 일(一)의 지사자. 성(聲)은 '사람의 소리'이고 음(音)은 '악기의 소리'다. ●察(찰)은 면(宀)과 제(祭)의 형성자. '자세히 살피다'라는 뜻. ●理(이)는 왕(王)과 이(里)의 형성자. 본뜻은 '굳은 옥(玉)을 다스리다' 나중에 '도리'나 '의리'로 변했다.

174

鑑貌辨色
감 모 변 색

의의 용모와 얼굴빛을 거울삼아 상대의 심중을 헤아려야 한다.

출전 《논어》의 〈안연편(顔淵篇)〉의 '찰언이관색(察言而觀色)'에서 인용하였다.

해설 모(貌)란, 자태·용모·표정 등으로 볼 수 있다. 아무리 높은 지식을 가졌다 해도 그 모습이 추악하면 좋은 인상을 주지 못한다. 특히 《홍범구주》에서 첫째로 내세운 것이 상대방 앞에서 무질서한 행위를 하지 말라는 것이다.

그런 점에서 좋은 용모를 갖기 위해서는 행동하는 태도가 근엄하고 엄숙해야 한다. 이런 점에서 《사서삼경》이나 《예기》 등에는 옛날 사람들이 경사나 상사를 당했을 때엔 복장이나 태도를 보고 사태의 추이를 짐작했을 정도다.

현인으로 추앙받던 기자가 고죽국에서 가져간 《홍범구주》로 인하여, 황도(皇道)라는 것을 형성하기 위해 사람의 모습을 근엄이라느니 황공하다는 것으로 개조시켰다. 바로 이 점을 묵자는 개탄하고 나섰다.

"도대체 번문욕례(繁文縟禮)라는 게 뭔가. 쓸데없이 사람을 피곤하게 만드는 것 아닌가. 아무리 생각해도 알 수 없는 노릇이라니까. 내 미루어 생각하건대 예의가 3백이오, 의장이 3천이야. 도대체 이것을 만들어 어쩌자는 것이야!"

이렇듯 번잡스러운 것을 만들었기 때문에 지극히 소박하고 질박하던 생활에 큰 변화가 찾아온 것이다. 허례와 허식이 앞섰고, 귀족의식으로 인해 형식에 너무나 치우쳤다. 이것이야말로 본래의 《홍범구주》와는 판이한 결론인 셈이다.

중화문화는 오랜 시대를 여과해 오면서 많은 변천을 거듭해왔다. 그들은 육국 이래 《시경》·《서경》 등을 정리하고 이것을 부연 해석함으로써 산문(散文)이 발전된 것은 사실이다.

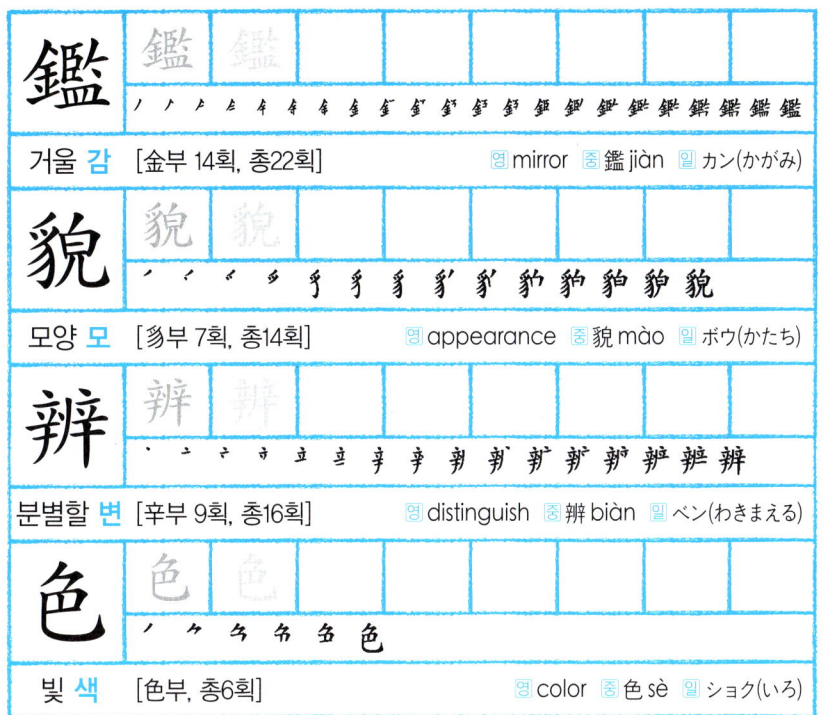

鑑	거울 **감** [金부 14획, 총22획]	영 mirror 중 鉴 jiàn 일 カン(かがみ)
貌	모양 **모** [豸부 7획, 총14획]	영 appearance 중 貌 mào 일 ボウ(かたち)
辨	분별할 **변** [辛부 9획, 총16획]	영 distinguish 중 辨 biàn 일 ベン(わきまえる)
色	빛 **색** [色부, 총6획]	영 color 중 色 sè 일 ショク(いろ)

쓰임 ●鑑別(감별) : 감정하여 진위를 가림 ●鑑識(감식) : 선악을 분간함 ●貌容(모용) : 사람의 얼굴 모양 ●貌相(모상) : 외모(外貌)에 부리는 멋 ●辨理(변리) : 분별하여 다스림 ●辨證(변증) : 변별하여 증명함 ●色界(색계) : 여색의 세계 ●色盲(색맹) : 빛깔을 가려낼 능력을 잃은 상태

글뜻 ●鑑(감)은 금(金)과 감(監)의 형성자. 본뜻은 '큰 화분'인데 '거울'로 바뀌었다. ●貌(모)는 '사람의 얼굴'이다. ●辨(변)의 본자는 '판(辦)'으로 본뜻은 '부판(剖判)'이다. ●色(색)은 '청적황백흑'의 뜻이다.

175

貽厥嘉猷
이 궐 가 유

의의 사람이 덕성을 기르면 훌륭한 꾀와 방책을 사후에까지 남길 수 있다.

출전 《서경》의 〈군진(君陳)〉의 '이유가모가유 칙입고이후우내(爾有嘉謀嘉猷 則入告爾后于内)'에서 인용하였다.

해설 주공(周公)이 세상을 떠난 후에 그를 대신하여 성왕은 많은 신하 가운데 군진(君陳)에게 그 임무를 맡겼다. 성왕은 주공이 맡아서 다스리던 동교(東郊)를 군진으로 하여금 다스리게 하였다. 왕은 그곳을 맡기면서 매사 법도에 맞게 처리해 줄 것을 당부했다.

'너는 덕이 높아 부모에게 효성하고 공경스럽고 또 형제에게 우애의 정을 다하였고, 마음이나 정치에나 힘을 다하여 좋은 결과를 나타냈다.

집안일과 나랏일은 그 취의(趣意)는 다르겠지만 마음은 한 가지, 성심(誠心)이다. 정작 그러한 마음으로 집을 다스리는 자는 반드시 나라의 정치에도 좋은 효과를 거두게 된다. 따라서 이번의 정치에도 좋은 효과를 거두리라 믿는다.

나는 네게 명하여 동쪽은 나라의 옛 서울이었던 곳을 너로 하여금 다스리게 할 것이다.

동쪽은 원래 주공이 낙양에 있을 때에 다스리던 곳이다. 지금은 주공이 죽고 없으니, 그를 대신하여 동방의 땅을 보살피도록 명하는 것이니 삼가 그 맡은 바 책임을 다해 주기 바란다.

주공은 만민의 사표가 되어 그들을 보호하는 데 힘썼으며, 인민은 모두 그 덕을 사모하고 따르지 않았는가. 그러한 주공의 뒤를 이어, 주공이 행하던 바와 같이 한다면 백성들도 모름지기 그대를 따르게 될 것이다. 또한 마

음을 잃지 않으면 백성은 반드시 잘 다스려질 것이다.'

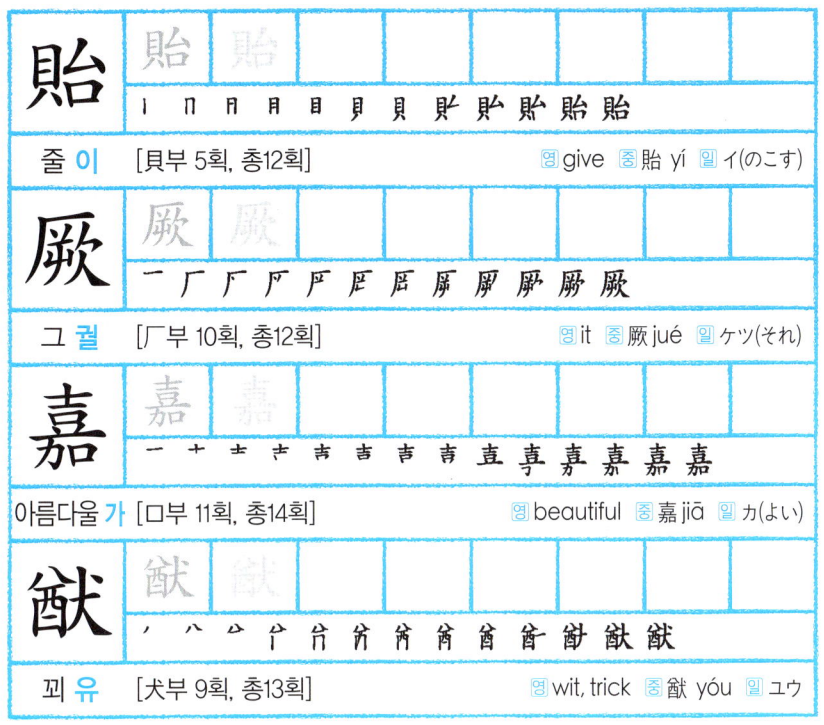

한자	훈음	부수·획수	영	중	일
貽	줄 이	[貝부 5획, 총12획]	give	貽 yí	イ(のこす)
厥	그 궐	[厂부 10획, 총12획]	it	厥 jué	ケツ(それ)
嘉	아름다울 가	[口부 11획, 총14획]	beautiful	嘉 jiā	カ(よい)
猷	꾀 유	[犬부 9획, 총13획]	wit, trick	猷 yóu	ユウ

쓰임 ●貽謀(이모) : 자손을 위해 남긴 계획 ●貽訓(이훈) : 조상이 후손을 위해 남긴 가르침 ●厥角(궐각) : 이마를 땅에 대고 절을 함 ●厥者(궐자) : 그 사람 ●嘉納(가납) : 바치는 물건을 기꺼이 받음 ●嘉禮(가례) : 경사스러운 일을 위한 의식 ●大猷(대유) : 굉장히 큰 계획

글뜻 ●貽(이)는 패(貝)와 태(台)의 형성자. '증(贈)'이나 '유(遺)'의 뜻이다. ●厥(궐)의 본뜻은 '돌을 발굴하다'. ●嘉(가)는 '아름다움'. ●猷(유)는 설문에는 해설이 없다. 다만 '계모(計謀)'라고 나와 있을 뿐이다. 이것이 '사(似)'로 바뀌었다가 지금의 '의(儀)'나 '의(議)'의 뜻으로 쓰인다.

176

勉其祗植
면 기 지 식

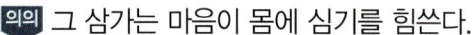

의의 그 삼가는 마음이 몸에 심기를 힘쓴다.

출전 《서경》의 〈군진〉을 인용하였다.

해설 앞절에 이어서 성왕은 임지로 떠나기 전에 군진에게 또한 당부한다.

'만약 너의 다스림에 따르지 않고 또 너의 가르침을 지키지 않는 자가 있다면 곧 이를 벌하되 단지 자신의 가르침을 따르지 않으니 화가 난다 하여 일시적인 감정으로 상대방에게 벌을 줘선 안 된다. 그 사람을 벌함으로써 좋은 결과를 얻을 수 있다는 점을 늘 잊지 말아야 한다.

그러나 언제나 나쁜 행실을 일삼아 사악한 일을 자행한다든가, 오륜을 망각한다든가, 아름다운 풍속을 어지럽히는 자가 있다면, 그 가운데 한 가지만이라도 죄를 저질렀다면 나라에 커다란 해가 된 것이니 그 죄가 적다고 가볍게 볼 것이 아니라, 그것이 나라 전체에 미치는 해를 생각하여 결코 용서해 주어서는 안 될 것이다.

그런 사람을 용서하게 되면 세상 사람들이 본받게 된다. 처음엔 아주 사소한 잘못을 저질렀어도 나중에 가서는 큰 죄를 범하게 될 것이니 그 죄의 크고 작음을 묻지 말고 그 마음을 고친다는 것이 무엇보다 중요하다.

명령에 복종하지 않는 자가 있다 하여 벌하여 미워해서는 안 된다. 이것은 마음의 분별이 모자라 위의 명령에 따르지 못함을 말하는 것이다. 그러므로 불쌍히 여겨 잘 가르칠 일이지, 자기의 말을 듣지 않는다고 노여워한다면 아랫사람을 결코 교화할 수 없다.

꾸준히 선도하는 태도를 가져야만 마침내 덕을 이루어 인민의 존경을 받게 되는 것이다. 또한 덕이 큰 자와 수양이 부족한 자를 잘 분간하여 어진 이

로 하여금 위에 앉아 어질지 못한 이를 다스리게 한다면 모든 것은 바르게 이루어질 것이다.'

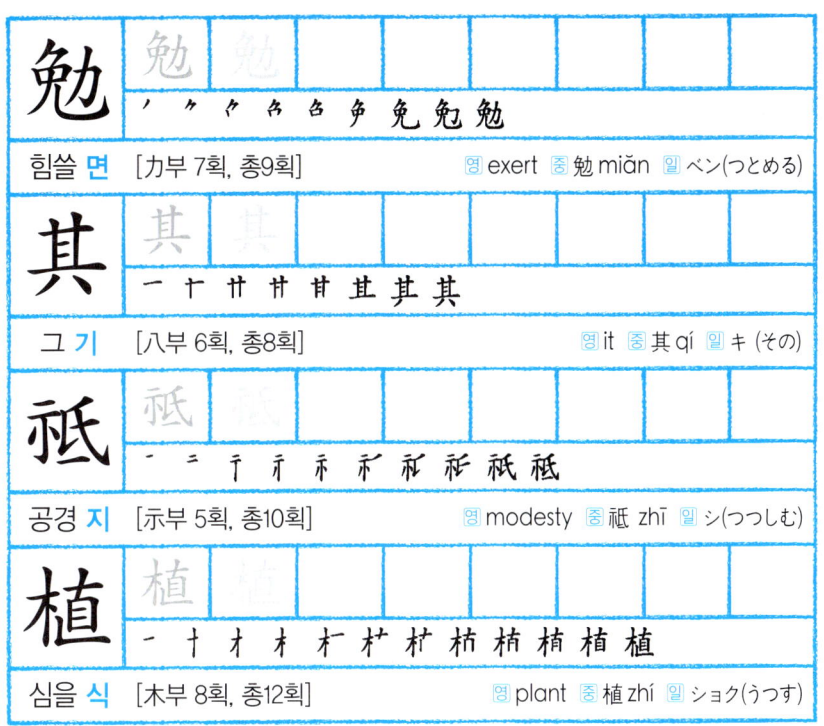

勉	勉	勉						
힘쓸 **면**	[力부 7획, 총9획]	영 exert 중 勉 miǎn 일 ベン(つとめる)						
其	其	其						
그 **기**	[八부 6획, 총8획]	영 it 중 其 qí 일 キ (その)						
祇	祇	祇						
공경 **지**	[示부 5획, 총10획]	영 modesty 중 祇 zhī 일 シ(つつしむ)						
植	植	植						
심을 **식**	[木부 8획, 총12획]	영 plant 중 植 zhí 일 ショク(うつす)						

쓰임 ●勉勵(면려) : 힘써 함 ●勉學(면학) : 힘써 공부함 ●其實(기실) : 실상은, 사실은 ●其人(기인) : 그 사람 ●祇服(지복) : 공경하여 복종함 ●植木(식목) : 나무를 심음 ●植字(식자) : 활판 인쇄에서 활자를 원고대로 짜 맞춤

글뜻 ●勉(면)은 역(力)과 면(免)의 형성자. 본뜻은 '강박'이다. '힘쓰다'라는 뜻으로 바뀜. ●其(기)는 '그'라는 의미. ●祇(지)는 시(示)와 씨(氏)의 형성자. '공경하다'라는 뜻. ●植(식)은 목(木)과 직(直)의 형성자. 본뜻은 '입목의 빗장'인데 '심다'로 바뀜.

177

省躬譏誡
성궁기계

의의 사람은 항상 자신의 몸을 살피고 남의 비방을 경계하여야 한다.

출전 《홍범구주》 〈오사〉를 인용·참조하였다.

해설 사람은 스스로의 마음에 어떤 인식이 있는가를 살펴볼 필요가 있다. 만약 불안한 상태에 있다면, 당연히 그 사람은 초조하고 번뇌를 벗어날 수 없으며, 그 신체나 행동에도 제약을 받을 것은 너무나 뻔하다.

우리가 살고 있는 땅, 이곳은 만물이 펼쳐 있으면서도 아무런 불안이나 의심도 없이 지낸다. 또한 인간도 일말의 불안스러운 감정도 없이 안심하고 그곳에 기거하며 지낸다. 이것은 매우 간단하면서도 명료하고 평범한 생각이다.

그러므로 우리가 어떤 일을 할 때에는 마음을 편히 갖는 게 무엇보다 중요하다. 위태로운 생각을 갖는 것은, 마음에 장애만 가져올 뿐 전연 도움이 되지 않는다.

우리가 귀로 듣고 눈으로 보고 그런 연후에도 부족한 것이 있을 때엔 당연히 언어를 통해 이것을 듣고 마음에 간직하기 마련이다. 이러한 일은 장차의 정신활동에 도움이 되는 것이다. 그러므로 공자는 《논어》에서 아홉 가지 생각을 말한 바 있다.

바로 이것을 후대의 주자는 용모를 공손히 하고 단정하게 하며 말을 조심성 있게 충정에서 우러나오는 생각으로 해야 한다는 것을 설파한다. 즉 모든 것을 사리(四理), 사단(四端)으로 풀어 심성을 기르는 데 주력하였던 것이다.

다시 말해 만 가지의 이치를 인의예지(仁義禮智)로 보았으며, 이 사리가 혼연일체가 되어 성(性)을 형성했다는 점이다. 이 사단의 정을 기발(己發)·미발(未發)이라 하였다. 기발은 어떤 의식이 성립된 것을, 미발은 인식한 것을 의미한다.

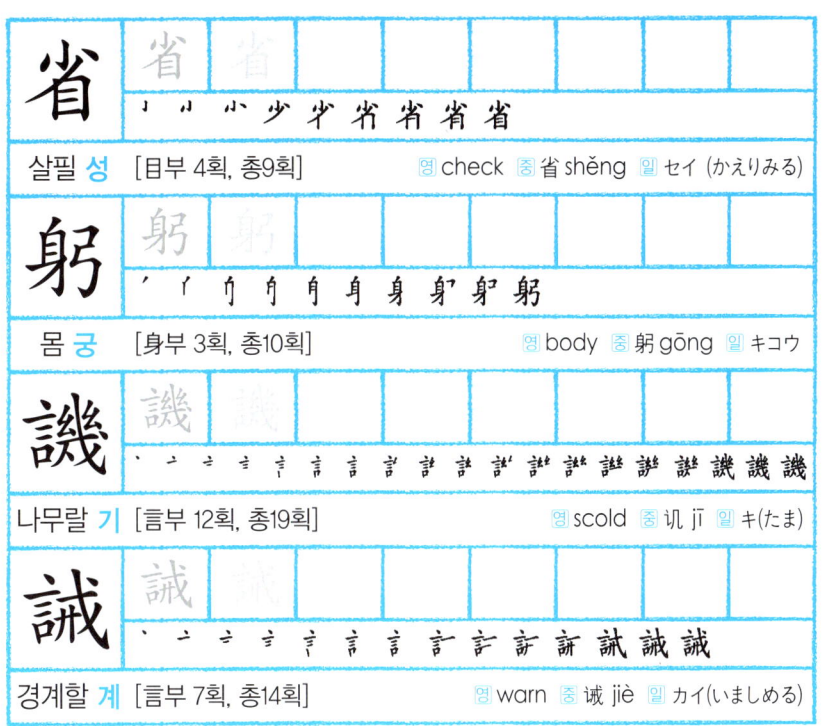

한자	훈음	부수·획수	영	중	일
省	살필 성	[目부 4획, 총9획]	check	省 shěng	セイ (かえりみる)
躬	몸 궁	[身부 3획, 총10획]	body	躬 gōng	キコウ
譏	나무랄 기	[言부 12획, 총19획]	scold	讥 jī	キ(たま)
誡	경계할 계	[言부 7획, 총14획]	warn	诫 jiè	カイ(いましめる)

쓰임 ●省墓(성묘) : 조상의 산소를 찾아 살핌 ●省察(성찰) : 깊이 생각함 ●躬率(궁솔) : 몸소 이끎 ●躬行(궁행) : 몸소 행함 ●譏語(기어) : 헐뜯음 ●譏察(기찰) : 살핌 ●誡命(계명) : 훈계나 경계의 명령

글뜻 ●省(성)은 소(少)와 목(目)의 회의자. 본뜻은 '미소(微小)한 것을 살펴보다'. ●躬(궁)은 '굽은 신체'. ●譏(기)는 언(言)과 기(幾)의 형성자. 단주(段註)에서는 '잔소리로 비방하다'라는 뜻이라 하였다. ●誡(계)는 언(言)과 계(戒)의 형성자. '삼가다'라는 뜻.

178

寵增抗極
총증항극

의의 군왕의 총애가 두터우면 항거하는 마음이 극에 다다름을 알아야 한다.

출전 《십팔사략》과 《사기》를 인용하였다.

해설 군왕의 총애가 두터워지면 항거하는 마음이 극에 달한다는 예는 얼마든지 찾을 수 있다. 그 가운데에서 굳이 '지록위마(指鹿爲馬)'를 꼽는 것은, 항거심으로 인한 폐해가 어느 정도인지를 가늠할 수 있기 때문이다.

천하를 통일한 진시황이 순행하는 중에 사구(沙丘)의 평대(平臺) 위에서 죽었다. 시황은 죽기 전, 급히 만리장성 외곽에 귀양 가 있던 태자 부소(扶蘇)를 불러 자신의 장례를 치르게 했다. 이때의 조서는 후계자를 뜻하기 때문에, 환관이었던 조고는 후궁 소생인 호해(胡亥)를 설득하는 한편 이사(李斯)를 협박하여 상황의 죽음을 비밀에 붙이고 호해를 황제로 즉위시켰다. 조고는 호해를 정치의 일선에서 밀어내고 자신이 중승상이 되어 정권을 잡고 마음대로 휘둘렀다. 그렇다 해도 그는 신하였다. 그의 야심은 황제가 되는 것이었다. 허수아비인 황제를 내치는 것은 손바닥 뒤집는 것보다 쉬운 일이었으나 문제는 신하들이 얼마나 자신을 따르느냐였다. 그래서 하루는 사슴 한 마리를 끌고 들어와 호해에게 바치며 말하기를,

"이것은 천하에 둘도 없는 명마입니다."

"어허, 중승상이 실수하는구려. 그건 사슴이 아니오."

조고는 주위의 신하들에게 그것이 말인지 사슴인지를 물었다. 어떤 이는 말이라고 하고, 또 어떤 이는 사슴이라고 했다. 사슴이라고 한 자를 감옥에 넣자 그 후부터는 조고에게 반대하는 신하가 없었다. 그러나 이미 천하는 혼란기였다. 조고는 부소의 아들 자영에게 황제의 자리를 잇게 했으나, 그는

유방에게 항복하고 말았다.

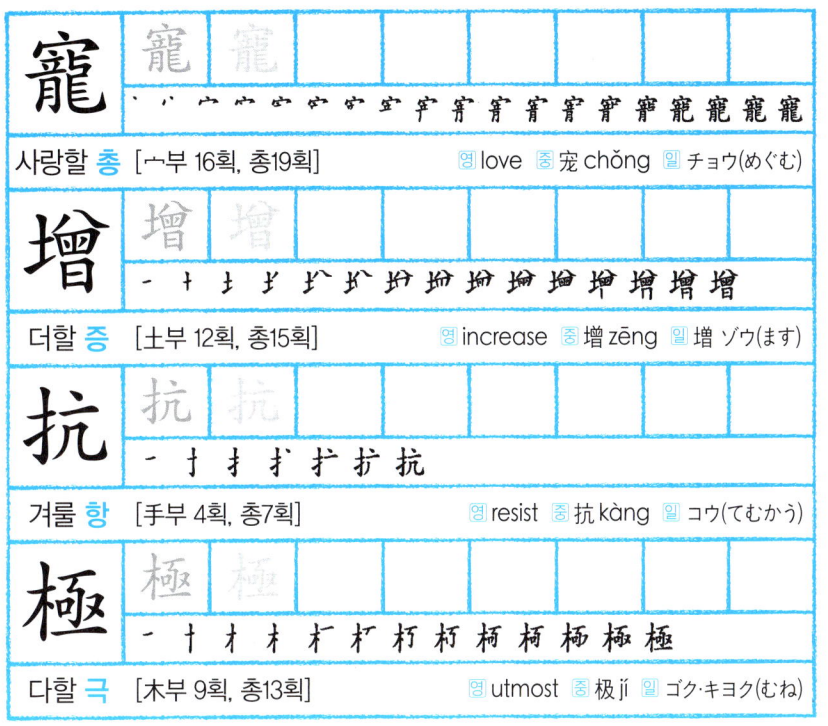

寵	寵 寵
	丶 丶 宀 宀 宀 宀 宀 宀 宀 宀 宀 宀 宀 宀 寵 寵 寵 寵 寵
사랑할 **총** [宀부 16획, 총19획]	영 love 중 宠 chǒng 일 チョウ(めぐむ)
增	增 增
	一 十 土 土 土 土 土 土 土 土 土 增 增 增 增
더할 **증** [土부 12획, 총15획]	영 increase 중 增 zēng 일 増 ゾウ(ます)
抗	抗 抗
	一 十 扌 扌 扌 扩 抗
겨룰 **항** [手부 4획, 총7획]	영 resist 중 抗 kàng 일 コウ(てむかう)
極	極 極
	一 十 木 木 木 木 朽 朽 柄 柄 極 極 極
다할 **극** [木부 9획, 총13획]	영 utmost 중 极 jí 일 ゴク·キヨク(むね)

쓰임 ●寵臣(총신) : 군왕의 사랑을 받은 신하 ●寵兒(총아) : 사람들에게 특별히 귀여움을 받은 아이 ●增減(증감) : 증가와 감소 ●增進(증진) : 더하여 추진함 ●抗拒(항거) : 대항함 ●抗力(항력) : 저항하는 힘 ●極口(극구) : 충분한 말 ●極度(극도) : 궁극의 한도

글뜻 ●寵(총)은 면(宀)과 용(龍)의 형성자. 본뜻은 '존귀한 주택'인데 '사랑'으로 바뀜. ●增(증)은 토(土)와 증(曾)의 형성자. '더하다'라는 뜻. ●抗(항)은 수(手)와 항(亢)의 형성자. '막는다'는 뜻. ●極(극)은 목(木)과 극(亟)의 형성자. 본뜻은 '대들보'인데, 나중에 '다하다'로 바뀜.

179

殆辱近恥
태 욕 근 치

의의 존귀한 지위에 있으면 윗사람에게 혐의를 받고 아랫사람에게는 시기를 받기 쉽다. 이런 때엔 수치를 당하기 쉬우므로 여차하면 벼슬길에서 물러나야 한다.

출전 《노자》의 '지족부욕 지지부태(知足不辱 智止不殆)'에서 인용하였다.

해설 《노자》에는 다음 같은 말들이 시선을 끈다.

'착한 이(賢)를 숭상(尙)하지 않으면 백성들을 싸우게 만들지 않는다.'

모든 경쟁이 차별에서 온다는 뜻이다. 사람이 착하거나 그렇지 못한 것은, 다시 말해 이러한 가치관은 상대적인 것이다. 상대적인 가치에 따라 일방적으로 치우치게 되므로 거기에 욕망이라는 것이 생긴다. 그것은 다시 경쟁심을 불러일으키며 그로 인해 사람들은 본연의 성질을 잃어간다. 그러므로 노자(老子)는 이러한 어지러운 사회 속에서 유일한 해결책은 '무위의 정치'라고 못을 박았다. 노자는 다시 말한다.

'넉넉한 것을 알면 욕되지 않고, 그칠 줄 알면 위태롭지 않다.'

이것은 사람의 욕심에 관한 것이다. 욕심이란 한이 없다. 그 한이 없는 욕심을 채우려고 한다면, 욕심을 채우기 전에 욕된 꼴을 당하게 된다.

사람은 언제나 주어진 상황에 만족하여야 한다. 그렇게만 하면 욕된 꼴을 당하지 않는다. 그러나 사람은 언제나 남보다 발전하고 앞서가려는 욕망이 있다. 이것을 제어할 줄 알아야 함을 노자는 설파한다. 자신의 욕망을 적당한 선에서 제어하고, 그렇게 하고 머물러 있어야 위험한 일을 당하지 않는다.

殆

殆 殆

一 丆 歹 歹 歼 歼 殆 殆 殆

위태할 **태** [歹부 5획, 총9획] 영 danger 중 殆 dài 일 タイ(あやうい)

辱

辱 辱

一 厂 戶 戶 后 辰 辰 辰 辱 辱

욕할 **욕** [辰부 3획, 총10획] 영 disgrace 중 辱 rǔ 일 ジョク(はずかしめる)

近

近 近

丿 厂 斤 斤 `斤 䜣 近 近

가까울 **근** [辵부 4획, 총8획] 영 near 중 近 jìn 일 キン(ちかい)

恥

恥 恥

一 T F F E 耳 耳 耳 恥 恥

부끄러울 **치** [心부 6획, 총10획] 영 shame 중 耻 chǐ 일 恥 チ(はじ)

쓰임 ●殆無(태무) : 거의 없음 ●殆伴(태반) : 거의 절반 ●辱說(욕설) : 욕하는 말 ●辱知(욕지) : 자기 같은 사람을 알게 되는 것이 욕됨 ●近刊(근간) : 거의 가까운 시일 ●近郊(근교) : 가까운 교외 ●恥骨(치골) : 골반의 앞부분에 있는 뼈 ●恥辱(치욕) : 부끄럽고 욕됨

글뜻 ●殆(태)는 알(歹)과 태(台)의 형성자. 《시경》 '소아'의 절남산(節南山)에 '가깝다'는 뜻으로 나와 있다. ●辱(욕)은 진(辰)과 촌(寸)의 회의자. '치욕'이라는 뜻. ●近(근)은 착(辵)과 근(斤)의 형성자. '가깝다'는 뜻이다. ●恥(치)는 심(心)과 이(耳)의 형성자. '마음에 부끄럽게 여기다'의 뜻.

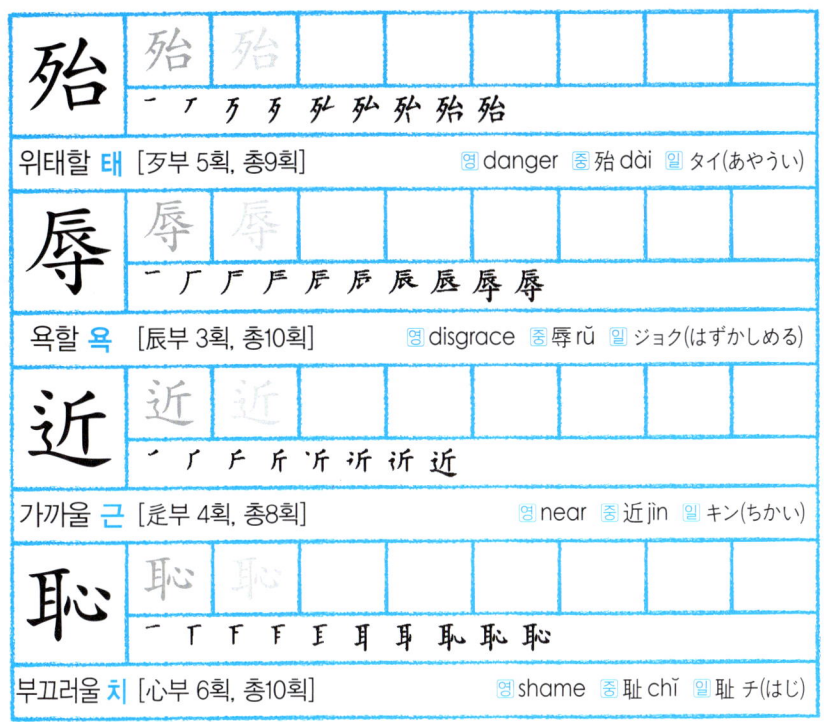

180

林皐幸卽
임고행즉

의의 벼슬길에서 물러나 산수간에서 한가한 몸이 되어야 한다.

출전 《장자》의 〈지북유(知北遊)〉에 '산림여 고양여 사아흔흔연이악여(山林與皐壤與 使我欣欣然而樂與)'에서 인용하였다.

해설 앞 절을 받아서 유사(有司)가 된 자는 장차 다가올 앙화(재난)를 예상하여 그것을 물리칠 수 있는 식량(識量)이 있어야 한다는 것이다.

"저들은 세속 밖에 있는 사람들이지만, 나는 세속 밖에는 나갈 수 없는 사람이다."

공자는 그렇게 말했다. 공자가 말한 저들이란 누구인가? 막역한 친구인 자상호(子桑戶)와 맹자반(孟子反)과 자금장(自琴張)을 말한다. 이들 세 사람은 공자의 말에 따르면,

"조물주의 벗이 되어 무위자연의 경지에서 놀려는 인간들이다."

그들은 색다른 인간이라 불리고 있지만, 그것은 그들이 '세속에 묶여 살지 않고 하늘 그대로의 존재'라고 이해된다.

"하늘의 군자는 사람이 보아서 소인으로밖에 안 보인다. 동시에 사람들이 말하는 군자는 하늘이 볼 때 소인인 것이다."

그러나 여기에서 공자는 그들의 경지를 인정하면서도 스스로 세속을 벗어나 살려고 하지 않는다.

주어진 환경 속에서 또는 조건에 만족하지 않고 자연 그대로 순응하여 가면 결코 생사와 희로애락으로 마음이 움직이지 않는다.

만물은 도(道)의 소산이다. 그러므로 인간이라고 하여 그 예외일 수는 없다. 사람이 이 세상에 태어난 것은 '날(生)' 조건이었기 때문이다. '죽을(死)'

조건이었다면 이루어지지 않을 것은 당연하다.

스스로를 자연현상으로 자각하고 있으면 적이 없을 것은 자명하다.

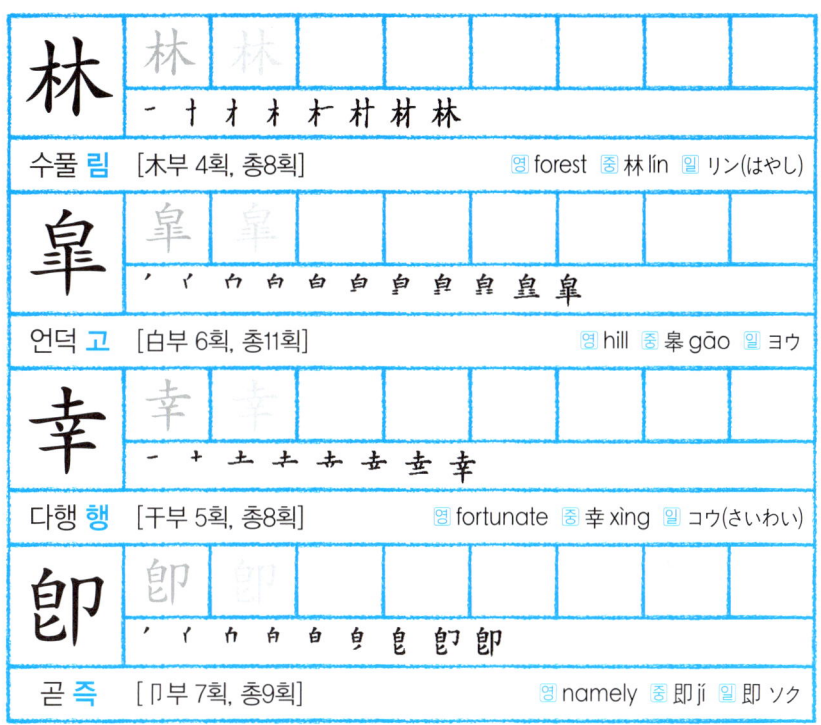

林	林	林						
	一 十 才 木 木 村 材 林							
수풀 림 [木부 4획, 총8획] 영 forest 중 林 lín 일 リン(はやし)								
皐	皐	皐						
	′ ㇒ 白 白 白 白 皁 皁 皁 皐 皐							
언덕 고 [白부 6획, 총11획] 영 hill 중 皋 gāo 일 ヨウ								
幸	幸	幸						
	一 十 土 土 去 去 幸 幸							
다행 행 [干부 5획, 총8획] 영 fortunate 중 幸 xìng 일 コウ(さいわい)								
卽	卽	卽						
	′ ㇒ 白 白 白 皀 皀 卽 卽							
곧 즉 [卩부 7획, 총9획] 영 namely 중 即 jí 일 即 ソク								

쓰임 ●林立(임립) : 죽 늘어섬 ●林野(임야) : 숲과 들 ●皐陶(고요) : 북 치는 막대기 ●皐月(고월) : 음력 5월의 별칭 ●幸民(행민) : 요행만 바라고 일을 하지 않는 백성 ●幸御(행어) : 임금의 행차 ●卽刻(즉각) : 즉시 ●卽死(즉사) : 그 자리에서 죽음

글뜻 ●林(림)은 이목(二木)의 회의자. 본뜻은 '목의 섭생'이다. ●皐(고)는 본뜻이 '지기가 승진하다'인데 나중에 '나아가다'로 변하고 '진펄'로 바뀌었다. ●幸(행)은 '일찍 죽는 것이 좋은 일', '바라다'로 변함. ●卽(즉)은 '먹다'로 풀이했으나 '나아가다'로 변했다.

181

兩疏見機
양 소 견 기

의의 한(漢)나라 때에 소광(疏廣)과 소수(疏受)는 기회를 보아 벼슬길에서 물러났다.

출전 《사기》와 《역경》의 〈계사 하〉에서 '지기기신호, 기자동지미, 길지선견자야, 군자견기 이작, 불의종일(知幾其神乎, 幾者動之微, 吉之先見者也, 君子見幾而作, 不俟終日)'과 '언군자기 견사지기미, 즉수동작이응지, 부득대종기일운운, 별견기미 즉지복화(言君子旣 見事之幾微 則須動昨而應之, 不得待終其日云云, 鼈見幾微 卽知福禍)'에서 인용하였다.

해설 한나라 때에 소광이라는 인물은 난릉 태생으로 자는 중옹(仲翁)이다. 《춘추》에 정통하여 선제(宣帝) 때에는 박사에 임명되었고, 이후 지절(地節) 연간에 황태자가 책봉되자 태부가 되었다. 그런가 하면 형의 아들인 소수는 소부(少傅)가 되었으나 그들은 기회를 보아 관직에서 물러났다.

그들 형제가 고향으로 떠나갈 때 많은 사람들이 동문에 모여들어 환송하였다고 적혀 있다. 이처럼 벼슬자리가 높아도 물러날 때를 알고 물러나는 것이 어질다고 칭찬을 받는다.

그런가 하면 태위(太尉) 이성원(李晟元)이 나이가 들어 벼슬을 사퇴할 것을 임금께 고했다.

"알았소, 그리하시오."

임금은 그것을 허락했다.

"자, 가자."

이성원은 임금이 하사했던 물건들을 다시 반품하고 망가진 우거(牛車)를 자기 아들을 시켜 끌고 새벽에 서울을 출발했다. 만조백관들이 그를 환송하려 했으나 결코 만나지 않았다. 그는 가난한 초가집을 겨우 유지하고 있었다.

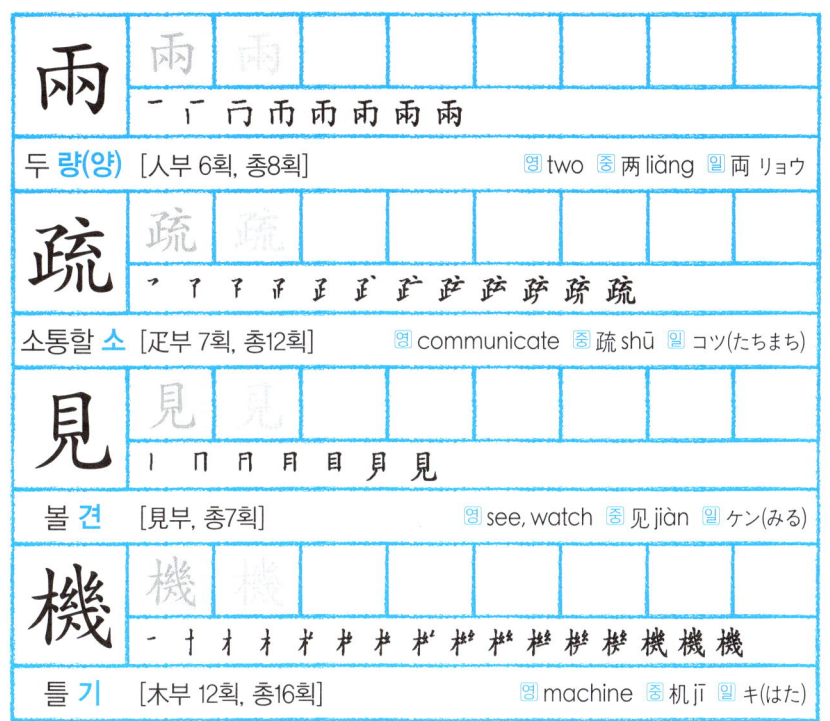

한자	훈음	부수·획수	영	중	일
兩	두 **량(양)**	[入부 6획, 총8획]	two	两 liǎng	両 リョウ
疏	소통할 **소**	[疋부 7획, 총12획]	communicate	疏 shū	コツ(たちまち)
見	볼 **견**	[見부, 총7획]	see, watch	见 jiàn	ケン(みる)
機	틀 **기**	[木부 12획, 총16획]	machine	机 jī	キ(はた)

쓰임 ● 兩家(양가) : 양쪽 집 : ● 兩難(양난) : 이러기도 저러기도 어려움 ● 疏格(소격) : 친분이 멀어짐 ● 疏漏(소루) : 생각이나 행동이 꼼꼼하지 못함 ● 見利思義(견리사의) : 이익을 당하여 의를 생각함 ● 見地(견지) : 사물을 판단하는 자기 나름의 처지 ● 機根(기근) : 부처의 가르침에 응하는 힘 ● 機密(기밀) : 중요한 일

글뜻 ● 兩(양)은 '저울의 좌우가 서로 비례하여 평분하는 모양'. ● 疏(소)는 '통달'을 뜻함. ● 見(견)은 목(目)과 인(儿)의 회의자. 일반적으로 시(視)는 '보다'로, 견(見)은 '보이다'로 씀. ● 機(기)는 목(木)과 기(幾)의 형성자. 본뜻은 '화살을 발사하는 고동'.

182

解組誰逼
해조수핍

의의 고향에 내려간 후에는 공으로 받은 토지를 친척들에게 나누어주고 유유자적한 생활을 한다. 어느 누가 인수(印綬)를 풀어버린 그들을 핍박하겠는가.

출전 《한서》 〈백관표(百官表)〉를 인용하였다.

글뜻 해조(解組)라는 것은 인끈을 푼다는 뜻이다. 옛날 중국에서는 관리를 임명할 때엔 조정에서 관명을 조각한 인을 하사했다. 그러므로 벼슬길에 나갈 때엔 당연히 그 인에 붙은 끈을 풀기 마련이다. 그러므로 벼슬길을 그만두는 것은, 그 인을 반상(返上)한다. 이런 얘기가 있다.

초나라의 왕이 가까운 신하를 보내어 어릉(於陵)에 살고 있는 자종(子終)을 방문케 하였다. 자종은 이 일에 대해 아내와 상의했다.

"임금께서 나를 나라의 중요한 자리에 앉히실 모양입니다. 그렇게 되면 당장에라도 네 마리의 말이 끄는 사두마차를 살 수 있고, 좋은 음식을 먹을 수도 있습니다."

그의 아내가 조용히 대답했다.

"당신이 집에 있으면서 신을 삼을 망정 저는 행복을 느낍니다. 집안에 거문고가 없습니까, 책이 없습니까? 사두마차를 탄다든지 맛있는 음식을 먹는다든지 하더라도 결국은 다를 게 뭐 있습니까. 고작 호강을 약간 하는 대가로 나라의 근심을 도맡으려 하십니까?"

"그렇다면 어떻게 해야 하오."

"그런 것은 쓸데없는 일입니다. 그것들은 목숨을 짧게 하는 일에 불과합니다."

아내의 말을 듣고 자종은 사신에게 정중히 거절의 뜻을 비쳤다. 일단은 어명을 거역하였기 때문에 그는 아내와 함께 그곳을 떠나 먼 곳으로 가서 농사를 지으며 일생을 편히 마쳤다.

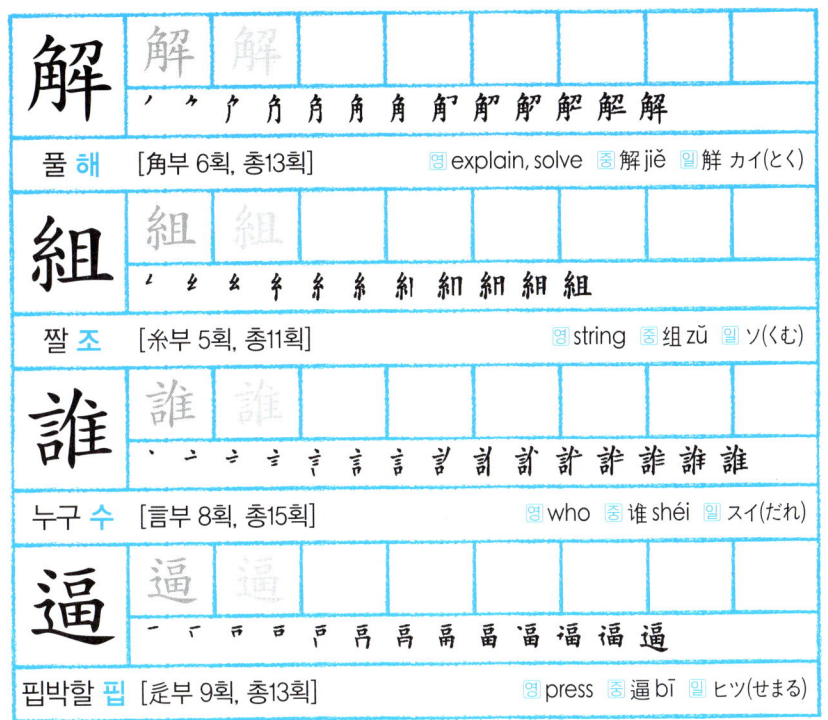

解	解 解
	丿 ⺈ 𠂊 角 角 角 角 角 角 觪 觪 解 解
풀 해	[角부 6획, 총13획] 영 explain, solve 중 解 jiě 일 解 カイ(とく)
組	組 組
	幺 幺 糸 糸 糸 糸 糹 紅 組 組 組
짤 조	[糸부 5획, 총11획] 영 string 중 组 zǔ 일 ソ(くむ)
誰	誰 誰
	丶 亠 亠 言 言 言 言 訁 訁 訃 訃 詳 詳 誰 誰
누구 수	[言부 8획, 총15획] 영 who 중 谁 shéi 일 スイ(だれ)
逼	逼 逼
	一 丆 戸 戸 戸 畐 畐 畐 畐 逼 逼 逼 逼
핍박할 핍	[辵부 9획, 총13획] 영 press 중 逼 bī 일 ヒツ(せまる)

쓰임 ●解毒(해독) : 독기를 풀어냄 ●解水(해수) : 봄에 얼음이 풀림 ●組閣(조각) : 내각을 조직함 ●組紱(조불) : 도장을 매다는 끈 ●誰某(수모) : 아무개 ●誰曰不可(수왈불가) : 누가 불가하다고 하겠는가 ●逼迫(핍박) : 다그침 ●逼塞(핍색) : 꽉 막힘 또는 꽉 막힌 상태

글뜻 ●解(해)는 각(角)과 도(刀)와 우(牛)와 회의자. '칼을 가지고 소의 머리나 몸을 해부한다'는 뜻. ●組(조)는 사(糸)와 차(且)의 형성자. 본뜻은 '인끈'이다. ●誰(수)는 언(言)과 추(隹)의 형성자. '누구냐'의 '누구'라는 뜻이다. ●逼(핍)의 본뜻은 '핍박'이다.

183

索居閑處
색 거 한 처

의의 번거로움을 피하고 한적한 곳을 찾아 지낸다.

출전 《시경》 〈소이아(小爾雅)〉 광고(廣詁), 《예기》 〈단궁상〉을 인용하였다.

해설 옛날 진나라 때에 노장 철학을 논하며 산중에 은거하던 사람들이 있었다. 이른바 죽림칠현(竹林七賢)이라 불리던 그들은 명예와 이권을 떠난 청아한 얘기를 나누었다 하여 그들의 대화를 청담(淸談)이라 하였다. 이러한 유파가 형성된 것은 가장 직접적인 원인이 위진(魏晉)시대의 정치 불안정이었다. 당시에는 한마디 말만 삐끗 잘못하면 크게 봉욕을 치르거나 목숨을 잃는 경우가 비일비재했다.

그렇다 보니 세상에 대한 미련이 있을 리 없고, 벼슬길에 대한 욕심이 달리 일어날 리 만무였다. 아무래도 세속을 떠난 노장의 철리로 돌아가는 것을 최선으로 생각하기에 이른 것이다. 이들 죽림칠현의 면면을 살펴보면,

산도(山濤) – 자(字)는 거원(巨源)

완적(阮籍) – 자는 사종(嗣宗)

혜강(嵇康) – 자는 숙야(叔夜)

완함(阮咸) – 자는 중용(仲容)

유령(劉伶) – 자는 백륜(伯倫)

향수(向秀) – 자는 자기(子期)

왕융(王戎) – 자는 준중(濬仲)

이들은 부패하고 불의에 젖은 세속을 떠나 영리나 희비를 떠난 자기들만의 세계를 구축하였다. 그러나 이들의 단체 행동은 그리 길지 못했다. 이를테면 위나라 말엽의 극히 짧은 시간에 지나지 않았다. 다만 그들의 음주 문

화와 행동이 노장의 사상에 몸과 마음을 던지고 지냈다는 점이다.

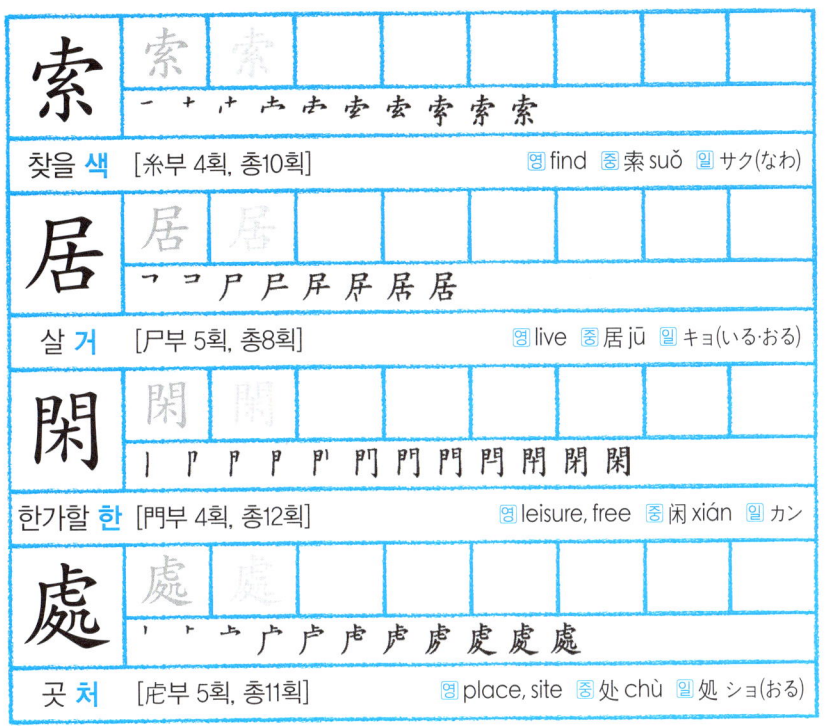

索	索 索
	一 十 ⺮ 𠂆 ... 索 索 索 (필순)
찾을 **색** [糸부 4획, 총10획]	영 find 중 索 suǒ 일 サク(なわ)
居	居 居
	ㄱ ㅋ 尸 尸 屄 屄 居 居 (필순)
살 **거** [尸부 5획, 총8획]	영 live 중 居 jū 일 キョ(いる·おる)
閑	閑 閑
	丨 𠃌 戸 戸 戸 門 門 門 門 閑 閑 閑 (필순)
한가할 **한** [門부 4획, 총12획]	영 leisure, free 중 闲 xián 일 カン
處	處 處
	丨 卜 卢 广 卢 虍 虍 虏 處 處 處 (필순)
곳 **처** [虍부 5획, 총11획]	영 place, site 중 处 chù 일 処 ショ(おる)

쓰임 ●索居(색거) : 무리와 떨어져서 쓸쓸히 있음 ●索道(색도) : 케이블카가 다니는 철삭을 멘 선로 ●居間(거간) : 흥정을 붙임 ●居敬(거경) : 몸가짐을 조심하는 일 ●閑邪(한사) : 나쁜 생각이 생기지 않게 막섬 ●閑地(한지) : 빈터 ●處決(처결) : 결정하여 처분함 ●處事(처사) : 일을 처리함

글뜻 ●索(색)의 본뜻은 '초목이 이어지게 될 것을 얻음'. ●居(거)의 본뜻은 '사람이 걸터앉다'라는 뜻. ●閑(한)은 문(門)과 목(木)의 회의자. ●處(처)의 본뜻은 '걸상에 이르러 멈추다'니 '살고 있다'라는 뜻.

184

沈默寂寥
침묵적요

의의 말없이 잠잠하니 고요하고 쓸쓸하다.

출전 《진서(晉書)》의 〈혜강전〉에 '등침묵자수(登沈黙自守) 무소언설(無所言說)'과 《노자》에서 인용하였다.

해설 어느 시내, 어느 사회건 적용이 될 수 있는 청결하고 고결한 사상이 있다면 그것을 담(談)이라 한다. 속세의 먼지를 털어낸다는 의미에서다.

칠현이라고 하면, 고상하게 들리기 마련이지만 이들의 품격을 높여준 것은 아무래도 술이었다. 술을 취함으로써, 한층 기분을 승화시키고 한편으로는 용기를 얻어 당시의 타락하고 부패한 정치 세계로부터 자신들의 몸을 지킬 수 있고, 상황윤리에 대처할 수도 있었다.

사시사철 술에 취해, 마치 술독에 빠진 것처럼 곤드레만드레가 되어 취중몽사의 기분에 빠졌던 완적, 큰 도가니에 가득 술을 부어 그것을 흠뻑 마셨다는 완암, 그리고 온몸에 술 찌꺼기가 덕지덕지 붙은 유령, 그는 찾아가는 사람들에게 호통을 쳤다고 했다.

"내게 있어서는 천지가 집안이오. 이까짓 넝마나 다름없는 집안은 나의 옷 속에 지나지 않는다. 그런데 어찌 그대들은 나의 옷 속으로 들어오려 하는가?"

사실 이러한 죽림칠현의 행동을 흉내내는 것은 무의미하다. 그들은 술에 취해 있으면서도 항상 소중한 겉옷처럼 대다수의 사람들이 두르고 있는 도덕의 허위와 가식을 증오했다. 있는 그대로의 자연을 보며, 있는 그대로의 몸으로 세속의 헛된 욕구와 명리를 떠나 자유분방하게 살겠다는 충동은 아무나 할 수 있는 것은 아니다.

그들은 정신의 자유 속에 살기를 갈구했기 때문이다. 이들에게 소요로운 세속의 명리가 무슨 필요가 있으며, 세속적인 즐거움이 무슨 필요가 있겠는가.

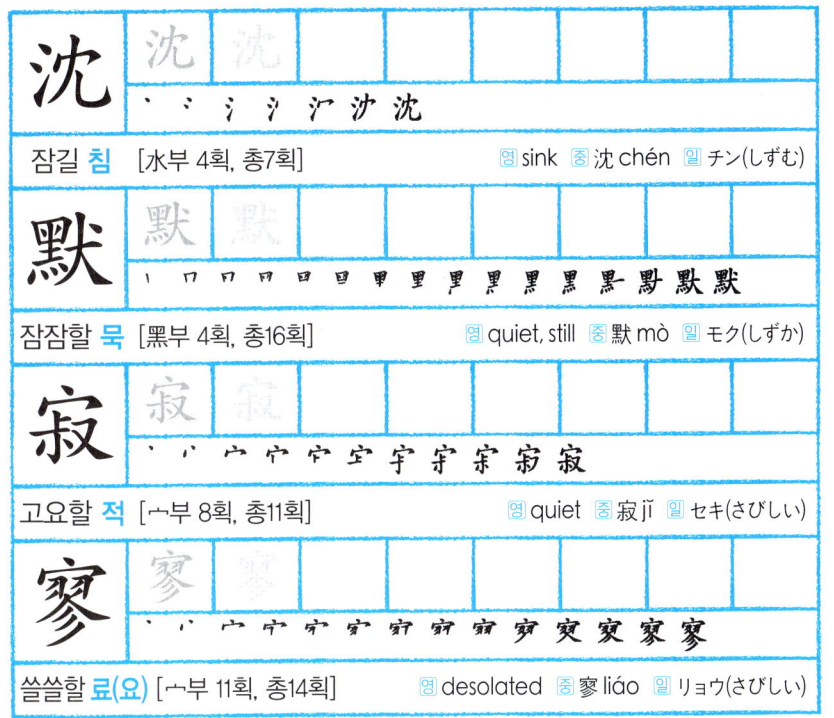

沈	沈	沈
잠길 **침** [水부 4획, 총7획]		영 sink 중 沈 chén 일 チン(しずむ)

默	默	默
잠잠할 **묵** [黑부 4획, 총16획]		영 quiet, still 중 默 mò 일 モク(しずか)

寂	寂	寂
고요할 **적** [宀부 8획, 총11획]		영 quiet 중 寂 jì 일 セキ(さびしい)

寥	寥	寥
쓸쓸할 **료(요)** [宀부 11획, 총14획]		영 desolated 중 寥 liáo 일 リョウ(さびしい)

쓰임 ●沈降(침강) : 가라앉음 ●沈淪(침륜) : 깊이 잠김 ●默契(묵계) : 서로 뜻이 맞음 ●默考(묵고) : 마음으로 묵묵히 생각함 ●寂寞(적막) : 고요하고 쓸쓸한 모양 ●寂寂(적적) : 고요하고 쓸쓸한 모양 ●寥寥(요요) : 어버이를 안심시킴 ●寥廓(요곽) : 공허함

글뜻 ●沈(침)의 본뜻은 '육상에 고인 물', 별칭은 '흙탕'이다. 그것이 '잠기다'의 뜻으로 변함. ●默(묵)은 견(犬)과 흑(黑)의 형성자. 본뜻은 '개가 소리 없이 사람을 쫓다', 나중에 '말없이 잠잠하다'라는 뜻으로 변함. ●寂(적)의 본뜻은 '사람의 소리 없이 고요하다'. ●寥(요)의 본뜻은 '공허'.

185

求古尋論
구 고 심 론

의의 옛사람의 도를 구하여 깊이 풀이한다.

출전 《논어》 〈술이편〉의 '호고민, 이구지자야(好古敏, 以求之者也)'에서 인용하였다.

해설 《논어》의 〈술이편〉은 공자 자신의 학행을 말한 것이 중요 부분을 차지한다. 어떤 부분은 제자들이 필요 이상의 문구를 집어넣은 곳도 보인다. 이를테면, '공자께서는 괴력난신(怪力亂神)을 말하지 않았다'는 부분과 같은 곳이다.

공자께서 말했다.

"조술할 뿐 창작하지 않으며, 옛것을 믿고 또 사랑한다. 그런 자신을 가만히 노팽(老彭)에게 비겨본다."

노팽은 은나라를 섬긴 현인으로 원명은 팽조(彭祖)다. 장수했다는 설로 인해 '노팽'이라는 별칭이 붙었다. 이러한 연유는 노자와 팽조를 함께 부른 탓이다.

내성적이었던 공자는 자신의 학문 성격을 위에서처럼 말했다. '조술할 뿐 창작하지 않는다'는 것은, 어찌 보면 아주 겸손한 듯 싶으나 공자의 입장으로서는 어김없는 자신의 신조다.

공자에 의하면, 문물제도를 제정한 것은 주공(周公)이라 하였다. 그러한 제정으로 인해 주공은 성인의 도를 확립시켰다. 그러나 시대가 감에 따라 주공이 정한 문물제도는 빛을 잃었으니, 자신이 나서서 옛 성인의 도를 연구하고 찾아내어 계승·발전시키는 것을 임무라고 생각했다.

처음에는 정치에 투신하여 그 도를 현실로 접합시키려 했었다. 공자의 강한 의욕은 오랜 노력에도 불구하고 수포로 돌아갔다. 어느 나라의 군주도 그의 말을 채택하려 들지 않았다. 만년에 공자는 먼 여정에서 노나라로 돌아와 제자들의 교육에만 온 정신을 쏟아부었다.

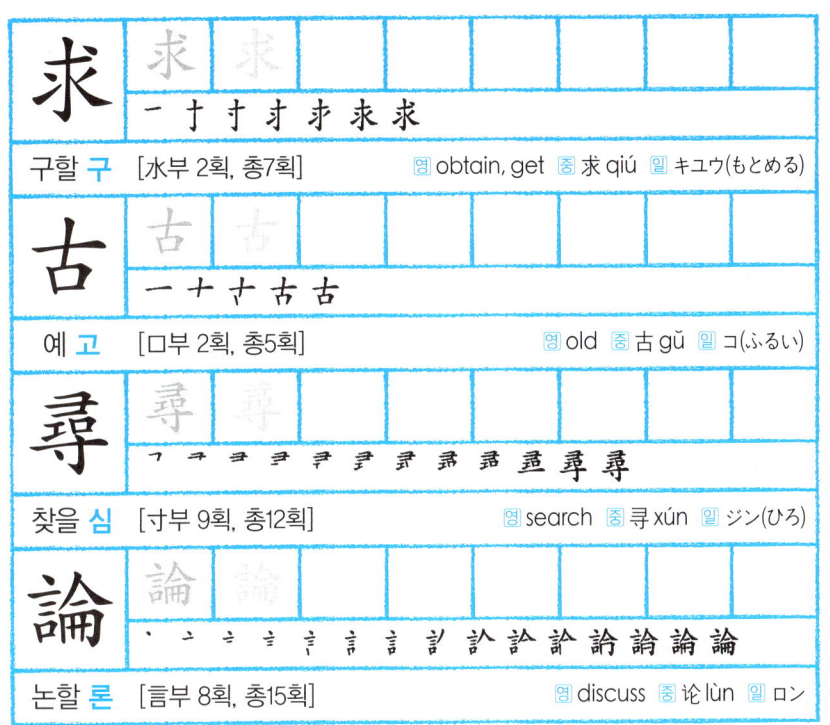

한자	훈음	부수·획수	영	중	일
求	구할 구	[水부 2획, 총7획]	obtain, get	求 qiú	キユウ(もとめる)
古	예 고	[口부 2획, 총5획]	old	古 gǔ	コ(ふるい)
尋	찾을 심	[寸부 9획, 총12획]	search	寻 xún	ジン(ひろ)
論	논할 론	[言부 8획, 총15획]	discuss	论 lùn	ロン

쓰임 ●求乞(구걸) : 남에게 돈이나 곡식을 거저 달라고 청함 ●求賢(구현) : 현인을 구함 ●古記(고기) : 옛날의 기록 ●古朴(고박) : 옛스럽고 질박함 ●尋訪(심방) : 사람을 찾아봄 ●尋常(심상) : 대수롭지 않음 ●論據(논거) : 논의 또는 논설의 근거 ●論壇(논단) : 토론을 하는 장소

글뜻 ●求(구)는 설문에서는 해설이 분명치 않다. 다만, '구걸야(求乞也)'라 하여 지금의 뜻으로 정했다. ●古(고)는 십(十)과 구(口)의 회의자. ●尋(심)은 '법도'로 정했으나 이론이 빈약하다는 설명이 붙었다. ●論(론)의 본뜻은 '조리에 맞는 언론'.

186

散慮逍遙
산려소요

의의 속된 생각을 털어 버리고 한가롭고 유유히 즐긴다.

출전 장구령(張九齡)의 〈답엄급사서(答嚴給事書)〉와 《초사》 〈이소(離騷)〉에서 인용하였다.

해설 속된 생각이란 어떤 것인가? 그것은 탐심이다. 마음에 욕심의 불길이 일어남으로써 선한 생각은 달아나 버리고, 여유 있는 마음도 사라져 버린다. 〈설화정간편(說花正諫篇)〉에 다음과 같은 말이 있다.

"눈앞에 보이는 이익에만 눈이 어두워 자신에게 닥치는 위험을 모른다."

이것은 욕심이 큰 화근을 나타내는 말이다.

다음은 속된 생각의 좋은 예다.

제나라 사람이 딸이 있었는데 두 군데에서 혼담이 들어왔다. 동쪽에 사는 사람은 집안은 부자인데 얼굴이 몹시 추레했으며, 서쪽에 사는 남자는 얼굴은 잘 생겼으나 집안이 몹시 가난했다. 그 부모는 딸에게 말했다.

"얘야, 뜻밖에 혼처가 두 곳에서 들어왔다. 네가 동쪽으로 가고 싶으면 왼손을 들고, 서쪽으로 가고 싶으면 오른손을 들어라."

그러자 딸은 두 손을 들었다. 연유를 딸이 말했다.

"나는 동쪽에서 밥을 먹고, 잠은 서쪽에서 자고 싶어요."

이른바 동가식(東家食) 서가숙(西家宿)이다.

자제하기가 어렵고 가벼워서 제멋대로 해내는 마음을 억제하는 일은 훌륭하다. 왜냐하면 억제된 마음은 행복의 보금자리라는 《반야경》의 말이 있다. 그래서일까. 《법구경》에서는 다음과 같이 조언한다.

'몸을 빈 병과 같다고 보고 이 마음을 성처럼 든든히 하게 하여, 지혜로써

악마와 싸워 이겨 다시는 그들을 날뛰게 하지 말라.'

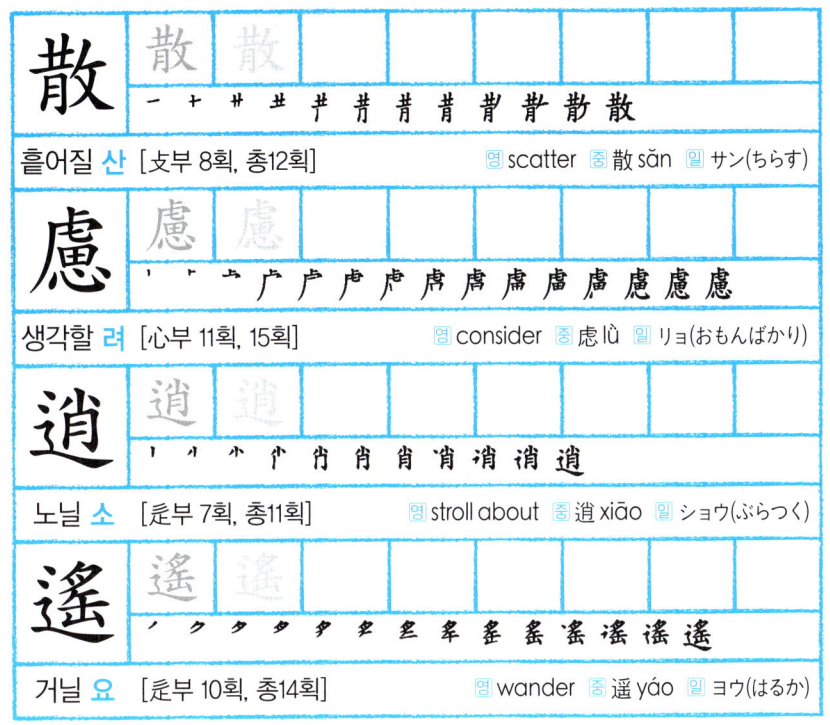

散	흩어질 **산** [攴부 8획, 총12획] 영 scatter 중 散 sǎn 일 サン(ちらす)
慮	생각할 **려** [心부 11획, 15획] 영 consider 중 虑 lǜ 일 リョ(おもんばかり)
逍	노닐 **소** [辵부 7획, 총11획] 영 stroll about 중 逍 xiāo 일 ショウ(ぶらつく)
遙	거닐 **요** [辵부 10획, 총14획] 영 wander 중 遥 yáo 일 ヨウ(はるか)

쓰임 ●散見(산견) : 여기저기 눈에 띔 ●散錄(산록) : 붓 가는 대로 적음 ●慮仰(여앙) : 우러러 염려함 ●慮弊(여폐) : 폐단을 염려함 ●逍遙(소요) : 기분 내키는 대로 이리저리 거닐음 ●逍風(소풍) : 바람을 쐼 ●遙遠(요원) : 아득히 멂

글뜻 ●散(산)은 '흩어져 없어지다'의 뜻. 본뜻은 '잡육(雜肉)'으로 '작은 고기 조각'이라는 뜻이다. ●慮(려)는 사(思)와 호(虍)의 형성자. 본뜻은 '모사(謀思)'다. ●逍(소)는 '노닐다'의 뜻. ●遙(요)도 '노닐다'의 뜻.

187

欣奏累遣
흔 주 루 견

의의 기쁨은 모여들고 번거로운 일은 모조리 사라진다.

출전 《한서》 〈소광찬(疏廣贊)〉의 '행지족지계 면욕태지루(行止足之計 免辱殆之累)'에서 인용하였다.

해설 은둔하여 세상의 번뇌를 잊은 사람은 항상 유유자적하므로 마음에 근심이 없다.

《장자》는 〈제물론(齊物論)〉에서 '저것은 이것에서 나오고 이것은 또 저것에서 나온다' 했다. 사실 이 세상의 모든 존재는 이것과 저것으로 구분된다. 그러나 상대방 쪽에서 보면, 이것은 저것이 되고, 저것은 이것이 된다. 다시 말해 저것과 이것은 상대적인 개념에 불과하다는 것이다. 삶과 죽음, 옳고 그름도 마찬가지다.

그와 달리 성인은 이것과 저것을 차별하지 않는다. 있는 그대로를 받아들인다. 이렇게 함으로써 무궁한 변화에 순응해 나간다.

그렇다면 세상에서 말하는 지혜(知)라는 것은 어떤 것인가? 장자는 '지혜'를 큰 도둑의 심부름꾼과 같은 것이라 했다. 물건을 이것저것 거둬들여 모아 두는 것과 한 치도 다를 바 없다는 것이다.

사람들은 도둑맞지 않으려고 자물통을 굵거나 단단한 것으로 채운다. 이것이 그들의 지혜다. 그러나 큰 도둑은 오히려 그것마저 고맙게 여긴다. 왜냐하면 큰 도둑은 통째로 가져갈 수 있기 때문이다.

사람들이 선비의 옷차림을 하고 다니지만 다 군자가 아니라는 말이 있다. 옷차림은 형식이지 실질은 아니라는 말이다. 노나라의 애공(哀公)은,

"군자의 도를 닦지 않으면서 선비의 옷을 입는 자는 사형에 처한다."고 하

였다.

닷새 후 나라 안에는 선비의 옷을 입은 사람이 한 명도 없었다고 한다.

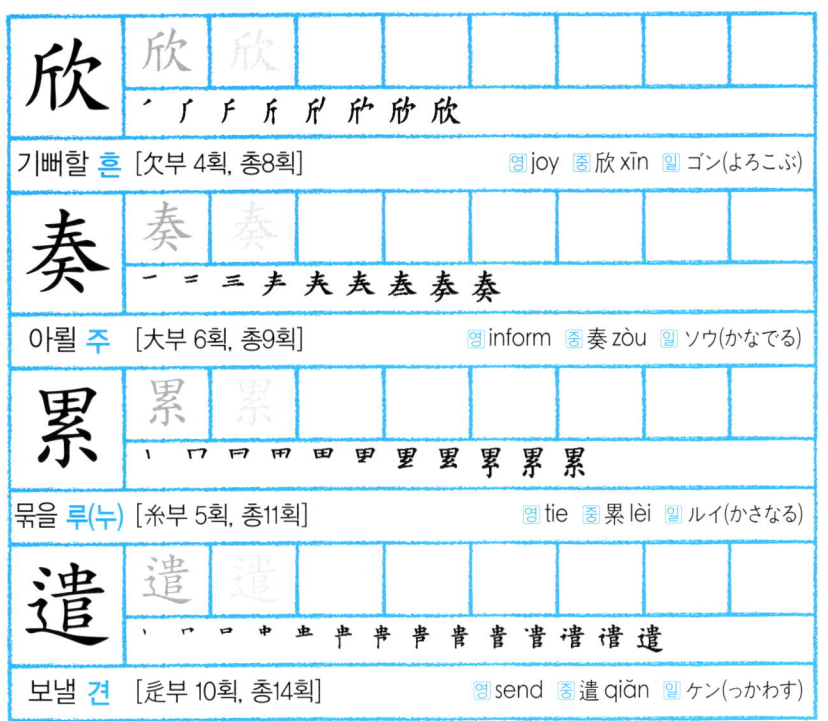

欣	기뻐할 **흔** [欠부 4획, 총8획] 영 joy 중 欣 xīn 일 ゴン(よろこぶ)
奏	아뢸 **주** [大부 6획, 총9획] 영 inform 중 奏 zòu 일 ソウ(かなでる)
累	묶을 **루(누)** [糸부 5획, 총11획] 영 tie 중 累 lèi 일 ルイ(かさなる)
遣	보낼 **견** [辵부 10획, 총14획] 영 send 중 遣 qiǎn 일 ケン(つかわす)

쓰임 ●欣然(흔연) : 기뻐하는 모양 ●欣快(흔쾌) : 기쁘고 상쾌함 ●奏達(주달) : 임금에게 아룀 ●奏樂(주악) : 음악을 연주함 ●累計(누계) : 소계를 누계하여 계산함 ●累名(누명) : 오명 ●派遣(파견) : 일정한 임무를 주어 사람을 보냄.

글뜻 ●欣(흔)은 흠(欽)과 근(斤)의 형성자. 본뜻은 '웃으며 기뻐하다'라는 뜻. ●奏(주)는 屮(좌), 廾(공), 夲(토)의 회의자. 본뜻은 양손으로 받들어 신에게 '바치다'였으나 「아뢰다」로 바뀌었다. ●累(루)는 전(田)과 사(糸)의 회의형성자. 전은 여러 겹의 흙담장이다. 여기에 사와 합하여 증(增)이 되었으며, 나중엔 '일이 얽히어 귀찮다'로 변했다. ●遣(견)은 '보내버리다'라는 뜻.

188

感謝歡招
척사환초

의의 근심은 사라지고 기쁨만 몰려온다.

출전 진(晉)나라 사람 장협(張協)의 〈칠명(七命)〉에서 인용하였다.

해설 여기에는 몇 개의 예화가 있다.

소부(巢父)라고 하면 제요(帝堯)의 은인(隱人)이다. 나무 위에 거처를 정했기 때문에 소부라 한다. 요 임금이 보위를 허유에게 사양하려 들자, 이 일을 소부에게 말했다.

"너는 왜 자신을 감추지 않느냐?"

그러면서 소부의 어깨를 툭 치며 덧붙였다.

"너는 내 친구가 아니다."

허유는 심심했다. 그는 한동안 걸어서 개천가에 다다랐다. 그곳에서 눈을 씻었다. 마침 번중부(樊仲父)라는 이가 그곳을 지나가다 물을 먹으려는 소를 때리며 뭍으로 끌었다.

"이 놈의 소야, 더러운 말을 들은 귀 씻은 물을 네가 왜 먹는단 말이냐."

세상의 명리를 초월했을 때엔 욕심이 없으니 자연 마음이 편할 것은 당연하다. 그래서 《사문유취(事文類聚)》에는 다음과 같이 권한다.

'조개(趙槩)라는 이가 벼슬을 사퇴하고 수양이라는 곳에 거하면서 50년 동안 글을 읽고, 저서를 하고 나라를 걱정하고 임금을 사랑하는 것으로 소일하며 고금의 간쟁(諫諍)들을 모아 《간림(諫林)》 120권을 저작하였다. 임금은 이를 읽고 사람들에게 내려 좌우명으로 삼게 했다.'

이것은 무엇을 말하는가. 군왕은 조개라는 이의 상마지교(桑麻之交)를 높이 산 것이다. 즉 권세와 영달을 버리고 뽕나무와 상나무를 벗 삼아 지내는 은자로서의 격을 높게 평가한 것이다.

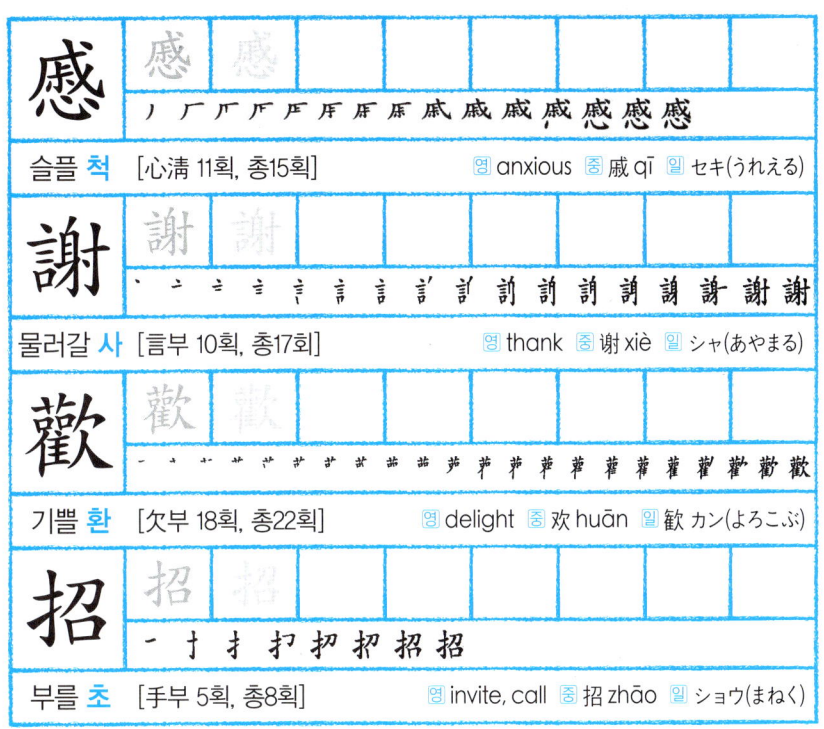

慼	슬플 **척** [心清 11획, 총15획] 영 anxious 중 戚 qī 일 セキ(うれえる)
謝	물러갈 **사** [言부 10획, 총17획] 영 thank 중 谢 xiè 일 シャ(あやまる)
歡	기쁠 **환** [欠부 18획, 총22획] 영 delight 중 欢 huān 일 歓 カン(よろこぶ)
招	부를 **초** [手부 5획, 총8획] 영 invite, call 중 招 zhāo 일 ショウ(まねく)

쓰임 ● 慼慼(척척) : 근심하는 모양을 나타냄 ● 慼憂(척우) : 근심 ● 謝恩(사은) : 은혜에 사례함 ● 謝意(사의) : 감사히 여기는 마음 ● 歡談(환담) : 정답게 이야기함 ● 歡待(환대) : 기쁜 마음으로 대접함 ● 招人(초인) : 죄인이 남을 끌여들임 ● 招致(초치) : 불러옴

글뜻 ● 慼(척)은 심(心)과 척(戚)의 형성자. '우려'의 뜻이다. ● 謝(사)의 본뜻은 '사퇴'이다. ● 歡(환)의 설문의 본뜻은 '희락'이다. ● 招(초)는 수(手)와 소(召)의 형성자. 본뜻은 '손으로 부르다'.

189

渠荷的歷
거 하 적 력

의의 개천에 핀 연꽃은 곱고 아름답다.

출전 《이아(爾雅)》 〈석초(釋草)〉와 구양수의 〈진주동원기(眞州東園記)〉에서 인용하였다.

해설 연꽃의 청초함 때문에 달리 부르는 이름 가운데 하(荷)라 하였는데, 이것은 출전에서 밝힌 바처럼 《이아석초》에서 '연잎'으로 소개하였기 때문이다.

본 절은 덕이 높은 선비들이 사는 거처를 연꽃이 함초롬히 피어 있는 적요한 곳으로 생각하고 있음을 볼 수 있다.

주무숙(周茂叔)은 《애련설(愛蓮說)》에 다음과 같이 적고 있다.

'꽃에는 사랑스러운 것이 많다. 그러나 진나라의 도연명은 자나깨나 국화 생각만을 했다. 그런가 하면 당나라 이후에는 많은 사람들이 모란을 사랑한다. 모란은 부귀를 상징한다. 그러나 나는 연꽃을 사랑한다. 그것은 연꽃이 더러운 진흙 속에서 나와 아름다운 꽃을 피우기 때문에 더러움에 물들지 않고 의지를 고치지 않는 것을 내가 사랑하기 때문이다. 더 자세히 말을 하면 속은 비어 사심이 없고 가지가 뻗지 않아서 흔들림이 없다. 그리고 그윽한 향이 멀리 퍼져서 더욱 청정하고 그의 높은 자세를 누구도 업신여기지 못하는 것이다. 그러나 앞으로 이 연꽃을 몇 사람이나 더 사랑할지 모를 일이다.'

그런가 하면 장문진은 《하화》에서 이렇게 읊고 있다.

연못에 푸른 구슬이 구르듯 물결이 많은데
녹운이 부챗살 마냥 화장대를 가리고 있네
수궁 선녀들이 다투어 화장을 하고

치맛자락 끌고 사뿐사뿐 거울 위를 걷는다

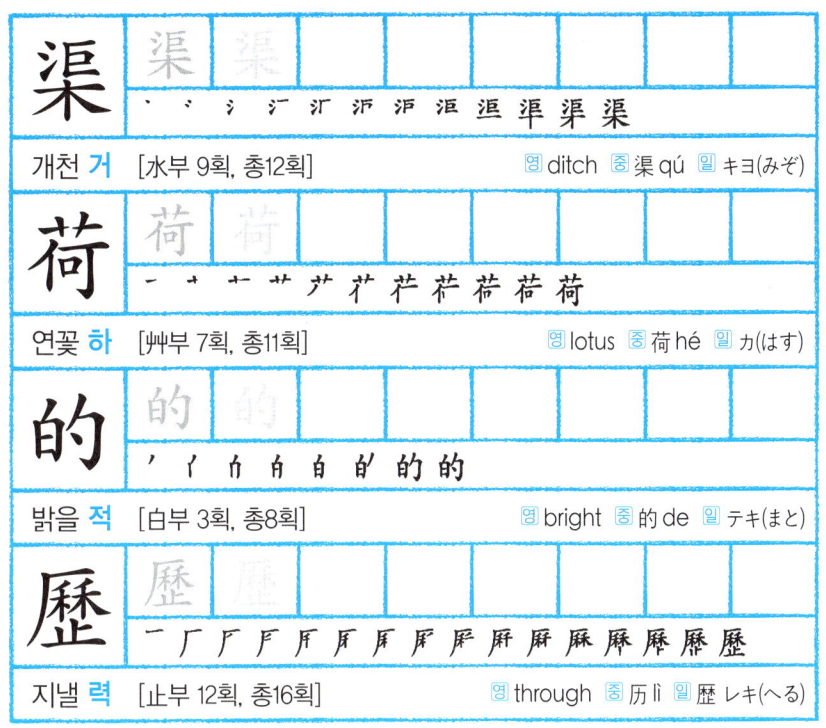

渠	개천 거 [水부 9획, 총12획]	영 ditch 중 渠 qú 일 キョ(みぞ)
荷	연꽃 하 [艸부 7획, 총11획]	영 lotus 중 荷 hé 일 カ(はす)
的	밝을 적 [白부 3획, 총8획]	영 bright 중 的 de 일 テキ(まと)
歷	지낼 력 [止부 12획, 총16획]	영 through 중 历 lì 일 歴 レキ(へる)

쓰임 ● 渠大(거대) : 큼 ● 渠水(거수) : 땅을 파서 통하게 한 수로를 가리킴 ● 荷役(하역) : 짐을 싣고 내리는 것을 말함 ● 荷電(하전) : 물체가 전기를 띠는 일 ● 的實(적실) : 틀림없음, 확실함 ● 的知(적지) : 정확히 앎 ● 歷年(역년) : 여러 해를 지냄 ● 歷然(역연) : 뚜렷한 모양

글뜻 ● 渠(거)의 본뜻은 '인공으로 만든 도랑' ● 荷(하)는 초(艸)와 하(何)의 형성자. 본뜻은 설문에서 '연잎'으로 풀이했다. ● 的(적)은 목(目)과 작(勺)의 형성자. 본뜻은 '과녁'으로 '명백'을 나타냄. ● 歷(역)의 본뜻은 '과(過)'나 '전(傳)'이다. 역은 적과 같이 '밝다'라는 뜻.

190

園莽抽條
원 망 추 조

의의 동산의 풀들은 우거져 줄기를 뻗치고 있다.

출전 구양수의 《진주동원기》를 인용하였다.

해설 다음은 도연명의 〈귀전원거(歸田園居)〉이다. 도연명이 지은 다섯 수 가운데 최고의 걸작으로 꼽힌다. 소박한 본성을 지키고 자연으로 돌아간다는 것, 이것은 노장(老莊)의 기본 사상이다.

젊어서부터 세속 풍습에 물들지 않은
천성이 지극히 산수만 좋아하던 사람이
어쩌다가 벼슬살이라는 더러운 그물에 떨어져
자유를 속박당한 채 30년이 지났다
철새가 옛 숲을 그리워하듯
못에서 자란 물고기가 옛 못을 못잊어하듯
나 또한 그런 심정으로 남쪽 들판 끝에 황무지를 일구고
소박한 본성을 지키기 위해 전원으로 돌아왔다

네모진 택지 십여 묘를 개간하여 주택을 꾸미고
전원나무 느릅나무는 우거져 뒷처마를 덮었으며
복숭아와 자두나무는 당 앞에 주렁주렁 늘어서 있다
아스라이 먼 곳으로 사람 사는 마을이 보이고
한 줄기 가느다란 연기가 피어오른 가운데
개 짖는 소리가 들린다. 어디 그뿐인가,
뽕나무 끝에서 닭 울음소리도 들리잖은가

비록 집안은 더럽고 구차해 보여도
방안엔 아무런 세간이 없으니 호젓하여 좋다
오랫동안 새장에 갇힌 새처럼 생활을 하다가
이렇듯 자유스러우니 얼마나 좋은가

園	園	園						
동산 원	[口부 10획, 총13획]					영 garden	중 园 yuán	일 エン(その)
莽	莽	莽						
풀 망	[艸부 6획, 총10획]					영 bush	중 莽 mǎng	일 ボウ(くさむら)
抽	抽	抽						
뺄 추	[扌부 5획, 총8획]					영 pull out	중 抽 chōu	일 チュウ(ぬく)
條	條	條						
가지 조	[木부 7획, 총11획]					영 branch	중 条 tiáo	일 条 ジョウ(えだ)

쓰임 ●園頭幕(원두막) : 수박이나 참외 등을 심은 밭을 지키기 위해 지은 막. ●園丁(원정) : 정원을 손질하는 일꾼 ●莽莽(망망) : 멀다 ●抽籤(추첨) : 제비뽑기 ●抽出(추출) : 뽑기 ●條析(조석) : 조리를 세워 구분함 ●條例(조례) : 조목별로 쓸 규칙

글뜻 ●園(원)은 구(口)와 원(袁)의 형성자. 본뜻은 '과수원'이다. ●莽(망)은 풀이 많은 곳으로 개가 들어가는 형태. 본뜻은 '풀이 많은 곳에서 개가 토끼를 쫓다'. ●抽(추)는 수(手)와 유(由)의 형성자. '뽑다'는 뜻이다. ●條(조)는 '작은 가지'.

191

枇杷晚翠
비 파 만 취

의의 비파나무는 사철 잎이 푸르다.

출전 《본초강목》 주를 인용하였다.

해설 비파는 장미과에 속하는 상록 소교목이다. 높이가 5미터 내외로 자라나는 이 나무는 연한 갈색의 밀모(密毛)로 덮여 있다. 예로부터 비파나무를 예사롭지 않게 여긴다.

이러한 비파나무는 사철 푸르기 때문에 선비들의 고절한 품격으로 늘 비유한다. 다음은 백거이의 〈비파행〉의 한 부분이다. 친구를 심양강 기슭에서 전송하고 돌아와 보니 단풍잎과 갈대꽃이 가을바람이 불어 쓸쓸하기만 하다. 이런 때에 술잔을 들어 술을 마시려 해도 도저히 흥이 일어나지 않는다. 그러므로 강물 위를 바라보는데 물 위를 떠가는 듯 비파소리가 들려온다.

소리나는 곳을 찾아 비파 타는 자가 누구뇨 하니
비파 타는 소리는 멎고 대답도 더디구나
배를 옮겨 서로 가까이 얼굴을 대하였을 때
몇 차례나 청하고 부르니 그제야 나오누나
그러나 여인은 비파를 안고 반쯤 얼굴을 가리더라
축을 굴려 줄을 골라 두세 번 소리를 내니

아직 곡조를 이루지 못했는데 정이 가더라
한줄 한줄 퉁길 때에 일어나는 가락이
소리마다 슬픈 생각이

평생 소원 얻지 못했음을 호소하는 듯하고

조용히 아미를 숙여 따라서 비파를 타니
마음속의 무한한 생각을 털어놓는 듯싶네

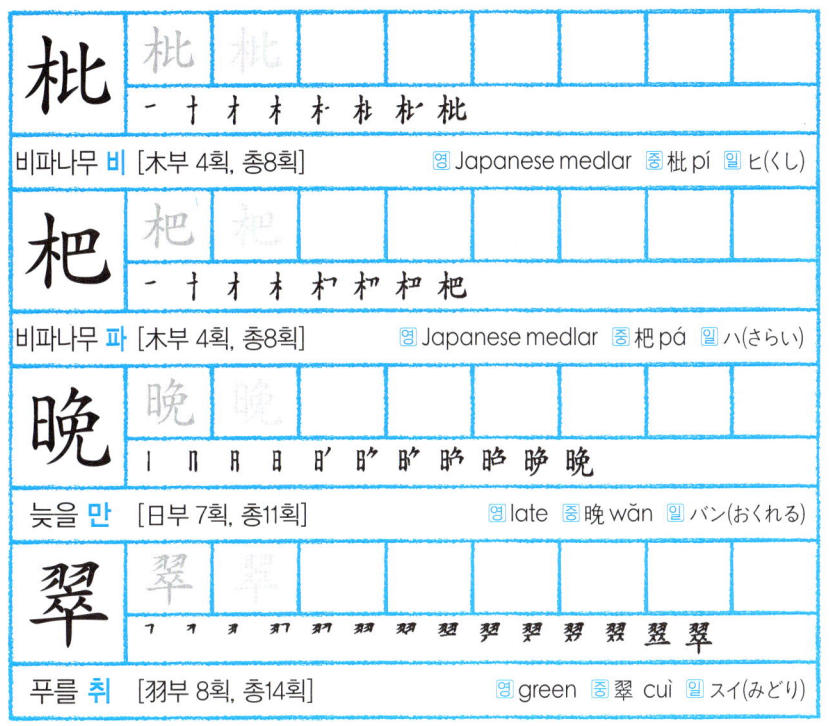

枇	枇 枇

비파나무 **비** [木부 4획, 총8획]	영 Japanese medlar 중 枇 pí 일 ヒ(くし)
杷	杷 杷

비파나무 **파** [木부 4획, 총8획]	영 Japanese medlar 중 杷 pá 일 ハ(さらい)
晩	晩 晩

늦을 **만** [日부 7획, 총11획]	영 late 중 晚 wǎn 일 バン(おくれる)
翠	翠 翠
	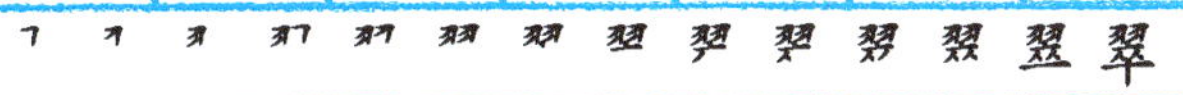
푸를 **취** [羽부 8획, 총14획]	영 green 중 翠 cuì 일 スイ(みどり)

쓰임 ●枇杷(비파) : 비파나무 열매 ●枇杷葉(비파엽) : 비파나무 잎사귀 ●杷車(파거) : 쇠뇌를 장착한 병거 ●晩年(만년) : 노후 ●晩生(만생) : 늙어서 자식을 둠 ●翠色(취색) : 비취색 ●翠竹(취죽) : 푸른대

글뜻 ●枇(비)는 목(木)과 비(比)의 형성자. '비파나무'라는 뜻. ●杷(파)는 목(木)과 파(巴)의 형성자. 본뜻은 '곡물을 거두는 농기구'. 나중에 '과일 이름'으로 바뀌었다. ●晩(만)은 일(日)과 면(免)의 형성자. '저녁'이라는 뜻. ●翠(취)는 우(羽)와 졸(卒)의 형성자. 본뜻은 '비취새'.

192

梧桐早凋
오 동 조 조

의의 오동나무 잎사귀는 가장 먼저 시든다

출전 《본초강목》과 송나라 종성 사람인 범질(范質)의 시를 인용하였다.

해설 오동은 절개 있는 고상한 나무다. 《시경》〈대아〉 권아(卷阿)에서도 그렇게 평하고 있다. 게다가 봉황이 날아든다는 신령한 전설도 깃들어 있다.

봉황새 하늘을 날아
날갯짓도 푸드득
저 멀리 사라져 가누나
구름같이 모인 어진 신하들
왕의 명령을 받아
백성들을 더욱 사랑하네

봉황은 맑은 울음 우는데
건너편 언덕 위엔
밋밋한 오동나무 한 그루 있네
아침 햇살이 퍼지듯
잎새 무성한 오동나무에
봉황의 울음 화창(和唱)하여라

왕의 눈부신 수레는
그 수효가 많기도 해라

뒤를 따르는 무수한 말들
길에 익어 잘도 달리네
노래는 끝이 없으니
여기에 한 곡조 가락을 얹네

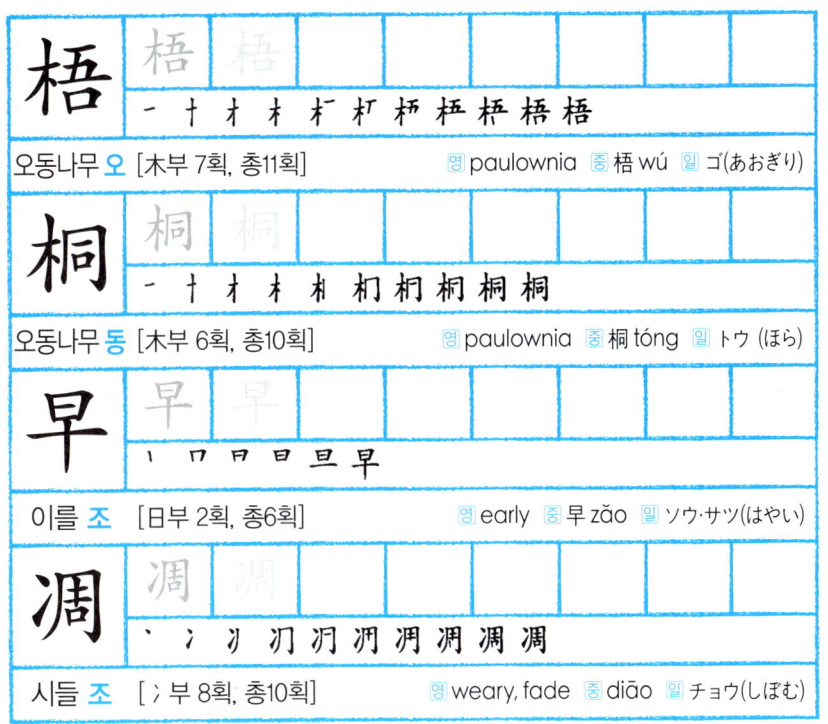

梧	梧 梧
	一 十 才 木 木 杠 杯 梧 梧 梧 梧
오동나무 오 [木부 7획, 총11획]	영 paulownia 중 梧 wú 일 ゴ(あおぎり)
桐	桐 桐
	一 十 才 木 木 机 枂 桐 桐 桐
오동나무 동 [木부 6획, 총10획]	영 paulownia 중 桐 tóng 일 トウ (ほら)
早	早 早
	丨 口 日 日 旦 早
이를 조 [日부 2획, 총6획]	영 early 중 早 zǎo 일 ソウ·サツ(はやい)
凋	凋 凋
	丶 冫 冫 冂 冂 冂 凋 凋 凋 凋
시들 조 [冫부 8획, 총10획]	영 weary, fade 중 diāo 일 チョウ(しぼむ)

쓰임 ●梧桐(오동) : 벽오동나무 ●梧月(오월) : 음력 7월 ●桐油(동유) : 오동의 씨에서 짜낸 기름 ●桐梓(동재) : 오동나무와 가래나무 ●早急(조급) : 매우 서두르는 일 ●早達(조달) : 일찍 출세함 ●凋枯(조고) : 시들어 마름 ●凋落(조락) : 시들어 떨어짐

글뜻 ●梧(오)는 목(木)과 오(吾)의 형성자. '오동나무'의 뜻. ●桐(동)은 목(木)과 동(同)의 형성자. '오동나무'라는 뜻. ●早(조)는 일(日)과 갑(甲)과의 회의자. '일찍'. ●凋(조)는 본뜻이 '시들다'이다.

193

陳根委翳
진 근 위 예

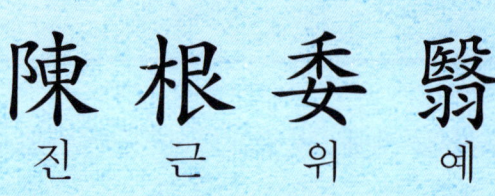

의의 가을바람이 불고 겨울이 오면 동산에 있는 해묵은 나무 뿌리는 버려져 넘어졌다.

출전 《예기》의 〈단궁 상〉과 후한 안릉 사람인 반표의 〈북정부(北征賦)〉에서 인용하였다.

해설 도연명의 《귀거래사》에 의하면 이제까지 몸담은 현령 직책을 그만두고 집으로 돌아가야겠다는 결연한 뜻이 엿보인다. 정원은 오랫동안 손질을 하지 않아 풀은 무성하고 황폐하다. 어찌 돌아가지 않겠는가. 나는 무엇 때문에 이곳에서 슬퍼하는가. 그럴 필요가 없다는 것이다. 과감히 툭툭 털어 버리고 한 시라도 빨리 돌아가서, 다가올 장래에 대한 그런 것도 다 접어두고 돌아가는 것이 최선이라는 것을 알았다는 것이다.

정원을 날마다 걸어도
멋을 이룰 것이고
대문은 달아놓았지만
항상 닫혀 있다

지팡이에 늙음을 의지하여
아무 곳에서나 쉬고
때때로 머리를 들어
사방을 둘러본다

구름은 무심하여
산골짜기에서 나오고
새는 날기 지쳐 돌아옴을 아네
햇빛은 어둠에 가리는데
고송을 어루만지며 주위를 돈다

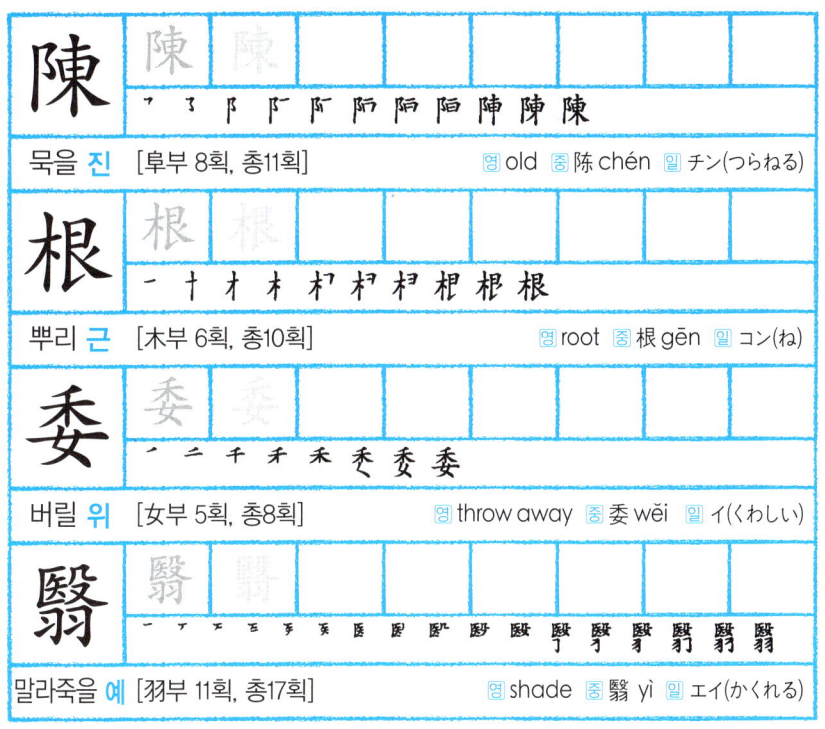

陳

묵을 **진** [阝부 8획, 총11획] 영 old 중 陈 chén 일 チン(つらねる)

根

뿌리 **근** [木부 6획, 총10획] 영 root 중 根 gēn 일 コン(ね)

委

버릴 **위** [女부 5획, 총8획] 영 throw away 중 委 wěi 일 イ(くわしい)

翳

말라죽을 **예** [羽부 11획, 총17획] 영 shade 중 翳 yì 일 エイ(かくれる)

쓰임 ●陳腐(진부) : 오래되어 썩음 ●陳設(진설) : 진열 ●根據(근거) : 사물의 토대 ●根性(근성) : 사람의 타고난 성질 ●委棄(위기) : 버림 ●委任(위임) : 어떤 일을 맡김 ●翳昧(예매) : 가리어 어두움 ●翳翳(예예) : 약함

글뜻 ●陳(진)은 '열(列)'의 뜻. 나중에 '묽다(낡다)'로 변했다. ●根(근)은 목(木)과 간(艮)과의 형성자. '대주(大株)'이니 곧 '뿌리'다. ●委(위)는 여(女)와 화(禾)의 회의자. ●翳(예)는 '넘어지다'.

194

落葉飄颻
낙 엽 표 요

의의 나뭇잎은 가지에서 떨어져 바람에 휘날린다.

출전 《문선》〈촉도부(蜀都賦)〉의 '낙영표요(落英飄颻)'에서 인용하였다.

해설 반악(潘岳)의 〈추흥부(秋興賦)〉엔 다음 같은 내용이 실려 있다.

여름엔 무성하던 것이
가을에 떨어진 게 슬프다
아무리 영췌(榮悴)를 번갈아 하는 말사지만
그것은 인정에 따르는 미오인 것을

그런가 하면 《회남자(淮南子)》에서는 한 잎의 낙엽이 떨어지는 것을 보고 천하가 이미 가을이란 것을 알게 된다고도 했다.

오래전에 속세를 떠나 산중에 숨어 사는 사람들. 만약 그들에게 뜻이 맞는 동지가 찾아온다면 어떻게 할까? 아무래도 국화 향이 그윽한 술항아리를 옆에 두고 한잔 술을 권했을 것이다. 이들에게 어찌 세속의 범절이 필요하겠는가.

나에게 묻기를
어인 일로 푸른 산에 사는고 하니
내가 대답을 하지 않으니
마음이 역시 한가롭다
복숭아꽃을 띄우고 흘러가는 물은

그 옛날의 도화경과 흡사한데
내가 사는 이 산중이야말로
무릉도원의 별천지로세

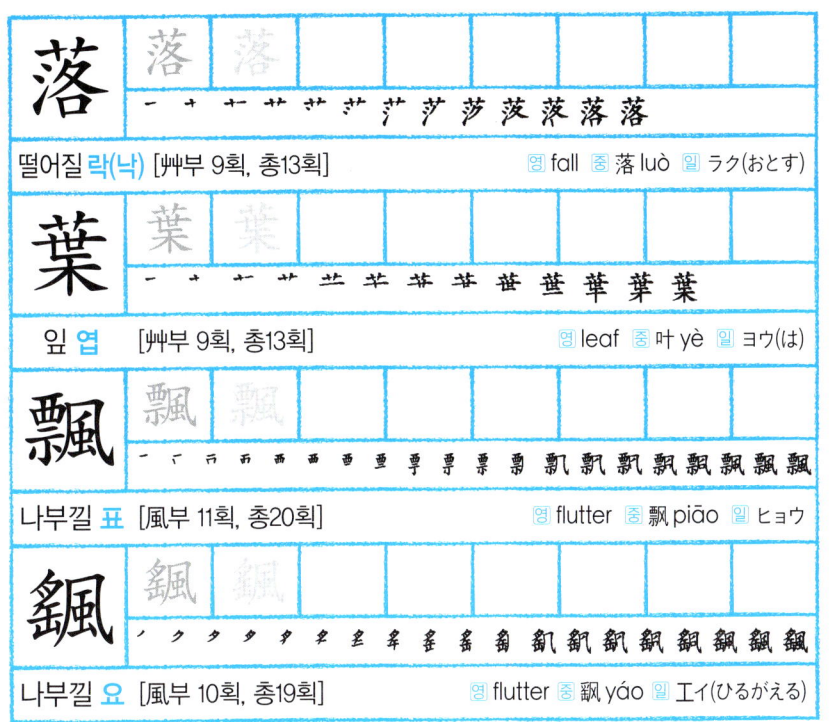

落	떨어질 락(낙) [艸부 9획, 총13획] 영 fall 중 落 luò 일 ラク(おとす)
葉	잎 엽 [艸부 9획, 총13획] 영 leaf 중 叶 yè 일 ヨウ(は)
飄	나부낄 표 [風부 11획, 총20획] 영 flutter 중 飘 piāo 일 ヒョウ
颻	나부낄 요 [風부 10획, 총19획] 영 flutter 중 飖 yáo 일 エイ(ひるがえる)

쓰임 ●落雷(낙뢰) : 벼락이 떨어짐 ●落水(낙수) : 물에 빠짐 ●葉書(엽서) : 우편엽서를 가리킴 ●葉草(엽초) : 잎담배를 뜻함 ●飄雲(표운) : 나뭇잎이 바람에 날려 떨어짐 ●飄泊(표박) : 정처 없이 떠돌아다님

글뜻 ●落(락)은 초(艸)와 낙(洛)의 형성자. '나뭇잎이 말라서 떨어지다'라는 뜻. ●葉(엽)은 '초목의 잎'. ●飄(표)는 풍(風)과 표(票)의 형성자. 본뜻은 '회오리바람'이다. ●颻(요)는 '바람에 휘날리다'.

195

遊鵾獨運
유 곤 독 운

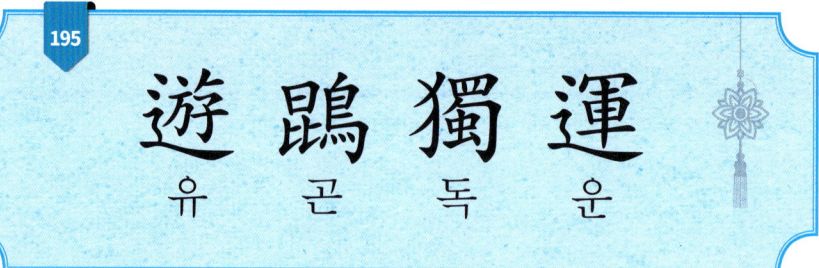

의의 아침이 오면 곤새가 홀로 푸른 하늘을 난다.

출전 왕강거(王康琚)의 반초은시(反招隱詩) '곤계선신명(鵾鷄先晨鳴)'과 《회남자》 〈인간훈〉을 인용하였다.

해설 《시경》의 〈보우(鴇羽)〉는 고향을 그리워하며 부른 노래다. 주(註)에는 전장에 나간 병사가 부모님을 그리워하며 부른 노래라고 적혀 있다.

너새는 훨훨 하늘을 날아
도토리 숲에 모여 있네
나랏일 쉴 틈이 없어
밭에다 기장도 심지 못하고

지금 우리 부모님 어찌 사실까
구만리 푸른 하늘아!
언제 바로 될지 말해다오
너새는 훨훨 하늘을 날아

가시나무 덩굴에 모여 있네
나랏일 쉴 틈이 없어
밭에다 수수도 심지 못하고
우리 부모님 어찌 끼니를 하시랴

구만리 푸른 하늘아

언제 끝날지 말해다오
구만리 푸른 하늘아
언제 옛 같을지 말해다오

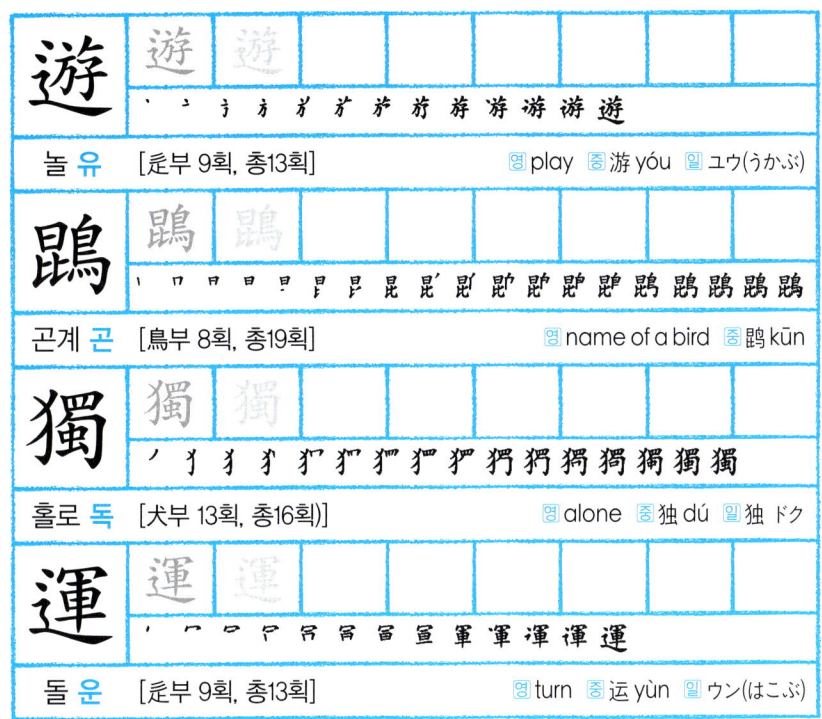

遊	놀 유	[辵부 9획, 총13획] 영 play 중 游 yóu 일 ユウ(うかぶ)
鵾	곤계 곤	[鳥부 8획, 총19획] 영 name of a bird 중 鹍 kūn
獨	홀로 독	[犬부 13획, 총16획)] 영 alone 중 独 dú 일 独 ドク
運	돌 운	[辵부 9획, 총13획] 영 turn 중 运 yùn 일 ウン(はこぶ)

쓰임 ●遊覽(유람) : 놀면서 봄 ●遊離(유리) : 따로 떨어짐 ●獨斷(독단) : 제멋대로 정함 ●獨子(독자) : 외아들 ●運命(운명) : 운수 ●運轉(운전) : 자동차, 열차 따위를 일정한 방향으로 움직이게 함.

글뜻 ●游(유)의 본뜻은 '깃발'이다. 《광운(廣韻)》에서는 '유(遊)'와 같은 자라고 하였다. '높이 날다'라는 뜻도 있다. ●鵾(곤)은 조(鳥)와 곤(昆)의 형성자. 본뜻은 '큰닭'이다. ●獨(독)은 견(犬)과 촉(蜀)의 형성자. '홀로'라는 뜻으로 변했다. ●運(운)은 착(辵)과 군(軍)과의 회의자. 본뜻은 '옮기다'인데 《광운》에서 '돌다'로 변했다.

196

凌摩絳霄
능 마 강 소

의의 붉은 하늘을 업신여기듯 날고 있다. 능마(凌摩)는 업신여긴다는 뜻이다.

출전 장적(張籍)의 〈신도시(新桃詩)〉와 양원제(梁元帝) 〈현람부(玄覽賦)〉를 인용하였다.

해설 《시경》의 〈국풍〉에는 신풍(晨風)이라는 것이 있다.

새매 떴다! 쏜살같이
부근 숲으로 사라지누나
오늘도 안 오시니
내 마음도 산란스러워
어떤 이유에서일까
나를 아주 잊으셨나

산에는 굴참나무
진펄에는 가래나무
오늘도 안 오시니
내 마음은 어두워지네
어떤 이유에서일까
나를 정말 잊으셨나

산에는 채진목에
진펄에는 팥배나무

오늘도 안 오시니
내 마음은 섭섭하네
어떤 이유에서일까
나를 정말 잊으셨나

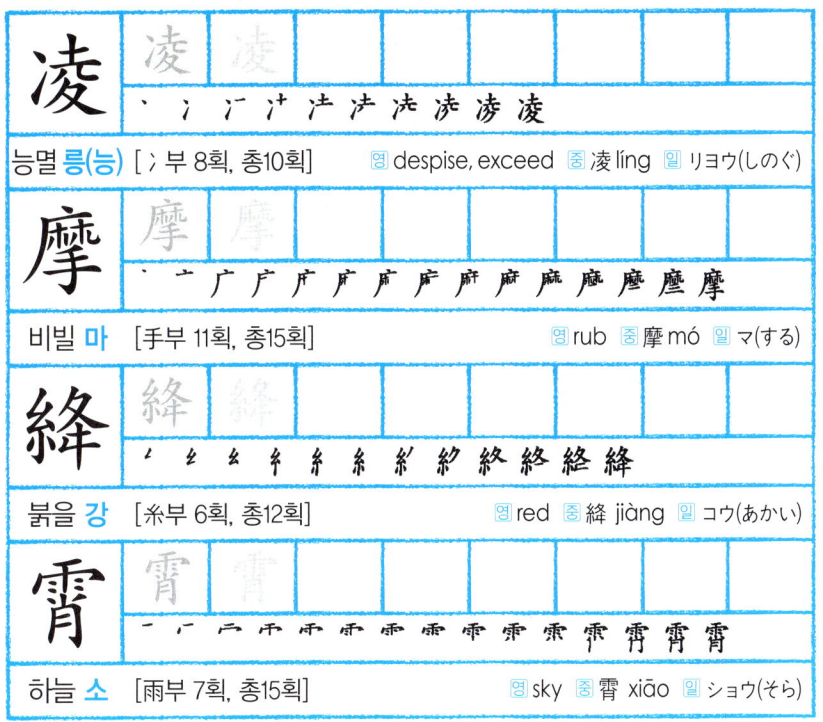

凌	능멸 **릉(능)** [冫부 8획, 총10획] 영 despise, exceed 중 凌 líng 일 リョウ(しのぐ)
摩	비빌 **마** [手부 11획, 총15획] 영 rub 중 摩 mó 일 マ(する)
絳	붉을 **강** [糸부 6획, 총12획] 영 red 중 绛 jiàng 일 コウ(あかい)
霄	하늘 **소** [雨부 7획, 총15획] 영 sky 중 霄 xiāo 일 ショウ(そら)

쓰임 ●凌駕(능가) : 남을 제압하고 그 위에 오름 ●凌雨(능우) : 몹시 퍼붓는 비 ●摩撫(마무) : 어루만져 위로함 ●摩擦(마찰) : 서로 닿아서 비빔 ●絳英(강영) : 붉은 꽃잎 ●絳紅(강홍) : 새빨간 빛 ●霄漢(소한) : 아득한 하늘 ●霄壤之判(소양지판) : 하늘과 땅만큼의 차이

글뜻 ●凌(릉)의 뜻은 '얼음이 수중에 떠오르다'에서 '업신여기다'로 변했다. ●摩(마)는 수(手), 마(麻)의 형성자. '손으로 부비다'. ●絳(강)은 '진한 홍색'. ●霄(소)는 우(雨), 초(肖)의 형성자. 본뜻은 '진눈'이나 '하늘'로 변했다.

197

耽讀翫市
탐 독 완 시

의의 너무 글 읽기를 좋아한 나머지 시중의 서점에 가서 독서욕을 충족시켰다.

출전 오사도(吳師道)의 〈목질사혜약시(目疾謝惠藥詩)〉와 《후한서》 〈왕충전(王充傳)〉에서 인용하였다.

해설 후한(後漢) 때에 왕충이라는 사람은 독서를 무척 즐기었다. 그는 기회만 있으면 낙양에 있는 서점에 가서 서책을 애완하며 독서하였다. 그렇듯 진종 황제의 권학문에도 학문(독서)을 하는 것이 얼마나 중한 것인지를 단적으로 설명한다. 즉 집을 부하게 하는 것이나 좋은 저택을 소유하는 것도 책을 많이 읽음으로써 가능하다는 것이다. 독서는 입신출세와 관계가 깊다. 다음은 백낙천(白樂天)의 권학문이다.

밭이 있어도 갈지 않으면
곳간이 비고
책이 있어도 가르치지 않으면
어리석어진다

곳간이 비면 세월 보내기가
구차해지고
자손이 어리석으면
예의에 소홀해진다

오로지 갈지 않고
가르치지 않음은
이는 곧 모두가
부형의 허물이다

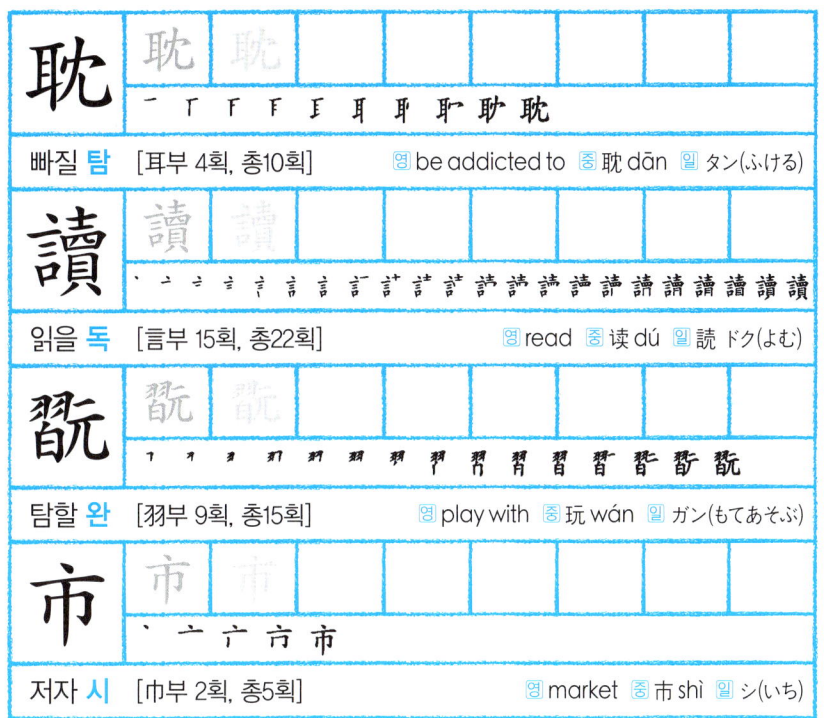

耽	빠질 **탐** [耳부 4획, 총10획] 영 be addicted to 중 耽 dān 일 タン(ふける)
讀	읽을 **독** [言부 15획, 총22획] 영 read 중 读 dú 일 読 ドク(よむ)
翫	탐할 **완** [羽부 9획, 총15획] 영 play with 중 玩 wán 일 ガン(もてあそぶ)
市	저자 **시** [巾부 2획, 총5획] 영 market 중 市 shì 일 シ(いち)

쓰임 ●耽溺(탐닉) : 어떤 일을 몹시 즐겨 거기에 빠짐 ●耽讀(탐독) : 온 정신을 쏟아 읽는 데 열중함 ●讀經(독경) : 불경을 소리내어 읽음 ●讀本(독본) : 글을 배우기 위해 읽는 책 ●翫賞(완상) : 즐겨 구경함 ●翫味(완미) : 잘 생각하여 맛봄 ●市街(시가) : 도시의 길거리 ●市價(시가) : 시장 가격

글뜻 ●耽(탐)의 본뜻은 '귀가 크게 늘어지다'. ●讀(독)은 언(言)과 매(賣)의 형성자. '소리 내어 글을 읽다'. ●翫(완)은 습(習)과 원(元)의 형성자. '싫도록 익히다'. ●市(시)는 '저자'. 고대 시장의 모양인 H형을 본 뜬 글자.

198

寓目囊箱
우목낭상

의의 한번 읽으면 내용을 잊지 않아서 주머니나 상자 속에 넣어둔 것과 같았다.

출전 좌사(左思)의 〈오도부(吳都賦)〉에서 인용하였다.

해설 본 절은 독서의 기호를 논한 것으로, 어찌 보면 왕충의 괴벽으로 생각할 수 있는 부분이다. 아무래도 왕충과 같은 경우는 '자세히 읽고 음미한다'는 뜻의 '숙독상미(熟讀詳味)'라는 표현이 어울릴 것 같다.

왕충처럼 사람마다 괴벽은 있다. 독서를 하는 데에도,

"날이 좋으면 밭을 갈고 비가 오면 독서한다(晴耕雨讀)"

이런 사람도 있고,

"맑으나 비가 오나 독서한다(晴雨兩讀)"

하는가 하면,

"맑거나 비가 오거나 독서치 않는다(晴不讀雨不讀)"

이런 위인도 있고 그런가 하면,

"낮엔 밭 갈고 밤엔 독서한다(晝耕夜讀)"

이런 위인도 있다. 또한,

"낮이건 밤이건 독서하는 사람도 있다(晝夜通讀)"

그런가 하면 어떤 사람은 옥중에 갇혔다가 그곳에서 책을 읽어 대문장가가 되기도 하고, 어떤 이는 화장실에 갈 때에도 책을 가져가기도 한다.

이런 유의 얘기 중에 괴벽으로 유명한 인물이 있다. 송나라 인종 때의 총신인 송공수(宋公垂)라는 위인이다. 그는 당대의 석학으로도 유명했는데, 언제나 화장실에 갈 때에는 책을 가지고 가서 큰소리로 책을 읽었다. 그 소리가 어찌나 큰지 가까이 사는 사람들은 그가 화장실에서 용변중이라는 사실 대신, 군호(軍號)로 알았다는 것이다.

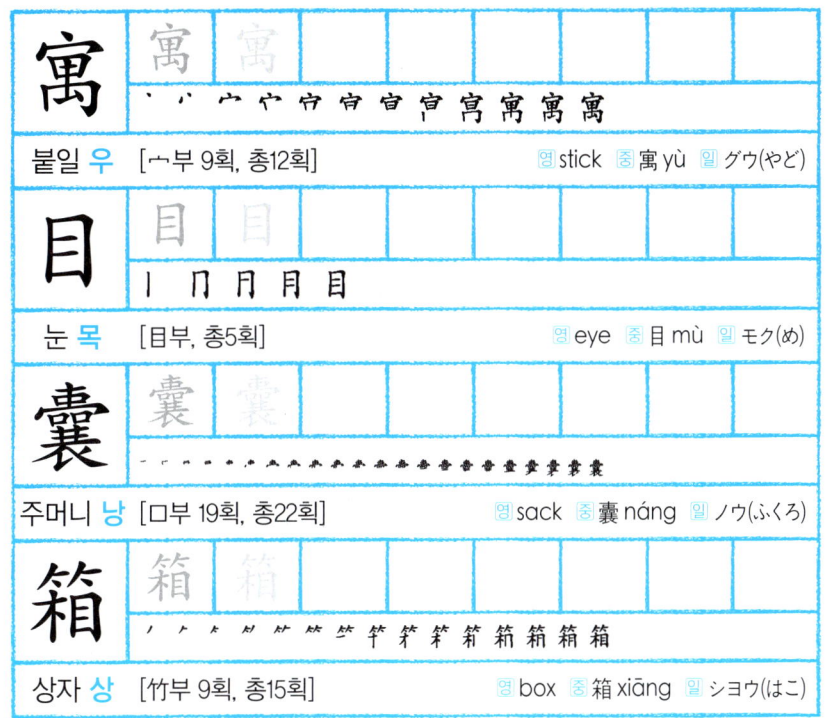

寓	寓 寓
붙일 우 [宀부 9획, 총12획]	영 stick 중 寓 yù 일 グウ(やど)
目	目 目
눈 목 [目부, 총5획]	영 eye 중 目 mù 일 モク(め)
囊	囊 囊
주머니 낭 [口부 19획, 총22획]	영 sack 중 囊 náng 일 ノウ(ふくろ)
箱	箱 箱
상자 상 [竹부 9획, 총15획]	영 box 중 箱 xiāng 일 ショウ(はこ)

쓰임 ●寓居(우거) : 남의 집이나 타향에 임시로 머물러 삶 ●寓言(우언) : 다른 사물에 빗대어 하는 말 ●目睹(목도) : 자기 눈으로 직접 봄 ●目下(목하) : 지금 ●囊中(낭중) : 주머니 속 ●囊中物(낭중물) : 자기 주머니 속의 물건 ●箱子(상자) : 나무 등으로 만든 물건을 넣어 두는 곳

글뜻 ●寓(우)는 '붙이다'라는 뜻. ●目(목)은 눈을 표시한 상형자. ●囊(낭)은 '밑이 있는 주머니'. 예서에서 현재의 자로 변했다. ●箱(상)은 죽(竹)과 상(相)의 형성자. 본뜻은 '차내에서 물건을 저장하여 쌓아놓는 곳'.

199

易輶攸畏
역 유 유 외

의의 매사를 소홀히 하고 경솔하게 처리하는 것은 군자가 두려워하는 바이다.

출전 《시경》 〈대아〉의 증민(烝民)에서 인용하였다.

해설 역유(易輶)는 '두려워하는 바'다. 특히 본 절에서는 엄히 군자가 말을 삼가야 함을 경계한다.

세상에 떠도는 말이
덕의 가벼움을 털과 같으나
듣는 이 아무도 없네
그러나 내가 보았더니

듣는 이가 중산보라
애석하게도 돕는 이 없으니
천자에 흠이 있다면
중산보 반드시 도우리라

중산보 제사 길을 떠나니
네 필 수말 웅장하고
병사는 씩씩하여
행여나 미치지 못할까 망설이네

네 필의 수말이 달리는 곳

방울 여덟이 짤랑이누나
왕께서 중산보 명하시어
동방에 성 쌓게 하네

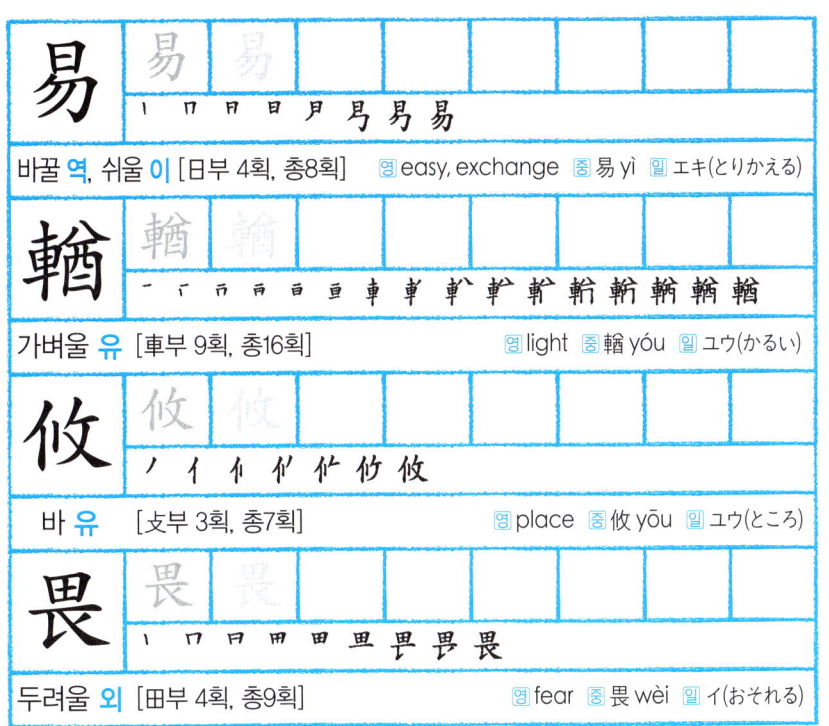

易	易 易
바꿀 **역**, 쉬울 **이** [日부 4획, 총8획]	영 easy, exchange 중 易 yì 일 エキ(とりかえる)
輶	輶 輶
가벼울 **유** [車부 9획, 총16획]	영 light 중 輶 yóu 일 ユウ(かるい)
攸	攸 攸
바 **유** [攴부 3획, 총7획]	영 place 중 攸 yōu 일 ユウ(ところ)
畏	畏 畏
두려울 **외** [田부 4획, 총9획]	영 fear 중 畏 wèi 일 イ(おそれる)

쓰임 ●易經(역경) : 오경의 하나. ●易數(역수) : 역의 법칙에 따라 길흉을 미리 아는 술법 ●輶車(유거) : 가벼운 수레 ●輶軒(유헌) : 가벼운 가마 ●攸司(유사) : 그 관청 ●畏敬(외경) : 어려워하고 공경함 ●畏懼(외구) : 두려워함

글뜻 ●易(역)은 도마뱀의 상형자. ●輶(유)는 거(車)와 유(酉)의 형성자. 본뜻은 '가벼운 수레'. 나중에 '경(輕)'으로 바뀌었다. ●攸(유)는 복(攴)과 인(人)과 수(水)와의 회의자. 본뜻은 '사람을 주의시켜 물 속에서 헤엄치게 하다'. 나중에 '유(猶)'의 뜻으로 바뀌었다. ●畏(외)는 유(由)와 호(虍)와의 회의자이다. '두렵다'는 뜻이다.

200

屬耳垣牆

속 이 원 장

의의 귀를 원장에 붙인다. 마치 남의 귀가 담벼락에 붙어 있는 것처럼 언어를 무겁게 하여 남의 신상에 대한 비방을 하지 않아야 한다.

출전 《시경》〈소아〉 소변(小弁)의 '군자무이유언 이속우원(君子無易由言 耳屬于垣)'에서 인용하였다.

해설 소변(小弁)은 타인의 중상(中傷)으로 인하여 부모에게 버림받은 자식이 자기의 억울함과 괴로움을 노래한 것이다.

쫓기는 토끼를 보면
피할 수 있도록 배려하고
길가에 죽은 이가 있으면
묻어주는 것이 인지상정이네
우리 님의 마음은 이 어찌 잔인한가
마음을 덮는 근심으로
뜨거운 눈물만 흐르네
우리 님은 참언 믿으시기를
술잔 받듯이 하시니
자애로운 애정은커녕
살피시려고도 하지 않네
나무를 베려면 인줄을 치고
장작은 결을 따라 토막내거늘
죄 지은 자를 그냥 두고
내게만 가혹하신가

높지 않으면 산이 아니며
깊지 않으면 샘이 아닌데
님이여, 함부로 말 마시라
저 담에도 귀가 있느니!

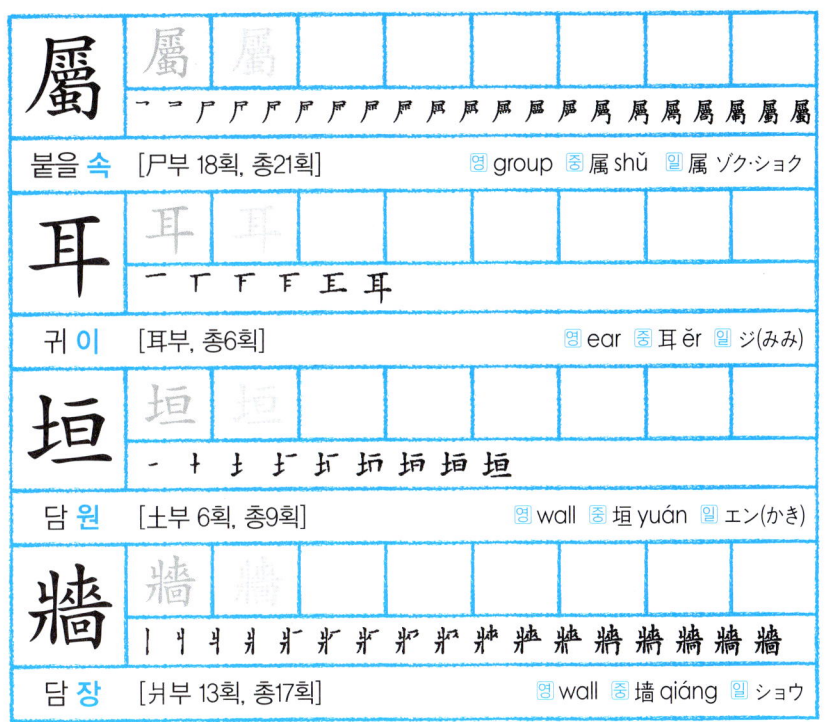

한자	훈음	부수·획수	영	중	일
屬	붙을 속	[尸부 18획, 총21획]	group	属 shǔ	属 ゾク·ショク
耳	귀 이	[耳부, 총6획]	ear	耳 ěr	ジ(みみ)
垣	담 원	[土부 6획, 총9획]	wall	垣 yuán	エン(かき)
牆	담 장	[爿부 13획, 총17획]	wall	墙 qiáng	ショウ

쓰임 ●屬僚(속료) : 소속되고 있는 관리 ●屬文(속문) : 글을 지음 ●耳聾(이롱) : 귀머거리 ●耳明酒(이명주) : 귀밝이 술 ●草垣(초원) : 풀로 엮어 만든 담 ●牆內(장내) : 담 안 ●牆有耳(장유이) : 담이 귀가 있다. 비밀이 새어나가기 쉽다는 뜻.

글뜻 ●屬(속)은 미(尾)와 촉(蜀)의 형성자. 본뜻은 '연(連)'이다. ●耳(이)는 귀를 본뜬 상형자. ●垣(원)은 단주(段註)에서 담의 크고 작음을 원과 장으로 구분하였다. ●牆(장)은 '외부를 가리는 담'이라는 뜻.

201

具膳飧飯

구 선 손 반

의의 음식물을 갖추어 밥을 먹는다.

출전 《당서》 〈마주전(馬周傳)〉의 '상식구선(尙食具膳)'과 〈고시십구수(古詩十九首)〉에서 인용하였다.

해설 일찍이 맹자는 '음식만을 알면 사람이 천하게 대한다'고 하였다. 이를테면 천박하다는 뜻이다. 그래서 옛 선비들은 공자의 가르침에 따라 음식을 먹는 데에 크게 비중을 두지 않았다. 그렇게 하여 생겨난 것이 단식표음(簞食瓢飮)이다. '대그릇에 들어 있는 밥과 표주박의 물'이라는 뜻이다. 지극히 평범하고 보잘것없는 식사를 나타낸다.

음식문화에 있어 중국인들의 각별함을 알 수 있는 예화는 얼마든지 있다.

'술은 백약의 장(長)이다'

위의 말이 생긴 유래는 평범하지 않다. 그것은 조칙에서 사용되었기 때문이다. 왕망(王莽)이 내린 조칙에 의하면, 소금은 식효(食肴)의 장(長), 술은 백약의 장, 가회(嘉會)의 호(好), 철은 전농의 본(本)이라고 하였다.

왕망은 전한(前漢)의 황제에게서 보위를 찬탈하여 신(新)나라를 세웠다. 그는 신정을 단행했다. 소금·술·철의 전매라는 정책도 있었다. 그러나 상인과 관원이 밀탁하여 이 제도를 악용하였으므로 그 폐해는 당연히 백성들에게 돌아갔다. 아무리 그렇다 해도 이 정책은 상인을 위한 것이 아니라 애오라지 백성을 위한 것이라고 공지사항을 알리듯 조칙의 맨 앞자리를 차지하여 선포하였다. 그런데도 사람들은 믿지 않았다. '단사표음'과 비슷한 말에 '잔배냉적(殘盃冷炙)'이 있다. 남은 술잔과 이미 식어 빠진 구운 고기라는 뜻으로 보잘것없고 어설픈 음식이라는 뜻이다.

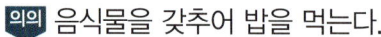

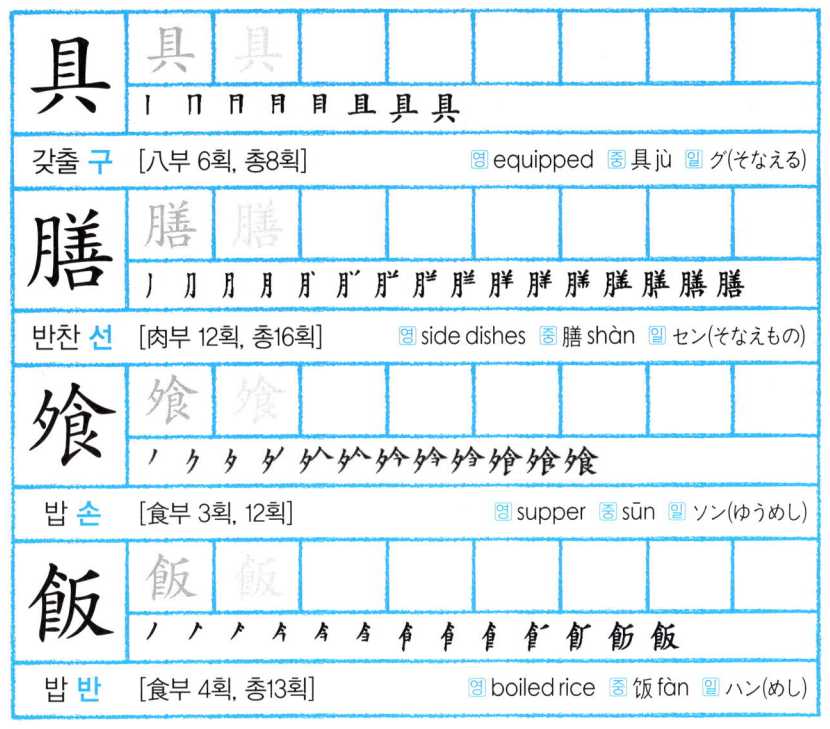

具	具 具	丨 冂 冂 月 目 且 具 具
갖출 구	[八부 6획, 총8획]	영 equipped 중 具 jù 일 グ(そなえる)
膳	膳 膳	丿 刀 月 月 月' 月'' 月'' 胖 胖 胖 胖 胖 膳 膳 膳 膳
반찬 선	[肉부 12획, 총16획]	영 side dishes 중 膳 shàn 일 セン(そなえもの)
飧	飧 飧	丿 ク 夕 夕' 夕^ 夕^ 夕今 夕今 夕今 飧 飧 飧
밥 손	[食부 3획, 12획]	영 supper 중 sūn 일 ソン(ゆうめし)
飯	飯 飯	丿 𠆢 𠆢 今 今 今 仓 仓 食 食' 食' 飯 飯
밥 반	[食부 4획, 총13획]	영 boiled rice 중 饭 fàn 일 ハン(めし)

쓰임 ●具象(구상) : 형체를 갖춤 ●具現(구현) : 전체를 갖추어 표현함 ●膳服(선복) : 음식과 의복 ●膳夫(선부) : 주나라 때에 궁중요리를 전문적으로 맡은 요리사 ●飯囊(반랑) : 무능하여 일을 못하는 사람 ●飯牛(반우) : 소를 먹임

글뜻 ●具(구)는 두 손에 화폐를 가지고 공급하는 형태로 '갖추다'라는 뜻. ●膳(선)은 육(肉)과 선(善)의 형성자. 본뜻은 '구비한 식물'. ●飧(손)은 '음식을 삼키다'. ●飯(반)은 식(食)과 반(反)의 형성자. 본뜻은 '먹다'. 단주(段註)에서는 다시 '먹는 밥'을 뜻하였다.

202

適口充腸
적구충장

의의 입에 맞고 창자를 채우는 것으로 족하다.

출전 장온고(張蘊古)의 〈대보장(大寶藏)〉과 《회남자》의 〈제속훈(齊俗訓)〉에서 인용하였다.

해설 《한서》에 의하면, 자신의 몸을 생각하여 억지로 식사한다는 말이 나온다. 이것을 강반(强飯)이라 부른다. 전절에서도 말했듯이 선비들의 식사는 지극히 단출하다. 그러나 제후나 공경대부의 식사는 성대했음을 알 수 있다. 《맹자》의 〈진심 하〉에 식전방장(食前方丈)이라는 말이 나온다. '사방으로 10자나 되는 상 위에 음식을 가득 차려 놓는다는 뜻'이다. 지극히 호사스러운 음식을 가리킬 때 사용한다.

1330년에 원(元)나라 시대의 궁정 최고의 음식가 국수(國手)가 지은 음식에 관한 글이다.

'건강에 유의하는 사람은 먹는 것을 조절한다. 또한 근심이 되는 일을 없앤다. 어디 그뿐인가, 이 외에도 여러 가지가 없는 것은 아니지만, 정신에 수고를 끼치고 영혼을 괴롭게 하는 일만 없다면 어떻게 병이 나겠는가. 그러므로 심신을 기르려는 사람은 공복을 느낄 때에만 먹을 뿐 결코 배부르게는 먹지 않는다.'

식사할 때에는 긴 시간의 여유를 두고 조금씩 먹는 것이 좋다고 하였다. 그렇게 하여 배가 한껏 부르게 먹어서는 안 되고, 어느 정도 배가 찬 듯했을 때 그만두어야 한다. 왜냐하면 '만복은 폐를 해치고, 공복은 정력을 저하시키기 때문'이다.

그래서 옛 현인들은 먹는 것에 각별히 신경을 썼다. 밥은 반찬을 갖추어 먹는 것으로 족할 뿐이지, 소같이 마시고 말같이 먹는 것이 아니라는 믿음 때문이다. 그러나 사람들은 허기가 지면 무작정 먹어댄다. 자신을 가늠할 수 없기 때문일 것이다.

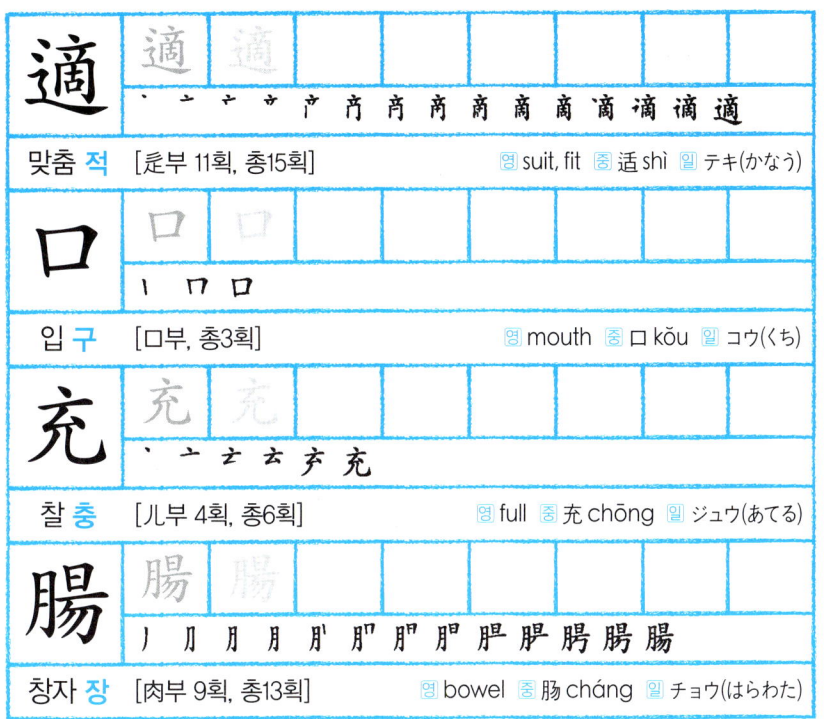

適	適 適
	丶 亠 亣 亣 产 产 方 产 产 商 商 商 商 滴 滴 適
맞춤 적 [辵부 11획, 총15획]	영 suit, fit 중 适 shì 일 テキ(かなう)
口	口 口
	丨 冂 口
입 구 [口부, 총3획]	영 mouth 중 口 kǒu 일 コウ(くち)
充	充 充
	丶 亠 亡 云 产 充
찰 충 [儿부 4획, 총6획]	영 full 중 充 chōng 일 ジュウ(あてる)
腸	腸 腸
	丿 刀 月 月 月' 胛 胛 胛 胆 胆 腭 腸 腸
창자 장 [肉부 9획, 총13획]	영 bowel 중 肠 cháng 일 チョウ(はらわた)

쓰임 ●適格(적격) : 자격이 갖추어짐을 나타냄 ●適當(적당) : 알맞음 ●口頭(구두) : 직접 입으로 하는 말 ●口述(구술) : 말로 진술하는 것을 뜻함 ●充當(충당) : 모자라는 것을 채움 ●充溢(충일) : 가득 채워 넘침 ●腸壁(장벽) : 장의 벽 ●腸癌(장암) : 창자에 생긴 암종

글뜻 ●適(적)의 본뜻은 '가다'. '맞다'로 변함. ●口(구)는 입을 표시한 상형자. 《설문》에서는 '말하고 있는 것이 입'이라 하였다. ●充(충)은 '자라다, 높이다, 기르다'로 풀이했으나 '채우다'로 변했다. ●腸(장)은 '대장 소장'으로 풀이. 석명(釋名)에서는 '위기를 관통하는 관'으로 풀이하였다.

203

飽飫烹宰
포 어 팽 재

의의 음식이 넉넉하여 배가 부르면 맛있는 요리도 싫어져서 더 먹을 수 없다.

출전 《송서》의 〈천문지(天文志)〉의 '주팽재이공종묘(主烹宰以供宗廟)'를 인용하였다.

해설 지극히 평범한 진리다. 아무리 좋은 음식이 있다 해도 배가 부른다면 그거야 그림의 떡이나 다름없다. 그래서 공자는 자족할 줄 아는 생활을 제자들에게 권면했다. 《논어》의 〈술이편〉에 있는 얘기다.

'기장밥을 먹고, 물을 마시고, 팔을 굽혀 베개를 삼아도, 즐거움은 그 속에 있다. 의롭지 못한 수단으로 부자가 되고, 귀하게 되는 것은 나에게는 뜬구름같이 생각된다.'

이것은 공자 당시의 출세주의자들에게 정면으로 비난하는 것을 뜻한다. 좋은 음식과 좋은 옷은 자신에게는 마치 '뜬구름과 같다'는 주장이다. 비록 가난하지만, 그 속에서 학문을 하는 것이야말로 진정한 군자의 도라 보았다.

《천문지》의 제3강(講)인 〈팔정(八政)〉은 통치자의 행사를 설명하고 있다. 팔정의 내용을 보면, 제1이 식(食-식량)이오 제2가 화(貨-재화), 제3이 사(祀-제사), 제4가 사공(司空-주거), 제5가 사도(司徒-교육), 제6이 사구(司寇-치안), 제7이 빈(賓-외교), 제8이 사(師-군사)다.

이러한 팔정의 첫째에 식(食)을 둔 것은 무슨 이유에서일까?

이 점에 대해 공자는 《논어》에서 신의나 병장기보다는 식생활을 첫째로 꼽았다는 것이다. 이것은 홍범의 규범을 중시한 데에 원인이 있는 것으로 풀이된다.

그러나 팔정의 첫째가 식이라는 것은 공자의 정치관은 아니다. 살아간다는 것은 식생활과 연관된 자연적인 현상이기 때문이다.

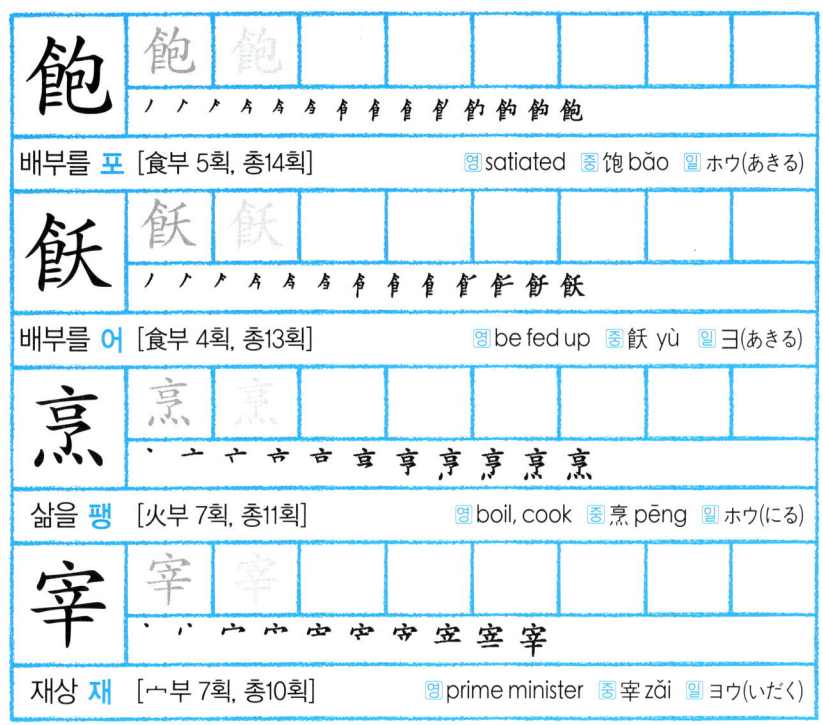

한자	훈음	부수·획수	영	중	일
飽	배부를 **포**	[食부 5획, 총14획]	satiated	饱 bǎo	ホウ(あきる)
飫	배부를 **어**	[食부 4획, 총13획]	be fed up	飫 yù	ヨ(あきる)
烹	삶을 **팽**	[火부 7획, 총11획]	boil, cook	烹 pēng	ホウ(にる)
宰	재상 **재**	[宀부 7획, 총10획]	prime minister	宰 zǎi	ヨウ(いだく)

쓰임 ●飽滿(포만) : 먹어서 배가 가득함 ●飽和(포화) : 가득 채워 부족함이 없음 ●飫聞(어문) : 물리도록 많이 들음 ●飫賜(어사) : 충분히 주식을 내림 ●烹卵(팽란) : 달걀을 삶음 ●烹茶(팽다) : 차를 달임 ●宰府(재부) : 재상이 집무하는 관아 ●宰殺(재살) : 가축을 잡음

글뜻 ●飽(포)는 식(食)과 포(包)의 형성자. '배부르다'는 뜻. ●飫(어)의 본뜻은 '평상시에 안심하고 먹는 식사'. 나중에 '싫증나다'로 바뀜. ●烹(팽)의 본뜻은 '삶다'. 《집운》에서는 형(亨)과 뜻이 통한다고 적었다. ●宰(재)는 면(宀)과 신(辛)의 형성자. '죄인이 집 아래에서 고역하다'.

204

饑厭糟糠
기 염 조 강

의의 음식에 주리면 술 재강이나 쌀겨 같은 거친 음식도 싫은 줄 모른다.

출전 《한비자》의 '조강불포자 불무양육(糟糠不飽者 不務梁肉)'에서 인용하였다.

해설 인심은 먹는 데에 난다는 말이 있다. 《한비자》에도 그 점을 다루고 있다. 이를테면 농사가 잘 되지 못한 그 이듬해 봄에는 귀여운 친동생과도 나눠 먹으려 들지 않는다. 그러나 농사가 잘된 가을에는 생전 처음 보는 길손에게도 음식 대접을 후히 한다. 이것은 육친을 홀대하고 나그네를 소중히 한다는 뜻이 아니다. 단지 먹을 것이 많고 적음의 차이다. 그러므로 《한비자》는 직설적으로 유가의 이론을 반박한다.

"오늘날 사람들이 서로 재물을 욕심내어 형제끼리 싸우는 것은 도덕이 갈수록 쇠퇴하여 가므로 그렇다."

한비자는 다시 말한다.

"조강(糟糠)으로도 배를 채우치 못한 사람은 양육(梁肉)을 힘쓰지 않고 단갈(短褐)도 제대로 못 입는 사람은 문수(文繡)를 기다리지 않는다."

쌀겨도 실컷 먹지 못한 사람은 고기밥 먹을 생각을 하지 않는다. 또한 해진 잠방이라도 걸치지 못하는 주제라면 비단옷을 입을 궁리를 하지 않는다는 말이다. 우선적으로 먹고 입고 지내기가 다급한 사람에게는 당장에 배를 채울 수 있고 추위를 면할 옷가지가 필요한 법이다. 천하에 다시 없는 산해진미가 어떻고, 고대광실의 누각이 어떻다느니 해도 귀에 들어올 리가 만무다.

삶에 쪼들리고 있는 백성들에게 참으로 고상한 학문 얘기나 십 년이나 이

십 년 후에 잘 사는 얘기는 강 건너 남의 얘기처럼 전연 불필요한 것이다.

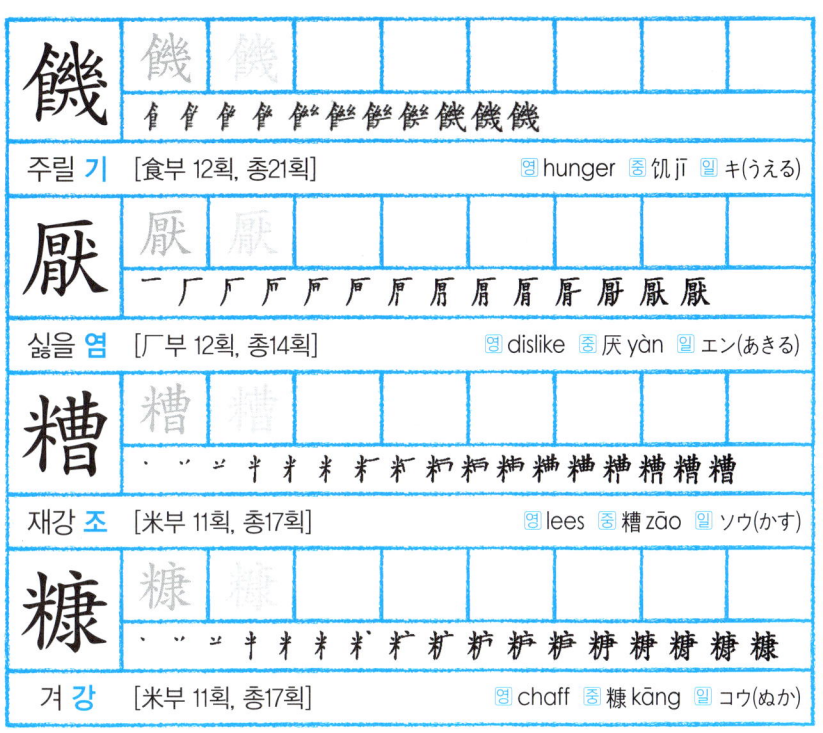

饑	饑 饑
주릴 **기**	[食부 12획, 총21획] 영 hunger 중 饥 jī 일 キ(うえる)
厭	厭 厭
싫을 **염**	[厂부 12획, 총14획] 영 dislike 중 厌 yàn 일 エン(あきる)
糟	糟 糟
재강 **조**	[米부 11획, 총17획] 영 lees 중 糟 zāo 일 ソウ(かす)
糠	糠 糠
겨 **강**	[米부 11획, 총17획] 영 chaff 중 糠 kāng 일 コウ(ぬか)

쓰임 ●饑渴(기갈) : 배고픔, 목마름 ●饑餓(기아) : 굶주림 ●厭忌(염기) : 싫어하고 꺼림 ●厭症(염증) : 싫증 ●糟客(조객) : 이익이 적은 손님, 단골손님 ●糟粕(조박) : 지게미 ●糠鰕(강하) : 보리 새우과의 작은 새우 ●糠雨(강우) : 가랑비

글뜻 ●饑(기)는 식(食)과 기(幾)의 형성자. 본뜻은 '흉년에 곡식이 익지 않다'. 나중에 '주리다'로 변함. ●厭(염)은 《집운》에서 '포(飽)'와 동일한 뜻이라 하였다. ●糟(조)는 미(米)와 조(曹)의 형성자. '술 재강'. ●糠(강)은 미(米)와 강(康)의 형성자. '쌀겨'이다.

親戚故舊
친 척 고 구

의의 일가 중에 부모 형제간의 예는 물론이고 친척을 대할 때도 마찬가지다.

출전 《예기》의 〈곡례 상(曲禮 上)〉에 '고주여어당칭기효야 형제친척칭기자야(故州閭御黨稱其孝也 兄弟親戚稱其慈也)'에서 인용하였다.

해설 예전에는 가정 안에서의 생활을 《내훈(內訓)》이라는 항목으로 다스려왔다. 이것은 집안에서의 남녀간의 예법이라든가 또는 부모와 시집 식구 간의 예의도 다루었다.

아들이 부모를 섬길 때에는 첫닭이 울면 일어나 세수를 하고 양치질을 하며, 머리를 빗고, 상투를 틀고, 비녀를 꽂고 술을 붙이는 등등으로 여러 과정을 거쳤다. 어디 그뿐인가, 다발머리 위 먼지를 털어내고, 갓을 쓰고 갓끈을 드리운다. 또한 왼쪽과 오른쪽에 여러 가지의 장신구를 차기도 했으며, 행전을 치고 끈을 맨 후 그제야 신발을 신는다.

또한 친척 등의 노인 등을 봉양함에 있어서 오제(五帝)의 시대에 있어서는 그들의 덕행을 따랐다. 물론 기력과 신체만을 봉양하였다. 친척들이 선한 말을 했을 때에는 그것을 기록해 두었다가 다시 꺼내어 보는 것이 노인에 대한 공경의 법이었다. 그래서 증자는 말한다.

"효자가 나이 든 분(부모 등)을 봉양하는 데엔 그 마음을 즐겁게 해주고 뜻을 거역하지 않으면, 그의 귀와 눈을 즐겁게 해주며, 그의 거처를 편안히 해주며, 음식으로 정성을 다하되 효자의 몸이 다할 때까지 해야 한다."

효자의 몸이 다할 때까지라는 것은, 부모의 명이 다할 때까지가 아니라 그 자신의 목숨이 다할 때까지를 뜻한다. 그래서 효도라는 것은 쉽지 않다.

親	
친할 **친**	[見부 9획, 총16획] 영 friendly 중 亲 qīn 일 シン(おや·したしい)
戚	
겨레 **척**	[戈부 7획, 총11획] 영 relative 중 戚 qì 일 セキ(みうち)
故	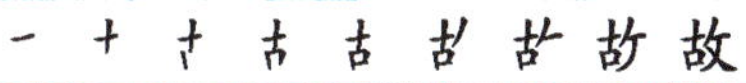
예 **고**	[攴부 5획, 총9획] 영 ancient 중 故 gù 일 コ(ふるい·ゆえに)
舊	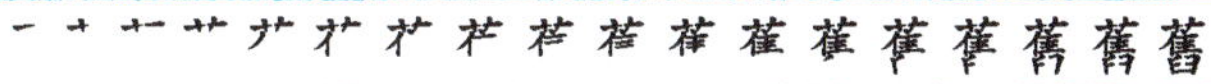
예 **구**	[臼부 12획, 총18획] 영 old 중 旧 jiù 일 旧 キコウ(ふるい)

쓰임 ●親密(친밀) : 썩 사이가 좋은 상태를 뜻함 ●親山(친산) : 부모의 산소 ●親族(친족) : 친척 ●戚臣(척신) : 임금의 외척이 되는 신하 ●故居(고거) : 옛날에 살던 곳 ●故山(고산) : 고향 ●舊基(구기) : 옛터 ●舊態(구태) : 옛 모습

글뜻 ●親(친)의 본뜻은 '사랑이 지극한 것'. 나중에 《집운》에서 '일반 친척'으로 바뀜 ●戚(척)의 본뜻은 '큰도끼'. 뒤에 《통훈정성》에서 '친척'으로 변했다. ●故(고)는 복(攴)과 고(古)의 형성자. 본뜻은 '부리다'. 《광운》에서 구(舊)의 뜻으로 변했다. ●舊(구)는 소리를 구(臼)에서 취했다.

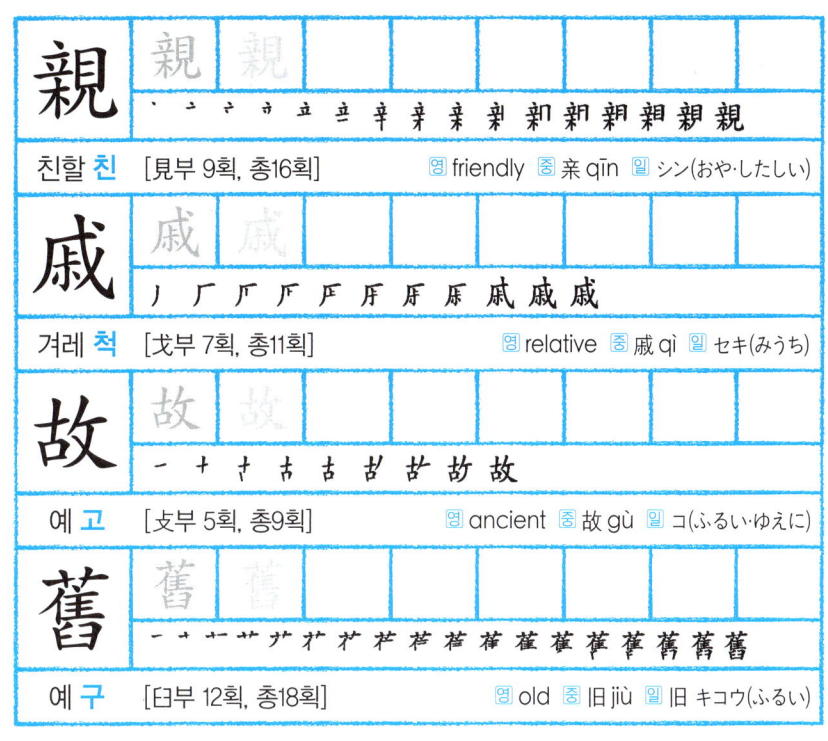

206

老少異糧
노 소 이 량

의의 늙은이와 젊은이의 음식을 달리 해야 한다.

출전 《논어》의 〈태백〉의 '고구불유칙민불투(故舊不遺則民不偷)'를 인용하였다.

해설 《후한서》에는 다음과 같이 쓰여 있다.

'인간은 단순히 연령과 함께 늙는 것이 아니다. 인간은 이상을 상실하기 때문에 늙는다. 연령과 함께 피부에는 주름살이 진다. 그러나 이 세상일에 흥미를 잃어버리지 않는다면 그 마음엔 주름이 잡히지 않을 것이다.'

사람은 누구나 늙어간다. 이것은 어쩔 수 없는 자연의 법칙이다. 다시 말해 늙는다는 사실에 대해, 자연에 대해 반항할 필요가 없는 것이다.

우리는 인생의 교향악에 대해 생각한다. 평화, 정밀, 안락, 정신적인 안정 등등. 이러한 것들은 시시때때로 변화되어 오고 간다. 최선을 다하여 산 다음에 느끼는 노년, 이것은 붉게 물든 저녁노을처럼 아름다운 것이다. 그래서 《채근담》에서는 이렇게 노래한다.

'하루해가 저물었으니 오히려 저녁 노을이 아름답고 한 해가 장차 저물려 해도 귤 향기가 꽃답다. 그러므로 일생의 말로인 만년은 군자가 마땅히 정신을 다시 백배할 때이다.'

이렇게 나이가 든 노인들의 접대는 결코 소홀해서는 안 된다. 다시 말해 젊은이가 먹을 음식과 노인 분들이 드실 음식에는 구분이 있어야 한다는 점이다.

본 절에 있어 고구(故舊)는 친지나 옛친구라는 의미다. 또한 노소(老少)라고 했을 때에, 노(老)는 60세 이상을 뜻하며, 소(小)는 12세 이하이다. 《진서(晉書)》〈식화지(食貨志)〉에도 그렇게 구분하였다.

老

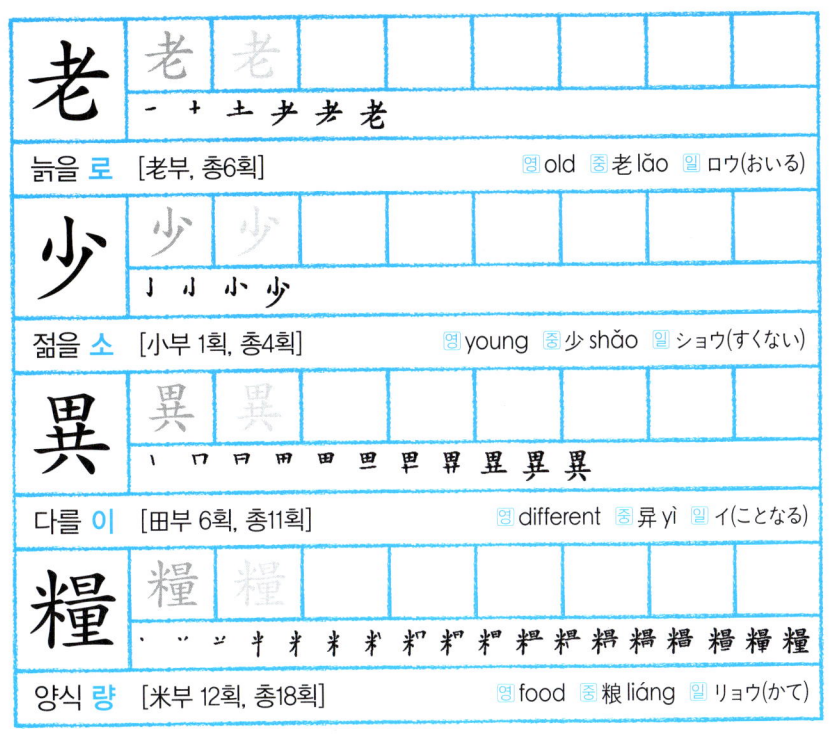

늙을 **로** [老부, 총6획] 영 old 중 老 lǎo 일 ロウ(おいる)

少

젊을 **소** [小부 1획, 총4획] 영 young 중 少 shǎo 일 ショウ(すくない)

異

다를 **이** [田부 6획, 총11획] 영 different 중 异 yì 일 イ(ことなる)

糧

양식 **량** [米부 12획, 총18획] 영 food 중 粮 liáng 일 リョウ(かて)

쓰임 ●老境(노경) : 늙바탕, 또는 노년에 이르렀음 ●老炎(노염) : 늦더위 ●少量(소량) : 적은 분량 ●少時(소시) : 나이 어린 시절 ●異見(이견) : 남과 다른 생각 ●異彩(이채) : 특별히 나는 빛깔 ●糧穀(양곡) : 양식이 되는 곡물 ●糧食(양식) : 식량 또는 원천이 되는 것

글뜻 ●老(노)는 인(人)과 비(匕)와 모(毛)와의 회의자. 사람이 늙으면 허리가 굽어 형태가 변화하므로 이 글자는 '70세의 노인'을 나타낸다. 다만 설문에서는 모(毛)와 비(匕)의 합으로만 풀이했다. ●少(소)는 소(小)와 별(丿)의 형성자. '적다'로 풀이했다. ●異(이)의 본뜻은 '가르다'. ●量(량)은 미(米)와 량(量)의 형성자. 본뜻은 '식량의 총칭'이다.

207

妾御績紡
첩 어 적 방

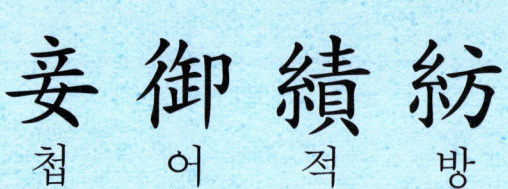

의의 아내와 첩과 시녀는 성실하게 길쌈으로 살림한다.

출전 《예기》의 〈내칙(內則)〉에서 인용하였다.

해설 《예기》의 '내칙'에서 다음과 같이 다루고 있다.

'부모에게 종의 몸에서 낳은 자식이나 혹은 첩의 몸에서 낳은 자식, 또는 서손 중에서 매우 사랑하는 자가 있으면 비록 부모가 죽은 뒤에라도 그들을 종신토록 공경해야 한다.

자식에게 첩이 둘 있다고 할 때 자식이 한 여인을 사랑하고, 남은 여인을 그 부모가 사랑한다고 하면 음식이나 의복, 또는 시키는 일이 있어서도 감히 부모를 사랑하는 자와 비등하게 할 수는 없다. 부모가 죽은 뒤라도 그것이 변해서는 안 된다.

자기가 부인을 지극히 사랑한다 해도 부모가 그를 싫어하면 내보내야 하고, 아내를 사랑하지 않는다 해도 부모가, '이 며느리가 나를 잘 섬긴다'

이렇게 말하면 죽을 때까지 부부의 도리를 지켜야 한다. 부모가 이미 세상을 떠났다고 해도 장차 좋은 일로 이름을 남길 일이 있으면, 부모에게 명예가 돌아가도록 반드시 행해야 하며, 나쁜 일로 부모의 이름을 욕되게 할 일이면 절대로 해선 안 된다.

시아버지가 죽고 나면 시어머니나 맏며느리에게 살림을 맡긴다. 맏며느리는 제사를 지내고 손님을 대접하는 일 등의, 매사에 게으름을 피워서는 안 된다.

모르는 것은 시어머니에게 물어서 하고 작은며느리는 맏며느리에게 물어서 그 지시를 받아야 한다. 시부모가 만일 작은며느리에게 일을 시키면 마땅히 그 일에 대해 복종해야 하며, 감히 맏며느리에게 대항하거나 동등한 위치로 생각하여서는 안 된다. 맏며느리와 작은며느리는 감히 어깨를 나란히 하여 다닐 수 없으며, 어른의 명령이 없이는 나란히 앉지도 못한다.'

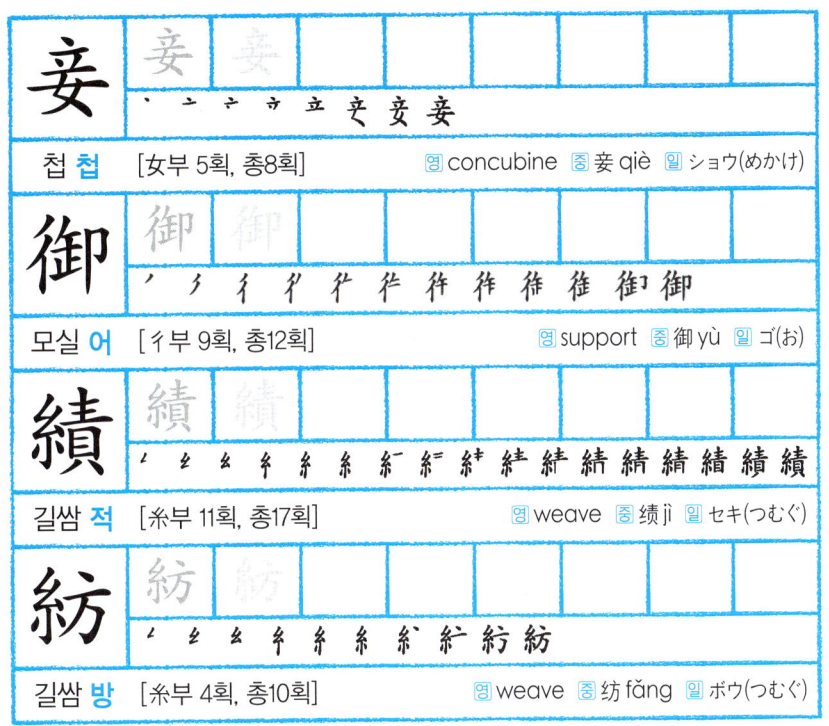

妾	첩 **첩** [女부 5획, 총8획] 영 concubine 중 妾 qiè 일 ショウ(めかけ)
御	모실 **어** [彳부 9획, 총12획] 영 support 중 御 yù 일 ゴ(お)
績	길쌈 **적** [糸부 11획, 총17획] 영 weave 중 绩 jì 일 セキ(つむぐ)
紡	길쌈 **방** [糸부 4획, 총10획] 영 weave 중 纺 fǎng 일 ボウ(つむぐ)

쓰임 ●妾室(첩실) : 남의 첩을 점잖게 이르는 말 ●御命(어명) : 임금의 명령 ●御衣(어의) : 임금이 입는 옷 ●績女(적녀) : 실을 잣는 여인 ●紡績(방적) : 길쌈 ●紡織(방직) : 실을 잣고 나서 피륙을 짬

글뜻 ●妾(첩)은 신(辛)과 여(女)의 회의자이다. 이 글자들이 합하여 '첩(妾)'으로 됐으며, 첩은 시집을 가지 못한다. ●御(어)의 회의자. 본뜻은 '말을 부리다'이고, 나중에 '윗사람을 모시는 자'로 변했다. ●績(적)은 사(糸)와 책(責)의 형성자. 본뜻은 '낳은 실'이다. ●紡(방)은 뜻을 나타내는 실 사(糸)와 음(音)을 나타내는 글자 方(방)의 형성자이다.

208

侍巾帷房
시 건 유 방

의의 안방에서는 수건과 빗을 들고 남편을 섬긴다.

출전 《진서》의 〈오은삼전(吳隱三傳)〉의 '가인적방 인공조석(家人績紡 人供朝夕)'에서 인용하였다.

해설 《예기》의 〈내칙〉에서 다시 말한다.

'부모의 가래침과 콧물을 남에게 보이지 않으며 부모의 갓과 띠에 때가 묻었으면 잿물로 빨래할 것을 청하고, 옷이 터지거나 찢어졌을 때에는 바느질을 청한다. 닷새마다 물을 덮혀 목욕하기를 청하고 그 동안 얼굴에 때가 끼었으면, 쌀뜨물을 끓여 세수할 것을 청하고 발에 때가 있을 때에는 물을 끓여 씻기를 청한다.

나이 어린 자가 연장자를 섬기기나 천한 자가 귀한 자를 섬길 때에도 이와 같이 해야 한다. 남자는 집안에서 하는 일에 대하여 말을 하지 않으며, 밖에서 하는 일에 대해 함부로 말하지 않는다. 제사 때나 상중이 아니면 서로 그릇을 주고받지 않으며, 초상이 났을 때에 부득이 주고받을 일이 생기면, 그릇을 광주리에 넣어 주고받으며, 광주리가 없을 때에는 꿇어앉아 그릇을 땅에 놓으면 가져가는 이도 꿇어앉아 이를 가져간다. 남녀가 우물을 함께 쓸 수 없으며, 목욕을 함께 하지 않으며, 침석에서도 터놓고 지내지 않으며, 물건을 빌려오거나 쓰지 않으며, 의상을 서로 바꾸어 입지를 않는다.

집안 얘기는 밖에 새어나가지 않게 하며, 바깥 얘기가 안으로 들어오는 것도 막는다. 남자는 집안에서 휘파람을 불지 않으며 손가락질도 하지 않는다. 밤길을 갈 때에는 반드시 촛불을 들고 가며, 여자가 문을 나설 때에는 얼굴이 보이지 않도록 가리며, 밤길을 갈 때에는 촛불을 준비하되, 촛불이 없

을 때에는 가기를 중지한다. 길을 갈 때엔 남자는 우측, 여자는 좌측을 사용한다.'

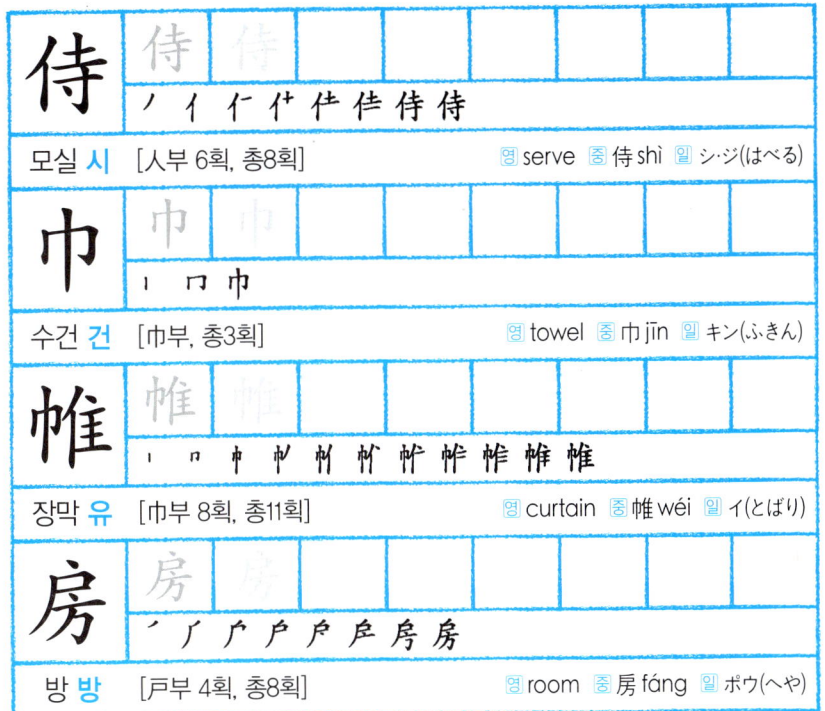

侍	侍	侍						
	丿 亻 亻 仕 仕 侍 侍 侍							
모실 시	[人부 6획, 총8획]				영 serve 중 侍 shì 일 シ·ジ(はべる)			
巾	巾	巾						
	丨 冂 巾							
수건 건	[巾부, 총3획]				영 towel 중 巾 jīn 일 キン(ふきん)			
帷	帷	帷						
	丨 冂 巾 巾 巾 巾 巾 帷 帷 帷 帷							
장막 유	[巾부 8획, 총11획]				영 curtain 중 帷 wéi 일 イ(とばり)			
房	房	房						
	丶 厂 户 户 户 房 房 房							
방 방	[戶부 4획, 총8획]				영 room 중 房 fáng 일 ボウ(へや)			

쓰임 ●侍童(시동) : 곁에 두고 시중을 들게 하는 아이 ●侍臣(시신) : 임금 가까이서 모시는 신하 ●巾帶(건대) : 옷과 대 ●巾櫛(건즐) : 수건과 빗 ●帷幕(유막) : 휘장과 천막 ●帷屋(유옥) : 휘장과 막 ●房舍(방사) : 사람이 거처하기 위해 집안에 만들어진 간. 방성을 말함.

글뜻 ●侍(시)는 인(人)과 사(寺)의 형성자. 본뜻은 '받다'인데, 육서고(六書故)에서 '옆으로 모시다'로 변함. ●巾(건)은 경(冂)과 궐(亅)의 회의자. '띠에 차는 수건'을 뜻함. ●帷(유)는 건(巾)과 추(隹)의 형성자. 본뜻은 '옆으로 늘어뜨린 휘장'이다. ●房(방)은 호(戶)와 방(方)의 형성자. 설문에서는 '옆에 있는 것을 방'이라 하였다.

209

紈扇圓潔
환 선 원 결

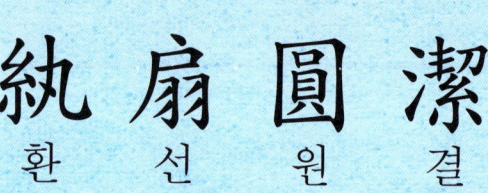

의의 방안에는 흰 비단으로 만든 둥글고 깨끗한 부채가 놓였다.

출전 반첩여(班婕妤)의 〈원가행(怨歌行)〉에서 인용을 하였다.

해설 '원가행'의 작자인 반첩여는 한나라 성제(成帝) 때의 미인이다. 그녀는 황제로부터 극진한 총애를 받았으나, 나중에 조비연이라는 여인이 나타나 그녀를 무고하면서 상황이 달라져 갔다. 그녀는 황제의 사랑을 빼앗긴 것도 억울한데 오히려 저주한다는 무고까지 받았으니 참으로 참담한 심정이었다. '원가행'은 그러한 자신의 심중을 읊은 것이다.

새로 끊은 제나라의 비단은
희고 깨끗한 것이 서리나 눈 같구나
마름질을 하여 합환선을 만드니
이지러진 곳 하나 없는 명월 같아라

그대 소매 속을 드나들며 흔들며
움직이며 미풍을 스미게 하네
항상 두려운 것은 곧 가을이 와서
산들바람이 더위를 뺏을까 함이네

나는 늘 염려하고 있었는데
누구나 가을이 오면
부채를 상자 속에 넣어버리는데

생각하는 마음이 중도에 끊어져 버렸네

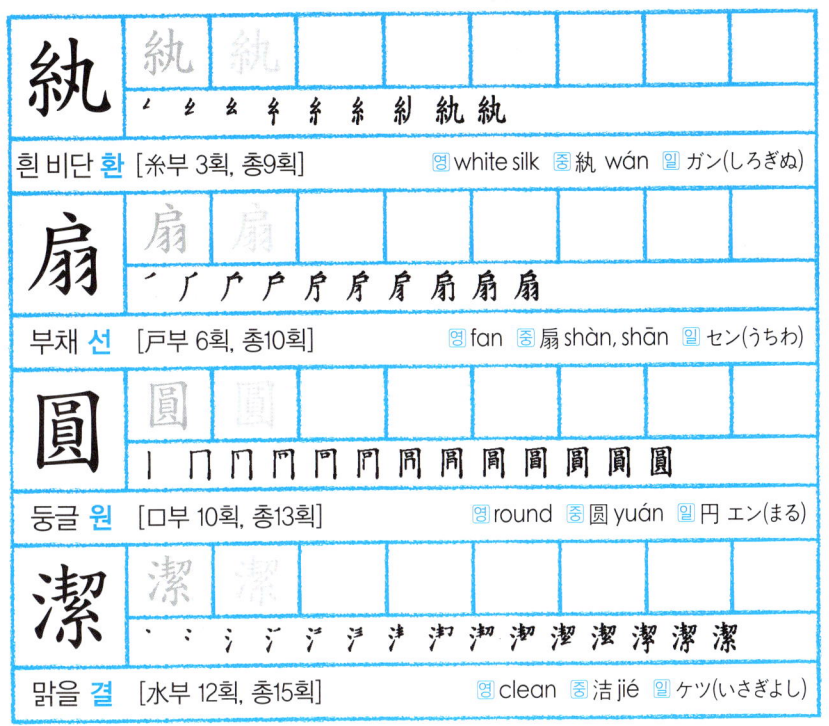

紈	紈 紈
흰 비단 **환** [糸부 3획, 총9획]	영 white silk 중 紈 wán 일 ガン(しろぎぬ)
扇	扇 扇
부채 **선** [戶부 6획, 총10획]	영 fan 중 扇 shàn, shān 일 セン(うちわ)
圓	圓 圓
둥글 **원** [口부 10획, 총13획]	영 round 중 圆 yuán 일 円 エン(まる)
潔	潔 潔
맑을 **결** [水부 12획, 총15획]	영 clean 중 洁 jié 일 ケツ(いさぎよし)

쓰임 ●紈袴(환고) : 하얀 비단으로 만든 바지 ●紈素(환소) : 흰 비단 ●扇動(선동) : 부추김 ●扇形(선형) : 부채꼴 ●圓覺(원각) : 부처의 원만한 깨달음 ●圓柱(원주) : 둥근 기둥 ●潔白(결백) : 마음이 깨끗하여 켕기는 게 없음 ●潔癖(결벽) : 유난히 깨끗함을 좋아하는 성격

글뜻 ●紈(환)은 사(糸)와 환(丸)의 형성자. 본뜻은 '가늘고 긴 생견'이다. ●扇(선)은 호(戶)와 우(羽)의 회의자. 본뜻은 '문짝'이다. 문짝이 날개같이 움직이면 바람을 일으키므로 '부채'가 되었다. ●圓(원)의 본뜻은 '완전한 원형'이다. ●潔(결)은 수(水)와 계(契)의 형성자. '맑다'였으나 '희다'로 풀이함.

210

銀燭煒煌
은 촉 위 황

의의 은촛대의 불빛은 광채가 휘황하다.

출전 《습유기(拾遺記)》와 〈편해(篇海)〉에서 인용하였다.

해설 앞절에서 인용되었던 〈원가행〉은 자신을 깨끗한 흰 부채에 비유하고, 그 다음에는 스스로가 두려워하던 일이 현실로 나타났음을 탄식한 내용이다. 나중의 일이지만 반첩여는 태후의 장신궁에서 살게 해달라고 애원했다. 그러다가 성제가 죽은 뒤에는 그의 묘릉에서 봉사하였다. 다음의 〈고시〉 역시 반첩여의 원가행과 같은 맥락이다.

멀고 멀기만 한 견우성아
교교한 자태의 직녀성아
고운 손을 드러내어
찰칵찰칵 소리내어 베 짜네

종일토록 베를 짜도
아름다운 무늬는 되지 않고
눈물은 비가 되어
하염없이 떨어진다

은하수의 물은 맑고 옅으며
떨어진 거리 또한 멀지 않건만
물이 가득한 냇물 사이어서

묵묵히 말이 없어라

군신간의 소원함이나 부부 이별을 탄식한 것이라고 풀이한다. 서로 묵묵히 바라볼 뿐 말 한마디 할 수 없는 것은 필시 운명일 것이다.

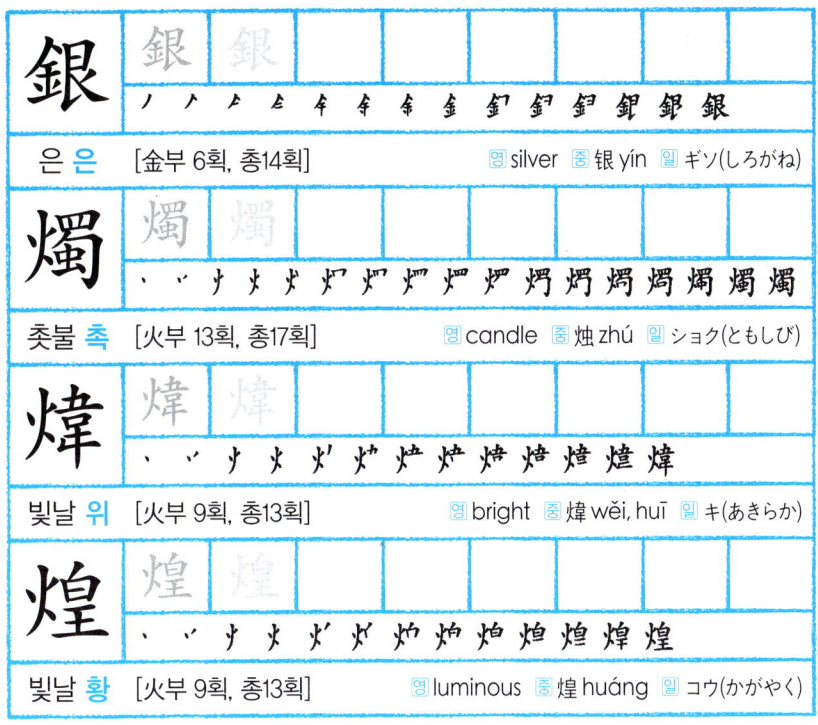

한자	훈음	부수·획수	뜻
銀	은 은	[金부 6획, 총14획]	영 silver 중 银 yín 일 ギン(しろがね)
燭	촛불 촉	[火부 13획, 총17획]	영 candle 중 烛 zhú 일 ショク(ともしび)
煒	빛날 위	[火부 9획, 총13획]	영 bright 중 炜 wěi, huī 일 キ(あきらか)
煌	빛날 황	[火부 9획, 총13획]	영 luminous 중 煌 huáng 일 コウ(かがやく)

쓰임 ●銀幕(은막) : 영사막 혹은 영화계 ●銀河(은하) : 은하수의 다른 이름 ●燭臺(촉대) : 촛대 ●燭數(촉수) : 전등 촉광의 도수 ●煒燎(위요) : 빛나게 비침 ●惶惶(황황) : 번쩍 번쩍 빛이 나는 모양

글뜻 ●銀(은)은 금(金)과 간(艮)과의 형성자. 설문에는 '흰 쇠'로 풀이했다. ●燭(촉)은 화(火)와 촉(蜀)의 형성자. 본뜻은 '들의 횃불'이다. 《광운》에서는 '등불'이라고 하였다. ●煒(위)는 화(火)와 위(韋)의 형성자. '매우 밝다'라는 뜻이다. ●惶(황)은 화(火)와 황(皇)의 형성자. '빛나다'라는 뜻.

211

晝眠夕寐
주면석매

의의 낮에는 낮잠을 자고, 밤이 되면 잠자리에서 잠을 이룬다.

출전 《남제서(南齊書)》〈동혼후기(東昏侯記)〉의 '주면야기여평상(晝眠夜起如平常)'과 《송서》〈무제기〉에서 인용하였다.

해설 주면(晝眠)은 낮잠, 석매(夕寐)는 저녁잠이다. 낮에 한가로우면 평상에서 쉬고, 밤에는 사랑하는 님과 잠자리에 든다. 참으로 정겹고 아름다운 풍경이다.

즐겁다 산골짜기에
님의 마음 너그러워
홀로 잠들고 홀로 말하고
잊으리, 이 마음의 경계

즐거워라 그 언덕
님의 마음이 한가로워라
홀로 잠들고 홀로 노래하네
그르침이 없어라 이 마음의 경계

즐겁다 언덕 위에
님의 마음 유유하여라
홀로 깨어서 자고
알리지 말라, 이 마음의 경계

무척이나 한가로운 모습이다. 주에는 어진 인사가 한가롭게 살고 있는 모습이라 하였다. 안빈낙도하는 모습, 이것이야말로 즐거움을 이루는 것이라 했다.

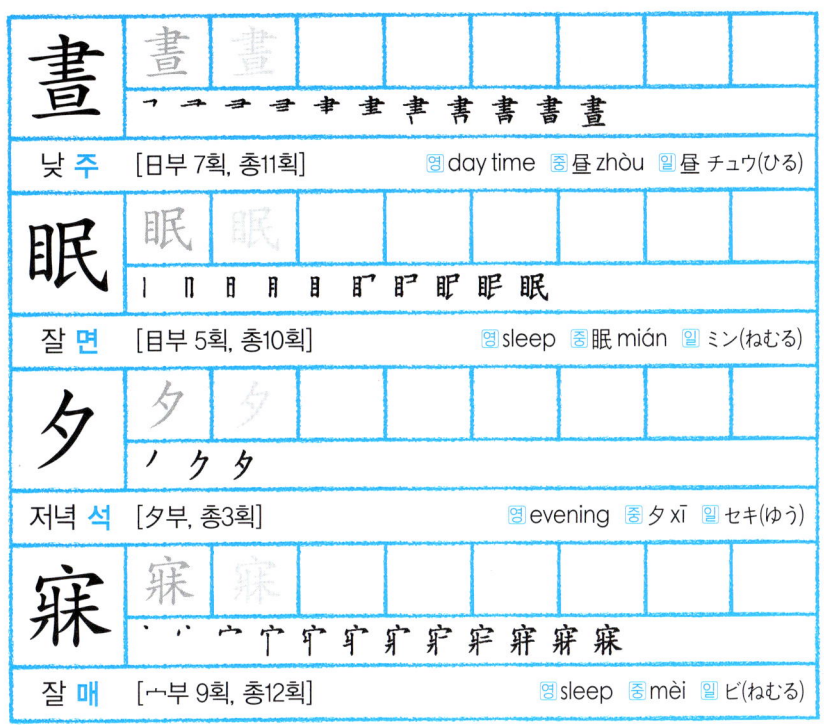

晝	晝 晝
낮 주	[日부 7획, 총11획] 영 day time 중 昼 zhòu 일 昼 チュウ(ひる)
眠	眠 眠
잘 면	[目부 5획, 총10획] 영 sleep 중 眠 mián 일 ミン(ねむる)
夕	夕 夕
	ノ ク 夕
저녁 석	[夕부, 총3획] 영 evening 중 夕 xī 일 セキ(ゆう)
寐	寐 寐
잘 매	[宀부 9획, 총12획] 영 sleep 중 mèi 일 ビ(ねむる)

쓰임 ●晝間(주간) : 낮동안 ●晝食(주식) : 점심밥 ●眠睡(면수) : 깊은 잠 ●眠食(면식) : 사람의 행동거지 ●夕刊(석간) : 저녁에 발행되는 신문 ●夕室(석실) : 묘지 ●寐興(매흥) : 밤늦게 자고 아침 일찍 일어남.

글뜻 ●晝(주)의 본뜻은 '해가 뜰 때부터 질 때까지의 시간'이다. ●眠(면)의 본자는 瞑(명)으로 목(目)과 명(冥)의 회의자. 본뜻은 '눈을 감다'. 《정자통》에서 '잠자다'의 뜻으로 하였다. ●夕(석)은 월(月)과 반견(半見)을 상형한 지사자. ●寐(매)의 본뜻은 '눕다'. 따라서 면(眠)은 눈을 감는 것이고, 침(寢)은 깊이 잠을 자는 것이다.

212

藍筍象牀
남 순 상 상

의의 푸른 대로 만든 대나무 돗자리와 상아 침대에서 잠을 이룬다.

출전 《정자통》에서 인용하였다.

해설 예전에는 궁중의 연회에서 신하들이 군왕을 송축하는 시가라고 풀이했다. 한편으로는 부부가 화락할 때의 모습도 있다. 앞 소절에서는 원앙새의 아름다움이 다복(多福)함을, 후반에서는 마구간의 말들이 풍족함을 일깨운다.

원앙새가 날면은
그물을 쳐 잡겠어요
님의 수명을 영원히
복 받으시게 하겠어요

원앙새가 둥지에서
왼쪽 깃을 거두네
님의 수명은 영원히
복도 끝도 없지요

마구에는 네 필의 말
여물을 주고 또 주고
님의 수명을 영원히
복이 이를 따르네

마구에는 네 필 말
조를 주고 여물을 주고
님의 수명을 영원히
복이 이를 받드소서

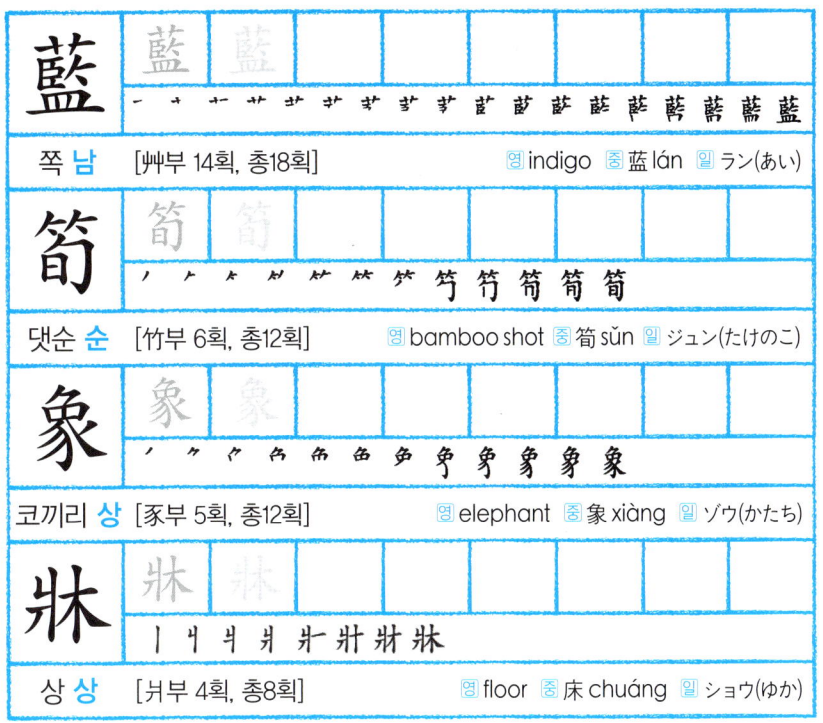

藍	쪽 **남** [艸부 14획, 총18획]	영 indigo 중 蓝 lán 일 ラン(あい)
筍	댓순 **순** [竹부 6획, 총12획]	영 bamboo shot 중 笋 sǔn 일 ジュン(たけのこ)
象	코끼리 **상** [豕부 5획, 총12획]	영 elephant 중 象 xiàng 일 ゾウ(かたち)
牀	상 **상** [爿부 4획, 총8획]	영 floor 중 床 chuáng 일 ショウ(ゆか)

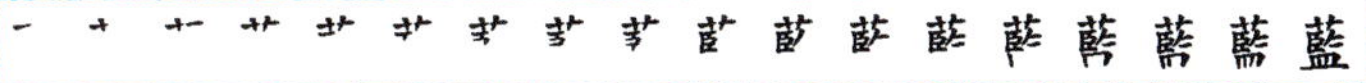

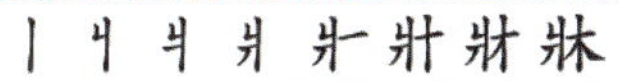

쓰임 ●藍褸(남루) : 누더기 ●藍靑(남청) : 짙푸른 색깔 ●稚筍(치순) : 어린 죽순 ●象牙(상아) : 코끼리 어금니 ●象徵(상징) : 유사성이 있는 사물을 연상할 수 있는 일 ●牀榻(상탑) : 깔고 앉거나 눕는 기구

글뜻 ●藍(남)은 초(艸)와 감(監)의 형성자. 본뜻은 '청으로 염색하는 쪽풀'. ●筍(순)은 죽(竹)과 순(旬)의 형성자. 본뜻은 '대싹'이다. 나중에 '죽제의 자리'로 변했다. ●象(상)은 코끼리를 그린 상형자. ●牀(상)은 목(木)과 장(爿)의 형성자. 신체를 안치하고 좌와(坐臥)하는 기구이니 곧 '침상'이다.

213

絃歌酒讌
현가주연

의의 악기를 연주하고 노래하는 연회장에서는 잔을 주고받기도 한다.

출전 《주례(周禮)》의 춘관(春官) 소사(小師)와 《논어》의 양화(陽貨), 《한서》의 〈소광전〉에서 인용하였다.

해설 악기를 연주하고 노래를 잘하는 이는 하상기음(下上其音)에 뛰어났다고 했다. 이를테면 소리를 높였다가 낮추는 솜씨가 뛰어나다는 말이다. 이런 얘기가 《악부잡록(樂府雜錄)》에 전한다.

당나라의 개원 연간에 영신(永新)이라는 이름을 가진 궁녀가 있었다. 이른바 궁기인 셈이다. 그녀가 노래를 부르기만 하면 그 소리는 멀리까지 퍼져 나갔다.

어느 날 근정루에서 주회가 열렸다. 사람들이 들끓었다. 여러 기생들이 노래를 불렀으나 관중이 워낙 몰려든 바람에 소음 속에 섞이어버렸다. 다시 말해 군중들의 귀에는 노랫소리가 들리지 않았다는 것이다.

이때 영신이 슬며시 앞으로 나가 손을 들었다. 그것은 자신이 한 곡조 뽑겠다는 의사표시였다. 빠른 반주와 함께 영신의 노랫소리가 장내를 수놓았다. 주위가 일시에 조용해졌다. 그 후에 영신은 어양에서 난리를 맞이했다. 궁녀들이 우왕좌왕하던 가운데 영신은 어떤 사인과 함께 도망쳤다.

그러던 어느 날이었다. 위고(韋皐)라는 이가 광릉에 있었는데 문득 달 밝은 밤에 노랫소리를 들었다.

"이것은 영신의 노래가 아닌가!"

위고는 소리가 나는 곳으로 가까이 갔다. 과연 배 안에는 영신이 있었다. 그녀는 연이어 일어난 재난에 사인도 잃고 구슬피 울고 있었다. 사랑과 행복에 비해 비탄의 시간은 길었다. 그녀는 끝내 영화를 누리지 못했다.

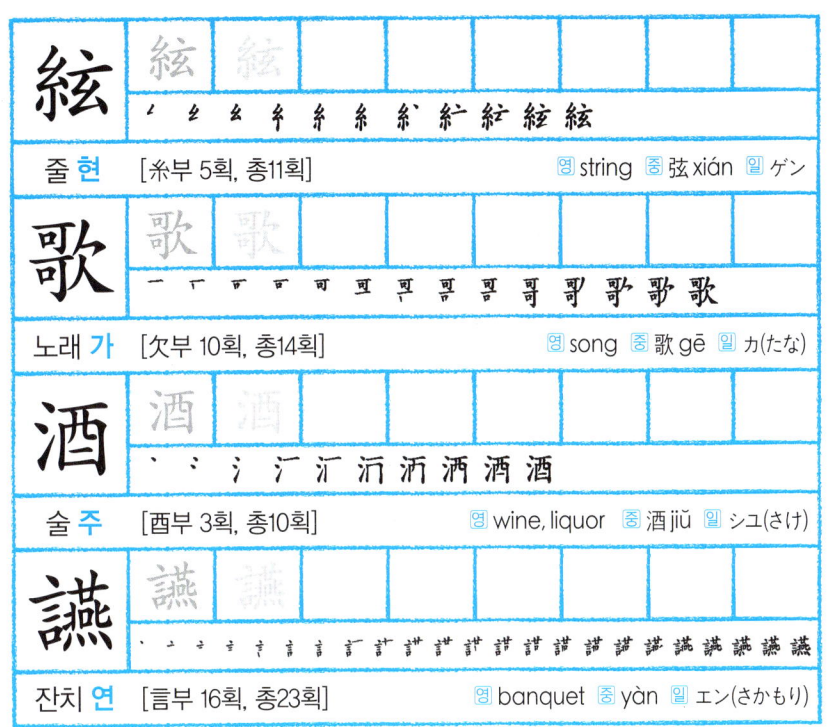

絃	줄 **현** [糸부 5획, 총11획] 영 string 중 弦 xián 일 ゲン
歌	노래 **가** [欠부 10획, 총14획] 영 song 중 歌 gē 일 カ(たな)
酒	술 **주** [酉부 3획, 총10획] 영 wine, liquor 중 酒 jiǔ 일 シュ(さけ)
讌	잔치 **연** [言부 16획, 총23획] 영 banquet 중 yàn 일 エン(さかもり)

쓰임 ●絃樂器(현악기) : 줄을 타거나 켜서 소리를 내는 악기 ●弦如(현여) : 이어서, 연속하여 ●歌曲(가곡) : 노래와 그 곡조 ●歌人(가인) : 노래를 부르는 사람 ●酒量(주량) : 술을 마시고 견딜 수 있는 양 ●酒宴(주연) : 술잔치 ●讌語(연어) : 터놓고 얘기함 ●讌會(연회) : 연회(宴會)를 뜻함

글뜻 ●絃(현)은 멱(糸)과 현(玄)의 회의자. '궁에 줄을 당기다'라는 뜻. ●歌(가)는 흠(欠)과 가(哥)의 형성자. '길게 노래한다'는 뜻. ●酒(주)는 수(水)와 유(酉)의 회의 형성자. ●讌(연)은 언(言)과 연(燕)의 형성자. 본뜻은 '집합하여 말하다'.

214

接杯擧觴
접 배 거 상

의의 술잔을 높이 들어 비우기도 한다.

출전 조려의 감명시(感明詩) '대빈송유객 상거영로사(對賓頌有客觴擧詠露斯)'에서 인용하였다.

해설 《전국책》에 의하면, 술은 우(禹) 임금 때에 처음으로 만들었다고 했다. 의적(儀狄)이라는 이가 만들어 바쳤는데, 우 임금은 술을 맛보고 나서 반드시 후손 중에 술로써 나라를 망치는 위인이 있겠다 하여 그를 멀리하였다.

《당시》에 나오는 이백의 시를 음미해본다.

술을 마시다 보니
어느덧 날은 어둡고
옷자락에 수북히 쌓인 낙화여
취한 걸음 시냇물의 달을 밟고 돌아갈 때
새도 사람도 없이 나혼자이구나

그런가 하면 이런 애주가도 있다. 진나라 때에 필탁(畢卓)이 이부랑이 되었을 때였다. 당시 이부청 안에는 양조소가 있었다. 궁 안에서 여러 모양으로 쓸 술이고 보니 그 양이 엄청났을 것은 뻔한 일이다. 어느 때인가 술이 달게 익었다.

"참으로 냄새 한 번 좋구나!"

필탁은 안으로 들어갔다. 냄새가 향긋한 항아리 뚜껑을 열어 한 잔 두 잔 도음(盜飮)했다. 결국은 술이 취해 이부청의 관원에게 붙들렸는데, 이부에서는 벌을 내리지 아니하고 아예 술독 옆에 자리를 깔고 맘껏 마시게 배려했다. 그는 이런 말을 넋두리처럼 중얼거렸다는 것이다.

"술을 가득 배에 싣고서 한 손에는 안주로 게 집게발을 들고 한 손엔 술잔을 들고 한없이 떠가고 싶어."

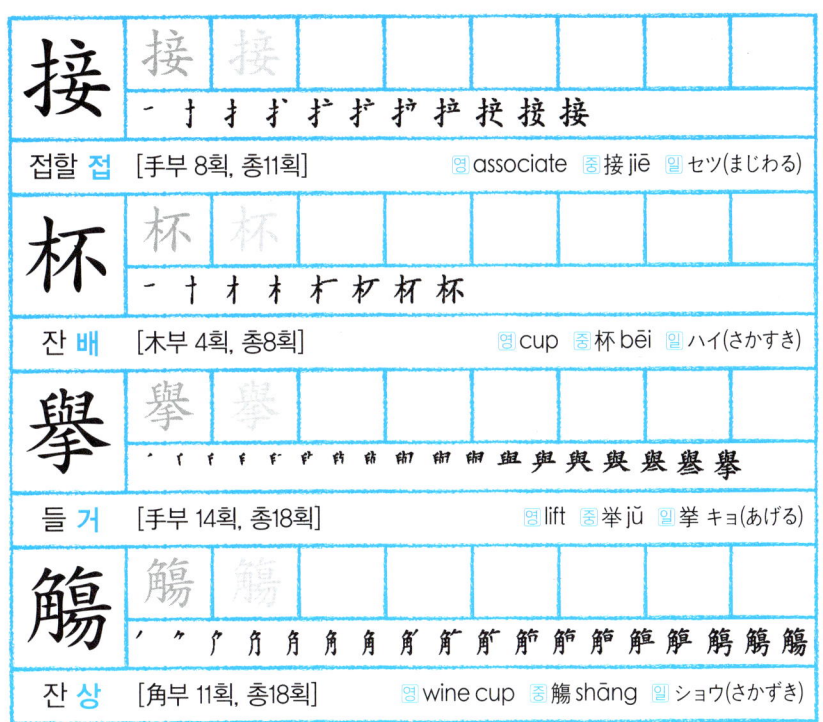

한자	훈음	부수·획수	영	중	일
接	접할 접	[手부 8획, 총11획]	associate	接 jiē	セツ(まじわる)
杯	잔 배	[木부 4획, 총8획]	cup	杯 bēi	ハイ(さかずき)
擧	들 거	[手부 14획, 총18획]	lift	举 jǔ	挙 キョ(あげる)
觴	잔 상	[角부 11획, 총18획]	wine cup	觴 shāng	ショウ(さかずき)

쓰임 ●接客(접객) : 손님을 접대함 ●接口(접구) : 음식을 조금 먹음 ●杯酒(배주) : 잔에 부은 술●擧家(거가) : 온 집안 ●擧用(거용) : 끌어올려 씀 ●觴詠(상영) : 술 마시고 시가를 읊음

글뜻 ●接(접)은 수(手)와 첩(妾)의 형성자. '잇다'의 뜻. ●杯(배)는 목(木)과 부(否)의 형성자. 본뜻은 '작은 잔'이다. ●擧(거)는 수(手)와 여(與)의 형성자. '두 손을 들다'라는 뜻. ●觴(상)의 본뜻은 '술이 가득찬 술잔'이다.

215

矯手頓足
교수돈족

의의 손님을 청하여 술잔치를 베풀고 흥에 겨울 때에는 손을 들고 발을 들었다 올렸다 하며 춤을 춘다.

출전 《한비자》의 초견주(初見奏)를 인용하였다.

해설 아주 오랜 옛날, 진나라 왕 조식(曹植)은 평락전의 높은 누각에서 잔치를 벌였는데 한 말에 만 금이나 나가는 술을 마시면서 환락과 해학을 즐겼다 하였다. 주인이 되는 사람이 어찌 도가 없을손가. 우선은 술을 가져와 먼저 권하고 본다. 그러기 위해서는 오색으로 치장을 한 얼룩말이나, 천 금짜리의 모피 옷을 끌어내어 아이들을 불러 미주(美酒)와 바꾸도록 하여 영원히 다할 길 없는 무한한 인생의 기쁨을 친구와 함께 즐기려는 것이다.

그대는 보지 못하였는가
황하의 물이 천상에서 분류가 되어
다시 돌아오지 못하는 것을
고당 명경에 비치는 백발의 슬퍼함을 못 보았는가

이처럼 세월은 덧없고 인생은 무상하다
모든 일이 순조로울 때는
모름지기 즐길 필요가 있다
금으로 만든 술단지를

부질없이 달 아래에 두고

보고만 있지 말라
달밤에는 술을 흠뻑 마시면서
도도히 취흥이 일어야 한다

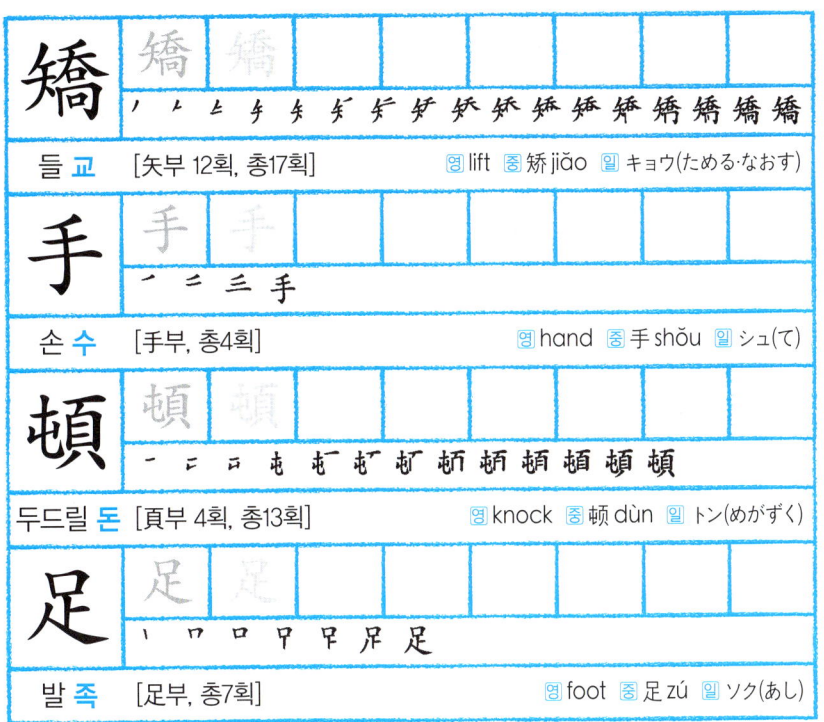

矯	들 교	[矢부 12획, 총17획] 영 lift 중 矫 jiǎo 일 キョウ(ためる·なおす)
手	손 수	[手부, 총4획] 영 hand 중 手 shǒu 일 シュ(て)
頓	두드릴 돈	[頁부 4획, 총13획] 영 knock 중 顿 dùn 일 トン(めがずく)
足	발 족	[足부, 총7획] 영 foot 중 足 zú 일 ソク(あし)

쓰임 ●矯正(교정) : 바로잡음 ●矯矯(교교) : 날래고 사나운 모양 ●手段(수단) : 일을 처리하는 방법 ●手腕(수완) : 일을 처리하는 솜씨 ●頓舍(돈사) : 군대가 진을 치고 주둔함 ●頓卒(돈졸) : 형편이나 처지가 딱하고 괴로움 ●足鎖(족쇄) : 죄인의 발목에 채우는 쇠사슬 ●足跡(족적) : 발자국

글뜻 ●矯(교)는 시(矢)와 교(喬)의 형성자. 본뜻은 '화살을 바로잡는 틀'. 나중에 '굽은 것을 바로잡다'의 뜻으로 바뀜. ●手(수)는 손을 표시한 상형자. 손가락을 펴면 수(手)가 되고, 주먹을 쥐면 권(拳)이 된다. ●頓(돈)의 본뜻은 '머리 숙여 땅을 두드림'. ●足(족)은 구(口)와 지(止)의 회의자.

216

悅豫且康
열 예 차 강

의의 모두들 기뻐하고 즐기니 마음이 평안하다.

출전 《후한서》 〈하창전(何敞傳)〉의 '은역불창, 여서열예(恩譯不暢 黎庶悅豫)'를 인용하였다.

해설 모두들 흥겹게 술을 마시고 춤을 추는 흥겨운 모습이다. 그런데 뜻밖에도 중국의 명언에는 술에 관한 인색한 문구가 심심찮게 등장한다.

'술이 훌륭한 사람을 더 훌륭히 했다는 말이 없고, 어리석은 사람은 술로 인해 더욱 어리석어질 뿐이다. 술은 구설수를 일으키고, 감정을 폭발시키며, 일을 저지르고, 변을 일으킨다. 혼자 마시는 술은 아직 괜찮다. 둘이 대작하는 술은 덜 좋다. 셋이 마주 앉아 마시게 되면, 마침내 그러한 폐단이 생기려 한다. 더구나 여러 사람이 왁자하게 모여 마시는 술이라면, 뜻하지 않은 변이 생기기 쉽다. 그러므로 여럿이 모여 술 마시는 자리는, 간단히 예를 차리는 것으로 족한 것이다. 굳이 흥을 돋을 필요는 없다. 또한 마음에 괴로움이 있어서, 그 괴로움을 잊기 위해 술을 마시는데, 이것도 나쁜 습관이니 삼가는 것이 좋다. 술로 하여금 사람이 그 운명을 그르치는 일을 생각할 때 더욱 그러하다.'

그러나 좋은 날에 일가친척·좋은 친구들을 불러 모아 마시는 술은 흥취가 겹다. 그래서 이백은 말한다.

"자, 이제 잠선생 삼씨와 원선생 단구씨에게 술을 권할 것인즉 이 술잔을 멈추지 말고 술을 들도록 청합시다. 자, 술잔을 꺾지 말고 단번에 마시도록 합시다. 내가 그를 위하여 노래를 부를 것이니 청컨대 그대들은 나의 노래를 들으십시오."

그렇게 하여 종을 쳐서 사람을 불러 모으고, 여러 솥으로 많은 사람을 먹이는 대가(大家)의 식사와 같은 자리를 마련한 것이다.

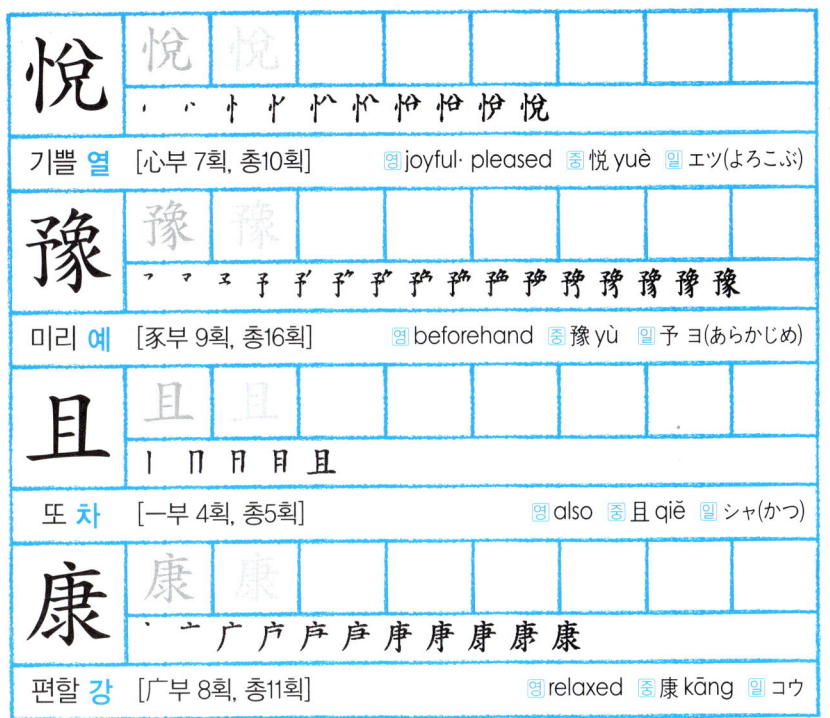

悅	悅 悅
	丶 忄 忄 忄 忄 忄 忄 悅
기쁠 **열** [心부 7획, 총10획]	영 joyful· pleased 중 悦 yuè 일 エツ(よろこぶ)
豫	豫 豫
	豫 (획순)
미리 **예** [豕부 9획, 총16획]	영 beforehand 중 豫 yù 일 予 ヨ(あらかじめ)
且	且 且
	丨 冂 月 月 且
또 **차** [一부 4획, 총5획]	영 also 중 且 qiě 일 シャ(かつ)
康	康 康
	丶 亠 广 户 户 序 序 康 康 康 康
편할 **강** [广부 8획, 총11획]	영 relaxed 중 康 kāng 일 コウ

쓰임 ●悅樂(열락) : 기뻐하고 즐거워함 ●悅服(열복) : 기쁜 마음으로 복종함 ●豫見(예견) : 미리 앞일을 내다봄 ●豫防(예방) : 탈이 나기 전에 미리 방비함 ●且問且答(차문차답) : 한편으로 물으면서 한편으로 대답함 ●且月(차월) : 음력 6월의 다른 이름 ●康寧(강녕) : 우환이 없고 평안함 ●康熙(강희) : 청나라 성조인 인황제의 현업의 연호

글뜻 ●悅(열)의 본뜻은 기뻐하다. ●豫(예)는 상(象)과 여(予)의 상형자. 본뜻은 '큰 코끼리'다. ●且(차)는 '공물을 담는 높은 뒤주'의 상형자. ●康(강)은 미(米)와 경(庚)의 형성자. 본뜻은 '겨', '편안'의 뜻으로 변함.

217

嫡後嗣續
적 후 사 속

의의 맏아들은 한 집안의 뒤를 이어 조상에게 제사를 지낸다.

출전 진어(晉語)에서 '사적기조 여곡지자(嗣續其祖 女穀之滋)'를 인용하였다.

해설 예(德)라는 것은 몸을 다스리는 그릇이다. 그러므로 크게 갖추는 것이다. 모든 행실이 크게 갖추어지면, 이것은 덕을 갖췄다고 해도 무방하다. 예라는 것은 결국 사람이 사악해지려는 것을 아름다움의 바탕으로 이끌어주는 것이다. 예를 일하는 데에 베풀면 어떤 일이라도 잘 행해진다. 그것은 마치 대나무가 푸른 껍질을 두르고 있는 것 같다고 하였다.

이런 까닭에 군자가 예를 다하면 평소 교분이 없는 자라 할지라도 가까이 하려 들고, 원망하는 자라도 뉘우치지 않는 자가 없다. 그리하여 사람이면 그 어진 덕에 감동하고, 귀신이면 그 덕을 흠향할 것이다.

오래전에는 제사를 1년에 한두 번, 봄이나 오곡이 풍성한 가을철의 정해진 날에 올렸다. 그러던 것이 송나라 때의 학자 정이천(程伊川)이 기제사(忌祭祀)라는 것을 창안하여 조상에게 제를 올렸다. 이전까지는 묘제(墓祭)니 시사(時祀)라는 것도 없었다. 앞서 지적한 대로 조상에 대한 제사는 봄과 가을에 사람들을 초청하여 성대히 올렸다. 그러므로 제사라는 것은 집안이나 혈손들의 과시욕의 하나일 수도 있었다.

그러나 정이천 본인은 귀신에 대한 존재를 믿지 않았다. 그의 이론에 정면으로 부인하는 친구를 만나면 흔연스럽게 말하기를, 살아있는 자손들이 조상 숭배의 정신을 불어넣기 위해서라는 것이다.

그런 점으로 본다면 집안의 종손인 맏이는 친족 상호간에 유대를 강화하고 가문의 위상을 주위에 내비치려는 의도도 숨어 있다.

嫡	嫡 嫡
맏아들 **적** [女부 11획, 총14획]	영 eldest son 중 嫡 dí 일 テキ(よつぎ)
後	後 後
뒤 **후** [彳부 6획, 총9획]	영 back 중 后 hòu 일 コウ(あと)
嗣	嗣 嗣
이을 **사** [口부 10획, 총13획]	영 succeed 중 嗣 sì 일 シ(つぐ)
續	續 續
이을 **속** [糸부 15획, 총21획]	영 continue 중 续 xù 일 続 ゾク(つづく)

쓰임 ●嫡庶(적서) : 적자와 서자 ●嫡妾(적첩) : 본처와 첩 ●後味(후미) : 뒷맛 ●後半(후반) : 뒤의 절반 ●嗣子(사자) : 대를 이을 아들 ●嗣國(사국) : 나라의 대를 이어받음 ●續開(속개) : 멈추었던 회의 등을 다시 함 ●續出(속출) : 잇따라 나옴

글뜻 ●嫡(적)의 본뜻은 '계집 삼가다'. 나중에 '정실부인'이라는 뜻으로 변함. ●後(후)는 척(彳)과 요(幺)와 복(夊)과의 회의자. '유소한 자가 느릿하게 걸어가다'라는 뜻. 본뜻은 '남보다 뒤떨어지다'. ●嗣(사)는 책(冊)과 구(口)와 사(司)와의 회의 형성자. '나라를 계승하다'라는 뜻. ●續자는 (사)糸와 (매)賣가 결합한 회의자. 물건을 사고파는 것과 실이 끊이지 않고 계속 이어지고 있는 것처럼 '계속하다', '이어지다'를 뜻한다.

218

祭祀蒸嘗
제 사 증 상

의의 일반인과는 달리 천자와 제후의 제사는 다르다. 겨울 제사를 '증'이라 하고 가을 제사를 '상'이라 한다.

출전 《서경》 〈설명(說命)〉의 '정사유순 독자제사(政事惟醇 黷子祭祀)'에서 인용하였다.

해설 《시경》에서 부열(傅說)이라는 신하는 다음과 같이 말하고 있다. 왕이 된 자는 나라의 모든 것에 준비가 잘 되어 있는지를 살펴야 한다는 것이다. 예를 들어 항상 곡물을 저장해 두고 있으면 기근이 와도 큰 걱정이 없으며, 군비(軍備)를 완전히 해두면 다른 나라의 급습에도 겁날 것이 없다.

나라를 다스림에는 크고 작은 일이 모두 중요하므로 사소한 것이라도 함부로 해서는 안 된다. 이처럼 세상의 모든 것에 마음을 쓰고 있으면 모든 준비가 돼 있으므로 어떤 일이 생겨도 놀라 떠들지 않는다. 또한 경계해야 할 일은 사사로이 한 인물만을 총애하지 않는 것이며, 스스로 과실을 범했을 때에는 말하는 것을 부끄럽게 생각해야 한다. 과실이 있어도 그 일을 강행하면 아랫사람이 결코 위의 명령에 복종하지 않는다.

군왕에게 매사에 소홀함이 없으며 지위에 안정되어 있으면 그 나라의 정사(政事)는 흠이 없이 되어진다. 선조를 공경하는 마음으로 제사를 지내고 마음을 깨끗이 하여 그 예(禮)를 삼가는 것이 긴요하다. 만약에 제사를 더럽혀 예에 어긋나는 행위를 한다면 그것은 삼가지 않는 것이 된다. 당연히 천지의 신이나 조상의 영혼이나 그 제사를 받지 않을 것은 당연하다. 예라는 것은 번잡하면 흩어지므로 오로지 성심으로 집행하는 것이 중요하다.

祭

제사 **제** [示부 6획, 총11획] 영 sacrifice 중 祭 jì 일 サイ(まつり)

祀

제사 **사** [示부 3획, 총8획] 영 sacrifice 중 祀 sì 일 シ(まつる)

蒸

제사 이름 **증** [艸부 10획, 총14획] 영 sacrifice,steam 중 蒸 zhēng 일 ジョウ(むす)

嘗

가을 제사 **상** [口부 11획, 총14획] 영 sacrifice,taste 중 尝 cháng 일 ショウ(なめる·かつて)

쓰임 ●祭禮(제례) : 제사의식 ●祭天(제천) : 임금이 하늘에 제사를 지내는 일 ●祀孫(사손) : 조상의 제사를 받드는 자손 ●祀天(사천) : 하늘에 제사 지냄 ●蒸濕(증습) : 무덥고 눅눅함 ●蒸炎(증염) : 무더위 ●嘗膽(상담) : 원수를 갚고자 고생을 하고 견딤 ●嘗美(상미) : 칭찬함

글뜻 ●祭(제)는 시(示)와 육(肉)과 기(己)와의 형성자. '손에 고기를 들고 신위에 바치다'라는 뜻. ●祀(사)는 시(示)와 기(己)와의 형성자. 본뜻은 '오래도록 제사하다'. ●蒸(증)은 화(火)와 승(丞)과의 형성자. '화기로 찌다'인데, '겨울 제사'로 바뀌었다. ●嘗(상)은 지(旨)와 상(尙)과의 형성자. 본뜻은 '맛보다'인데 《석언》에서는 '가을 제사'로 풀이했다.

219

稽顙再拜
계 상 재 배

의의 이마를 땅에 대고 두 번 절하였다.

출전 《예기》의 〈단궁 하〉의 '배계상, 애척지지은야, 계상은지심야(拜稽顙, 哀戚之至隱也, 稽顙隱之甚也)'에서 인용하였다.

해설 아버지가 돌아가시면 아들은 베의 심의(深衣)를 입고 길관(吉冠)을 벗는다. 본 절에서는 남자의 부모가 죽은 후에 절을 하는 방법을 다루고 있다.

복상(服喪)이 무거운 자는 먼저 시신에게 절을 한 다음 빈소에 절을 한다. 그러나 복상이 가벼운 자는 먼저 빈소에 절을 하고 시신에 절을 한다.

부모는 존자(尊者)이며, 장자는 정적(正適)이므로 무거운 것을 따라 먼저 올리는 것이다. 부인이 남편과 장자의 상에 계상을 하는 것은 부인은 다른 가문에 출가를 하면, 복상의 중요함을 출가한 집의 남편과 장자에 따르는 것이기 때문이다.

《예기》에서 재기(再期)의 상이라고 한 것은 3년상이다. 1기의 상은 2년이므로, 9월이나 7월의 상은 3시계(時季)인 것이다. 기년(期年)이 되어 제상하는 것이 예다. 사고가 생겨 제때에 장례를 치르지 못하고, 3년이 지난 뒤에야 매장을 할 때는 반드시 다시 제사를 지내야 한다.

만약에 부모의 상을 동시에 당하면 가볍게 취급하는 어머니의 장례를 먼저 지내는 게 예법이다. 그러나 때에 따라서는 무거운 편인 아버지부터 먼저 지내기도 한다. 아버지의 운부를 끝낸 후라야 어머니의 운부를 끝낼 수 있다는 것을 잊어서는 안 된다.

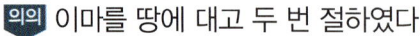

특히 3년상의 경우, 상가를 찾아오는 빈객들에게 장자는 배례 의식으로 먼저 이마를 땅에 대고, 잠시 평복한 연후에 빈객에게 인사한다. 그 모양으

로 볼 때 너무나 슬픔에 겨운 것이니 이것을 흉배(凶拜)라 한다.

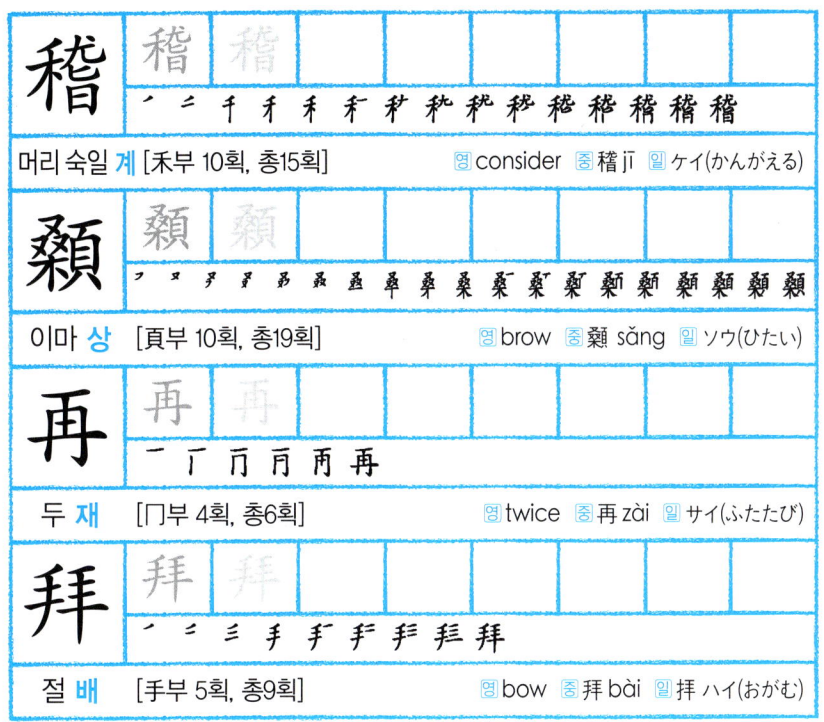

稽

머리 숙일 **계** [禾부 10획, 총15획] 영 consider 중 稽 jī 일 ケイ(かんがえる)

顙

이마 **상** [頁부 10획, 총19획] 영 brow 중 颡 sǎng 일 ソウ(ひたい)

再

두 **재** [冂부 4획, 총6획] 영 twice 중 再 zài 일 サイ(ふたたび)

拜

절 **배** [手부 5획, 총9획] 영 bow 중 拜 bài 일 拝 ハイ(おがむ)

쓰임 ●稽古(계고) : 옛 도를 생각함 ●稽査(계사) : 고찰하며 자세히 조사함 ●再改(재개) : 다시 고침 ●再會(재회) : 다시 만남 ●拜官(배관) : 관리가 되는 것 ●拜恩(배은) : 은혜를 황공하고 고맙게 받음

글뜻 ●稽(계)의 본뜻은 '머무르다'. 설문에서는 '고개를 숙이다'로 풀이하였다. ●顙(상)은 혈(頁)과 상(桑)과의 형성자. '이마'이다. ●再(재)는 중복의 모양. '일을 한 번하고 다시 하는 것'. ●拜(배)는 '양손에까지 머리를 숙이다'.

220

悚懼恐惶
송 구 공 황

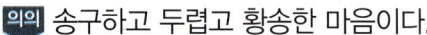

의의 송구하고 두렵고 황송한 마음이다.

출전 《오월춘추(吳越春秋)》의 〈제후포구개공황(諸侯怖懼皆恐惶)〉에서 인용하였다.

해설 손님은 공손하게 대하여야 한다. 상을 당했을 때에는 슬퍼함을 위주로 한다. 이를테면 모임 같은 것에는 약속이 정확하고 교양이 있어야 한다.

군려(軍旅)에는 험함을 피하고 군자를 모시고 싶으면 군자보다 먼저 밥을 들고 나중에 식사를 마친다. 밥은 흘리지 말 것이며, 국물은 소리를 내어 마셔도 안 된다. 조금씩 떠 넣어서 빨리 삼키며 여러 번 씹으려고 입놀림을 빠르게 해서도 안 된다. 손님 스스로가 그릇을 물리려다가도 주인이 말리면 이를 곧 중지한다.

주인이 손님에게 술잔을 권하면 이를 받아서 왼쪽에 놓는 것이 법도다. 그것을 마시면 나중에 오른쪽에 놓는다.

익힌 물고기를 제상에 올릴 때에는 꼬리를 먹는 사람 쪽으로 향하게 한다. 겨울에는 배를 오른쪽으로 향하게 하고, 여름에는 등을 오른쪽으로 향하게 한다. 물고기 배의 아래쪽 큰 살점을 제사에 바친다.

국을 조리할 때 양념을 넣어 간을 맞출 때엔 오른손으로 하고 국그릇은 왼손에 쥔다.

손님은 당연히 예로서 대하는 것이니, 진심으로 대하며 용모의 공손함으로 표시한다. 또한 제사는 외식보다는 진실함으로 드리는 것이니 공경함을 위주로 함이 첫째다.

음식에 있어서도 개나 돼지의 창자는 사람의 것과 비슷하므로 군자는 그것을 먹지 않는다. 어린아이의 걸음걸이는 달리는 것처럼 하나, 어른처럼 빨리 걷지는 않는다. 새겨보아야 할 대목이다.

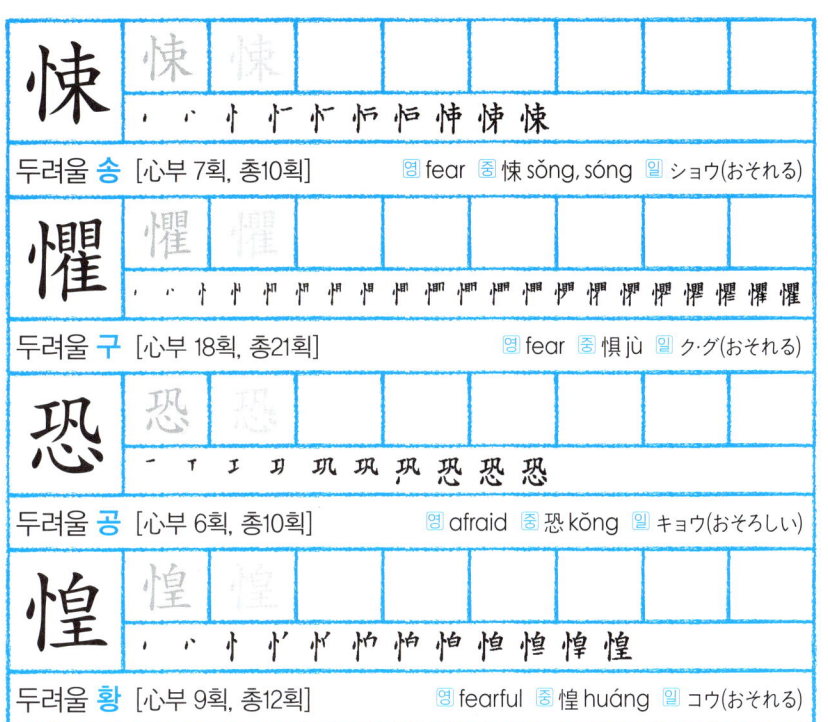

悚	두려울 **송** [心부 7획, 총10획] 영 fear 중 悚 sǒng, sóng 일 ショウ(おそれる)
懼	두려울 **구** [心부 18획, 총21획] 영 fear 중 惧 jù 일 ク·グ(おそれる)
恐	두려울 **공** [心부 6획, 총10획] 영 afraid 중 恐 kǒng 일 キョウ(おそろしい)
惶	두려울 **황** [心부 9획, 총12획] 영 fearful 중 惶 huáng 일 コウ(おそれる)

쓰임 ● 悚懼(송구) : 미안하게 생각함 ● 悚愧(송괴) : 황송하고 부끄러움 ● 懼然(구연) : 무서워하는 모양 ● 恐喝(공갈) : 무섭게 으르고 위협함 ● 恐怖(공포) : 두렵고 무서움 ● 惶感(황감) : 황송하고 감격함 ● 惶怯(황겁) : 무서워 겁이 남

글뜻 ● 뜻을 나타내는 심(心)과 음(音)을 나타내는 束(속→송)과의 형성자. ● 懼(구)는 심(心)과 구(瞿)와의 형성자. '두려워지다'라는 뜻. ● 恐(공)은 '두렵다'는 뜻. ● 惶(황)은 심(心)과 황(皇)의 형성자. '두려워지다'라는 뜻. 일반적으로 '계상'이라고 했을 때는 '귀빈'에게 절을 할 때의 예법이다. '의례'나 사상례(士喪禮)에서 행한 것은 계상의 동작이다.

221

牋牒簡要

전 첩 간 요

의의 타인과 서신을 나눌 때에는 번잡을 피하고 간단 명료하게 전해야 한다.

출전 왕검(王儉)의 비문(碑文)에서 인용하였다.

해설 편지란 으레 고약한 것이라고 밀어붙이는 쪽도 있다. 그러기에 편지는 무의미하다고 했다. 그러나 엄밀히 따져보면 이 세상에 무의미하지 않은 것이 도대체 무어냐고 반문하는 쪽도 있다. 가족과 멀리 떨어진 상태에서 쓰는 편지, 그것은 그리움이다.

다음은 장적(張籍)의 〈추사(秋思)〉라는 시다.

가을 바람에 마음 놀란 나그네
아득히 처자를 그려 편지를 쓴다
아무래도 못다한 사연 있는 것 같아
길을 떠나려다 봉(封)을 뜯어 다시 읽는다

사람들은 가끔 그렇게 말한다. 오늘날의 교육이라는 것은 부질없이 책을 익히는 것만을 되풀이하고 쓸데없이 말을 많이 하는 것만을 가르치고 있다는 것이다.

서둘러 나아가는 데에만 중요시 여기고 편안히 잘 되었는지엔 도무지 관심을 두지 않는다. 하는 일도 그렇다. 사람을 시키는 것도 성의에서 우러나와야 하는 것이지 그렇지 않고 베푸는 것은 상도의에서 어긋난다는 것이다. 그러므로 그 학문이 유은(幽隱)하기 마련이어서 밝지를 못한 것은 정한 이치다. 스승을 미워하고 학문 닦는 것을 게을리하고 자잘한 이익에 연연한다.

그러다 보니 어쩌다 쓰는 편지 몇 구절에도 인정은 메마르고 각박하다. 지나친 이기심 때문에 가르침은 이루어지지 않는 것이다.

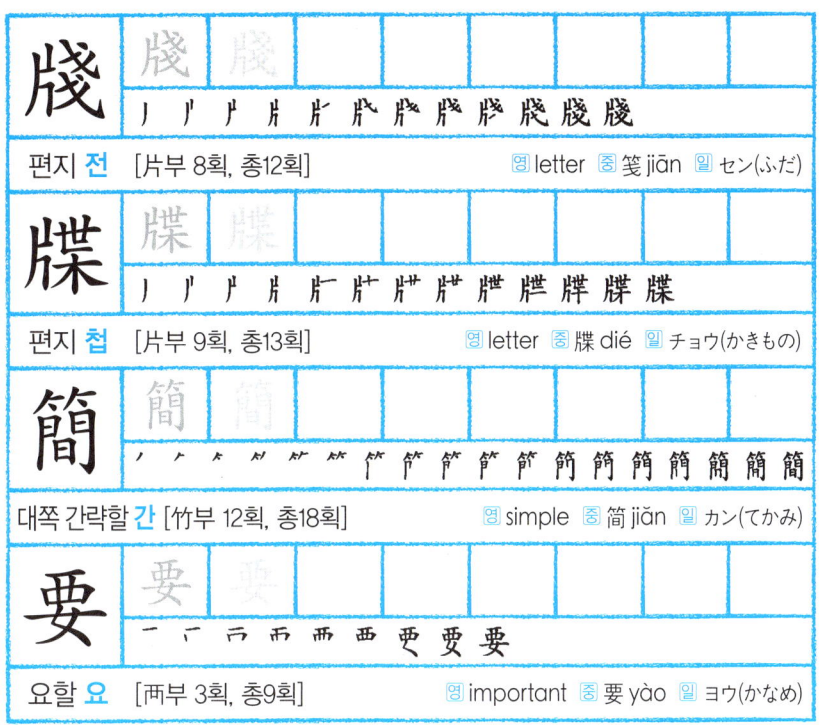

牋

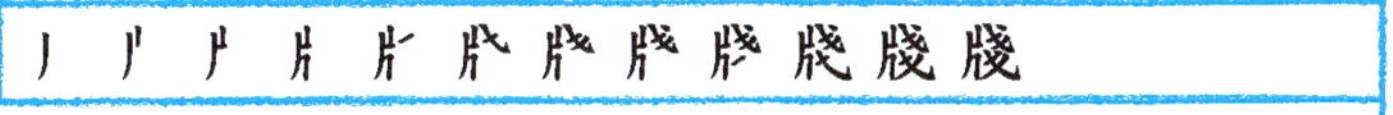

편지 **전** [片부 8획, 총12획] 영 letter 중 笺 jiān 일 セン(ふだ)

牒

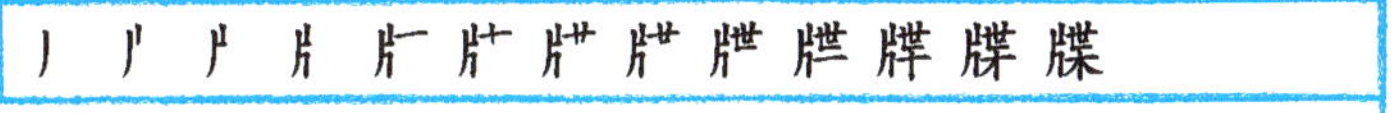

편지 **첩** [片부 9획, 총13획] 영 letter 중 牒 dié 일 チョウ(かきもの)

簡

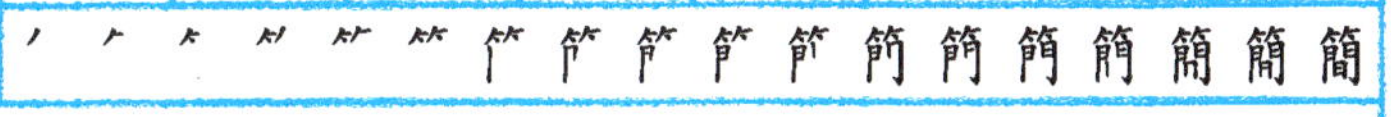

대쪽 간략할 **간** [竹부 12획, 총18획] 영 simple 중 简 jiǎn 일 カン(てかみ)

要

요할 **요** [襾부 3획, 총9획] 영 important 중 要 yào 일 ヨウ(かなめ)

쓰임 ● 牋疏(전소) : 상신하는 글 ● 牋翰(전한) : 종이와 붓 ● 牒報(첩보) : 서면으로 상관에게 하는 보고 ● 牒狀(첩장) : 여러 사람이 돌려 쓰도록 한 문서 ● 簡單(간단) : 간략함 ● 簡素(간소) : 간략하고 소박함 ● 要綱(요강) : 중요한 근본 골자의 줄거리 ● 要談(요담) : 긴한 말

글뜻 ● 牋(전)은 편(片)과 전(戔)의 형성자. 본뜻은 '군주에게 올리는 상서문체'다. ● 牒(첩)은 '문서로 기록하는 목찰(木札)'이다. ● 簡(간)은 죽(竹)과 간(間)의 형성자. '일이 적어서 간단하다'는 뜻. ● 要(요)는 구(臼)와 교(交)와의 형성자. 설문이나 단주는 '허리'로 풀이함.

222

顧答審詳
고 답 심 상

의의 대답할 때는 서둘지 말고 주위를 살펴 자세하게 말해야 한다.

출전 《예기》의 〈곡례(曲禮)〉에 '시군자 불고이대, 비례야(侍君子不顧而對, 非禮也)'에서 인용하였다.

해설 《예기》에 있는 말이다.

사람이 예가 있으면 편안하고 없으면 위태롭다고 했다. 그런 연유로 예를 배우지 않으면 안 된다. 예라는 것은 자신을 낮추고 남을 높이는 것이다. 스스로가 노동 일을 하거나 물건을 파는 장사꾼이라 해도 반드시 존경하는 구석이 있기 마련이다.

처지가 이러한데 하물며 부자인 경우는 어떠하겠는가? 부귀하면서 예를 좋아하면 교만하지 않고 음탕하지 않으며, 비천하면서도 예를 좋아한다면 결코 두려워하거나 겁나는 것이 없다.

그러므로 《예기》에서는 다시 지적한다.

앵무새는 말을 할 줄 안다. 그러나 나르는 새에 지나지 않는다. 또한 성성이(중국의 상상의 동물)도 말을 할 줄 알지만 짐승에 지나지 않는다. 그런데 사람이 예가 없으면 어떤가? 비록 말을 할 줄 알지만 금수의 마음과 다를 바 없다. 일반적으로 금수는 예가 없는 아비와 아들이 암컷을 공유하고 있다. 그러나 사람은 금수와 다르다.

그러므로 《예기》에서는 예의 근본을 설명한다.

'몸을 닦고 말을 실천하는 것을 선행이라고 한다. 예라는 것은 무언가? 행동을 바르게 하고 말을 도리에 맞게 하는 것이다.'

사람이 사람다운 것은 바로 말과 행동에 있는 것이다. 수양이 된 사람의 말과 그렇지 않은 사람의 말에는 너무나 차이가 있다. 《장자》는 〈제물론〉에서 말이라는 것은 불어내는 바람이 아니라 했다. 왜냐하면 말하는 데엔 반드시 뜻이 있어야 하기 때문이다.

顧

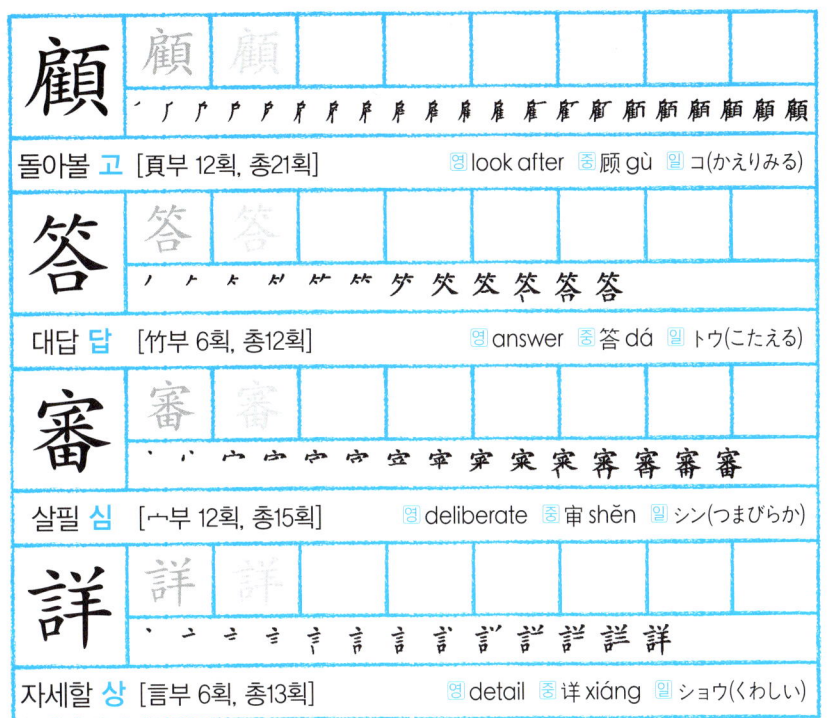

돌아볼 고 [頁부 12획, 총21획] 영 look after 중 顾 gù 일 コ(かえりみる)

答

대답 답 [竹부 6획, 총12획] 영 answer 중 答 dá 일 トウ(こたえる)

審

살필 심 [宀부 12획, 총15획] 영 deliberate 중 审 shěn 일 シン(つまびらか)

詳

자세할 상 [言부 6획, 총13획] 영 detail 중 详 xiáng 일 ショウ(くわしい)

쓰임 ●顧忌(고기) : 꺼림 ●反顧(반고) : (뒤를 돌아봄)이란 뜻으로, 집을 그리워함 ●答禮(답례) : 예를 갖는 일 ●答書(답서) : 회답의 편지 ●審美(심미) : 아름다움과 추함을 살펴 미의 본질을 구명함 ●審議(심의) : 심사하고 의논함 ●詳報(상보) : 자세히 알림 ●詳細(상세) : 자상하고 세밀함

글뜻 ●顧(고)는 혈(頁)과 고(雇)의 형성자. '돌아보다'라는 뜻. ●答(답)은 초(艸)와 합(合)의 형성자. 본뜻은 '소두(小頭)'. 나중에 '대답'으로 바뀌었다. ●審(심)은 면(宀)과 번(番)의 회의자. '위에서 덮어서 분별을 자세히 하다'라는 뜻. ●詳(상)은 언(言)과 양(羊)의 형성자. '자세히 논의하다'라는 뜻.

223

骸垢想浴
해 구 상 욕

의의 몸에 더러운 것이 끼면 목욕하기를 생각한다.

출전 《장자》의 〈덕충부(德充符)〉와 《예기》의 〈내칙(內則)〉을 인용하였다.

해설 몸에 때가 끼면 씻는 것은 당연한 일이다. 본 절은 전체의 문항으로 볼 때에 《예기》의 〈내칙〉에서 중복 인용되었음을 알 수 있다. 그러나 편의상 본문의 내용을 따라가는 의미에서 다시 인용한다.

이를테면 본 절에서는 부모 의관(衣冠)의 때가 묻고 떨어진 곳을 빨래하고, 한편으로는 목욕을 하게 하는 예법에 대해 설명하고 있다.

부모의 평소 생활에서 가래침이나 콧물이 흘렀다고 할 때에 그것을 남에게 보이지 않는 것을 예라 하였다. 그렇게 하자면 당연히 빨래를 해야 하고 더러운 곳을 닦고, 옷이 찢어진 곳을 꿰매거나 감는 것 등이다.

부모님에 대한 목욕은 닷새에 한 번 하는 것을 정법으로 알리고 있다. 몸을 씻는 것은 그렇지만, 머리를 감는 것은 사흘에 한 번이다. 만약 부모님의 얼굴에 때가 끼었으면, 쌀뜨물을 받아 그것을 데워 세수할 것을 청해야 한다. 이러한 예는 나이 어린 사람이, 직위나 직책이 낮은 사람이 윗사람을 섬길 때에도 같은 것이다.

만약 부모에게 허물이 있을 때라면 어찌해야 하는가? 이때엔 마음을 차분히 가라앉히고 얼굴빛을 부드럽게 하여, 부드러운 목소리로 간청해야 한다. 만약에 받아들이지 않으면 일어나 공손히 대하고 효성으로 대하여 어느 정도 기분이 풀어질 때를 기다려 다시 간해야 한다.

만약에 부모님이 기뻐하지 않을 것을 걱정하여 간을 하지 않는다면 부모의 죄는 더욱 커지고, 모르는 사람이 없을 정도로 널리 알려지게 된다.

骸	骸 骸
	丨 冂 冂 冋 冎 冎 骨 骨 骨 骨 骨 骨' 骨' 骸 骸 骸
뼈 해	[骨부 6획, 총16획] 영 skeleton 중 骸 hái 일 ガイ(ほね)
垢	垢 垢
	一 十 土 圡 圢 坼 垢 垢 垢
때 구	[土부 6획, 총9획] 영 dirt 중 垢 gòu 일 コウ(あか)
想	想 想
	一 十 才 木 札 机 相 相 相 相 想 想 想
생각 상	[心부 9획, 총13획] 영 think 중 想 xiǎng 일 ソウ(おもう)
浴	浴 浴
	丶 冫 氵 氵 汃 汃 汵 浴 浴 浴
목욕 욕	[水부 7획, 총10획] 영 bathe 중 浴 yù 일 ヨク(あびる)

쓰임 ●骸骨(해골) : 몸을 이루고 있는 뼈 ●骸炭(해탄) : 동물의 뼈를 태워서 만든 숯 ●垢衣(구의) : 때 묻은 옷 ●想起(상기) : 지난 일을 생각해냄 ●想思(상사) : 생각함 ●浴室(욕실) : 목욕하는 설비가 된 방 ●浴湯(욕탕) : 목욕탕

글뜻 ●骸(해)는 골(骨)과 해(亥)의 형성자. 본뜻은 '정강이뼈'다. ●垢(구)는 토(土)와 후(后)의 형성자. '때'이다. ●想(상)은 심(心)과 상(相)의 형성자. '바라서 생각하다'. ●浴(욕)은 수(水)와 곡(谷)의 형성자. '몸을 씻다'.

224

執熱願凉
집 열 원 량

의의 뜨거운 것을 쥐면 찬 것을 찾게 된다.

출전 《시경》〈대아〉 상유(桑柔)의 '수능집열 서불이탁(誰能執熱 逝不以濯)'에서 인용하였다.

해설 본래 《시경》의 〈상유〉는 군주를 풍자한 노래다. 1절과 9절까지 전체를 실을 수는 없고, 본 절의 내용이 들어 있는 부분만 발췌하였다.

하염없는 근심을 안고
나랏일이 가슴 아파라
좋지 않은 때에 이 세상에 태어나
하늘의 진노를 만날 줄이야
서에서 동으로 다시 남으로
이 한 몸 몸담을 곳 어딘가
심한 고생을 겪으며
다급히 변방을 지키는도다

궁리를 하고 삼가도
나날이 난리가 커지나니
정작 적정할 일이 무엇인가
사람 쓰는 것을 일러주소서
뜨거운 것을 손에 넣으면
물에 담가 식히기 마련이네
나라는 어떻게 되랴

함께 망하는 게 이리 안타까워라

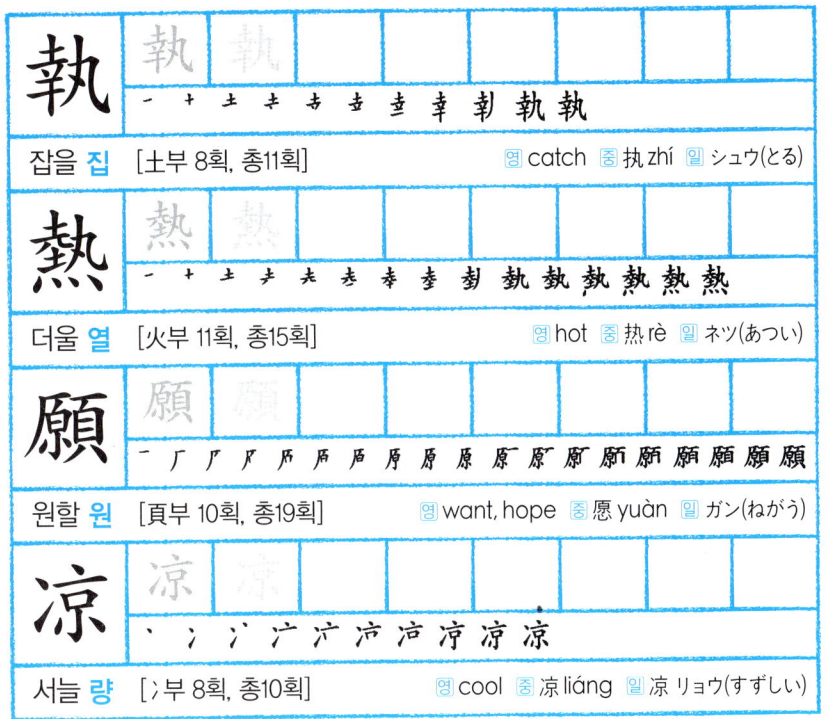

執	執 執	一 十 土 圭 去 幸 幸 幸 執 執 執
잡을 **집** [土부 8획, 총11획]		영 catch 중 执 zhí 일 シュウ(とる)
熱	熱 熱	一 十 土 圭 夫 坴 坴 坴 執 執 執 埶 熱 熱 熱
더울 **열** [火부 11획, 총15획]		영 hot 중 热 rè 일 ネツ(あつい)
願	願 願	一 厂 厂 厂 厏 厏 原 原 原 原 原 原 原 願 願 願 願 願 願
원할 **원** [頁부 10획, 총19획]		영 want, hope 중 愿 yuàn 일 ガン(ねがう)
凉	凉 凉	丶 冫 冫 冫 汴 泞 凉 凉 凉 凉
서늘 **량** [冫부 8획, 총10획]		영 cool 중 凉 liáng 일 凉 リョウ(すずしい)

쓰임 ●執權(집권) : 정권을 잡음 ●執着(집착) : 마음이 사물에 사로잡힘 ●熱冠(열관) : 일이 매우 바쁜 관직 ●熱心(열심) : 한 가지 일에 마음을 쏟음 ●願望(원망) : 원하고 바람 ●願書(원서) : 청원하는 내용을 기록한 원서 ●凉德(양덕) : 엷은 인덕 ●凉秋(양추) : 서늘하고 상쾌한 기운

글뜻 ●執(집)은 행(幸)과 환(丸)의 회의자. 행은 '죄인'이고 환은 '포(捕)'다. '죄인을 체포하다'가 본뜻인데 '가지다'로 변했다. ●熱(열)의 본뜻은 '온(溫)'으로 '뜨겁다'. ●願(원)은 혈(頁)과 원(原)의 형성자. 본뜻은 '큰머리'인데 '바라다'의 뜻으로 변했다. ●凉(량)은 수(水)와 경(京)과의 형성자. 본뜻은 '엷다'인데 나중에 '서늘하다'로 변함. '서늘하다'는 冫(얼음 빙)자가 쓰인 凉자가 주로 쓰이고 있다.

225

驢騾犢特
여 라 독 특

의의 나귀와 노새와 송아지와 소.

출전 《사기》〈대원전〉과 《오잡조(五雜俎)》 물부(物部)를 인용하였다.

해설 본절에 나오는 말이나 나귀·소 등은 농사를 짓는 데 필요한 것들이다. 또한 위의 가축들은 지혜로운 면이 있다. 그런 점에서 가축을 대변하는 쪽으로 우마(牛馬)를 선택한 것이다.

《한시외전》에 있는 얘기다.

안회(顔回)가 오문(吳門)을 바라보다 한 필의 백련(百練)을 발견하고 공자에게 물었다.

"선생님, 저것이 무엇입니까?"

"말이다."

그것은 멀리 보이는 광경이므로 마치 한 필의 깁을 펼쳐놓은 것처럼 환하게 보였다. 이로 인해 후세의 사람들은 말을 부를 때에 '한 필'이라고 한 것이다. 또 어떤 이는 말하기를 밤에 나다니면 눈에서 나온 맑은 빛이 환하게 하므로 한 필이라 한다고 했다. 그런가 하면 《한비자》에 다음과 같은 얘기도 있다.

제환공(齊桓公)이 고죽국(孤竹國)을 정벌할 때였다. 어느새 시일이 흘러 봄이 지나 겨울이 왔다. 자연히 많은 군대가 길을 잃고 우왕좌왕 헤매게 되었다. 이때 관중(管仲)이 말했다.

"늙은 말은 지혜로우니 앞장서게 하십시오. 능히 길을 인도할 것입니다."

제환공은 그렇게 하라는 명을 내렸다. 늙은 말은 익숙하게 왔던 길을 되짚어 걸어갔다. 생소해 보이던 곳에서 길을 찾아낸 것이다. 이렇게 하여 제환공의 군대는 무사히 돌아왔다. 그래서 공자는 《논어》에서 말한다.

“명마(名馬)라는 것은 힘을 일컫는 것이 아니다. 그 덕(德)을 가리키는 것이다.”

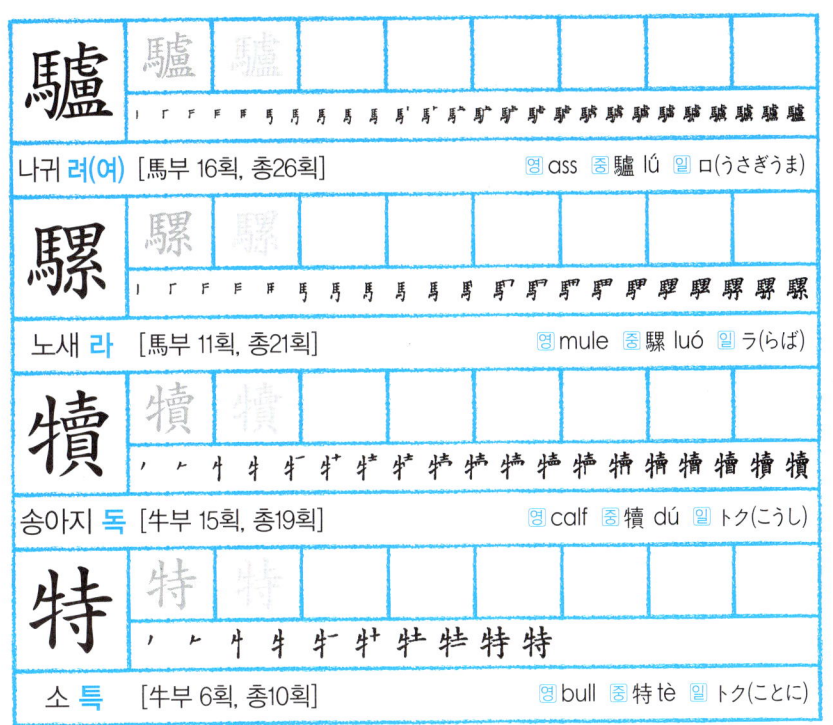

한자	훈음	부수·획수	영	중	일
驢	나귀 려(여)	[馬부 16획, 총26획]	ass	驢 lú	ロ(うさぎうま)
騾	노새 라	[馬부 11획, 총21획]	mule	騾 luó	ラ(らば)
犢	송아지 독	[牛부 15획, 총19획]	calf	犢 dú	トク(こうし)
特	소 특	[牛부 6획, 총10획]	bull	特 tè	トク(ことに)

쓰임 ●驢馬(여마) : 당나귀 ●犢車(독차) : 송아지가 끄는 수레 ●犢牛(독우) : 송아지 ●特惠(특혜) : 특별한 혜택 ●特許(특허) : 특별히 허가함

글뜻 ●驢(여)는 마(馬)와 노(盧)의 형성자. 본뜻은 ‘나귀’. ●騾(라)는 암나귀와 수말의 혼혈아, 즉 ‘노새’. ●犢(독)은 우(牛)와 매(賣)의 형성자. ‘송아지’를 뜻함. ●特(특)은 우(牛)와 사(寺)의 형성자. ‘수소’, 즉 ‘황소’를 가리킴. 독특(犢特)이라고 했을 때엔 송아지와 황소를 뜻한다.

駭躍超驤
해 약 초 양

의의 가축들이 놀라서 뛰고 달린다.

출전 본절은 앞절과 하등 관계가 없다. 인용문은 조식(曹植)의 〈칠계(七啓)〉에서 인용하였다.

해설 본 절은 전 절에서 열거했던 동물들이 뛰고 달리고, 놀라서 달리는 등의 한가로운 전원 풍경을 노래한 것이다. 다만 '설문'의 해석에 의하면 본 절은 앞 절과 상관이 없는 것으로 풀이했다. 그러나 앞 절에서 말을 다루었기 때문에 본 절에서는 나귀를 다루는 것이 바른 배치다.

유종원(柳宗元)은 다음과 같이 기록으로 남겼다.

'검주(黔州)는 나귀의 산지다. 그러므로 호사자(好事者)들이 이따금 나귀를 배에 싣고 들어온다. 그러나 아무래도 쓸데가 없어 그냥 산에다 방치해 버린다. 어느 때인가 호랑이가 나귀를 발견하고 얼른 숲속에 몸을 숨기며 괴이한 나귀의 형상을 보고 어떻게 행동하는가를 유심히 살피기에 이른다. 그러면서 더욱 나귀 가까이 다가간다. 이때 나귀가 하늘을 향해 크게 울면 호랑이는 얼른 뒷걸음친다. 다시 두근거리는 마음으로 가까이 살피다가 앞뒤로 다녀본다. 이윽고 나귀가 할퀴려는 생각이 없는 것을 발견한다. 이제는 가까이 가서 발로 툭 건드려 본다. 나귀는 화가 나서 발로 찬다.

"이것 봐라!"

호랑이는 얼른 생각해본다. 나귀의 재주가 발로 차는 것밖에 없다는 것을 알게 된 것이다. 호랑이는 그제야 나귀에게 달려들어 목을 물어뜯는다.'

그래서 유종원은 탄식한다. 큼직한 몸에는 덕이 있어 보이고, 우렁찬 소리는 재능이 있어 보인다. 그러나 발로 차는 조잡한 기술만 아니었다면 호랑이가 아무리 사나워도 함부로 접근하지 못했을 것이라는 탄식이었다.

駭 駭 駭

놀랄 **해** [馬부 6획, 총16획] 영 startled 중 骇 hài 일 ガイ(おどろく)

躍 躍 躍

뛸 **약** [足부 14획, 총21획] 영 lead 중 跃 yuè 일 ヤク(おどる)

超 超 超

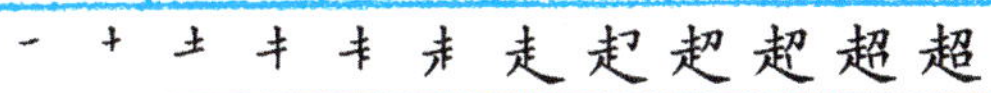

뛰어넘을 **초** [走부 5획, 총12획] 영 leap 중 超 chāo 일 チョウ(こえる)

驤 驤 驤

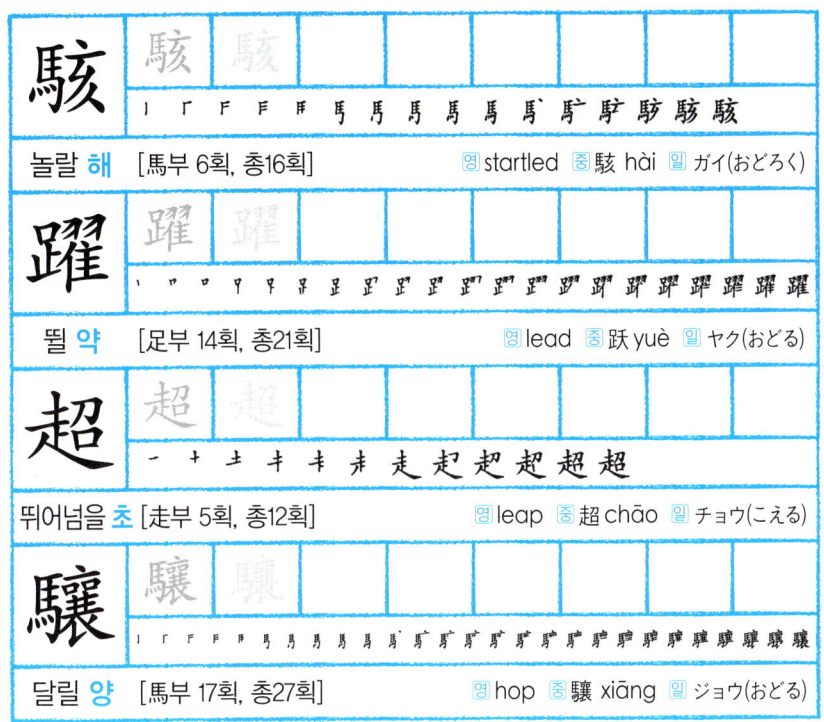

달릴 **양** [馬부 17획, 총27획] 영 hop 중 骧 xiāng 일 ジョウ(おどる)

쓰임 ●駭怪(해괴): 매우 괴이함 ●駭嘆(해탄): 놀랍게 여겨서 하는 탄식 ●躍動(약동): 힘차게 활동함 ●躍進(약진): 힘차게 앞으로 뛰어나감 ●超過(초과): 한도를 넘음 ●超克(초극): 어려움을 이겨냄

글뜻 ●駭(해)는 마(馬)와 해(亥)의 형성자. '놀라다'는 뜻. ●躍(약)은 족(足)과 적(翟)의 형성자. 본뜻은 '빠르다'인데 《이아석고》에 '뛰어오르다'로 변했다. ●超(초)는 주(走)와 소(召)의 형성자. '뛰어넘다'의 뜻. ●驤(양)은 마(馬)와 양(襄)의 형성자. 본뜻은 '말이 쳐다보고 넘어지다'.

227

誅斬賊盜
주 참 적 도

의의 사람을 죽인 자나 남의 재물을 절취한 자는 모두 치안을 해치는 것이니 죄과에 따라 처벌한다.

출전 《후한서》 〈좌웅전(左雄傳)〉과 《좌전》 〈문공 18년조〉를 인용하였다.

해설 죄인을 다스리는 기관은 예전엔 사구(司寇)였다. 오늘날의 사법기관과 같은 기능을 가지고 있다. 나라에서 금하는 일을 다스리기 위해 이 사구직은 군왕의 아래 두어 독립을 시켰다.

백성을 다스리기 위해서는 무언가 통일된 획일점이 있어야 했다. 그것이 법이다. 그 법으로써 만인을 보호해 주는 권익 보장의 덮개가 되기도 하였다.

그러므로 요즘 날과 같이 죄인을 다스릴 때에는 사구직의 관리가 성문율에 의해 치죄를 맡았다. 이 직책의 관리는 그렇다고 함부로 권도를 휘두르지 않는다. 또한 아무 때나 죄인을 벌주고 치죄하는 것이 아니다. 농사를 지음에 있어 가장 바쁜 시기를 넘기고 나면 그제야 치죄로 들어간다. 그래서 관리들의 명칭을 추관(秋官)이라 한다. 이 추관들은 죄질을 엄격히 따지고 그것을 분석하여 벌을 내렸다. 이것은 옛 시절에 '서리가 내릴 때의 치죄법'이라 하여 그런 명칭이 붙었다.

당시의 법 집행은 주로 이런 내용이었다. 도적과 간악한 자, 함부로 주먹을 휘둘러 양민들을 괴롭히는 자, 간음·강간한 자, 농사철을 태만히 하여 피해를 가져오게 한 자. 이런 자들은 죄의 가볍고 무거움에 따라 처형하고 어느 정도 형을 부과할 수 있었다.

이것은 오늘날의 절차법으로 볼 때에 일종의 소송법이라 할 수 있다. 이

외에 지방 향교라든가, 또 거리가 먼 곳은 사구의 권한을 위촉받고 죄인을 다스렸다.

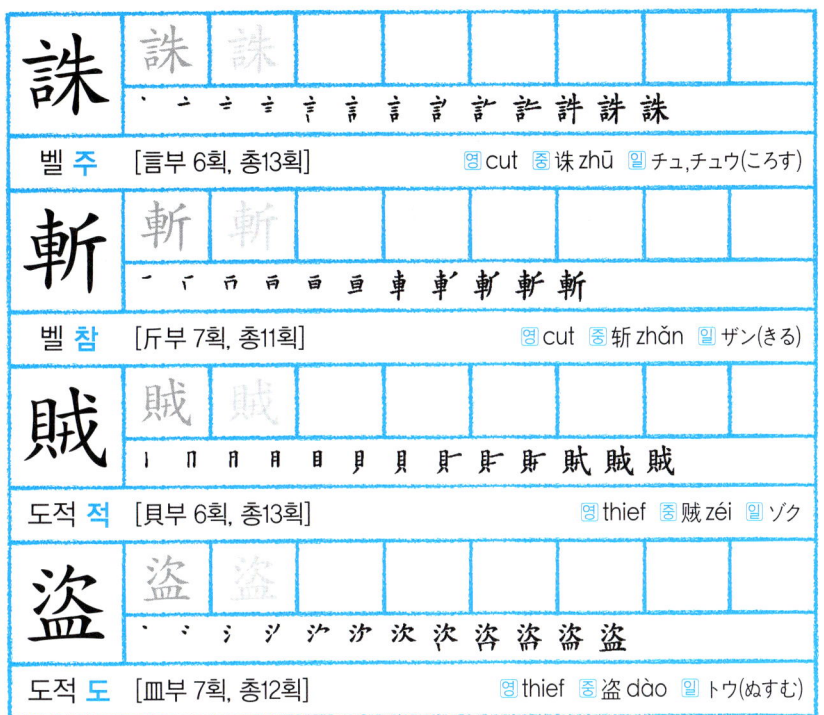

誅	벨 주 [言부 6획, 총13획] 영 cut 중 诛 zhū 일 チュ,チュウ(ころす)
斬	벨 참 [斤부 7획, 총11획] 영 cut 중 斩 zhǎn 일 ザン(きる)
賊	도적 적 [貝부 6획, 총13획] 영 thief 중 贼 zéi 일 ゾク
盜	도적 도 [皿부 7획, 총12획] 영 thief 중 盗 dào 일 トウ(ぬすむ)

쓰임 ●誅求(주구) : 재물을 가혹하게 거둠 ●斬首(참수) : 목 베어 죽임 ●斬新(참신) : 매우 새로움 ●賊徒(적도) : 도둑의 무리 ●賊臣(적신) : 모반한 신하 ●盜難(도난) : 물건을 도둑맞은 재난 ●盜用(도용) : 남의 명의나 물건 등을 몰래 훔쳐서 씀

글뜻 ●誅(주)는 언(言)과 주(朱)의 형성자. 본뜻은 '토벌'인데, 《광아석고》에서 '죽이다'로 변했다. ●斬(참)은 차(車)와 근(斤)의 회의자. 본뜻은 '목을 베고 허리를 가르다'. '극형'을 표시한 것이다. ●賊(적)은 무(戊)와 칙(則)의 형성자. 본뜻은 '패'인데 '적'의 뜻으로 변했다. ●盜(도)는 次(버금 차)와 명(舟→皿)의 회의자. '슬그머니 훔치다'라는 뜻.

228

捕獲叛亡
포 획 반 망

의의 군주를 배반하거나 죄를 범하고 도망을 한 자는 잡아서 엄히 벌을 준다.

출전 매요신(梅堯臣)의 '문진사판다시(聞進士販茶詩)'와 《한서》 〈한신전(韓信傳)〉에서 인용하였다.

해설 앞 절에 설명을 이어본다.

일반적으로 향교에서 다스리는 법은 부모에게 불효한 자, 친척이나 이웃 간에 화목하지 못한 자, 혼인 관계로 화목하지 못한 자, 믿음이 가지 않는 자, 불우한 환경에 처한 사람을 보고 구제하지 않는 자, 말을 조작하여 거짓말을 유포하는 자, 백성들을 선동하여 혼란으로 이끄는 자 등으로 사마직의 관할에 속했던 내용들이다. 그러나 법을 다스리는 데엔 함부로 하지 않았다. 엄격하게 오형청(五荊廳)이라는 기준을 세워 형사 소송을 할 수 있도록 한 것이다.

제1은 사청(辭聽)이다.

범죄사실을 진술한 것으로, 현대적으로 풀어보면 일종의 진술조서인 셈이다.

제2는 색청(色聽)이다.

형태나 색깔 등을 알아서 범행 당시의 형세를 알기 위한 것이다.

제3은 기청(氣聽)이다.

죄를 범한 자의 기질이 어떤지를 살펴보는 것이다.

제4는 이청(耳廳)이다.

어떤 범죄가 발생했을 때, 재판을 맡은 사람은 상황을 잘 아는 귀로 들은 이에게서 증언을 청취한다. 이것은 재판의 중요한 자료가 된다.

제5는 목청(目廳)이다.

어떤 사건이 발생했을 때에 그것을 목격한 사람의 증언을 기록한 문서를 말한다.

捕

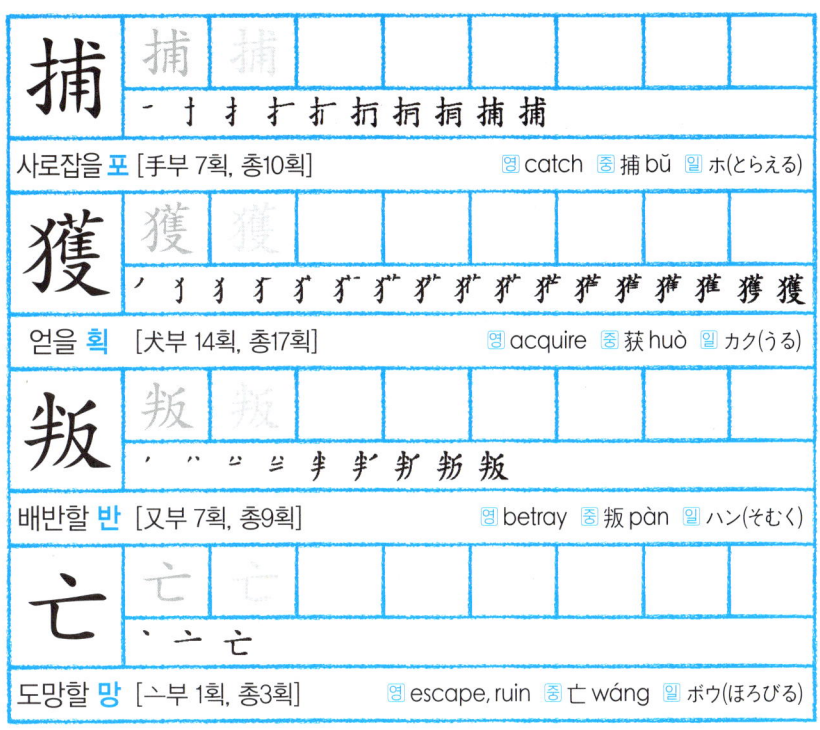

사로잡을 **포** [手부 7획, 총10획] 영 catch 중 捕 bǔ 일 ホ(とらえる)

獲

얻을 **획** [犬부 14획, 총17획] 영 acquire 중 获 huò 일 カク(うる)

叛

배반할 **반** [又부 7획, 총9획] 영 betray 중 叛 pàn 일 ハン(そむく)

亡

도망할 **망** [亠부 1획, 총3획] 영 escape, ruin 중 亡 wáng 일 ボウ(ほろびる)

쓰임 ●捕鯨(포경) : 고래를 잡음 ●捕盜(포도) : 도둑을 잡음 ●獲得(획득) : 손에 넣음 ●獲利(획리) : 이익을 얻음 ●叛軍(반군) : 반란군 ●叛奴(반노) : 자기 상전을 배반한 종 ●亡夫(망부) : 죽은 남편 ●亡兆(망조) : 망할 징조

글뜻 ●捕(포)는 수(手)와 보(甫)의 형성자. 본뜻은 '취(取)'며 '체포'의 뜻으로 번역하였다. ●獲(획)의 본뜻은 '사냥하여 잡은 짐승'. 나중에 '얻다'로 변했다. ●叛(반)은 반(半)과 반(反)의 형성자. 본뜻은 '이반'이다. ●亡(망)은 '도망'의 뜻. 죄인이 곡행(曲行)하여 숨는 형.

229

布射僚丸
포 사 료 환

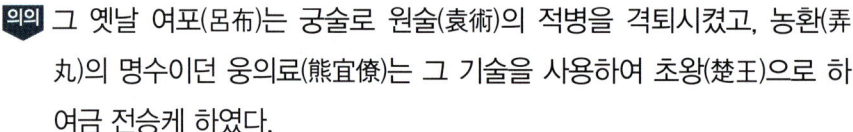

의의 그 옛날 여포(呂布)는 궁술로 원술(袁術)의 적병을 격퇴시켰고, 농환(弄丸)의 명수이던 웅의료(熊宜僚)는 그 기술을 사용하여 초왕(楚王)으로 하여금 전승케 하였다.

출전 《후한서》 〈여포전〉과 《장자》의 〈서무귀(徐無鬼)〉를 인용하였다.

해설 여포는 활쏘기의 명수다. 《삼국지연의》에 의하면, 유비가 전황이 불리해지자 급히 여포에게 도움을 청했다. 그는 보병 1천여 기를 이끌고 나타났다. 적진 앞에 극(戟)을 세우고 활을 한 번 쏘아 맞춰 적의 간담을 써늘하게 만든 것으로 유명하다.

이러한 여포가 나중에는 왕윤(王允)의 청을 받아들여 부자 관계를 맺은 동탁(董卓)을 살해하기에 이른다. 동탁의 목이 떨어지자 어느 짓궂은 관원이 살이 찐 동탁의 배꼽에 심지를 꽂고 불을 붙였다. 그러자 지글지글 끓으며 불이 타오르더니 그것이 며칠이나 계속되었다.

또한 웅의료(熊宜僚)는 전국시대에 탄환(彈丸)이라 불리는 알 굴리기의 명수였다. 그는 아홉 개의 방울을 공중에 던지며 재주를 부렸는데, 언제나 한 개는 수중에 있었다. 《장자》의 〈서무귀〉에 다음과 같은 얘기가 전한다.

초나라와 송나라가 한참 교전을 할 때였다. 날이 갈수록 전세가 불리해지자 웅의료는 초왕 앞에 나섰다.

"소신이 적의 시선을 다른 곳으로 옮겨 놓겠습니다."

그렇게 하여 웅의료는 적진 앞에 나가 방울을 돌렸다. 기막힌 손놀림에 빠진 송나라 군사들은 감탄을 하며 정신을 놓을 정도였다. 그 틈을 타서 초나라의 군사들은 얼이 빠진 송나라의 군사들을 섬멸시켰다.

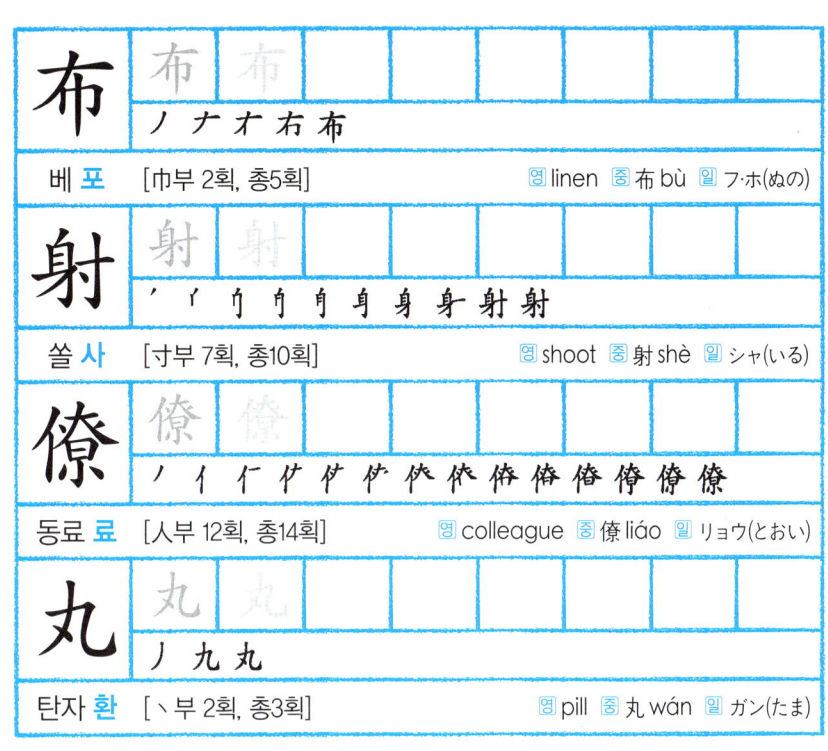

布	布	布						
	ノ ナ 才 右 布							
베 **포**	[巾부 2획, 총5획]					영 linen 중 布 bù 일 フ·ホ(ぬの)		
射	射	射						
	′ 亻 亻 介 自 身 身 身 射 射							
쏠 **사**	[寸부 7획, 총10획]					영 shoot 중 射 shè 일 シャ(いる)		
僚	僚	僚						
	ノ 亻 亻 仁 伫 伫 佟 佟 佟 侪 僚 僚 僚 僚							
동료 **료**	[人부 12획, 총14획]					영 colleague 중 僚 liáo 일 リョウ(とおい)		
丸	丸	丸						
	丿 九 丸							
탄자 **환**	[丶부 2획, 총3획]					영 pill 중 丸 wán 일 ガン(たま)		

쓰임 ●布敎(포교) : 가르침을 널리 폄 ●布告(포고) : 널리 알림 ●射殺(사살) : 쏘아 죽임 ●射出(사출) : 쏘아 내보냄 ●僚官(요관) : 부하 직원 ●僚船(요선) : 함대에 딸린 작은 선박 ●丸藥(환약) : 작고 둥글게 만든 알약 ●丸劑(환제) : 환약

글뜻 ●布(포)의 본뜻은 '마로 짠 포필'이다. 여기에서는 '여포의 이름'. ●射(사)는 '활을 쏘는 기술'. ●僚(료)의 본뜻은 '예쁜 모양'이다. 여기에서는 '웅의료의 이름'이다. ●丸(환)은 측(仄)의 반형인 지사자. '아직 부화하지 않은 계란의 모습'을 나타냈다. 환은 '탄자(彈子)'의 뜻.

230

嵇琴阮嘯
혜 금 완 소

의의 혜강(嵇康)은 거문고 타기의 명수였고, 완적(阮籍)의 휘파람 불기는 유명했다.

출전 《사물기원(事物紀原)》〈혜금조(嵇琴條)〉와 《진서(晉書)》〈완적전(阮籍傳)〉을 인용하였다.

해설 혜강은 청담(淸談)으로 유명한 죽림칠현의 한사람이다. 노자와 장자의 학문을 좋아하여 《양생편》을 지었는데, 일곱 명의 친구들은 노장의 무위자연을 숭상하며, 유교주의의 지나친 예의와 범절에 반항하였다. 특히 혜강을 논할 때에 '혜금'이라 한 것은, 그의 문장이 많이 남아 있는 '금부(琴賦)' 안에 옛 거문고의 주법과 표현 방법이 상세히 있기 때문이다. 혜강은 정신적인 괴로움을 이겨내기 위하여 거문고를 탔으며, 시작(詩作)과 회화에 몰두하였다.

또한 완적은 휘파람을 잘 불었다. 그는 어머니가 세상을 떠났다는 말을 듣고도 바둑을 두면서 태연했다. 바둑이 끝나자 술을 두 말이나 퍼마신 후 대성통곡을 했다. 그래서인지 그는 피를 두 말이나 쏟아낼 정도였다. 완적도 예의나 규범에 구애받지 않은 자연스러운 삶을 유지했다.

당시 진나라는 어수선했다. 새로이 세력의 가지를 떨치던 사마씨는 완적과 혜강을 자신들의 세력권 안에 흡수하기 위해 온갖 회유책을 썼다. 완적은 임기응변으로 그때그때 잘 넘겼다. 그러나 혜강은 대쪽같은 성미대로 직설적으로 맞대응하는 바람에 마침내 죽임을 당했다.

혜강은 형장에서 '광릉산'이라는 곡을 연주하고 죽음을 맞이했다. 그의 나이 40세 때의 일이다. 그 후로도 광릉산은 맥이 끊기지 않은 채 명맥을 유지해 왔다. 거문고를 타는 사람들은 이 곡을 연주해 왔으며, 9백여 년이 지난 지금에 이르러도 뜻있는 후학가들에 의해 《신기비보(神奇秘譜)》 안에 수록되어 전해 오고 있다.

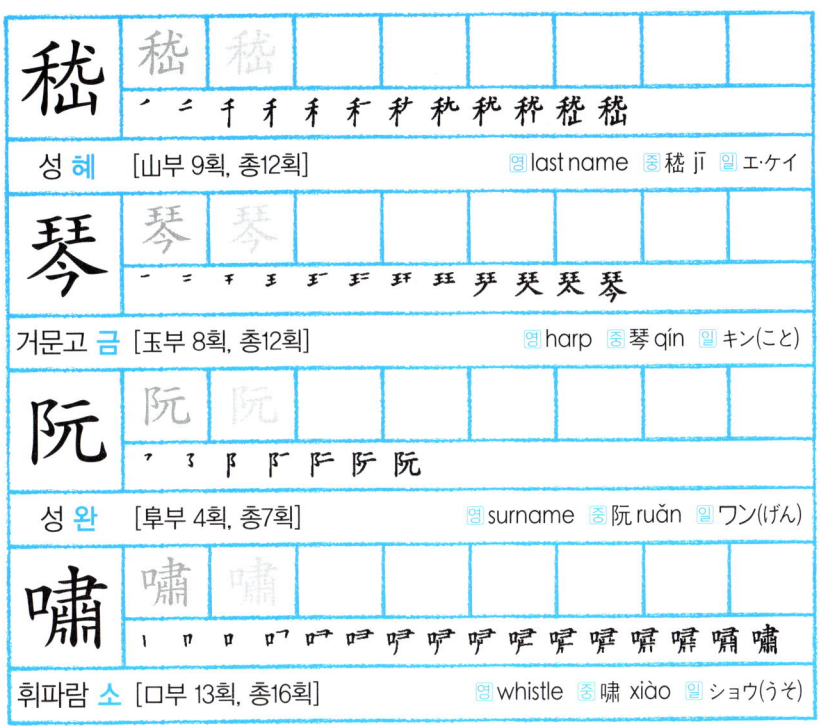

嵇	嵇 嵇
성 **혜** [山부 9획, 총12획]	영 last name 중 嵇 jī 일 エ·ケイ
琴	琴 琴
거문고 **금** [玉부 8획, 총12획]	영 harp 중 琴 qín 일 キン(こと)
阮	阮 阮
성 **완** [阜부 4획, 총7획]	영 surname 중 阮 ruǎn 일 ワン(げん)
嘯	嘯 嘯
휘파람 **소** [口부 13획, 총16획]	영 whistle 중 啸 xiào 일 ショウ(うそ)

쓰임 ●琴堂(금당) : 현감이 집무하는 곳 ●琴道(금도) : 거문고에 대한 이론과 기술 ●阮丈(완장) : 남의 사촌의 높임말 ●嘯詠(소영) : 시가를 읊음 ●嘯聚(소취) : 불러모음

글뜻 ●嵇(혜)는 본래 '산 이름'으로 되어 있으나, 여기에서는 '혜강의 성'이다. ●琴(금)은 거문고의 모습을 상형한 글자. 《단주》에서는 거문고의 유래를 밝히었다. ●阮(완)은 부(阜)와 원(元)의 형성자. 본뜻은 '대군(代郡)에 있는 관명(關名)'이다. 여기에서는 '완적의 성'이다. ●嘯(소)는 구(口)와 숙(肅)의 형성자. '휘파람'이라는 뜻이다.

231

恬筆倫紙
염 필 윤 지

의의 몽염(蒙恬)은 처음으로 붓을 만들었고, 채륜(蔡倫)은 처음으로 종이를 만들었다.

출전 《태평어람(太平御覽)》과 《후한서》 〈채륜전〉에서 인용하였다.

해설 몽염은 명장이었다. 전국시대 후기에 북방의 흉노족이 자주 변경을 침범하여 양민을 괴롭혔다. 북변에 위치한 섬서성의 진(秦)나라, 산서성의 조(趙)나라, 하북성의 연(燕)나라는 제각기 장성을 구축하기에 이르렀다. 이때 진나라 시황제는 이제까지의 장성보다 더 크고 웅장한 장성을 쌓았다. 이 무렵 몽염 장군에게 30만의 대군을 주어 흉노를 멀리 쫓아버리게 했다.

몽염은 명장이면서도 붓을 만들었다. 그는 처음으로 고목으로 대롱(管)을 만들고, 녹모(鹿毛)를 계(桂)로 하여 양모(羊毛)를 입혔다. 그것을 창호(蒼毫)라 했다.

후대에 와서 붓에 대해 흥미로운 내용이 많아졌다. 《당자서(唐子西)》의 〈고현명〉에 있는 내용이다.

'붓의 수명은 날로써 세고, 먹의 수명은 달로써 센다. 또한 벼루의 수명은 세(世)로써 센다. 그 까닭은 무엇인가? 그 몸뚱이라는 것이 붓은 가장 날카롭고, 먹은 그 다음이고, 벼루는 둔한 것이다. 어찌 둔한 자가 수(壽)하고, 날카로운 자 단명하지 않겠는가. 그 작용이라는 것이 붓은 가장 잘 움직이고, 먹은 그 다음이고, 벼루는 고요한 것이다. 어찌 고요한 자 수하고 움직이는 자가 단명하지 않겠는가.'

그래서 시인들은 말한다. 붓은 눈으로 듣는 피리와 같은 것이라고.

그런가 하면 후한의 계양인(桂陽人)이던 채륜은 종이를 발명했다. 그는 본시 환관이었다. 그러던 그가 궁에 들어온 이후 여러 방면의 책을 섭렵하여 마침내 종이를 발명한 것이다.

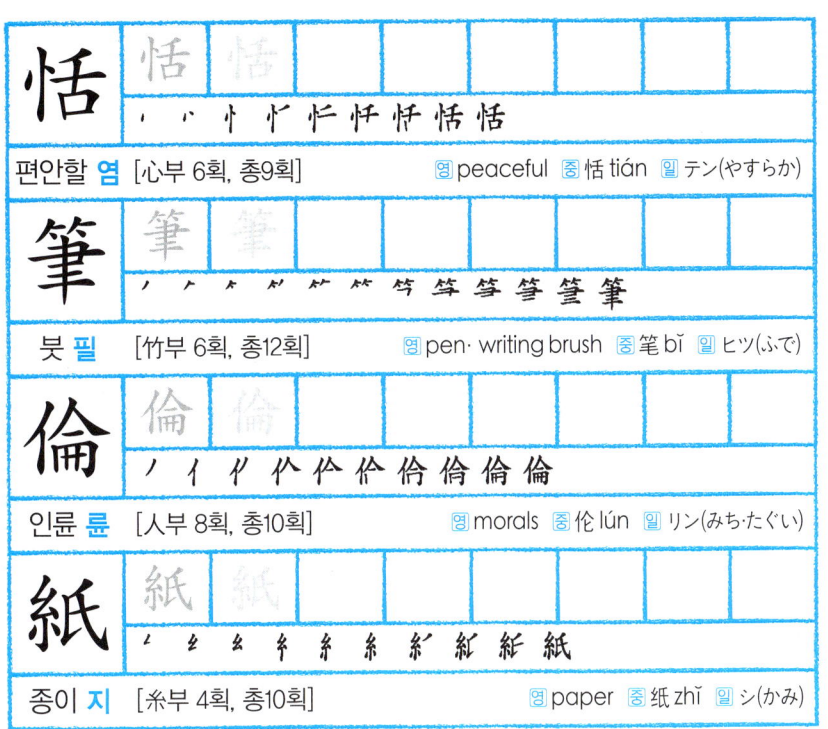

恬	편안할 **염** [心부 6획, 총9획] 영 peaceful 중 恬 tián 일 テン(やすらか)
筆	붓 **필** [竹부 6획, 총12획] 영 pen· writing brush 중 笔 bǐ 일 ヒツ(ふで)
倫	인륜 **륜** [人부 8획, 총10획] 영 morals 중 伦 lún 일 リン(みち·たぐい)
紙	종이 **지** [糸부 4획, 총10획] 영 paper 중 纸 zhǐ 일 シ(かみ)

쓰임 ●恬雅(염아) : 마음이 너그러워 화평함 ●恬然(염연) : 평안하고 조용한 모양 ●筆談(필담) : 글로써 의사를 전함 ●筆答(필답) : 글로써 답함 ●倫理(윤리) : 인륜 도덕의 원리 ●倫匹(윤필) : 친구 ●紙匣(지갑) : 종이로 만든 갑 ●紙燈(지등) : 종이로 만든 등을 뜻함

글뜻 ●恬(염)은 심(心)과 설(舌)의 형성자. 본뜻은 '편안하다'이다. ●筆(필)은 죽(竹)과 율(聿)의 회의 형성자. ●倫(윤)의 본뜻은 '무리'. ●紙(지)는 사(糸)와 씨(氏)의 형성자. '솜을 물에 쳐서 뜬 것을 지라 함'.

232

鈞巧任釣
균교임조

의의 위나라 때의 인물 마균(馬鈞)은 지남거(指南車)를 만들었고, 선진인(先秦人) 임공자(任公子)는 낚시질을 잘했다.

출전 《위지(魏志)》와 《장자(莊子)》의 〈외물(外物)〉을 인용하였다.

해설 마균(馬均)의 교사(巧思)로 알려진 본절은 지남거(指南車)의 발명이다. 지남거는 수레인데, 그 위에 신선의 목상을 안치시켜 놓고 끌고 가면 손가락이 앞을 가리켰다. 또한 임공자는 낚시에 유명하여 별칭으로는 임조어(任釣魚)라 하였다. 임공자는 특히 큰 고기를 낚아 많은 인민을 만족시켰다는 기록이 있다. 이것들은 참으로 신묘한 재간이었다.

채륜이 종이를 발명했을 당시엔, 2백여 년 전부터 식물의 섬유로 만든 종이가 시도되고 있었다. 그것은 삼이나 모시를 재료로 하였으나 사실은 불량품이었다. 게다가 재료비가 상당했기 때문에 종이의 가격이 대중화될 수는 없었다.

그러나 채륜의 지도 아래 창안된 채후지(蔡侯紙)는 달랐다. 채륜은 제조법을 개량하여 나무껍질이나 삼 등의 값싼 재료들을 개량하여 질퍽한 풀 모양으로 만들어 대나무 발에 펴서 물기를 뺀 다음에 말려 만들었다. 이렇게 만든 채후지는 값도 쌀뿐만 아니라 보급도 용이하여 순식간에 전국에 퍼졌다.

그러던 것을 후한 말에 좌백(左伯)이 채후지를 개량하여 결이 곱고 윤이 있는 종이를 만들어냈다. 제지기술은 한 걸음 더 기술의 진보를 가져온 것이다.

종이와 지남거, 화약과 인쇄술은 중국이 자랑하는 4대 발명품이다. 더구나 제지 기술은 5백 년 후에 조선을 거쳐 일본에 전파되었으며, 6백 년

후에는 아랍과 유럽에까지 전파되었다.

鈞
ノ 𠂉 𠆢 亼 全 𠓜 金 金 釒 鈞 鈞 鈞

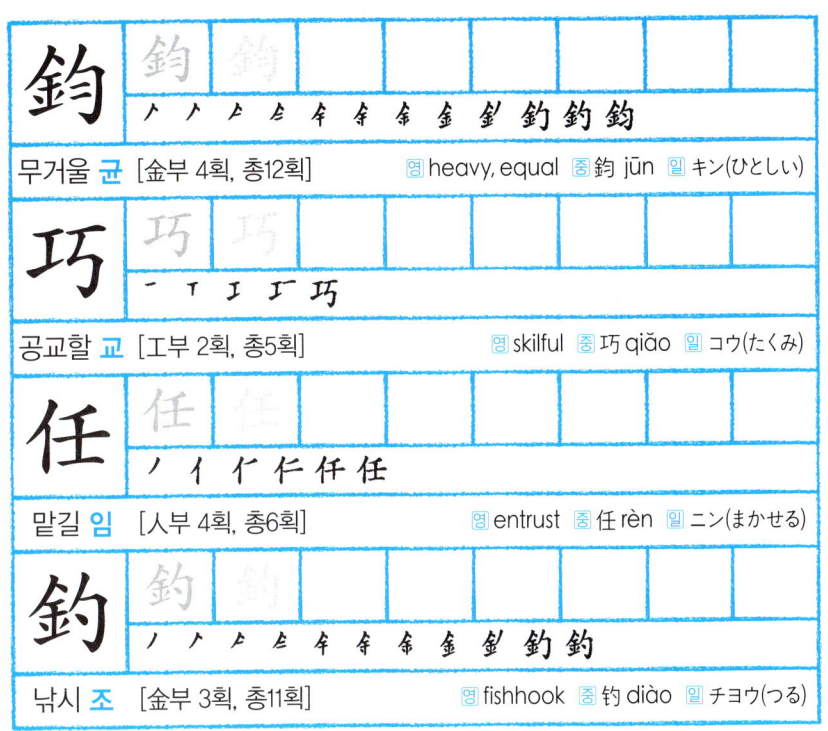

무거울 **균** [金부 4획, 총12획] 영 heavy, equal 중 鈞 jūn 일 キン(ひとしい)

巧
一 丅 工 工 巧

공교할 **교** [工부 2획, 총5획] 영 skilful 중 巧 qiǎo 일 コウ(たくみ)

任
丿 亻 亻 仁 任 任

맡길 **임** [人부 4획, 총6획] 영 entrust 중 任 rèn 일 ニン(まかせる)

釣
ノ 𠂉 𠆢 亼 全 𠓜 金 金 釒 釣 釣

낚시 **조** [金부 3획, 총11획] 영 fishhook 중 钓 diào 일 チヨウ(つる)

쓰임 ●鈞陶(균도): 인물을 양성함 ●鈞石(균석): 저울 추 ●巧言(교언): 실상이 없이 교묘하게 꾸며대는 말 ●巧知(교지): 교묘하고 민첩한 슬기 ●任員(임원): 어떤 단체의 일을 맡아보는 사람 ●任職(임직): 직무를 맡김 ●釣竿(조간): 낚시대 ●釣魚(조어): 고기를 낚음

글뜻 ●鈞(균)은 '30근의 중량'이다. 여기에서는 '마균의 이름'. ●巧(교)의 본뜻은 '재주'. ●任(임)은 인(人)과 임(壬)의 형성자. 본뜻은 '보전하다'인데 여기에서는 '임공자의 성'이다. ●釣(조)의 본뜻은 '갈퀴로 물고기를 낚다'이다.

233

釋紛利俗
석 분 이 속

의의 어수선하고 어지러운 일을 해결하여 세상 사람들에게 이로움을 주었다.

출전 《사기》 〈노중련전〉의 '소귀어천하사자(所貴於天下士者) 이위인배환석난(以爲人排患釋難), 해분난이취야(解紛亂而取也)'에서 인용하였다.

해설 앞 절에서 다루었던 네 사람들. 이를테면 여포의 활 쏘는 솜씨나, 웅의료의 방울 굴리기, 혜강의 거문고 타기, 완적의 휘파람 불기는 제 나름대로 명인(名人)의 기절(氣絕)이 있었다는 것이다.

특히 여포는 유비의 위급함을 듣고 달려와 자신의 창(戟)을 1백5십 보 앞에 세워놓고 내기를 한 것으로 유명하다. 그때 유비를 공격하러 온 장수는 기령이었다. 둘을 앉혀놓고 여포는 말했다.

"내가 1백5십 보 앞에 놓아둔 저 창의 끝을 맞히면 두 사람은 각자 돌아가시오. 그러나 내가 맞히지 못한다면 두 사람은 싸울 준비를 하시오. 내가 맞추었는데도 싸운다면 나는 시비를 건 쪽을 공격할 것이오."

여포는 활을 쏘아 창의 끝을 맞추어 싸움을 진정시켰다. 어디 그뿐인가. 완적은 소문산에서 휘파람을 불었는데, 그 소리가 멀리 바위 골짝까지 퍼져 나가 마치 봉황이 우는 소리와 같았다고 했다.

양생편을 지은 혜강은 끝내 절조를 굽히지 않고 담담하게 사마씨에게 죽임을 당하였고, 몽염은 붓을, 채륜은 종이를 만들었다.

대개 명성이라는 것은 사후에 찾아오는 것이지만, 이들은 살아 있을 때에도 크게 이름을 떨쳤고, 많은 사람들로부터 좋은 평가를 받았다. 《사기》의 〈이장전(李將傳)〉에 '도리불언 하자성혜(桃李不言 下自成蹊)'라 하였다. 복숭아와 오얏은 꽃이 곱고 열매가 맛이 좋아 찾아오는 사람이 많아 길이 난다는 뜻이다. 이것은 성인 군자는 변설을 쓰지 않아도 사람들이 스스로 귀복한다는 의미다.

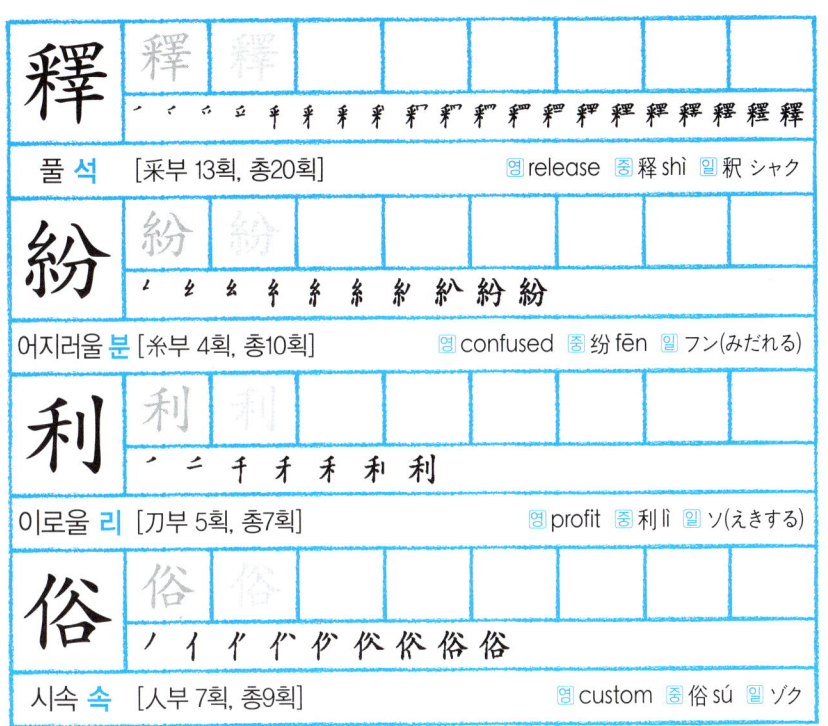

釋	풀 **석** [釆부 13획, 총20획] 영 release 중 释 shì 일 釈 シャク
紛	어지러울 **분** [糸부 4획, 총10획] 영 confused 중 纷 fēn 일 フン(みだれる)
利	이로울 **리** [刀부 5획, 총7획] 영 profit 중 利 lì 일 リ(えきする)
俗	시속 **속** [人부 7획, 총9획] 영 custom 중 俗 sú 일 ゾク

쓰임 ●釋門(석문) : 불문 ●釋然(석연) : 의문이나 의심이 풀려 개운함 ●紛糾(분규) : 문란하여 뒤엉킴 ●紛亂(분란) : 엉클어져 어지러움 ●利劍(이검) : 날카로운 칼 ●利權(이권) : 유리한 권력 ●俗客(속객) : 천한 손님 ●俗塵(속진) : 속세의 티끌

글뜻 ●釋(석)은 채(釆)와 고(睪)의 형성자. 본뜻은 '놓아주다'. ●紛(분)은 사(糸)와 분(分)의 형성자. 본뜻은 '말 꼬리를 싸는 자루'. ●利(이)는 화(禾)와 도(刂)의 회의자. '날카롭다'는 뜻. 후에 '이롭다'라는 뜻이 파생되었다. ●俗(속)은 인(人)과 곡(谷)의 형성자. 본뜻은 '학습'이다. 나중에 '세인'으로 풀이했다.

234

竝皆佳妙
병 개 가 묘

의의 앞 절에서 보여준 사람들은 모두가 절묘하고 아름답고 교묘했다.

출전 《한서》 〈추양전(鄒陽傳)〉, 《초사》 〈구장(九章)〉 등을 인용하였다.

해설 여기에서 아름답다는 것은 세상 사람들에게 빛이 되었다는 것과 다를 바 없다. 그렇다면 등불이라는 것은 무엇인가? 자신을 비추는 게 목적만은 아니다. 다른 사람으로 하여금 밝은 빛을 볼 수 있게 하는 효과도 적지 않다.

붓을 발명하여 이로움을 준 몽염이나, 종이를 발명한 채륜은 실생활에 유익함을 가져왔다. 그런가 하면 신묘한 기술로 주위의 환호성을 산 여포나 웅의료의 방울 굴리는 솜씨도 참으로 찬탄을 받기에 충분하다. 이에 반하여 우리의 정신세계에 의롭고 아름다운 얘기를 선사한 혜강 같은 이는 두고두고 사람들의 입에 오르내린다.

혜강이 세상을 등지고 대장장이로 일을 할 때였다. 어느 날 위나라의 장수인 종회가 혜강을 사모하여 찾아왔다. 그러나 혜강은 종회 따위는 아랑곳없다는 투로 모르는 체 일을 계속했다.

한동안의 시간이 흘러 잔뜩 화가 난 종회가 나가려 하자 그제야 혜강이 말을 붙여왔다.

"무슨 소문을 듣고 왔다가 무엇을 보고 갑니까?"

그러자 종회가 대꾸했다.

"들을만한 소문을 듣고 왔다가 볼만한 것을 보고 가오."

이것은 무엇을 말하는가. 혜강은 이미 세상 명리에 초탈하였다는 것이다. 물론 이 점으로 인하여 훗날 사마씨에게 죽임을 당하지만 그때에도 결코 비굴하게 목숨을 연명하려 들지 않았다. 그것은 의로운 일이 아니었기 때문이다.

竝

아우를 **병** [立부 5획, 총10획] 영 parallel 중 竝 bìng 일 並 ヘイ(ならべる)

皆

다 **개** [白부 4획, 총9획] 영 all 중 皆 jiē 일 カイ(みな)

佳

아름다울 **가** [人부 6획, 총8획] 영 beautiful 중 佳 jiā 일 カ

妙

묘할 **묘** [女부 4획, 총7획] 영 strange 중 妙 miào 일 チョク(なおす)

쓰임 ●竝立(병립) : 나란히 섬 ●竝發(병발) : 한꺼번에 두 가지 일이 일어남 ●皆勤(개근) : 일정한 기간 동안 하루도 빠짐없이 출석함 ●皆時(개시) : 모두 다 ●佳境(가경) : 재미있는 판 ●佳景(가경) : 재미있는 경치 ●妙境(묘경) : 심오하고 신비로운 경치 ●妙計(묘계) : 묘한 꾀

글뜻 ●竝(병)은 입(立)을 나란히 세운 회의자. 본뜻은 '나란히 서다'. 나중에 '함께'라는 뜻으로 변했다. ●皆(개)는 비(比)와 백(白)의 회의자. 본뜻은 '말과 뜻이 같다'. ●佳(가)는 인(人)과 규(圭)의 형성자. 본뜻은 '착하다'이다. ●妙자는 女(여)자와 少(소)자가 결합한 회의자다. 아름다운 여자가 풍기는 것처럼 오묘하고도 미묘한 느낌을 표현한다.

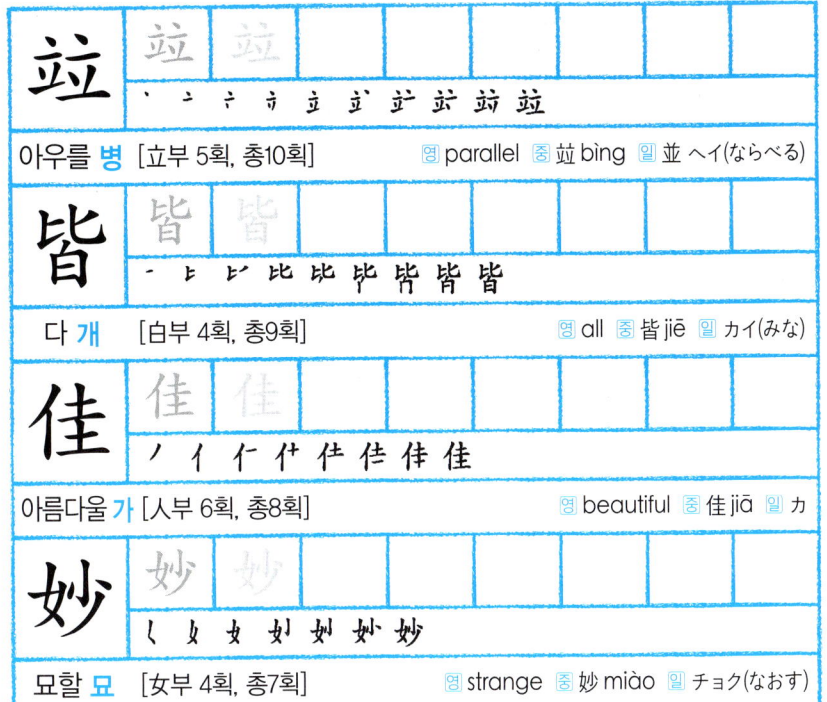

235

毛施淑姿
모 시 숙 자

의의 모장(毋嬙)과 서시(西施)는 절세의 미녀다.

출전 장화(張華)의 여지시(勵志詩)와 문심조룡(文心雕龍)의 정채(情采)에서 인용하였다.

해설 모장은 고대의 미녀다. 석문에 의하면 그녀는 월왕이 사랑하는 총희였다고 했다. 그런가 하면 《장자》의 〈제물론〉에도 모장은 월왕의 총희라고 쓰여 있다.

기원전 5세기. 이 무렵은 춘추시대의 말엽이며, 전국시대 초기다. 그러므로 여기저기 흩어져 있는 중국 땅의 왕국 수는 아주 복잡했다. 이 가운데 양자강과 전단강의 양대 강물의 하류에는 강대한 두 나라가 대치하고 있었다.

북쪽은 오나라요, 남쪽은 월나라였다. 기원전 5세기. 다시 말해 기원전 496년에 월나라를 삼키기 위해 오나라는 대대적인 공격을 감행했다. 그러나 이 전쟁에서 뜻밖에도 오나라는 대패하였으며, 오나라의 왕 오광(吳光)은 월나라 병사가 쏜 독화살을 발가락에 맞아 전사하고 말았다.

늙은 왕이 죽자, 그의 손자 오부차가 보위에 올랐다. 따라서 늙은 왕의 주검은 수도인 고소(姑蘇)의 외각지역에 매장되었다. 장례식이 성대하게 끝났을 때에, 무덤의 크기는 큼지막한 동산을 능가할 정도였다. 또한 공사가 끝남과 동시에 그곳에서 일을 했던 상당수의 인부들이 생매장을 당하는 비운을 맞이했다.

《오월춘추》에 의하면, 장례식이 끝난 사흘 후에 하얀 호랑이가 무덤 위에 앉아 있었다는 것이다. 그래서 그 무덤을 호구(虎丘)라 불렀다.

이때의 미인은 모장이었다. 그녀는 순전의 분위기에 취해 있던 월왕의 무

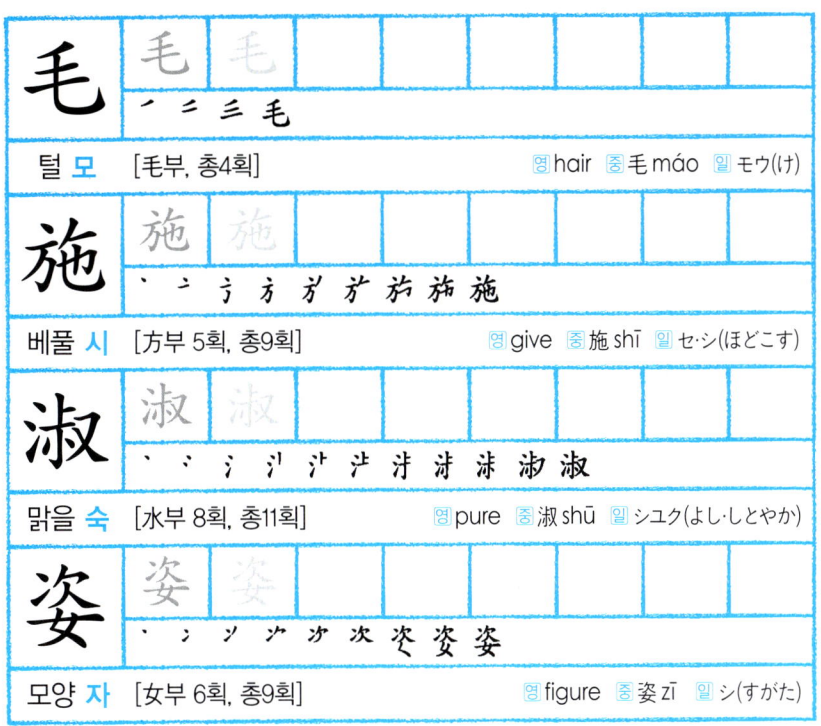

릎에 앉아 승전고에 귀를 기울이며 중신들의 성대한 연회에 조미료와 같은 역할을 해주었다.

毛	毛 毛	ノ 二 三 毛
털 모	[毛부, 총4획]	영 hair 중 毛 máo 일 モウ(け)
施	施 施	丶 亠 方 方 方 方 斾 斾 施
베풀 시	[方부 5획, 총9획]	영 give 중 施 shī 일 セ·シ(ほどこす)
淑	淑 淑	丶 氵 氵 氵 汁 汁 沐 沐 沐 淑 淑
맑을 숙	[水부 8획, 총11획]	영 pure 중 淑 shū 일 シュク(よし·しとやか)
姿	姿 姿	丶 冫 冫 冫 次 次 姿 姿 姿
모양 자	[女부 6획, 총9획]	영 figure 중 姿 zī 일 シ(すがた)

쓰임 ●毛孔(모공) : 털이 난 구멍 ●毛羽(모우) : 길짐승과 날짐승 ●施工(시공) : 공사를 착수하고 진행함 ●施術(시술) : 의사가 수술함 ●淑女(숙녀) : 교양과 덕을 갖춘 여자 ●淑景(숙경) : 봄의 경치 ●姿態(자태) : 모습 ●姿勢(자세) : 모양이나 태도

글뜻 ●毛(모)는 터럭을 그린 상형자. 여기에서는 '모단의 성'이다. ●施(시)의 본뜻은 '깃발이 휘날리는 모양'이다. 나중에 '베풀다'로 변했다. 여기서는 '서시의 성'이다. ●淑(숙)은 수(水)와 숙(叔)의 형성자. 본뜻은 '맑다'. ●姿(자)는 여(女)와 차(次)의 형성자. 본뜻은 '자세'.

236

工嚬姸笑

공 빈 연 소

의의 교묘하게 눈살을 찌푸리며 예쁘게 웃었다.

출전 여향(呂向)의 〈미인부(美人賦)〉와 《장자》의 천운(天運)을 인용하였다.

해설 왕위에 오른 부차는 전군을 총동원하여 복수의 칼날을 갈았다. 그는 자기의 시종들에게 정원에서 하루 종일 교대 근무를 시키며 자신을 만날 때마다 묻게 하였다.

"부차여, 너는 월나라가 너의 할아버지를 살해한 일을 벌써 잊었느냐?"

그러면 그는 이렇게 대답했다.

"내가 그 일을 어찌 잊을 리 있겠습니까?"

그는 당시에 할아버지 밑에서 전군을 지휘하던 명장 오자서(伍子胥)와 백비(伯嚭)에게 육군과 수군의 훈련을 맡겼다. 그리고 2년 후, 월왕 사구천이 먼저 오나라를 공격했다. 그는 대군을 이끌고 오왕국의 수도인 고소에서 30킬로미터 떨어진 곳까지 진격했다. 그러나 월나라 군사들은 오자서의 계책에 말려들어 크게 패하였고, 막다른 곳으로 몰리자 사구천은 무조건 항복을 선포했다.

오왕국에서 사구천의 처리문제를 놓고 분분한 의견을 나눌 때에, 오나라에서는 서시라는 미녀를 강화의 전리품으로 내보냈다. 그녀는 저라산 기슭에서 밭을 갈던 미녀였다. 타고난 용모가 워낙 빼어나 오부차는 사구천을 살려주었다.

서시가 오부차를 꼼짝 못하게 한 것은 그녀 특유의 봉심전술이었다. 평소 그녀는 위산과다로 음식을 먹고 나면 이마를 찡그린 채 가슴을 꼭 누르는 습관이 있었다. 이 모습이 오부차의 눈에는 얼마나 요염하게 보였는지 그녀만을 총애하였다. 월나라에는 서시를 상납한 두 해 뒤에 노나라와 동맹을 맺어 결국 오나라를 멸망시켜 버렸다.

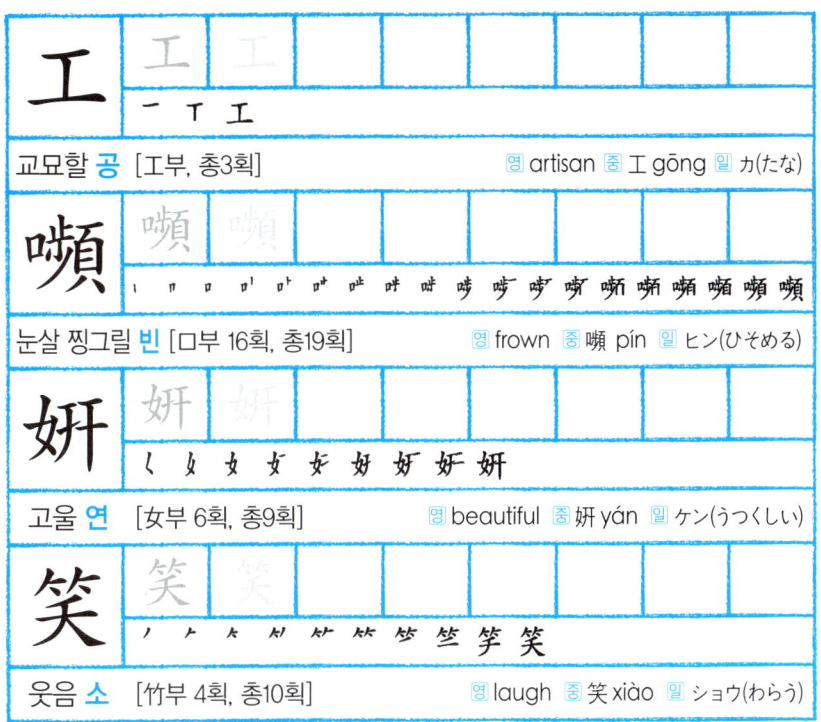

工	工 工
	一 丅 工
교묘할 **공** [工부, 총3획]	영 artisan 중 工 gōng 일 カ(たな)
嚬	嚬 嚬
	… 嚬
눈살 찡그릴 **빈** [口부 16획, 총19획]	영 frown 중 嚬 pín 일 ヒン(ひそめる)
妍	妍 妍
	… 妍
고울 **연** [女부 6획, 총9획]	영 beautiful 중 妍 yán 일 ケン(うつくしい)
笑	笑 笑
	… 笑
웃음 **소** [竹부 4획, 총10획]	영 laugh 중 笑 xiào 일 ショウ(わらう)

쓰임 ●工質(공질) : 모습 ●工課(공과) : 공부의 과정 ●嚬蹙(빈축) : 얼굴을 찡그림 ●嚬笑(빈소) : 얼굴을 찡그림과 웃음 ●妍麗(연려) : 예쁘고 아리따움 ●妍姿(연자) : 깨끗하고 고운 자태 ●笑劇(소극) : 크게 웃어댐 ●笑問(소문) : 웃는 낯으로 물음

글뜻 ●工(공)은 이(二)와 궐(亅) 지사자 ●嚬(빈)은 구(口)과 빈(頻)의 형성자. 본뜻은 '눈살을 찌푸리다'. ●妍(연)의 뜻은 '기교'이고, '혜(慧)'와 '안(安)'으로 변했다. ●笑(소)는 '대나무가 바람을 얻어 흔들리는 모습'을 본뜬 글자. 본래는 죽(竹)과 견(犬)의 회의문자였으나, 견(犬)을 요(夭)로 고쳤다.

237

年矢每催
연 시 매 최

의의 세월은 화살같이 빠르다.

출전 육기(陸機) 〈장가행(長歌行)〉의 '연왕신경시(年往迅勁矢)'에서 인용하였다.

해설 날마다 비치는 햇빛은 참으로 밝고 아름답다. 멈칫거리는 이 와중에서도 세월은 화살처럼 빠르게 지나간다. 그것은 다시는 되돌아 오지 않는다.

인생을 깊이 관조하여 영탄한 송지문(宋之問)의 〈유소사(有所思)〉라는 시가 있다. 인생도 때가 지나면 속절없이 늙어가는 것을 읊은 것인데, 《당시유향(唐詩遺響)》에는 유정지(劉廷芝)의 작품으로 나와 있다.

송지문은 제자인 유정지가 지은 이 시의 두 귀를 빼앗으려고 제자를 토낭에서 압사시켜 죽였다는 전설이 있다.

낙양성 동쪽엔 복숭아 자두꽃이 한창이다
바람 부는 대로 날아가고 날아와서 뉘 집에 떨어졌는가
그 집 깊숙한 곳의 규방 처녀가 낙화를 보며 한숨짓는다
올해도 꽃이 지면 안색은 또 달라지리니
명년에 꽃이 필 때엔 안색이 그대로 있겠는가
이미 소나무와 잣나무가
섶을 위해 땔나무가 되었는데
또 뽕나무밭이 변하여 바다가 되었다는 말도 들었는데
옛사람은 낙양성 동쪽으로 다시 오는 이 없는데
지금 사람은 바람에 지는 꽃을 대하누나
해마다 꽃 모양은 비슷한데

해마다 사람의 모습은 같지 않구나

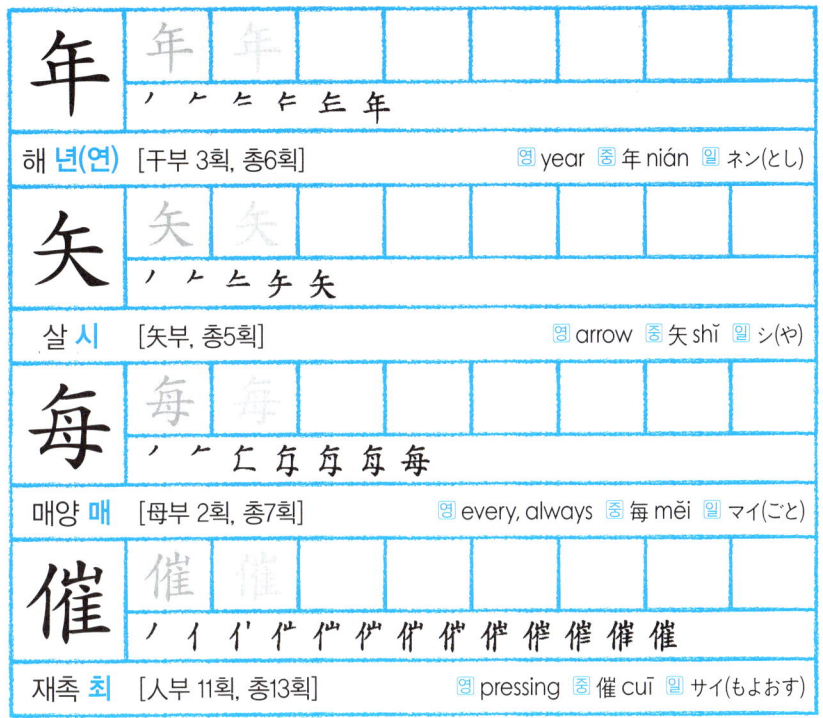

年	해 년(연) [干부 3획, 총6획] 영 year 중 年 nián 일 ネン(とし)
矢	살 시 [矢부, 총5획] 영 arrow 중 矢 shǐ 일 シ(や)
每	매양 매 [毋부 2획, 총7획] 영 every, always 중 每 měi 일 マイ(ごと)
催	재촉 최 [人부 11획, 총13획] 영 pressing 중 催 cuī 일 サイ(もよおす)

쓰임 ●年間(연간) : 한 해 동안 ●年甲(연갑) : 나이 ●矢石(시석) : 화살과 쇠뇌로 쏘는 돌 ●矢言(시언) : 맹세하는 말 ●每番(매번) : 번번이 ●每人(매인) : 사람마다 ●催淚(최루) : 눈물나게 함 ●催迫(최박) : 독촉함

글뜻 ●年(년)은 화(禾)와 인(人)의 형성자. ●矢(시)는 궁노의 화살을 표시한 상형자. '화살이 목표물에 돌입하다'라는 뜻. ●每(매)는 좌(屮)와 모(母)의 형성자. 본뜻은 '초목이 무성함'인데, '항상'의 뜻으로 바뀌었다. ●催(최)는 인(人)과 최(崔)와의 형성자. 본뜻은 '서로 재촉하다'.

238

曦暉朗耀
희 휘 랑 요

의의 날마다 뜨는 태양은 언제나 밝게 빛난다.

출전 육기의 〈장가행〉을 인용하였다.

해설 오비토주(烏飛兎走)에 관한 내용이다. 여기에서 오는 해이고, 토는 달이다. 세월이 빨리 흘러감을 나타내는 한종(韓綜)의 시구다. 그런가 하면 이백의 〈파주문월(把酒問月)〉도 영원한 달과 짧은 인생의 감회를 읊었다.

청천에 달이 있은 지 그 얼마련가
내 이제 술잔을 멈추고 한 번 묻노라
사람은 밝은 달을 잡고 오를 수 없건만
달은 무심히 가더라도 사람은 따른다

휘영청 밝아 단궐에 임한 듯하고
녹연이 걷혀 빛을 뿜는다
다만 달이 바다 가운데서 솟는 것을 보았을 뿐
새벽에 구름 사이에 잠김을 어찌 알았으리

흰 토끼는 가을과 봄에 약방아를 찧고
항아 아가씨는 홀로 있으니 뉘와 함께 벗할꼬
지금 사람들은 옛날의 달을 볼 수 없으나
지금의 저 달은 옛사람을 비쳤으리라

옛사람과 지금 사람은 흐르는 물과 같으니
함께 밝은 달을 보면 느낌은 같았으리라
다만 바라기를 노래하고자 술을 마실 때엔
월광이 길이 금 술잔에 비쳐지기를 바라네

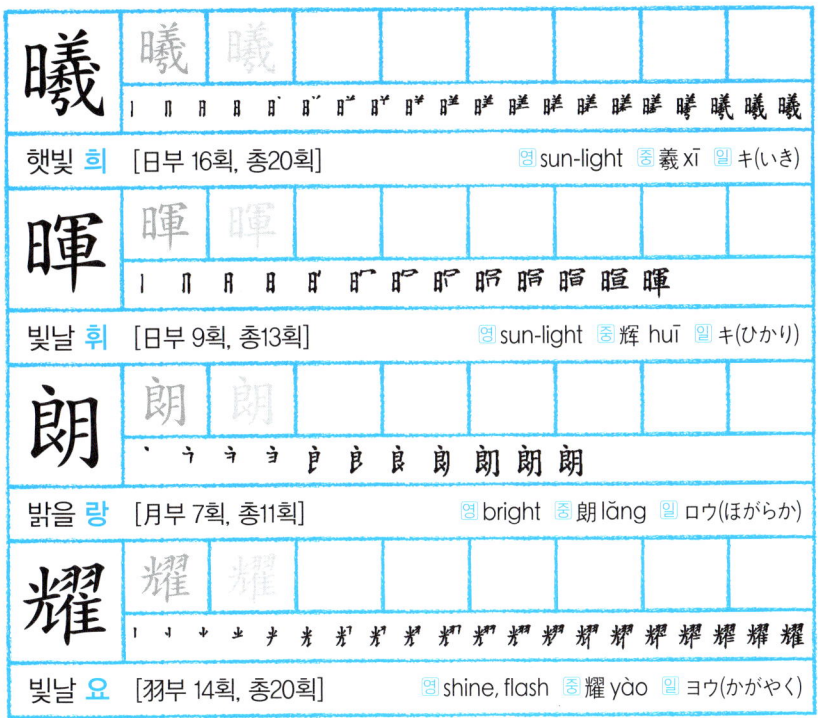

曦	丨 冂 日 日 日' 日'' 日ᐟ ... 曦 曦 曦	
햇빛 **희** [日부 16획, 총20획]	영 sun-light 중 羲 xī 일 キ(いき)	
暉	丨 冂 日 日 日' 日⁻ 日冖 ... 暉	
빛날 **휘** [日부 9획, 총13획]	영 sun-light 중 辉 huī 일 キ(ひかり)	
朗	丶 ㇇ ... 朗 朗 朗	
밝을 **랑** [月부 7획, 총11획]	영 bright 중 朗 lǎng 일 ロウ(ほがらか)	
耀	丨 ... 耀	
빛날 **요** [羽부 14획, 총20획]	영 shine, flash 중 耀 yào 일 ヨウ(かがやく)	

쓰임 ●曦月(희월) : 태양과 달 ●曦軒(희헌) : 태양이 타고 있는 수레 ●暉映(휘영) : 광채가 빛남 ●暉暉(휘휘) : 햇빛이 빛남 ●朗月(낭월) : 밝은 달 ●朗讀(낭독) : 소리내어 읽음 ●耀耀(요요) : 빛이 비쳐 밝음

글뜻 ●曦(희)는 일(日)과 희(羲)의 형성자. 본뜻은 '햇빛'이다. ●暉(휘)는 일(日)과 군(軍)의 형성자. 본뜻은 '빛나다'이다. ●朗(랑)은 월(月)과 양(良)의 형성자. 본뜻은 '밝다'. ●耀(요)는 뜻을 나타내는 광(光)과 음(音)을 나타내는 글자 翟(적→요)의 변음으로 이루어진 형성자.

239

璇璣懸斡

선 기 현 알

의의 아름다운 혼천의처럼 해와 달이 하늘에 매달려 돌고 있다.

출전 《서경》 〈순전(舜傳)〉, 《초사》 구사(九思)에서 인용을 하였다.

해설 해와 달이 마치 혼천의(渾天儀)처럼 하늘에 매달려 돌고 있는 모습을 가리키고 있다. 《서경》의 〈순전〉에 다음 같은 내용이 있다.

순임금은 즉위하자 무엇보다도 일월성신(日月星辰)의 운행을 자세히 밝혀내는 데에 착수하였다. 이것은 농사를 짓는 데에 있어서 그 근본이 자연환경과 밀접한 관계가 있다고 믿었기 때문이다.

순임금은 자연이 변화하는 상태에 대해 여러 가지로 연구·검토했다. 그렇게 하여 합당한 농사를 짓는 것을 최선이라고 생각했기 때문이다.

그렇게 하자면 일월성신의 움직임을 면밀히 관찰할 수 있는 기계가 있어야 했다. 해와 달과 다섯 개의 주요한 별을 합한, 일곱 개의 주요 천체 운행에 대해 관찰하게 한 것이다. 그런 다음에 당시의 여러 신(神)들, 곧 토신(土神)·곡신(穀神)·수신(水神) 등 가운데서 가장 높은 하늘의 신인 상제께 제사를 지냈다.

그런 다음으로 백성들의 생활에 아주 긴요한, 춘하추동 사계절과 하늘과 땅 등의 여섯 가지가 바르게 되어지도록 또 제사를 드렸다. 그런 연후에 산과 물을 주관하는 신에게 다시 제사를 드렸다. 이것은 그때그때 필요한 것이 무엇인지를 잘 주관하여 도와주기를 바란다는 뜻이었다.

그 밖에도 세상에 흩어져 있는 많은 신들에게 도움을 달라는 뜻에서 제사를 지냈다.

한자	훈음	부수·획수	영	중	일
璇	구슬 선	[玉부 11획, 총15획]	bead	璇 xuán	セン
璣	구슬 기	[玉부 12획, 총16획]	pearl	玑 jī	キ
懸	달 현	[心부 16획, 총20획]	hang	悬 xuán	ケン(かかる)
斡	돌 알	[斗부 10획, 총14획]	turn	斡 wò	カン(めぐる)

쓰임 ●璇花(선화) : 옥처럼 새하얀 꽃. 곧 눈을 뜻함 ●璇星(선성) : 북두칠성의 둘째별 ●璣珠(기주) : 둥글지 않은 구슬 ●懸隔(현격) : 상당히 차이가 남 ●懸燈(현등) : 등불을 높이 매닮 ●斡旋(알선) : 남의 일을 주선함 ●斡遷(알천) : 돌아다님

글뜻 ●璇(선)은 옥(玉)과 선(旋)의 형성자. 본뜻은 '아름다운 옥'. 《집운》에서는 선(璿)·선(琁)·선(璇)을 같은 뜻이라 하였다. ●璣(기)는 왕(王)과 기(幾)의 형성자. 본뜻은 '모난 구슬'이다. ●懸(현)은 '머리를 거꾸로 매달다'는 뜻. 나중에 현(縣)은 행정구역으로 쓰여지고 '매다'는 뜻의 현(懸)이 생겼다. ●斡(알)은 본뜻이 '표주박자루'이다. 나중에 '돌다'로 바뀌었다.

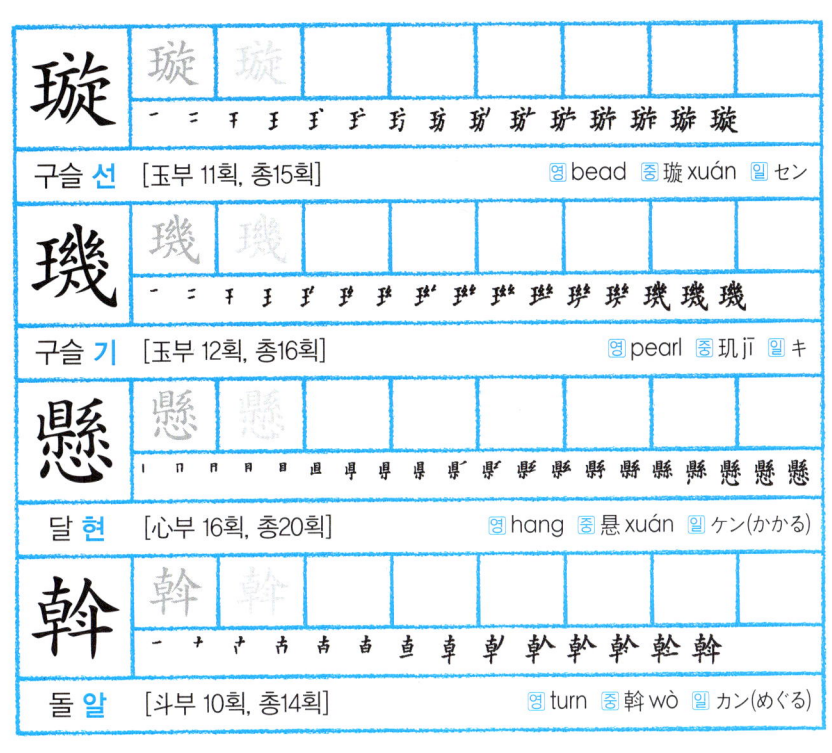

240

晦魄環照
회 백 환 조

의의 시간이 흘러 그믐이 되면 달은 빛을 잃었다가 다시 둥글게 되어 순환한다.

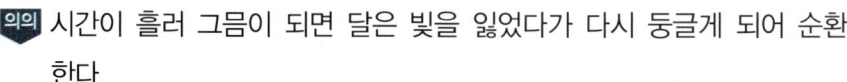

출전 《중용》의 '일월소조(日月所照)'를 인용하였다.

해설 달은 해나 별처럼 오행(五行)의 하나다. 앞 절에서 보았듯이 달은 농경문화에 있어 아주 중요한 자리매김을 한다. 즉 풍우를 관장한다는 믿음으로 음력을 만드는 기본이 된 것이다.

초하루가 삭(朔), 달이 기우는 그믐을 회(晦), 그리고 십오야를 만(滿)이라 한다.

우리의 선조들이 애용해왔던 《홍범》에는 천문의 범위를 비롯하여 율력 등이 담겨 있다. 이것을 사실상의 서징(庶徵)으로 보는 학자들이 많다. 《홍범》이 생기기 이전부터 점성학은 존재했으나, 《홍범》은 그것과는 무관하다. 물론 후대에 와서 점성술로서 오행이 이용되기는 했으나 그것은 곧 혹세무민(惑世誣民)한다는 원망을 들을 수 있기 때문이다.

어찌 되었거나 달은 현대에 와서는 거대한 하나의 암석일 뿐으로 알려졌다. 그곳에는 약방아를 찧는 토끼가 살고 있지도 않는다. 그러나 고대인들은 신앙처럼 그런 믿음을 지니고 있었다. 또한 달 주위에 어리는 구름의 형상을 보고 길흉을 얘기하기도 했다.

이를테면 달 주위를 황운(黃雲)이 감아 돌면 흉조이고, 바람이 잦으면 벌레가 성한다는 풍설이다. 달은 비바람이 아무리 거칠어도 그것을 헤치며 유유히 운행한다. 물론 그런 날 밤엔 우리들의 시선에 잡히지는 않지만, 다음 날 보면 영락없이 그 달을 볼 수 있기 때문이다.

고대의 천문학에서는 달은 9만 리나 되는 곳에 떨어져 있다고 했다. 이것은《홍범》의〈구구적수도(九九積數圖)〉의 계산법 때문이다.

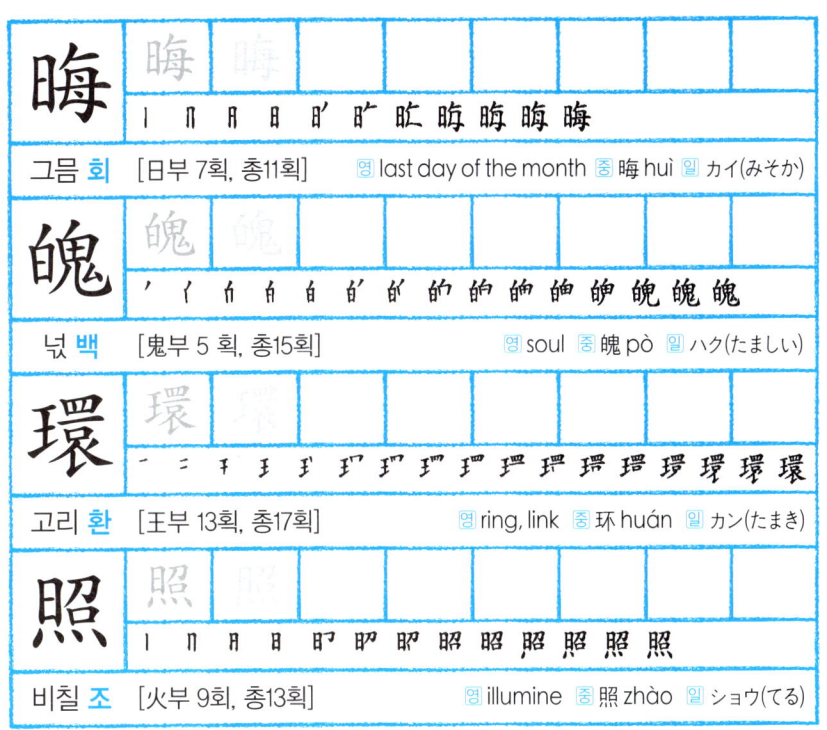

한자	뜻·음	부수·획수	영	중	일
晦	그믐 회	[日부 7획, 총11획]	last day of the month	晦 huì	カイ(みそか)
魄	넋 백	[鬼부 5 획, 총15획]	soul	魄 pò	ハク(たましい)
環	고리 환	[王부 13획, 총17획]	ring, link	环 huán	カン(たまき)
照	비칠 조	[火부 9획, 총13획]	illumine	照 zhào	ショウ(てる)

쓰임 ●晦塞(회색) : 꽉 막힘 ●晦日(회일) : 그 달의 마지막 날 ●魄門(백문) : 항문 ●環境(환경) : 둘러싸인 구역 ●環視(환시) : 사방을 둘러봄 ●照臨(조림) : 해와 달이 위에서 사방을 비침 ●照應(조응) : 앞뒤를 재어 균형을 잡음

글뜻 ●晦(회)는 일(日)과 매(毎)의 형성자. 본뜻은 '음력 1개월 중의 마지막 날'. ●魄(백)은 귀(鬼)와 백(白)의 형성자. '육체를 다스리는 음기'다. 본뜻은 '음신(陰臣)'. ●環(환)은 '일종의 둥근 상서로운 옥'.《통훈정성(通訓定聲)》에는 '순환'으로 바뀜. ●照(조)는 화(火)와 소(昭)의 형성자.《중용》에서는 '빛을 비치다'로 풀이하였다.

241

指薪修祐
지 신 수 우

의의 섶이 불에 타는 이치를 생각하여 나의 섶이 다 타기 전에 복을 닦아야 한다.

출전 《장자(莊子)》의 〈양생주(養生主)〉에서 인용하였다.

해설 장자는 장주(張周)의 계통을 이은 것으로 풀이한다. 장주는 춘추 전국시대에 송나라 사람이다. 그는 세상의 명리를 아주 더럽고 추잡한 것으로 치부해 버렸고, 어지러운 당대의 흐름과는 판이한 길을 갔다. 그는 사물의 본질을 무한하고 변화무쌍한 것으로 생각하여, 이러한 무한하고 변화무쌍한 것을 분별하는 것을 인간 개개인이 갖는 지식의 한계로 여겼다. 그런 점에서 그의 서술 방법은 종래의 것과는 상당히 특이했다.

《장자》는 말한다.

"샘이 말라 고기가 함께 붙어 있으면서도 서로 불기를 습한 것으로 하고, 서로 적시기를 거품으로 하는 것은 강과 호수에서 서로 잊고 사는 것만 못하다."

이 말의 형태를 그려보자. 물이 말라버린 샘에서 죽지 않으려고 서로의 입김을 벌름거리며 몸에 있는 물거품으로 애쓰고 있다. 바로 그 모습이 넓은 강이나 호수에서 마음대로 헤엄쳐 다닐 때와 같다고 할 수 있겠는가? 그 점을 장자는 묻고 있다.

죽고 사는 문제에 매달려야 하는 인간들이 사회라는 조직 속에서, 탐욕이라는 덫 속에서, 명리라는 계산 속에서 허우적거리는 것을 지적하고 있다. 인간들이 발버둥치며 사는 것은 물이 말라버린 샘에서 바동거리는 물고기와 다름없다는 것이다.

생사 문제와 선악의 문제를 떠나지 않는 한, 그것을 초월하지 못하는 한, 강과 호수로 들어간 물고기들이 누리는 영원한 자유는 그들에게 찾아지지 않는다는 탄식이다.

指

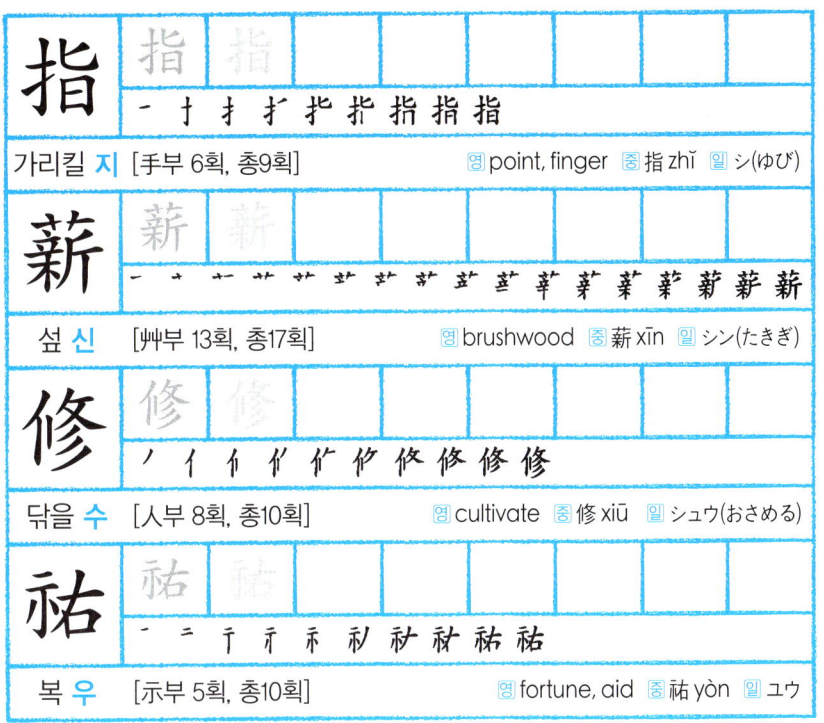

가리킬 **지** [手부 6획, 총9획] 영 point, finger 중 指 zhǐ 일 シ(ゆび)

薪

섶 **신** [艸부 13획, 총17획] 영 brushwood 중 薪 xīn 일 シン(たきぎ)

修

닦을 **수** [人부 8획, 총10획] 영 cultivate 중 修 xiū 일 シュウ(おさめる)

祐

복 **우** [示부 5획, 총10획] 영 fortune, aid 중 祐 yòn 일 ユウ

쓰임 ●指南車(지남거) : 방향을 가리키는 기계를 단 수레 ●指導(지도) : 가르쳐 인도함 ●薪木(신목) : 땔나무 ●薪炭(신탄) : 땔나무와 숯 ●修交(수교) : 교제를 맺음 ●修德(수덕) : 덕을 닦음 ●祐助(우조) : 하늘의 도움과 신의 도움

글뜻 ●指(지)는 수(手)와 지(旨)의 형성자. 본뜻은 '손가락'이다. '지시하다'로 풀이했다. ●薪(신)은 초(艸)와 신(新)의 형성자. 본뜻은 '섶나무'이다. ●修(수)는 천(巛)과 유(攸)의 형성자. 본뜻은 '꾸미다'. 일반적으로는 수(脩)와 통용되는 말이다. ●祐(우)는 시(示)와 우(右)의 형성자. 본뜻은 '신의 도움'이나 '행복'으로 변했다.

242

永綏吉卲
영 수 길 소

의의 덕을 닦음으로써 마치 하늘의 천체의 움직임같이 그 사람이 나아가는 길 역시 무궁하다.

출전 《장자》의 〈양생주〉를 인용하였다.

해설 머지않아 죽음이 닥친다. 사람도 언젠가는 죽는다. 그 죽음이 오늘인지 내일인지 알 수는 없지만 머지않아 닥친다. 시간은 쉬지 않고 흘러가는데 무엇을 하고 있는가? 장자는 묻는다. 남아 있는 기간 동안만이라도 선을 쌓으라는 것이다. 선행을 함으로써 그 공덕을 힘입어 하늘에 떠 있는 별처럼 영원히 빛을 잃지 않고 나아갈 수 있다는 말이다.

《채근담》에 있는 말이다.

'악한 일일수록 그늘에 숨어 있기를 싫어하며, 선한 일일수록 겉에 나타나기를 싫어하나니 그러므로 악이 나타난 자는 재앙이 얕으되, 숨어 있는 자는 재앙이 깊다. 선이 나타난 자는 공이 적되, 숨어 있는 자는 공이 깊다.'

이런 맥락에서 보면 모든 일을 선으로 옮기는 것을 바람같이 신속하게 해야 함을 알 수 있다.

《채근담》에서 다시 말한다.

'악한 일을 들을지라도 미워하지 말 것은, 고자질을 하는 자가 저희 분을 품을까 두렵기 때문이다. 선한 일을 들을지라도 급히 친하지 말 것은 같이 간 자의 출세를 이끌어 줄까 두려움 때문이다.'

그러므로 《동악성(東岳聖)》에는 다음과 같이 권면한다.

"하루 착한 일을 행할지라도 복이 금방 나타나지 아니하나, 복은 스스로 벌어졌다. 착한 일을 행하는 사람은 봄 동산에 풀과 같아서 그 풀이 자라나는 것은 보이지 않으나 날마다 더하여 늘어가는 것이 있고, 악한 일을 행하는 사람은 칼을 가는 숫돌과 같아서 보이지 아니할지라도 날이 갈수록 없어지는 것과 같다."

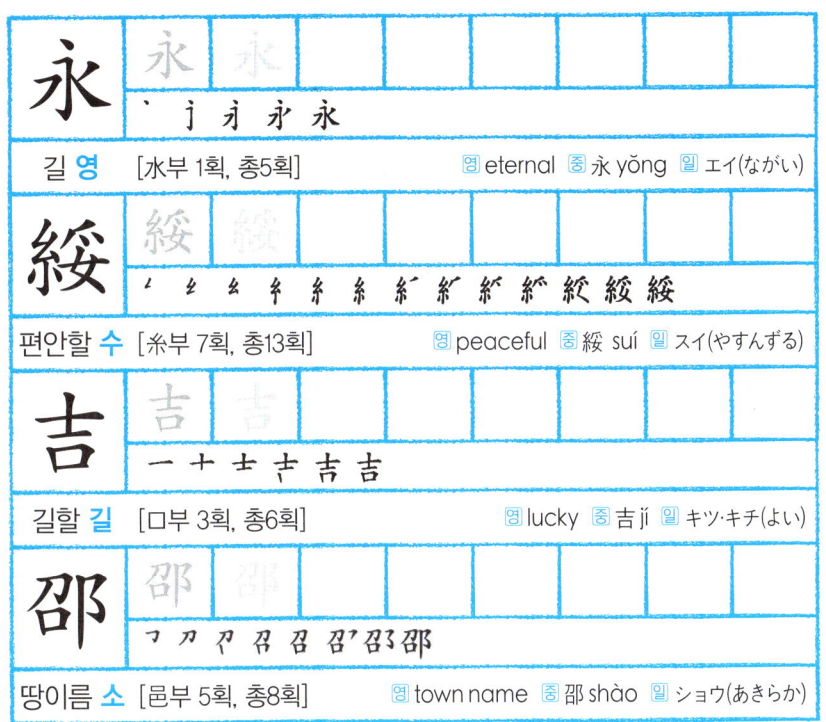

永	길 영 [水부 1획, 총5획] 영 eternal 중 永 yǒng 일 エイ(ながい)
綏	편안할 수 [糸부 7획, 총13획] 영 peaceful 중 绥 suí 일 スイ(やすんずる)
吉	길할 길 [口부 3획, 총6획] 영 lucky 중 吉 jí 일 キツ·キチ(よい)
邵	땅이름 소 [邑부 5획, 총8획] 영 town name 중 邵 shào 일 ショウ(あきらか)

쓰임 ●永久(영구) : 길고 오램 ●永眠(영면) : 영원히 잠 ●綏定(수정) : 나라를 편안히 함 ●綏靖(수정) : 백성을 편안히 함 ●吉日(길일) : 상서로운 날 ●吉相(길상) : 복을 받을 생김새 ●邵農(소농) : 농사를 권함 ●邵令(소령) : 덕망이 높고 행실이 착함

글뜻 ●永(영)의 본뜻은 '물줄기가 길게 흐르는 것'. 일반적으로 '길다'라는 뜻. ●綏(수)는 사(糸)와 타(妥)의 형성자. 본뜻은 '수레의 손잡이'. 나중에 '편안'으로 변했다. ●吉(길)은 사(士)와 구(口)의 회의자. 본뜻은 '선한 말'이다. ●뜻을 나타내는 우부방(阝마을)과 음을 나타내는 글자 召의 형성자.

243

矩步引領
구 보 인 령

의의 군자가 궁 안에 있을 때에는 걸음걸이에 법도가 있어야 한다.

출전 《후한서》 〈마원전〉에서 인용하였다.

해설 광무제 유수(劉秀)는 후한의 시조다. 그는 유방의 9대손으로 적미(赤眉)·동마 등의 비적이 횡행하고 있을 때에 차례로 평정하고 36년에 천하를 통일하였다. 유학을 장려하고 명분과 절의를 중히 여겼으며, 선비를 우대했다. 그가 아직은 천하를 얻지 못했을 때였다. 유수는 31년에 농(隴)을 공략하고 있는 잠팽(岑彭)이라는 장수에게 편지를 보냈다. 그 안에는 유수의 심정이 녹아 있었다.

'사람이란 원래 욕심이 끝없는가 보오. 이제 농을 평정하면 다시 촉 땅이 얻고 싶어질 거요. 그래서인지 한 번 군사를 출전시킬 때마다 머리가 자꾸만 희어지오.'

이렇게 하여 생겨난 것이 득롱망촉(得隴望蜀)이다.

이 당시 남아 있는 비적들은 농이란 곳에 있는 외효와 촉에 칩거한 공손술이었다. 외효는 자신들이 어찌 처신해야 할지를 몰라 마원(馬援)이라는 장수를 공손술에게 보내 동태를 알아오게 하였다. 평소 공손술과는 사이가 막역했으므로 마원은 기대하는 바가 컸다. 그러나 공손술은 이미 변해 있었다.

"아하하하, 나를 찾아 여기까지 온 것을 보니 자리가 마땅치 않는가 보네. 이것 봐, 내 밑에서 졸개들을 거느리고 있는 게 어떤가? 장수는 주인을 잘 섬겨야 하는 법이지. 암, 그렇고 말고!"

공손술은 무척 호화스러운 생활을 즐겼다. 그러나 그는 상대를 배려하거나 그 자신의 방어의 수단이 될 수 있는 덕이 없었다. 돌아온 마원은 보고했다.

"공손술은 무작정 자신을 높이고 찾아온 손님들을 업신여깁니다. 상대할 인물이 못 됩니다."

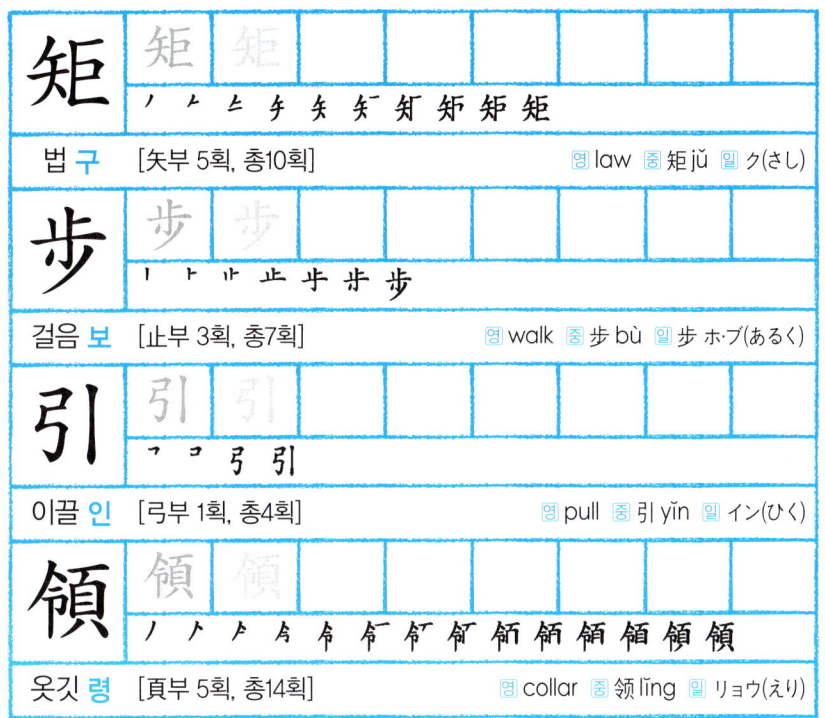

矩	矩 矩	ノ 𠂉 𠂊 チ 矢 矢 矩 矩 矩 矩
법 구	[矢부 5획, 총10획]	영 law 중 矩 jǔ 일 ク(さし)
步	步 步	丨 卜 ⺊ 止 步 步 步
걸음 보	[止부 3획, 총7획]	영 walk 중 步 bù 일 步 ホ·ブ(あるく)
引	引 引	乛 コ 弓 引
이끌 인	[弓부 1획, 총4획]	영 pull 중 引 yǐn 일 イン(ひく)
領	領 領	ノ 𠆢 ト 今 令 令 令 令 領 領 領 領 領 領
옷깃 령	[頁부 5획, 총14획]	영 collar 중 领 lǐng 일 リョウ(えり)

쓰임 ●矩尺(구척) : 곱자 ●矩形(구형) : 네모꼴 ●步涉(보섭) : 길을 걷고 물을 건넘 ●步調(보조) : 걸음걸이의 속도 ●引見(인견) : 아랫사람을 불러 만나봄 ●引力(인력) : 우주의 물건들이 서로 당기는 힘 ●領導(영도) : 거느려 이끔 ●領解(영해) : 깨달음

글뜻 ●矩(구)의 본 자는 거(巨)로 자(尺)를 가진 모양의 상형자. 본뜻은 '자'다. 거(巨)·구(矩)·구(榘)는 같은 뜻이다. ●步(보)는 지(止)와 소(少)의 회의자. 지는 그치는 것, 소는 답(踏)이다. '보행'으로 풀이. ●引(인)은 궁(弓)과 궐(亅)의 회의자. 본뜻은 '당기다'. ●領(영)은 혈(頁)과 영(令)의 형성자. 본뜻은 '목'.

244

俯仰廊廟
부 앙 랑 묘

의의 다시 응접할 때에는 낭묘 사이에서 일거일동이 모두 위풍당당했다.

출전 《묵자(墨子)》의 〈노문(魯問)〉과 《좌전》의 〈애공 15년〉, 《사기》의 〈식화지〉를 인용하였다.

해설 이번에는 낙양의 유수에게 시선을 돌렸다. 외효는 친서를 써서 마원으로 하여금 전하게 했다. 낙양에 도착한 마원은 궁 안으로 들어가 잠시 쉬었다. 얼마 후 광무제 유수는 관 대신에 두건만을 쓴 검소한 모습으로 마원을 맞이하였다.

“참으로 반갑소. 경이 외효와 공손술 사이를 왕래하며 유세객 노릇을 한다는 말을 들었소이다. 이렇게 경을 만나보니 참으로 반갑고 기쁘오.”

마원도 머리를 숙여 침착하게 답했다.

“지금의 형국은 신하된 자가 군왕을 고르는 시깁니다. 그러고 보면 신하될 자도 군왕을 골라야 될 시기인 것만은 분명합니다. 공손술은 알량한 허세만을 일삼고 있는데, 전하께서는 일면식이 없는 저를 이렇게 손쉽게 만나주셨습니까. 만약, 제가 자객이었다면 어쩌시겠습니까?”

광무제는 호방하게 웃었다.

“나는 자객인지 알고 있소.”

마원은 더욱 감탄하여 정중해졌다.

“이제야 신은 제왕이 될 사람은 선천적으로 다르다는 것을 알았습니다.”

마원은 농으로 돌아와 외효에게 유수의 성정을 말하고 그에게 귀속할 것을 권했다. 위효는 사실 내키지는 않았으나, 장자인 외순을 유수에게 인질로 보내고 자신은 얼마 후에야 귀순하였다. 그러나 다시 외효가 공손술과 합류

하자, 유수는 잠팽을 보내 그들이 있는 곳을 함락시켰다.

俯

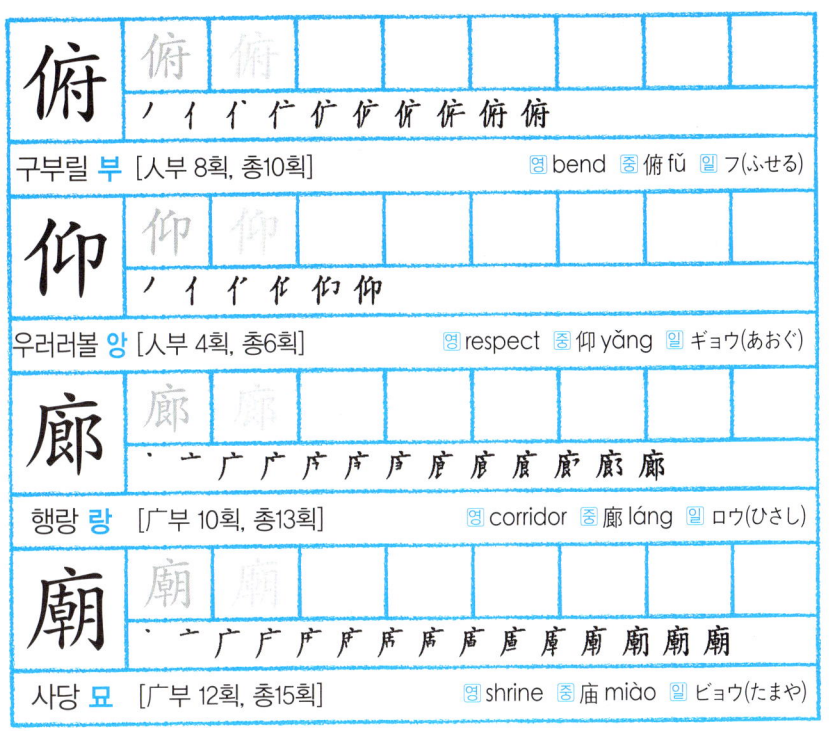

구부릴 **부** [人부 8획, 총10획] 영 bend 중 俯 fǔ 일 フ(ふせる)

仰

우러러볼 **앙** [人부 4획, 총6획] 영 respect 중 仰 yǎng 일 ギョウ(あおぐ)

廊

행랑 **랑** [广부 10획, 총13획] 영 corridor 중 廊 láng 일 ロウ(ひさし)

廟

사당 **묘** [广부 12획, 총15획] 영 shrine 중 庙 miào 일 ビョウ(たまや)

쓰임 ●俯首(부수) : 고개를 숙임 ●俯仰(부앙) : 세상을 굽어보고 하늘을 우러러봄 ●久仰(구앙) : 오래전부터 우러러 존경(尊敬)해 왔음 ●廊屬(낭속) : 하인배의 총칭 ●廊下(낭하) : 복도●廟社(묘사) : 종묘와 사직 ●廟室(묘실) : 사당

글뜻 ●俯(부)는 '머리를 숙이다'로 풀이하였다. ●仰(앙)은 인(人)과 앙(卬)의 회의 형성자. 본뜻은 '머리를 들어 쳐다보다'이다. ●廊(랑)은 엄(广)과 낭(郎)의 형성자. 본뜻은 '곁채'. ●廟(묘)는 엄(广)과 조(朝)의 형성자. 본뜻은 '선조의 영을 모시는 사당'이다.

245

束帶矜莊
속 대 긍 장

의의 관복을 입고 조정에 들어갈 때엔 위의(威儀)를 갖추고 공경심을 가져야 한다. 또한 움직임에 있어서는 예를 갖추어야 한다.

출전 《논어》의 〈공야장(公冶長)〉과 《주례(周禮)》 〈지관보씨(地官保氏)〉에서 인용하였다.

해설 《논어》의 〈공야장편〉에 있는 내용이다.

맹무백(孟武伯)이라면 맹손씨(孟孫氏)의 세 세도가(三桓氏)의 하나다. 일찍이 공자의 아버지 숙량흘도 섬긴 적이 있는 집안이다. 당시에 공자는 망명길에서 돌아온 데다 세도가의 집안인 맹손씨의 자제들은 오래 전에 공자에게서 예를 배운 적이 있었으므로, 맹무백도 공자의 문인들과 비슷한 친애(親愛)가 있었다. 그러므로 공자와의 대화는 자연스러웠다. 이러한 맹무백이 어느 날 물었다.

"자로는 인과 덕을 가졌다고 할 수 있습니까?"

처음에는 모르겠다고 했으나 재차 물었으므로 대답했다.

"자로로 말씀드리면 천대의 전차를 낼 수 있는 나라에서 국방 행정을 시킬 만합니다. 인을 얻었는지 어떤지는 모르겠습니다."

맹무백이 다시 물었다.

"염유는 어떻습니까?"

공자가 말했다.

"염유는 천호의 읍과 백 대의 전차를 낼 수 있는 귀족의 집안에서 그곳의 집사 구실을 시킬 만합니다. 그러나 인을 얻었는지 어떤지는 모르겠습니다."

이번에는 공서화(公西華)에 대해 물었다. 그러나 공자는 다시 말했다.

"공서화로 말하자면 예복을 입고 조정에 서서, 빈객을 접대하게 할 만합니다. 그러나 인을 얻었는지 어떤지는 모르겠습니다."

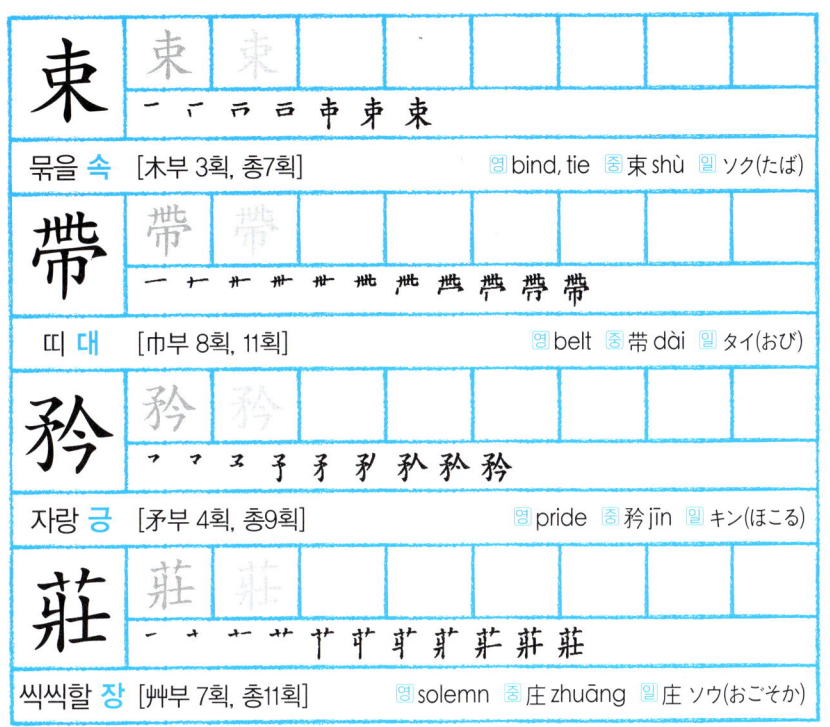

束	묶을 **속** [木부 3획, 총7획] 영 bind, tie 중 束 shù 일 ソク(たば)
帶	띠 **대** [巾부 8획, 11획] 영 belt 중 带 dài 일 タイ(おび)
矜	자랑 **긍** [矛부 4획, 총9획] 영 pride 중 矜 jīn 일 キン(ほこる)
莊	씩씩할 **장** [艸부 7획, 총11획] 영 solemn 중 庄 zhuāng 일 庄 ソウ(おごそか)

쓰임 ●束帶(속대) : 옷을 여미는 대 ●束裝(속장) : 행장을 차림 ●矜伐(긍벌) : 겉으로 드러내어 자랑함 ●矜恤(긍휼) : 불쌍히 여기어 도움 ●莊園(장원) : 별장과 그에 딸린 동산 ●莊嚴(장엄) : 장엄하고 정중함

글뜻 ●束(속)은 구(口)와 목(木)과의 회의자. '나무를 둥글게 묶다'의 뜻이다. ●帶(대)는 '띠'. ●矜(긍)은 모(矛)와 금(今)의 형성자. 본뜻은 '창자루'이다. 나중에 '자랑하다'로 변했다. ●莊(장)은 초(艸)와 장(壯)의 형성자. 본뜻은 '초목의 무성한 모습'이다. 《집운》에서 '엄(嚴)'으로 변했다.

246

徘徊瞻眺
배 회 첨 조

의의 속대를 매고 군주를 만나 뵐 때엔 좌우로 어정거리거나 위아래로 살피거나 먼 곳을 바라보는 것은 공경을 잃는 것이다.

출전 《순자》의 〈예론(禮論)〉과 유창(劉滄)의 〈강행서사시(江行書事詩)〉를 인용하였다.

해설 《순자》는 '과고향칙필배회언(過故鄕則必徘徊焉)'이라 하였다. 즉 어정거리며 이쪽 저쪽으로 왔다 갔다 하는 것을 가리킨다. 그런데 이러한 행동을 군왕 앞에서는 결코 해서는 안 된다는 점을 지적했다. 그것은 왜인가? 순자는 '임금은 배이며, 백성은 물'이기 때문으로 풀이했다.

임금이 높은 자리에 있는 것은 백성들이 떠받들기 위해서다. 배가 물 위에 뜨는 것은, 배가 뜬 것이 아니라 물이 그렇게 한 것이다. 물이 화가 나면 그 배를 엎을 수도 있다. 이것은 백성이 화가 나면 군왕은 그 자리에 편안히 앉을 수 없다는 말이다.

물론 이것은 예로부터 내려온 말을 순자가 인용한 것이다. 그는 다시 비유를 들었다. 화가 난 백성들이 군왕의 말을 듣지 않은 것은 수레를 끄는 말이 화가 난 채 달림으로써 수레를 엎는 이치와 다를 바 없다. 그러므로 백성을 다스리는 군주는 말을 잘 달래는 사람처럼 백성의 힘을 아껴주어야 한다.

그렇다면 군자는 어떤가. 행동이 곧고 발라야 한다. 소인의 학문은 귀로 들어와 입으로 나간다고 했다. 입과 귀 사이는 네 치(寸)밖에 되지 않는다. 그런데 어떻게 일곱 자(尺) 몸을 아름답게 할 수 있는가의 반문이다. 그러므로 군자는 학문을 귀로 받아들여 입으로 내보내지 않고 마음속에 담아둔다. 아는 것을 다른 이에게 자랑하려 들지 않고 깊이 생각하고 행동도 조신하게 한다. 물론 군왕을 만날 때에도 공경하는 몸가짐을 하는 것은 당연하다.

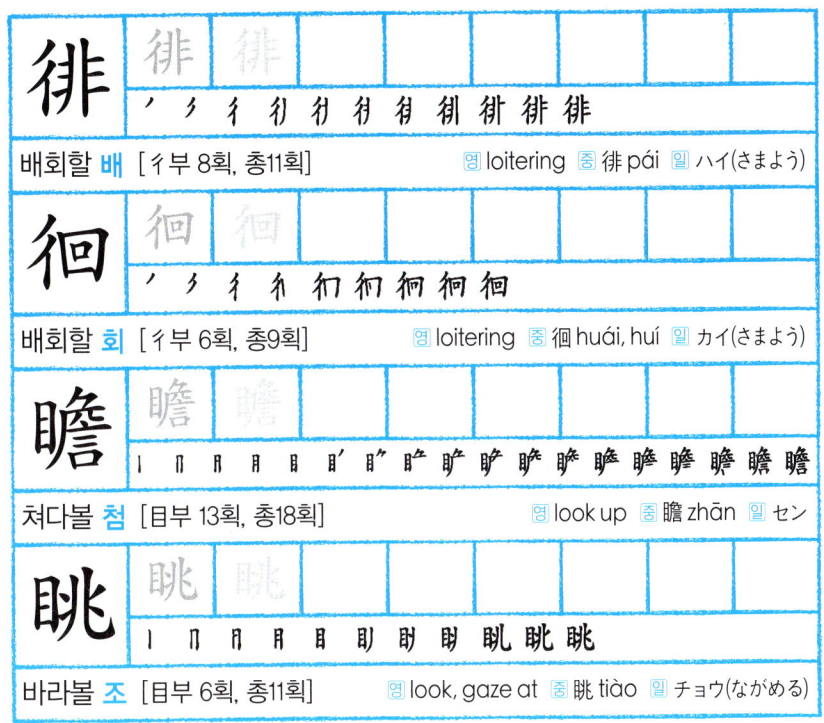

徘	徘 徘
	丿 彳 彳 彳丨 彳刂 彳彐 彳扌 徘 徘 徘 徘
배회할 **배** [彳부 8획, 총11획]	영 loitering 중 徘 pái 일 ハイ(さまよう)
徊	徊 徊
	丿 彳 彳 彳丨 彳冂 彳冋 徊 徊 徊
배회할 **회** [彳부 6획, 총9획]	영 loitering 중 徊 huái, huí 일 カイ(さまよう)
瞻	瞻 瞻
	丨 冂 冃 目 目 目' 目" 瞻 瞻 瞻 瞻 瞻 瞻 瞻 瞻 瞻 瞻 瞻
쳐다볼 **첨** [目부 13획, 총18획]	영 look up 중 瞻 zhān 일 セン
眺	眺 眺
	丨 冂 冃 月 目 目丿 目⺊ 目兆 眺 眺 眺
바라볼 **조** [目부 6획, 총11획]	영 look, gaze at 중 眺 tiào 일 チョウ(ながめる)

쓰임 ●徘徊(배회) : 이리저리 왔다 갔다 함 ●徘徊往來(배회왕래) : 천천히 왔다 갔다 함 ●瞻相(첨상) : 바라보며 생각함 ●瞻帷(첨유) : 가마 등에 치는 휘장 ●眺望(조망) : 먼 곳을 바라봄 ●眺覽(조람) : 멀리서 바라봄

글뜻 ●徘(배)의 본자는 배(俳)로 인(人)과 비(非)의 형성자. 본뜻은 '희롱하다'이고 '어정거리다'로 바뀌었다. ●徊(회)는 '어정거리다'의 뜻. ●瞻(첨)의 본뜻은 '내려다보다'. 《통훈정성》에는 '쳐다보다'로 풀이. ●眺(조)는 견(見)과 조(兆)의 형성자. '멀리 바라보다'라는 뜻.

247 孤陋寡聞 고루과문

의의 자기 혼자만이 이룬 견해는 좁고 낮다.

출전 《설원(說苑)》의 건목(建木)과, 《사기》〈오제기(五帝紀)〉의 '천견과문(淺見寡聞)', 《예기》〈학기(學記)〉에서 인용하였다.

해설 사람은 스스로 생각하여 도리에 맞는 경우도 있다. 또한 선량한 선비를 가까이함으로써 배움을 얻을 수도 있다. 그러나 이러한 방법은 조그만 명예를 얻을 수 있는지 모른다. 견해가 좁기 때문에 많은 사람들을 감동시키거나 교화시키는 데엔 어려움이 있다. 어진 사람의 행위를 좇고 재능 있는 사람과 친하게 지내는 것은 여러 모로 좋은 점이 있다. 그러나 많은 사람들을 감화시키기엔 부족하다는 것이다. 이런 이유로 많은 사람 앞에 내세울 만한 학문이나 견해가 있으려면 반드시 배움으로써 일가를 이루어야 한다.

그런 말이 있잖은가. 옥은 다듬지 않으면 그릇이 될 수 없으며, 사람은 배우지 않고서는 도리를 깨달을 수 없다는 것. 그래서 옛날에는 나라를 세우고 백성들 위에 군림하기 위해서 학문을 가르치는 '교육'을 우선으로 하였다.

아무리 좋은 음식이 있다 해도 그것을 맛보지 않은 이상엔 좋고 나쁨을 분변할 수 없다. 그렇듯이 아무리 좋은 도(道)가 있다 해도 배움을 갖지 않고서는 알 수가 없다.

배운 후에라야 자신의 지덕(知德)이 부족하다는 것을 알게 된다. 가르치고 나서야 충분히 사람을 감화시킬 수 없음을 알게 된다. 또한 지덕이 부족하다는 것을 알게 된 연후라야 더욱 스스로를 반성하여 면학에 힘쓰게 된다. 그러므로 가르치는 것이나 배우는 것이나 모두가 지덕을 키우는 것이라 했다. 그것은 곧 자신도 배우게 되는 것이니 스스로의 지덕을 쌓는 것이다.

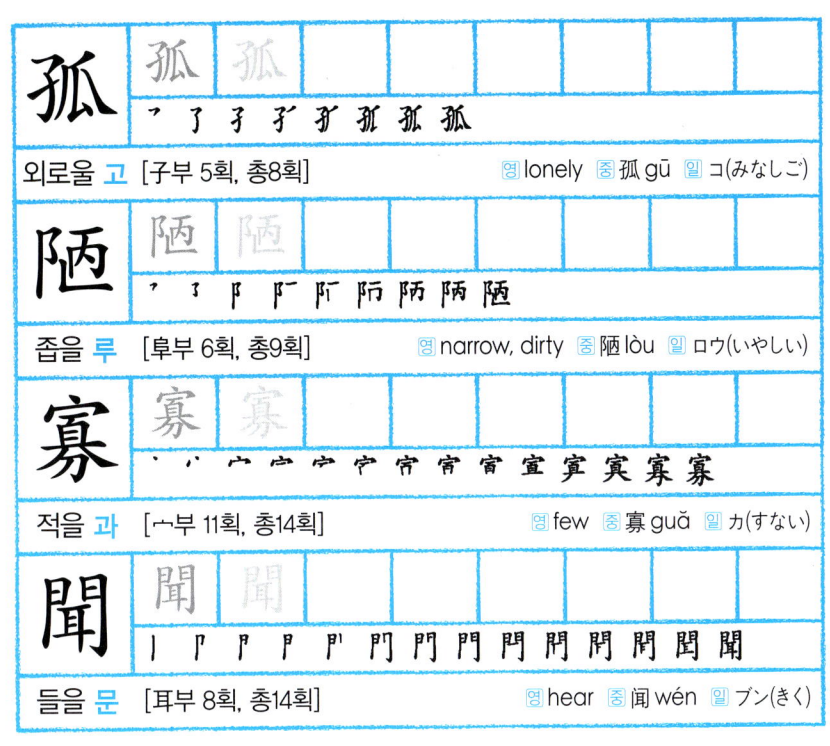

孤	외로울 고 [子부 5획, 총8획] 영 lonely 중 孤 gū 일 コ(みなしご)
陋	좁을 루 [阜부 6획, 총9획] 영 narrow, dirty 중 陋 lòu 일 ロウ(いやしい)
寡	적을 과 [宀부 11획, 총14획] 영 few 중 寡 guǎ 일 カ(すない)
聞	들을 문 [耳부 8획, 총14획] 영 hear 중 闻 wén 일 ブン(きく)

쓰임 ●孤立(고립) : 의지할 곳 없는 외톨이 ●孤寺(고사) : 외따로 떨어져 있는 절 ●陋見(누견) : 천한 생각 ●陋名(누명) : 이름을 더럽힐 만큼 억울한 평판 ●寡宅(과댁) : 과수댁의 준말 ●寡少(과소) : 적음 ●聞達(문달) : 명성이 높고 현달함 ●聞望(문망) : 명예와 성망

글뜻 ●孤(고)는 자(子)와 과(瓜)의 형성자. 본뜻은 '아비 없는 자식'인데 '외롭다'로 바뀌었다. ●陋(루)의 본뜻은 '좁다'. ●寡(과)는 면(宀)과 반(頒)의 회의자. '소(少)'의 뜻과 같음. ●聞(문)은 '음성을 귀로 감수하다'라는 뜻. 청(聽)은 '듣다'이고, 문(聞)은 '들리다'의 뜻.

248

愚蒙等誚
우 몽 등 초

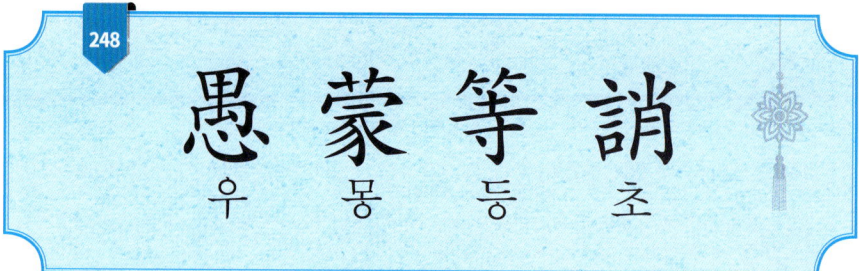

의의 견문이 낮으면 어리석고 무지하게 보여 남의 꾸지람을 듣게 된다.

출전 《한서》의 '족하애기우몽(足下哀其愚蒙), 사서교독이소불급(賜書敎督以所不及)'에서 인용하였다.

해설 수박 겉핥기 식의 학문은 안 된다는 것이다. 우몽(愚蒙)이란, 우매(愚昧)와 뜻이 같다. 배움이 없는 자는 세상 사람들에게서 모욕을 당한다는 게 본절의 내용이다. 배우고 익혀야 함을 강조하는 대목이다. 그렇게 하고 나면 어떤 일이 벌어지는가.

노래를 잘 부르는 자는 남에게 가르쳐서 그 목소리나 가락을 내는 방법을 후세에 전하도록 한다. 또한 학문을 잘 가르치는 사람은 남을 인도하여 자기의 학문이나 뜻하는 바를 계승·발전시킬 수가 있다.

이런 경우, 가르치는 말은 간략할지 모르나 그 취지는 잘 전해진다. 또한 표현 방법에 있어서도 평범하지만 내용은 깊다. 비유가 적더라도 그 뜻은 직접 나타나기 마련이다. 그렇게 해야만 제자가 된 자가 스승의 뜻을 이어받아 만대에 전한다는 것이다.

뛰어난 교사는 학문하는 사람들의 도에 이르는 어려운 점을 이해하고 그 장단점을 분별하여 능히 깨우친다. 그런 다음에 스승이 되고, 스승이 된 연후에야 벼슬의 장(長)이 될 수 있다.

거기에서 점점 더 나아가 군주가 될 수 있으니 결국 스승이라는 것은 군주가 되는 길을 배우는 것이라고 《예기》의 〈학기(學記)〉는 가르친다.

구보인령(矩步引領)에서 본 절까지가 학덕 있는 자가 조정에서 위의를 갖출 수 있지만, 그렇지 못한 자는 의관을 참여할 기회를 얻지 못하여 정치가 참여하지 못한다. 그러므로 어리석은 자와 똑같이 취급되는 것을 경계한 것이다.

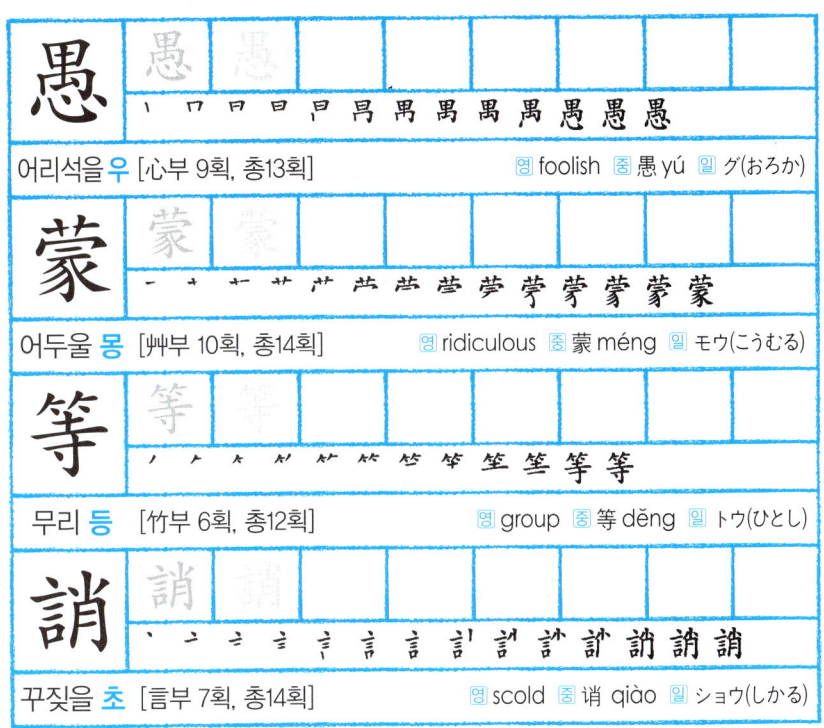

愚	어리석을 우 [心부 9획, 총13획] 영 foolish 중 愚 yú 일 グ(おろか)
蒙	어두울 몽 [艸부 10획, 총14획] 영 ridiculous 중 蒙 méng 일 モウ(こうむる)
等	무리 등 [竹부 6획, 총12획] 영 group 중 等 děng 일 トウ(ひとし)
誚	꾸짖을 초 [言부 7획, 총14획] 영 scold 중 诮 qiào 일 ショウ(しかる)

쓰임 ●愚鈍(우둔) : 어리석고 둔함 ●愚問(우문) : 어리석은 질문 ●蒙利(몽리) : 이익을 봄 ●蒙昧(몽매) : 사리에 어둡고 어리석음 ●等級(등급) : 우열과 고하의 관계 ●等身(등신) : 자기의 키와 같은 높이 ●誚責(초책) : 꾸짖어 나무람

글뜻 ●愚(우)는 심(心)과 우(禺)의 형성자. '마음이 어리석다'는 뜻. ●蒙(몽)은 '무지'나 '어리석은 사람'. 본뜻은 '삼년출'이다. ●等(등)은 죽(竹)과 사(寺)의 회의자. '본뜻은 사물을 평등이 다스리다'. ●誚(초)는 언(言)과 초(肖)의 형성자. 본뜻은 '꾸짖다'이다.

249

謂語助者
위 어 조 자

의의 어조라는 것은 글자의 뜻은 없고 보조로 사용된다.

출전 《정자통》에서 인용하였다.

해설 어조(語助)에는 허자(虛字)가 많다. 다시 말해 그 나름대로 독립된 뜻을 갖지 못하고 곁가지가 되어 다른 말을 보조로 사용된다. 이러한 어조의 언(焉)에는 다음과 같은 뜻이 있다.

(1) 안(安)·하(何)·갈(曷):《통훈정성(通訓定聲)》이나 《광아석고(廣雅釋詁)》에서는 다같이 '어찌'라는 뜻으로 풀이를 했다.

(2) 어(於)·시(是)·내(乃)·칙(則):《경전석사(經傳釋詞)》에 의하면 〈모두 이에〉라는 뜻으로 풀이했다.

(3) 구말(句末)의 의문어조사:《경전석사》에는 〈언유호야(焉猶乎也)〉라 하여 '호(乎)'와 동일한 뜻으로 풀이하였다.

(4) 형용을 표시하는 어조:《통훈정성》에는 〈언여용연자적동(焉與用然字赤同)〉이라 하여 '연(然)'과 동일한 뜻으로 풀이했다.

(5) 어조(語調)를 정리하는 어조:《논어》 옹야(雍也)에 〈기여칙일월지언이사의(其餘則日月至焉而已矣)〉라 하는 언(焉)은 어조상의 조사로 풀이했다.

(6) 단정을 표사하는 어조:《역경》의 〈곤괘〉에 〈고칭용언(故稱龍焉)〉이라 한 언은 단정의 조사이다.

기타 조사 재(哉)에는 다음과 같은 뜻이 있다.

(1) 감탄사:《경전석고》에 의하면 〈재탄사야(哉歎詞也)…〉로 응용되던 재(哉)는 감탄사이다.

(2) 의문어조사:《경전석사》에 〈약시북문, 위지하재지속, 시야(若詩北門, 謂

之何哉之屬, 是也)〉에 나오는 재(哉)는 의문어조사다.

(3) 의미강조의 어조사:《경전석사》에 〈재유의야(哉猶矣也)…〉로 풀이된 재(哉)는 모두가 의미 강조의 어조사이다.

(4) 구중(句中)에 삽입하는 무의미한 조사:《경전석사》에 〈재구중어조야(哉句中語助也)…〉라 한 재(哉)는 무의미한 조사이다.

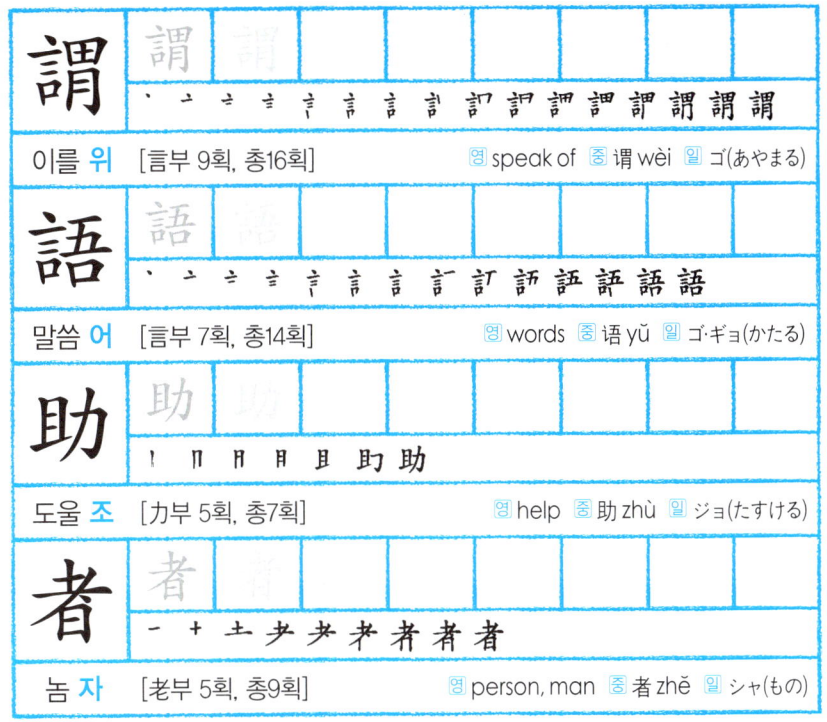

謂	謂 謂	丶 亠 亠 亠 言 言 言 言 訁 訂 訶 訶 訶 謂 謂 謂
이를 위	[言부 9획, 총16획]	영 speak of 중 谓 wèi 일 ゴ(あやまる)
語	語 語	丶 亠 亠 亠 言 言 言 訂 訂 語 語 語 語 語
말씀 어	[言부 7획, 총14획]	영 words 중 语 yǔ 일 ゴ·ギョ(かたる)
助	助 助	丨 冂 冃 月 且 助 助
도울 조	[力부 5획, 총7획]	영 help 중 助 zhù 일 ジョ(たすける)
者	者 者	一 十 土 耂 耂 者 者 者 者
놈 자	[老부 5획, 총9획]	영 person, man 중 者 zhě 일 シャ(もの)

쓰임 ●語彙(어휘):낱말의 수효, 말 수 ●語感(어감):말이 주는 느낌 ●助力(조력):힘으로 도와줌 ●助言(조언):말로 거들어 줌

글뜻 ●謂(위)는 언(言)과 위(胃)의 형성자. 본뜻은 '인사를 논하여 그 실을 얻는 것'.《정자통》에는 '말하다'로 풀이. ●語(어)는 언(言)과 오(吾)의 형성자. 본뜻은 '시비를 변론하다'. ●助(조)는 역(力)과 차(且)의 형성자. 본뜻은 '힘을 빌리다'이다. ●者(자)는 백(白)과 노(耂)의 형성자. '차별을 말하는 조사'.

250

焉哉乎也
언재호야

의의 언재호야(焉哉乎也)는 어조(語助)를 선용하여 문장 수습을 윤색하게 한다.

출전 《연자전(燕子箋)》의 해정(偕征)과 《풍속통》 〈어사(語辭)〉를 인용하였다.

해설 전절에 이어서 조사 재(哉)에 대한 풀이다.

(5) 완료를 표시하는 조사 : 《통속편 어석(通俗編 語釋)》에 〈오속(吳俗)…〉의 재(哉)는 '이연(已然)' 즉 완료를 표시한 조사이다.

(6) 재(才)와 시(始) : 《이아석고》에서 〈재시야(才始也)〉라 한 재(哉)는 〈비로소〉의 뜻이다. 다음은 호(乎)에 대한 풀이다.

(1) 영탄사(詠歎詞) : 《논어》의 〈옹야〉에 '중용지위덕야, 기지의호(中庸之爲德也, 其至矣乎)'라 한 호(乎)는 영탄사다.

(2) 반어사(反語詞) : 《논어》의 〈학이(學而)〉에 '유붕자원방래 불역낙호(有朋自遠方來 不亦樂乎)'의 호는 반어사다.

(3) 호인사(呼人詞) : 《논어》 〈이인(里仁)〉에서 '호야(呼也)…'라고 한 것은 사람을 부르는 조사이다.

(4) 우(于)·어(於)는 《여람》에서 호(呼)와 동일하다 했다.

(5) 의문조사(疑問助詞) : 《역경》의 〈계사 상〉에서 '기불가견호(其不可見乎)'의 호는 의문조사이다.

(6) 탄식사(歎息詞) : 《시경》 대아의 〈어호소자(於乎小子)…〉란 한호는 탄식사이다.

어조사의 야(也)에 대한 풀이다.

(1) 결정사(決定詞) : 《한서》 애제기(哀帝紀)에 〈비사영야(非赦令也)〉라 하여 그 뜻을 밝혔다.

(2) 기하사(起下詞) : 《논어》 〈학이〉에서 '하문(下文)을 일으키는 조사'라 한다.

(3) 호인지정사(呼人指定詞) : 《논어》의 안회에서 〈회야(回也)…〉라고 한 것은 '사람을 부르는 조사'이다.

(4) 이(耳)·혜(兮)·언(焉)·의(矣)는 '야(也)'와 같은 동의어다.

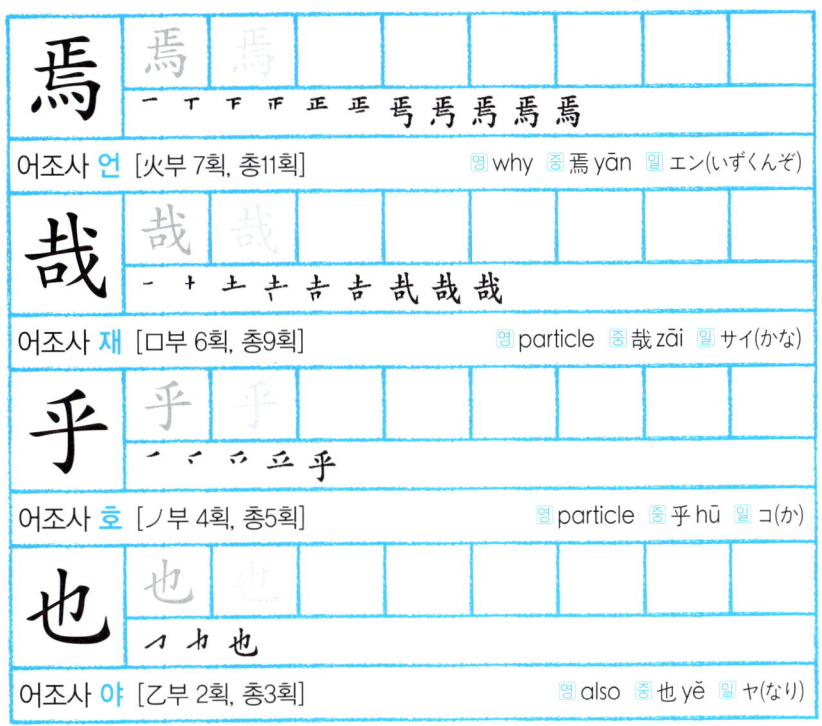

焉	焉 焉
어조사 **언** [火부 7획, 총11획]	영 why 중 焉 yān 일 エン(いずくんぞ)
哉	哉 哉
어조사 **재** [口부 6획, 총9획]	영 particle 중 哉 zāi 일 サイ(かな)
乎	乎 乎
어조사 **호** [丿부 4획, 총5획]	영 particle 중 乎 hū 일 コ(か)
也	也 也
어조사 **야** [乙부 2획, 총3획]	영 also 중 也 yě 일 ヤ(なり)

쓰임 ●焉哉乎也(언재호야) : 어조사이므로 독립된 단어 사용법이 없다.

글뜻 ●焉(언)은 황색의 봉황을 그린 상형자. 《광운》에서는 '잡색의 새'로 풀이. ●哉(재)의 본뜻은 '구중(句中)에 쓰이어 어세를 중단하는 조사'. ●乎(호)는 별(丿)과 혜(兮)의 지사자. ●야(也)는 상형자이며 꽈리를 튼 뱀, 혹은 고대에 사용하던 주전자를 그린 것이라고 한다.

찾아
보기
ㅋㅌㅍㅎ

찾아보기

ㅇ